2009

中国地区经济监测报告

李 纲 主编

中国统计出版社
China Statistics Press

（京）新登字 041 号

图书在版编目（CIP）数据

2009 中国地区经济监测报告 / 李纲主编.
—北京：中国统计出版社，2009.9
ISBN 978-7-5037-5762-4

Ⅰ. 2…
Ⅱ. 李…
Ⅲ. 地区经济—监测—研究报告—中国— 2009
Ⅳ. F127

中国版本图书馆 CIP 数据核字（2009）第 151525 号

2009 中国地区经济监测报告

作　　者 / 李　纲
责任编辑 / 陈悟朝　张赏
装帧设计 / 艺编广告
出版发行 / 中国统计出版社
通信地址 / 北京市西城区月坛南街 57 号
邮政编码 /100826
办公地址 / 北京市丰台区西三环南路甲 6 号
电　　话 / 邮购（010）63376907　书店（010）68783172
印　　刷 / 河北天普润印刷厂
经　　销 / 新华书店
开　　本 /880 × 1230 毫米　1/16
字　　数 /790 千字
印　　张 /32.25
版　　别 /2009 年 9 月第 1 版
版　　次 /2009 年 9 月第 1 次印刷
书　　号 /ISBN 978-7-5037-5762-4/F・2842
定　　价 /96.00 元

编委会和编写组成员

编 委 会

编写组成员

前言

编写《中国地区经济监测报告》是为了全面、系统、及时地反映我国各地区经济运行状况、变动规律和存在问题，从而为制订区域经济政策提供依据。2008年正式出版的首部监测报告初步实现了这一目标，取得了良好的社会效果，但与社会各界的需要仍有一定差距。因此，我们提出了报告编写的新原则，即：立足于当前、侧重于中长期分析和增强资料性的原则。按照这一原则，对今年报告的内容和结构作了较大调整，增加了城市篇和专题篇，充实了综合篇和资料篇，丰富了监测报告的内容，增强了现实针对性和中长期价值。

全书分为五大部分，第一部分是综合篇，用于综合地反映各地区经济的总体特征和重点区域的运行情况，由前七章组成。第一章简要地分析了2008年全国经济运行状况和各地区经济运行的总体特征；第二章是对东部、中部、西部和东北的经济运行情况进行分析和比较；第三章深入地分析了我国改革以来的地区经济格局变动情况；第四章系统地比较了各地区居民消费状况；第五章和第六章研究各地区能源消费和效率问题，分别从两个不同的角度进行了分析；第七章分析了各地区的信息化程度和最新变动情况。

第二和第三部分分别是地区篇和重点城市篇。地区篇用于反映各省（区、市）的经济运行状况，重点是揭示各地区当年经济特征和突出问题。按地区位置相近和性质相似的原则，对所有地区进行了重新分类。重点城市篇用于反映一些重要城市的经济运行状况，把所有城市按照东部、中部、西部和东北进行分类。

第四部分是专题篇，今年是首次尝试，是今后要重点加强的内容。这一部分侧重于中长期分析，选题具有现实针对性，用于反映各地区经济运行中的深层次问题。第十八章至第二十三章着重分析了一些典型地区的发展方式转变和产业转移、优化升级的问题；第二十五章深入探讨了新疆和中亚的经贸关系；第三十一章对外来务工人员消费状况及对广东经济的影响进行了深度分析。

第五部分是统计资料。这部分是今年重点增加的内容之一，由100多张分地区的统计数据表组成，丰富的统计资料将使本书成为研究地区经济问题的实用工具书。

编写本报告的时间非常仓促，书中难免有不妥之处，敬请广大读者批评指正。

编　者

2009年6月

目　录

八、农业

九、工业

十、房地产、建筑业

十一、运输、邮电业

十二、国内贸易、对外经济

第一篇

综　　合

第一章

各地区经济运行状况分析

2008年，受全球金融危机的影响，各地区的经济景气度均为下降，并且大多地区的下降幅度较大，尤其是出口、能源和工业大省（市、区），回落幅度更大。

第一节　全国经济运行状况分析

2008年，以9月份国际金融危机爆发为分界线，我国经济走势明显地分成两段。在危机之前，经济延续前几年的走势，各方面的经济运行状况都比较平稳，较为突出的问题是物价涨幅略为偏高。危机之后，经济陡然降温，主要经济指标纷纷高台跳水，工业产出增长速度降至18年来的新低，如何保增长、保稳定成为突出问题。

一、经济总体状况降至偏冷区域

2008年，中国经济运行指数由高向低变动，前4个月高于正常的绿灯区，5月至9月位于绿灯区，年末降至偏冷的浅蓝灯区。其中生产运行分指数和原材料设备分指数均已降至严重过冷的蓝灯区，景气程度低于1998年的低谷；价格运行分指数由过高的黄灯区迅速回落，年末已降至绿灯区的下沿；国内需求分指数基本稳定，位于绿灯区；金融运行分指数不断回落，年末位于偏冷的浅蓝灯区（见图1.1）。

从构成中国经济运行指数的7个分指数看，年末，除国内需求分指数依然位于正常的绿灯区外，其余指数无一例外地降至浅蓝灯区

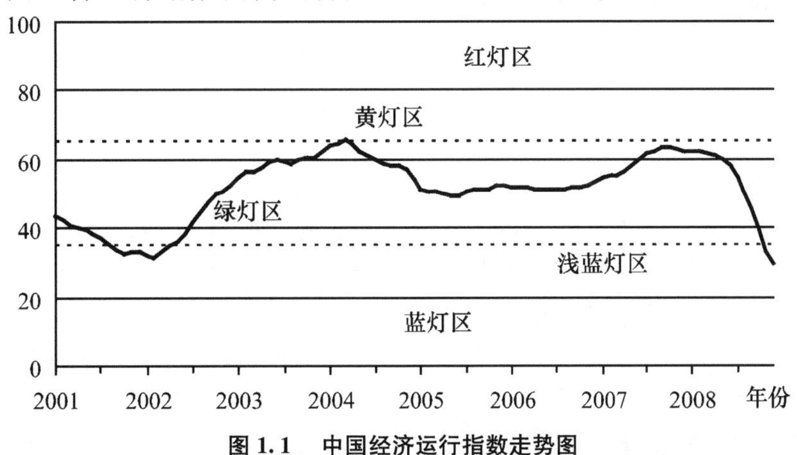

图1.1　中国经济运行指数走势图

或蓝灯区。其中，生产、原材料和设备、外经三个分指数位于过冷的蓝灯区，价格、金融、财政三个分指数位于偏冷的浅蓝灯区（见表 1.1）。

表 1.1　2008 年中国经济运行指数变动情况

	1月	2月	3月	4月	5月	6月	7月	8月	9月	10月	11月	12月
中国经济运行指数	●▲	●▲	●▲	●▲	●	●	●	●	●	●	▼	▼
生产运行指数	●▲	●▲	●	●	●	●	●	●▼	▼	▼	▼▼	▼▼
价格运行指数	▲	▲	▲	▲	▲	▲	▲	▲	▲	●	●	▼
国内需求指数	●	●	●	●	●	●	●	●	●	●	●	●
金融运行指数	●▲	●▲	●▲	●	●	●	●	●	●▼	▼	▼	▼
原材料和设备指数	●	●	●	●	●	●	●▼	▼	▼	▼▼	▼▼	▼▼
外经指数	▲	▲	▲	▲	▲	▲	●▲	●▲	●	●▼	▼▼	▼▼
财政运行指数	▲▲	▲▲	▲▲	▲▲	▲▲	▲▲	▲	●	●▼	●▼	●▼	●▼

注：●为绿灯、●▲为黄绿边界、▲为黄灯、▲▲为红灯、●▼为绿蓝边界、▼为浅蓝灯、▼▼为蓝灯

二、工业经济状况跳跃式下降

2008 年，规模以上工业增加值增长 12.9%，增幅比上年下降 5.6 个百分点。上半年的增长速度基本稳定，增长 16.1%，虽然增幅低于上年水平，但仍是快速增长。下半年的增长速度直线下坠，三季度增长 12.4%，比上半年降低 3.7 个百分点，四季度降至 6.4%，创出了 1991 年以来的最低水平。经济增长速度回落主要是由国际金融危机造成的，但内部因素也有不可忽视的作用，房地产市场萧条、外部失衡严重和股市低迷都有着重要影响。

三、内需依然增长较快

1. 投资增长速度依然较快

2008 年，固定资产投资保持快速增长，在国际金融危机爆发后仍保持稳定，表现出相对的独立性。全社会固定资产投资增长 25.5%，增速比上年略有提高，其中城镇固定资产投资增长 26.1%，增速与上年相当，全年各月增速基本稳定。

2008 年，房地产投资增长 20.9%，增幅比上年下降 9.3 个百分点。增幅下降主要发生在下半年，上半年增长 33.5%，处在高增长状态，四季度则降至 9.8%。其原因在于房屋销售状况太差。

2. 消费需求呈快速增长态势

2008 年，社会消费品零售总额增长 21.6%，增幅比上年提高 4.8 个百分点，实际增长 14.8%，增幅比上年提高 2.3 个百分点。名义增长和实际增长均创出了本轮经济波动的新高。各月的名义增长率呈先升后降的走势，并且回落也是较为温和，12 月份增长 19%，比 9 月份回落 4.2 个百分点。实际增长率则是不断走高，12 月份达到了 17.4%。但住户调查数据与此有一定差异，2008 年城镇居民人均可支配收入增长 14.5%，增幅比上年下降 2.7 个百分点，消费支出增长 12.5%，增幅下降 2.4 个百分点。

四、进出口由快速增长直接转为下降

2008 年，我国出口总额增长 17.2%，增幅比上年降低 8.5 个百分点。全年走势呈跳跃式变化，前 10 个月增长速度基本稳定，在 20% 上下波动，累计增长 21.9%，增速仅比上年低 4.6 个百分点，而后两个月则为负增长，分别下降 2.2% 和 2.8%，持续了 7 年之久的出口高增长戛然而止。出口的变化主要是由国际金融危机造成的，也是国际金融危机冲击我国经济的主要途径。分贸易方式看，一般贸易出口相对较好，增长 22.9%，增幅下降 6.5 个百分点，特别是最后两个月仍保持了 5.3% 的增长；加工贸易出口增长 9.3%，增幅下降 11.7 个百分点，最后两个月下降 13.2%。

2008 年，进口总额增长 18.5%，增幅比上年回落 2.3 个百分点，回落幅度比出口总额小

一些。全年进口的走势与出口相似,但变动幅度更大。前10个月增长27.6%,增幅比上年同期高7.8个百分点;后两个月下降19.7%,变动幅度达到了47.3个百分点。除受国际金融危机的影响以外,增值税转型也导致一些企业把设备进口延期到下年进行,从而进一步加大了进口的下降幅度。

2008年上半年,进口总额增长速度曾一度超过出口总额,贸易顺差随之下降,外部失衡出现好转的迹象,但这种状况没有在下半年持续。全年贸易顺差2955亿美元,比上年增加333亿美元,增长12.7%,下半年的各月贸易顺差均超过上年同期水平,四季度为1143亿美元,增长50.4%。

五、物价涨幅冲高回落

2008年,我国物价涨幅总体上呈先升后降的走势,四季度价格水平普遍转降。居民消费价格上涨5.9%,涨幅比上年高1.1个百分点。年初的涨幅上升,2月份达到8.7%,比上年12月份提高2.2个百分点,尔后的涨幅稳中趋降,进入下半年以后,涨幅的回落速度明显加快,平均每个月回落1个百分点,12月份已降至1.2%,最后三个月的价格绝对水平连续下降。

2008年,工业品出厂价格上涨6.9%,涨幅比上年提高3.7个百分点。8月份之前,价格涨幅不断走高,最高达到10.1%,之后则飞快回落,不仅涨幅在降低,价格水平也在降低,仅仅4个月就由之前的大幅上涨转为下降,12月份的价格水平比上年同期下降1.1%。

六、金融运行状况不断走低

2008年,我国货币政策经历了从适度从紧到适度宽松的跳跃,但宽松的政策在9月才开始实施,因此作用尚未充分显现,全年金融运行状况总体上呈不断走低态势。主要表现有两个:一是年末货币供应量M1增长9.1%,增幅比上年末回落11.9个百分点,回落幅度很大;二是金融机构企业存款余额增长13.7%,增幅比上年末下降8.8个百分点,其中活期存款余额仅增长6.3%,增幅比上年末下降16.8个百分点。

2008年,货币供应量M2增长17.8%,增幅比上年末提高1.1个百分点,主要是由居民储蓄存款大幅增加造成的,全年居民储蓄存款增加45351亿元,是上年的4.1倍。由于储蓄存款不会对当期经济活动产生直接影响,因此M2增速上升的作用不大。

宽松货币政策的作用已在年末有所显现。最突出的表现是金融机构贷款余额的增长速度上升,年末增长18.8%,增幅比两个月前高4.2个百分点;年末货币供应量M1、M2和企业存款余额的增长率均比11月末有不同程度的上升,分别上升2.3、3和0.7个百分点。

第二节 各地区产出运行状况分析

2008年,大部分地区产出增速明显回落,东部出口大省和中西部能源大省、工业大省回落幅度较大。从规模以上工业企业增加值看,有27个地区是回落的,回落幅度较大的地区依次是海南、山西、北京、西藏和浙江,分别回落27.8、14.5、11.4、8.7和7.8个百分点。从地区生产总值看,有28个地区是回落的,回落幅度较大的地区依次是山西、四川、海南、广东和浙江,分别比上年下降5.9、4.7、4.7、4.4和4.4个百分点。

产出下降主要是国际金融危机冲击引起的。这次国际金融危机来势迅猛,导致大部分地区的产出在四季度急剧回落,四季度下降幅度在两位数的就有七个地区,依次是内蒙、山西、上海、河南、青海、西藏和重庆,分别下降25.1、23.4、17.8、16.4、13.3、11.1和10.5个百分点。年初的冰雪灾害、随后的汶川大地震以及8月份的奥运会也给一些地区的工业生产造成严重冲击。具体来说，年初冰雪灾害对湖北、贵州的工业生产造成一定损害；汶川大地震对四川的工业生产造成严重冲击；奥运会对北京的工业生产造成严重负面影响。

表1.2　2008年各地区工业增加值增长速度和增幅变化量的分类

		工业增加值增长速度	
		高于总体平均	低于总体平均
增幅的变化量	高于总体平均	天津、辽宁、吉林、安徽、福建、江西、河南、湖北、广西、重庆、陕西、青海、宁夏、新疆	黑龙江、上海、江苏、云南
	低于总体平均	内蒙、湖南、四川	北京、河北、山西、浙江、山东、广东、海南、贵州、甘肃

出口大省、能源大省和工业大省下降幅度较大与国际金融危机的传导途径和冲击方式有关。这次国际金融危机对我国经济的冲击主要是通过出口——工业传导机制，对东部沿海出口大省的出口和工业生产造成严重冲击，然后又通过工业产业联动机制对中西部地区的上游产业和关联产业造成冲击。这种传导途径和冲击方式势必造成东部出口大省和中西部能源、工业大省的产出大幅下滑。

第三节　各地区消费变动状况分析

反映居民消费需求的常用指标有社会消费品零售额、城镇居民人均可支配收入、城镇居民人均消费性支出和农村居民人均现金收入。大多数地区上述几个指标均保持快速增长，但与上年相比，多数地区的社会消费品零售额增速加快，多数地区的城镇人均可支配收入、城镇居民人均消费支出和农村居民人均纯收入增速回落。

一、多数地区社会消费品零售额增长速度明显加快

2008年，多数地区社会消费品零售额增速明显加快，与上年相比，平均加快4.3个百分点。超过6个百分点的有陕西、海南和天津三个地区，分别加快7、6.5和6.3个百分点；在4～6个百分点之间的有22个地区；低于4个百分点有上海、浙江、福建、西藏、四川和甘肃6个地区，其中西藏地区呈明显下降之势，累计下降9.7个百分点。

按社会消费品零售额增长速度排序，2008年各地区的位次与上年相比变化较大，位次变动率高达40%。一些地区的位次发生巨大变化，海南、陕西、天津、云南和江西增幅排名分别上升13、12、12、9和9位，其中海南由第19位上升到第6位；西藏、四川、福建、山东和山西排名分别下降30、10、9、9和9位。

伴随位次的较大变动，地区之间的增速差距也略有扩大。各地区社会消费品零售额增长率加权平均差距①为1.6个百分点，与上年相比上升0.6个百分点。增长最快的5个地区分别是贵州、山西、广西、安徽和内蒙，加权平均增长率为22.3%；增长最慢的5个地区是上海、青海、广东、浙江和福建，加权平均增长率为16.7%；两者相差5.6个百分点，比上年

① 本文中加权平均差距采用几何平均法计算，而加权平均增长率采用算术平均法计算。

扩大 1.9 个百分点。

二、多数地区城镇居民可支配收入增速有所回落

2008 年，大多数地区城镇居民可支配收入依然保持较快增长，但增速有所回落。各地区加权平均同比增长 14.5%，比上年回落 2.8 个百分点。绝大多数地区的增长速度在 10%以上；增长速度低于 10%的仅有江西、天津、云南和宁夏四个地区，主要是受国际金融危机冲击，四季度增速大幅下滑引起的。

城镇居民人均可支配收入增长速度的地区差距变化不大。各地区增长率的加权平均差距是 2.7 个百分点，与上年基本相当。增长率的均衡性指数为 85.4，与上年基本相当。增速最高的 5 个地区和最低的 5 个地区的增幅平均差距为 16.2 个百分点，与上年基本相当。

三、多数地区城镇居民人均消费支出增速有所回落

2008 年，大多数地区城镇居民人均消费支出依然保持较快增长。各地区加权平均增长 12.5%，依然属于高增长。大部分地区增速在 10%以上，其中，宁夏、辽宁、广西、内蒙和陕西增长较快，增长速度在 16%以上；增长速度较慢的地区分别是海南、甘肃、北京、贵州和浙江，增长速度在 8%以下。

城镇居民人均消费支出平均比上年回落 2.5 个百分点。回落幅度超过 1 个百分点的地区有 22 个，天津、西藏、宁夏、重庆、云南和广东回落幅度超过 7 个百分点。但也有一些地区的走势比较特殊，增长速度上升了。上升幅度超过 1 个百分点的有 6 个地区，陕西和北京的升幅最大，分别为 4.4 和 4 个百分点。另外一些地区的增长率基本稳定，升降幅度在 1 个百分点以内。

城镇居民消费支出增长速度的地区差距有所缩小，加权平均差距是 3.2 个百分点，比上年下降 0.4 个百分点。增长率的均衡性指数为 82.6，比上年增加 1.1 个点。增速最高的 5 个地区和最低的 5 个地区的增幅平均差距为 13.2 个百分点，比上年下降 1 个百分点。

四、多数地区农村居民人均收入增长速度有所回落

大多数地区农村居民人均纯收入依然保持较快增长。在 31 个地区中，增长速度全部高于 10%，增长速度在 10%～13%之间的有 8 个地区，在 13%～16%之间的有 10 个地区，16%以上的有 13 个地区，其中陕西和安徽增长最快，分别增长 18.6%和 18.1%。增长速度的地区差距变化不大。全年增速最高的省份为 18.6%，最低的省份是 10.2%，二者相差 8.4 个百分点，比上年最大和最小值之差略有缩小。

大多数地区农村居民人均收入增长速度有所回落。增长速度明显下降的有 14 个地区，其中降幅最大的是新疆、重庆、河南、山西和贵州，分别下降 6.2、4.5、3.9、3.4 和 3.1 个百分点；增长速度基本不变的有 12 个地区；增长速度上升的有 5 个地区，依次是甘肃、广东、吉林、陕西和黑龙江，分别上升 7.9、3.1、2.6、1.6 和 1.2 个百分点。

从上述几个指标看，社会消费品零售额与城乡居民收支的变动趋势有所抵触，其原因一方面在于二者的统计范围有着较大的不同，另一方面与我们观察的时期区间长度有关系。社会消费品零售总额是指各种经济类型的批发零售贸易业、餐饮业、制造业和其他行业对城乡居民和社会集团的消费品零售额。它不仅包括零售业、餐饮业，还包括了批发业；不仅包括城乡居民的消费，也包括社会集团的消费。批发行业的需求是中间需求，往往滞后于城乡居民收支的变动，社会集团消费包含许多行政事业单位的消费，在短时期内往往有着一定的刚性，因而当去年四季度金融危机对城乡居民消费产生负面影响时，对中间消费需求和社会集团的消费需求的影响并未完全显现出来。事实上，如果将观察的时期拉长，考虑 2009 年以来的变动情况的话，二者并不矛盾，只是城乡居民收支的变动领先于社会消费品零售总额的变动罢了。

第四节　各地区投资变动状况分析

一、各地区投资保持稳定快速增长，中部地区增速较快格局依然保持

2008年，大部分地区城镇固定资产投资有较大幅度的增长。一些高增长地区的增速超过了40%，江西、天津、海南和吉林分别增长46.1%、44.8%、41.3%和40.3%；一些低增长地区的增速低于15%，北京、上海和浙江分别增长－2.1%、8.1%和8.7%。其中北京的负增长在相当程度上是受奥运因素的影响。

2008年，中部地区投资增速较快的格局依然保持。东、中、西三大地区城镇投资分别增长21.3%、33.5%和26.7%，中部增速较快的格局依然保持。增速较低的地区主要集中在东部沿海，投资增速在10%以下的有北京、上海和浙江三个地区，无一例外的全都为东部地区。

2008年，各地区投资呈现不同的走势，有的地区增速上升，有的地区增速下降。增长率比上年上升的地区占16个，下降的地区占15个，二者大致相当。在上升的地区中，海南、江西、宁夏和天津的上升幅度较大，分别上升22.4、21.9、19.1和14.2个百分点。在下降的地区中，福建、北京和安徽下降幅度较大，分别下降22.4、21.5和12.7个百分点。

2008年，投资增长速度的地区差距较大且比上年有所扩大。全年增长率的加权平均差距高达10.7个百分点，比上年增加3.2个百分点；增长速度的均衡性指数为60.8，降低2.6个百分点；增速最高的5个地区和最低的5个地区的增幅平均差距为37个百分点，比上年扩大19个百分点。

对全国城镇固定资产投资增长贡献最大的地区是江苏、辽宁、山东、河南和河北，分别贡献2.1、2.0、1.9、1.8和1.5个百分点，合计影响9个百分点。

二、多数地区房地产投资增速大幅下滑

2008年，多数地区的房地产投资增速大幅下滑。增长率比上年下降的地区占17个，上升的地区14个，下降的地区数超过上升的地区数。不仅如此，在下降的17个地区中，多数为大幅下降，降幅超过10个百分点的有9个地区，超过20个百分点的有5个地区，分别是福建、四川、吉林、广西和北京，分别下降45.4、37.8、29.9、29.2和20.4个百分点；在上升的地区中，多数为小幅上升，升幅超过10个百分点的仅有3个地区，分别是青海、西藏和安徽，分别上升37.6、18.2和11.6个百分点。

尽管多数地区增速大幅下滑，但考虑到2007年的基数较高，因而多数地区的房地产投资依然保持较快增长。各地区加权平均增长20.9%。在31个地区中，20个地区的增速在20%以上。

房地产投资增长速度的地区差距较大。加权平均差距高达13.5个百分点，比上年提高1.9个百分点，是近年来差距最大的年份。增长最快的5个地区分别是安徽、河北、海南、青海和内蒙，分别增长51.5%、49.8%、48.4%、47.3%和47%；最慢的5个地区分别是北京、福建、上海、四川和浙江，分别增长－4.4%、－1.6%、4.5%、7.8%和9.8%；两者之间的加权平均差距高达46.6个百分点。

第五节 各地区金融机构存贷款余额变动状况分析

一、各地区金融机构各项存款余额增速明显加快，大部分存款集中于东部地区

2008 年，各地区金融机构各项存款余额平稳快速增长，增速较上年有明显提高，各地区平均增速在 20%左右，比上年提高大约 3 个百分点。在 31 个地区中，增速在 20%以上的有 21 个，占到 2/3，其中四川和西藏增幅最高，分别为 33.8%和 28.9%；江西和广东增幅最低，分别为 13.2%和 14.6%。

大部分存款集中于东部地区，西部地区增速明显高于东部和中部地区。2008 年末，东部、中部和西部地区金融机构各项存款余额分别为 29.4、8.4 和 7.7 万亿元，所占比重分别为 64.6%、18.5%和 16.9%，与上年基本相当。但从增速来看，东部和中部增速基本相当，大多在 20%左右，上下差距大多不超过 3 个点；西部地区增速大多在 23%以上。超过 23%的，东部地区有 2 个，中部地区有 1 个，西部地区则有 8 个。

从存款的内部结构看，各地区金融机构企业存款大幅下降，而居民储蓄存款大幅上升。由于储蓄存款不会对当期经济活动产生直接影响，因此内部结构的变化是导致金融整体运行偏冷的重要原因。

二、各地区金融机构各项贷款余额增速明显加快，大部分贷款集中于东部地区

2008 年，各地区贷款增速明显加快，平均增速在 19%左右，比上年提高 3 个百分点左右。在 31 个地区中，增速在 17%以上的有 6 个地区，在 17%～19%的有 12 个地区，在 19%～21%有 4 个地区，在 21%以上的有 9 个地区。增速最高的四个地区分别是海南、陕西、青海和内蒙古，分别增长 24.3%、23.9%、23.8%和 23.3%；增速最低的四个地区分别是上海、新疆、广东和西藏，分别增长 11.9%、12.5%、12.6%和 13.3%。

2008 年末，东部、中部和西部地区金融机构各项贷款余额分别为 19.6、5.3 和 5.1 万亿元，所占比重分别为 65.5%、17.6% 和 16.9%，与上年基本相当，大部分贷款集中于东部地区。从增速来看，东部和中部增速基本相当，各地区增速在 18%左右，西部增速明显高于东部和中部地区，各地区增速在 20%左右。超过 20%的，东部地区有 2 个，中部地区有 1 个，西部地区则有 8 个。

三、各地区存款增速明显高于贷款增速，存贷差额不断增大

2008 年，多数地区的存款增速高于贷款增速，两者增速差距超过 2 个百分点的有 17 个地区，其中西藏、山西、四川和甘肃的差距较大，分别相差 15.6、13、12.5 和 7.5 个百分点。分区域看，西部地区差距平均在 4 个百分点左右，远远大于东部和中部地区 2 个百分点左右的差距；在上述 10 个差距较大的地区中，西部地区占 6 个，中部地区占 1 个，东部地区占 3 个。

2008 年末，各地区存贷款差额达到 15.6 万亿人民币，其中东部地区 9.8 万亿人民币，约占全部差额的六成以上。大多数地区的贷款额仅占到存款额的 60%左右，其中所占比例最小的几个地区依次是西藏、山西、黑龙江、北京和新疆，贷款占存款的比重分别为 26.5%、47.1%、50.4%、52.3%和 52.3%。

第六节　各地区价格运行状况分析

一、各地区居民消费价格呈现同步大幅上涨

各地区居民消费价格均为上涨，涨幅相差不大，平均上涨5.9%，涨幅比上年提高1.1个百分点。涨幅较高的地区是青海、宁夏、甘肃和新疆，涨幅在8%以上；涨幅较低的地区是福建和辽宁，涨幅在5%以下。与上年相比，涨幅略微回落的有4个地区，上升幅度在0至1个百分点之间的有7个地区，上升幅度在1至2个百分点的有12个地区，在2个百分点之上的有8个地区。

二、多数地区原材料燃料动力购进价格涨幅达到两位数

2008年，各地区原材料燃料动力购进价格均大幅上涨，多数地区价格涨幅达到两位数，平均上升10.5%，比上年提高6.1个百分点。涨幅较高的地区是宁夏、山西和新疆，涨幅在17%以上；涨幅较低的地区是广东，涨幅仅为7.9%；大多数地区在10%～12%之间。

表1.3　2008年各地区居民消费价格涨幅和涨幅变化量的分类

		居民消费价格涨幅	
		高于总体平均	低于总体平均
增幅的变化量	高于总体平均	河北、山西、江西、河南、湖北、广西、海南、贵州、陕西、青海、新疆	北京、天津、内蒙古、上海、广东、西藏、宁夏
	低于总体平均	安徽、湖南	辽宁、吉林、黑龙江、江苏、浙江、福建、山东、重庆、四川、云南、甘肃

三、地区之间工业品出厂价格涨幅差异较大

各地区工业品出厂价格均成上涨之势，平均上涨6.9%，比上年提高3.7个百分点。从上涨幅度看，各地区涨幅差异较大。涨幅在4%之下的有4个地区；涨幅在4%～8%之间的有11个地区；涨幅在8%～12%之间的有7个地区；涨幅在12%～16%之间的有7个地区；涨幅在16%以上的有3个地区。与上年相比，涨幅上升幅度在10个百分点以上的地区有2个；在5至10个百分点之间的地区有10个；在0至5个百分点之间的地区有18个；涨幅回落的地区有1个。

第七节　各地区外经运行状况分析

一、大部分地区出口增速回落，回落幅度东大西小、南大北小

2008年，大部分地区的出口增速回落，回落幅度呈现由东向西、由南向北依次递减的格局。在31个地区中，有20个地区的增速低于上年，其中，云南、山西、内蒙、甘肃和陕西的回落幅度较大，分别回落35、16.3、16.1、13.4和

13.1个百分点。全年东、中、西三大区域出口增长速度分别比上年回落9.4、2和—1.1个百分点，呈现由东向西依次递减格局；珠三角、长三角、环渤海三大经济地带出口分别比上年回落12.9、9和5.2个百分点，呈现由南向北依次递减格局。

上述格局的形成与国际金融危机的冲击方式和各地区的自身特点密切相关。一是各地区的经济外向度不同。东南沿海地区出口外向度较高，出口在经济中所占的份额较大，因而国际金融危机对其的冲击也较大。二是贸易方式不同。这次金融危机对加工贸易影响严重，对一般贸易影响相对有限。从三大区域看，东部地区以加工贸易为主，而中西部地区以一般贸易为主；从三大经济地带看，珠三角、长三角以加工贸易为主，而环渤海以一般贸易为主。三是出口目的地不同。东南沿海地区的贸易伙伴主要是美国、欧盟，而这次国际金融危机最初发端于美国，然后迅速波及欧盟，美、欧经济的大幅下滑必然导致东南沿海地区出口的下降。北方地区的对外贸易中，对日、韩、俄的出口占了重要部分，金融危机在2008年对这几个地区冲击相对较小，因此对其出口影响相对较小。四是经济发展阶段不同。东部地区处于经济的成熟期，出口增长趋于放缓，而中西部地区处于经济的成长期，出口增长不断加快，在危机冲击前中西部地区的出口增速就明显高于东部地区，在同样的外部冲击时，中西部地区出口高于东部地区也实属正常。

二、各地区进口增速有升有降，依然保持较快增长

2008年，在31个地区中，进口增长速度比上年上升的地区有16个，下降的地区有15个，二者基本相当。上升幅度较大的地区是贵州、北京、宁夏、西藏和四川，升幅超过20个百分点，分别上升43、28.8、24.9、23.6和23.3个百分点。下降幅度较大的地区是山西、青海、甘肃和云南，降幅超过20个百分点，分别下降100.6、73.1、49.7和27.9个百分点。

大部分地区进口增长较快。在31个地区中，增长速度高于20%的有19个地区，其中增速最高的贵州增长82.3%；河北、四川、河南和江西的增速分别高达68.8%、54.7%、54.5%和51.4%；吉林、山东、湖北、湖南、广西、海南、陕西和新疆的增速均在30%以上。增长速度不到10%的地区仅有4个，分别是广东、浙江、山西和西藏。其中，广东和浙江为东部进出口大省，加工贸易所占比重较高。由于加工贸易是“两头在外”，当出口受国际金融危机冲击大幅下滑时，必然会导致进口的大幅下挫。总体上看，高增长地区大多位于我国的中西部地区，而低增长地区大多位于东部沿海地区。全年东、中、西三大地区的进口分别增长17.5%、31.5%和31.2%，分别比上年回落2.2、5.5和2.8个百分点。

三、大部分地区贸易顺差比上年有所增加，东部外贸大省增加较多

2008年，全国大部分地区仍为贸易顺差。在31个地区中，顺差的有26个，逆差的有5个。贸易顺差的分布依然高度集中，位居贸易顺差规模前5位的是广东、浙江、江苏、福建和山东，顺差总额为3631亿美元，是全国贸易顺差总额的1.2倍多。贸易逆差几乎全部集中在北京，逆差总额为1568亿美元，其他4个地区的逆差合在一起不足100亿美元。

在贸易顺差地区中，大部分地区顺差规模比上年有所增加。增加超过100亿美元的地区有4个，分别是江苏、广东、浙江和上海，分别增加260、204、176和114亿美元，全部为东部地区。中西部顺差规模增加较为明显的地区是新疆、四川和湖北，分别扩大71、14和11亿美元。在贸易逆差地区中，逆差规模均比上年扩大，其中，北京扩大617亿美元。

第八节 各地区财政运行状况分析

一、多数地区地方财政收入增速大幅回落

2008 年，多数地区的财政收入增长速度较上年大幅回落，平均回落 10 个百分点左右。其中，回落幅度在 10 个百分点以上的有 6 个地区，分别是北京、江苏、海南、宁夏、西藏和重庆；回落幅度在 5～10 个百分点之间的有 16 个地区，占到一半以上；回落幅度在 1～5 个百分点的有 3 个地区；基本不变的地区有 2 个；比上年明显上升的有 3 个地区，分别是黑龙江、吉林和甘肃。

尽管增速出现大幅回落，但多数地区地方财政收入依然保持较快增长。在 31 个地区中，有 23 个地区的地方财政收入增长速度超过 20%，增速超过 30%的有 7 个，分别是甘肃、海南、安徽、内蒙、吉林、黑龙江和重庆，分别增长 38.8%、33.9%、33.3%、32.1%、31.8%、31.3%和 30.4%。即使增长较慢的地区，其增长速度也依然保持在 16%以上，是同期 GDP 增速的 2 倍左右，如山东、河南、浙江、湖南、宁夏和广东，分别增长 16.8%、17.1%、17.2%、18.2%、18.7%和 18.8%。

东部地区财政收入最多，西部地区财政收入增长最快。从地区财政收入所占比重看，东部地区财政收入最多。2008 年，东、中、西三大地区分别实现地方财政收入 18082.2、5398.7 和 4641.5 亿元，所占比重分别为 64.3%、19.2%和 16.5%。在 9 个超千亿元的地区中，东部地区占了 7 个，其中广东地方财政收入最高，已经跃过 3000 亿元大关，达到 3310 亿元。从地区财政收入增长速度看，西部地区最快。在增长速度超过 26%的 10 个地区中，西部地区占了 6 个。

二、多数地区地方财政支出继续保持较快增长

2008 年，各地区地方财政支出继续保持快速增长势头。大多数地区的地方财政支出保持在 20%以上，与上年基本相当，其中超过 30%的地区约占 1/3。增速最快的是四川和甘肃，分别增长 68.8%和 43%，主要是由于汶川大地震的影响。增速较慢的北京和上海，分别增长 18.6%和 18.9%，均超过 18%。

东部地区所占比重最大，西部地区增速最快。东部所占比重最大，约占全部地方财政支出一半左右。地方财政支出超过 2000 亿元的地区有 7 个，其中 6 个位于东部，分别是广东、江苏、浙江、山东、上海和辽宁。西部地区财政支出增长速度最快，除广西外，地方财政支出增速均在 30%以上；中部地区增长速度其次，大多在 25%～30%之间，增速最快的是吉林，增长 33.5%，增速最慢的是河南，增长 22.2%；东部地区增长速度最慢，大多在 20%左右，其中增长较快的天津为 28.3%，增长较慢的北京为 18.6%。

第二章

区域经济运行状况分析

2008年，面对国内外经济多重不利因素的影响，从第三、第四季度开始，我国各区域经济增长速度均有所下滑。中部与西部地区的产出、投资等多项指标增速领先于东部，区域经济发展差异进一步缩小。

第一节 区域经济运行状况比较①

一、中、西部工业产出增速保持领先

2008年三大区域的工业生产增速较上年都有不同程度的下降，中、西部增速保持领先。中部和西部规模以上工业企业增加值分别增长17.6%和17.9%，东部仅增长13.1%，中、西部比东部分别快4.5和4.8个百分点，与上年相比，东、中、西三大区域的增速分别下降5.2、4.8和5个百分点。

2008年，东部的工业产出规模仍居三大区域之首，规模以上工业增加值约在8万亿元以上，比中西部之和高出约3万亿元。中西部地区增速超越东部并保持高速运行，符合一般经济运行规律，是多年来国家区域发展政策的体现。从要素投入的边际收益递减理论看，在经济达到一定阶段后会出现投资向落后地区转移的现象，我国各地区间技术、知识扩散的速度较快，促使工业差距有所缩小，我国区域经济发展正处在这样的收敛阶段。2000年以后，政府加大区域经济的调控力度，西部大开发、振兴东北老工业基地和农村税费改革等政策相继实施，有力地推动了中西部地区的产出与投资水平的快速增长。在未来年份中，中、西部若能成功延续这种领先态势，必将逐步缩小与东部发达地区的差距。

二、中部固定资产投资增速遥遥领先

2008年，各区域固定资产投资增速与上年基本相当，中部投资增速领先优势明显。中部全社会固定资产投资同比增长32%，增幅比全国高6个百分点；西部增长28%，增幅比全国高2个百分点；而东部仅增长22%，增幅低于全国水平4个百分点，中部投资增速分别比西部和东部快4和10个百分点，中、西部的投资增长速度超过东部开始于2004年，已持续5年。

① 东部包括北京、天津、河北、辽宁、上海、江苏、浙江、福建、山东、广东、海南；中部包括山西、吉林、黑龙江、安徽、江西、河南、湖北、湖南；西部包括内蒙古、重庆、四川、贵州、广西、云南、西藏、陕西、甘肃、宁夏、青海、新疆；东北包括辽宁、吉林、黑龙江。

2008年，东部完成全社会固定资产投资额87940亿元，中部完成46288.66亿元，西部为36711.7万多亿元，中西合计总额比东部还少将近5000亿元。

在固定资产投资中，各区域房地产投资的增势减弱，增幅较上年大幅下降，西部房地产投资增速下滑尤为严重。2008年，东部为18325亿元，增长21.98%，增幅比上年下降4个百分点；西部的房地产开发投资额6005亿元，同比增长24%，增幅比上年下降16个百分点；中部为6459亿元，增长30%，增幅比上年下降5.4个百分点。

表2.1 2008年东、中、西部及东北地区经济情况与全国比较

		全国	东部	中部	西部	东北
规模以上工业企业增加值	增长率%	12.9	12.6	16.7	19.1	16.7
城镇规模以上固定资产投资	完成额(亿元) 增长率%	148167 26.1	71688 21.3	40158 33.5	32665 26.7	16935 35.4
房地产开发投资	完成额(亿元) 增长率%	30580 20.9	18325.2 17.1	6458.7 31.7	6005 22.7	3137 32.3
社会消费品零售额	完成额(亿元) 增长率%	108488 21.6	65457 21.4	27476 23.1	19239 22.3	10240 22.5
城镇居民人均可支配收入	完成额(亿元) 增长率%	15781 14.5	18703 13.4	12993 13.6	12996 14.6	13060 15
出口总额	完成额(亿元) 增长率%	14285 17.2	12829 15.4	803 34	653 38.9	634 23.3
进口总额	完成额(亿元) 增长率%	11331 18.5	10365 17.5	551 31.5	414 31.2	453 27.1
居民消费价格	涨幅(%)	5.9	5.4	6.2	7.0	5.4
工业品出厂价格	涨幅(%)	6.9	6.0	11	9.6	10.6
原材料、燃料和动力购进价格	涨幅(%)	10.5	12.0	12.9	12.4	12.2

三、中、西部地区消费需求较快增长

2008年，中部地区消费品市场增长较快，西部次之，东部增速最慢。东、中、西三大区域的社会消费品零售额分别为65457、27476和19239亿元，增长21.4%、23.1%和22.3%，与上年相比，增幅提高较多，分别提高4.3、4.9和4.3个百分点。从全年的走势看，受物价走势回落的影响，各区域增速都在年末有所放缓。

四、各区域城镇居民收入增速有所放缓

2008年，各区域城镇居民收入增长速度均降低，中部和西部的降低更为明显。东、中、西的人均可支配收入分别为15781、12993和12996元，分别增长13.4%、13.6%和14.6%，增幅比上年分别回落0.3、2.9和2.1个百分点。2008年东部、中部和西部地区的农民收入保持稳定增长，实现农村居民人均纯收入5758、3753和2915元，分别增长16.8%、22%和19.4%。

各区域城镇居民收入增速放缓的主要原因有：一是2008年末价格水平下降造成名义收入增速放慢；二是严峻的就业形势。随着世界经济持续减缓，市场对大学毕业生需求的总体状况趋紧，不仅如此，由于出口导向型行业企业受到较大冲击，部分沿海出口企业出现开工不足的情况，大量中西部外出打工人员提前返乡，据国家统计局对四川、河南等5个劳工输出大省的抽样调查显示，提前返乡人员占总外出务工人数的6.5%，总数约有七八百万。

五、东部地区进出口增速明显下滑

2008年，东部地区进出口增速下滑，带动我国对外经济走低。东部地区出口12829亿美元，增长15.4%，增幅比上年下降9.3个百分点；中部地区出口总额803亿美元，增长34%，增幅下降2个百分点；西部地区出口总额653亿美元，增长38.9%，增幅与上年基本持平。进口方面，东部地区进口总额10365亿美元，增长17.5%，增幅比上年下降2.2个百分点；中部地区进口总额551亿美元，同比增长31.5%，增幅比上年上升5.5个百分点；西部地区进口总额414亿美元，增长31.2%，增幅下降2.8个百分点。

从全年走势看，2008年最后两个月，东部与西部进出口突现大幅下滑，出现负增长。11月，东部出口增速为－4.1%，进口增速为－19.3%；西部出口增速仅为8.8%，进口增速为－5.8%。12月份，东部出口增速为－5.4%，进口增速为－22.2%；西部出口增速仅为7.7%，进口增速为－19.6%。中部未在11、12月出现负增长，但由于东部和西部进出口占全国95%的份额，最终带动全国进出口在年末两个月出现负增长局面。

六、各区域的价格涨幅有一定差异

2008年，各区域居民消费价格水平与全国相似，呈现先高后低的特点，但区域涨幅却有差异。东、中、西三大区域的居民消费价格分别上涨5.4%、6.2%和7%，涨幅分别比上年同期上升1.4、1.1和1.6个百分点，各区域的上升幅度比较接近，但中西部地区的涨幅却略高于东部地区，造成这一现象的主要原因是从2007年起至2008年上半年食品价格不断上涨，而东部地区食品支出在消费支出中的比重较低，因此，对东部居民消费价格的影响相对较小。

2008年，各区域的原材料价格大幅上涨，东部地区上涨12%，中部地区上涨12.9%，西部地区上涨12.4%，与上年相比，分别上升了7.2、7.2和6.6个百分点。中部和西部的工业品出厂价格上涨较快，分别上涨11%和9.6%，东部上涨6%，中部、西部地区比东部涨幅高4～5个百分点。

2005年以来，价格“高进低出”的问题逐步得到缓解，2007年上半年，全国工业企业购销价格涨幅的差距已不到2个百分点，这种状况在2007年下半年发生了逆转，差距再次扩大，2008年8月差距扩大至5个百分点。9月以后，随着国际原材料价格的走低，差距再次减小，至年底涨幅已基本同步。但综合全年的情况，东部地区工业价格“高进低出”的问题仍然比较突出，东部地区的原材料价格涨幅比工业品出厂价格高6个百分点，中、西部的差距约5个百分点，差距较上年均有较大增加。

七、地区经济发展差距进一步缩小

2008年，各省(区、市)的GDP变异系数为0.18，比2007年的0.2缩小0.02，各地区之间经济发展水平差距进一步降低。原因有：首先，2008年初实施的新劳工合同法，在维护劳动者利益的同时，也使企业感受到运营成本的压力，沿海经济发达地区的部分企业迁往内地或越南等东南亚国家；其次，东部地区对外贸易依存度高，受国际金融危机影响较大。

第二节 东部地区经济运行状况分析

一、工业生产增速较上年下滑

2008年，东部地区规模以上工业企业增加值83313亿元，增长12%，从2003年以来的增速逐年走低的趋势没有改变，并且回落幅度进一步加大，增幅比上年下降6个百分点，比

2003 年低 10.7 个百分点，增长速度比全国平均水平低 0.9 个百分点。

东部地区工业产出增长速度弱于全国的原因主要有两个：一是东部地区经济发展水平高，是我国的发达地区，面临产业升级和转移的问题，一些传统产业已失去优势，正向中西部地区转移，投资增长东部地区较弱、中西部地区较强，在一定程度上是这一问题的反映；二是受出口的影响，我国出口增长在第四季度突现负增长，东部工业出口遭到冲击，导致工业生产增速进一步回落。

二、固定资产投资增长速度明显低于全国平均水平

2008 年，东部地区固定资产投资 87940.3 亿元，增长 22.4%，增幅比上年略高，其中，城镇固定资产投资 71688 亿元，增长 21%，比全国增长水平低 5 个百分点。从全年的走势看，四季度城镇固定资产增速下滑，四个季度分别增长 22.3%、22.5%、23.2%和 18.3%。

东部地区提前进入经济转型阶段，加上近几年的国家投资政策向中西部地区倾斜，使得东部地区投资增速小于中、西部地区。自 2004 年开始，东部地区的固定资产投资增长速度降到全国平均水平以下，并且差距不断扩大，2008 年的差距已扩大到 5 个百分点。

在东部地区的 11 个省市中，发展水平较高的省份大多投资增长速度较低，北京、上海、广东和浙江分别增长－3%、8.3%、16.5%和 10.4%，增速不仅低于全国平均水平，也低于东部地区的平均水平。而天津、海南和辽宁位列东部地区投资增速的前三名，分别增长 42.5%、40.5%和 34.7%。

三、房地产开发投资增速下降明显

2008 年，受全国房地产投资增长速度大幅下滑的影响，东部地区的增速下降明显，全年完成开发投资 18325 亿元，增长 17.1%，增幅比上年降低 8.9 个百分点。从全年的走势看，四个季度的房地产投资增长速度为 27.7%、28.8%、11%和 8.6%，增速不断走低。

东部各省房地产投资增长的差异较大，北京、福建为负增长，分别下降 4.4%和 1.6%，上海、浙江仅增长 4.5%和 8.8%，而河北、海南强劲增长，增速分别为 49.8%和 48.4%。

四、居民收入和消费需求稳步增长

2008 年，东部地区居民收入稳步增长。城镇居民人均可支配收入 18778.48 元，比全国水平高 2997 元，增长 14.17%，增幅比上年提高 0.8 个百分点，增长速度低于全国水平 0.63 个百分点。增长较快的是天津和辽宁，分别增长 18.7%和 17%，浙江、广东、北京和上海分别增长 10.5%、11.5%、12.4% 和 12.9%。

2008 年，东部地区农村居民人均可支配收入 7401 元，比全国水平高 2640 元，增长 13%，增长速度比全国水平低 1.4 个百分点。人均纯收入在万元以上的是北京和上海，分别为 10747 元和 11385 元。辽宁省和海南省增长最快，分别增长 16.8%和 15.8%，其它各省的增速在 12%左右。

2008 年，东部地区消费品零售额 65457 亿元，增长 21.4%，增幅比上年提高 4.3 个百分点，增长速度与全国水平相当。从全年的走势看，2008 年上半年，东部地区社会消费品零售额增长率逐月上升，从 2 月份的 18.5%升至 7 月份的最高点 22.7%，下半年有所回落，12 月份降至 20%。

五、贸易顺差规模缩小，贸易不均衡局面有所改善

我国进出口的 90%集中在东部，东部地区的走势基本上可代表全国的走势。2008 年东部地区进出口总额为 23251.4 亿美元，增长 16.65%，其中出口 12835.68 亿美元，增长 15.53%，增幅比上年下降 9.2 个百分点，分季度看，第四季度突然大幅下滑，仅增长 2%，比第三季度下降 13.4 个百分点；进口总额 10419.85 亿美元，增长 18.1%，增幅比上年下降 1.6 个百分点。东部地区第四季度进口增速下降情况更为严重，同比下降 10%，与三季度增长 25%相比降低 35 个百分点。

东部进出口增速锐减，主要受外部需求不

足的影响，但对平衡贸易顺差规模和调整我国经济发展结构带来良好的契机。2008 年，东部地区贸易顺差 2415.83 亿美元，占全国贸易顺差总量的 81.8%，比上年增长 5.6%。

六、物价涨幅第四季度出现较大回落

2008 年，东部地区居民消费价格上涨 5.4%，涨幅比上年上升 1.4 个百分点，比全国涨幅低 0.5 个百分点。全年走势为先升后降，前两个季度的涨幅约为 7%，三季度为 5%，四季度为 2.4%。

2008 年，东部地区工业品出厂价格大幅上涨，上涨 6.8%，涨幅比上年上升 4.2 个百分点，与全国的涨幅基本持平。从全年走势看，工业品出厂价格涨幅在四季度大幅度回落，仅上涨 1%，涨幅比三季度降低 7.7 个百分点。原材料燃料动力购进价格水平也大幅上涨，全年上涨 12.3%，涨幅比上年上升 7.5 个百分点，高于全国平均水平 1.8 个百分点。从全年走势看，原材料燃料动力购进价格水平在四季度大幅度回落，仅上涨 5.7%，涨幅比三季度降低 10.8 个百分点。

第三节　中部地区经济运行状况分析

2008 年，中部地区经济保持快速发展，产出、投资、进出口等多项经济指标的增长速度明显领先于全国水平。

一、工业产出增速高于全国水平

2008 年，中部地区工业产出快速增长，增长 17.19%，增速高于全国平均水平 4.3 个百分点，但增幅比上年明显下降，降低 5.2 个百分点。从全年走势看，各季度的速度比较均衡，走势不同于全国及东部和西部，四季度增速没有下滑。四个季度分别增长 21.5%、21.4%、22.2%和 23.5%。中部地区工业产业的强劲增长与前几年的投资高增长有较大关系，中部崛起特征十分明显。

中部地区工业产出强劲增长，1/3 省份的增长速度在 20%以上，安徽、江西和湖北省，分别增长 22%、21.9%和 21.6%。在 8 个地区中，山西工业产出增速最低，仅为 6.5%。

二、固定资产投资、房地产投资增速远超全国

2008 年，中部地区的投资增长速度远远地高于全国水平，全年完成全社会固定资产投资 46288.7 亿元，增长 34%，其中城镇固定资产投资 40158 亿元，增长 33.5%，与上年增速基本持平，已连续第六年保持在 30%以上，增幅比上年低 0.5 个百分点，比全国水平高 7.5 个百分点。分季度看，投资增速在前三季度均在 35%以上，四季度有所回落，仅增长 30%。

2007 年，中部地区的房地产开发投资增速有所下降，全年完成投资额 6459 亿元，增长 30%，增幅比上年下降 5 个百分点，但仍比全国水平高 9 个百分点，分季度看，与东部一样，中部地区房地产投资增速在第三季度突然大幅下降，前两个季度分别增长 43%和 47%，第四季度增速突然下降 20 个百分点，仅为 19.4%。

三、居民收入增速有所放缓，消费市场保持快速增长

2008 年，中部地区居民收入增速有所放缓，但人均收入水平仍比全国低。城镇居民人均可支配收入 13041 元，比全国水平 15781 元低 2740 元，同比增长 13.5%，增幅比上年下降 3 个百分点，比全国水平低 1.3 个百分点。中部地区农村居民人均现金收入 4547.6 元，比全国的 4761 元低 213 元，同比增长 15.9%。

2008 年，中部地区社会消费品零售额 27463.2 亿元，增长 23.1%，增幅比上年上升 5 个百分点，比全国水平高 1.5 个百分点。中部全年各月增长速度走势与东部相似，上半年逐月上升，6 月份到达最高增速 25.2%，第三、第

四季度开始回落，12月回落至22.2%。

四、进出口增长速度远远高于全国

2008年，中部地区进出口总额1354.8亿美元，增长32.9%，增幅比全国高15个百分点。其中出口总额800亿美元，增长33.8%，增幅比上年降低1.9个百分点，超过全国16.6个百分点；从全年的情况看，与东部和西部不同的是，中部地区出口增速并没有在第四季度出现明显下滑，四个季度分别增长43.1%、33%、30%和32.4%。

进口总额551.3亿美元，增长32.4%，超过全国13.9个百分点，增幅比上年降低4.6个百分点。分季度看，第四季度中部地区的进口增速大幅下滑，仅增长10.4%，比第三季度下降了20.2个百分点。全年贸易顺差251.9亿美元，占全国顺差的8.5%，比上年增长39%，增幅比上年增加5.8个百分点。

五、消费价格走势与全国相似

2008年，中部地区的居民消费价格走势与全国相似，涨幅在下半年回落，全年上涨6.2%，涨幅较上年上升1.2个百分点，上半年各月同比涨幅都在7%以上，下半年涨幅逐月降低，12月份涨幅降至1.4%。

2008年，中部地区的工业品出厂价格和原材料燃料动力购进价格都大幅上涨。涨幅分别10.5%和12.5%，涨幅分别比全国水平高3.6和2个百分点，比上年上升5.4和6.8个百分点。

第四节　西部地区经济运行状况分析

近些年来，按照西部大开发的战略部署，我国区域经济发展政策向西部倾斜，国家从重大工程建设、资金投入、政策措施等各方面都对西部大开发予以重点支持。2008年西部经济各方面增速高于全国，呈现良好的发展态势。

一、工业生产增速高于全国水平

2008年西部地区工业生产增速有所下降，但仍高于全国增长水平。全年规模以上工业增加值增长19%，增幅比上年降低4个百分点，比全国平均水平高6个百分点。在西部地区11省（区、市）份中，重庆、内蒙古、广西、青海和陕西5省工业产出增速在20%以上，分别增长29%、24.5%、22.6%、21.5%和21%，甘肃省增长率最低，仅为9.5%。

二、投资增长速度领先于全国，房地产投资增速下滑

2008年，西部地区投资高速增长，城镇固定资产投资32665亿元，增长26.7%，增幅比上年降低1.5个百分点，比全国高0.6个百分点，保持了多年来增速高于全国的状况。

分省份看，西部地区的宁夏和陕西两省增速在30%以上，分别增长39%和33%。有些省区的增长速度则明显低于全国平均水平，甚至不到20%，如青海仅增长15.7%。

2008年，西部地区房地产开发投资额6005亿元，增长29%，增幅比上年降低10个百分点，但比全国高8个百分点。与东部和中部一样，西部地区房地产投资增速从下半年开始大幅下降，四个季度增长率分别为41%、38%、22%和4.8%。

三、居民收入显著增加，消费额增速比上年有所回落

2008年，西部地区居民收入大幅度提高，城镇居民人均可支配收入12888元，增长14.4%，但仍比全国平均水平低2893元，增幅比全国低0.5个百分点；农村居民人均现金收入3509元，比全国同期水平少1252元，同比增长16.11 %，增幅比全国高1.8个百分点。

2008年，西部地区社会消费品零售额19239亿元，增长21%，增幅比上年降低5.1

个百分点。

四、进、出口增速明显加快

2008 年，西部地区实现进出口总额 1059.8 亿美元，增长 34.8%，增幅比全国高 17 个百分点。其中出口总额 646.4 亿美元，增长 37.5%，增幅与上年基本持平，但高于全国 8.6 个百分点，分季度来看，增速在第四季度锐减，四个季度分别增长 45.8%、45.6%、51.1%和 19%；进口总额 413.47 亿美元，增长 30.8%，超过全国 12 个百分点，增幅比上年提高 3.2 个百分点。分季度来看，四个季度分别增长 49%、40%、47%和－4.5%。全年贸易顺差 232.9 亿美元，比上年增长 51%。

五、消费价格涨幅明显增大，工业品价格和原材料价格涨幅回落

2008 年，西部地区的居民消费价格走势与全国相似，价格高涨的局面于下半年逐步缓解。全年上涨 5.4%，涨幅比全国小 0.5 个百分点，比上年上升 3.7 个百分点。上半年各月涨幅都在 8%以上，下半年涨幅逐步回落，12 月份涨幅只有 1.9%。

2008 年，西部地区工业品出厂价格和原材料燃料动力购进价格大幅上涨，同比分别上涨 8.4%和 12.8%，两者的涨幅分别比上年同期增加 3.8 和 6.96 个百分点，分别比全国高 1.5 和 2.3 个百分点。

第五节 东北地区经济运行状况分析

2008 年，工业产出增速有所下滑，投资高速增长，居民收入和消费需求保持较快增长态势。

一、工业产出增速有所下滑

2008 年，东北地区规模以上工业企业增加值增长 16.7%，增幅比上年下降 3.4 个百分点，比全国平均水平高 3.8 个百分点。东北三省的内部差异较大，辽宁和吉林增长较快，分别增长 17.5%和 18.6%，比上年增速分别回落 3.5 和 5 个百分点，黑龙江较慢，仅增长 13.1%，比上年增速回落 2.7 个百分点。

二、投资高速增长，房地产投资增速远高于全国

东北地区投资增长速度已连续 5 年保持在 30%以上，远远地高于全国水平。2008 年，城镇规模以上固定资产投资 16935 亿元，增长 35.4%，增幅比上年上升 1.7 个百分点，比全国高 9.4 个百分点。其中房地产开发投资额 3137 亿元，增长 32.3%，增幅与上年基本相当，比全国高 11.6 个百分点。

三、居民收入和消费需求保持较快增长态势

2008 年，东北地区居民收入大幅提高，城镇居民人均可支配收入 13060 元，比全国平均水平低 2721 元，同比增长 15%，增幅与上年基本持平，但比全国略高。农村居民人均现金收入 5815 元，比全国平均水平高 1844 元，累计同比增长 25.2%，增幅比全国高 5.6 个百分点。

2008 年，东北地区社会消费品零售额呈加速增长的态势。全年实现零售总额 10240 亿元，同比增长 22.5%，增幅比上年同期提高 4.9 个百分点，增长速度比全国略快。

四、顺差规模增大

2008 年，东北地区实现进出口总额 1087 亿美元，增长 24.8%，其中出口 634 亿美元，增长 23.3%，增速较上年快 5.1 个百分点；进口总额 453 亿美元，增长 27.1%，较上年增速快 6 个百分点。全年顺差 181 亿美元，增长 13.8%。

五、消费价格走势与全国相似

2008 年，东北地区居民消费价格上升 5.4%，涨幅比上年提高 1 个百分点，比全国低 0.5 个百分点。工业品出厂价格上涨 10.6%，涨幅比上年上升 6.3 个百分点，比全国水平高 3.7 个百分点。原材料燃料动力购进价格水平上涨 12.2%，涨幅比上年上升 7.2 个百分点，比全国高 1.7 个百分点。

第三章

地区经济格局的演变历程分析

改革开放以来，我国经济格局发生了很大变化，一些地区在全国经济中的地位显著上升，如广东、浙江、福建、山东和江苏，也有一些地区的地位下降较多，如上海、黑龙江、甘肃、辽宁和四川。改革开放引发了经济发展动力的大转变，那些拥有对外开放自然优势和体制改革先行一步的地区，成了我国经济的新增长极，而有些在传统体制时期发展较快的地区却失去了原有的动力。这是造成我国经济格局大变动的主要原因，因此，格局变化速度在改革开放初期最快，而后逐渐减缓。

第一节 地区经济格局的测度方法

地区经济格局的直观含义就是各地区在全国经济中地位的高低或重要程度的差异。地区经济格局未变就是指在一定时期内，所有地区的地位均保持不变；格局的变化就是某些地区地位的上升或下降。

一、度量指标的选取

为了评价各地区在全国经济中的地位，可以采用多指标的方法，但所选指标不宜过多，否则会造成评价结果不直观和工作量过大。一个地区在全国经济中的地位主要可从两个方面来衡量，一是经济活动总量，二是经济发展水平。这两个方面的变化通常是一致的，即经济活动总量提高快的地区，经济发展水平也就提高快；但也有不一致的可能，那些人口增长较快的地区，经济发展水平的提高速度就会不如经济活动总量。

1. 地区生产总值占全国GDP的比重

地区生产总值是反映某一地区经济活动最终成果的综合性指标，各地区经济活动总量的差异可用地区生产总值占全国GDP的比重（以下简称为地区GDP比重）来衡量，计算公式为：

$$w_i = Y_i / \sum_{i=1}^{n} Y_i \qquad i=1,2,\cdots,n$$

式中Y_i为某一地区的GDP。地区GDP比重越高，在全国的地位就越重要。由于该比重按现价计算，因此同时包括经济增长和价格变动两个因素的作用。虽然价格上涨快会引起地位上升不合情理，但却又是事实，因此必须包括在内。

能反映经济活动总量的指标还有很多，但综合程度不如GDP，可用于反映某一方面的地位，如工业增加值、进出口总额和财政收入，等等。

2. 地区人均 GDP 与全国人均 GDP 的比率

地区人均 GDP 是指本地区 GDP 与本地区常住人口的比值，是反映一个地区经济发展水平的综合性指标，因此各地区经济发展水平的差异可用地区人均 GDP 与全国人均 GDP 的比率(以下简称为地区人均 GDP 比率)来衡量，计算公式为：

$$v_i = y_i / \sum_{i=1}^{n} a_i y_i \qquad i=1,2,\cdots,n$$

式中 y_i 为某一地区的人均 GDP，a_i 为某一地区常住人口占全国总人口的比重。地区人均 GDP 比率越高，在全国的地位就越重要。该比率同时反映了经济增长、物价变动和人口增长三个因素的作用。

在通常情况下，经济发展快的地区，人均 GDP 也上升较快，因此地区人均 GDP 比率与地区 GDP 比重同向变动，即两者同时上升或下降，但各地区的人口变动是不均衡的，那些人口增长较快的地区，人均 GDP 就会增长较慢，因此两者变动方向也有不一致的可能。对于那些两者变动方向相同的地区，经济地位的升降是明确的，但那些反向变动的地区，则是不确定的，需在综合权衡后才能作出判断。根据地区 GDP 比重和地区人均 GDP 比率的变动情况，我们把所有地区经济地位变动情况分为五类，详见 3.1。

表 3.1 地区经济地位变动情况的类型划分

地区类型	特征	
	地区 GDP 比重	地区人均 GDP 比率
迅速崛起的第一梯队	上升幅度大于 1 个百分点	明显上升
缓慢崛起的第二梯队	上升幅度在 0.2～1 个百分点	上升
基本稳定的第三梯队	升降幅度不超过 0.2 个百分点	没有明显变化
	上升幅度超过 0.2 个百分点	下降
	下降幅度超过 0.2 个百分点	上升
有所下降的第四梯队	下降幅度在 0.2～1 个百分点	下降
下降的第五梯队	下降幅度较大	明显下降

二、单个地区变化量的测度

1. 位次变化量

对于任一给定的指标，若为正指标，所有地区按从高到低的顺序排列，若为逆指标，则按从低到高的顺序排列，地区 i 在报告期的位次记作 $I_i(t_1)$，在基期的位次记作 $I_i(t_0)$，位次变化量为 $I_i(t_0)-I_i(t_1)$。位次变化量可以在一定程度上反映某一地区地位的变化，位次上升或下降对应着地位的上升或下降，但也有不足，有些地位变化无法通过位次变化量反映出来，比如好的地区变得更好、差的地区变得更差，所有地区的位次就有可能保持不变。

所有可以排序的指标都可以计算位次变化量，如地区 GDP、人均地区 GDP、地区 GDP 比重、人均地区 GDP 比率等。

2. 地区 GDP 比重的变化量和变化率

地区 GDP 比重的变化量是指报告期的地区 GDP 比重减去基期值；变化率是指报告期的地区 GDP 比重与基期之比。变化量和变化率都可以反映某一地区地位的升降幅度，但两者也有一定的区别。那些占全国比重很小的地区，即使比重上升 1 倍，变化量仍是很小，虽然这一变化量对全国的影响不大，但对本地区来说是极为重要的。因此在观察某一地区地位变动情况时，不能只看变化量，而必须同时观察变化率。

3. 地区人均 GDP 比率的变化量

地区人均 GDP 比率的变化量是指报告期的人均地区 GDP 比率减去基期值。该指标的作用与地区 GDP 比重的变化量相似，可以互相补充。

三、经济格局变化程度的测度

1. 位次变化系数

位次变化系数是指所有地区位次变化量的绝对值之和与位次可能发生的最大变化量之比，用 Is 表示，计算公式为：

$$Is=\sum_{i=1}^{n}|I_i(t_1)-I_i(t_0)|/MaxI\times 100$$

式中 $MaxI$ 表示位次可能变动的最大值，计算公式为：

$$MaxI=\begin{cases}\dfrac{(n+1)(n-1)}{2} & \text{当 } n \text{ 为奇数时}\\ \dfrac{(n+1)(n-1)-1}{2} & \text{当 } n \text{ 为偶数时}\end{cases}$$

位次变动系数的取值在 0～100 之间。0 表示地区经济格局未变，100 意味着两个时期的高低顺序完全相反，即原来重要的地区变成不重要了，原来不重要的地区变成重要了。需要注意的是，该系数只有在地区数较多时才有意义，否则意义不大。

2. 地区 GDP 比重的变化总量

地区 GDP 比重的变化总量是指所有 GDP 比重上升地区的比重变化量之和，用 S_w 表示，计算公式为：

$$S_w=\sum_{i=1}^{n}|w_i(t_1)-w_i(t_0)|/2$$

该指标能较好地反映地区经济格局的变动程度，取值范围在 0～100 之间，其取值越大，格局的变化幅度也就越大。取值为 0 对应着所有地区的 GDP 比重均不变，因此地区经济格局未变。

3. 地区人均 GDP 比率的变化均量

用 D_v 表示地区人均 GDP 比率的变化总量，计算公式为：

$$D_v=\sum_{i=1}^{n}|v_i(t_1)-v_i(t_0)|\cdot a_i(t_1)$$

上式中的 $a_i(t_1)$ 为报告期常住人口比重，也可以换成基期的常住人口比重，或取两者的平均。地区人均 GDP 比率变化均量的取值范围大于 0，取值越大，表示地区经济格局变化越大。

第二节　地区经济格局变动情况

一、地区经济格局变动的总体情况

从 1978 年至 2007 年，我国地区经济格局发生了较大的变化，地区 GDP 比重的变化总量为 17.6 个百分点，地区人均 GDP 比率的变化均量为 0.334，地区 GDP 的位次变动系数为 21.4%，

地区人均 GDP 的位次变动系数为 36.1%。变化最大的是原广东省[①]和上海市，前者的地区 GDP 比重上升了 6.28 个百分点，后者下降了 3.51 个百分点。在所有地区中，地区 GDP 比重上升的地区有 9 个，不到总数的 1/3，下降幅度在 1 个百分点以内的地区有 16 个，下降幅度超过 1 个百分点的地区有 5 个。从地区人均 GDP 比率看，2007 年比 1978 年上升的地区有 7 个，上升幅度最大的浙江省上升 0.852，其余地区均为下降，幅度最大的上海下降 3.754，北京和天津紧随其后，分别下降 0.937 和 0.793。各地区经济地位变动情况见表 3.2。

1. 迅速崛起的第一梯队

迅速崛起的第一梯队由原广东、浙江、福建、山东和江苏 5 个省组成，全部位于东南沿海，互相连成一片。这 5 个地区占全国 GDP 的比重明显上升，合计提高 16 个百分点；人均 GDP 的上升幅度远远超过全国平均水平，地区人均 GDP 比率上升幅度均在 0.4 以上。从地理位置可以看出，第一梯队主要是受区位优势的带动，但也有一些同样位于东南沿海的地区没有进入第一梯队，因此区位优势仅仅是基

① 1978 年，海南为广东省的一个地区，由于数据无法分开，因此分析时只能重新合并。为叙述方便，合并后数据简称为原广东省的数据。

础，还有一些其他的重要因素在起作用。

表 3.2 1978～2008 年我国地区经济格局变动状况

地区类型	地区名称	2007 年地区 GDP 比重			2007 年地区人均 GDP 比率	
		实际值(%)	比 1978 年增减	与 1978 年比值	实际值	比 1978 年增减
迅速崛起的第一梯队	广东及海南	11.21	6.28	2.08	1.48	0.46
	浙江	6.81	3.23	1.90	1.76	0.85
	福建	3.35	1.43	1.74	1.22	0.47
	山东	9.46	2.93	1.45	1.31	0.45
	江苏	9.34	2.13	1.29	1.60	0.42
缓慢崛起的第二梯队	内蒙古	2.20	0.52	1.31	1.19	0.32
	河南	5.50	0.79	1.17	0.76	0.12
基本稳定的第三梯队	新疆	1.28	0.15	1.13	0.80	−0.06
	北京	3.29	0.14	1.04	2.66	−0.79
	广西	2.15	−0.04	0.98	0.59	−0.03
	河北	5.07	−0.23	0.96	0.95	−0.05
	宁夏	0.30	−0.07	0.81	0.65	−0.36
	青海	0.28	−0.17	0.62	0.66	−0.52
	西藏	0.13	−0.07	0.65	0.57	−0.46
有所下降的第四梯队	云南	1.73	−0.27	0.86	0.50	−0.12
	陕西	1.96	−0.38	0.84	0.68	−0.12
	吉林	1.91	−0.46	0.80	0.91	−0.14
	山西	2.08	−0.47	0.82	0.80	−0.20
	江西	2.00	−0.52	0.79	0.60	−0.16
	安徽	2.68	−0.61	0.81	0.57	−0.10
	湖南	3.34	−0.91	0.79	0.68	−0.10
	重庆	1.50	−0.45	0.77	0.69	−0.01
	天津	1.83	−0.56	0.77	2.17	−0.94
下降的第五梯队	湖北	3.34	−1.03	0.77	0.76	−0.15
	贵州	0.99	−0.36	0.73	0.32	−0.16
	四川	3.84	−1.50	0.72	0.61	−0.11
	辽宁	4.03	−2.61	0.61	1.22	−0.65
	上海	4.39	−3.51	0.56	3.10	−3.75
	甘肃	0.99	−0.89	0.53	0.49	−0.47
	黑龙江	2.59	−2.47	0.51	0.88	−0.67

2. 缓慢崛起的第二梯队

缓慢崛起的第二梯队只有内蒙古和河南两个地区，占全国 GDP 的比重分别上升 0.52 和 0.79 个百分点。内蒙古的人均 GDP 比率上升略多一些，上升 0.32，2007 年的人均 GDP 比全国平均水平高 16%。河南的人均 GDP 比率仅上升 0.12，升幅很小，GDP 比重的上升更多地依靠人口增加，2007 年的人均 GDP 仍在全国之下，仅为全国的 76%。

3. 经济地位基本稳定的第三梯队

经济地位基本稳定的第三梯队由新疆、北京、广西、河北、宁夏、青海和西藏组成，除北京和河北是东部地区以外，其余均属西部地区。其共同特征是地区 GDP 比重变化量在 0.2 个

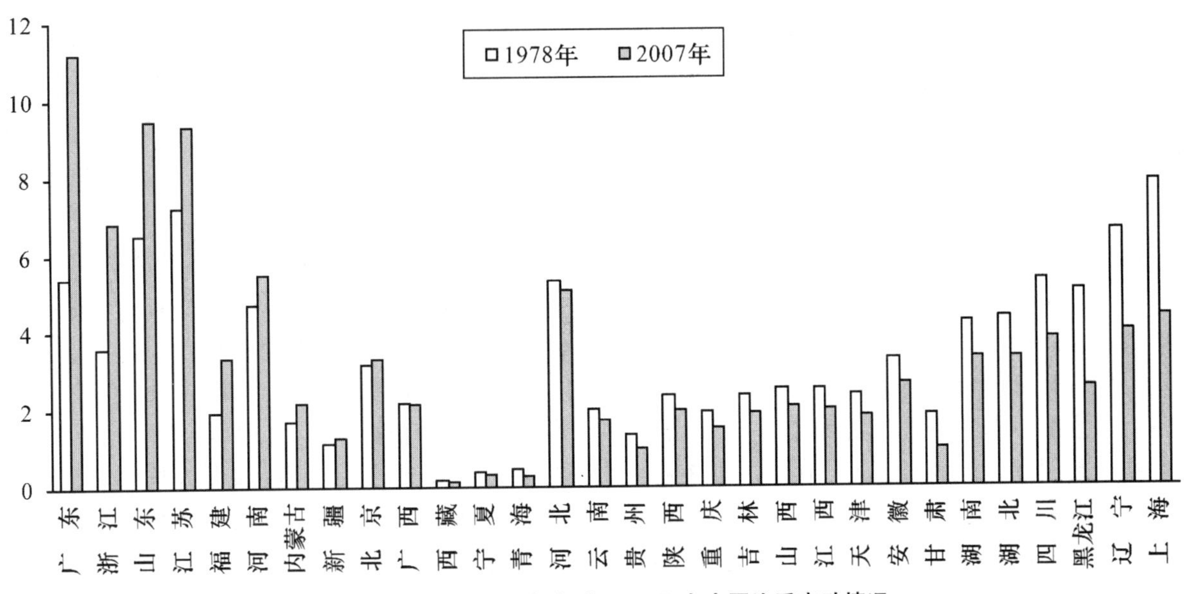

图 3.1 1978～2007 年各地区 GDP 占全国比重变动情况

百分点以下，另外两个评价指标则差异较大。其中有三个地区比较特殊，一个是北京，占全国 GDP 的比重略有上升，但人均 GDP 比率下降较大，下降 0.79；二是青海和西藏，虽然占全国 GDP 的比重下降不多，但由于原先占的比重就很低，因此从其本身看，比重的下降幅度很大，占全国 GDP 的比重将近减少 40%，人均 GDP 比率的下降幅度也较大，分别下降 0.52 和 0.46。

4. 经济地位有所下降的第四梯队

经济地位有所下降的第四梯队由云南、陕西、吉林、山西、江西、安徽、湖南、重庆和天津组成，以中部地区为主。从 1978 年至 2007 年，这些地区占全国 GDP 比重均下降，但幅度不大，均在 0.2～1 个百分点之间，地区人均 GDP 比率也均为下降，天津下降幅度较大，下降 0.94，其他地区的降幅均不大。

5. 经济地位下降的第五梯队

经济地位下降的第五梯队由湖北、贵州、四川、辽宁、上海、甘肃和黑龙江组成，这些地区没有明显的地域特征，全国各地都有，地位下降的原因也各不相同。其共同特征是地区 GDP 比重下降幅度较大、地区人均 GDP 比率下降比较明显。其中贵州和甘肃的比重下降幅度不到 1 个百分点，但比重的变化率较低，因此归入此类。在该类中，上海的人均 GDP 比率下降幅度高达 3.75，而其他地区下降幅度最大的也不到 1；甘肃和黑龙江占全国 GDP 的比重几乎下降了一半，下降幅度很大。

二、地区经济格局演变的轨迹

为了观察地区经济格局演变的轨迹，我们把整个时期划分成 4 个阶段，阶段的划分主要考虑了经济体制改革进程和经济波动两个因素。通过仔细观察和分析，各个时期的格局变化既有一些共性，但也有一些明显的时期特征。

1. 改革开放初期：1978～1984 年

1978 年至 1984 年，我国正处于改革开放的起步阶段，经济体制依然是计划经济，改革的重点是农村，联产承包、包产到户和提高农产品收购价格等一系列改革解放了农村劳动生产力，农业生产快速发展，城乡差距缩小，地区经济格局的变化也明显地呈现出这一特征。在这一时期，地区 GDP 比重的变化总量为 6.07 个百分点，地区 GDP 的位次变动系数为 9.4%，地区人均 GDP 比率的变化均量为 0.122。格局变动的主要特点是：

(1)一些以农业为主的省区的地位上升。农村改革最先是从安徽省开始的，这一时期的安徽经济呈现强势特征，占全国 GDP 比重上升 0.45 个百分点。一些以农业为主的省(区)，占全国 GDP 的比重明显上升，如贵州、新疆和河南，比重分别提高了 0.18、0.13 和 0.5 个百分点。

(2)第一梯队的初步形成。这一时期，虽然改革开放刚刚开始，但沿海省份的区位优势已经显现。在第一梯队的5个地区中，仅有江苏的GDP比重没有提高，其他4个省的比重均提高较大，山东和广东是地区GDP比重提高最多的，分别提高1.67和1.08个百分点，浙江是地区GDP比重上升速度最快的，地区GDP比重变化率为1.272。

2. 城市改革阶段：1984～1990年

从1984年开始，我国经济体制改革的重心逐渐地由农村转向城市，企业自主权不断扩大，指令性计划和政府定价的范围逐渐缩小，经济体制由计划调节向市场调节过度，对外开放进一步扩大。有些在前一阶段发展较快的地区没有能在这一阶段延续。在这一阶段，地区GDP比重的变化总量为5.06个百分点，地区GDP的位次变动系数为11.1%，地区人均GDP比率的变化均量为0.086。格局变动的主要特点是：

(1)第一梯队的上升速度有所减缓。从1984年至1990年，第一梯队占全国GDP比重上升了3.84个百分点，年均上升0.64个百分点，比前一时期缩小0.05个百分点。这一时期，第一梯队5个地区的发展很不平衡，广东和福建的地位迅速上升，山东则是略有下降。

(2)农业大省的比重大多下降。农业大省在第一阶段受益较多，但这一阶段则大多处于不利地位。安徽的地区GDP比重下降了0.18个百分点，河南下降0.15个百分点，黑龙江下降0.61个百分点。

(3)在第一梯队以外的地区中，有一些地位明显上升，如云南的地区GDP比重上升0.48个百分点，广西上升了0.34个百分点，河北和新疆分别提高了0.17和0.15个百分点。这些地区的地位上升各自有不同的原因，没有共性。

(4)三个直辖市的地位明显下降。上海占全国GDP的比重下降1.27个百分点，天津和北京分别下降0.4和0.34个百分点。

3. 市场化经济体系改革阶段：1990～1998年[①]

进入20世纪90年代，我国经济体制改革迈入了全新的阶段，国有企业管理体制和价格体制已经发生了根本性的变化，计划经济体制已被市场经济体制逐步替代，1992年邓小平南巡讲话，提出了建立社会主义市场经济体制的改革目标。在这一时期，我国经济经历一次较大幅度的波动，波峰在1993年，但回落的过程和以前的波动完全不同，没有出现急速下降的现象，回落过程用了5年的时间，1998年才到达谷底。在这一阶段，地区GDP比重的变化总量为6.61个百分点，地区人均GDP比率的变化均量为0.12，地区GDP的位次变动系数为6.7%。格局变动的主要特点是：

(1)第一梯队的上升速度进一步减缓。从1990年至1998年，第一梯队占全国GDP比重上升了5.49个百分点，年均上升0.61个百分点，比前一时期缩小0.03个百分点。这一时期，除山东以外，其余4个地区的上升速度均较快，占全国GDP比重的升幅均超过1个百分点。

(2)三个直辖市在这一时期有所好转。上海市一反前几个时期的快速下降走势，占全国GDP的比重上升0.37个百分点，北京也提高0.17个百分点，天津仅下降0.02个百分点。

(3)农业大省在这时期的地位普遍大幅下降。辽宁、湖北、四川、黑龙江和安徽的经济地位明显下降，占全国GDP的比重分别下降1.05、0.69、0.62、0.51和0.48个百分点。

(4)河南和河北的经济地位上升，分别上升0.16和0.3个百分点。

4. 经济发展的新阶段：1998～2007年

1998年，我国已初步建立起社会主义市场经济体制，经济发展进入新阶段，政府的宏观调控能力大大增强，经济运行变得更加稳定。在这一阶段，地区GDP比重的变化总量为5.03个百分点，地区人均GDP比率的变化均量为0.09，地区GDP的位次变动系数为6.7%。格局变动的主要特点是：

(1)第一梯队的地位趋于稳定。从1998

① 从这一时期开始，海南单列，归入基本稳定的梯队。

年至 2007 年，第一梯队的经济地位虽然仍在上升，但上升速度已远不如前几个时期，占全国 GDP 比重仅上升了 2.66 个百分点，年均上升 0.3 个百分点，比前一时期缩小 0.3 个百分点。特别是最后四年，即 2004～2007 年，经济地位已趋于稳定，其中浙江、福建和广东的经济地位还出现小幅下降。

(2)三个直辖市的经济地位呈分化走势。北京和天津明显上升，分别提高 0.41 和 0.17 个百分点；上海没有能延续前一阶段的上升走势，但下降幅度不大，仅下降 0.22 个百分点。

(3)内蒙古异军突起，上升 0.67 个百分点。

(4)西部地区的经济地位出现上升。从 2004 年至 2007 年，西部 11 个省占全国 GDP 的比重上升 0.38 个百分点。

三、典型省市的格局演变过程分析

为了更详尽考察地区经济格局的演变轨迹，我们从每一类地区中选取一个有典型意义的地区，对其各年的变动情况进行分析。

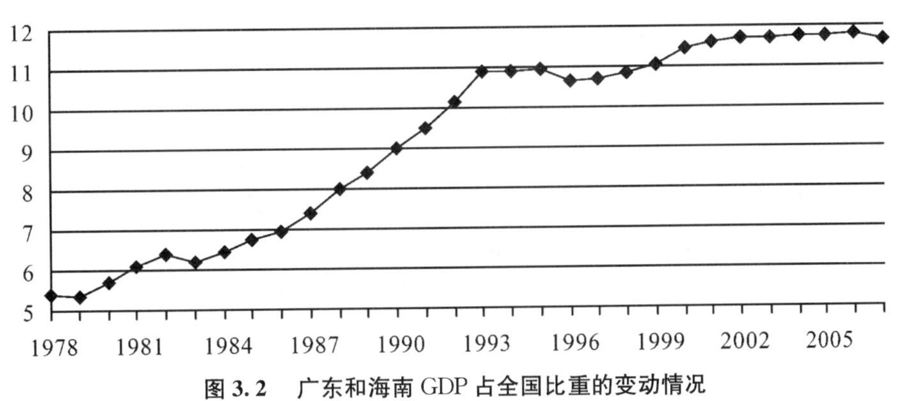

图 3.2 广东和海南 GDP 占全国比重的变动情况

1. 大幅上升的原广东省

原广东省属第一梯队，在全国的经济地位显著上升。从 1978 年至 2007 年，地区 GDP 占全国的比重提高 6.3 个百分点，人均 GDP 比率从 1.08 提高至 1.48，地区 GDP 总量的位次从第 5 位上升至第 1 位。从变动过程看，以 1993 年为分水岭，明显地分为两个阶段(见图 3.2)。1993 年之前，经济地位的上升速度很快，而在此之后，则上升速度很慢，有些年份还出现了下降，特别是 2002 年以后，已趋于基本稳定。

2. 正在崛起的内蒙古

内蒙古属第二梯队，在全国的经济地位小幅上升。从 1978 年至 2007 年，地区 GDP 占全国的比重提高 0.5 个百分点，虽然比重的提高量不大，但从其自身看，变化是显著的，比重变化率达到 1.31，人均 GDP 比率从 0.87 提高至 1.19，地区 GDP 总量的位次从第 25 位上升至第 16 位。从变动过程看，在 1985 年之前的地位上升(见图 3.3)，而后转为下降，并一直延续到 1995 年，1995 年至 2003 年的地位基本稳定，2004 年经济发展驶入快车道，占全国 GDP 的比重迅速上升，4 年时间就提高 0.59 个百

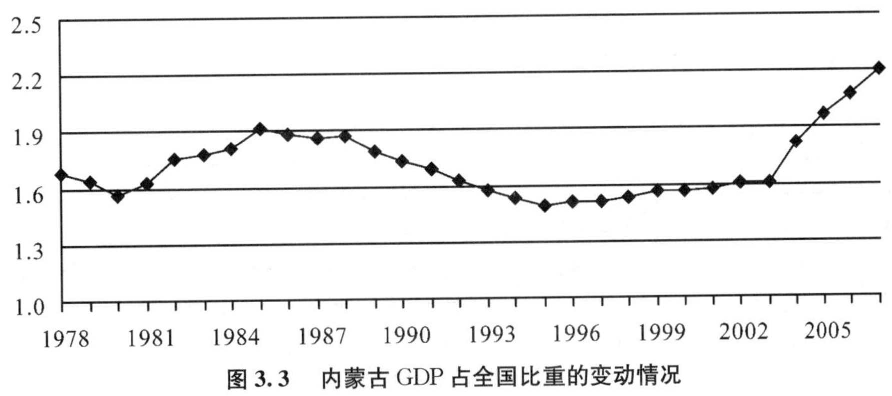

图 3.3 内蒙古 GDP 占全国比重的变动情况

分点。

3. 基本稳定的河北

河北属第三梯队，在全国的经济地位稳定。从1978年至2007年，地区GDP占全国的比重和人均GDP比率均没有明显变化。从变动过程看（见图3.4），在20世纪80年代有一次小幅波动，前期是下降，后期是上升；1990年以后的经济地位始终保持稳定。

图3.4 河北GDP占全国比重的变动情况

4. 有所下降的江西

江西属第四梯队，在全国的经济地位有所下降。从1978年至2007年，地区GDP占全国的比重下降0.52个百分点，人均GDP比率从0.76降至0.6，地区GDP总量的位次从第16位上升至第19位。从变动过程看（见图3.5），1995年是分水岭，在此之前缓慢下降，在此之后基本稳定。

5. 大幅下降的上海

上海属第五梯队，在全国的经济地位大幅下降。从1978年至2007年，地区GDP占全国的比重下降3.51个百分点，人均GDP比率从6.85下降至3.1，地区GDP总量的位次从第1位下降至第7位。从变动过程看，1989年是分水岭（见图3.6），在此之前，经济地位迅速下降，在此之后基本稳定。

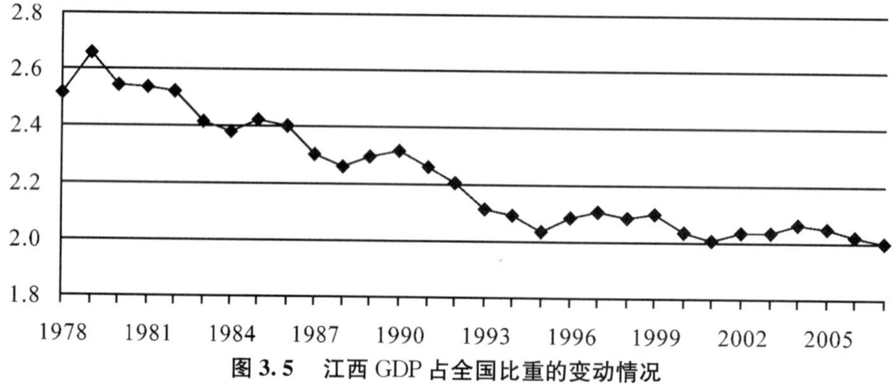

图3.5 江西GDP占全国比重的变动情况

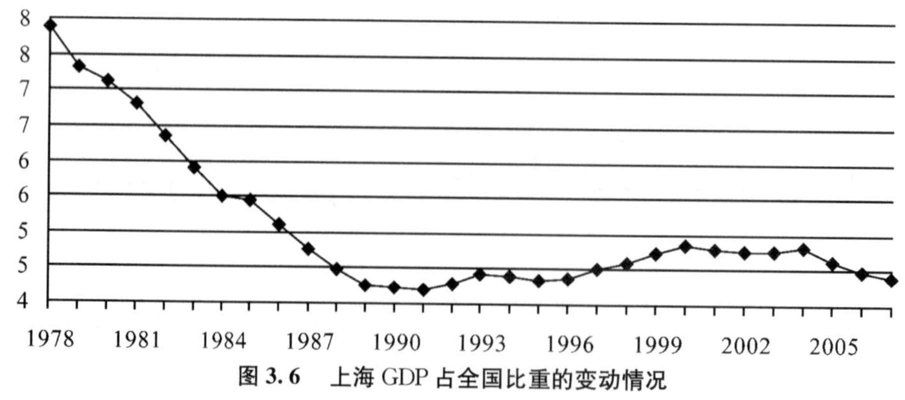

图3.6 上海GDP占全国比重的变动情况

第三节 地区经济格局变动的原因分析

造成各地区经济发展快慢不一的原因是多方面的，可以从资源、体制和政策等角度展开分析，相关的理论模型也很多。由于时间的限制，我们的分析只能限于其中的几个因素，没有进行全面分析。研究地区经济格局变动原因，不能简单地套用经济增长模型，那些对经济增长很重要，但若地区之间差异不大，就没有必要关注。

一、关于地区经济格局变动原因的若干假设

1. 改革开放是地区经济格局变动的根本原因

1978 年，我国拉开了经济体制改革和对外开放的序幕，我国经济发展的源动力发生了根本性转变，改革开放成了经济发展的最基本动力，也是引发经济格局发生巨大变动的根本原因。尽管改革和开放对所有地区是平等的，但对各地区的影响是不一样的。一些依靠政府支持在传统体制时期发展较好的地区失去原有动力，走上经济地位下滑的道路。开始阶段的农村改革对农业大省有利，而后进行的城市和国有企业改革则对以工业为主的地区有利。对外开放使得沿海地区的区位优势得以充分发挥。改革开放是逐步推进的，影响是不断释放的，但各项措施的影响又是有差别的，因此不可能建立一个统一的模型对这一原因进行检验。但由这一原因可以引出一些可以检验的假设，只要这些假设能通过检验，也就在一定程度上验证了总假设。以下是两个重要的可检验假设：

（1）格局变动速度的收敛性。改革开放引起了地区经济格局的快速变动，但在一定时期以后，变动速度会放慢，最终将恢复至正常水平。这一结论已在前一节的分析中证实，第一阶段，地区 GDP 比重的年均变化量为 1.01 个百分点；第二阶段为 0.84 个百分点；第三阶段为 0.83 个百分点；第四阶段为 0.56 个百分点。

（2）出口份额对各地区的经济地位有重要影响。占全国出口份额大幅上升或下降的地区，在全国的经济地位也上升或下降。这一假设将在稍后进行检验。

2. 政策差异对地区经济格局变动有较大影响

在改革开放过程中，我国对各地区的经济政策有较大差异。在 20 世纪 80 年代中期，沿海城市获得了更优惠的开放政策。各地区的税收政策也有明显的区别，有些地区上缴中央财政的收入较多，而另一些地区则正好相反。2000 年以后，我国开始实施一系列区域发展战略，先后实施了西部大开发、东北振兴和中部崛起等战略。地区经济政策的差异对地区经济格局变动有较大影响。

3. 基期经济发展水平的影响

受劳动力成本和土地成本等因素的影响，发展水平高会对后续发展产生一定的不利影响，而发展水平低则会成为后续发展的动力。因此从长期看，经济发展水平越高的地区，经济地位下降的可能性越大。

4. 特殊因素的影响

我国幅员辽阔，各地区在人文、自然资源、地理地貌和气候环境等方面差异巨大，这些差异对各地区经济发展有较大影响。

二、出口影响地区经济地位变动的检验

影响各地区经济发展的因素众多，当某一影响因素变动不大时，其影响就会淹没在其他因素的影响之中，很难将其影响分离出来，也就无法判断其影响的方向和强弱。基于这一认识，我们将侧重于考察那些出口份额变动较大的地区。

各地区的出口数据有三种口径，一种是外贸部门出口总额；二是按海关所在地统计的出

口总额；三是按货源地统计的出口总额。为了考察出口对地区经济地位的影响，按货源地统计的出口总额是较好的选择，但我们没有收集到1993年以前按这一口径统计的数据，而仅收集到外贸部门出口总额。由于不同口径的数据不完全可比，因此我们将分段进行研究。

表3.3 1980至1995年各地区出口对地区GDP的影响

	出口占全国的比重(%)			地区GDP占全国的比重(%)		
	1980	1995	变化量	1980	1995	变化量
上海	23.4	8.0	−15.4	7.1	4.3	−2.79
辽宁	22.2	7.6	−14.6	6.4	4.9	−1.57
天津	8.4	2.1	−6.4	2.4	1.6	−0.75
山东	9.7	6.9	2.8	6.7	8.6	1.93
福建	2.0	6.4	4.4	2.0	3.6	1.65
浙江	1.3	5.8	4.5	4.1	6.2	2.07
广东	12.0	38.3	26.3	5.7	10.3	4.60

按外贸部门出口总额计算，从1980年至1995年，各地区出口占全国比重的变化量和地区GDP占全国比重的变化量之间有很强的相关关系，相关系数达到了0.773。表3.3列出所有出口占全国比重变化量超过2个百分点的地区，这些地区的GDP比重大多呈同向变动，仅有山东是例外。上海和辽宁占全国出口的比重大幅下降，分别下降了15.4和14.6个百分点，占全国GDP的比重分别下降2.79和1.57个百分点；广东占全国出口的比重上升26.3个百分点，占全国GDP的比重上升4.6个百分点。

表3.4 1993至2007年各地区出口对地区GDP的影响

	出口占全国的比重			地区GDP占全国的比重		
	1993	2007	变化量	1993	2007	变化量
广东	40.98	30.66	−10.32	10.14	11.21	1.07
黑龙江	3.89	0.83	−3.06	3.50	2.59	−0.92
上海	8.26	11.27	3.02	4.44	4.39	−0.05
浙江	5.30	11.25	5.95	5.63	6.81	1.18
江苏	5.87	17.05	11.18	8.76	9.34	0.58

依据按货源地统计的出口总额计算，从1993年至2007年，我国出口的地区格局发生了较大变化，各地区出口占全国比重的变化总量为22.9个百分点，但对这一时期地区经济格局的影响却不明显，与GDP比重的变化量之间的相关关系很弱，仅为0.19。那些出口占全国比重变化很大的地区，GDP比重的变化方向却不一定。广东的出口比重下降10.3个百分点，但GDP比重却上升1.07个百分点；上海的出口比重上升3.02个百分点，但GDP的比重却下降0.05个百分点(见表3.4)。由此可知，出口已不是影响这一时期经济格局变动的主要因素。

三、基期经济发展水平对各地区经济发展的影响

各地区的经济发展与基期经济发展水平呈很强的负相关，1978至2007年的各地区人均GDP比率变化量与1978年人均GDP比率之间的相关系数为−0.89。分时期看，1978至1984年的相关系数为−0.908，1984至1990年为−0.864，1990至1998年为0.1，1998至2007年为−0.512，2004至2007年为−0.777。只有1990至1998年是例外，这一时

期的经济发展与基期经济发展水平关系不大，标志着我国经济从一个阶段向另一阶段过渡，因此有特殊重要的意义。

造成经济发展与基期经济发展水平负相关的原因是多方面的，如经济发展水平高会造成劳动力成本高、土地价格高、人口流入等。除这些常规原因外，我们所要强调的是：改革开放造成了我国经济增长的动力发生根本性转化。在计划经济时代，国家计划对经济发展起主要作用，国家对哪个地区重视，那个地区就会发展较快；但在改革开放以后，却成了哪个地区改革开放搞得好，那个地区就会发展较快。经济发展动力的这一转变，造成了很多在传统体制时期发展较好的地区慢了下来，这些地区是传统体制的受益者，改革的动力相对不足。而那些拥有对外开放自然优势和体制改革先行一步的地区，成了我国经济的新增长极。

尽管基期经济发展水平对经济发展有负面影响，但对经济格局的变化却影响不大。从1978至2007年，地区GDP比重的变化量与基期人均GDP比率的相关系数仅为0.08，几乎没有关系。导致这一结果的原因主要在于人口和劳动力的流动，发展水平高吸引人口和劳动力流入，抵消了对发展的不利影响。分时期看，各时期的影响差别很大，80年代为负相关，影响是负面的，90年代为正相关，影响是正面的，2004年以后又转为负相关。1978至1984年的相关系数为－0.5，1984至1990年为－0.41，1990至1998年为0.36，1998至2007年为0.16，2004年至2007年为－0.23。

第四章

地区居民生活质量的比较

改革开放以来，我国社会经济发展日新月异，人们的物质生活水平大大提高，生活质量越来越受到政府和社会的关注。党的十六大报告提出了在本世纪头20年全面建设小康社会的奋斗目标，同时也强调指出：发展经济的根本目的是提高全国人民的生活水平和质量。为此，从定量分析的视角看，当前亟需构建一套可评估全面建设小康社会的居民生活质量指标体系。这不仅可以衡量和评价全面建设小康社会进程中全国居民生活质量状况，而且也可以衡量和评价各地区居民生活质量状况，以促进地区之间社会经济的协调发展。

第一节　居民生活质量评价指标体系的建立

一、生活质量的概念

生活质量一词问世已有半个多世纪，但迄今为止仍没有一个公认的定义、指标体系和评价准则。据统计，国内外有关生活质量的定义有百余种，测度生活质量的指标和指标体系也各不相同，归纳起来可以分为三类：

第一类是用影响人们物质和精神生活的客观条件来界定。认为生活质量是生活条件的综合反映，生活条件的改善就意味着生活质量的提高。这里的生活条件包括自然和社会两方面的内容。中国绝大多数学者持此观点，如厉以宁等；美国经济学家罗斯托(W. W. Rostow)的生活质量概念也包括自然和社会两方面的内容。

第二类是用反映人们生活舒适、便利程度的主观感受来界定。持这种观点的主要是西方发达国家的学者，比较有代表性的有美国经济学家加尔布雷斯(J. K. Galbrainth)在《富裕社会》一书中所提出的生活质量概念，他们以发达国家或地区的居民生活为研究对象，认为发达国家的经济发展水平比较高，物质条件作为影响人们生活的好坏已失去根本的效力，因而把研究的视野转向人们的精神、心理和情感感受上。

第三类是将客观条件、主观感受两个方面相结合来界定。认为生活质量是社会提供国民生活的充分程度和国民生活需求的满足程度，及对其自身所处生存环境的认同感。中国学者冯立天、周长城等人持此观点。欧洲各国对生活质量的定义也主要采取了主观维度与客观维度相结合的方法。

对处于社会经济发展不同阶段的国家而言，客观条件和主观感受在评价居民生活质量中的作用是不同的。在物质条件满足程度不是很高的发展时期，人们的客观物质条件满足程度低，而且存在着太大的差距，不同人的幸福感的起点存在很大的差距，此时人们的主观感受必须有一个客观标准给予约束，因而发展中国家更应当重视客观条件的满足。而在发达国家，居民的物质条件的满足程度很高，生活质量的差距主要来源于主观感受，因而更重视主观感受的研究。作为发展中国家，我国现阶段居民物质生活条件的满足程度还较低，居民的主导需求仍旧是生存需求、发展需求，主观感受的主导变量仍属经济型的。因而，在我国现阶段及今后一段时期内，对居民生活质量的评估仍应以客观方面为主。因此，本章对我国居民生活质量的定义为：居民生活质量是指在一定的社会生产条件下，居民在物质生活和精神文化生活等方面所达到的水平和舒适程度，以及生活环境方面的便利程度。

二、构建居民生活质量评价指标体系的原则

居民生活质量是一个复杂的系统，对这类复杂系统进行定量研究，必须建立一套把系统要素进行量化的评价指标体系。只有建立一套科学、严密、完整的评价指标体系，才能利用先进的研究方法和手段对系统进行监测和预测研究，才能通过衡量的结果去了解目标达到的程度，才能对系统进行横向和纵向的比较。

构造生活质量评价指标体系总的原则是尽可能借鉴现有的社会经济指标，而毋需另起炉灶，再搞全新的一套。遴选生活质量评价指标，必须遵守一些原则：

(1)科学性原则。设计的指标要符合消费经济规律、社会规律、技术规律和自然规律的要求，指标涵义明确，测算方式标准，统计计算方法规范，指标要能反映居民生活质量的内涵，以便保证评估方法的科学性和评价结果的真实性、准确性。

(2)全面性原则。生活质量是一个多层面的概念，它不仅包含生活的物质层面，而且还包含非有形的生活层面。所以，构建合理的评价指标体系需要从不同的理论视角和多种方法进行研究探讨，指标体系应反映影响生活质量的各个方面，从不同角度反映出被评价系统的主要特征和状况。设计的指标体系要能反映出居民生活的主要过程和主要层面的实际情况，以便开展全面的分析和综合评价。

(3)系统性原则。指标体系作为一个有机整体，应该从不同角度反映被评价系统的主要特征和状况，建立一个完备的指标群，在确定每一个指标时，不能孤立地就指标本身来考虑问题，而要把这个指标放在研究对象的总体中去，从整体的角度考虑这个指标与其它指标的关系，既要各有侧重、相互分工，又要相互配合、相互补充，且有较强的代表性和系统性，以便用来反映和跟踪不同侧面、不同过程和不同领域的居民生活状况。

(4)可行性原则。影响居民生活质量的因素很多，但并不是反映这些条件的指标选的越多越好，要考虑到指标数据的取得与处理的难易程度和可靠性。设计的指标既要能满足开展居民生活质量测定、计量、分析和评估的需要，又要有易于获取的现实可行性，以便于具体操作。虽然有些指标能很好地反映休闲生活质量的内容，但由于无法测量，因此不能作为入选指标。应该尽量利用和开发现行统计制度中的指标，特别是公开发表的数据资料，弄清指标的主次关系，选择那些有代表性的综合指标和主要指标，这样可靠性强、容易获取和易于量化计算，能够真实反映最新的居民生活质量状况。

(5)可比性原则。设计的指标要与国内和国际上通用的、规范的名称、口径和计算方法一致，以便能进行横向比较和纵向比较，具有区域间和国别间的可比性。

(6)前瞻性原则。设计的指标体系，既要考虑当前的需要，又要有一定的超前性，以便为管理层决策和调控提供一些具有前瞻性的信息。

三、居民生活质量评价指标体系的设计

在国内外已建立的生活质量评价指标体系及国家统计局统计科学研究所建立的全面建设小康社会统计监测指标体系的基础上，根

据前面提出的构建评价指标体系的原则，从经济生活、社会生活、文化生活和生活环境四个方面建立一套符合我国国情的居民生活质量评价指标体系。

经济生活方面指标包括：人均 GDP、居民人均可支配收入、居民人均生活消费支出、城市化率、城镇登记失业率；社会生活方面指标包括：基尼系数、城乡居民收入比、恩格尔系数、5 岁以下儿童死亡率、平均预期寿命；文化生活方面指标包括：家用电脑普及率、彩色电视机普及率、电话普及率、平均受教育年限、居民文教娱乐服务支出占家庭消费支出比重；生活环境方面指标包括：人均住房使用面积、人均生活用电量、民用载客汽车拥有量、基本社会保险覆盖率、社会安全指数、环境质量指数。居民生活质量评价指标体系见表 4.1。

这里需要指出，生活质量指标还应包括反映居民闲暇和精神生活状况、公民性别差异以及政治自由等方面的指标，但因其很难量化或数据难以取得而未被纳入。

居民生活质量既是一个经济问题，又是一个社会问题。因此，从复合系统的观念来考察，各系统之间以及与居民生活质量之间具有紧密联系。

首先，经济生活系统是居民生活质量的核心内容。只有经济发展达到并保持一定的水平，才有可能保障人们的基本需求，才有可能满足人们日益增长的物质文化生活需要，才有实力不断提高居民的生活水平和质量；同时，才有可能为消费环境的保护和资源的开发提供必要的能力和条件，为社会可持续发展奠定基础。

其次，社会生活和文化生活系统是居民生活质量的最高目标。社会事业的发展是构成社会生产目的的重要组成部分，尤其是它直接涉及到人们的精神文化生活，关系到人的全面发展(诸如教育、文化艺术、卫生体育、社会福利、社会秩序等)。因此，“社会发展的最终目标是改善和提高全体人民的生活质量”，同时，社会事业发展的规模和质量是人口、经济、资源和环境等系统实现协调发展的关键。

最后，生活环境系统是居民生活质量的主要标志。优美舒适的消费环境可以为人类的生存与发展提供有力保障，可以更好地满足人们的生态消费需要，尤其是当居民的物质消费和精神消费达到较高水准之后，居民生活质量的高低，将主要以消费环境的优劣来评价；同时，消费环境还是经济、社会等活动赖以进行的物质基础和空间条件，并影响和制约着经济、社会的运行和发展。

四、居民生活质量指数的计算方法

居民生活质量指数计算步骤：

第一步　确定指标体系中各指标的权重

采用德尔菲法，各指标的权重见表 4.1。

第二步　指标最大值与最小值的选择

在计算个体指标指数时，首先必须对每个指标进行无量纲化处理，而进行无量纲化处理的关键是选择各指标的最大值与最小值。由于本章计算生活质量指数的目的是对 2000～2007 年我国各地生活质量进行纵向和横向比较，所以每个指标的最小值(最大值)就是在同一时期及所有 31 个省(市、区)中此指标值最小(最大)的那一个。为方便，记第 i 个指标的最小值和最大值分别为 $X^i_{\min}$ 和 $X^i_{\max}$。

第三步　指标无量纲化的处理

正指标无量纲化计算公式：

$$Z_i=\frac{X_i-X^i_{\min}}{X^i_{\max}-X^i_{\min}} \qquad (4.1)$$

逆指标无量纲化计算公式：

$$Z_i=\frac{X^i_{\max}-X_i}{X^i_{\max}-X^i_{\min}} \qquad (4.2)$$

第四步　类指数和总指数的计算

(1)类指数的计算方法

将某一类别无量纲处理后的所有指标值及其权重按公式(4.3)加权平均计算。

$$I_i=\frac{\sum Z_j W_j}{\sum W_j} \qquad (4.3)$$

(2)总指数的计算方法

将所有无量纲处理后的指标值及其权重按公式(4.4)加权平均计算。

$$I=\frac{\sum Z_i W_i}{\sum W_i} \qquad (4.4)$$

表 4.1 居民生活质量评价指标体系

指标	单位	权重(%)
一、经济生活		30
人均 GDP	元	10
居民人均可支配收入	元	5
居民人均生活消费支出	元	5
城市化率	%	5
城镇登记失业率	%	5
二、社会生活		20
基尼系数	—	4
城乡居民收入比	以农为 1	4
恩格尔系数	%	4
5 岁以下儿童死亡率	‰	4
平均预期寿命	岁	4
三、文化生活		20
家用电脑普及率	台/百户	4
彩色电视机普及率	台/百户	4
电话普及率	台/百户	4
平均受教育年限	年	4
居民文教娱乐服务支出占家庭消费支出比重	%	4
四、生活环境		30
人均住房使用面积	平方米	5
人均生活用电量	千瓦小时	5
民用载客汽车拥有量	辆/千人	5
基本社会保险覆盖率	%	5
社会安全指数	%	5
环境质量指数	%	5

注:这里基本社会保险覆盖率、社会安全指数、环境质量指数为合成指标,计算公式为:

$$\text{基本社会保障覆盖率}=\frac{\text{已参加基本养老保险的人数}}{\text{应参加基本养老保险的人数}}\times 50\%+\frac{\text{已参加基本医疗保险的人数}}{\text{应参加基本医疗保险的人数}}\times 50\%$$

$$\text{社会安全指数}=\frac{\text{2000 年全国万人刑事犯罪率}}{\text{当年本地万人刑事犯罪率}}\times 40+\frac{\text{2000 年全国万人交通事故死亡率}}{\text{当年本地万人交通事故死亡率}}\times 20+\frac{\text{2000 年全国万人火灾事故死亡率}}{\text{当年本地万人火灾事故死亡率}}\times 20+\frac{\text{2000 年全国万人工伤事故死亡率}}{\text{当年本地万人工伤事故死亡率}}\times 20$$

环境质量指数=城市空气质量达标率×40%+地表水达标率×40%+国土绿化达标率×20%

五、数据来源

数据主要来源于 2001～2008 年《中国统计年鉴》、《中国能源统计年鉴》、《中国教育统计年鉴》、《中国劳动统计年鉴》、《中国卫生统计年鉴》、《中国环境统计年鉴》、《中国国土资源年鉴》及各地《统计年鉴》,或通过这些年鉴上有关指标数据加工而成。

第二节 地区居民生活质量的比较

一、四大区域居民生活质量指数均有所上升，但差距较大

1.四大区域居民生活质量东部较好、东北部次之、中部偏差、西部落后

2007年，东部地区居民生活质量指数由2000年的41.1%上升到60.0%，平均每年增加2.71个百分点。无论是每年的生活质量指数还是生活质量指数的提升幅度，东部地区都居全国四大区域之首（见表4.2）。

表4.2 四大区域居民生活质量指数

单位：%

	2000年	2001年	2002年	2003年	2004年	2005年	2006年	2007年
全　国	31.8	32.0	33.5	35.6	37.8	40.4	43.7	47.0
东部地区	41.1	42.6	44.9	46.8	48.9	52.8	56.6	60.0
东北地区	36.7	36.9	37.9	40.3	41.9	44.3	47.4	50.5
中部地区	31.3	32.9	33.6	35.1	37.4	39.9	42.7	45.6
西部地区	26.1	27.3	28.3	29.8	31.7	34.6	37.0	40.1

注：东部地区包括北京、天津、河北、上海、江苏、浙江、福建、山东、广东和海南10省（市）；东北地区包括辽宁、吉林和黑龙江3省；中部地区包括山西、安徽、江西、河南、湖北和湖南6省；西部地区包括内蒙、广西、重庆、四川、贵州、云南、西藏、陕西、甘肃、青海、宁夏和新疆12省（市、区）。

2007年，东北地区居民生活质量指数由2000年的36.7%上升到50.5%，仅次于东部地区，平均每年增加1.97个百分点。东北地区居民生活质量要比东部地区落后2～3年。

2007年，中部地区居民生活质量指数由2000年的31.3%上升到45.6%，在四大区域中排在第三位，平均每年增加2.05个百分点。其生活质量比东部地区落后4～5年，比东北地区落后2～3年。

相比于其它区域，西部地区的经济和社会发展基础较差，2000年其居民生活质量指数仅为26.1%。虽然这些年来国家对西部地区加大了开发力度，但到2007年居民生活质量指数也仅为40.1%，只相当于东部地区2000年、东北地区2003年、中部地区2005年的水平，比其他区域落后了2～6年。

2.四大区域居民在经济生活、社会生活、文化生活和生活环境质量等方面，差距也较大

四大区域居民经济生活质量高低次序为：东部、东北、中部和西部（见表4.3）。2007年，东部地区经济生活质量指数为52.1%，明显高于其他地区；东北地区为39.3%，仅次于东部，比东部落后2～3年；中部和西部地区分别为29.0%和26.9%，比东部落后7～9年，比东北地区落后3～4年。从发展趋势上看，东部地区经济生活质量改善最为明显，2007年，东部地区经济生活质量指数比2000年提高23.3个百分点，而东北、中部和西部地区分别比2000年提高13.8、13.6和11.5个百分点。

四大区域居民社会生活质量高低次序也为：东部、东北、中部和西部（见表4.3）。2007年，东部和东北地区社会生活质量指数非常接近，分别达70.4%和70.0%，社会生活质量较好；中部地区为61.6%，社会生活质量中等；西部地区为48.7%，社会生活质量较差。从发展趋势上看，2007年，东部、东北、中部和西部地区社会生活质量指数分别比2000年提高0.6、4.6、4.7和9.8个百分点，恰恰与四大区域社会生活质量指数大小相反。总体上说，四大区域社会生活质量提高较为缓慢。

四大区域居民文化生活质量高低次序同样为：东部、东北、中部和西部（见表4.3）。

2007 年，东部地区文化生活质量指数达 63.1%，明显高于其他地区；东北地区为 52.8%，比东部地区落后 3～4 年；中部地区为 47.9%，比东部和东北地区落后 3～5 年；西部地区为 42.8%，比其他地区落后 2～6 年。从发展趋势上看，四大区域文化生活质量提高较快，2007 年居民文化生活质量指数比 2000 年提高了 17～26 个百分点。

四大区域居民生活环境质量高低次序与以上三个方面有所不同，次序为：东部、中部、东北和西部，中部好于东北（见表 4.3）。2007 年，东部、中部、东北和西部地区居民生活环境质量指数分别为 58.9、50.0、47.1 和 45.8，差距相对较小，也比较均衡。从发展趋势上看，四大区域生活环境质量提高也较快，2007 年居民生活环境质量指数比 2000 年提高了 17～23 个百分点。

表 4.3　四大区域居民经济生活、社会生活、文化生活和生活环境质量指数　　单位：%

	经济生活指数		社会生活指数		文化生活指数		生活环境指数	
	2000 年	2007 年	2000 年	2007 年	2000 年	2007 年	2000 年	2007 年
全　国	17.9	33.6	49.9	54.7	31.3	52.4	33.9	51.6
东部地区	28.8	52.1	69.8	70.4	37.4	63.1	36.6	58.9
东北地区	25.5	39.3	65.6	70.0	34.3	52.8	30.4	47.1
中部地区	15.4	29.0	56.9	61.6	27.8	47.9	32.4	50.0
西部地区	15.3	26.9	38.9	48.7	25.7	42.8	28.5	45.8

3. 在四大区域内部，居民生活质量也存在较大差距

在四大区域内部，东部和西部地区居民生活质量差距较大，东北和中部地区差距较小。2007 年，按居民生活质量高低位次排序，东部地区排名依次为：上海、北京、天津、浙江、江苏、广东、福建、山东、河北、海南，居民生活质量指数极差为 41.9，变异系数为 0.2199（见表 4.4）；东北地区排名为：辽宁、吉林、黑龙江，居民生活质量指数极差为 4.5，变异系数为 0.0465（见表 4.5）；中部地区排名为：湖北、江西、湖南、河南、山西、安徽，居民生活质量指数极差为 4.9，变异系数为 0.0377（见表 4.6）；西部地区排名为：内蒙古、重庆、广西、四川、陕西、宁夏、新疆、青海、甘肃、云南、贵州、西藏，居民生活质量指数极差为 21.1，变异系数为 0.1606（见表 4.7）。

表 4.4　2000 年与 2007 年东部地区各省（市）居民生活质量比较

	2000 年		2007 年		2000 年与 2007 年位次差
	指数	位次	指数	位次	
上　海	59.5	1	85.9	1	0
北　京	57.2	2	84.7	2	0
天　津	46.9	3	69.7	3	0
浙　江	44.8	4	66.4	4	0
江　苏	41.6	6	62.1	5	1
广　东	43.5	5	62.0	6	−1
福　建	39.1	7	56.7	7	0
山　东	36.9	8	53.4	8	0
河　北	34.3	9	48.8	9	0
海　南	34.3	10	44.0	10	0

注：当位次差为 0 时，表示位次没有变化；当位次差为正数时，表示位次上升；当位次差为负数时，表示位次下降。

表 4.5　2000 年与 2007 年东北地区各省居民生活质量比较

	2000 年		2007 年		2000 年与2007 年位次差
	指数	位次	指数	位次	
辽　　宁	38.80	1	52.92	1	0
吉　　林	35.73	2	49.61	2	0
黑 龙 江	35.15	3	48.40	3	0

表 4.6　2000 年与 2007 年中部地区各省居民生活质量比较

	2000 年		2007 年		2000 年与2007 年位次差
	指数	位次	指数	位次	
湖　　北	33.18	1	48.02	1	0
江　　西	29.36	6	46.85	2	4
湖　　南	32.42	2	46.27	3	−1
河　　南	30.25	5	45.08	4	1
山　　西	31.16	4	44.87	5	−1
安　　徽	31.23	3	43.10	6	−3

表 4.7　2000 年与 2007 年西部地区各省(区、市)居民生活质量比较

	2000 年		2007 年		2000 年与2007 年位次差
	指数	位次	指数	位次	
内 蒙 古	32.29	1	48.36	1	0
重　　庆	27.72	5	44.87	2	3
广　　西	31.66	2	43.40	3	−1
四　　川	27.75	4	43.31	4	0
陕　　西	29.30	3	42.80	5	−2
宁　　夏	26.56	6	40.99	6	0
新　　疆	20.87	10	37.00	7	3
青　　海	22.80	8	35.86	8	0
甘　　肃	22.91	7	34.53	9	−2
云　　南	21.71	9	34.22	10	−1
贵　　州	17.57	11	31.66	11	0
西　　藏	11.64	12	27.30	12	0

2000～2007 年，在四大区域内部，东部和东北地区居民生活质量排序位次变动比较平稳，中部和西部变化较大。东部地区只有江苏和广东位次发生变动，其中，江苏由 2000 年的第 6 位上升到 2007 年的第 5 位，广东由 2000 年的第 5 位下降到 2007 年的第 6 位；东北地区各省位次没有变化；中部地区除湖北位次没有发生变化外，其余各省均有所变动，其中，变化最大的是江西和安徽，江西由 2000 年的最末位上升到 2007 年的第 2 位，安徽由 2000 年的第 3 位下降到 2007 年的最末位；西部地区有 6 个省(区、市)：重庆、广西、陕西、新疆、甘肃和云南位次发生变化，其中，位次上升较快的是重庆和新疆，均上升 3 位，重庆由 2000 年的第 5 位上升到 2007 年的第 2 位，新疆由 2000 年的第 10 位上升到 2007 年的第 7 位，下

降幅度较大的是陕西和甘肃，均下降 2 位，陕西由 2000 年的第 3 位下降到 2007 年的第 5 位，甘肃由 2000 年的第 7 位下降到 2007 年的第 9 位。

二、31 省(区、市)居民生活质量指数也均有上升，但差异更加明显

1. 31 省(区、市)居民生活质量差异更加明显

2007 年，全国 31 省(区、市)居民生活质量指数最高的是上海，达 85.9，最低的是西藏，仅 27.3，极差为 58.6，变异系数为 0.2782，均大于四大区域内部的极差和变异系数，表明 31 省(区、市)居民生活质量差异更加明显(见表 4.8)。

2007 年，居民生活质量指数排在前十位的是：上海、北京、天津、浙江、江苏、广东、福建、山东、辽宁、吉林，除辽宁、吉林外，其余 8 个均为东部地区，说明东部地区居民生活质量高；排在后十位的是：四川、安徽、陕西、宁夏、新疆、青海、甘肃、云南、贵州、西藏，除安徽外，其余 9 个均为西部地区，表明西部地区居民生活质量低。

根据生活质量指数的大小，可把 31 省(区、市)的居民生活质量划分成四类：

第一类为居民生活质量最高的地区：上海、北京；

第二类为居民生活质量较高的地区：天津、浙江、江苏、广东、福建、山东、辽宁；

第三类为居民生活质量较低的地区：吉林、河北、黑龙江、内蒙古、湖北、江西、湖南、河南、山西、重庆、海南、广西、四川、安徽、陕西、宁夏；

第四类为居民生活质量最低的地区：新疆、青海、甘肃、云南、贵州、西藏。

2. 在经济生活、社会生活、文化生活、生活环境方面，31 省(区、市)差异也非常明显

31 省(区、市)之间经济生活质量差异最大。2007 年，31 省(区、市)中经济生活质量指数最高的是上海，达 94.3，最低的是贵州，仅为 16.8，极差为 77.5，变异系数为 0.4719，极差和变异系数均大于社会生活、文化生活和生活环境方面。按经济生活质量高低排序，排在前十位的是：上海、北京、天津、浙江、广东、江苏、辽宁、福建、山东、内蒙古，除内蒙古外，其余 9 个均为东部地区，说明东部地区经济生活质量高；排在后十位的是：河南、湖北、青海、安徽、广西、四川、西藏、甘肃、云南、贵州，除河南、湖北、安徽外，其余 7 个均为西部地区，表明西部地区经济生活质量差(见表 4.8)。

31 省(区、市)之间社会生活质量差异排在第 3。2007 年，全国 31 省(区、市)社会生活质量指数最高的是上海，达 87.7，最低的是西藏，为 31.0，极差为 56.7，变异系数为 0.2334。按社会生活质量高低排序，排在前十位的是：上海、天津、北京、浙江、江苏、吉林、辽宁、山东、黑龙江、河北，除东北三省外，其余 7 个均为东部地区，说明东部、东北地区社会生活质量高；排在后十位的是：四川、重庆、广西、海南、青海、陕西、甘肃、云南、贵州、西藏，除海南外，其余 9 个均为西部地区，表明西部地区社会生活质量差。

31 省(区、市)之间文化生活质量差异仅次于经济生活质量，排在第 2。2007 年，全国 31 省(区、市)文化生活质量指数最高的是上海，达 94.2，最低的是西藏，为 17.3，极差为 76.8，变异系数为 0.2933。按文化生活质量高低排序，排在前十位的是：上海、北京、浙江、江苏、天津、广东、福建、辽宁、山东、吉林，除辽宁、吉林外，其余 8 个均为东部地区，说明东部地区文化生活质量高；排在后十位的是：河南、宁夏、海南、四川、甘肃、青海、新疆、贵州、云南、西藏，除河南、海南外，其余 8 个均为西部地区，表明西部地区文化生活质量差。

31 省(区、市)之间生活环境质量差异最小，排在第 4。2007 年，全国 31 省(区、市)生活环境质量指数最高的是北京，达 78.0，最低的是新疆，为 29.5，极差为 48.5，变异系数为 0.2171。按生活环境质量高低排序，排在前十位的是：北京、上海、浙江、江苏、天津、福建、广东、湖北、江西、湖南，除湖北、江西、湖南外，其余 7 个均为东部地区，说明东部地区生活环境质量高；排在后十位的是：重庆、吉林、云南、贵州、山西、宁夏、青海、甘肃、西藏、新疆，除吉

林、山西外，其余8个均为西部地区，表明西部地区生活环境质量差。

表4.8 2007年31省(区、市)生活质量比较

	生活质量		经济生活		社会生活		文化生活		生活环境	
	指数	排序	指数	排序	指数	排序	指数	排序	指数	排序
上海	85.9	1	94.3	1	87.7	1	94.2	1	70.9	2
北京	84.7	2	88.4	2	85.8	3	88.1	2	78.0	1
天津	69.7	3	68.1	3	86.8	2	67.4	5	61.3	5
浙江	66.4	4	60.9	4	75.4	4	72.1	3	62.0	3
江苏	62.1	5	51.8	6	72.6	5	67.5	4	61.7	4
广东	62.0	6	59.3	5	64.8	12	67.1	6	59.6	7
福建	56.7	7	43.6	8	66.7	11	60.2	7	60.9	6
山东	53.4	8	43.2	9	69.5	8	54.1	9	52.6	14
辽宁	52.9	9	43.8	7	70.9	7	54.2	8	49.2	16
吉林	49.6	10	37.5	11	71.1	6	53.9	10	44.5	23
河北	48.8	11	33.0	15	67.0	10	47.8	19	53.2	11
黑龙江	48.4	12	35.6	12	68.1	9	50.6	15	46.6	20
内蒙古	48.4	13	40.3	10	62.2	16	49.8	16	46.2	21
湖北	48.0	14	28.7	23	63.5	14	51.2	14	54.9	8
江西	46.9	15	29.4	18	60.9	17	48.2	18	54.0	9
湖南	46.3	16	28.8	21	60.0	18	48.2	17	53.3	10
河南	45.1	17	28.8	22	64.3	13	44.3	22	49.0	17
山西	44.9	18	33.3	14	63.0	15	52.2	12	39.5	26
重庆	44.9	19	34.2	13	53.0	23	51.6	13	45.6	22
海南	44.0	20	32.4	16	51.3	25	43.2	24	51.2	15
广西	43.4	21	27.2	26	51.7	24	44.9	21	53.1	12
四川	43.3	22	26.3	27	55.2	22	42.3	25	53.0	13
安徽	43.1	23	27.5	25	57.0	21	47.2	20	46.7	19
陕西	42.8	24	28.8	20	45.9	27	52.3	11	48.3	18
宁夏	41.0	25	29.7	17	58.9	19	43.3	23	38.8	27
新疆	37.0	26	29.4	19	57.6	20	39.0	28	29.5	31
青海	35.9	27	28.2	24	45.9	26	39.1	27	34.7	28
甘肃	34.5	28	23.1	29	45.2	28	40.9	26	34.5	29
云南	34.2	29	23.0	30	37.8	29	33.8	30	43.4	24
贵州	31.7	30	16.8	31	32.5	30	37.4	29	42.1	25
西藏	27.3	31	25.7	28	31.0	31	17.3	31	33.1	30

3.2000～2007年，31省(区、市)居民生活质量指数均有上升，但上升幅度差异较大

2007年，31省(区、市)居民生活质量指数比2000年均有上升，上升较快的有北京、上海、天津、浙江和江苏，分别上升27.5、26.5、22.8、21.6和20.5个百分点，上升最慢的是海南，仅上升9.7个百分点，其余各省(区、市)上升幅度在10～20个百分点之间。

由于居民生活质量指数上升幅度不同，导致部分省(区、市)，特别是中部和西部地区一些省(区、市)居民生活质量指数位次发生了变化。位次上升较快的有江西、重庆、内蒙古、河

南、新疆，其中江西由2000年的第21位上升到2007年的第15位，上升了6位；重庆由2000年的第24位上升到2007年的第19位，上升了5位；内蒙古由2000年的第16位上升到2007年的第13位，上升了3位；河南由2000年的第20位上升到2007年的第17位，上升了3位；新疆由2000年的第29位上升到2007年的第26位，上升了3位。位次下降较大的有海南、安徽、广西、陕西、甘肃，其中：海南由2000年的第13位下降到2007年的第20位，下降了7位；安徽由2000年的第18位下降到2007年的第23位，下降了5位；广西由2000年的第17位下降到2007年的第21位，下降了4位；陕西由2000年的第22位下降到2007年的第24位，下降了2位；甘肃由2000年的第26位下降到2007年的第28位，下降了2位。

4.2000～2007年，31省(区、市)在经济生活、社会生活、文化生活和生活环境等方面的质量指数位次变化也较大。

2000年至2007年，在经济生活质量方面，除贵州、甘肃、辽宁、天津、北京、上海等地指数位次没有发生变化外，其余均有所变动。位次上升较大的有：宁夏、湖北、山西、河南和江西，分别上升了10、7、5、4和3位；位次下降较大的有：青海、西藏、云南和广西，分别下降了10、5、5和4位。

在社会生活质量方面，除西藏、重庆、湖南、广东、吉林、上海等地指数位次没有变化外，其余均有所变化。位次上升较大的有：新疆、黑龙江、江西、四川和河南，分别上升了8、5、4、3和3位；位次下降较大的有：海南、山西、安徽、甘肃和广西，分别下降了6、4、4、4和2位。

在文化生活质量方面，除西藏、陕西、山东、福建等地指数位次没有变化外，其余均有所变化。位次上升较大的有：江西、吉林和江苏均上升了4位，海南、河南、安徽、重庆和山西均上升了3位；位次下降较大的有：黑龙江和甘肃均下降了5位，内蒙古、宁夏和新疆均下降了4位。

在生活环境质量方面，除浙江、甘肃、辽宁、湖北、湖南等地指数位次没有变化外，其余均有变化。位次上升较大的有：天津和江西均上升10位，河北上升了6位，重庆上升4位，北京、福建、江苏和河南均上升3位；位次下降较大的有：海南下降13位，安徽下降8位，广西下降6位，陕西下降4位，广东、黑龙江、云南和吉林均下降2位。

第三节 提高我国居民生活质量的建议

一个地区居民生活质量的好坏是经济、社会、文化、资源和环境等因素协调发展的综合体现。为了尽快提高我国居民生活质量，提出如下一些建议：

一、加快经济结构调整，保持经济持续稳定增长

1.调整产业结构是提高我国居民生活质量的内在保障

产业结构状态在很大程度上决定了社会资源配置的效果，并最终制约着经济的可持续发展程度。不合理的产业结构势必会造成资源的浪费，也无法取得规模效益，从而导致社会生产率低下。此时的经济增长基本上是靠增加投入而不是靠效益来取得的，显然不是高质量的增长。此外，产业结构不合理必然会导致经济活动所创造的GDP结构不合理，这时的经济增长虽然能够提供更多的产品和服务，却无法很好地满足人们的需求。在大量低效供给的情况下，人们的选择范围小了，此时的购买也就无法充分反映其真正意愿。可见，如果GDP的结构与人们的需求结构错位，GDP的大小就不能反映人们从中获得的福利，经济增长也就不会给人们带来相同福利的增加。

加快经济结构的调整，优化产业结构，不仅可以促进供给和需求的平衡来启动内需，保

持经济的良性增长，提高城乡居民收入水平，而且还可以提高我国国民经济的整体素质，促进经济增长方式的转变，缓解我国资源和环境问题。此外，加快经济结构调整的步伐，促进第三产业的发展，还可以创造更多的就业机会来解决目前困扰我国的就业难题，加快促进城市化进程，从而可以缩小地区之间、城乡之间和居民之间的收入差距，提高我国居民收入的总体水平。

2.经济增长是提高居民生活质量的物质前提

美国经济学家罗斯托于1971年提出了追求生活质量是人类社会发展的必然趋势的论点，他把经济增长划分为六个阶段，其中对生活质量的追求是最高阶段。虽然罗斯托理论有其偏颇之处(因为生活质量问题的诸方面并非为追求生活质量阶段所独有，在其他阶段生活质量都可能有不同程度的提高)，但他指出了经济增长与生活质量的一般关系，即经济增长是人类社会经济生活得以绵延的基本保障，只有当经济增长达到一定水平，才能为提高生活质量提供必要的物质基础。

3.保持经济持续稳定增长是提高居民生活质量的基本要求

过度的经济波动对经济的动态效率损害很大，一是破坏了经济长期稳定增长的内在机制，造成社会资源的巨大浪费，从而会影响经济增长的持续性。二是加大了宏观经济运行的潜在风险，经济过热往往导致通货膨胀，容易引起经济生活的混乱；经济过冷又会造成高失业率，这是社会安全的隐患。

稳定的经济增长对提高低收入者的生活质量至关重要。经济波动对人们特别是穷人会形成超乎常规的影响，一方面是因为穷人几乎没有什么资本来对付经济的冲击，在这种情况下他们要维持消费水平的稳定往往会比富人遇到更多的困难。在那些社会安全网络还不太健全的国家，这种影响很可能尤为严重；另一方面是由于替代性选择的缺乏，穷人经常从事那些最容易受到经济波动影响的工作，比如农业和建筑业。因此，增长的不稳定将给穷人带来恶劣的影响，一场经济危机会严重地恶化他们的人力和自然资产，使他们在其后的繁荣中也得不到好处。

二、缩小居民收入差距，保证居民收入稳步增长

收入水平与生活质量所包括的其他方面密切相关，提高居民生活质量的关键在于保证其收入的稳步增长。改革开放以来，我国居民的收入水平持续快速增长，居民间的收入差距却在不断扩大。收入差距的扩大，不仅会造成低收入者的社会剥夺感而形成社会安全的隐患，而且会促使低收入者陷入知识贫困的恶性循环之中，最终影响居民生活质量的整体提高。为此提出如下的建议，缩小居民收入差距：

1.进一步推进市场经济的改革。市场经济改革的进一步深化，对居民收入差距调节的作用机制在于：进一步提高经济效率、促进经济增长，从而增进全体人民的整体福利。这一方面有助于政府获得更多的财力实行转移支付来提高低收入阶层的收入水平，另一方面有助于先富帮助后富、发展社会慈善事业；进一步打破不必要的行政垄断和市场垄断，最大限度地消除垄断行业或垄断企业利用其垄断地位获得的垄断利润，从而调节因垄断造成的不合理的收入差距；有助于进一步加快经济的结构调整和国有企业改革，从而提高全社会的经济效率，调节因不同所有制和不同单位而造成的收入差距；有助于创造比较公平的市场机会，从而推进人们的机会平等，调节因机会不均等而造成的收入差距；有助于形成比较规范的市场秩序，从而堵住各种市场漏洞、调节因获取不合法收入而造成的收入差距。

2.加大政府宏观调控的力度。要正确处理社会各成员之间的收入分配关系，既要克服平均主义也要防止收入分配差距悬殊，关键是按照“保护合法收入、取缔非法收入、调节过高收入、保障低收入者基本生活”的原则，加快个人收入分配机制的改革。这需要改善一系列的政策措施：一是个人所得税政策，这是缩小高收入阶层同一般居民之间收入差距的一项重要政策措施；二是社会保障政策，它可以保证因下岗、失业、疾病和年老等因素造成的贫

困人口的基本生活，缩小与其他社会成员之间的贫富差距；三是劳动力流动政策，该政策的完善可以为缩小收入差距提供一个前提——机会均等；四是教育政策，只有增加人力资本的投资，特别是增加基础教育的投资，才能提高人口的素质，为缩小收入差距提供另一个前提——缩小教育背景上的差距。

3. 加大对城乡和地区间收入差距的调节力度。首先要采取切实措施，提高农村居民的收入水平。一方面要通过加大农村基础设施建设、增加农业科技投入、优化农业种植结构、提高农产品价格来增加其来自种植业的收入，另一方面要加快小城镇建设，通过人口向城镇转移来增加收入；其次要增加对西部地区的扶持力度，积极促使东西部差距缩小。国家要对中西部地区采取优惠政策，主要是加大财政转移支付和减免税收。要把有限资金进行重点投入，加强落后地区的基础设施建设，为这些地区的对外开放创造条件，要鼓励和支持社会各方面力量参与落后地区的开发建设，鼓励东部沿海地区的资本、技术和管理经验向西部转移。

三、促进区域协调发展，形成合理区域发展格局

2000 年，东部地区生活质量指数为 41.1，比东北、中部、西部地区分别高了 4.4、9.8 和 15.0 个百分点，但到了 2007 年，东部地区和东北、中部、西部地区生活质量指数的差距分别扩大到 9.5、14.4 和 19.9 个百分点，四大区域之间的差距呈现逐年加大的趋势。因此，今后在继续实施西部大开发战略和振兴东北地区等老工业基地的同时，明确中部崛起、东部率先发展的战略，从而形成主体功能定位清晰，东中西良性互动，公共服务和人民生活水平差距趋向缩小的区域协调发展格局。

四、加快城市化进程，提高城市化水平

城市化水平可以看作是决定生活质量的初始因素：城市化水平决定了就业水平及其结构，就业将会影响到居民的收入水平，而收入水平又会影响到消费、受教育程度和健康状况等方面。此外，城市化本身所产生的巨大需求将促使我国经济长期保持一个较高的增长速度，从而可以保证居民收入水平的稳定增长；城市化是最终解决我国二元经济结构矛盾的根本出路，从而可以保持城乡之间的协调发展；城市化能积极推动我国农村工业化和农业产业规模化经营的进程，从而有利于环境保护和生态平衡，改善居民的生活环境。我国城市化水平较低是居民生活质量总体提高的重大障碍。因此，如何借城市化的契机促进生活质量的提高将成为我国面临的巨大机遇和挑战。

此外，加快我国城市化进程还需要彻底消除城乡二元分割的体制障碍，一是要彻底改革城乡户籍管理体制，形成城乡人口有序流动的新机制；二是要进一步改革和完善升学、就业机制，取消对农村劳动力进入城镇就业、子女进入城镇就读的不平等待遇和不合理限制。

五、建立完善、统一和管理社会化的社会保障体系和完善的救济制度，使全社会的每个人不论是否就业、也不论是何种经济成分的从业人员都能获得同样的保障和社会救济

社会保障制度对于维护社会的稳定起着越来越重要的作用。随着社会保障覆盖面的不断扩大，它对客观生活质量的影响程度也随之增大。目前我国的社会保障的主要形式是基本社会保险，参与社会保险人员的范围也由国有企业职工扩大到事业单位以及非公有制经济单位的职工。但是我国的社会保障制度还并不完善，还存在着一些不合理的地方。从区域差异来看，由于地区发展的不平衡，直接影响到了社会保障水平的不平衡，经济越是发达的地区，社会保障水平越高，反之越低；从城乡差异看，目前没有享受到社会保障的人口主要集中在农村，这样一来地区差距、城乡差距非但没有缩小，反而在无形之中扩大了，那些最需要得到保障的弱势群体却得不到保障，这与社会保障的初衷相违背。所以在今后的社会保障制度改革中一定要合理分配社会保障资源，提高农村的社会保障覆盖面。

六、走绿色发展的道路

良好的自然环境既是居民生活质量的内在要求，又能为生活质量的改善提供有效保证，同时也能为提高后代人的生活质量创立条件。生态与环境质量的恶化不仅会危及到人们的身心健康，也将严重制约我国可持续发展战略的实施。因此，提高全民的环保意识、加大财政的环保投入、加快经济增长方式的转变已经变得刻不容缓。党的十六大、十七大也提出了要把改善生态、保护环境作为经济发展和提高人民生活质量的重要内容，加强生态建设，遏制生态恶化，加大环境保护和治理力度，提高城乡环境质量的基本方针。

第五章

省际能源效率与节能潜力研究

我国在“十一五”规划纲要中明确提出，到2010年全国单位GDP能耗降低20%左右。2005～2008年，全国单位GDP能耗降年均下降4.36%，离目标要求有一定差距。能源效率究竟有多大的提高潜力是值得深思的问题。考虑到工业约占我国能源消费量的70%，因此在本章中，我们将运用数据包络分析技术对工业能源效率进行研究。结果表明，我国省际间的技术效率差异在近几年趋于缩小，但扩大规模对效率的提高作用趋弱，部分省份存在明显的由于资源配置不合理造成的能源浪费。通过改进技术效率，我国尚有节能降耗空间，但只有技术进步，节能降耗才是可持续的。

第一节 能源效率的测度指标及其差异

能源效率作为一个一般化术语，可以用多种数量指标进行衡量，主要分为四类：热力学指标、物理—热量指标、经济—热量指标和纯经济指标。

表5.1 四类能源效率测度指标比较

	概念定义	缺 点
热力学指标	实际热能效率/理想热能效率	只针对某一特定生产过程，无法进行加总
纯经济指标	能源投入价值/国民产出	需计算反映能源边际转换率或能源消费的边际替代率的"理想价格"，而且能源价格是不断变化的
物理一热量指标	单位产品能耗	只针对某一特定产品，无法计算总的能源效率
经济一热量指标	单位GDP能耗	这是能源生产率，不等同于效率，且未考虑其他生产要素的影响

由于对能源效率的概念定义缺少统一标准，加之测算指标各有缺陷，导致各种研究计算出来的能源效率结果差异较大。举例来说，曾有多位学者对中国能源效率进行了跨国比较，得出的结论相去甚远：王庆一（2005）采用能源热量效率指标，发现我国2002年能源效率为33%，比代表国际先进水平的日本低10%左右，但如果采用单位产品能耗指标，则2000年8大行业的产品能耗平均比国际先进水平高47%；施发启（2005）采用经济—热量指

标进行比较，如果按照汇率法计算，中国能耗强度是日本的8～9倍，是世界平均水平的2～3倍，但如果按PPP法计算，则只比OECD国家平均水平高20%左右。

同样，即使是国内的省际比较，不同指标之间也存在很大的差异。以2007年各省、自治区、直辖市单位GDP能耗等指标公报为例，按照单位GDP能耗、单位工业增加值能耗和单位GDP电耗得到的各省能耗水平的排名是不同的(表5.2)。单位GDP能耗的前三位是北京、广东、浙江，后三位是贵州、青海、宁夏；单位GDP电耗的前三位是北京、黑龙江、上海，后三位依然是贵州、青海、宁夏。虽然从总体来看，这两个指标给出的各省排名有一定的一致性，但是吉林、黑龙江、浙江、广东四省的排名却相差10位以上。再来看单位工业增加值能耗排名：前三位是广东、上海、北京，后三位是贵州、山西、宁夏；河南、海南两省排名与单位GDP能耗排名差异较大，广东、海南、陕西三省的排名与单位GDP电耗排名差异较大。

表5.2　2007年单位能耗水平省际排名

	单位GDP能耗		单位工业增加值能耗		单位GDP电耗	
	指标值(吨标准煤/万元)	排名	指标值(吨标准煤/万元)	排名	指标值(千瓦时/万元)	排名
北　京	0.714	1	1.188	3	758.25	1
天　津	1.016	9	1.222	4	1017.15	7
河　北	1.843	23	3.870	25	1579.76	23
山　西	2.757	27	5.420	29	2543.87	27
内蒙古	2.305	26	4.879	27	2101.68	25
辽　宁	1.704	22	2.649	18	1332.69	21
吉　林	1.520	20	2.370	12	957.23	4
黑龙江	1.354	16	2.093	9	908.52	2
上　海	0.833	4	1.006	2	914.19	3
江　苏	0.853	5	1.408	7	1221.44	15
浙　江	0.828	3	1.302	5	1246.97	17
安　徽	1.126	10	2.632	17	1116.40	10
福　建	0.875	6	1.320	6	1156.20	12
江　西	0.982	8	2.301	11	993.12	5
山　东	1.175	12	1.890	8	1068.37	8
河　南	1.285	13	3.453	23	1302.24	20
湖　北	1.403	18	3.020	21	1169.82	14
湖　南	1.313	14	2.510	14	1082.92	9
广　东	0.747	2	0.980	1	1156.85	13
广　西	1.152	11	2.612	15	1278.73	19
海　南	0.898	7	2.714	19	1000.50	6
重　庆	1.333	15	2.410	13	1148.00	11
四　川	1.432	19	2.620	16	1232.10	16
贵　州	3.062	28	4.890	28	2662.14	28
云　南	1.641	21	3.156	22	1704.70	24
西　藏	—	—	—	—	—	—
陕　西	1.361	17	2.270	10	1340.24	22
甘　肃	2.109	25	4.293	26	2537.33	26
青　海	3.063	29	3.470	24	4173.16	29
宁　夏	3.954	30	8.124	30	5706.63	30
新　疆	2.027	24	2.779	20	1273.90	18

资料来源：2007年各省、自治区、直辖市单位GDP能耗等指标公报。

这样一种结果为评价各省的节能降耗绩效带来很大困扰，而究其原因，无非在于上述每一个指标都包含了太多的内容，对于单个省份来讲，很可能优于彼失于此，因而同一省份在不同指标排名上出现差异就难以避免。一般而言，能源的节约主要取决于三个因素：技术进步、结构调整和使用效率。如果衡量指标的分母是工业增加值而不是GDP，相当于忽略三大产业间的结构调整效应；而分子如果是电耗而不是综合能耗，相当于忽略了煤至电的转换效率，其中可能既包括技术进步也包括使用效率的变化。

在通常的计量经济学回归方程中，对于回归参数β我们通常会这样解释：在其他变量不变的情况下，x增加1%，y会增加β%。那么放在我们的问题中，也就是希望能够知道在两个因素不变时，另一因素还能带来多大的节能效应。

在微观的企业层面上，所谓效率，是指最优利用投入资源的能力，即给定投入产出最大化的能力或者给定产出投入最小化的能力。放在能源问题上，就是能源使用效率的概念。DEA方法在近年来被广泛运用于效率评价，可用于分析能源使用效率层面上的节能潜力。该方法需以未发生技术突破和大规模结构调整为前提，详见本章附录。

第二节　DEA测算结果与分析

一、数据选择及来源

根据Hu & Wang(2006)提出的全要素能源效率计算框架，产出要素选用规模以上工业企业增加值，投入要素分别为工业综合能源消费量、规模以上工业企业固定资产净值年平均余额和规模以上工业企业从业人员平均人数。观测样本为2005～2007年除西藏外的30个省、自治区、直辖市。综合能源消费量取自国家统计局能源司能源统计处编辑的《能源统计资料》，其他数据均取自历年《中国统计年鉴》。

二、实证结果

由于DEA对共同生产前沿面的估计建立在所有省份技术水平相同的假设上。为了使得最终的效率评价更为合理，本文首先根据单位工业增加值能源消费量、固定资产净值/工业增加值和人均工业增加值三个指标值对30省应用K－means快速聚类法聚为两类，根据结果，我们舍弃了少数类(包括山西、内蒙古、贵州、甘肃、宁夏和新疆，这6个省、自治区被认为与其他省份的技术水平不同)。对于剩下的24个省份，应用DEAP2.1(Coelli,1996)软件，以基于投入的方法，计算得到了我国各省、自治区、直辖市的能源使用效率得分，并借助规模可变模型将使用效率分解为纯技术效率和规模效率，用公式表示为：

$$TE=TEVRS\times SE$$

其中TE为能源利用技术效率得分，是在规模不变模型中求得的；TEVRS为纯效率得分，是在规模可变模型下求得的效率得分；两者之间的差异则被归为规模效率得分SE，并可以通过额外的程序判别处于规模收益递增阶段还是处于规模收益递减阶段。需要强调的是，在DEA方法下求得的TE、TEVRS和SE的值均介于0和1之间，等于1为充分有效率，小于1则表明存在非效率。

三、结果分析

由表5.3可以明显看到我国尚有能源效率的提高空间。24个省、自治区、直辖市平均效率得分从2005年的0.812，提高至2007年的0.841，总体呈现上升态势，但依然存在0.159的非效率，如果以充分效率1来衡量，则能源利用技术效率仍存近15%的提升空间。其中，规模效率得分2005年就已经达到0.9以上，部分省市已经出现规模效益递减，2007年，规模效益递减的省份由此前的辽宁和江苏，又增加了河北和山东，表明单方面扩大规模已经很难大幅改善能源利用技术效率。

表 5.3 基于全要素生产率的能源利用效率得分

地区	2005 年			2006 年			2007 年		
	TE	TEVRS	SE	TE	TEVRS	SE	TE	TEVRS	SE
北京	0.904	0.915	0.988	0.855	0.937	0.913	0.883	0.949	0.931
天津	0.999	1.000	0.999	1.000	1.000	1.000	1.000	1.000	1.000
河北	0.790	0.798	0.990	0.771	0.778	0.991	0.751	0.764	0.982 *
辽宁	0.716	0.734	0.976 *	0.702	0.773	0.907 *	0.737	0.809	0.910 *
吉林	0.727	0.744	0.976	0.684	0.709	0.965	0.782	0.802	0.975
黑龙江	1.000	1.000	1.000	0.922	0.926	0.995	0.847	0.854	0.992
上海	1.000	1.000	1.000	1.000	1.000	1.000	1.000	1.000	1.000
江苏	0.935	0.987	0.947 *	0.896	1.000	0.896 *	0.873	1.000	0.873 *
浙江	0.751	0.758	0.991	0.748	0.759	0.985	0.777	0.782	0.993
安徽	0.724	0.788	0.918	0.743	0.815	0.911	0.722	0.767	0.942
福建	0.860	0.915	0.940	0.890	0.932	0.956	0.901	0.944	0.955
江西	0.640	0.809	0.792	0.779	0.933	0.835	0.786	0.881	0.892
山东	1.000	1.000	1.000	1.000	1.000	1.000	0.972	1.000	0.972 *
河南	0.790	0.829	0.954	0.871	0.894	0.974	1.000	1.000	1.000
湖北	0.673	0.679	0.991	0.594	0.595	0.999	0.668	0.696	0.960
湖南	0.766	0.865	0.885	0.808	0.881	0.917	0.812	0.861	0.942
广东	1.000	1.000	1.000	1.000	1.000	1.000	1.000	1.000	1.000
广西	0.629	0.731	0.860	0.691	0.840	0.823	0.687	0.755	0.909
海南	0.804	1.000	0.804	0.752	1.000	0.752	0.956	1.000	0.956
重庆	0.584	0.753	0.775	0.688	0.886	0.776	0.746	0.864	0.864
四川	0.704	0.722	0.975	0.721	0.742	0.971	0.765	0.776	0.985
云南	0.914	0.938	0.975	0.839	0.859	0.976	0.783	0.799	0.979
陕西	0.715	0.733	0.974	0.707	0.713	0.991	0.858	0.885	0.969
青海	0.852	1.000	0.852	0.823	1.000	0.823	0.878	0.901	0.965
均值	0.812	0.862	0.940	0.812	0.874	0.932	0.841	0.879	0.956
标准差	0.132	0.117	0.072	0.117	0.116	0.077	0.105	0.099	0.041
变异系数	0.163	0.135	0.077	0.144	0.133	0.083	0.125	0.113	0.043

分省市来看，上海、广东一直位于效率前沿面上，稳定地保持充分效率；湖北和广西的各年效率得分都在 0.7 以下，效率偏低。通过比较各年变异系数可知，各地区之间的技术效率差异有所缩小，2007 年，纯技术效率的变异系数明显下降。结合效率均值的提高，我们认为多数省市的技术效率处于提高通道上，显示出低效率地区向有效率地区的靠拢。虽然目前的规模效益提高作用偏弱，但仍有部分省份的规模效率偏低，适当扩大规模将有助于技术效率提升。

由于 DEA 方法给出的是一种相对效率，因而我们可以以上海和广东为标杆，通过排名（表 5.4）可观察其他省、自治区、直辖市的追赶情况。从 2005 至 2007 年，名次严重跌落的有河北、黑龙江、江西、安徽、云南五省，排名下降超过 5 位；辽宁、江苏、浙江、山东、湖北的排名下降，但不严重；河南、陕西排名上升幅度最大，分别上升 12 位和 8 位，海南和重庆分别上升 5 位和 4 位，其余省份小幅上升或保持不变。

表 5.4 各省、自治区、直辖市效率得分(TE)排名及变化

	2005 年	2006 年	2007 年
北 京	8	9(−1)	8(1)
天 津	1	1	1
河 北	12	14(−2)	19(−5)
辽 宁	18	20(−2)	21(−1)
吉 林	16	23(−7)	16(7)
黑龙江	1	5(−4)	12(−7)
上 海	1	1	1
江 苏	6	6	10(−4)
浙 江	15	16(−1)	17(−1)
安 徽	17	17	22(−5)
福 建	9	7(2)	7
江 西	1	13(−12)	14(−1)
山 东	1	1	5(−4)
河 南	13	8(5)	1(7)
湖 北	21	24(−3)	24
湖 南	14	12(2)	13(−1)
广 东	1	1	1
广 西	23	21(2)	23(−2)
海 南	11	15(−4)	6(9)
重 庆	24	22(2)	20(2)
四 川	20	18(2)	18
云 南	7	10(−3)	15(−5)
陕 西	19	19	11(8)
青 海	10	11(−1)	9(2)

注:括号内的数值表示排名比上一年上升的位次,负号表示下降。

四、变量松弛

由于年度样本容量仅为 24,导致估计出的前沿面并不是光滑曲面,而是呈现分段线性的特征,此时变量松弛问题就会出现——产出可以在减少部分投入要素(其他投入要素数量不变)后保持不变。变量松弛问题可视为配置非效率,其绝对值即为可节约的要素使用量。估计出的各省份松弛值占规模以上工业企业能源消费量比重如表 5.5 所示。

以 2005 年河北省为例,技术效率得分为 0.79,这意味着尚有 0.21 的技术效率提升空间;但在充分效率的生产点上,依然存在能源节省的空间,可节省量约为综合能耗的 32.2%。从时间上看,2006 年较多省份出现了松弛量,2007 年有所缓解。分省看,河北、云南的资源错配现象较为突出。

表 5.5 各年存在配置非效率的省份及松弛值占比(%)

	2005 年	2006 年	2007 年
北 京	0.10	—	—
河 北	32.20	41.42	31.26
辽 宁	15.52	26.43	1.10
吉 林	0.37	19.55	20.30
黑龙江	—	31.86	18.81
安 徽	13.10	33.38	—
福 建	—	—	—
江 西	11.48	40.17	—
山 东	—	—	—
河 南	19.62	30.67	—
湖 北	20.71	16.75	6.67
湖 南	15.31	41.90	—
广 西	7.74	34.51	—
重 庆	0.37	28.78	—
四 川	4.30	24.85	—
云 南	24.76	42.70	34.98
陕 西	—	10.73	5.01
青 海	—	—	18.09

五、与单位工业增加值能耗的比较

为了评价 DEA 方法,我们将其 2007 年结果与 2007 年各省、自治区、直辖市的单位工业增加值能耗进行比较。在表 5.6 中,我们列出了两种评价方法下的前五名与后五名。显然,两种方法的结果是有交集的,广东、上海和天津都出现在前五名中,而湖北都出现在后五名中,因此可以认为这两种方法对先进省份评价的一致性更强。河南在技术效率评分中位居前列,但如果按照单位工业增加值能耗则排在倒数第三,为何发生这种逆转很难解释。

表 5.6 2007 年单位工业增加值与技术效率得分比较

指 标	前五位	后五位
单位增加值能耗	广东、上海、北京、天津、浙江	湖北、云南、河南、青海、河北
技术效率得分	广东、上海、天津、河南、山东	重庆、辽宁、安徽、广西、湖北

第三节 结论、建议与扩展方向

一、结论与建议

本章应用DEA法考察了步入“十一五”阶段，我国能源利用的纯技术效率和规模效率，并与传统的热量—经济指标进行了比较，给出了一种可供选择的效率度量方法。

分析结果可以确定：(1)上海和广东处于效率前沿面上，相比其他省份，在综合资本、劳动和能源的利用效率上为最优；(2)多数省份的技术效率处于提高通道上，显示出低效率地区向有效率地区靠拢；(3)目前大部分省市的规模效率已经很接近1，规模带来的效率提高作用趋弱；(4)存在明显的由于资源配置不合理造成的能源浪费。

虽然文中肯定了就技术效率而言，我国尚有节能降耗空间，但是如果前沿面保持不变，技术效率的提高是有尽头的，即当非效率省份追赶上最优效率省份之后，技术效率将无法继续提高。因此，只有前沿面的外推，即技术进步，才是节能降耗可持续之计。

二、研究扩展方向

本文的研究截止于效率得分的估算，事实上，还可以将各省效率得分作为因变量，将影响效率的因素作为自变量，进行回归分析，找到对技术效率具有显著影响的要素，这有助于我们将来对如何提高能源利用效率提出更加具体的措施。

此外，DEA本身起源于对企业效率的测度，我们可以利用此方法，对具有同样产出和投入的企业进行效率测度，找到最优效率的企业，分析其效率的源泉并进行推广。这样就可以为宏观层面的研究找到行业基础，提出更多更细更有说服力的政策建议。

附录 DEA(data envelopment analysis)方法简介

DEA就是数据包络分析技术，是一种新的统计方法。传统统计方法是从大量样本数据中分析出样本集合整体的一般情况，那么DEA则是从大量样本数据中分析出样本集合中处于相对最优情况的样本个体。换言之，传统统计方法的本质是平均性，而DEA的本质则是最优性。

Farrell（1957）基于Debreu（1951）和Koopmans(1951)的工作，首先提出确定性无参数前沿（deterministic non — parametric frontier)的观念，“确定性”是指所有单元之技术水准相同，面对共同的生产前沿；“无参数前沿”指未预设生产函数的形态，这种多项投入下的效率衡量，奠定了DEA理论之基础，其模式有如下基本假设：(1)生产前沿，是由最有效率的单元所组成，较无效率的单元，皆位于此前沿之外；(2)固定规模报酬；(3)生产前沿凸向原点，因此，每点斜率皆小于或等于零。Farrell将生产效率定义为技术效率及配置效率的乘积。其中，技术效率指在现有技术下，有效运用生产要素求得最大产出；配置效率为在既有技术及价格下，藉由生产要素的适当分配求得最低投入成本。

若以DEA与参数方法（parametric approaches)做比较，可发现参数方法的目标，是最佳化一条穿越所有单元的回归线，以特定的函数形式，把自变量与因变量联结起来。DEA则求出具有Pareto效率单元所构成的线段前沿，不需要先对函数形式做假设。通过分析有效率单元，可提供如何改善绩效的途径。

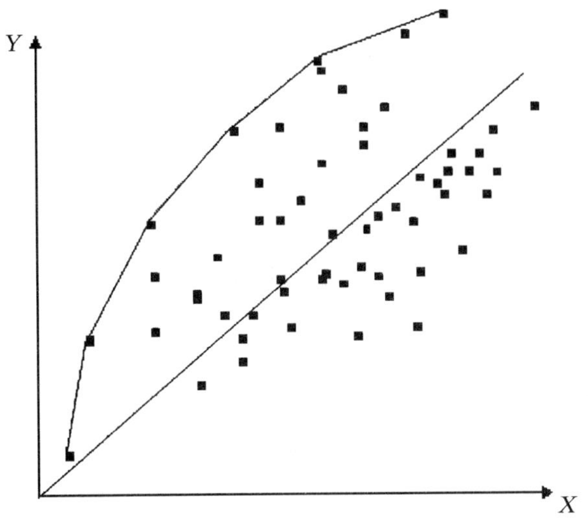

图 5.1 DEA 与回归分析的比较图

以单一投入产出的生产为例，如图 5.1 所示，X 代表投入，Y 代表产出，连接最外围单元，即成包络线。凡落在生产前沿包络线上的，均为相对有效率的单元；落在包络线以下的，即为相对无效率。所谓的“相对”效率，指单元的组成一旦改变，效率值也会跟着变化。

一、基于投入的测度

假设 CRS 规模收益（CRS）不变，使用两种投入（x_1 和 x_2）生产单一产品（y），充分有效企业的单位产品等产量线，即图 5.2 中的 SS′提供了技术效率的测度，如果一个单元使用的单位产品投入由 P 点给出，那个该单元的技术非效率可以用 QP 来表示，其含义为在产出不变情况下可节省的投入。若用 TE 表示技术效率，则 TE＝OQ/OP（0＜TE≤1）。由于充分有效的单元技术效率为 1，因此，技术非效率可记为 1－TE。

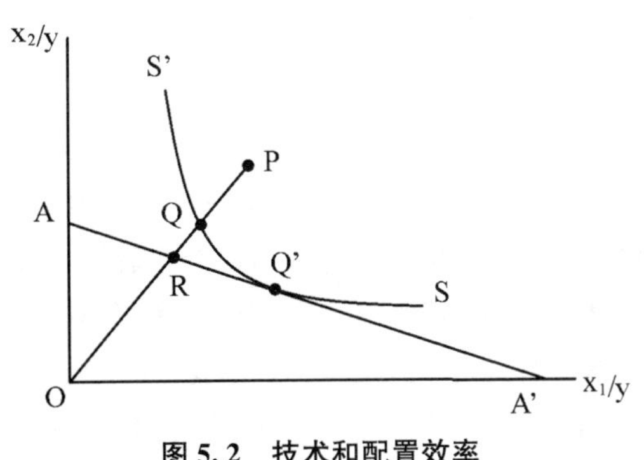

图 5.2 技术和配置效率

若投入品的价格比率已知，如图 5.2 中 AA′所示，那么配置效率也可计算出来：AE＝OR/OQ。线段 RQ 的含义为，配置有效（且技术有效）的生产点 Q′相比仅技术有效的生产点 Q 节约的成本。因此，总经济效率（EE）可定义为：EE＝OR/OP＝TE×AE，即总经济效率可以分解为技术效率和配置效率。

上述效率的测度建立在充分效率单元的生产函数已知的假设上，然而在实际中，这必须从样本数据中估计。估计可以：（1）非参数方法，构造分段线性凸状等产量线（见图 5.3），使所有的观测值落在等产量线上或等产量线右侧；（2）使用如柯布一道格拉斯函数形式估计参数方程。

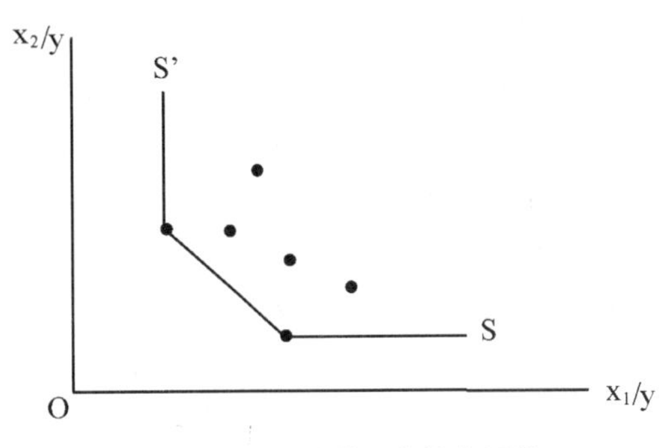

图 5.3 分段线性凸状等产量线

二、基于产出的测度

基于产出的测度就是：投入不变，产出能扩大多少？同样的，可以证明总经济效率分解式为：EE＝TE×AE 成立，但是在 Fare & Lovell（1978）的文章中已经证明，仅在满足 CRS 假设时，基于投入或基于产出的测度结果才是相同的，图 5.4 以单投入单产出的情况进行了例示。

如所见 P 点存在技术非效率，在（a）规模收益不变的情况下，基于投入的技术效率 TE_I＝AB/AP，基于产出的技术效率 TE_O＝CP/CD，根据相似定理有 AB/AP＝ CP/CD，即两种测度的结果相等。但是在（b）所示的规模收益递减的情况下，很明显 AB/AP≠CP/CD，即两种测度的结果不等。

Lovell（1993）证明了基于投入和基于产出的技术效率测度结果与 Shepherd（1970）的投入产出距离函数是一致的，因此可以用 DEA 方法计算全要素生产率的 Malmquist 指数。

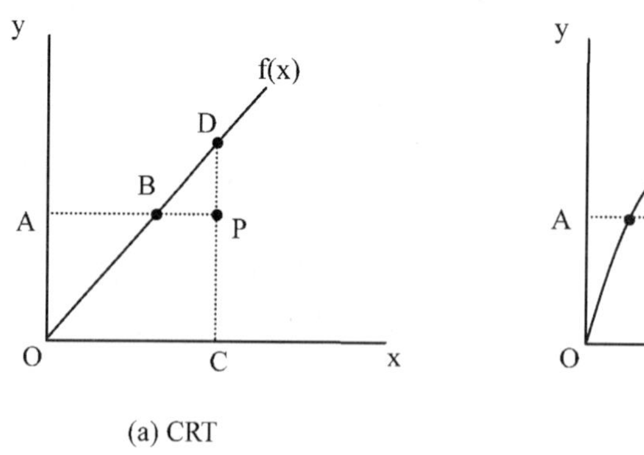

图 5.4 基于投入和基于产出的技术效率测度的比较

三、数据包络分析

Charnes, Cooper and Rhodes(1978)提出了规模收益不变条件下,基于投入的计算方法和程序,简称 CCR。后来,Banker, Charnes and Cooper(1984)放松了假设,扩展到可变规模收益的 BCC 算法。

1. CRS 模型

假设存在 N 个单元,使用 K 种投入品生产 M 种产出品,x_i和 y_i分别代表第 i 个单元的投入向量和产出向量。对应于权数 $v=(v_1, v_2 \cdots v_K)^T$ 和 $v=(u_1, u_2 \cdots u_M)^T$ 每个单元都有相应的效率评价指数:

$$h_i=\frac{u' y_i}{v' x_i}, i=1,2,\cdots N$$

为了选择最优权数,求解如下最优化模型:

$$\max_{u,v}(u' y_i/v' x_i)$$
$$\text{s. t.} \quad u' y_j/v' x_j \leqslant 1, j=1,2,\cdots N$$
$$u, v \geqslant 0$$

利用 Charnes-Cooper 变换,转化为一个等价的线性规划问题,令 $t=1/v' x_i$, $w=tv$, $\mu=tu$:

$$\max_{\mu,v}(\mu' y_i)$$
$$\text{s. t.} \quad w' x_i=1$$
$$\mu' y_j - w' x_j \leqslant 0, j=1,2,\cdots N$$
$$\mu, w \geqslant 0$$

线性规划的对偶规划问题为:

$$\min_{\theta,\lambda}\theta$$
$$\text{s. t.} \quad -y_i + Y\lambda \geqslant 0$$
$$\theta x_i - Y\lambda \geqslant 0$$
$$\lambda \geqslant 0$$

其中 λ 是 N×1 常数向量,θ 值即为第 i 个单元的效率得分。

2. 变量松弛问题

在运用非参数方法估计分段线性前沿面的时候存在一个问题,即图 5.3 显示的部分分段前沿面与坐标轴是平行的。以图 5.5 为例,在以 C 和 D 两个充分有效单元的投入连线定义的前沿面右侧,A 和 B 是非有效的,它们的技术效率分别为 OA′/OA 和 OB′/OB。但是 A′的充分有效性值得质疑,因为减少 x_2 的投入(CA′)依然可以实现同等数量的产出,这种情况被称为投入松弛,若投入或者产出种类增加,就很难用简单图形进行说明了,而且还可能出现相关的产出松弛。给定最优的 θ 和 λ 值,只有当 $-y_i + Y\lambda=0$ 时不存在产出松弛,同理,只有当 $\theta x_i - Y\lambda=0$ 时不存在投入松弛。因此,在 DEA 分析中,要求同时报告单元的技术效率和投入或产出松弛,通常采用多阶段 DEA 方法。分析 DEA 的松弛值,提供更多有关如何将各单元的效率调整更好的方法与方向的信息需要注意的是,如果样本容量非常大使得求得的前沿面近似光滑,那么松弛问题就将不复存在了。

3. 可变规模收益模型(VRS)和规模效率

如果若干单元未在最优规模上运作,那么 CRS 模型测度出来的 TE 就会包括规模效率 SE,此时使用 VRS 可以将 SE 从中分解出来。与 CRS 模型相比,VRS 只是多了一个凸性限制条件 N1′λ=1。这一方法形成的锥面对数据点的包裹比 CRS 更紧,因此得到的技术效率得分会大于等于 CRS 模型,上世纪 90 年

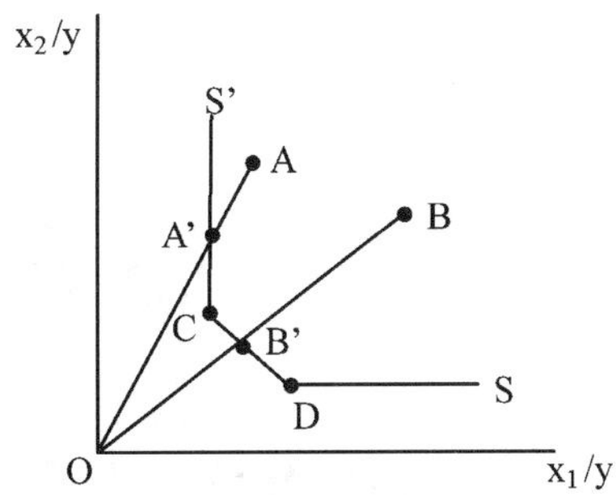

图 5.5 效率测度和松弛问题

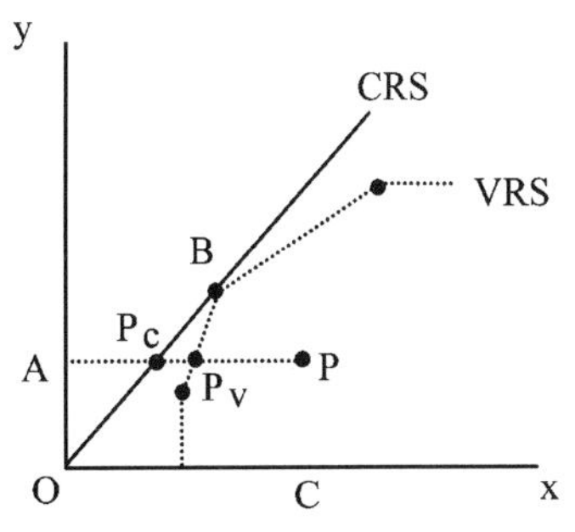

图 5.6 规模效率的计算

代，VRS 模型得到了广泛的运用。

在许多研究中，从 CRS 模型中得到的 TE 得分被分成规模效率和纯技术效率。可以对同一样本数据同时进行 CRS 和 VRS 试算，比较特定单元在不同方法下的 TE 得分，如果二者不等，则意味着该单元存在着规模非效率。图 5.6 以单一投入单一产出的情形进行了说明。

在 CRS 模型下，点 P 的技术非效率以 PP_c 的长度表示；在 VRS 下，技术非效率仅为 PP_v，两者之间的差距 P_cP_v 被归咎于规模非效率。因此有：

$$TE_{CRS} = AP_c/AP$$

$$TE_{VRS} = AP_v/AP$$

$$SE = AP_c/AP_v$$

可见，$TE = TE_{VRS} \times SE$，即技术效率被分解为了纯技术效率和规模效率。进一步，通过将限制条件 $N1'\lambda=1$ 变为 $N1'\lambda\leqslant 1$（相当于施加非规模收益递增（NIRS）假设），还可以对一个单元是处于规模递增还是规模递减状态做出判断。如果 NIRS TE 得分不等于 VRS TE 得分，则存在规模收益递增；否则，即为规模收益递减。

参考文献：

[1]陈军，成金华．中国非可再生能源生产效率评价：基于数据包络分析方法的实证研究．经济评论，2007(5)：65—71.

[2]陈军，成金华，吴巧生．工业化水平区域差异与中国能源消费．中国人口、资源与环境，2007(5)：59—64.

[3]魏楚，沈满洪．能源效率与能源生产率：基于 DEA 方法的省际数据比较．数量经济技术经济研究，2007(9)：110—121.

[4]魏权龄，岳明．DEA 概论与 C2R 模型——数据包络分析．系统工程理论与实践，1989(1)：58—78.

[5]Coelli T. J.，1996. A Guide to DEAP Version 2.1：A Data Envelopment Analysis(Computer) Program. CEPA Working paper，Department of Econometrics，University of New England，Armidale NSW Australia.

第六章

区域能源消费状况分析

2000年以来，随着经济的快速发展，我国能源消费量逐年增加，单位GDP能耗居高不下，能源问题成为社会普遍关注的问题。同时，由于我国幅员辽阔，各地区之间在经济基础、产业结构、技术水平、地理位置等方面差别较大，能源消费状况相差迥异，从而有必要以省为单位从区域的角度来对能源消费状况进行深入研究。

从计算公式看，单位GDP能耗是由能源消费量和经济总量所决定的，但在本质上，是节能技术、管理水平以及体制转换等因素作用的结果，在很大程度上是一个外生变量，因此，可用于反映各地区能源消费状况。

第一节 全国单位GDP能耗变化情况

变异系数又称离散系数，是衡量数值间离散程度或差距的重要统计指标，表示为一组变量的标准差与均值的比率，反映各变量的离散程度。2000年以来，我国单位GDP能耗经历了先下降后上升再下降的曲折过程。为了描述在此过程中各省单位GDP能耗的变化如何影响全国单位GDP能耗，我们计算了单位GDP能耗的变异系数，如公式(6.1)所示。当变异系数 CV_i 增大时，表明该年度各省单位GDP能耗之间的差距也就越大。

$$CV_i=\frac{\sqrt{\frac{1}{m}\sum_{j=1}^{n}EI_{i,j}-\frac{1}{m}\sum_{i=1}^{m}EI_{i,j})^2}}{\frac{1}{m}\sum_{i=1}^{m}EI_{i,j}} \quad (6.1)$$

其中：

CV_i 表示 i 年全国 n 个省[①]的单位GDP能耗的变异系数；

$EI_{i,j}$ 表示 j 省在 i 年的单位GDP能耗。

2000～2007年我国单位GDP能耗[②]变化趋势和变异系数如图6.1所示。可以看出，2000～2002年，我国单位GDP能耗明显降低，而变异系数较小且基本保持不变，即各省单位GDP能耗的差距较小且差距基本不变，全国能耗降低是由于各省能耗均出现了类似程度的降低。2003年，随着国家基础设施建设的大力推进，我国的单位GDP能耗呈现上升趋势，而同年变异系数由上年的0.484突然增加

① 由于西藏的能源消费量数据无法获得，本文的研究范围包括中国大陆除西藏外的30个省(区、市)，时间跨度为2000～2007年，即m=8，n=30；下标i=1，2，…，8，分别对应2000～2007年；j=1，2，…，30，分别对应30个省。

② 如无特殊说明，本文中的单位GDP能耗均用2000年不变价格计算。

至0.539，表明我国2003年各省单位GDP能耗的差别较大，且该年度我国单位GDP能耗的上升主要是由于部分高能耗省份的单位GDP能耗上升幅度较大引起的；到了2004～2005年，我国单位GDP能耗持续升高，变异系数虽然较2003年相比稍有回落，但仍然维持在较高水平，表明我国各省单位GDP能耗之间的差距较大，越来越多的高能耗省份的单位GDP能耗呈现出不同程度的上升使得我国的单位GDP能耗居高不下；2006～2007年，我国单位GDP能耗开始回落，变异系数仍然呈上升趋势，表明这两年来我国各省单位GDP能耗差距较大，且有差距扩大的趋势，在此期间，我国单位GDP能耗的降低主要是由于低能耗省份的单位GDP能耗出现较大回落所引起的，而高能耗省份的单位GDP能耗在2006～2007年期间并没有出现回落或回落幅度较小。综上可见，2000～2007年期间，我国各省单位GDP能耗之间的差异越来越大，高能耗地区的状况没有得到较好的解决，低能耗地区的节能情况反而优于高能耗地区。

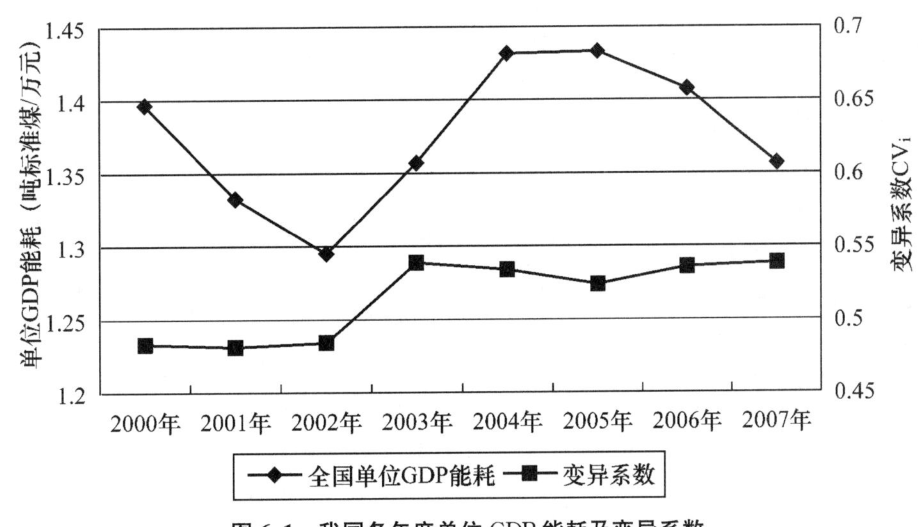

图6.1 我国各年度单位GDP能耗及变异系数

第二节 各地区单位GDP能耗变化情况

2000年以来，我国各地区的经济发展和能源消费状况差异较大，因此各地区单位GDP能耗的变化并不一致。为了能够显著了解地区单位GDP能耗的变化情况，本文首先利用变化率这一统计指标来表示。如公式(6.2)所示，变化率EFj反映了各省2007年单位GDP能耗与2000年相比的变化情况：变化率为正，表明该省2007年单位GDP能耗比2000年高，反之则低；变化率的绝对值越大，该省2007年的单位GDP能耗与2000年相比的变化幅度就越大。

$$EF_j = \frac{EI_{2007,j} - EI_{2000,j}}{EI_{2000,j}} \times 100\% \quad (6.2)$$

其中：

EF_j表示j省2007年单位GDP能耗与2000年相比的变化率；

$EI_{2007,j}$表示j省2007年的单位GDP能耗；

$EI_{2000,j}$表示j省2000年的单位GDP能耗。

图6.2为中国大陆除西藏以外的30个省2000、2007年的单位GDP能耗及变化率。由此可见，我国各省单位GDP能耗之间的差异较大，其中2000年单位GDP能耗最高的5个省份从高到低依次为贵州、宁夏、山西、青海和甘肃，单位GDP能耗最低的5个省份从低到高分别为广东、海南、福建、江苏和浙江；而到了2007年，单位GDP能耗最高的5个省份从

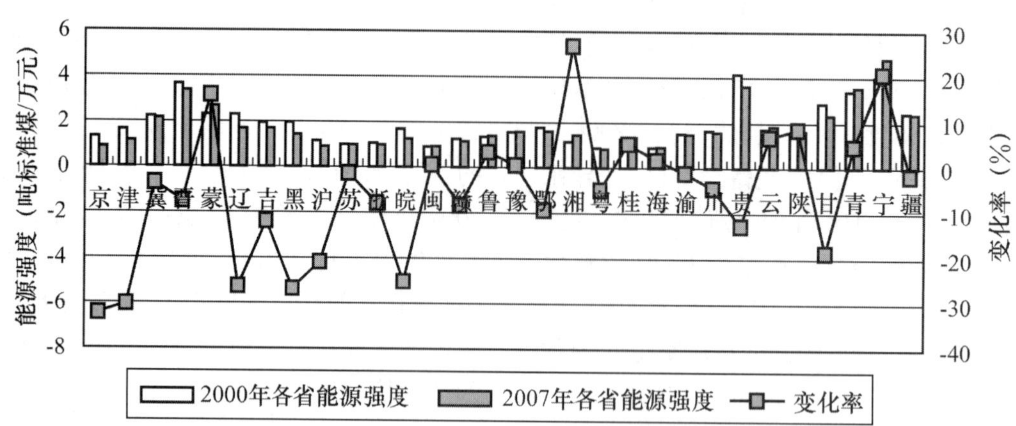

图 6.2 各省 2000、2007 年单位 GDP 能耗及变化率

高到低依次为宁夏、贵州、青海、山西和内蒙古，单位 GDP 能耗最低的 5 个省份从低到高分别为广东、北京、上海、福建和海南。和 2000 年相比，各省 2007 年单位 GDP 能耗均发生了较大变化，其中变化率为正的省份共有 11 个，变化率最大的 5 个省份从大到小依次为湖南、宁夏、内蒙古、陕西和云南；变化率为负的省份共有 19 个，其绝对值最大的 5 个省份从大到小依次为北京、天津、黑龙江、辽宁和安徽。

变化率反映了各省 2007 年的单位 GDP 能耗相对于 2000 年两个时点的变化情况，但是无法描述各省在 2000～2007 年期间单位 GDP 能耗的变化情况，本文利用变异系数这一统计指标来表示后者。j 省 2000～2007 年单位 GDP 能耗的变异系数如公式(6.3)所示，当变异系数 CV_j 越大时，表明该省在 2000～2007 年期间单位 *GDP* 能耗波动的幅度越大。

$$CV_j=\frac{\sqrt{\frac{1}{n}\sum_{i=1}^{m}(EI_{i,j}-\frac{1}{n}\sum_{i=1}^{m}EI_{i,j})^2}}{\frac{1}{n}\sum_{i=1}^{m}EI_{i,j}} \qquad (6.3)$$

图 6.3 为各省单位 GDP 能耗的变异系数。可以看出，2000～2007 年期间各省单位 GDP 能耗的变异系数相差很大，其中变异系数最大的 5 个省份从大到小依次为宁夏、北京、天津、湖南和辽宁；变异系数最小的 5 个省份从小到大依次为广东、河北、福建、新疆和海南。

结合变异系数和变化率两个变量来看，变异系数 CV_j 反映的是各省在一段时期内的变化情况，而变化率 EF_j 反映的是该时期最后一年相对于第一年的变化情况，两者的意义相差很大，但是一般来说，变异系数 CV_j 大的省份，其变化率 EF_j 也较大：如图 6.2、图 6.3 所示，变异系数位于前 10 位的省份（除青海以外），其变化率绝对值都在 15%以上，明显大于其它省份；然而从变异系数和变化率来看，也有省

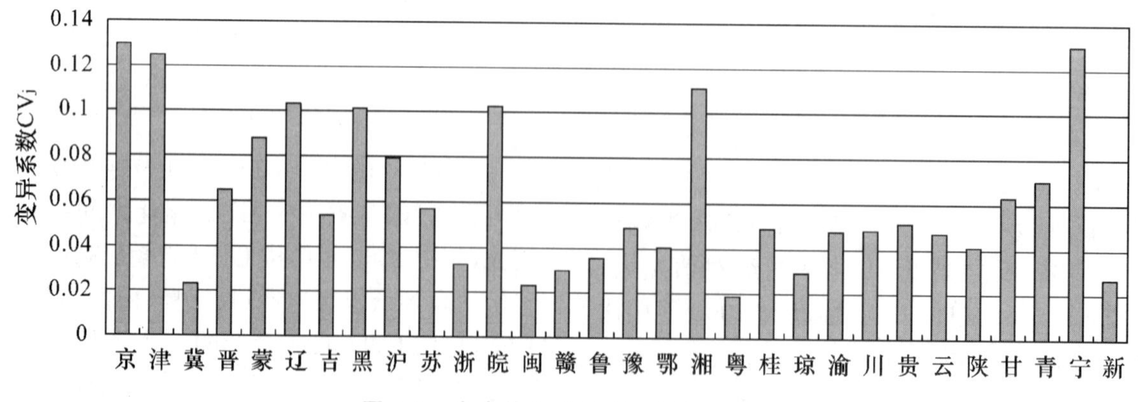

图 6.3 各省单位 GDP 能耗的变异系数

份在这两个统计指标上表现出不一致的趋势。某些省份变化率很小，但其变异系数较大，如江苏、福建、河南、重庆、新疆，表明这些省份在2000～2007年期间单位GDP能耗的变化幅度较大，但是各年间的变化出现了抵消，使得2007年的单位GDP能耗与2000年相当；与之相反，某些省份的变异系数较小，但是其变化率绝对值相对较大，如浙江、江西，这些省份在2005年之前的变化幅度非常小，但是2006年之后出现了较为明显的下降，表明国家所提倡的“节能降耗”在这些省份实施情况较好。

第三节 各地区单位GDP能耗聚类分析

聚类分析是区域经济学常用的一种多元统计方法，即根据样品或指标的“相似”特征对其进行分类研究。目前，学术界大都借助于SPSS等计量经济软件进行聚类分析，然而通过SPSS将我国各省（区、市）划分为能源高效区、能源中效区和能源低效区的结果并不十分理想，在不同的年份，聚类分析的结果均显示能源高效区和能源中效区只包括1～2个省，而能源低效区则包括了其余所有省份，这样的结果对进一步的研究并没有太多帮助，因此并没有达到聚类分析的目的。在本文中，我们将尝试构建一个新的统计指标，以此将我国各省（区、市）划分为三大区域，每个区域所包含的省份数量近似平均，从而使各区域显示出其强烈的地域特征，为政府按照区域制定政策提供依据。

在区域经济学中，为了要表示各省份相对于全国平均发展水平的差异，经常用到“经济区位熵”这个统计指标。借助于这个概念，本文构造统计指标“单位GDP能耗区位熵”Q_j，以表示j省单位GDP能耗相对于全国平均发展水平的差异，如式(6.4)所示。

$$Q_j=\frac{EC_{k,j}}{GDP_{k,j}}=\frac{EC_i}{EC_t}\Big/\frac{GDP_i}{GDP_t}=\frac{EC_j}{GDP_j}\Big/\frac{EC_t}{GDP_t}=\frac{EI_i}{EI_t} \tag{6.4}$$

式(6.4)中，$EC_{k,j}$为j省能源消费总量占全国能源消费总量的比重，$GDP_{k,j}$为j省GDP占全国GDP的比重，EC_j为j省能源消费总量，EC_t为全国能源消费总量，GDP_j表示j省GDP，GDP_t表示全国GDP，EI_j为j省能源强度，EI_t为全国能源强度。

令

$$Q=\frac{1}{n}\sum_{j=1}^{n}Q_i$$

因此有，当$Q_j<1$时，j省的单位GDP能耗较小，属于能源高效区；当$1<Q_j<Q$时，j省单位GDP能耗较大，属于能源中效区；当$Q_j>Q$时，j省单位GDP能耗很大，属于能源低效区。

以我国各省2000～2007年期间单位GDP能耗的算式平均值计算的单位GDP能耗区位熵结果如表6.1所示，据此，我国30个省被分为三类区域，每类区域正好包括10个省。第Ⅰ类地区的单位GDP能耗较低，是能源高效区，包括北京、天津、上海、江苏、浙江、福建、江西、广东、广西和海南，主要分布在东部发达地区，相对于其它地区而言，这类地区“节能降耗”潜力稍小，压力不大；第Ⅱ类地区是能源中效区，包括黑龙江、安徽、山东、河南、湖北、湖南、重庆、四川、云南和陕西，这类地区现阶段“节能降耗”的压力相对较大；第Ⅲ类地区是能源低效区，包括河北、山西、辽宁、吉林、贵州、甘肃、青海、宁夏和新疆，大多是相对落后的中、西部地区，这类地区经济基础差，产业结构不合理，技术水平低，与第Ⅰ、第Ⅱ类地区相比，节能降耗的任务非常重。

表 6.1 我国各地区单位 GDP 能耗状况分类(2000～2007 年)

类别	特征	省份	Q_j	类别	特征	省份	Q_j	类别	特征	省份	Q_j
Ⅰ	能源高效区	北京	0.777	Ⅱ	能源中效区	黑龙江	1.177	Ⅲ	能源低效区	河北	1.626
		天津	0.980			安徽	1.055			山西	2.705
		上海	0.746			山东	1.044			内蒙古	1.872
		江苏	0.717			河南	1.163			辽宁	1.384
		浙江	0.768			湖北	1.220			吉林	1.362
		福建	0.690			湖南	1.000			贵州	2.828
		江西	0.885			重庆	1.092			甘肃	1.841
		广东	0.627			四川	1.212			青海	2.435
		广西	0.968			云南	1.319			宁夏	3.331
		海南	0.687			陕西	1.209			新疆	1.758

第四节 能耗影响因素的计量分析

由于我国地区之间在社会经济基础、技术水平等多方面存在巨大差异，运用全国的数据来分析单位 GDP 能耗的影响因素可能存在设定偏差，因此，我们采用由各省组成的面板数据进行研究。有关研究显示，影响单位 GDP 能耗的因素很多，诸如经济总量、产业结构、技术进步、城镇化率、固定资产投资等。由此，最初所设立的模型如下：

$$EI=c+\beta_1 PGDP+\beta_2 RS+\beta_3 RT+\beta_4 RD+\beta_5 RU+\beta_6 INV+\beta_7 D_1+\beta_8 D_2+\varepsilon_t \quad (6.5)$$

其中：

EI 为单位 GDP 能耗；

$PGDP$ 表示人均 GDP，以 2000 年不变价格表示；

RS 表示第二产业比重；

RT 表示第三产业比重；

RD 表示 R&D 研发费用支出占 GDP 比重；

RU 表示城镇人口比重；

INV 表示固定资产投入占 GDP 比重；

D_1、D_2 为虚拟变量，用于描述上一节中第Ⅱ、Ⅲ类地区相对于第Ⅰ类地区的系统性差别。

根据 Hausman 检验结果，本模型采用固定效应面板模型，为了消除序列自相关，我们加入 AR(1)。对(6.5)中各变量的检验结果表明，2000～2007 年期间对各省单位 GDP 能耗有显著影响的变量是人均 GDP 和第二产业比重，而城镇化率、R&D 支出占 GDP 比重、固定资产投资占 GDP 比重等变量则并没有显著的影响。简化后的面板数据模型如下：

$$EI=1.5106-1.2212\times10^{-5}PGDP+0.0110RS$$

由上式可得，经济发展对单位 GDP 能耗的影响是负的，第二产业比重对单位 GDP 能耗的影响是正的。也就是说，各省的单位 GDP 能耗会随着该省人均 GDP 的上升而下降，也会随着该省第二产业比重的增加而上升。究其原因，主要在于随着各省人均 GDP 的增加，能源消费量虽然一般也呈现上升趋势，但是由于技术水平的提高和节能措施的不断改进，能源消费量增长的速度低于 GDP 增长的速度，从而使单位 GDP 能耗降低。在三次产业中，第二产业是能源消费量最高的产业，且第二产业的单位 GDP 能耗要远远高于第一、第三产业的单位 GDP 能耗。模型中的其它变量对单位 GDP 能耗存在一定的影响，但回归检验结果不显著，也许是由于这些变量的影响远不如人均 GDP 和第二产业比重的影响，也有可能是由于研究时期偏短，使得这些变量的影响没有表现出来。

第七章

地区信息化程度比较分析

自1995年以来，我国的信息化建设取得了长足进步，2007年信息化发展总指数达到0.63，但区域间和地区间依然发展不平衡，东部地区信息化水平领先于中、西部，在基础设施、环境效果和互联网使用方面的差距尤为突出；城市信息化水平远远超过农村，农村的基础设施尤其落后。分省（区、市）看，信息化总水平、信息化结构和发展速度均存在较大差异。

第一节 全国信息化发展态势

一、信息化总指数稳步提高

2007年，我国信息化程度进一步加深，总指数比2006年提高1.8个百分点，分类指数中的使用指数和基础设施指数保持良好增长势头，分别提高4.8和2.2个百分点；但是，知识指数和环境与效果指数已经逼近瓶颈，信息消费指数则下降2个百分点。从图7.1可以看出，我国信息化的五个方面发展并不平衡，按2007年分值由高到低排序，依次为使用、知识、信息消费、环境效果和基础设施。

二、互联网新技术带动信息化发展

使用指数的提高归因于网络技术的发展和互联网应用的普及，我国网民人数呈指数增长。1995～2000年是网络技术和应用起步期，2000～2005年进入快速发展时期，互联网普及率从1.78%跃升至8.49%[①]。进入“十一五”之后，网络新技术的出现，尤其是web2.0对web1.0的替代，以及无线网络催生了互联网产业的新应用。互联网作为通信平台、信息发布平台、数字娱乐平台和交易平台的功能进一步加强，互联网用户规模进一步扩大。截至2008年底，我国互联网普及率达到22.6%，首次超过21.9%的全球平均水平；同时，我国网民数达到2.98亿，宽带网民数达到2.7亿，国家CN域名数达到1357.2万个，这三项指标继续稳居世界第一位。2008年，我国网民人数较2007年增加8800万人，增长率为41.9%。互联网应用正在从“娱乐化应用”转向如网上教育、求职、购物、商务一类的较深层次的“价值应用”。同时，随着我国3G牌照的发放，预计未来几年无线互联网还将迎来爆发式的增长。

---

① 中国互联网络信息中心：http://www.cnnic.net.cn/uploadfiles/pdf/2009/1/13/92458.pdf

三、信息消费停滞，基础设施增长有限

信息消费指数经历了1995～2003年的较快增长后显露出停滞迹象。居民信息消费(通信和文娱支出)占消费性支出的比重在1995年仅为5.41%，2003年上升至11.09%，2004年回落，2006年达到11.38%的最高点，2007年再度下降为10.98%。造成这一指标回落的原因为我国居民在教育和医疗保健方面的支出日渐增加，以及科技进步带来的信息化产品和通信价格下降。对照部分发达国家2004年居民信息消费占消费性支出的比例，美国为11.05%，瑞典为16.14%，日本为14.10%，澳大利亚为15.08%[①]，可见我国该指标已经不再具备大幅提升的空间。

由于大力推行九年制义务教育及高校扩招，我国知识指数在2000年后一直保持在高位；环境与效果指数虽然起点较高但多年来发展缓慢，这与我国信息产业占国民经济比重较低有关。由于移动电话价格及话费的下降，我国移动电话拥有率近年来迅速提高，从2000年每百人不足10部增加到2008年每百人48部，但由于电视机和计算机拥有率的提升较小且固定电话拥有率出现倒退的现象，拉低了基础设施指数的增长幅度。

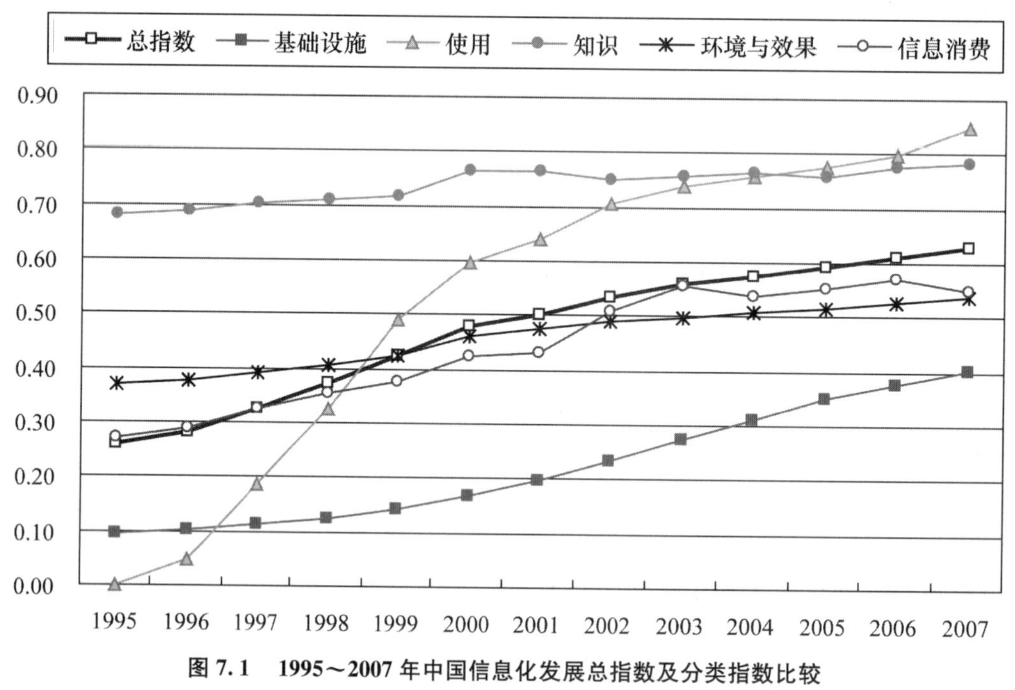

图7.1 1995～2007年中国信息化发展总指数及分类指数比较

第二节 东部、中部和西部地区之间信息化发展程度比较

2007年，东部地区的信息化总指数和五个分类指数均高于全国平均水平(见表7.1)，远远超过中西部地区，优势主要体现在基础设施和环境与效果两个分类指数上。中部地区总体略优于西部地区，但环境与效果指数稍稍落后，两者的信息化结构较为一致。

① 数据来源：根据《联合国国民核算年鉴(2005)》计算。

表 7.1 2007 年信息化发展指数及构成

	总指数	基础设施	使用	知识	环境与效果	信息消费
全 国	0.630	0.401	0.847	0.781	0.536	0.549
东 部	0.706	0.545	0.902	0.800	0.592	0.654
中 部	0.595	0.338	0.811	0.787	0.465	0.578
西 部	0.576	0.320	0.800	0.748	0.475	0.509

一、基础设施区域间不平衡严重

基础设施指数包含每百人拥有电视机台数、每百人拥有固定电话部数、每百人拥有移动电话部数和每百人拥有计算机台数四个指标。2007 年,东部地区每百人拥有 46 台电视机,比上年增加 2 台;中部地区为 37 台,与上年相同;西部地区为 34 台,比上年减少 1 台。2007 年,东中西部每百人固定电话拥有量均比上年下降 1 部,分别为 39、22 和 20 部,2008 年进一步下降至 37、20 和 19 部。各区域的移动电话拥有量大幅提高,2007 年东部地区达到 60 部,2008 年增加为 68 部;这两年,中部地区分别为 33 和 39 部,西部地区分别为 32 和 38 部。各区域的计算机拥有量稳步提升,2007 年,东部地区为 22 台,中西部地区均为 13 台,三个区域均比 2006 年增加 2 台(见表 7.2)。

表 7.2 2005～2007 年东中西部地区基础设施状况

		2005	2006	2007	2008
电视机拥有率（台/百人）	东部	44	44	46	—
	中部	35	37	37	—
	西部	32	35	34	—
固定电话普及率（部/百人）	东部	40	40	39	37
	中部	21	23	22	20
	西部	18	21	20	19
移动电话拥有率（部/百人）	东部	48	52	60	68
	中部	22	27	33	39
	西部	21	26	32	38
计算机拥有率（台/百人）	东部	18	20	22	—
	中部	10	11	13	—
	西部	10	11	13	—

注:根据《中国统计年鉴》"各地区城镇居民家庭平均每百户主要耐用消费品拥有量"和"各地区农村居民家庭平均每百户主要耐用消费品拥有量"计算。计算公式为:

$$\frac{\text{城镇每百户彩电拥有量}}{\text{市镇总人口}}\times\text{城镇人口比重}+\frac{\text{农村每百户彩电及黑白电视机拥有量}}{\text{农村户均人口}}\times\text{乡村人口比重}$$

2007 年,东部和中部地区每百人拥有电视机数量的差异为 9 台,每百人拥有固定电话数量的差异为 17 部,每百人拥有移动电话数量的差异为 27 部,每百人拥有计算机数量的差异为 9 台;中西部之间差距不大。但是从东部和中西部地区 2007 年与 2006 年数据的比较来看,可以发现除移动电话拥有率外,其他三项的差异已经基本趋于稳定,没有进一步扩大。

二、互联网使用的区域间不平衡严重

东部地区互联网开发和应用起步较早,拥有较完善的基础设施,2007 年互联网普及率达到 26.5%，远远领先于中西部地区（表 7.3）。虽然中西部地区目前普及率不高，仅为 11%左右，但其网民人数增长较快，特别是西部地区，2007 年增长 52.01%，比东部和中部的增长率高 10 个百分点以上。

表 7.3　2007 年东中西部互联网使用情况(%)

	普及率	网民人数增长率（比上年）
东部	26.05	39.29
中部	11.64	40.65
西部	10.62	52.01

在发达国家，互联网普及程度非常高。2008 年，美国和日本的互联网普及率分别为 72.5%和 73.8%，一些欧洲国家如荷兰、瑞典约为 80%。中国的互联网普及率在全球各个国家和地区中仅列第 87 位，因此无论东部还是中西部地区，互联网普及率依然有很大的提升空间。

三、信息消费和知识水平的区域间差异相对较小

居民信息消费占消费性支出的比重，东部为 13.07%，中部为 11.56%，西部为 10.18%，东部与西部之间的差距不到 3 个百分点（见表 7.4）。东部和中部之间知识水平差距较小，东部和中部成人识字率分别为 93.08% 和 92.23%，西部稍低，为 88.61%；东部和中部平均受教育年限分别是 8.62 和 8.24 年，西部为 7.57 年。

表 7.4　2007 年城镇和农村居民信息消费占消费性支出比重

	全国合计	东部	中部	西部
信息消费占总支出比重(%)	10.98	13.07	11.56	10.18
1. 城镇居民信息消费比重(%)	12.89	13.65	12.05	12.35
人均通信支出(元)	598.28	739.36	494.36	503.78
人均文娱支出(元)	690.76	942.01	501.29	541.84
2. 农村居民信息消费比重(%)	9.42	9.91	9.98	8.72
人均通信支出(元)	144.74	192.25	159.60	117.35
人均文娱支出(元)	158.85	243.54	131.26	103.98

第三节　城镇和农村之间的信息化程度比较

近年来，广大农村的信息化水平有了较大提升，但由于起步晚、基础差，依然远远落后于城镇。

一、农村基础设施落后

城镇居民家庭的固定电话、移动电话、家用计算机和电视机的拥有情况均优于农村（见表 7.5）。电视机已经成为农村家庭中的常用电器，接近一户 1 台；城镇居民家庭电视机拥有率趋近饱和。每百户农村居民家庭的电视机拥有量仅比城市少 31 台，是各项基础指标中差距相对较小的。

城镇居民家庭固定电话拥有率呈下降趋势，2007 年每百户为 90 台，比上年减少 3 台，农村仍不足 70 台；城镇居民家庭每百户拥有移动电话 165 部，农村居民每百户仅为 77 部，不及城镇水平的一半。在农村，拥有计算机的家庭很少，2007 年每百户仅拥有不到 4 台，而城镇家庭已经达到 53 台，是农村的 13 倍，计算机已经成为很多城镇家庭必不可少的娱乐休闲及工作设施。

表 7.5　城镇和农村居民家庭信息化设备拥有率比较

	品　名	1990	1995	2000	2006	2007
城镇	固定电话(部/百户)	—	—	—	93.30	90.52
	移动电话(部/百户)	—	—	19.50	152.88	165.18
	家用计算机(台/百户)	—	—	9.70	47.20	53.77
	彩色电视机(台/百户)	59.04	89.79	116.60	137.43	137.79
农村	固定电话(部/百户)	—	—	26.38	64.09	68.36
	移动电话(部/百户)	—	—	4.32	62.05	77.84
	家用计算机(台/百户)	—	—	0.47	2.73	3.68
	彩色电视机(台/百户)	4.72	16.92	48.74	89.43	94.38
	黑白电视机(台/百户)	39.72	63.81	52.97	17.45	12.14

二、互联网使用和信息消费

2007 年，农村网民人数 5262 万人，城镇网民人数 15738 万人；2008 年农村网民人数 8460 万人，城镇网民人数 21340 万人。2007 年农村互联网普及率仅有 7.23%，城镇互联网普及率达到 26.5%。在互联网使用方面，农村才刚刚起步，但表现出良好的增长势头，2008 年农村网民人数的增长率为 61%，城镇网民人数的增长率为 36%，农村快于城镇。

信息消费占城镇居民消费性支出的 12.89%，比农村居民高 3.47 个百分点。城镇居民人均通信支出和人均文娱支出分别为 598.28 和 690.76 元，农村居民仅为 144.74 和 158.85 元(见表 7.4)，城镇居民信息消费的支出额是农村居民的 4 倍多。

第四节　各省(区、市)信息化发展程度比较

2007 年，在全国 31 个省(区、市)中，北京和上海信息化程度依然位居前两位，总指数分别为 0.906 和 0.837，分别比上年提高 1.1 和 2 个百分点；浙江、广东、天津三者之间差距很小，分别为 0.721、0.72 和 0.719，其中浙江的升幅最大，比上年提高 2.5 个百分点，从上年的第五位上升至第三位；天津比上年下降 1.1 个百分点，从上年的第三位下降至第五位。

一、各省(区、市)信息化总指数的差异

全国 31 个省(区、市)划分为三类：第一类为信息化发展高水平地区，总指数大于 0.8，仅有北京和上海两个直辖市，总指数平均值为 0.872，是全国平均水平的 1.38 倍，；第二类为信息化发展中等水平地区，总指数位于 0.6 和 0.8 之间，包括浙江、广东、天津、江苏、福建、辽宁、陕西、吉林、山东、重庆、山西、黑龙江、湖北、内蒙和新疆共 15 个省(区、市)，总指数平均值为 0.646，略高于全国平均水平；第三类为信息化发展低水平地区，总指数小于 0.6，包括河北、湖南、海南、江西、宁夏、四川、广西、河南、安徽、青海、甘肃、云南、贵州和西藏共 14 个省(区)，总指数平均值为 0.564，是中等水平地区的 87%和高水平地区的 65%。

北京和上海两大直辖市在信息化发展程度上已经遥遥领先于其他省(区、市)，五个分类指数均远高于全国平均水平，特别是在基础设施和环境与效果方面的领先更为突出(表 7.6)。通过与世界主要国家(地区)的比较可知，北京和上海均已跨入信息化发展中高水平行列。

位于西南地区的云南、贵州、西藏三个省

(区)是我国信息化发展最为落后的地区,信息化总指数分别只有0.527、0.520和0.503,云贵高原和西藏高原独特的地理条件和人文特征在一定程度上限制了信息化的发展,特别是该地区基础设施建设较为落后。

黑龙江、湖北、内蒙、新疆的信息化指数仅略高于中等水平和低水平地区的分界线。这4个省(区)在2006年尚属于低水平地区,信息化总指数分别为0.594、0.595、0.579和0.572。据此推测,处于在0.59~0.60区间的河北和湖南两省,很有可能在2008年也跻身中等水平行列。由于各省(区、市)的信息化总指数均处于上升状态,因此逐渐会有更多低水平省份进入中等水平之列。

表7.6 2007年中国各地区信息化分类指数比较

地　　区	基础设施指数	使用指数	知识指数	环境与效果指数	信息消费指数	总指数
全国合计	0.401	0.847	0.781	0.536	0.549	0.630
北　　京	0.800	0.967	0.875	1.059	0.775	0.906
上　　海	0.839	0.966	0.858	0.723	0.698	0.837
浙　　江	0.663	0.920	0.768	0.567	0.585	0.721
广　　东	0.600	0.939	0.820	0.556	0.599	0.720
天　　津	0.551	0.903	0.845	0.639	0.590	0.719
江　　苏	0.519	0.890	0.788	0.565	0.644	0.687
福　　建	0.527	0.896	0.753	0.501	0.612	0.668
辽　　宁	0.465	0.863	0.829	0.538	0.519	0.657
陕　　西	0.374	0.831	0.782	0.576	0.553	0.628
吉　　林	0.401	0.847	0.819	0.494	0.516	0.626
山　　东	0.404	0.828	0.783	0.502	0.550	0.620
重　　庆	0.416	0.821	0.774	0.517	0.521	0.620
山　　西	0.354	0.847	0.821	0.464	0.565	0.614
黑 龙 江	0.373	0.819	0.819	0.469	0.524	0.608
湖　　北	0.356	0.819	0.784	0.514	0.517	0.605
内　　蒙	0.342	0.828	0.786	0.442	0.636	0.602
新　　疆	0.375	0.857	0.815	0.420	0.459	0.601
河　　北	0.360	0.805	0.795	0.446	0.552	0.595
湖　　南	0.317	0.803	0.806	0.476	0.537	0.590
海　　南	0.344	0.855	0.783	0.425	0.444	0.586
江　　西	0.315	0.812	0.790	0.444	0.569	0.585
宁　　夏	0.339	0.794	0.738	0.475	0.532	0.579
四　　川	0.334	0.794	0.751	0.501	0.464	0.579
广　　西	0.308	0.813	0.795	0.434	0.470	0.573
河　　南	0.304	0.796	0.784	0.422	0.564	0.573
安　　徽	0.328	0.789	0.705	0.479	0.521	0.568
青　　海	0.329	0.804	0.694	0.436	0.550	0.564
甘　　肃	0.290	0.774	0.685	0.471	0.549	0.552
云　　南	0.256	0.748	0.700	0.440	0.478	0.527
贵　　州	0.237	0.734	0.699	0.434	0.502	0.520
西　　藏	0.243	0.821	0.518	0.491	0.355	0.503

二、各省(区、市)信息化的结构性差异

信息化总指数相近的省份,信息化结构有可能不相同。如北京和上海,均属于高水平地区,但通过雷达图(图7.2)可以发现:信息化水平最高的北京偏向环境与效果指数,上海则更

为接近正五边形，稍偏向于使用指数。

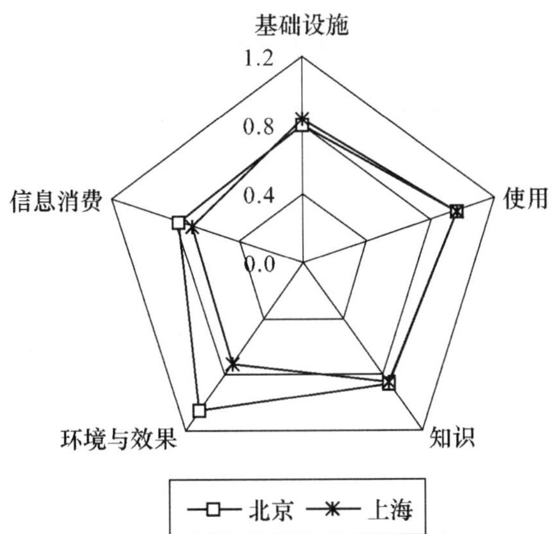

图 7.2　2007 年北京和上海信息化发展分类指数的雷达图比较

利用五个分类指数，使用系统聚类法将 31 个省(区、市)聚为六类，同类中的各省份信息化结构较为相似。第一类为北京，第二类为上海，两类均只有一个地区。第三类包括浙江、广东、天津、江苏和福建五个省(市)，这些省份与前两类主要的差异在于基础设施指数。第四类中的省份较多，包括辽宁、陕西、吉林、山东、重庆、山西、黑龙江、湖北、内蒙、新疆、河北、湖南、海南、江西、广西和河南，共 16 个省(区、市)，可见我国约有一半省份的信息化结构较为相似。第五类为宁夏、四川、安徽、青海、甘肃、云南、贵州，共 7 个省(区)，第六类只有西藏。为了观察各类之间的结构性差异，从后四类中选择总指数的中位数省份做雷达图(见图 7.3)。

图中显示第三类地区在正五边形基础上偏向于知识指数和使用指数；第四类地区和第五类地区有一定相似性，他们都不再具备正五边形的轮廓，表现为基础设施和环境与效果指数相对落后，但湖北代表的第四类地区在环境与效果和知识指数上要强于青海代表的第五类地区；第六类地区即西藏在基础设施、信息消费和知识指数等方面均极端落后。

三、各省(区、市)信息化发展速度的差异

1995 年来，我国各地区的信息化总指数一直处于上升状态，但是不同地区发展的快慢不同。从表 7.7 可以看到，2007 年多数省份信息化发展速度放缓。2006 年有 7 个省份的总指数比上年增加 0.03 以上，但 2007 年只剩 2 个；2006 年总指数比上年增加 0.02～0.03 的有 15 个省，但 2007 年仅有 9 个省；2006 年仅有 9 省属于增长较慢和增长慢的行列，2007 年却有 20 个省。

从增长快或较快行列退出、进入到慢或较慢行列的省份包括：北京、天津、重庆、宁夏、贵州、福建、山西、湖北、河北、湖南、海南、四川和

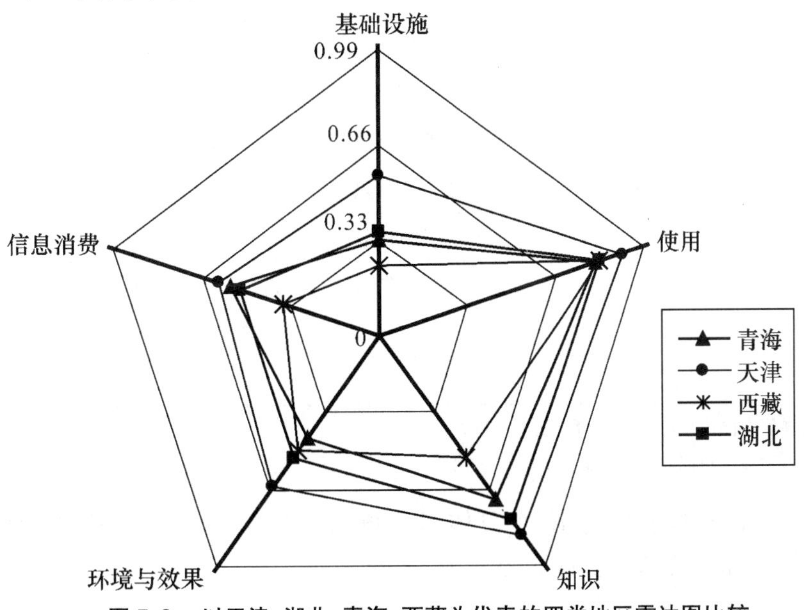

图 7.3　以天津、湖北、青海、西藏为代表的四类地区雷达图比较

安徽，共计 13 个省份。其中既有信息化高水平地区如北京，也有如贵州、安徽、宁夏这些信息化水平较低的地区。虽然依然有辽宁从增长慢的地区进入了增长较快的地区，广东从增长较慢地区进入较快地区，但是，仍可以看出我国信息化发展的整体速度降低了。

表 7.7 2006～2007 年各省(区、市)信息化指数增长情况

总指数变化（比上年增加）	2006 年	2007 年
△≥0.03 增长快	北京、上海、重庆、宁夏、青海、贵州、西藏	江苏、西藏 0.03>△≥0.02
增长较快	浙江、天津、江苏、福建、山西、湖北、内蒙古、新疆、河北、湖南、海南、江西、四川、河南、安徽	上海、浙江、广东、辽宁、内蒙、新疆、江西、河南、青海 0.02>△≥0.01
增长较慢	广东、陕西、吉林、山东、黑龙江、广西	北京、天津、福建、陕西、吉林、山东、重庆、山西、黑龙江、湖北、河北、湖南、海南、宁夏、四川、广西、安徽、贵州△<0.01
增长慢	辽宁、甘肃、云南	甘肃、云南

附录 信息化发展指数指标体系及计算方法

信息化发展指数(IDI，Informatization Development Index)从信息化基础设施建设、信息化应用水平和制约环境，以及居民信息消费等方面综合性地测量和反映一个国家或地区信息化发展总体水平。由 5 个分类指数和 10 个具体指标构成。指标体系如表 7.8。

表 7.8 信息化发展指数指标体系

分类指数	权重	指标	
基础设施指数	25	1	电视机拥有率(台/百人)
		2	固定电话拥有率(部/百人)
		3	移动电话拥有率(部/百人)
		4	计算机拥有率(台/百人)
使用指数	25	5	每百人互联网用户数(户/百人)
知识指数	20	6	教育指数:成人识字率 * 2/3+平均受教育年限 * 1/3
环境与效果指数	20	7	信息产业增加值占国内生产总值(GDP)比重(%)①
		8	信息产业研究与开发经费占国内生产总值(GDP)比重(%)②
		9	人均国内生产总值(GDP)(美元/人)
信息消费指数	10	10	信息消费系数(%)

注:①用第三产业增加值占国内生产总值(GDP)比重代替。

②用全部研究与开发经费占国内生产总值(GDP)比重代替。

信息化发展指数计算方法:先对 10 个具体指标数据进行标准化，简单平均计算出各分类指数分值，再加权平均计算出总指数。计算公式为:

$$IDI=\sum_{i=1}^{n}W_i\left(\sum_{j=1}^{m}\frac{1}{m}P_{ij}\right)$$

第二篇

地　区

第八章

四个直辖市的经济运行情况

2008年，国内外经济下行、宏观调控以及奥运会限制等因素对四个直辖市经济运行影响不一，四市经济运行有着较大差异。

北京和上海经济运行呈现大幅走低之势，两市投资和工业产出均大幅回落，分别降至10%以下，受此影响，全年经济分别增长9%和9.7%，比上年回落3.3和3.6个百分点。

重庆经济轻微回落，但仍保持较快增长，固定资产投资、规模以上工业企业增加值和国内生产总值分别增长21.6%、26.5%和14.3%，分别比上年回落3.5、3.9和1.4个百分点。

天津经济逆势上扬，有不俗表现。在国内外经济下行、出口降至个位数的情况下，投资和工业生产明显加快。固定资产投资同比增长44.8%，比上年加快14.2个百分点；规模以上工业企业增加值同比增长21%，比上年加快2.8%。在此带动下，全年GDP增长16.5%，创近20年新高，比上年加快1.4个百分点。

第一节 北京市

2008年，国内外经济减速、宏观调控及奥运相关限制等多重因素影响下，北京市经济增速高位回落。当前应关注经济下行的负面影响和投资、消费领域存在的潜在问题。

一、经济运行的基本情况

初步核算，2008年，全市地区生产总值10488亿元，按可比价格计算增长9%，增幅比上年回落4.3个百分点。其中，第一产业增加值112.8亿元，增长1.1%；第二产业增加值2693.2亿元，增长2.4%，其中工业增加值2198.5亿元，增长2.2%；第三产业增加值7682亿元，增长11.7%。

节能降耗成效显著，2008年，万元GDP水耗比上年下降6.9%；1～3季度，万元GDP能耗同比下降6.29%，均超过5%的年度调控目标。

1. 工业生产继续回落，服务业保持较快增长

2008年，规模以上工业实现增加值2156.3亿元，增长2%，增幅比上年回落11.4个百分点。其中，一季度增加值增长9.1%；二季度增长9.8%；三季度下降3.3%；四季度下降5%。分行业看，交通运输设备制造业增加值增长12.2%，通信电子设备制造业下降0.3%，黑色金属冶炼及压延加工业下降33.1%，电力热力生产供应业、石油加工炼焦及核燃料加工业分别增长9.1%和9.8%（见表8.1）。

表 8.1 规模以上主要工业行业增长情况

行业	2008 年增速(%)	比 2007 年+/-百分点
通信电子设备制造业	-0.3	-25.6
电力、热力的生产和供应业	9.1	-9
交通运输设备制造业	12.2	4.3
黑色金属冶炼及压延加工业	-33.1	-35.9
化学原料及化学制品制造业	-3.7	-7.5
通用设备制造业	3.6	-13.6
专用设备制造业	9.6	0.5
医药制造业	17	-3.6
石油加工、炼焦及核燃料加工业	9.8	-7

2008 年,第三产业增加值增长 11.7%,高于 GDP 增速 2.7 个百分点。其中,信息传输、计算机服务和软件业增长 16.8%,批发和零售业增长 15.6%,租赁和商务服务业增长 23.9%,科学研究、技术服务和地质勘查业增长 23.1%,水利、环境和公共设施管理业增长 28.3%,文化、体育和娱乐业增长 29.4%,增速均超过第三产业平均水平;金融业增长 9.2%,增速比上年回落 13.1 个百分点;房地产业下降 11.4%,降幅比上年扩大 9.6 个百分点。

2. 投资小幅下降,消费增长稳定活跃

2008 年,全社会固定资产投资 3848.5 亿元,比上年下降 3%。其中,一季度年增长 24.8%,二季度增长 10.2%,三季度下降 37%,四季度增长 4.9%。分产业看,第一产业投资 25.3 亿元,比上年增长 51.3%,增幅比上年提高 35.8 个百分点;第二产业投资 385.6 亿元,下降 20.4%,其中工业投资下降 20.3%;第三产业投资 3437.6 亿元,下降 0.8%。

2008 年,房地产开发投资 1908.7 亿元,下降 4.4%。住宅投资 940.6 亿元,下降 5.2%,其中经济适用房投资 36 亿元,增长 27%。

2008 年,社会消费品零售额 4589 亿元,比上年增长 20.8%,扣除价格因素后实际增长 15.7%,高于上年 0.6 个百分点。吃、穿、用、烧类零售额分别为 1138.9 亿元、430.6 亿元、2659.9 亿元和 359.6 亿元,分别增长 22.2%、21%、21.7% 和 9.9%。销售机动车 87.8 万辆,增长 10%,增幅比上年回落 1.8 个百分点;其中销售新车 49.3 万辆,增长 11.3%;旧车 38.5 万辆,增长 8.3%。

3. 出口增幅回落,外商直接投资增加

2008 年,全市进口 2143.9 亿美元,增长 48.8%,增幅比上年提高 29 个百分点;出口 574.6 亿美元,增长 17.4%,增幅比上年回落 11.4 个百分点。新批外商投资项目 1897 个,下降 12.9%;实际利用外商直接投资 60.8 亿美元,增长 20.1%,增幅比上年提高 8.8 个百分点。

4. 市场价格涨幅回落

2008 年,居民消费价格比上年上涨 5.1%,涨幅比上年提高 2.7 个百分点。其中,食品价格上涨 16.1%,涨幅比上年提高 6.9 个百分点。从趋势看,全市居民消费价格涨幅从 8 月份开始下行。12 月份,居民消费价格涨幅由 7 月份的最高点 6.3%降为 1%;其中食品类价格涨幅由 4 月份的最高点 21.6%降至 7.8%。

2008 年,原材料、燃料及动力购进价格上涨 15.8%,涨幅比上年提高 10.8 个百分点。工业品出厂价格比上年上涨 3.3%。从分月数据看,两者均已连续 5 个月回落。

2008 年,房屋销售价格上涨 9.5%,涨幅比上年回落 1.9 个百分点。其中,新建商品住宅上涨 11.9%,二手住宅上涨 6.2%,涨幅分别回落 0.9 和 4 个百分点。

5. 财政收入增势放缓,企业效益下滑

2008 年,地方一般预算财政收入 1837.3 亿元,增长 23.1%,增幅比上年回落 10.5 个百分点。1～11 月,规模以上工业企业利润总额

478.8亿元，比上年下降15%。全年限额以上服务业企业利润总额3672.9亿元，增长20.9%，增幅比上年回落218.7个百分点。

6. 居民储蓄存款持续增加，新增人民币贷款减少

2008年末，金融机构（含外资）本外币存款余额43980.7亿元，比年初增加6255.8亿元，同比多增2362.2亿元。其中，居民储蓄存款余额12538.1亿元，比年初增加2794.5亿元，同比多增2495.3亿元。

2008年末，金融机构（含外资）本外币贷款余额23010.7亿元，比年初增加3145.5亿元，同比多增737.4亿元。其中，人民币贷款19985亿元，比年初增加2167.7亿元，同比少增365.4亿元。

7. 就业形势基本稳定，城乡居民收入稳步增长

2008年末，全市城镇登记失业人员10.33万人，比上年末减少0.27万人；城镇登记失业率为1.82%，比上年末下降0.02个百分点。

2008年，城镇居民人均可支配收入24725元，比上年增长12.4%，扣除价格因素后实际增长7%。全年农村居民人均纯收入10747元，比上年增长12.4%，扣除价格因素后实际增长6.5%。

二、需要关注问题

2008年，伴随着全市经济增长放缓，需求减弱、市场信心下滑、就业压力加大等问题显现出来。

1. 需求明显减弱

企业订单情况不容乐观，四季度，企业产品订货景气指数为80.8点，低于三季度17.5点，同比回落51.3点，已连续两个季度处于不景气区间。

工业内销产值低速增长，出口交货下降。2008年，规模以上工业产品内销产值增长6.7%，增幅比上年回落7.9个百分点；出口交货值1761.9亿元，比上年下降6.7%。其中，占出口交货值70%以上的电子行业出口交货值1279.6亿元，比上年下降8.9%。

企业库存增加，2008年11月末，规模以上工业企业产成品库存额为570.2亿元，同比增长17.3%，增幅同比上升4.3个百分点。年末社会商品库存2461.7亿元，增长32.5%，增幅比上年末提高15.3个百分点。

房地产市场持续低迷，空置面积增加。2008年，全市商品住宅施工面积5538.2万平方米，比上年下降6.4%；其中新开工住宅1565.3万平方米，下降4.5%。商品住宅销售面积1031.4万平方米，下降40.4%，销售规模仅略高于2000年水平，不足2004年的一半。年末商品住宅空置面积为522.7万平方米，增长26.9%。

2. 市场信心持续下滑

企业家信心降至历史最低点，2008年四季度为85.5点，比三季度回落31.9点，位于1999年开展企业景气调查以来的最低水平，是自1999年三季度以来首次跌入不景气区间。

消费者信心继续走低，2008年四季度为98.8点，低于上季度7.6点，消费者满意指数为101.2点，比上季下降4.9点，消费者预期指数为97.2点，比上季度下降9.4点。

3. 非国有投资较为低迷

从改革开放30年来北京经济波动规律看，基本上是10年一个周期。第一次调整在1989～1990年，非国有投资比重小幅下降，由1988年的18.3%降至1992年的13.5%；第二次调整是在1998～1999年，非国有投资比重再次小幅下降，由1996年的37.8%降至1999年的37.2%。这次调整也有这种可能。

4. 消费热点降温，居民消费不足

汽车消费热度减退，近两年的全市机动车销售进入稳定增长期，增速保持在10%左右，远低于前几年的增长水平。

房地产市场进入深度调整期，2006年至2008年，全市房地产市场连续3年供销双降。

城镇居民消费支出低速增长，2008年仅增7.4%，比上年回落1.3个百分点，位于2002年以来最低水平。

三、未来经济走势展望及政策建议

1. 加快保障性住房建设

对于新建保障性住房，政府可以适当降低

土地价格，调动开发商进入保障房市场的积极性；与此同时，还要考虑对住房制度进行相关配套改革，在增加保障房供给的同时，针对市场结构和不同收入群体，调整住房分配制度，以最大限度地发挥保障性住房的保障作用。

2. 加大基础设施投资力度

一是通过加快公共交通尤其是轨道交通建设，将新城、重要城镇与高速公路网连接起来，吸引产业和投资向郊区转移，逐步形成产业集聚，带动新城和郊区的发展。同时，注重城乡统筹兼顾，加大农村基础设施投资力度，缩小农村和城市的硬件差距，促进新农村建设和城乡一体化。

3. 发展高端、高附加值产业

对于北京而言，就是工业做强、服务业做大。为了做强北京工业，可以围绕高端和信息化，改造重点产业的几个大项目，寻找和确定几个新的、好的大项目，为下一轮发展蓄积能量，创造基础和条件。再有就是做大服务业。我们要把握好奥运这个历史机遇，在强化原有新兴服务业的同时，大力发展旅游业、会展业、文化创意产业、体育产业和生产性服务业等，让第三产业更加发挥出稳定性好、波动小的优势。

表 8.2 2008 年北京市经济在全国的定位

	绝对额在全国位次	增长率在全国位次	参与排序的地区数
地区生产总值	13	30	31
农林牧渔业总产值	26	30	31
规模以上工业企业增加值	—	31	31
城镇固定资产投资完成额	19	31	31
施工项目计划总投资	22	20	31
新开工项目计划总投资	27	31	31
房地产开发投资额	6	31	31
商品房施工面积	12	31	31
商品房竣工面积	8	22	30
房地产业购置土地面积	19	1	29
商品房销售面积	22	30	30
商品房销售额	5	28	30
建筑业总产值	6	19	31
社会消费品零售总额	10	24	31
出口总额	6	21	31
进口总额	2	6	31
城镇单位就业人员	6	3	31
城镇单位劳动报酬	2	1	31
城镇居民人均可支配收入	2	23	31
城镇居民人均消费性支出	2	30	31
城镇居民人均食品支出	3	30	31
农村居民人均现金收入	1	24	31
农村居民人均生活消费现金支出	3	17	31
农村居民人均食品支出	3	19	31
地方财政收入总额	6	18	31
	年涨幅在全国的位次		参与排序的地区数
居民消费价格	28		31
工业品出厂价格	27		30
原材料燃料动力购进价格	5		30
固定资产投资价格	25		30

第二节 上海市

上海的外向度较高、与国际经济联系密切，受全球危机影响显著，通过积极应对，总体保持了平稳较快增长的态势，但经济运行中的困难明显增多，下行压力较大。

一、运行特征

1. 主要指标——前高后低

2008年，全市生产总值为13698.15亿元，增长9.7%。这是自1992年以来在保持16年两位数增长后的首次回落。增速逐季放缓，一季度增长11.6%，上半年增长10.3%，前三季度增长10.1%，全年增长9.7%，比上年回落4.6个百分点。分产业看，二、三产业增速双双下滑，第二产业增加值6235.92亿元，增长8.2%，第三产业增加值7350.43亿元，增长11.3%；增速分别比上年回落3.3和5.8个百分点。

2008年，全市居民消费价格指数为105.8，比上年回落2.6。分月看，1～4月持续冲高，其中4月份创1996年12月以来新高，同比涨幅达7.9%。5～7月份高位平稳运行，8月份开始快速回落，12月份回落至2007年3月以来新低，为2.1%。

2. 主要产业——大幅回落

2008年，全市规模以上工业总产值为24404.97亿元，增长8%；比上年回落8.1个百分点。分季度看，一季度增长16.1%，增幅与上年同期相当；二季度受国际大宗商品价格大幅下降影响，增速有所回落，上半年增长14.3%；前三季度增长12.4%，增幅同比回落3.8个百分点。

2008年，房地产市场观望气氛浓厚，商品房销售持续下降，部分房地产开发企业为缓解资金压力，或放缓施工进度，或推迟项目开工时间，从而导致全年商品房施工和竣工面积双双下降。全年商品房竣工面积2475.04万平方米，下降26.8%。其中商品住宅竣工面积1763.33万平方米，下降35.9%。

2008年，全市货物周转量为15866.76亿吨公里，下降1.4%，创1997年以来的最低增速，增长速度比上年回落16.5个百分点。国际标准集装箱吞吐量为2800.6万标箱，增长7.1%，增长速度比上年回落13.3个百分点。自1995年以来，上海的国际标准集装箱吞吐量增长速度一直快速增长，除2001年为13%以外，其他年份都在20%以上，因此2008年的速度是很低的。

3. 各类需求——走势各异

2008年，全市社会消费品零售总额为4537.14亿元，增长17.9%，扣除价格因素后实际增长12%，略快于上年。分月度看，消费市场总体运行呈现平稳走高的特点。

2008年，全社会固定资产投资4829.46亿元，增长8.3%，增速比上年回落5.3个百分点。各月投资增速呈现“高—低—高”的走势，从年初的9.5%到1～4月的1%；随后重拾升势，至全年的8.3%。分产业看，第三产业投资比重超过70%，增长11.4%，比工业增速快9.7个百分点。

2008年，全市出口1693.5亿美元，比上年增长17.7%，增幅比上年回落9个百分点；进口1527.88亿美元，增长9.9%，增幅比上年回落12.2个百分点。

二、主要问题

1. 对外依存度较高

长期以来，上海经济增长对外部需求的依存度较高。由表8.3可以看到，外贸出口增速由2004年的51.6%降至2008年的17.7%，回落近34个百分点；在国内需求中，固定资产投资增速回落17.5百分点，但社会消费品零售总额增速提高7.2百分点。全市GDP名义增速由2004年的20.6%回落到2008年的12.4%，回落8.2个百分点。由此可见，受外部需求的影响更大，这不仅影响经济增长稳定性，同时对可持续增长也带来挑战。

表 8.3 上海市经济增速与三大需求增速对比(%)

年份	GDP 名义增速	外贸出口增速	固定资产投资增速	社会消费品零售总额增速
2004	20.6	51.6	25.8	10.5
2005	13.5	23.4	14.8	11.9
2006	13.1	25.2	10.8	13.0
2007	17.6	26.7	13.6	14.5
2008	12.4	17.7	8.3	17.9

2. 服务业增长波动较大

在上海的第三产业中，金融业和房地产业增加值约占第三产业增加值的30%左右，具有较为重要的地位。相对与第三产业中的其他行业，这两个行业增速的波动很大。从表 8.4 可以看到，近 5 年来金融业增加值增长速度在 9.2% 至 34.3% 之间波动，波动幅度高达 25.1%；房地产业增加值增长速度在－13.7% 和 21.6% 之间波动，波动幅度高达 35.3%。受这两个行业的影响，上海第三产业增加值增长率波动较大，进而影响整个经济的稳定增长。

表 8.4 金融业和房地产业对上海第三产业影响(%)

年份	第三产业增速	金融业增加值		房地产业增加值	
		比重	增速	比重	增速
2004	14.1	14.9	13.5	16.3	21.6
2005	11.1	14.6	9.2	14.6	－2.9
2006	12.0	15.7	21.3	13.1	0.8
2007	17.1	18.9	34.3	12.6	10.8
2008	11.3	19.6	15.0	10.2	－13.7

3. 企业效益大幅下滑

2008 年，全市企业所得税收入增长 16.7%，增幅比上年回落 39.8 个百分点。其中，私营企业所得税下降 6.3%。2008 年，全市工业企业利润总额 949.77 亿元，比上年下降 28.9%，增速回落近 50 个百分点。在 34 个大类行业中，有 22 个行业利润总额下降，仅有 6 个行业利润增速有所加快，还有 3 个行业亏损。亏损企业数增长 36.4%，亏损面扩大 6.8 个百分点，亏损企业亏损额增长 1.3 倍。

4. 居民收入增速减缓

受企业利润下滑、亏损加剧影响，2008 年全市居民收入增速下滑，城市居民人均可支配收入 26675 元，增长 12.9%，增速比上年回落 1.4 个百分点。其中工资性收入增长 13.9%，增速比上年回落 5 个百分点。城市居民人均消费支出为 19398 元，增长 12.4%，增速比上年回落 4.5 个百分点。

三、对策建议

上海有着自身的发展优势，有“浦东综合配套改革”试验，拥有在政策上先行先试的权利；世博会进入临战期，各项准备工作进入最后冲刺。国家的十大产业振兴计划中，钢铁、石化、汽车、船舶等行业，上海具有领先优势。

1. 一手保增长，一手促就业

保增长首先要改善年初固定资产投资和外贸出口增速大幅下滑的不利局面。要保持固定资产投资的稳定增长，就要利用上海筹办世博会以及贯彻国家 4 万亿投资计划的安排，保持城市基础设施的投资力度。在外贸出口上，利用国家对出口的大力推动，如出口退税的调整以及企业营业税的部分调整，积极扶持和扩大本市企业出口。

经济衰退一般伴随着就业形势恶化，而恶化的就业形势反过来进一步加深了衰退，从而形成恶性循环。因此,要防止经济增速进一步下滑,应该把促进就业放在突出位置。政府要想方设法创造就业岗位,将城镇失业率控制在不高于去年的水平。由于民营企业在吸纳就业上具有明显作用,政府还应该通过财政补助、减免税收等方式,扶持民营经济,为就业及经济增长助力。

2. 一手调供给,一手扩需求

要将产业发展和企业整合寓于上海经济结构调整中。在产业发展方面,上海应该密切关注十大产业振兴规划,率先出台相应的细化措施,通过对相关产业的技术升级、产业整合,打造上海的领先优势产业。在企业整合方面,利用有关产业振兴之机,加快和支持特大企业对中小企业的整合、上海优势企业对外地企业的整合,培育出一批真正有国际竞争力的企业。对一些有市场、有竞争力的企业,政府还应该提供一定的财税支持,为企业降低成本、应对危机提供支持。而对一些有发展前景的企业或产业,政府可以通过扶持基金、产业指导、服务提供等方式,帮助企业发展壮大。

表 8.5 2008 年上海市经济在全国的定位

	绝对额在全国位次	增长率在全国位次	参与排序的地区数
地区生产总值	7	28	31
农林牧渔业总产值	27	31	31
规模以上工业企业增加值	—	28	31
城镇固定资产投资完成额	15	30	31
施工项目计划总投资	9	22	31
新开工项目计划总投资	18	3	31
房地产开发投资额	8	29	31
商品房施工面积	11	30	31
商品房竣工面积	9	30	30
房地产业购置土地面积	27	2	29
商品房销售面积	11	29	30
商品房销售额	3	30	30
建筑业总产值	5	12	31
社会消费品零售总额	11	30	31
出口总额	3	20	31
进口总额	4	27	31
城镇单位就业人员	14	8	31
城镇单位劳动报酬	6	7	31
城镇居民人均可支配收入	1	22	31
城镇居民人均消费性支出	1	14	31
城镇居民人均食品支出	1	18	31
农村居民人均现金收入	2	23	31
农村居民人均生活消费现金支出	1	30	31
农村居民人均食品支出	1	18	31
地方财政收入总额	3	31	31
	年涨幅在全国的位次		参与排序的地区数
居民消费价格	16		31
工业品出厂价格	30		30
原材料燃料动力购进价格	27		30
固定资产投资价格	23		30

从扩大需求的类别看，除了普通的商品消费需求外，上海尤其要着重扩大服务性消费需求。从需求的区域来看，上海除了扩大针对上海本地居民的消费措施外，还应该采取措施扩展和吸引对外省市居民的消费需求，比如出台和落实向外省市游客发放旅游券等措施。

3. 均衡产业发展

均衡产业发展并不是指产业的平均发展，也不是所有的产业都要发展。而是指体现上海特色、符合产业战略、具有特殊优势的产业。要围绕建设“四个中心”，特别是国际金融和国际航运两大中心，加快发展现代服务业和先进制造业。

4. 加强区域协作

定位于国际大都市的上海，不仅要加快自身经济发展，而且应当将服务于长三角、长江流域和全国作为发展的应有之义，把自身的发展放到全球经济的大背景下去思考，放到全国发展大格局中去谋划。按照“优势互补、互惠互利、联合发展、共同繁荣”的要求，在国际经济衰退的背景下，要更加主动地把自身产业结构战略性调整和产业向长江流域转移结合起来，鼓励和支持上海企业在长江流域进行跨地区投资。发挥好上海的比较优势和示范带动作用，不仅要加强上海与长三角、长江流域的联合发展，还应该加强与国内其他中心城市的相互协作和支持。作为国家战略推动的上海国际金融中心建设，在加强与香港的优势互补和战略合作，形成分工合理、相互促进、共同发展发展方面应有更多的作为。香港作为区域国际金融中心有很长的历史，具有先发优势和丰富的发展经验，上海通过沪港合作特别是金融领域的合作，有利于提高自身、接轨国际，为上海建成国际金融中心再添加助力。

第三节 天津市

2008 年，天津市全力加速滨海新区开发开放，加快实施“一二三四五六”的奋斗目标，认真推进科学发展、和谐发展、率先发展，全市经济实现又好又快发展。

一、经济运行的主要特点

1. 经济总量快速扩张，财政收入稳步增长，节能减排工作保持高水平

2008 年，全市生产总值 6354.38 亿元，按可比价格计算增长 16.5%，增幅比上年提高 1.3 个百分点。分三次产业看，第一产业增加值 122.58 亿元，增长 3.1%；第二产业 3821.07 亿元，增长 18.2%，其中工业 3533.86 亿元，增长 18.9%，拉动全市经济增长 10.1 个百分点，贡献率达到 61.5%，建筑业 287.21 亿元，增长 9.2%；第三产业 2410.73 亿元，增长 14.7%。

2008 年，全市财政收入 1489.89 亿元，增长 23.7%。其中地方财政一般预算收入 675.55 亿元，增长 25.1%。主体各税种均保持较快增长，增值税、营业税、企业所得税和个人所得税四大税种收入合计 958.09 亿元，占到全部税收收入的 84.5%，增长 21.4%，其中企业所得税增长 36.2%，营业税增长 22.9%。

2008 年，全市通过结构调整、技术进步和科学管理等举措大力推动节能减排工作，取得明显成效，万元生产总值能耗下降 4.9%左右，化学需氧量、二氧化硫排放量分别下降 1%，完成年度减排目标。

2. 海新区开发开放势头强劲，滨海新区、中心城区、区县经济呈现联动发展

随着天津滨海新区综合配套改革方案获国务院批复以及 10 项综合配套改革试验进入全面实施，天津滨海新区的发展驶入快车道，投资呈现空前活跃，先后实施和启动了 4 批 80 项重大建设项目和 20 项重大服务业项目。2008 年，滨海新区生产总值完成 3102.24 亿元，增长 23.1%，增幅比上年提高 2.6 个百分点，比全市 GDP 增速快 6.6 个百分点。其中服务业增加值 848.46 亿元，增长 21.4%，占新

区生产总值的 27.3%。工业总产值 7616.81 亿元,增长 29.4%。固定资产投资 1650.52 亿元,增长 43.2%。社会消费品零售总额 330.75 亿元,增长 29.3%。利用外资合同金额 91.86 亿美元,增长 19.8%,实际到位 50.77 亿美元,增长 29.4%。滨海新区许多重大项目建设扎实推进,空客 A320 系列飞机天津总装线开始投入运营,国家第一批循环经济示范项目——北疆电厂电水盐联产工程开始设备安装,新一代运载火箭、无人驾驶飞机、一汽丰田多功能运动型轿车、100 万吨乙烯及配套项目、诺和诺德胰岛素扩产等项目进展顺利。滨海新区还先后成功举办了夏季达沃斯论坛、首届津台投资合作洽谈会、第二届"融洽会"等大型会议,显示出新区经济发展的强大活力。

天津市各区县招商引资保持了快速增长,有力地促进了区县经济的均衡全面发展。2008 年,中心六区实际直接利用外资 6.81 亿美元,增长 45.2%,增幅比上年提高 2.7 个百分点;十二个区县实际直接利用外资 23.9 亿美元,增长 49.3%,增幅比上年提高 13.5 个百分点;2008 年区县属工业总产值 3433.62 亿元,增长 30.2%,增速快于全市工业平均水平 5.6 个百分点;十八区县财政收入 529.03 亿元,增长 32.5%,其中塘沽、汉沽、津南 3 个区收入增幅超过 40%。

3. 产业结构调整显成效

2008 年,全市农业生产平稳增长,农林牧渔业总产值 267.94 亿元,按可比价格计算,增长 3.3%。粮食生产再获丰收。随着各项支农惠农政策效应的显现,农民种粮积极性不断提高,粮食种植面积达到 440.26 万亩。加之天津市天气、雨水比较正常,2008 年粮食总产量达到 148.93 万吨,增长 1.2%,为近 9 年来最好水平。设施农业成为新亮点,新增面积 10 万亩,单位产出效益大幅增长。生猪生产恢复增长,出栏 290.12 万头,增长 10.7%。主要农副产品稳定增长,肉类总产量 36.31 万吨,增长 7.6%,蔬菜产量 312.76 万吨,增长 14.0%,禽蛋产量 21.01 万吨,增长 2.2%,牛奶 68.12 万吨,增长 1.4%,水产品 33.67 万吨,增长 3.6%。

2008 年,工业继续担当全市经济的主引擎,规模以上工业增加值 3520.68 亿元,增长 21%,工业总产值 12128.65 亿元,增长 24.6%,增幅比上年分别提高 2.8 和 4.2 个百分点。工业保持较快增长的主要支撑因素有:一是"高端化、高质化、高新化"工业结构初具雏形,电子信息、汽车、石油化工、冶金、生物技术与现代医药、新能源及环保等六大优势产业合计总产值 8323.89 亿元,增长 16.8%,占规模以上工业的 68.6%,对工业增长的贡献率为 50.0%。其中,汽车制造业总产值增长 23.6%,石油及化学工业增长 18.1%,冶金工业增长 38.1%,生物技术与现代医药制造业增长 18%,新能源及环保业增长 82.8%。二是部分重要行业对工业较快增长贡献突出,交通运输设备制造、专用设备制造、电气机械及器材制造、通用设备制造、化学原料及化学制品制造等五大行业增加值 931.78 亿元,占到全市的 26.5%,增长 40.6%,对全市工业增长的贡献率为 44%。三是民营工业生产活跃,增加值 369.43 亿元,占全市工业的 10.5%,增长 35.8%。

2008 年,全市天然原油产量 1993.86 万吨,增长 3.6%,发电量 391.05 亿千瓦时,增长 0.9%,天然气产量 14.01 亿立方米,增长 5%,无缝钢管 331.57 万吨,增长 22.2%,轿车 53.81 万辆,增长 18.5%,显示器 717.2 万部,增长 14.1%。

2008 年,全市服务业发展在调整中进一步加快,增加值增长 14.7%,增幅比上年提高 0.4 个百分点,为 1997 年以来最好水平,占全市生产总值的 38%。其中交通运输、仓储和邮政业增加值 320.63 亿元,增长 9.9%。全市港口货物吞吐量 3.56 亿吨,增长 15.0%,集装箱吞吐量 850.2 万标箱,增长 19.7%。2008 年邮电业务总量 351.77 亿元,增长 17.5%。批发和零售业增加值 604.64 亿元,增长 15.4%。住宿和餐饮业增加值 106.09 亿元,增长 6.7%。消费市场繁荣,2008 年商品销售总额 9442.43 亿元,增长 23.6%。金融业增加值 360.55 亿元,增长 16.4%。一批村镇银行、小额贷款公司等新型金融机构纷纷设立。其他服务业完成增加值816.44亿元，增长19.6%。现代物流、商贸会展、信息咨询、文化创意、中介服务等现代服务业发展较快。

4. 投资势头强劲，消费需求快速增长，出口表现乏力

2008年，拉动全市经济平稳较快发展的需求结构发生明显变化，内需特别是消费需求拉动作用上升，外需拉动作用减弱。

2008年，投资需求增势强劲。全社会固定资产投资3404.09亿元，增长42.5%，增幅比上年提高13.4个百分点。其中，城镇固定资产投资3189.44亿元，增长43.2%，增幅比上年提高12.9个百分点。投资增长的主要特点有：一是市政府加大保障性住房建设规模，陆续出台了住房保障规划和廉租房、经济适用房等4项住房保障制度管理办法，房地产开发投资呈较快增长，投资额653.72亿元，占全市城镇投资的20.5%，增长29.4%，增幅比上年提高3.8个百分点，全年开工建设保障性住房585万平方米，比上年增长1倍，经济适用房新开工面积561.2万平方米，增长66.9%。二是地方单位投资成为主要支撑，投资额2552.08亿元，增长45.5%，拉动全市城镇投资35.8个百分点。三是投资产业结构继续优化，第二产业投资完成1381.29亿元，增长43.5%，其中工业投资1338.62亿元，增长42.6%，投资主要集中在电子、石化、医药和新能源及环保等优势行业。第三产业投资1786.83亿元，增长41.9%，其中科技服务、商务服务、居民服务、批发零售等现代服务业投资增长在1倍以上。四是大项目建设进展顺利为天津市经济发展增添了后劲。工业80项重大项目，服务业20项重大项目，自主创新产业化35项重大项目和区县267项重大项目正抓紧实施。五是投资建设资金充裕。2008年建设资金到位3976.93亿元，增长31.4%，高于实际完成投资787.49亿元。其中国内贷款增长34.5%，自筹资金增长51.6%。

2008年，全市消费需求快速增长。社会消费品零售总额突破2000亿元，达到2000.34亿元，增长24.5%，增幅比上年提高6.3个百分点，扣除物价因素后实际增长18.5%，为1997年以来最好水平。其中，批发和零售业零售额1690.36亿元，增长24.9%，住宿和餐饮业零售额305.49亿元，增长22.7%，增幅分别比上年提高6.7和4.1个百分点。促进天津市消费市场繁荣活跃的主要因素有：一是滨海新区加快发展，商贸洽谈、招商引资活动大幅增加，带动了人流增长。2008年天津市常住人口净增61万人，截至年末，在天津市居住的外来常住人口达到224万人，有力拉动了天津市消费的增长。二是城际高速铁路的开通带动人流和消费。随着京津“半小时交通圈”的初步建成，来津的外地游客大量增加。三是城乡居民收入较快增长提高了购买力，2008年城市居民人均可支配收入增长18.7%，为1997年以来最高增幅。四是汽车、石油等商品销售的快速增长成为促进消费的重要因素。限额以上批发零售贸易业企业销售类值中，汽车类实现零售额150.65亿元，增长42.9%，石油及制品类零售额150.83亿元，增长69.3%，两类商品合力拉动社会消费品零售总额增长6.7个百分点。

2008年，外需拉动作用减弱。全市出口422.29亿美元，增长10.7%；进口383.10亿美元，增长14.7%；顺差39.19亿美元，比上年减少8.53亿美元。对美国出口下降9.6%，对欧盟出口增长乏力，仅为3.1%。

5. 开发开放全方位，资本聚集显效应，推动发展活力

2008年，全市利用外资快速增长。直接利用外资合同金额132.56亿美元，增长15.1%，实际到位74.20亿美元，增长40.6%，增幅比上年提高12.8个百分点。服务业利用外资高速增长，合同外资金额93.15亿美元，增长39.4%；实际到位45.17亿美元，增长70.4%。至2008年末，世界500强企业已经有130家落户天津市。

2008年，全市利用内资势头迅猛。实际利用内资项目1534个，资金到位920.13亿元，比上年增加308.08亿元，增长50.3%。大项目引资成为主体，全市引进超亿元内资大项目162个，到位资金731.7亿元，增长57.9%，

占到全市的79.5%。高新技术、现代物流、金融、创意等高端产业项目成为利用内资的新焦点，到位资金占全市8.3%。至2008年末，全市引进国内500强优势企业38家，到位资金142亿元。

2008年，全市信贷资金保持较快增长，有力地支撑了经济的平稳较快发展。年末金融机构(含外资)本外币各项贷款余额7689.12亿元，增长19.3%，比年初增加1251.79亿元，比上年多增164.26亿元。其中，中长期贷款余额4377.19亿元，增长23.7%，比年初增加829.90亿元；票据融资余额419.25亿元，增长94.8%，比年初增加203.97亿元。金融机构(含外资)本外币各项存款余额9954.16亿元，增长20.8%，比年初增加1716.28亿元，比上年多增338.48亿元。储蓄存款回流，并呈现定期化趋势，年末余额为4061.73亿元，比年初增加896.65亿元，比上年多增646.99亿元，其中，定期储蓄存款余额比年初增加756.01亿元，比上年多增647亿元。

6. 就业稳定、收入增长创新高，消费价格持续回落

2008年，全市努力扩展就业渠道，在全国率先实施以创业带动就业规划，出台鼓励九类人员创业、支持创业载体发展、放宽市场准入和经营准予、拓宽创业的投融资渠道、实行税费减免、实施社会保障支持政策、落实创业服务等政策措施。举办了“2008中国·天津创业项目展示推介会”，成为全国首个国家创业带动就业实验区。就业形势稳定，全年新增就业38.02万人，增长13.9%。10类就业困难群体得到妥善安置。年末城镇单位从业人员199.2万人，其中国有单位96万人，三资企业56.2万人。登记失业率3.6%。

2008年，全市职工和城乡居民收入增长较快。城镇单位从业人员劳动报酬总额为786.05亿元，增长20.4%，人均劳动报酬39941元，增长19.9%。城市居民人均可支配收入为19423元，增长18.7%，增幅比上年提高4.2个百分点，扣除物价因素后实际增长12.6%。农村居民人均纯收入9670元，增长10.5%，增幅比上年提高0.3个百分点。城乡居民收入增速均为10年之新高。

2008年，价格涨幅逐季回落，城市居民消费价格上涨5.4%，其中12月当月同比涨幅回落到1.8%。八大类商品和服务价格呈“五升三降”格局。食品价格上涨12.1%，烟酒及用品类上涨8.0%，家庭设备用品及维修服务类上涨6.8%，居住类上涨5.3%，医疗保健和个人用品类上涨2.3%，娱乐教育文化用品及服务类、交通和通信类、衣着类价格均为下降。

二、经济运行中的主要问题

1. 房地产市场进入调整期

2008年，全市商品房销售面积1252.24万平方米，实现销售收入753.16亿元，分别比上年下降19.3%和16.3%。市场观望气氛浓厚，虽然国家出台了一系列暖市政策，一些房地产企业也开始推出促销活动，但市场整体没有出现大的改观。受此影响，全市房地产业增加值增长乏力，2008年房地产业增加值完成202.38亿元，仅增长0.4%，增幅比上年下降9.1个百分点。

2. 金融危机冲击的影响在多方面显现

进入四季度以后，随着国际金融危机的进一步恶化，对天津市出口、交通运输、企业效益乃至财政收入的影响开始显现。2008年，全市出口增长10.7%，比全国增幅低6.5个百分点，比上年回落3.1个百分点，其中12月当月下降9.4%。规模以上工业出口交货值2392.99亿元，仅增长0.4%，增幅比上年大幅回落13.3个百分点，其中12月下降33.6%。交通运输仓储和邮政业增加值增长9.9%，增幅比上年回落6.3个百分点。全市水运周转量14028.87亿吨公里，由上年的增长25.7%转为下降4.7%。全市港口货物吞吐量增长15%，增幅比上年回落5.1个百分点。由于外需减弱、产成品价格下降和库存原材料价格较高等因素的影响，工业企业经济效益增幅明显回落，利润总额725.95亿元，仅增长0.5%，增幅比上年回落7.7个百分点，工业企业亏损面29.7%，比上年扩大4.4个百分点。财政收入增幅比上年回落6.4个百分点。

3. 生产价格指数加速回落，通缩压力加大

2008年，全市工业品出厂价格上涨

4.1%，原材料燃料动力购进价格上涨12.9%。由于订单减少，需求下降，企业纷纷采取降价促销措施，两种价格涨幅在2008年7月达到最高点后，连续5个月回落，12月出现负增长，分别下降7.2%和2.7%。在短短的5个月之内，涨幅分别大幅回落15和20.6个百分点，通货紧缩的压力明显加大。

表8.6 2008年天津市经济在全国的定位

	绝对额在全国位次	增长率在全国位次	参与排序的地区数
地区生产总值	22	2	31
农林牧渔业总产值	28	28	31
规模以上工业企业增加值	—	8	31
城镇固定资产投资完成额	23	2	31
施工项目计划总投资	18	2	31
新开工项目计划总投资	24	29	31
房地产开发投资额	18	12	31
商品房施工面积	19	17	31
商品房竣工面积	14	7	30
房地产业购置土地面积	24	28	29
商品房销售面积	23	16	30
商品房销售额	11	17	30
建筑业总产值	17	26	31
社会消费品零售总额	23	2	31
出口总额	9	29	31
进口总额	7	24	31
城镇单位就业人员	26	19	31
城镇单位劳动报酬	18	8	31
城镇居民人均可支配收入	5	3	31
城镇居民人均消费性支出	5	18	31
城镇居民人均食品支出	6	13	31
农村居民人均现金收入	4	30	31
农村居民人均生活消费现金支出	8	28	31
农村居民人均食品支出	7	21	31
地方财政收入总额	16	14	31
	年涨幅在全国的位次		参与排序的地区数
居民消费价格	23		31
工业品出厂价格	26		30
原材料燃料动力购进价格	10		30
固定资产投资价格	14		30

第四节 重庆市

2008年，面对复杂多变的国际国内经济环境，重庆市经济继续保持平稳较快的发展势头。全市生产总值5096.66亿元，比上年增长14.3%。其中第一产业增加值575.4亿元，增长6.8%；第二产业增加值2433.27亿元，增长18%；第三产业增加值2087.99亿元，增长

12.4%。一、二、三产业分别拉动全市经济增长0.7、8.1和5.5个百分点。

一、经济运行的总体特征

1. GDP突破5000亿元大关

2008年，全市经济增速呈前升后降走势。1至4季度全市GDP累计增速分别为13.9%、15.2%、15.3%和14.3%。虽然4季度受危机传导影响较大，累计增速较3季度下降1个百分点，较上年下降1.3个百分点，但全市经济"平稳较快发展的基本面"依然未变。全年经济增速依然在全国处于领先水平，比全国高5.3个百分点，在西部12个省(区、市)中居第3位，在全国31个省(区、市)中居第5位；全市GDP总量跃上5000亿元的新台阶，达到5096.66亿元，人均GDP达到2573美元。

2. 农业生产喜获丰收

2008年，全市积极执行种粮直补、农资综合补贴、能繁母猪补贴等各项惠农政策和实施一系列扶农奖农政策，农民的生产积极性有了较大提高，加之风调雨顺，全市农业生产出现喜人局面。初步统计，粮食总产量1153万吨，比上年增产65万吨，增长6%。蔬菜产量994.5万吨，比上年增加139.2万吨，增长16.3%。油菜产量35万吨，比上年增加4.3万吨，增长14.1%。全市畜牧业规模生产有序推进，全年出栏生猪1898万头，增长6.4%；出栏牛42.7万头，增长16.9%。全市肉类总产量172.6万吨，增长8.4%，其中，猪肉产量138.2万吨，增长6%。

3. 工业仍是经济增长的主动力

2008年，全市工业增速回落，但仍是经济增长的主动力，工业增加值占全市GDP的比重高达40%，不仅位居各行业榜首，且比2007年提升1.9个百分点，创历史最高水平。大中型企业仍起骨干作用，完成产值占全市规模以上工业总产值的67.3%；重工业仍占主体，产值占全市规模以上工业总产值的67.5%；股份制和外商港澳台投资工业企业仍是最主要的经济体，完成产值分别为全市规模以上工业总产值的69.6%和19.2%；汽摩行业、材料工业、装备制造业仍是工业经济的支柱，完成产值分别占全市规模以上工业总产值的32.2%、16.4%、15.3%。

4. 4000亿投资目标如期完成

2008年，全市不断加大固定资产投资项目推进力度，投资保持平稳增长。全社会固定资产投资4045.25亿元，增长28%。分产业看，第一产业投资89.1亿元，增长49.1%；第二产业投资1437.06亿元，增长32.4%，其中工业投资增长30%；第三产业投资2519.09亿元，增长24.9%。投资总量在50亿元以上的行业，增幅排前7位的分别是建筑业、公共管理和社会组织、农林牧渔业、采掘业、信息传输计算机服务和软件业、制造业和交通运输仓储

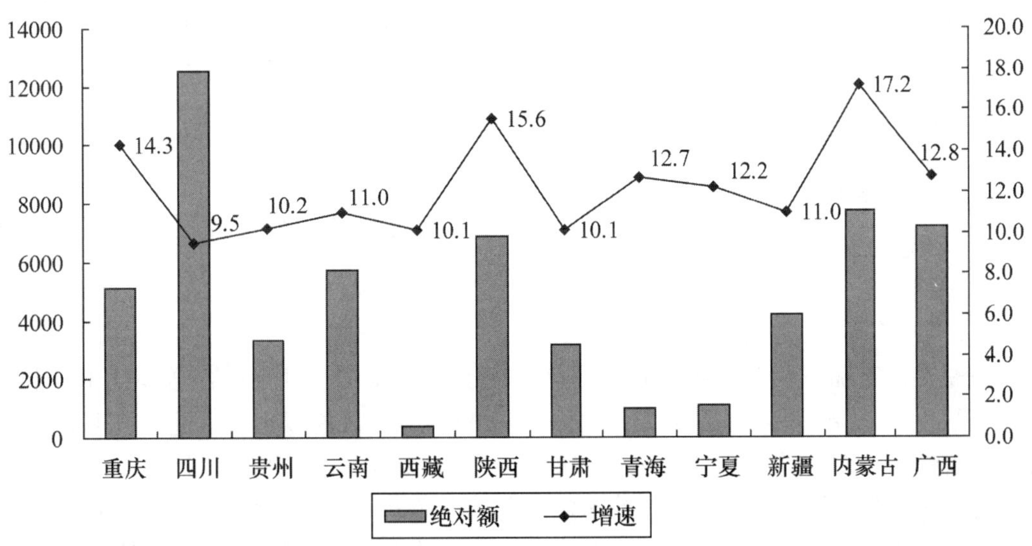

图8.1　2008年西部地区GDP及增长率比较

及邮政业，共完成投资 1884.71 亿元，占全市投资总量的 46.6%，拉动投资增长 16.7 个百分点。

5. 消费品市场持续活跃

自 2008 年初国家通过严格土地、环保、节能减排、减少国债发行等宏观调控措施控制投资过热以来，市委、市政府就积极采取措施，发挥消费对经济增长的拉动作用，消费由此成为全市 2008 年“保经济增长”的亮点。1～4 季度，全市社会消费品零售总额累计增速分别为 22.5%、24.5%、24.6%和 24.3%，分别比上年同期上升 5.7、7.7、7.4 和 5.9 个百分点，位于历史最高水平。分城乡市场看，城市市场增长 26.7%，比上年加快 6.8 个百分点；县及县以下乡村市场增长 20.6%，比上年加快 4.5 个百分点。

6. 金融市场运行平稳

2008 年，全市金融市场对经济的支撑保障作用明显。一是金融机构存贷款规模扩大。年末人民币存款余额 8021.95 亿元，比年初增加 1445.20 亿元，比上年多增加 388 亿元。其中，企业存款 2377.48 亿元，比年初增加 379.77 亿元；城乡居民储蓄存款 3988.96 亿元，比年初增加 760.77 亿元。金融机构人民币贷款余额 6320.81 亿元，比年初增加 1189.12 亿元，同比多增加 445 亿元。其中，中长期贷款 4093.50 亿元，比年初增加 872.8 亿元；个人消费贷款 1011.60 亿元，比年初增加 169.03 亿元。二是金融机构经营效益提高，全年实现净利润 138.72 亿元，比上年增加 26.86 亿元；不良贷款率已下降到 3%左右。

7. 对外开放水平提升

一是通过积极争取，中国第一个内陆保税港区落户重庆，这也是全国第一个“水港＋空港”双功能保税港区。二是利用外资 27.37 亿美元，增长 1.51 倍，增速比上年加快 96.2 个百分点。三是在外部需求大量缩减的情况下，全市实现进出口总值 95.21 亿美元，增长 28%，高出全国水平 10.2 个百分点。其中，出口 57.22 亿美元，增长 26.9%。四是对外承包工程与劳务合作新签合同额和完成营业额分别达 86398 和 30673 万美元，分别增长 181.3%和 49%，分别比上年加快 138.1 和 20.7 个百分点。五是利用内资 842.84 亿元，增长 96%，比上年提高 51.8 个百分点。其中，利用东部省份资金占 78.4%，增长 1.1 倍，比上年提高 64.8 个百分点。

8. 物价涨幅回落

自 2008 年 2 月份以来，全市居民消费价格涨幅不断回落。从 2 月份的 10.3%逐月回落至 12 月份的 0.2%，涨幅回落 10.1 个百分点。随着国际经济增速放缓，大宗商品价格暴跌和能源、原材料价格的迅速回落，PPI 从 10 月份开始快速回落，从 8 月份的最高值 107.7%回落至 12 月的 99.8%，回落 7.9 个百分点。

9. 民生问题持续改善

一是城乡居民收入与经济发展保持同步增长。城市居民人均可支配收入 15708.74 元，比上年增长 14.5%；农村居民人均纯收入 4126.21 元，增长 17.6%。二是就业形势基本保持稳定。全市城镇新增就业人员 27.8 万人，增长 2%；城镇登记失业率 3.96%，比上年下降 0.02 个百分点。三是财政用于教育、社保就业、医疗卫生方面的支出继续增加。全年共投入 372.92 亿元，比上年增加 80.48 亿元，同比增长 27.5%。四是社会医疗保险覆盖面进一步拓宽。城镇职工基本医疗保险参保人数增长 12.8%，农民工大病医疗保险参保人数增长 4.74 倍，农村新型合作医疗参合率达 85.3%。五是经济适用房和廉租房建设全面铺开。拆迁主城区危旧房 240 万平方米，改造工矿棚户区 77 万平方米，新建廉租房、经济适用房 234 万平方米。

二、经济运行中需要关注的几个问题

1. 工业经济增速回落，企业利润大幅缩减

2008 年全市完成工业增加值 2036.40 亿元，比上年增长 19.8%，增幅比上年回落 2.5 个百分点；规模以上工业企业实现利润 259 亿元，比上年增长 10.1%，回落 37.2 个百分点。进入 2008 年 4 季度，受金融危机影响，规模以上工业总产值同比增速由 9 月的 33.1%下降到 12 月的 12.2%，回落 20.9 个百分点。全市

重点监控的工业产品中，10、11 和 12 月，铝材产量同比分别下降 18.1%、31.2%和 17.6%，汽车产量同比分别下降 23.8%、12.5%和 24.2%。水泥产量同比增速由 9 月的 19.9%逐月下降为 12 月的－3.1%；原煤产量由 10 月的 16.6%逐月下降为 12 月的 2.1%。全市工业品产销率 96.7%，是 2002 年以来最低水平。

2. 固定资产投资增速放缓，部分资金来源回落或下降

2008 年，全市投资增长 28%，比上年回落 0.9 个百分点，实际增长 16.2%，比上年回落 6 个百分点。实际增速是 2001 年以来的最低水平。因商品房销售困难，占投资总额 25%的房地产开发投资大幅下滑，投资额 991 亿元，增长 16.6%，增幅下滑 18.4 个百分点。地方项目投资 3705.37 亿元，比上年增长 27.7%，增幅回落 4.3 个百分点。新开工项目计划总投资比上年增长 12.8%，增幅回落 20.8 个百分点。自筹资金以外的其它资金均呈回落或下降态势，国内贷款比上年回落 1.8 个百分点，国家预算内资金、利用外资、其它资金分别比上年下降 4%、24.7%、10.9%。

3. 农民持续增收面临新的考验

一是粮食生产成本大幅增加，种粮效益降低。2008 年前三季度每亩稻田因化肥涨价增加的生产成本高达 32.7 元，因农业劳动力工价提高增加的生产成本超过 100 元，全市第一产业人均生产费用支出比上年增长 36%，增速上升 26.8 个百分点；二是生猪养殖亏损已现端倪。2008 年生猪价格同比指数从 1 月份的 167%下降至 12 月份的 88.8%，回落 78.2 个百分点。单头仔猪购进时是 26 元/公斤，而 11 月肥猪卖出时是 12 元/公斤，加之养殖期间饲料价格比上年上涨 20%左右，1 头肥猪卖出后约亏损 30 元左右。三是随着金融危机对实体经济的影响，国内劳动密集型企业效益下滑，全国就业形势严峻，大量农民工返乡待业，农民的工资性收入持续增长难度加大。

4. 一般预算收入有所减缓

2008 年全市一般预算收入 577.24 亿元，比上年增长 30.4%，增幅回落 8.9 个百分点。2008 年企业经营效益下滑及中央出台一系列促进经济增长的税费减免政策，导致了占一般预算收入六成多的各种税收增长速度全面回落，五项主体税增值税、营业税、企业所得税、个人所得税、城市维护建设税分别增长 19.0%、23.7%、35.2%、11.1%、20.1%，分别比上年回落 6.6、12.7、15.4、20、7.9 个百分点。

三、对策与建议

1. 竭尽全力“保企业”

全市上下要树立“保企业，就是保就业、保增长”的观念。要抓住国家货币政策松动的机遇，推动银企合作，引导金融机构对发展前景好、生产经营基本正常、资金周转一时困难的企业，全力给予资金支持。要为有市场、有效益、有信誉的企业提供融资担保服务。要利用国家积极的财政政策，给予企业最优惠的税赋减免政策，要对现有的行政事业性收费进行清查，坚决做到能不收的坚决不收。要设立企业帮扶基金，帮助有贷款需求有长远发展潜力的企业度过难关。要设立“企业指导和服务中心”，帮助企业做好水电油运等生产要素的综合协调工作，引导企业进一步研究市场，加大自主创新力度，提升产品竞争力，帮助企业做大做强。

2. 全力以赴“保项目”

正确认识投资在现阶段的重要作用，在消费难以大规模启动的情况下，全市仍然有必要保持较高的投资增长率。利用当前国家扩大投资和实施积极财政政策、宽松货币政策的机遇，积极争取国家重大基础设施项目、东部地区产业转移项目、外商投资项目落地重庆，发挥政府资金对民间富裕资金的引导和带动作用，抓紧落实一批符合产业政策要求、能带动重庆发展的大项目、好项目在年内开工建设。当前“保项目”的关健在于建立有效的工作责任机制和督导机制，以确保投资工作扎实推进。

3. 千方百计“保民生”

“保民生”首先要“保就业”。就业是民生之本，事关社会稳定。金融危机给全市就业市场带来了空前的压力。47.2 万返乡农民工、11 万大学毕业生、原有的城镇下岗失业人员和就

业困难群体均在等待就业。作为政府，一方面要加强对金融危机下失业是经济自身发展规律的宣传，另一方面，要引导企业和失业者共同携手，扩大就业，稳定就业，共渡难关。为了扩大和稳定就业，要把扩大投资与建立劳动密集型产业结合起来，要把财政金融对企业的支持与扩大就业和稳定就业结合起来，可以用财政资金扶持就业等等。要积极探索、及时实施完善的失业保障制度，从根本上消除由失业引起的各种压力。其次，“保民生”还要积极思考如何“让利于民”，要进一步改善当前的收入分配状况，逐步提高城乡居民个人在国民收入中的分配比例，包括在转移支付政策上更多地向农民与城市低收入阶层倾斜，加大财政对教育、医疗等社会公共产品的支出等。

表 8.7　2008 年重庆市经济在全国的定位

	绝对额在全国位次	增长率在全国位次	参与排序的地区数
地区生产总值	24	5	31
农林牧渔业总产值	21	10	31
规模以上工业企业增加值	—	6	31
城镇固定资产投资完成额	18	17	31
施工项目计划总投资	16	10	31
新开工项目计划总投资	20	11	31
房地产开发投资额	13	23	31
商品房施工面积	8	25	31
商品房竣工面积	10	6	30
房地产业购置土地面积	13	25	29
商品房销售面积	8	17	30
商品房销售额	10	18	30
建筑业总产值	16	5	31
社会消费品零售总额	22	3	31
出口总额	21	14	31
进口总额	24	15	31
城镇单位就业人员	24	2	31
城镇单位劳动报酬	23	4	31
城镇居民人均可支配收入	11	14	31
城镇居民人均消费性支出	9	13	31
城镇居民人均食品支出	8	5	31
农村居民人均现金收入	25	5	31
农村居民人均生活消费现金支出	28	9	31
农村居民人均食品支出	24	14	31
地方财政收入总额	21	7	31
	年涨幅在全国的位次		参与排序的地区数
居民消费价格	20		31
工业品出厂价格	21		30
原材料燃料动力购进价格	14		30
固定资产投资价格	7		30

第九章

东部七省的经济运行情况

2008年,东部七省的经济增长明显放缓,经济运行大幅下降,经济增速回落幅度明显高于全国其他地区。与上年相比,东部七省GDP回落均超过2个百分点以上,高于全国平均水平,其中广东、浙江和海南回落幅度最大,超过4个百分点。回落主要是由国际金融危机冲击造成出口和工业生产下降引起的。东部七省是我国重要的出口地区,2008年,除河北和海南的出口增速有所加快外,其余各省均呈大幅回落之势,其中广州和江苏两个出口大省的回落幅度均超过10个百分点,分别回落12.9和10.1个百分点。东部七省规模以上工业企业增加值增速大幅回落,回落幅度均在4个百分点以上,海南回落幅度最大,回落27.8个百分点。

2008年,东部七省的经济回落既与国际金融危机有关,但同时也与所处经济发展阶段和产业向中西部转移有关。近几年,受经济发展阶段影响,东部七省的投资增长进入下行通道,2008年,除海南和河北仍保持30%以上的高速增长外,其余省份投资增速均在20%左右波动,其中浙江降至8.7%。

第一节 河北省

2008年,面对复杂多变的国际国内形势,河北省深入贯彻落实科学发展观,解放思想,强化调控,突出重点,狠抓落实,积极应对各种困难和挑战,全省经济保持平稳较快发展态势,但是,由于受国际金融危机不断加深蔓延的影响,出现了经济增速减缓、工业利润和财政收入下降等新问题,经济下行压力进一步加大,保持平稳较快发展成为突出问题。

一、经济保持平稳较快发展

2008年,全省经济保持平稳较快发展态势。初步核算,全省生产总值16188.6亿元,增长10.1%。其中,第一产业增加值2034.6亿元,增长4.9%;第二产业8777.4亿元,增长10.5%;第三产业5376.6亿元,增长11.1%。地方财政一般预算收入完成944.6亿元,增长19.7%。

1.农业生产稳定增长,工业依然是经济发展的战略支撑

2008年,全省积极推进社会主义新农村建设,狠抓各项支农惠农强农政策的落实,加大农业农村经济结构调整力度,农林牧渔业生产保持平稳增长。粮食播种面积略有减少,但粮食生产获得丰收,总产量2905.8万吨,增长2.3%,单产平稳增长,亩产314.6公斤,比上年增加7.5公斤,增长2.4%。畜牧业生产总体平稳，肉类、禽蛋和牛奶产量分别增长5.6%、3.7%和3.1%。造林面积520.1万亩，比上年增长47.4%。

2008年，农业生产结构进一步优化，结构调整成效明显。畜牧业生产作为全省农业的优势产业得到大力发展，畜牧业产值占农林牧渔业总产值比重达到40.3%，比上年提高3个百分点；农业产值比重50.2%，比上年下降3.1个百分点。畜牧、蔬菜和果品三大优势产业产值2401.9亿元，占农林牧渔业总产值的68.5%，比上年提高0.9个百分点。全省农业产业化经营水平稳步提高，产业化经营比重超过55%以上。

2008年，工业在全省经济发展中依然起着战略支撑作用。全部工业增加值7967.6亿元，增长11.2%，其中规模以上工业增加值6110.6亿元，增长13.5%。装备制造业、高新技术产业分别完成增加值837.2亿元和512.5亿元，分别增长18.8%和15.2%，快于全省工业平均增速。钢铁等行业整合重组力度加大，组建了河北钢铁集团和冀中能源集团，河北钢铁矿业公司挂牌运营。主要工业产品产量保持增长。钢材产量增长10.1%，粗钢增长4.9%，生铁增长3.4%，平板玻璃增长13.5%，自动化仪表及系统增长1倍。工业利润总额1291.2亿元，增长6.5%。在38个工业行业大类中，有27个行业实现利润增长，增长较快的行业有：煤炭采选业增长1.7倍、黑色金属矿采选业增长78.7%、医药制造业增长47.7%、电气机械及器材制造业增长31.5%。

2. 投资、消费和出口保持较快增长，需求拉动有力

2008年，全省认真贯彻落实国家宏观调控政策和省政府重大部署，积极谋划项目，优化投资结构，重大项目建设进度加快，投资保持平稳较快增长。全省全社会固定资产投资8870.8亿元，增长28.8%，增速比上年提高3.6个百分点，比全国平均快3.3个百分点。其中城镇固定资产投资7465.1亿元，增长31.2%，增速比上年提高2.9个百分点，比全国增速快5.1个百分点。在全国各省市中，城镇固定资产投资总量居第6位，增速居第11位。大项目拉动力增强，计划总投资超亿元项目由上年的1337个增加到1385个，增长3.6%；完成投资3112.5亿元，增长29.1%。主要行业投资增长加快，七个主要工业行业投资3107.4亿元，增长43.2%。大项目投资和主要行业投资分别拉动城镇投资增长12.3和16.5个百分点。随着全省城镇面貌三年大变样工作的深入推进，城市基础设施投入力度加大，完成投资383.3亿元，增长37.2%，增速比上年加快24.4个百分点，占城镇投资的比重由上年的4.9%提高到5.1%；城镇房地产开发投资1062.6亿元，增长49.8%，其中90平方米以下住宅完成投资增长1.1倍。

2008年，国家扩大内需拉动经济增长的各项政策措施效果逐步显现，随着收入水平的不断提高、社会保障体系的不断健全以及居民消费需求日益多元化的持续提升，全省消费品市场呈现各类商品供应充足，居民需求旺盛，城乡市场繁荣活跃、协调发展的格局。社会消费品零售总额4880.4亿元，增长22.4%，比全国平均水平高0.8个百分点。其中，城市零售额2335.7亿元，增长22.3%；农村零售额2544.7亿元，增长22.5%。

2008年，全省努力克服国际金融危机影响，大力实施市场多元化战略，创新招商引资方式，对外经济贸易保持较快增长，规模创历史新高。全省出口总值突破200亿美元，达240.3亿美元，增长41.3%，增速比上年加快8.7个百分点。出口商品结构调整优化，机电产品和高技术产品出口快速增长，分别增长50.1%和98.0%。出口市场变化积极，拉美、大洋洲、非洲等新兴市场成为新增长点，分别增长68.5%、58.9%和47.2%；传统亚洲市场得到巩固，增长42.4%。利用外资以大项目、主导行业和开发区为支撑。实际利用外资总额36.3亿美元，增长20.8%，其中外商直接投资34.2亿美元，增长41.5%，增速比上年加快21.5个百分点。外资向装备制造、高新技术产业和开发区聚集，到位外资分别增长2.2倍、97.6%和61.9%。

3. 价格涨幅逐步回落，改善民生取得新成效

2008年，居民消费价格涨幅呈先升后降

之势,1～4月持续走高,5月份以后逐月回落,涨幅由4月份的8.9%回落到12月份的0.8%,全年上涨6.2%,比上年升高1.5个百分点。食品类价格上涨仍是拉动居民消费价格上涨的主要因素,涨幅为14.4%,拉动居民消费价格上涨4.3个百分点。工业品出厂价格、原材料燃料动力购进价格分别上涨16.7%和15.9%,涨幅比上年分别扩大9.8和8.1个百分点。

2008年,全省始终把解决民生问题放在突出位置,提高了职工最低工资、城乡低保标准,城乡居民收入水平稳步提高。城镇居民人均可支配收入达13441.1元,比上年增长15%,增速比上年提高1.6个百分点,连续4年增长13%以上。农民人均纯收入4795元,比上年增加502元,增长11.7%,连续5年增长9%以上。居民居住条件进一步改善,城镇居民人均建筑面积为29.5平方米,农民人均居住面积为30.7平方米。全年城镇新增就业48.2万人,年末城镇登记失业率为3.96%,控制在调控目标以内。

4.民营经济快速健康发展

2008年,全省相继出台鼓励民营经济发展的政策措施,积极培育市场主体,营造全民创业的良好氛围,民营经济成为最具活力的增长极。民营经济增加值8565.6亿元,增长12.1%,占全省生产总值的52.9%,比上年提高1个百分点,对经济增长的贡献率为58.3%;实缴税金997.9亿元,增长33.4%,占全省财政收入的54.8%,比上年提高5.8个百分点;出口145.8亿美元,增长55.7%,占全省出口总值的60.7%,比上年提高5.6个百分点;就业人员1327.7万人,增长3.8%。

二、经济运行中的几个问题

1.经济增速明显减缓,下行压力增大

河北经济在连续5年保持平稳较快增长后,2008年出现增长放缓势头,一季度及上半年全省生产总值分别增长11.6%和11.8%,第三季度,受国际金融危机等国内外复杂因素的影响,经济增速明显减缓,增长10.4%,全年进一步减缓到10.1%,比一季度回落1.5个百分点,比2007年回落2.7个百分点,已降到2003年以来的最低水平。特别是工业生产增速回落较大,2008年,规模以上工业增加值增长13.5%,增速比一季度回落2个百分点,比上年回落5.4个百分点。下半年增速大幅度回落,7月份增长13.3%,8、9月份落入一位数区间,仅增长7.3%和7.9%,10、11月份虽有所回升,但增速依然偏慢,12月份又回落到9.2%的一位数

2.工业利润和财政收入出现负增长,提升运行质量压力较大

2008年,全省规模以上工业利润在9月份以后连续下降,各月降幅分别为13.8%、46.5%、34.0%和50.1%;财政收入增速呈现大幅下滑态势,特别是9月份增速降到一位数区间,10、11和12月份出现负增长,分别下降1.8%、10.3%和7.0%。

3.进出口出现下降

受国际金融危机影响,2008年,全省进出口增速在9月份以后由高位逐步回落,11月份进出口总值、进口总值下降,分别下降1.3%和5.9%,出口仅增长1.6%,比上月回落49.8个百分点。12月份出口总值下降,进出口呈全面下降态势,进出口总值、出口总值和进口总值分别下降6%、4.4%和8.1%。

4.结构性矛盾突出

经济增长速度回落反映了全省经济发展中的深层次矛盾,特别是产业结构不尽合理,抗风险能力较弱。第一,工业结构层次低,过分依赖钢铁等基础原材料少数行业,对资源能源的依赖性较强。前三季度,受能源原材料价格波动较大、节能减排力度加大等因素影响,钢铁工业生产增速同比回落12.2个百分点。第二,高新技术产业发展步伐减缓,生产增速在2007年三季度以后持续减缓,2008年上半年增加值增长15.9%,前三季度增长16.2%,同比回落7.6个百分点。第三,部分第三产业低速增长。前三季度,交通运输、仓储和邮政业、房地产业增加值分别仅增长2.1%和5%。

表 9.1 2008 年河北省经济在全国的定位

	绝对额在全国位次	增长率在全国位次	参与排序的地区数
地区生产总值	6	26	31
农林牧渔业总产值	5	22	31
规模以上工业企业增加值	—	20	31
城镇固定资产投资完成额	6	11	31
施工项目计划总投资	8	27	31
新开工项目计划总投资	4	20	31
房地产开发投资额	12	2	31
商品房施工面积	14	1	31
商品房竣工面积	20	25	30
房地产业购置土地面积	10	13	29
商品房销售面积	14	9	30
商品房销售额	16	9	30
建筑业总产值	12	23	31
社会消费品零售总额	8	18	31
出口总额	10	7	31
进口总额	10	2	31
城镇单位就业人员	9	18	31
城镇单位劳动报酬	10	3	31
城镇居民人均可支配收入	14	10	31
城镇居民人均消费性支出	21	22	31
城镇居民人均食品支出	28	27	31
农村居民人均现金收入	13	28	31
农村居民人均生活消费现金支出	17	22	31
农村居民人均食品支出	21	10	31
地方财政收入总额	10	23	31
	年涨幅在全国的位次		参与排序的地区数
居民消费价格	12		31
工业品出厂价格	2		30
原材料燃料动力购进价格	4		30
固定资产投资价格	9		30

第二节 江苏省

2008 年，国际金融危机的影响持续加深、外部需求不断减弱，对江苏经济发展带来了不利影响，但全省上下积极应对经济运行中出现的各种矛盾和问题，较好地推动了经济发展，保持平稳较快发展的态势，呈现出“增长较快、价格回稳、结构优化、质量提升、民生改善”的良好局面。

一、经济运行的基本特征

2008 年，全省生产总值突破 30000 亿元，比上年增长12.5%左右。其中，第一产业增长4.0%，第二产业增长12.9%，第三产业增长12.7%。人均地区生产总值近4万元，按当年汇率折算超过5700美元。

1. 产业发展

2008年，全省积极实施一系列支农惠农措施，农业生产得到进一步发展，粮食连续第五年丰收。全年粮食总产量3175.5万吨，比上年增加43.3万吨，增长1.4%。农作物种植结构有所调整，粮食面积为526.7万公顷，比上年增加5.2万公顷；棉花面积为30万公顷，减少2.6万公顷；油料面积56.7万公顷，增加2.7万公顷；蔬菜面积108.6万公顷，增长4.2%。水产品产量保持稳定。农产品优质化水平提升，优质小麦比重继续提高，油菜全部实现优质化，高效农业加快发展。

2008年，工业生产增速回落，全年规模以上工业增加值14759亿元，增长14.2%，增幅比上年回落4.7个百分点。先进制造业保持较快增长，通用设备制造业产值增长26.8%，交通运输设备制造业产值增长37.2%，电气机械及器材制造业产值增长24.4%，通信设备、计算机及其他电子设备制造业产值增长21.7%，专用设备制造业产值增长26.3%，医药制造业产值增长28.8%。

2008年，受国际需求减少和生产成本上升等因素的影响，工业效益下降，部分企业出现经营困难。全省规模以上工业实现利润2953.02亿元，增长3.8%，增速比上年回落39.6个百分点；成本费用利润率为4.96%，比上年下降0.56个百分点；实现利税5088.62亿元，增长10.5%，增速比上年回落25.9个百分点。下半年，全省工业企业效益逐渐走低。1～5月、1～8月、1～11月、1～12月利税同比增幅分别为20.2%、18.5%、12.3%、10.5%，利润同比增幅分别为17.5%、15.1%、7.1%、3.8%。利润增长点主要在金属船舶制造业、电子器件制造业、医药制造业3个行业，对全省利润增长的贡献率高达88.5%。

2008年，全省加大了服务业招商引资和现代服务业集聚区建设力度，推动重点服务业企业发展，服务业特别是现代服务业发展加快。全年服务业增加值11656亿元，增长12.6%，占地区生产总值的38.5%，比重比上年提高0.8个百分点。软件、交通、金融、贸易、公共服务等行业加快增长。

2. 三大需求

2008年，全省投资稳步增长，投资结构有所调整。全社会固定资产投资15061.5亿元，增长22.7%，增幅比上年提高0.9个百分点。其中城镇投资11370.8亿元，增长24.1%，增幅比上年提高1.6个百分点，比一季度、上半年、前三季度分别提高0.3、1.7和0.2个百分点。城镇投资中，高新技术产业投资1375.4亿元，增长23.7%。房地产开发投资3064.5亿元，增长21.8%，增幅比上年回落10.1个百分点，比一季度、上半年、前三季度分别回落9.3、14.3和5.4个百分点。商品房销售面积5412.3万平方米，下降26.6%，降幅比一季度、上半年、前三季度分别高14.2、9.1和2.2个百分点。

2008年，全省消费规模继续扩大，城市农村市场协调发展。全年社会消费品零售总额9661.4亿元，增长23.3%，增幅比上年提高5个百分点。分行业看，批发和零售业零售额8360.2亿元，增长21.6%；住宿和餐饮业零售额1212.3亿元，增长35.7%；其他行业零售额88.9亿元，增长28.2%。分城乡看，城市零售额7117.3亿元，增长23.8%；县及县以下零售额2544.1亿元，增长21.9%，分别比上年加快4.6和6个百分点。

2008年以来，受国际金融危机影响，外部需求减少，全省外贸出口增幅有所回落。全年进出口总额3922.7亿美元，增长12.2%，增幅比上年回落10.9个百分点，出口总额2380.4亿美元，增长16.9%，增幅比上年回落10.1个百分点。一般贸易增长快于加工贸易增长，内资企业增长快于外资企业增长，新兴市场增长快于传统市场增长，新型高技术产品（如光伏太阳能、生命科学等）出口增长快于传统高新技术产品增长。。

3. 人民生活继续得到改善

实行更加积极的就业政策，着力解决困难群众就业问题。在实现城乡“低保”全覆盖的基础上，建立了“低保”标准随物价上涨和城乡居民收入水平提高相应增长的机制。启动实施脱贫攻坚工程，年收入2500元以下的贫困人口中100万人实现脱贫。全省基本养老、基本医疗、失业保险覆盖率和新型农村合作医疗参保率均稳定在95%以上。多渠道增加居民收入。2008年全省城镇居民人均可支配收入18680元，同比增长14.1%，增幅同比回落2.2个百分点，比一季度回落0.5个百分点，比上半年提高0.3个百分点，和前三季度持平，扣除物价因素，实际增长8.5%。农村居民人均纯收入达7357元，同比增长12.1%，增幅同比回落0.8个百分点。扣除物价因素，实际增长6.2%。

4. 财政收入再上新水平，金融机构贷款投放规模扩大

2008年，全省财政总收入7109.7亿元，比上年增长27.2%；其中一般预算收入2731.4亿元，增长22.1%。财政支出结构调整优化。一般预算支出3201.6亿元，可比增长20.3%。教育支出增长27.9%，科学技术支出增长28.4%，环境保护支出增长102.6%。

表9.2 2008年江苏省经济在全国的定位

	绝对额在全国位次	增长率在全国位次	参与排序的地区数
地区生产总值	3	14	31
农林牧渔业总产值	4	26	31
规模以上工业企业增加值	—	18	31
城镇固定资产投资完成额	2	21	31
施工项目计划总投资	3	24	31
新开工项目计划总投资	3	22	31
房地产开发投资额	1	20	31
商品房施工面积	1	10	31
商品房竣工面积	1	5	30
房地产业购置土地面积	2	23	29
商品房销售面积	1	24	30
商品房销售额	2	24	30
建筑业总产值	1	22	31
社会消费品零售总额	3	10	31
出口总额	2	22	31
进口总额	3	28	31
城镇单位就业人员	5	15	31
城镇单位劳动报酬	5	19	31
城镇居民人均可支配收入	6	15	31
城镇居民人均消费性支出	7	15	31
城镇居民人均食品支出	7	20	31
农村居民人均现金收入	7	25	31
农村居民人均生活消费现金支出	4	21	31
农村居民人均食品支出	6	26	31
地方财政收入总额	2	21	31
	年涨幅在全国的位次		参与排序的地区数
居民消费价格	24		31
工业品出厂价格	24		30
原材料燃料动力购进价格	6		30
固定资产投资价格	5		30

2008年末，全省金融机构人民币贷款余额26160.7亿元，比年初增加4311.2亿元。二季度以后的贷款投放呈回升态势，贷款余额增速由4月末的13.4%上升到12月末的19.5%，提高6.1个百分点。年末人民币存款余额37017.5亿元，同比增长21.6%，比年初增加6567.5亿元，同比多增1976.6亿元。

5. 价格水平有升有降

2008年，全省居民消费价格上涨5.4%，涨幅提高1.1个百分点。分月涨幅在5月份后下降，12月份回落至1.4%。原材料、燃料、动力购进价格上涨15%，但12月份已回落至－1.2%。

二、经济发展中存在的问题及成因

随着国际金融形势的急剧变化，市场需求明显减弱，江苏经济受到的冲击日益显现，主要经济指标增速持续下行，企业效益大幅回落，尤其是2008年四季度以来更为突出，并且下行势头还在进一步发展。

1. 经济增长率减缓

2008年前三季度，全省生产总值比上年同期增长13.1%，增幅同比回落1.9个百分点，比上半年回落0.5个百分点，全年增长率在12.5%左右，呈现持续下滑态势。

2. 企业效益明显回落

2008年，全省规模以上工业利润增幅逐期回落，四季度回落幅度明显加大。1～5月、1～8月、1～11月、全年同比分别增长17.5%、15.1%、7.1%、3.8%；亏损企业亏损额同比增长116.9%，增幅比1～5月、1～8月、1～11月提高60.4、30.7、5.2个百分点。

3. 外贸增长势头放缓

2008年12月，全省进出口总额同比下降16.4%，其中，出口总额同比下降6.9%。

4. 房地产投资增幅和销售面积下降

2008年下半年，全省房地产投资增幅不断回落，1～6月、1～7月、1～8月、1～9月、1～10月、1～11月、1～12月增速分别为36.1%、30.3%、29.2%、27.2%、25%、23.5%、21.8%。商品房销售面积持续下降，全年下降26.6%。

5. 消费需求开始减弱

2008年3月份以后，社会消费品零售总额增速呈回落态势，3～12月的各月增速分别为25%、24.5%、25%、24.3%、24.3%、23.5%、23.6%、23.1%、21%、20.6%。

第三节 浙江省

2008年，浙江省认真执行中央宏观调控政策，全面实施“创业富民、创新强省”总战略，及时提出“标本兼治、保稳促调”的总体思路，实施一系列政策措施，积极应对国际金融危机的冲击，克服雨雪冰冻等自然灾害的影响，加快推进经济发展方式转变，总体看，国民经济呈现增长较快、价格回稳、结构优化、民生改善的良好态势。

一、经济运行的基本情况和主要特点

1. 经济持续稳定较快发展

2008年，全省生产总值为21486.9亿元，增长10.1%，增幅比上年回落4.6个百分点，比全国高1.1个百分点，三次产业比例为5.1∶53.9∶41，三产比重比上年上升0.3个百分点，一、二产业增加值比重分别下降0.2和0.1个百分点。人均生产总值为42214元，按年平均汇率折算为6078美元，增长8.6%。

2008年，全省农业生产基本稳定，农、林、牧、渔业总产值分别比上年增长3.5%、8.3%、4.2%和3.0%，农林牧渔服务业总产值增长7.0%。工业生产增长放缓，全部工业增加值10359.8亿元，其中规模以上工业增加值为8083亿元，均比上年增长10.1%，增幅比上年分别回落6.3和7.8个百分点。服务业增加值增幅高出GDP增幅1.7个百分点，其中，交通运输仓储和邮政业、批发零售、住宿餐饮、金融、其他服务业增加值分别增长8.1%、12.6%、10%、16.8%和15.2%，但房地产业增加值下降2%。

2008年，全社会固定资产投资9300亿元，比上年增长10.4%，增幅比上年回落0.5个百分点，其中非国有投资5610亿元，比上年增长11.2%，占65.8%。社会消费品零售总额为7441.7亿元，比上年增长19.8%，扣除价格因素，实际增长12.7%，名义和实际增幅分别比上年提高3.1和0.3个百分点。进出口总额为2111.5亿美元，比上年增长19.4%，其中进口568.6亿美元，增长17.0%，出口1542.9亿美元，增长20.3%，出口增幅扣除人民币升值因素增长9.9%。

2. 经济增长质量和效益有所提高

在经济较快增长、结构不断调整的基础上，除企业盈利下降外，财政收入、居民收入都有所增长。2008年，全省财政一般预算总收入3730.1亿元，比上年增长15.1%，其中地方一般预算收入1933.4亿元，增长17.2%，按可比口径增长15.3%。财政一般预算支出2208.3亿元，增长22.2%。城镇居民人均可支配收入为22727元，比上年增长10.5%，农村居民人均纯收入9258元，增长12%，扣除价格上涨因素，实际增幅分别为5.4%和6.2%。规模以上工业实现利润1513.6亿元，下降11.7%，与上年增长29.8%相比，增幅差为41.5个百分点。石油加工和黑色金属行业分别亏损43和25.9亿元，对全省工业利润增长影响较大，如扣除镇海炼化和杭钢、宁钢这3家企业的影响，全省规模以上企业利润下降7.3%。

节能减排取得一定进展，能源利用效率稳步提高。单位GDP能耗持续降低，预计全年全省单位GDP能耗下降5%左右，耗能千吨以上企业单位工业增加值能耗同比降低7.8%，降幅比上半年提高2.3个百分点，1311家重点用能企业单位工业增加值能耗同比降低7.9%，降幅比上半年提高0.3个百分点。主要污染物减排工作进展顺利，预计全年化学需氧量(COD)和二氧化硫排放量均比上年下降3%以上。

3. 创业创新和结构调整步伐加快

2008年，实施了自主创新能力提升行动计划，预计全年研究与试验发展经费支出(R&D)相当于GDP比例为1.6%左右。政府科技投入力度较大。全年财政科技支出86.8亿元，比上年增长21.3%。企业自主创新意识增强，2008年，规模以上工业企业科技活动经费支出增长17.9%，购置技术成果费用增长23.4%。限额以上投资项目中工业技术改造投资2312亿元，增长6.2%，占工业投资的59.1%。创新成果进一步体现。2008年，全省专利申请量和专利授权量分别为89965和52955件，比上年增长30.5%和25.9%，分别居全国第3和第2位，其中发明专利申请量和授权量分别为12063和3269件，分别增长26.6%和47.7%，发明专利授权量占专利授权总量的比重由上年的5.3%提高到6.2%。获国家科学技术奖24项，其中获得技术发明二等奖6项，国家科技进步二等奖18项，获奖成果之多历年少见。全年规模以上工业企业新产品产值增长21.2%，增幅高出规模以上工业7个百分点，对总产值的增长贡献率达23.3%，新产品产值率为16.6%，比上年提高1个百分点。

工业内部结构得到优化，装备制造业逐渐成为拉动工业增长的重要动力。装备制造业增加值2788.8亿元，比上年增长11.3%，比规模以上工业增幅高1.2个百分点，拉动规上工业增加值增长3.8个百分点，增长贡献率达38.1%；装备制造业实现利润683.2亿元，增长0.5%，高于规模以上工业企业利润增幅12.2个百分点。

进出口产品结构优化。机电产品出口继续保持较快增长，出口680.7亿美元，增长22.5%，占出口比重为44.1%。高新技术产品出口106.5亿美元，增长4.7%。在下半年国际市场大宗原材料价格回落的情况下，我省企业积极扩大进口，成品油(59.8%)、铁矿石(1.8倍)、大豆(1.35倍)、食用油(1倍)、纸浆(28.9%)等原材料进口均保持较快增长。

利用外资结构趋好。高技术产业和部分

服务业引进外资快速增长。新批高技术产业企业171家，虽比上年减少67家，但合同和实际外资额分别为24.7和13.4亿美元，分别增长24.5%和29.3%，表明高技术产业引进外资单项规模扩大，势头良好。

4. 民生继续得到改善，各级财政对民生支出力度加大

2008年，地方财政对社会保障和就业、文化体育与传媒、医疗卫生、城乡社区事务、环境保护的支出分别增长31.1%、29.2%、27.2%、25.4%和48.2%，对教育、公共安全、一般公共服务的支出分别增长18.3%、14.9%和13.2%。

2008年，新增城镇就业74万人，年末城镇登记失业率为3.5%。城镇居民参加基本医疗保险360万人，比上年末净增210万人。年末农民工参加基本医疗保险和工伤保险的人数分别达403.9和499.6万人，比上年末分别净增107.6和124.7万人。新型农村合作医疗机制不断完善，全省参合人数达3094万人，参合率为90%。“平安浙江”建设成效显著，据调查，2008年群众安全感达95.65%。全面小康建设取得新进展，2007年全省全面小康实现度为89.6%，比2006年提高2.4个百分点，按全国统一的指标体系测算为85.1%，我省全面小康实现程度高于全国平均水平12.2个百分点，列北京、上海、广东之后，居第4位。

二、经济运行中的主要问题和困难

1. 经济下行压力加大，企业经营困难加剧

2008年，浙江省经济下滑来得早，幅度大。一季度GDP同比增长11.8%，回落2.8个百分点，全国回落1.1个百分点；前三季度回落幅度扩大到4.1个百分点，全国回落2.3个百分点；全年回落幅度为4.6个百分点，全国回落4个百分点。民营经济相对比较发达的温州、绍兴、台州、宁波等地经济增幅回落幅度更大，2008年GDP分别增长8.5%、9.0%、9.6%和10.1%，比上年回落5.8、5.3、4.9和4.8个百分点。企业家信心指数跌入不景气区间，企业景气逐季走低，均为1999年开始调查以来的最低水平。四季度企业家信心指数为88.8，分别比上年同期和上季大幅回落56.4和23.2点；企业景气指数仅为107.9，比上年同期回落40.5点，其中房地产、交通仓储邮政、工业处于不景气区间，景气指数分别为91.5、94.1和98.2。

经济的回落主要表现在工业生产和效益增幅回落，尤其是进入下半年后回落加速甚至负增长。11、12月份规模以上工业增加值仅增长0.9%和1.1%，累计利润从10月份起连续下降。规模以上工业有亏损企业8595家，亏损面为16.3%，比上年扩大6.8个百分点，亏损额为299.9亿元，上升1.76倍。用电需求不足。2008年，全社会用电量增长6.1%，其中工业用电量增长4.5%，增幅同比分别回落8.6和10.4个百分点；发电量增长3%，增幅同比回落9.3个百分点，电力企业由于开工不足和煤价较高等原因，全年实现利润42.1亿元，比上年下降57.9%，亏损34.2亿元，上升6.8倍。

经济下行加快，是国际经济环境变化、国内经济周期性调整与浙江省经济素质性、结构性矛盾叠加作用的结果。国际金融危机加速蔓延，对我国经济社会发展的影响不断加深，以出口型、加工型为特征的浙江省经济首当其冲，再加上原材料、劳动力、土地等要素成本上升和人民币升值等因素影响，加剧了企业生产经营的困难。全年规模以上工业出口交货值9860亿元，增长7.9%，增幅比上年回落12.9个百分点，出口对销售的增长贡献率从上年的23.2%下降至15%。

2. 就业压力增大，居民收支实际增速偏低

2008年，规模以上工业企业从业人员平均人数比上年减少0.97%，规模以下工业企业和个体工业单位户均从业人数比上年分别减少10.5%和2.6%。四季度劳动力需求指数进入不景气区间，为81.9，分别比三季度和上年同期大幅回落28.8和40.3点。城乡居民收入增长减缓。2008年，城镇居民人均可支配收入和农村居民人均纯收入分别比上年实际增长5.4%和6.2%，未达到年初确定的7%预期目标，比上年分别回落3和2个百分点，增幅分别为1999和2000年来的新低。消费

支出增长也随之减缓。城镇居民人均消费支出15158元，农村居民人均消费性支出7072元，扣除价格因素，实际增幅分别为2.7%和4.3%，农村居民消费支出实际增幅比上年回落3.2个百分点。部分低收入群众生活困难。

3. 财政收入增幅回落加快

地方财政收入各月增速基本上呈走低态势，从上半年的增长20%以上到11、12月份同比下降7.1%和6.4%，全年累计增幅比上半年回落9.7个百分点，比上年回落9.9个百分点。增值税、营业税、企业所得税、个人所得税等四大主体税种增幅普遍回落，增幅分别比上年回落9.3、12、24.1和13.7个百分点。

表9.3　2008年浙江省经济在全国的定位

	绝对额在全国位次	增长率在全国位次	参与排序的地区数
地区生产总值	4	22	31
农林牧渔业总产值	14	24	31
规模以上工业企业增加值	—	24	31
城镇固定资产投资完成额	7	29	31
施工项目计划总投资	4	29	31
新开工项目计划总投资	10	24	31
房地产开发投资额	4	27	31
商品房施工面积	3	27	31
商品房竣工面积	3	11	30
房地产业购置土地面积	9	17	29
商品房销售面积	7	28	30
商品房销售额	4	27	30
建筑业总产值	2	24	31
社会消费品零售总额	4	27	31
出口总额	4	18	31
进口总额	6	21	31
城镇单位就业人员	3	1	31
城镇单位劳动报酬	3	2	31
城镇居民人均可支配收入	3	29	31
城镇居民人均消费性支出	4	29	31
城镇居民人均食品支出	4	28	31
农村居民人均现金收入	3	19	31
农村居民人均生活消费现金支出	2	26	31
农村居民人均食品支出	2	24	31
地方财政收入总额	5	28	31
	年涨幅在全国的位次		参与排序的地区数
居民消费价格	29		31
工业品出厂价格	25		30
原材料燃料动力购进价格	24		30
固定资产投资价格	13		30

第四节 福建省

2008年12月，福建经济运行指数为34.4，走向指数为20.9，分值与2007年相比下降22.6和39.2个点，与全国经济呈同步走势。从走势看，全年经济运行明显下行，进入偏冷区域，短期仍有惯性下滑的趋势。

一、工业经济增速回调

2008年，福建规模以上工业企业增加值达4139.06亿元，同比增长16.7%，增幅同比下降12.6个百分点。上半年，工业经济保持平稳较快增长，下半年，受国际金融危机影响，下行趋势明显。增速回落呈现四个特征：一是重工业增幅回落较大，全年增速比上年、上半年和三季度分别回落5.9、5.7和4个百分点。二是“三资”企业贡献率回落，为40.2%，比上年回落5.3个百分点。三是贡献率居前的行业增幅回落明显，非金属矿物制品业、交通运输设备制造业、纺织服装鞋帽制造业和皮革毛皮羽毛(绒)及其制品业分别回落12.3、11.0、6.8和5.9个百分点。四是三大主导产业增长放缓，电子信息业、机械装备业和石油化工业共实现增加值1460.93亿元，增长17.1%，增幅比上年、上半年和三季度分别回落3.4、6和3.9个百分点。

二、投资动力下降，增速降低

2008年，全省固定资产投资4680.64亿元，增长21.2%，增幅比上年下降18.5个百分点。回落原因在于：房地产开发投资下降、建设资金供应减缓、新开工重大项目锐减、工业投资结构有待进一步优化等。与全国相比，上半年增幅略高于全国，下半年均低于全国，且差距不断扩大。

三、内贸走势良好，出口形势严峻

2008年，全省实现社会消费品零售额3828.04亿元，增长20.1%，增幅比上年上升2.2个百分点。从全年的走势看，下半年增幅有所下降。城市市场零售额所占比重达67.4%，拉动全省社会消费品零售总额增长15个百分点。住宿餐饮业增幅居榜首，对全省社会消费品零售总额增长的贡献率达13.9%。

2008年，全省出口总额达569.86亿美元，增长14.1%，增幅比上年下降6.9个百分点。受人民值升值和全球金融危机等多重影响，福建省外贸出口面临的不利因素较多，汇率、履约、信用等风险加大，贸易保护主义重新抬头，国际订单下降，企业融资困难等等，致使省出口呈高开低走的下滑趋势，11和12月为负增长，并仍有进一步下行的可能。

四、城镇居民收支状况良好

2008年，全省城镇居民人均可支配收入17961.45元，增长15.8%，增幅比上年上升3.3个百分点；人均消费性支出12501.126元，增长13.1%，增幅比上年上升0.5个百分点。

五、财政收入下降，机构贷款余额扩大

2008年，全省财政收入达833.28亿元，增长19.1%，增幅比上年下降10.3个百分点。全年增速沿袭2007年逐步下行走势，速度进一步下滑。2008年末，全省金融机构贷款余额为11804.4亿元，比年初增加1764.27亿元，增长17.6%，增幅比上年上升3.9个百分点。这是因为2008年9月份以后，人民银行实施适度宽松的货币政策，多次下调存款准备金率和贷款利率。

六、价格上涨压力缓解

2008年，由于国内经济减速，市场需求减少，居民实际收入增幅回稳以及宏观政策调控等因素的作用，全省物价过快上涨的势头得以遏制，通货膨胀压力缓解。

第一，居民消费价格指数明显回落。从各

月价格走势看，2008年，涨幅呈“前高后低”态势，1至4月份同比涨幅逐月扩大，由1月的5.3%扩大到4月的7.2%，从5月份开始，涨幅逐月回落，上半年平均上涨6.4%，涨幅明显高于下半年的2.8%，下半年涨幅持续回落且幅度较大，由7月的4.8%回落到12月的0.2%。从各类情况看，食品类价格上涨仍是拉动CPI上涨的主要因素。

第二，工业品出厂价格指数回落。2008年上半年全省工业品出厂价格指数屡创新高，下半年急速回落，降至冰点。7月份同比涨幅达到12年以来的最高峰值4.4%。11和12月分别比上年同期下降0.7和3.3个百分点。

第三，原材料燃料动力购进价格呈现出高位趋降的态势。2008年原材料燃料动力购进价格涨幅达10.2%。7月份以后，受企业开工不足、市场需求减少影响，购进价格涨幅逐月缩小，12月份出现下跌。

表9.4 2008年福建省经济在全国的定位

	绝对额在全国位次	增长率在全国位次	参与排序的地区数
地区生产总值	12	8	31
农林牧渔业总产值	13	20	31
规模以上工业企业增加值	—	15	31
城镇固定资产投资完成额	14	24	31
施工项目计划总投资	10	12	31
新开工项目计划总投资	15	15	31
房地产开发投资额	11	30	31
商品房施工面积	9	18	31
商品房竣工面积	15	13	30
房地产业购置土地面积	14	26	29
商品房销售面积	17	26	30
商品房销售额	12	29	30
建筑业总产值	14	15	31
社会消费品零售总额	13	26	31
出口总额	7	26	31
进口总额	9	25	31
城镇单位就业人员	12	11	31
城镇单位劳动报酬	11	14	31
城镇居民人均可支配收入	7	7	31
城镇居民人均消费性支出	6	11	31
城镇居民人均食品支出	5	12	31
农村居民人均现金收入	11	21	31
农村居民人均生活消费现金支出	6	18	31
农村居民人均食品支出	5	22	31
地方财政收入总额	11	25	31
	年涨幅在全国的位次		参与排序的地区数
居民消费价格	31		31
工业品出厂价格	29		30
原材料燃料动力购进价格	28		30
固定资产投资价格	30		30

第五节 山东省

2008年，面对国际金融危机的冲击和复杂严峻的发展环境，山东省切实执行国家各项宏观调控政策和措施，有效应对各种困难和挑战，扎实推进经济文化强省建设，经济保持平稳较快增长。但发展中的不稳定和不确定因素增加，经济下行压力较大。

一、经济发展的主要特点

1. 总体保持平稳较快发展

2008年，山东生产总值31072.1亿元，按可比价格计算，增长12.1%，比上年增速回落2.2个百分点。其中第一产业增加值3002.7亿元，增长5.1%；第二产业增加值17702.2亿元，增长12.1%；第三产业增加值10367.2亿元，增长14.0%。三次产业比例为9.6∶57.0∶33.4。人均GDP达到33083元，比上年增加5276元，增长11.5%。

GDP增长12.1%的速度，是在国内外经济运行困难加剧的环境下实现的，是在连续17年保持两位数增长的基础上实现的，这与改革开放30年来12.1%的年平均增长速度相当，并高于自2002年以来新一轮经济周期起始增长11.7%的速度，继续处于平稳较快的增长平台。

2. 就业形势基本稳定，城乡居民收入继续增加

2008年，在就业环境趋紧的情况下，山东着力落实就业政策，稳定就业岗位。全省城镇新增就业114.7万人，农村劳动力转移就业149.9万人，连续5年实现城镇新增就业和农村劳动力转移就业双过百万。失业人员再就业52.1万人，其中，困难群体再就业11.5万人；城镇零就业家庭全部实现“动态消零”。城镇登记失业率为3.5%，高于上年0.3个百分点，比全国平均水平低0.7个百分点。

2008年，城乡居民收入增加，城镇居民人均可支配收入16305元，增长14.3%；农民人均纯收入5641元，增长13.2%。城、乡居民收入分别连续7年和5年保持两位数增长。

3. 各类价格涨幅走低

2008年，山东居民消费价格指数呈前高后低走势，全年上涨5.3%，比上年提高0.9个百分点，比前三季度、上半年和一季度累计涨幅分别回落0.9、1.5和1.6个百分点。其中，食品价格上涨13.0%，回落0.6个百分点，拉动价格总水平上涨3.8个百分点，仍是推动居民消费价格上涨的主动力。工业品价格和原材料燃料动力购进价格分别上涨8.6%和13.1%，这将有利于企业调整生产经营方式，缓解经营资金、成本等方面的压力。

4. 农业基础稳固扎实

2008年，山东农林牧渔业增加值3002.6亿元，比上年增长5.1%。粮食生产连续6年增产，总产量达到4260.5万吨，比上年增长2.7%，创2000年以来的最高水平。畜牧业生产呈恢复性增长，渔业生产健康平稳，水产品质量安全水平逐步提高。

5. 工业生产增速持续回落，行业结构逐步得到调整

受工业投资增势减缓、工业品出口增长放慢、重要基础原材料价格大幅动荡、市场需求不足等因素的影响，山东规模以上工业生产增速呈持续回落态势。2008年，全省工业增加值16718.8亿元，增长13.8%，较上年增速回落7个百分点。工业产销、效益状况较好，71.7%的重点工业产品产量保持增长；主营业务收入和利税分别增长26.5%和18.2%。工业经济效益综合指数达到273.8，比上年提高30.3点。制造业是拉动工业增长的主动力，增加值14436.2亿元，增长14.1%，占规模以上工业的86.3%，对规模以上工业增长的贡献率为88.1%。装备制造和高新技术产品产量增长较快，部分高耗能高污染产品产量增幅回落。

6. 投资结构继续优化，项目储备能力明显增强

2008年，投资增势良好，呈低开高走态势。全社会固定资产投资15435.4亿元，增长23.1%，较年初增速提高5个百分点，略低于上年增长24.2%的速度。三次产业投资比重由上年的2.9∶59.9∶37.2调整为3.6∶53.0∶43.3。在国家扩大内需系列政策的刺激下，部分与基础设施建设相关的工业行业投资速度明显回升，与社会民生、自主创新、农村基础设施建设、先进制造业、现代服务业、生态环境相关的重点行业和薄弱环节投入不断加大。全年新开工项目个数由上年的下降3.7%转为增长7.8%，占施工项目总数的比重由一季度的49.2%逐步上升到上半年的64.9%、前三季度的70.7%和全年的73.8%。投资结构逐步改善，项目储备不断增加，为2009年投资的持续稳定增长奠定了基础。

7. 消费市场持续繁荣，消费结构发生新的变化

2008年，山东消费品市场保持繁荣旺盛的发展势头，消费需求增速呈高开高走态势。全年社会消费品零售额10381.2亿元，增长23.0%，扣除物价因素，增长17.3%，比上年提高3个百分点，实际增长率为10年来最高水平。城、乡市场共同繁荣，零售额分别增长24.4%和18.9%，分别比上年提高4.8和3.6个百分点。受市场价格、收入预期、消费信心等因素影响，全省消费结构较上年发生新的变化，基本生活类和住房类商品零售额大幅增长；汽车消费增速回落，零售额增幅比上年降低10.1个百分点。

8. 对外贸易渐趋均衡，出口商品结构趋优

2008年，山东进出口总额1581.4亿美元，增长29.0%，增幅比上年提高0.3个百分点。其中，出口931.7亿美元，增长23.8%；进口649.7亿美元，增长37.1%。出口商品结构不断优化，农产品、纺织服装出口比重分别回落1.6和1.7个百分点，机电产品和高新技术产品出口比重分别提高4.3和3.4个百分点。欧盟仍然是山东第一大出口市场，占出口总额的18.8%，其次是美国占17.3%。粮食和资源类产品及高新技术产品进口扩大，粮食增长1.1倍，大豆增长93.4%，铁矿砂增长86.9%，高新技术产品增长60.9%。招商引资进展顺利，实际到帐外资82.0亿美元，增长10.2%。

9. 财政收支结构趋优，金融运行保持总体平稳

2008年，山东实现地方财政收入1956.9亿元，比上年增长16.8%；税收占地方财政收入比重达到78.4%，比上年提高0.3个百分点。地方财政支出2704.8亿元，增长19.6%。农业、教育、科技、医疗卫生和环境保护等重点支出得到加强，分别增长43.8%、21.7%、22.2%、40.4%和102.7%。

在国际金融危机逐步扩散蔓延的情况下，全省金融运行总体平稳。2008年末，山东金融机构各项人民币存款余额26930.2亿元，新增额比上年增长99.1%。受资本市场低迷、医疗教育等消费预期看涨等因素影响，居民储蓄意愿较强，储蓄存款大量回流，居民储蓄存款余额新增额及同比多增额均创十年新高。

二、当前经济发展中存在的突出问题

1. 工业企业生产经营困难增大

一是随着全球经济下滑，国内外需求明显萎缩，致使企业出口订单减少，外需拉动作用持续减弱。二是企业经营成本费用居高难下，工业企业成本费用利润率由上年的7.6%降至6.8%。三是企业资金状况依然紧张，工业流动资金贷款较为困难，年新增贷款仅增长3.2%，占全省新增贷款的比重由上年的24.8%降至15.9%。四是工业原材料购进和产品出厂价格倒挂比较严重，对当前和未来一段时期工业生产效益将会产生较大的负面影响。

2. 外经贸形势愈加严峻

2008年，随着国际金融危机的迅速扩散和蔓延，国际贸易量明显缩减，外部需求大幅降低。加之国内食品质量安全事件的影响，全年出口呈现大起大落走势。外商投资力度明显降低，实际到帐外资连续4个月下降，2008年12月份更是出现了下降37.6%的少有现象。

3. 房屋销售处于低迷状态

房屋销售状况不甚乐观，销售面积减量，

空置面积明显增加。其原因是受全球金融动荡、居民增收趋缓、物价上涨带动支出刚性增加、社会保障尚未健全以及对房屋销售降价预期的影响,市场观望气氛较浓。另外,市场需求量较大的经济适用房建设缓慢也是重要的影响因素。

4. 财政增收减支压力加大

受经济增长减缓、企业效益下滑以及国家减税政策、减少行政性收费的影响,山东全年地方财政收入增长呈减缓态势,由1月份增长33.7%转变为12月份下降9.9%。财政增收乏力导致财政支出逐步减弱,全年地方财政支出速度由1月份的52.5%降至12月份的9.8%,财政收入增速下滑态势仍在延续,收支紧张的矛盾将会非常突出,处理好减税与增支关系以及增收与节支的关系显得尤为重要。

三、2009年山东经济发展趋势展望

2009年是全面实施“十一五”规划的关键一年,经济形势错综复杂,经济发展“危”中有“机”。

1. 不利因素和有利因素并存

从不利因素看,国际经济环境的动荡恶化,使国内经济社会发展面临的不确定因素和潜在风险明显增多。在2008年第三季度后,山东经济发展下行压力加大,企业生产经营困难加重,财政、企业、居民减收因素较多,保持经济稳定健康较快发展的难度增大。

从有利因素看:一是全省经济发展的基本态势并没有改变,经济增速平稳较快,就业状况较好,市场价格涨幅全面回落;我国和全省处于重要战略机遇期也没有发生逆转,工业化、信息化、城镇化、市场化和国际化进程不断向前推进。二是经济发展环境会逐步改善。世界各国正在加强合作,联手采取措施维护全球金融市场稳定,尽可能减少金融危机对实体经济的不利影响;国内的宏观调控政策也及时作出了重大调整,发出了保增长的强有力信号。全省物价下降或涨幅较低,居民储蓄率较高,为实施积极的财政政策和适度宽松的货币政策提供了较大空间。三是扩大内需促进增长的一系列政策措施将发挥重大作用。中央和山东经济工作会议,明确提出了2009年经济工作的总体要求和重点任务,并逐步推出有针对性的政策措施,从金融、财税、外经和产业政策上形成合力,促进经济社会稳定发展。四是推动经济发展的动力依然较为强劲。改革开放30年来,全省经济发展的基础进一步夯实;经济发展方式的转变、经济结构调整优化的加快、自主创新能力的提高,有效地增强了经济社会又好又快发展的内生力;全省社会保障和社会救助体系的逐步健全,就业再就业和改善民生工作得到加强,城乡居民收入和生活水平不断提高,居民消费升级稳步推进,为进一步扩大内需奠定了良好基础。

2. 总供给比较充裕,总需求有望稳定扩大

从供给方面看,第一产业供给将稳定增加。随着各项强农惠农政策的落实,预计2009年第一产业将继续保持稳定发展态势,但受农产品价格持续回落等影响,增幅会略低于上年。第二产业供给结构将获得改善。一方面由于重要能源原材料价格保持相对较低水平,有利于企业降低成本,另一方面,一些落后过剩产能在工业低迷时期被淘汰,使得工业产品结构得到调整和优化。随着一系列扩大内需政策的出台和落实到位,工业品的市场需求会稳步加大,工业投资将出现较为明显的反弹,工业生产将会逐步恢复。服务业发展的潜力依然很大。随着近年来投入的持续增加,2009年将继续保持稳定增长。

从需求方面看,一是投资需求将保持稳定扩大。到2008年底,山东已争取到中央扩大内需投资项目1069个,计划总投资131亿元,其中中央投资33.1亿元。加之2008年全省计划总投资8989.5亿元的在建未完工项目,将全部结转到2009年,对2009年投资增长将给予有力支撑。特别是在当前国家一系列政策措施的引导刺激下,占全省投资额近三成的个体私营经济的投资积极性将会提高,有助于投资规模的继续扩大。2009年投资将延续上年的平稳较快发展态势。

二是消费需求步入调整减速阶段,但增幅回落的幅度不会过大。随着农村改革发展的深入推进以及教育、文化等新的消费热点的逐

步形成，特别是中央经济工作会议已将提高居民收入、保持股市楼市稳定、大幅增加公共支出、拓展农村劳动力就业渠道等列为2009年经济工作的重点，将有利于增强城乡居民的消费信心，提高最终消费能力，进一步扩大消费需求，增强消费对经济增长的拉动力。预计2009年山东全年消费仍能保持稳定增长，但可能低于2008年的增速。

三是净出口将继续扩大，但增幅会低于上年。国际金融危机引发的国际主要市场需求量的减弱已经或仍将对山东外贸出口产生不利影响，但随着出口政策的调整，人民币汇率的降低，加之出口产品的升级换代和附加值的提高，将在一定程度缓解出口所面临的不利局面。

表 9.5 2008年山东省经济在全国的定位

	绝对额在全国位次	增长率在全国位次	参与排序的地区数
地区生产总值	2	17	31
农林牧渔业总产值	1	21	31
规模以上工业企业增加值	—	19	31
城镇固定资产投资完成额	1	22	31
施工项目计划总投资	2	26	31
新开工项目计划总投资	2	21	31
房地产开发投资额	5	11	31
商品房施工面积	4	15	31
商品房竣工面积	4	18	30
房地产业购置土地面积	5	21	29
商品房销售面积	2	6	30
商品房销售额	6	7	30
建筑业总产值	3	25	31
社会消费品零售总额	2	16	31
出口总额	5	15	31
进口总额	5	8	31
城镇单位就业人员	2	24	31
城镇单位劳动报酬	4	24	31
城镇居民人均可支配收入	8	13	31
城镇居民人均消费性支出	10	8	31
城镇居民人均食品支出	18	17	31
农村居民人均现金收入	9	18	31
农村居民人均生活消费现金支出	7	19	31
农村居民人均食品支出	9	20	31
地方财政收入总额	4	30	31
	年涨幅在全国的位次		参与排序的地区数
居民消费价格	25		31
工业品出厂价格	13		30
原材料燃料动力购进价格	9		30
固定资产投资价格	26		30

第六节 广东省

2008年，广东经济在宏观调控、结构调整与全球经济衰退的叠加作用下，增长速度明显放缓，但民生改善步伐稳步推进。企业受外需不振、原材料及运营成本上升等因素影响，经济效益普遍下滑，部分企业运作艰难，景气状况明显下滑。

一、主要情况和特点

1. 经济总量优势突出，增速由高平台回落

初步核算，2008年全省生产总值35696.46亿元，连续20年在全国保持经济总量第一位置，增长10.1%，增幅比上年低4.6个百分点，比1979～2007年平均增速低3.7个百分点。分季度看，全年四个季度增速保持平稳，在10.1%～10.7%的区间内小幅波动。人均地区生产总值37588元，2006～2008年平均每年增长11.7%，按市场平均汇率折算突破5000美元，达到5369美元。地方财政增幅明显下滑，来源于广东的财政总收入8470亿元，增长9.3%，增幅比上年回落42.2个百分点。

2. 物价涨幅前高后低

受翘尾因素逐渐减弱、国家宏观调控发挥成效、国际能源和原材料价格大跌及全球经济放缓等因素影响，物价涨幅冲高回落。2008年，居民消费价格上涨5.6%，涨幅比上年高1.9个百分点，比上半年回落1.9个百分点。食品和居住类是拉动CPI的主要因素，分别上涨13.2%和4.8%，两者共拉动CPI上涨5.4个百分点。

3. 存款稳步增加，信贷增速出现回升

2008年末，全省中外资金融机构本外币存款余额5.61万亿元，增长14.6%，增幅比上年提高1.4个百分点；贷款余额3.39万亿元，增长12.8%，增幅比上年末回落3.8个百分点，但年末已出现回升。居民储蓄意愿明显增强，存款余额达2.82万亿元，增长22.5%，增幅提高21个百分点。

4. 能源消费需求减弱，供需紧张状况缓解

受节能降耗和经济增速减慢等因素影响，全省能源消费需求明显放缓。全年发购电量3640.69亿千瓦时，增长3.4%，增幅回落9.2个百分点。全社会用电量3504.82亿千瓦时，增长3.3%，增幅回落9.7个百分点；其中工业用电仅增长1.3%。单位工业增加值能耗降幅扩大，全年下降10.98%，比上年扩大5.7个百分点。

5. 第一产业稳定发展，第二、三产业增速回落幅度较大

2008年，农业生产形势稳定。初步核算，农林牧渔业增加值1970.23亿元，增长3.7%，增幅比上年提高0.5个百分点。农作物总播种面积6599.35万亩，增长0.8%；粮食作物产量1243.4万吨，下降3.2%。畜牧业全面增长，肉类总产量414.21万吨，增长7.4%。水产品产量680万吨，增长2.4%。农产品价格上涨16.5%，农业生产资料价格上涨14.8%。

2008年，第二产业增加值18402.64亿元，增长11.4%，比上年回落5.6个百分点，拉动经济增长6个百分点。规模以上工业增加值15272.84亿元，增长12.8%，增幅比上年回落5.5个百分点。九大产业增加值10561.97亿元，增长13.4%，增幅比上年回落4.6个百分点。高技术制造业增加值3179.40亿元，增长16.5%，增速比规模以上工业高3.7个百分点。六大高耗能行业增加值3488.45亿元，增长9.4%。

2008年，第三产业增加值15323.59亿元，增长9.1%，增幅回落4.3个百分点，拉动经济增长3.8个百分点。其中，批发和零售业、住宿餐饮业增速加快，分别增长11.2%和11.8%，共拉动经济增长1.3个百分点。金融业、房地产业深度调整，增加值增速分别为11.0%和-4.8%。

6. 出口增速大幅下降，内需贡献相对增强

2008年，在结构调整和国际金融危机冲

击下，三大需求结构发生较大变化，从外需快、内需稳变为外需大幅放缓、内需趋于稳定，增长方式出现转机。

2008年，投资增速略有回落。全社会固定资产投资11181.38亿元，增长16.5%，增幅比上年回落1.5个百分点。房地产开发投资增幅持续回落，完成投资2932.34亿元，增长16.8%，增幅下滑19.4个百分点。商品房销售面积和销售额负增长，分别比上年下降22.4%和21.4%。投资的三次产业比重由上年的0.8∶36.6∶62.7变为1.0∶35.2∶63.8，二产投资比重下降，第一、三产投资比重略有上升。

2008年，全省社会消费品零售总额12772.21亿元，增长20.3%，增幅比上年上升4.1个百分点；扣除价格上涨因素后，实际增长13.5%，比上年提高1.1个百分点，是三大需求中增幅唯一上升的。城乡消费市场同步发展，零售总额分别为9593.27和3178.94亿元，分别增长20.3%和20.6%。

2008年，在金融危机冲击下，全省进出口增幅显著下滑，全年总额6832.6亿美元，增长7.8%，增幅比上年回落12.4个百分点；其中，出口4041.0亿美元，增长9.4%，增幅回落12.8个百分点；进口2791.6亿美元，增长5.4%，增幅回落12.1个百分点。贸易顺差1249.4亿美元，增长19.6%，增幅回落16.6百分点。机电和高新技术产品分别出口2835.6和1486.2亿美元，增长12.0%和11.5%，占出口比重由上年的68.6%和34.8%提高到70.2%和36.8%；服装及衣着附件、塑料制品等劳动密集型产品的的出口增长率分别为-25.3%和6.2%。出口市场趋于多元化发展，对香港、美国出口1338.5和772.4亿美元，仅增长3%和4.5%；对欧盟出口增长18.1%，对新兴市场非洲、拉丁美洲、东盟出口快速增长，增速分别为23.3%、21.3%和20.3%。全年合同利用外商直接投资286.4亿美元，下降15.6%。

7. 就业保持基本稳定，民生改善步伐加大

2008年，城镇就业形势基本稳定，职工工资稳步增加。预计年末全社会从业人员5460万人，比上年末增加57万人，增长1.1%，增幅比上年下降1.8个百分点。城镇登记失业率略有上升，为2.56%，登记失业人数增加1.99万人。城镇单位职工年平均工资33073元，比上年增加3630元，增长12.3%。

2008年，城乡居民收入差距略有缩小。全省城镇居民人均可支配收入19732.86元，增长11.5%，增速比上年提高1个百分点；扣除价格后实际上涨5.7%，回落0.9个百分点。农村居民人均纯收入6399.77元，增长13.8%，实际增长7.6%，增幅提高3.1和1.1个百分点。城乡居民收入比（以农民收入为1）由上年的3.15缩小为3.08。

2008年，地方财政一般预算支出大幅增加，支出额为3756.72亿元，增长19.4%。其中，社会保障和就业、医疗卫生和环境保护支出分别增长28.2%、42.9%和86.7%。

二、存在的主要问题和面临挑战

1. 经济周期性、结构性调整与世界金融危机相重叠，对广东冲击较大

从1999年起，广东经济从谷底逐渐复苏，受投资力度逐渐加大、产能集中释放拉动，2003～2004年达到顶峰（14.8%），2005年降至13.8%，2006～2007年得益于外需的快速增长、消费需求的复苏和金融房地产市场的繁荣，反弹至14.6%和14.7%。2008年，受经济自身周期性和结构性调整影响，支撑经济反弹的因素弱化，加上宏观调控累积效应发挥和外部需求明显减弱的冲击，出口、进口回落幅度过大，11月份出现负增长，12月份降幅扩大为-6.8%和-22.9%，给经济社会造成较大冲击。

2. 工业企业生产和效益大幅下滑

受外需减缓、成本上升和削减高成本库存产品等因素影响，企业减产停产增多，工业生产增幅不断走低。全年原材料燃料动力购进价格上涨7.9%，涨幅比上年提高4.6个百分点；工业品出厂价格上涨3.1%，上升1.8个百分点，购销差价扩大到4.8个百分点。规模以上工业增加值增长12.8%，居全国第22位，分别低于山东、江苏1和1.4个百分点。企业效

益大幅下滑，1～11月规模以上工业企业利润总额2130.34亿元，增幅由上年同期的33.2%，下滑至－13.1%。

3. 财政收支平衡难度加大

积极的财政政策使政策性减收因素增加，加上经济放缓、效益下滑，财政增收压力明显增大；另一方面，为促进投资拉动内需，2009年财政支出任务艰巨，财政收支平衡难度加大。

三、2009年经济形势展望

1. 全球金融危机继续蔓延，外需面临严峻挑战

2009年，主要发达经济体衰退程度加深，全球贸易将减少。欧元区经济陷入30年最低迷局面，去年第四季度本地生产总值(GDP)折合成年率收缩了5.9%；日本第四季度GDP较前一季度下降3.3%，折合成年率为下降12.7%，降幅创30多年之最；美国经济第四季度收缩0.2%，经济刺激计划的实施和作用有待观察。全球经济减速，导致外向型经济比重大的广东受国际金融危机冲击仍会较大。

表9.6 2008年广东省经济在全国的定位

	绝对额在全国位次	增长率在全国位次	参与排序的地区数
地区生产总值	1	24	31
农林牧渔业总产值	7	27	31
规模以上工业企业增加值	—	22	31
城镇固定资产投资完成额	5	26	31
施工项目计划总投资	1	28	31
新开工项目计划总投资	8	19	31
房地产开发投资额	2	24	31
商品房施工面积	2	23	31
商品房竣工面积	2	9	30
房地产业购置土地面积	3	19	29
商品房销售面积	3	20	30
商品房销售额	1	21	30
建筑业总产值	4	27	31
社会消费品零售总额	1	25	31
出口总额	1	27	31
进口总额	1	29	31
城镇单位就业人员	1	17	31
城镇单位劳动报酬	1	25	31
城镇居民人均可支配收入	4	27	31
城镇居民人均消费性支出	3	27	31
城镇居民人均食品支出	2	19	31
农村居民人均现金收入	10	20	31
农村居民人均生活消费现金支出	5	13	31
农村居民人均食品支出	4	27	31
地方财政收入总额	1	26	31
	年涨幅在全国的位次		参与排序的地区数
居民消费价格	21		31
工业品出厂价格	28		30
原材料燃料动力购进价格	30		30
固定资产投资价格	20		30

2. 内需有望保持平稳较快增长，回落幅度不大

从投资看，今年初步计划安排省重点建设项目200项，总投资17610亿元，计划完成投资3030亿元，比2008年增加一倍以上。但项目融资、征地拆迁等前期工作难度加大，投资信心减弱，1月份大幅增加的信贷能否有效拉动社会投资，还需继续观察。预计投资上半年增幅继续回落，下半年随着工程逐渐上马有所回升，全年投资增长16%左右。

从消费看，全省将出台提高城乡居民收入和加快社会保障体系的措施，加大民生改善力度，稳定就业形势，有助于提升消费意愿。但在经济形势整体放缓背景下，居民消费预期也会削弱，预计2009年社会消费品零售总额增长14%左右，扣除价格因素后实际增长10%左右。

综上分析，初步判断2009年上半年广东经济继续下行，下半年能否回稳的不确定性仍较大，全年生产总值增长8.5%左右。

第七节 海南省

2008年是海南省建省办经济特区20周年，尽管遭受国际金融危机、低温阴雨天气影响和自然灾害的影响，但全省沉着应对各种挑战，保持了经济平稳增长的良好势头。

一、经济运行的基本特征

1. 经济总体状况基本正常

2008年，海南经济运行指数由绿灯区缓慢上升至黄灯区和绿灯区交界处，7月达到全年最高点后出现下行趋势，12月降至全年最低点，景气分值为50.4，位于绿灯区下沿。8项监测指标，除了城镇居民人均可支配收入和消费性支出上升或保持在原有区域外，其余6项指标在第四季度都是回落。

2. 工业运行在偏冷的蓝灯区域

2008年，全省规模以上工业企业增加值297.6亿元，增长6%，增幅比上年回落27.8个百分点。各月的景气分值低于40，在浅蓝灯和蓝灯区运行，呈现下滑趋势，第四季度位于过冷的蓝灯区。

3. 城镇固定资产投资增速多年来首超全国平均水平

2008年，全省城镇固定资产投资完成额668亿元，增长41.3%，增幅比上年提高22.4个百分点，多年来首次超过全国平均水平。全年的景气分值都高于60，2月至10月期间一直在红灯区，11月开始回落到黄灯区。

4. 社会消费品零售额同比增长创1993年来新高

2008年，全省社会消费品零售额达到448.4亿元，增长23.9%，增幅比上年提高6.5个百分点，创下了1993年来的新高。全年景气分值都在70至80区间，呈稳定运行。

5. 城镇居民人均可支配收入及消费性支出稳定增长

2008年，全省城镇居民人均可支配收入12608元，增长14.6%；城镇居民消费性支出累计达到9408.5元，增长13.5%。

6. 价格涨幅上升

2008年，全省居民消费价格上涨6.9%，涨幅比上年上升1.9个百分点；工业品出厂价格水平同比上涨6.5%，涨幅比上年上升3.8个百分点；原材料燃料动力购进价格上涨11.6%，涨幅比上年上升6.6个百分点。

二、经济运行中的突出问题

1.“工业短腿”现象依然存在

长期以来，海南工业基础薄弱，“工业短腿”一直是制约经济发展的主要因素。由于受到国际金融危机影响，原油、钢材等大宗商品及原材料价格出现较大波动，造成海南炼油、矿业、汽车、造纸等工业行业发展受到严重冲击，企业经营困难增多，亏损企业增加。在9月份以后，全省工业生产已连续4个月下降，

当月工业增加值分别下降0.2%、1.2%、6.5%和0.4%，工业企业困难程度加深。

2. 实体经济增长减缓直接影响财政收入增幅

支撑2008年全省财政收入大幅增长的重点税源减收趋势非常明显。一是财政收入增量的40%是靠房地产及其相关产业带动起来的，国际金融危机对房地产业造成了一定程度的不良影响；二是由于经济增长放缓，亏损的、困难的企业增多；三是橡胶、蔗糖、生猪、水产品等主要农产品价格明显回落，农业的比较效益将会随着农产品价格下降逐步走低，挫伤农民生产积极性，影响农民增收；四是外国游客在9月以后持续减少。

3. 在国际金融危机影响下，就业形势日趋严峻

随着国际金融危机波及的范围逐渐扩大，沿海企业减停产或倒闭破产增多，逐渐增多的失业返琼人员以及新增的大中专毕业生，将给城镇就业带来新的压力；同时，农村新增劳动力以及返乡农民工给农村劳动力转移也带来了新的压力。

表9.7 2008年海南省经济在全国的定位

	绝对额在全国位次	增长率在全国位次	参与排序的地区数
地区生产总值	28	27	31
农林牧渔业总产值	24	7	31
规模以上工业企业增加值	—	30	31
城镇固定资产投资完成额	29	3	31
施工项目计划总投资	30	31	31
新开工项目计划总投资	30	30	31
房地产开发投资额	27	3	31
商品房施工面积	29	19	31
商品房竣工面积	29	12	30
房地产业购置土地面积	25	3	29
商品房销售面积	29	1	30
商品房销售额	27	1	30
建筑业总产值	30	2	31
社会消费品零售总额	28	6	31
出口总额	28	23	31
进口总额	26	9	31
城镇单位就业人员	28	25	31
城镇单位劳动报酬	29	28	31
城镇居民人均可支配收入	25	11	31
城镇居民人均消费性支出	20	10	31
城镇居民人均食品支出	13	8	31
农村居民人均现金收入	19	26	31
农村居民人均生活消费现金支出	23	6	31
农村居民人均食品支出	15	29	31
地方财政收入总额	28	2	31
	年涨幅在全国的位次		参与排序的地区数
居民消费价格	9		31
工业品出厂价格	19		30
原材料燃料动力购进价格	18		30
固定资产投资价格	1		30

第十章

中部六省的经济运行情况

受国际金融危机冲击的影响，2008 年中部六省经济运行有所回落，总体上看高于东部地区和多数西部地区。经济回落主要是由工业生产下降引起的。一方面，工业在中部六省经济中所占份额较大，而进出口比重不大；另一方面，金融危机先是影响东部地区出口工业，然后再通过产业联动机制对中部工业生产造成影响。

回落幅度较大的地区是山西和河南，与上年相比 GDP 增速分别回落 5.9 和 2.3 个百分点，规模以上工业增加值分别回落 14.5 和 4.4 个百分点。山西、河南回落幅度较大的原因在于二者的工业结构偏重，煤炭等基础产品在工业中所占比重较大。

第一节 山西省

2008 年，山西省果断采取措施，及时解决经济运行中的问题，全省经济实现了平稳较快发展。

一、经济运行情况及特点

1. 主要经济指标总体保持增长

据初步核算，2008 年全省生产总值 6938.7 亿元，按可比价格计算，比上年增长 8.3%。其中，第一产业增加值 302.5 亿元，增长 2.5%；第二产业增加值 4265.8 亿元，增长 7.4%；第三产业增加值 2370.5 亿元，增长 10.6%。人均 GDP 预计可达 20300 元，首次突破两万元大关，按年平均汇率计算，超过 2900 美元。

2008 年，全省农业生产能力明显提高。粮食总产达 102.6 亿公斤，成为全省历史上第 6 个突破百亿公斤的高产年。农作物总播种面积继续扩增，达 5590 万亩，比上年增加 110 万亩，增长 2%，连续 5 年增长。肉、禽蛋产量继续增加，猪牛羊肉总产量 54.7 万吨，增长 2.8%；禽蛋产量 61.6 万吨，增长 30.2%。

2008 年，全省工业经济面临诸多困难和挑战，但仍保持一定增长。全省工业增加值 3919.8 亿元，增长 8.3%；规模以上工业增加值 3509.6 亿元，增长 6.5%。

2008 年，全省内需增长较快。全社会固定资产投资 3635.1 亿元，增长 24.2%。其中，城镇投资 3298.5 亿元，增长 23.7%；农村投资 336.6 亿元，增长 28.8%。社会消费品零售总额 2356.5 亿元，增长 23.1%，增幅比上年提高 4.5 个百分点。其中，城市零售额增长 23.1%，增幅比上年加快 4.1 个百分点；农村增长 23.2%，比上年加快 5.3 个百分点，实现了城乡协调同步增长。

2008年,全省对外贸易保持较快增长。进出口总额143.9亿美元,增长24.4%。其中出口92.4亿美元,增长41.5%;进口51.5亿美元,增长2.1%。全年新增外商投资企业77个,实际利用外商直接投资27.3亿美元,增长21%。

2. 经济结构调整和发展方式转变有效推进

投资结构优化特征明显。2008年全省全社会固定资产投资中,第一、第三产业投资增速分别高出全社会固定资产投资增速8.9和10.1个百分点。第二产业投资比重下降3.6个百分点,第一、第三产业分别上升0.2和3.4个百分点,三次产业投资比例关系由上年的2.9∶55.2∶41.9变为3.1∶51.6∶45.3。以改建和技术改造项目为主的内涵效益型投资增速比新建、扩建项目为主的外延扩张型增速快8.7个百分点,占全社会投资比重比上年上升1.3个百分点。

消费、投资拉动经济增长的协调性增强。2008年全省各月社会消费品零售额除2、11月外,其余各月增幅均超过20%,其中5~8月份每月增幅均在25%以上。全年社会消费品零售总额增速与全社会固定资产投资增速差由上年的7.5个百分点缩小为1.1个百分点,消费、投资拉动经济的关系进一步改善。

3. 经济运行质量和效益稳步提高

财政收入、企业利润较快增长。2008年全省累计完成财政总收入1518亿元,增长26.5%;一般预算收入完成747.9亿元,增长25.1%;1~11月,规模以上工业实现利润总额641亿元,增长38.4%。

财政支出、金融保障能力持续增强。2008年一般预算支出1313.1亿元,增长25.9%,比上年加快11.6个百分点。12月末,金融机构各项存款余额12827.6亿元,比年初增加2721.2亿元,同比多增1264.3亿元;各项贷款余额6041.9亿元,比年初增加738.3亿元,同比多增102.8亿元。

物价涨幅明显放缓。居民消费价格与工业品出厂价格同比涨幅分别从2008年4月和9月起连续回落,12月份同比分别上涨1.5%和8.6%,分别比2008年以来单月最高涨幅回落8.8和24.1个百分点。2008年居民消费价格比上年上涨7.2%,涨幅比上年提高2.6个百分点;工业品出厂价格比上年上涨22.4%,涨幅比上年提高15个百分点;原材料、燃料、动力购进价格上涨18.3%,涨幅比上年提高13个百分点。

4. 民生继续有效改善

财政支出保障民生力度加大。2008年,在全省一般预算支出中,医疗卫生支出增长37.3%,教育支出增长30.7%,环境保护支出增长46.4%,社会保障和就业支出增长19.3%。

就业形势保持向好。2008年全省城镇新增就业46.1万人,城镇登记失业率3.2%,控制在4%的目标范围之内。

城乡居民收入保持较快增长。2008年城镇居民人均可支配收入13119.1元,比上年增长13.4%;农村居民人均纯收入4097.2元,比上年增长11.8%。

二、经济运行中存在的问题

1. 主要经济指标增速逐渐放缓,工业下滑幅度尤为明显

2008年,全省经济增速回落。一季度、上半年、前三季度GDP增速分别为12.5%、12.6%和11.6%,分别比上年同期回落2.1、1.5、2个百分点,全年增速回落6.1个百分点。

工业增速连续3个月负增长。2008年,全省规模以上工业增加值增速从6月份起持续回落,10月起连续3个月负增长。其中,11月份当月增速为-24.5%,居全国倒数第一;12月份在上年低水平的基础上(2007年12月份由于受临汾矿难的影响,全省规模以上工业当月增速为12.8%,比11月份的增速急速下滑13.6个百分点,成为全年的最低增速)继续下降,增速为-19.2%。

财政收入、进出口连续2个月负增长。2008年,全省财政总收入增速从10月份起急转直下,由9月份增长31.3%下滑至5.3%,11月份为-24.1%,12月份再度下滑为-36.1%,全年财政总收入和一般预算收入增速分别比上年回落4和6.3个百分点;进出口增

速 11、12 月份分别为－18.4%和－45.4%，全年进出口总额、出口额、进口额增速分别比上年回落 50.2、16.3 和 100.4 个百分点。

2. 投资规模差距加大，支撑增长的后劲和活力减弱

2008 年，全省全社会投资增速由 2007 年高于全国 1.3 个百分点变为低于全国 1.3 个百分点，与安徽、江西中部省份的差距分别扩大到 13.8 和 13 个百分点。这中间还有两个问题需要关注：一是非国有投资特别是民间投资增速回落幅度较大，城镇固定资产投资中的非国有投资增长 15.8%，增幅比上年回落 16.3 个百分点；二是新开工项目计划总投资下降，降幅为 23.8%，而全国为增长 1.7%，中部省份平均增长 20%。

表 10.1　2008 年山西省经济在全国的定位

	绝对额在全国位次	增长率在全国位次	参与排序的地区数
地区生产总值	18	31	31
农林牧渔业总产值	25	2	31
规模以上工业企业增加值	—	29	31
城镇固定资产投资完成额	22	23	31
施工项目计划总投资	21	30	31
新开工项目计划总投资	21	28	31
房地产开发投资额	24	15	31
商品房施工面积	24	21	31
商品房竣工面积	23	4	30
房地产业购置土地面积	20	4	29
商品房销售面积	24	7	30
商品房销售额	24	8	30
建筑业总产值	18	13	31
社会消费品零售总额	18	15	31
出口总额	17	6	31
进口总额	20	30	31
城镇单位就业人员	15	22	31
城镇单位劳动报酬	15	13	31
城镇居民人均可支配收入	18	18	31
城镇居民人均消费性支出	24	26	31
城镇居民人均食品支出	31	24	31
农村居民人均现金收入	23	27	31
农村居民人均生活消费现金支出	16	14	31
农村居民人均食品支出	19	15	31
地方财政收入总额	12	13	31
	年涨幅在全国的位次		参与排序的地区数
居民消费价格	7		31
工业品出厂价格	1		30
原材料燃料动力购进价格	2		30
固定资产投资价格	2		30

3. 企业经营困难加大，近半数企业处于停产状态，企业家信心指数跌入低位

从2008年8月份开始，全省工业企业经营状况急转直下。1～11月全省亏损企业亏损额达到121.2亿元，同比增长2.42倍。截止12月末，全省规模以上工业企业中，零产值企业数达到1771户，占到企业总数的39.2%。企业家对宏观经济感受的信心指数呈现逐季回落态势，特别是进入10月份后，山西企业家信心指数在二、三季度环比下降1.18和8.56点的基础上，四季度又一举大幅回落36.86点，比上年同期回落41.13点，跌入了自2000年以来企业家信心的最低位。

4. 工业主导产品价格深度下跌，支柱产业效益下滑

2008年8月份，全省煤、焦市场在创历史最高价位后，形势迅速逆转，价格直线回落，市场需求锐减。冶金行业市场价格持续走低，10月后价格再次暴跌。煤炭价格更是经历了过山车似的猛涨与骤降，秦皇岛港山西优混煤平仓价由1月的525元至535元直线上涨至7月的910元至940元，11月又跌至500元至510元。焦炭价格11月跌至1200元至1300元/吨(含税车板价)，比7月份3000元/吨的最高价跌去了近六成。

主导行业生产与效益相互影响更趋明显。1～11月份，煤、焦、冶、电四大支柱行业利润同比增速比前三季度回落了32.6个百分点；煤炭、冶金行业利润增速分别回落34.1、38个百分点；电力行业净亏损34.4亿，成为全省亏损的“重灾区”。

第二节　安徽省

2008年，安徽经济保持较快发展的良好势头，成为全国经济增长最快的省份之一，呈加速崛起之势。由于受到国际金融危机冲击和国内经济下滑的影响，下半年的经济增长速度明显减缓。初步统计，全省生产总值8874亿元，增长12.7%，增幅居全国31个省(区、市)第11位，比上年提高10位，工业、商业、投资、房地产、出口、财政、金融等领域的主要经济指标增长率均在20%以上。全年物价涨幅回落，居民收入保持两位数增长，城镇新增就业50万人，登记失业率在4%以内。

一、经济增长由偏快转为正常

开始于2006年元月份的安徽本轮经济快速增长到2008年4月止，形成了一个清晰的上升浪，时间长度为2年4个月，比前一调整

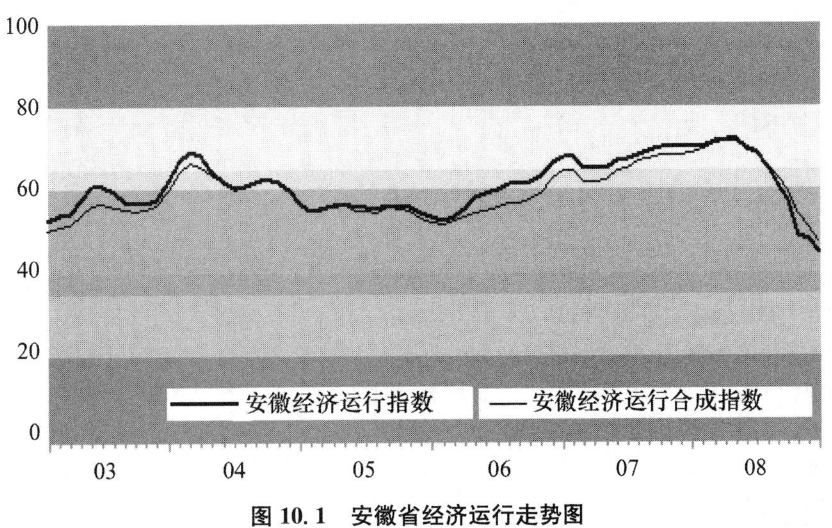

图10.1　安徽省经济运行走势图

浪(2004年2月到2006年1月)多4个月,大体对称,4月份成为重要转折点。上半年,安徽经济快速增长,运行于黄灯区,强势特征明显;二季度形成本轮上升浪的高点,之后开始掉头下行;三季度,国际金融危机爆发,安徽经济增速明显放缓,下行趋势确立;四季度,国际形势更加严峻,世界经济衰退对我国的影响由沿海向内地快速扩散,安徽工业、投资、房地产、对外贸易等领域主要经济指标高位回落,经济向下寻求支撑。全年经济运行呈现前升后降、前高后低的"过山车"走势,经济增长已由偏快转为正常,向下调整的压力增加。

从安徽经济运行指数的各分指数看,一、二季度,7个分指数有6个亮红灯和黄灯,表明经济增速偏快,其中生产总值、规模以上工业增加值、社会消费品零售额、出口额等指标增长率创10年新高。三季度,红灯消失,黄灯数降到3个。四季度,黄灯数减少到1个,绿灯增加到4个,金融指数、外经指数处于偏冷的浅蓝灯区。

表10.2　2008年安徽经济指数各构成指数景气变化

	3月	6月	9月	12月	12月分值比3月升降
安徽经济运行指数	黄灯	黄灯	绿灯	绿灯	下降
安徽工业产品指数	黄绿灯	绿灯	绿灯	绿灯	下降
安徽工业生产指数	黄灯	黄灯	绿灯	绿灯	下降
安徽需求指数	黄灯	黄灯	黄灯	绿灯	下降
安徽财政指数	红灯	黄灯	绿灯	黄灯	下降
安徽价格指数	黄灯	黄灯	黄灯	绿灯	下降
安徽金融指数	绿灯	绿灯	蓝绿灯	浅蓝灯	下降
安徽外经指数	红灯	红灯	黄灯	浅蓝灯	下降

从合成指数的13个构成指标看,一季度有11个指标亮红灯和黄灯,二季度为10个,显示一二季度增速偏快;三季度降到7个,四季度进一步降到4个,其中,社会消费品零售额、地方财政收入和支出、金融机构各项存款余额保持强势;工业、投资、金融机构存款余额、原材料燃料动力购进价格指数进入绿灯区;CPI、PPI和出口额位于蓝绿灯区,进口额和金融机构现金收入为蓝灯。

表10.3　2008年安徽省经济运行合成指数各构成指标景气变化情况

	3月	6月	9月	12月	12月分值比3月升降
安徽经济运行合成指数	黄灯	黄灯	绿灯	绿灯	下降
安徽规模以上工业增加值	黄灯	黄灯	绿灯	绿灯	下降
安徽城镇固定资产投资	黄灯	黄灯	黄灯	绿灯	下降
安徽社会消费品零售额	黄灯	黄灯	黄灯	黄灯	上升
安徽出口总额	红灯	红灯	黄灯	蓝绿灯	下降
安徽进口总额	黄灯	黄灯	绿灯	蓝灯	下降
安徽地方财政收入	红灯	黄灯	黄灯	黄灯	下降
安徽省财政支出	黄灯	黄灯	黄绿灯	黄绿灯	下降
安徽省金融机构各项存款余额	绿灯	绿灯	绿灯	黄灯	上升
安徽省金融机构各项贷款余额	黄灯	绿灯	绿灯	绿灯	下降
安徽省金融机构现金收入	绿灯	浅蓝灯区	蓝灯	蓝灯	下降
安徽居民消费价格	黄灯	黄灯	绿灯	蓝绿灯	下降
安徽工业品出厂价格	黄灯	红灯	黄灯	蓝绿灯	下降
安徽原材料燃料动力购进价格	黄灯	黄灯	黄灯	绿灯	下降

二、主要经济指标较快增长

2008年，全省生产总值8874.2亿元，增长12.7%，增幅比全国高3.7个百分点，在31个省(区、市)中增幅排名第11位，比上年提高10位，在中部地区居第3位。分季度看，一季度增长13.5%，上半年增长14.2%，前三季度增长13.4%。分产业看，第一产业增加值1418.1亿元，增长6.2%；第二产业4137.4亿元，增长16.4%，比全国高9.1个百分点；第三产业3318.7亿元，增长11%，比全国高1.5个百分点。三次产业比例为16∶46.6∶37.4，第二产业比重比上年提高1.9个百分点。

1. 规模以上工业增长22%，增幅居全国第3位

2008年，全省工业增加值3487.6亿元，增长18.3%。其中，规模以上工业增加值3260亿元，增长22%，增幅比全国高9.1个百分点，在31个省(区、市)中排名第3位，在中部6省居第1位。分季度看，二季度增长25%，创1994年以来新高，三、四季度下行，四季度增长率15.5%。

分轻重工业看，重工业增加值2349亿元，增长22.3%；轻工业增加值911.1亿元，增长21.4%，重工业增速快于轻工业0.9个百分点。分行业看，在全省37个工业大类行业中，增加值增长的有36个，其中煤炭开采和洗选业增长32%，电力、热力的生产和供应业增长20.3%，农副食品加工业增长28.8%，化学原料及化学制品制造业增长18.5%，非金属矿物制品业增长27.3%，有色金属冶炼及压延加工业增长18.8%，通用设备制造业增长36.1%，电气机械及器材制造业增长25.3%。在主要工业产品产量中，原煤和发电量分别增长33.5%和27%，粗钢和成品钢材分别增长6.1%和7.7%，水泥增长15.8%，家用洗衣机增长22.3%，家用电冰箱增长22.9%，房间空气调节器增长8.3%，汽车下降6.5%。

2. 农业生产稳步发展，粮食产量创历史新高

2008年，全省农林牧渔业增加值1418.1亿元，增长6.2%。粮食产量604.7亿斤，创历史新高，比上年增产24.4亿斤，增长4.2%；油料产量228万吨，增长14.5%；棉花产量36.8万吨，下降1.7%；肉类总产量343.9万吨，增长6.3%。全省粮食作物播种面积比上年扩大125万亩，增长1.3%。粮食作物单产达到每亩307.2公斤，比上年每亩提高8.6公斤，增长2.9%。粮食作物优质率进一步提高，小麦优质率达到71.2%，稻米优质率达到76.2%，分别比上年提高9.9和8.2个百分点。种粮效益稳定增加，据测算，小麦、中籼稻、玉米等主要粮食作物平均每亩现金收益为398、584、500元，比上年分别增长12.4%、9.8%、8.6%。

3. 零售市场持续旺盛，社会消费品零售额增长23.4%，增幅排名全国第9位

2008年，全省社会消费品零售总额2965.5亿元，增长23.4%，增幅比全国高1.8个百分点，在31个省(区、市)排名第9位，在中部六省居第2位。分城乡看，城市零售额1635亿元，增长23.7%，县零售额601亿元，增长24.4%，县以下零售额729亿元，增长21.8%。分行业看，批发和零售业零售额2497.6亿元，增长22.9%；住宿和餐饮业零售额433.3亿元，增长26.3%；其他行业零售额34.6亿元，增长19.3%。在限额以上批发零售业中，食品、饮料、烟酒类零售额增长37.1%，服装、鞋帽、纺织品类零售额增长19%，日用品类零售额增长36.2%，中西药品类零售额增长24.2%，家用电器和音像器材类零售额增长14.1%，汽车类零售额增长39.3%，石油及制品类零售额增长33%。

4. 投资增速高位回落；房地产投资增速居全国第一

2008年，全社会固定资产投资6788.9亿元，增长33.3%，连续4年保持30%以上增长，其中，城镇固定资产投资5936亿元，增长33.6%，增幅同比下降12.7个百分点，比全国高7.5个百分点，在全国排第8位。投资增速逐季回落，一季度增长49.1%，上半年增长44.9%，前三季度增长42.9%，全年增长33.6%。

分产业看，第一产业投资182.6亿元，增

长66.4%；第二产业投资2959.5亿元，增长30.3%；第三产业投资3646.8亿元，增长34.4%。分行业看，制造业、房地产业引领安徽投资快速增长，分别增长38.2%和51.6%，增幅比全国分别高7.6和28.6个百分点，投资额分别占全省投资总额的32.7%和26.1%。三产中的铁路运输业投资增长56.3%，金融业投资增长89.2%，水利管理业投资增长98.5%，卫生、社会保障和社会福利业投资增长55%。六大高耗能行业投资则大幅回落，全年增长12.5%，比上年回落37.3个百分点。

5. 出口增长28.8%，增幅排名全国第12位

2008年，全省进出口总额204.4亿美元，增长28.3%，增幅比上年回落1.8个百分点。其中，出口113.5亿美元，增长28.8%，回落0.2个百分点，增幅比全国高11.6个百分点，在31个省(区、市)中排名第12位；进口90.8亿美元，增长27.6%，回落3.7个百分点，增幅比全国的高9.1个百分点，在31个省(区、市)中排名16位。全年实际利用外商直接投资34.9亿美元，增长16.4%。分季度看，出口额一季度增长35%，上半年增长38.5%，前三季度增长37.6%，四季度跳水，11月份增长0.2%；12月下降1.9%。

6. 财政收入增长较快，总量迈上新台阶

2008年，全省财政收入1326亿元，突破1300亿元，增长28.2%，增幅比上年提高1.5个百分点。其中，地方财政收入724.6亿元，增长33.3%，提高6.3个百分点。增值税增长24.4%，营业税增长30.1%，企业所得税增长34.1%。财政支出1622.8亿元，增长30.5%。支出结构进一步优化，教育、医疗卫生、环境保护、科学技术等支出增幅分别为32.7%、55.4%、1.2倍和42.6%。

7. 金融存贷款稳定增加

2008年末，全省金融机构人民币各项存款余额10303.3亿元，比年初增加1897.8亿元，比上年多增591亿元，增长22.6%，增幅比上年末提高4.2个百分点，比全国高2.9个百分点。人民币各项贷款余额6948.7亿元，比年初增加1211.1亿元，比上年多增300.6亿元；增长20%，增幅比上年末提高2.3个百分点，比全国高1.2个百分点。其中，企业存款余额3019.7亿元，增长19%；城乡居民储蓄存款余额5647.5亿元，增长24.2%。

8. 居民收入保持两位数增长

全年城镇居民人均可支配收入12990元，增长13.2%。农民人均纯收入4202元，增长18.1%。与全国平均水平比较，安徽农民人均纯收入少559元，增幅高3.1个百分点；城镇居民人均可支配收入少2791元，增幅低1.3个百分点。

9. 物价冲高回落

2008年，全省居民消费价格上涨6.2%，涨幅比上年高0.9个百分点；2月份为全年最高点，上涨10.1%；5月份之后逐月回落，12月份涨幅降至1%。工业品出厂价格上涨8.4%，涨幅比上年高4.8个百分点。原材料、燃料、动力购进价格上涨12.4%，涨幅比上年高7.3个百分点。

三、加强宏观调控，确保经济增长

针对2008年初物价过快上涨、企业融资困难和生产成本上升等问题，安徽省加强经济运行调节，通过协调煤电油运供应、组织银企对接、实施临时价格干预等措施，缓解了经济生活中的突出矛盾和问题。同时，深入推进“861”行动计划，突出抓好县域经济和非公有制经济发展，全省经济逆势上扬。进入下半年，国际金融危机影响不断扩散和加深，安徽省审时度势，出台了促进经济平稳较快增长的14条具体措施，对不同行业和企业实行分类指导，省财政安排25亿元专项转移支付资金，支持各地建立中小企业担保基金和贷款风险补偿金，取消和停征114项行政事业性收费，清理并降低12项主要涉企经营性服务收费，对进出口增量实行奖励，鼓励住房消费，协调供应建设用地，为经济增长提供了有效保障。在全国实施积极财政政策和适度宽松货币政策以及扩大内需的10项措施后，安徽省及时出台了15条贯彻措施，把保增长摆在更加突出的位置，加大投资力度，扩大消费需求，加强对企业的支持，特别是抢抓机遇、乘势而上，积

极争取中央新增投资，全力谋划和推进一批重大项目建设，上了一批事关安徽发展全局的大工程，办了一些多年想办而没有条件办的大事。合宁铁路动车组和合武铁路开通运营，铜九铁路、沿江高速公路、14 项治淮骨干工程等重大基础设施项目和两淮亿吨级煤电基地、奇瑞轿车三厂、马钢硅钢生产线等重大产业项目相继建成，华谊无为煤化工、定远大型盐化工、宁宣城际铁路、合肥新桥机场、芜申运河安徽段、马鞍山长江公路大桥和蚌埠至淮南、宣城至黄山等 6 条高速公路开工建设。根据胡锦涛总书记关于安徽要在自主创新方面有更大作为的指示精神，在深入调研的基础上，启动实施合芜蚌自主创新综合配套改革试验区建设，谋划推进创新型产业升级、企业培育、人才集聚、载体建设、平台建设、环境优化等六大工程，配套出台 26 条扶持政策。

表 10.4　2008 年安徽省经济在全国的定位

	绝对额在全国位次	增长率在全国位次	参与排序的地区数
地区生产总值	14	12	31
农林牧渔业总产值	10	15	31
规模以上工业企业增加值	—	3	31
城镇固定资产投资完成额	9	8	31
施工项目计划总投资	12	9	31
新开工项目计划总投资	14	17	31
房地产开发投资额	9	1	31
商品房施工面积	10	5	31
商品房竣工面积	11	10	30
房地产业购置土地面积	4	14	29
商品房销售面积	9	10	30
商品房销售额	9	11	30
建筑业总产值	13	7	31
社会消费品零售总额	14	9	31
出口总额	15	12	31
进口总额	11	16	31
城镇单位就业人员	17	20	31
城镇单位劳动报酬	16	15	31
城镇居民人均可支配收入	19	20	31
城镇居民人均消费性支出	18	16	31
城镇居民人均食品支出	17	22	31
农村居民人均现金收入	21	9	31
农村居民人均生活消费现金支出	14	3	31
农村居民人均食品支出	14	2	31
地方财政收入总额	13	3	31
	年涨幅在全国的位次		参与排序的地区数
居民消费价格	13		31
工业品出厂价格	15		30
原材料燃料动力购进价格	13		30
固定资产投资价格	11		30

第三节 江西省

一、江西经济增长仍保持在高位，运行相对平稳

2008年，江西生产总值6480.3亿元，增长12.6%，增速比上年回落0.4个百分点，比全国增长速度高3.6个百分点。分季度看，一季度增长11.6%，二季度增长14.7%，三季度增长12.5%，四季度下降至11.7%。半年距年增长率在2季度达到17.9%，高位见顶后急剧回落，4季度已降至10.1%，预示后期经济仍有回落的可能。

2008年，全省规模以上工业增加值为2323.5亿元，增长21.9%，增速比上年同期低2.7个百分点，显著高于全国平均增速9个百分点。分月看，从10月起增速有下滑苗头，当月为20.4%，比9月份低2.1个百分点；11月为19.8%；12月则大幅下滑到13.5%。

二、投资、消费和出口三大动力依然保持强势

2008年，全省投资持续高速增长，城镇固定资产投资4317.9亿元，增长46.1%，增速比上年高21.9个百分点，比全国高20.6个百分点。消费保持高速增长态势，2008年，全省社会消费品零售总额2080亿元，增长23.7%，比上年高6.1个百分点，比全国高1.8个百分点，扣除价格因素后，实际消费增长为16.8%，比上年低1.1个百分点。从分月增长率看，9月份之前，增速一路上扬，由19.8%上升至27.6%，创1996年3月以来的最高增幅；10月份出现比较明显的下滑，当月增速为25%，12月进一步下滑到23.9%，已经明显见顶，半年距增长率也预示后期将会继续回落。

2008年，全省外贸出口增长保持在相对高位。出口总额为76.9亿美元，增长40.8%，比上年回落7.1个百分点，显著高于同期全国17.2%的增幅。从分月增长率看，10月份之前增速较为稳定，11月后增速大幅回落。

三、宏观经济效益总体处在尚好水平，但增速明显放缓

2008年，全省地方财政收入488.6亿元，增长25.3%，保持较高增速，比上年增速小幅回落，明显高于同期全国19.5%的增幅。

2008年，全省城乡居民收入保持较快增长态势，城镇居民人均可支配收入12866元，增长14.7%，比上年回落2.8个百分点。农村居民人均纯收入为4697元，增长14.6%；增速比上年加快0.3个百分点。

2008年，全省工业企业实现利润315.6亿元，同比仅增长3.05%，同上年50.6%的增速相比，出现大幅回落。工业企业综合经济效益指数为221.8%，比上年提高16.2个百分点；亏损企业的亏损额74.7亿元，比上年扩大1.7倍。企业产品出口受阻、供求出现变化、价格倒挂是企业利润急剧下降的主要原因。2000年以来，江西有3个时期出现比较明显的工业价格倒挂现象，分别是2000年8月至2002年1月，2003年2月至2005年4月，2007年5月至2008年底。

四、通胀警报解除，通缩风险加大

2008年，全省居民消费价格上涨6%，比上年上升1.2个百分点。分月看，涨幅2月份达到1997年1月份以来的高点8.9%，之后快速下滑，12月份降至1.7%。景气分值在3月份达到71.8的高点（黄灯区）后一路下滑，11月份已进入绿灯区（分值为48.5）。12月份的半年距年涨幅已降至0以下（－0.2），并持续下行，预示后期CPI仍将回落，有出现通缩的可能。

2008年，全省工业品出厂价格上涨6.4%，同比上升0.2个百分点。分月看，PPI在7月份达到11%的高点后，从9月份起出现

了俯冲式下滑，11 月份则出现 2002 年 10 月以来的第一次同比负增长，下跌 5.4%，12 月份跌幅增大至 8.4%。原材料燃料动力购进价格上涨 14.2%，同比上升 6.3 个百分点。分月看，涨幅在 7 月份达到 19%的高点后，呈现快速下滑的趋势，11 月份降至 3.6%，12 月份出现了负增长，下降 0.3%。

五、对江西经济形势的基本判断与走向预测

第一，三大价格指数大幅回落，通胀警报解除。按照国际惯例，3%一直是测量通货膨胀的"警戒线"。随着 2008 年 12 月份全国 CPI 跌至"警戒线"以下（江西为 1.7%），结合同时创下新低的 PPI（江西为－8.4%），通货膨胀风险已经宣告结束，而通货紧缩风险明显增大。

第二，增长动力依然强劲，江西经济形势优于全国。从 2008 年主要指标的运行情况看，江西经济运行总体保持平稳，投资、消费、出口仍保持强势，总体经济形势好于全国水平。同全国相比，江西地区生产总值增速高 3.6 个百分点，规模以上工业增加值增速高 9 个百分点，城镇固定资产投资增速高 20.6 个百分点，社会消费品零售额增速高 2.1 个百分点，外贸出口增速高 23.6 个百分点，财政收入增速高 5.8 个百分点。

表 10.5　2008 江西省年经济在全国的定位

	绝对额在全国位次	增长率在全国位次	参与排序的地区数
地区生产总值	20	13	31
农林牧渔业总产值	15	23	31
规模以上工业企业增加值	—	4	31
城镇固定资产投资完成额	16	1	31
施工项目计划总投资	20	4	31
新开工项目计划总投资	11	4	31
房地产开发投资额	22	17	31
商品房施工面积	18	24	31
商品房竣工面积	18	29	30
房地产业购置土地面积	16	6	29
商品房销售面积	19	25	30
商品房销售额	23	26	30
建筑业总产值	20	9	31
社会消费品零售总额	21	7	31
出口总额	19	8	31
进口总额	17	5	31
城镇单位就业人员	20	13	31
城镇单位劳动报酬	25	27	31
城镇居民人均可支配收入	21	25	31
城镇居民人均消费性支出	25	17	31
城镇居民人均食品支出	19	25	31
农村居民人均现金收入	16	15	31
农村居民人均生活消费现金支出	19	16	31
农村居民人均食品支出	13	17	31
地方财政收入总额	23	11	31
	年涨幅在全国的位次		参与排序的地区数
居民消费价格	14		31
工业品出厂价格	17		30
原材料燃料动力购进价格	7		30
固定资产投资价格	21		30

2008年,江西经济在严峻的内外环境下之所以能保持尚好的局面,初步分析起来至少得益于两个因素:一是由于目前我国经济的波动是由世界金融风暴的波及与我国自身经济周期的叠加所造成的,而我省经济的发展对外依赖程度比沿海发达地区小,江西外贸依存度不到15%,而同期全国高达60%以上;因此江西所受冲击相对较小。二是面对今年复杂多变的国际、国内经济发展态势,江西省在年初谋划全省经济工作时,及时作出了“江西作为欠发达地区,江西经济不过热”的判断,进行了“科学发展,加快崛起”的战略部署,在全省掀起了新一轮解放思想和加快发展的热潮,果断采取措施,狠抓项目建设不动摇,全力保增长、扩内需、调结构,推动了江西经济的平稳增长。

第三,部分重要指标在10月份后出现异动,通缩风险在增大。值得关注的是,2008年10月以后,部分指标出现了出乎意料的异动,如PPI涨幅在9月还高达8.8%,到12月则下降至-8.4%,下降之快,的确出人预料。工业企业经济效益、外贸出口、地方财政收入等指标也出现了较大的波动,其中全省规模以上工业增加值增速12月份跌至13.5%,进入偏冷状态,值得引起高度关注。

第四节 河南省

2008年,受国际金融危机的影响,以基础产品为主、结构偏重的河南工业生产首先高位下滑,消费及投资也开始减速,12月全省经济运行指数降至正常的绿灯区以下。各分指数中,生产与物价指数景气值下滑比较陡然,信贷指数下行趋势较平缓;虽然需求指数年底略有反弹,但排除春节因素后并无实质性回升。四季度GDP同比增长7.8%,较前三季度降低5.5~5.9个百分点。

一、工业生产首先大幅减速

河南工业与全国经济高度相关,并有一定的滞后性,其需求主要来自全国的工业生产和投资。全国规模以上工业增加值增速2007年9月达到18.9%后开始下滑,而河南工业增加值增速明显下降却是在进入2008年之后开始的。偏重的工业结构决定了全省工业更易受到危机冲击,尽管轻工业1~12月当月增速都要高于重工业,但4季度全国工业加速下滑后,河南11月轻、重工业也同时减速,且增速下滑幅度高于全国同期水平。

二、投资增速步入下行通道

随着金融危机冲击的加剧,全省企业家信心指数不断下降,2008年四季度降至89.7,较三季度大幅下降33个百分点,同期盈利、投资及劳动力需求等预期指数也大幅下降。企业更趋谨慎的经营策略导致投资增速下降,7月后,全省城镇固定资产增速持续回落,12月同比增速比7月的35.4%降低7.3个百分点。投资结构呈现明显的“民退国进”特征。民间投资的逐利性使其在危机爆发后迅速收缩,12月民间投资同比增速较年初大降41.2个百分点,降至27.3%;而国有投资12月同比增速达32.3%,较2月高39.6个百分点。

三、消费波动运行

2008年,全省社会消费品零售额增速的变化基本上是上半年加速,下半年减速,但如果扣除价格因素后,变化情况却截然相反。2~5月的当月同比增速都在23%以上,但同期零售价格涨幅都在9%以上,因此实际增长速度下降。后7个月里,金融危机影响不但使社会公众对就业收入预期走低,更令厂商大幅降低销售价格,综合作用的结果,实际增长率处于上升状态。

表 10.6 2008 年河南省经济在全国的定位

	绝对额在全国位次	增长率在全国位次	参与排序的地区数
地区生产总值	5	16	31
农林牧渔业总产值	2	17	31
规模以上工业企业增加值	—	10	31
城镇固定资产投资完成额	4	10	31
施工项目计划总投资	7	15	31
新开工项目计划总投资	1	5	31
房地产开发投资额	10	6	31
商品房施工面积	7	3	31
商品房竣工面积	7	15	30
房地产业购置土地面积	7	5	29
商品房销售面积	6	22	30
商品房销售额	13	20	30
建筑业总产值	7	3	31
社会消费品零售总额	5	12	31
出口总额	16	13	31
进口总额	15	4	31
城镇单位就业人员	4	26	31
城镇单位劳动报酬	7	17	31
城镇居民人均可支配收入	16	8	31
城镇居民人均消费性支出	23	12	31
城镇居民人均食品支出	30	26	31
农村居民人均现金收入	20	7	31
农村居民人均生活消费现金支出	20	12	31
农村居民人均食品支出	23	7	31
地方财政收入总额	9	29	31
	年涨幅在全国的位次		参与排序的地区数
居民消费价格	8		31
工业品出厂价格	8		30
原材料燃料动力购进价格	16		30
固定资产投资价格	17		30

第五节 湖北省

2008 年是近几年来湖北经济发展面临形势最复杂、挑战最严峻、困难最多、考验最大的一年。在自然灾害和金融危机的双重影响下，全省经济运行中的一些矛盾和问题显现，经济下行压力明显增大。在不利形势面前，全省上下坚定信心，充分发挥自身优势，加快解决突出问题。从总体上看，全省经济保持平稳较快发展势头，呈现出产业稳健运行、需求保持旺盛、财政持续增收、金融运转稳定、物价回稳、民生明显改善的良好局面，表现出一定的抵御风险能力。

一、经济运行总体上保持快速平稳发展态势

2008年，全省生产总值11330.38亿元，增长13.4%，连续第五年增速超过10%。其中，第一产业增加值1780亿元，增长6%；第二产业4963.61亿元，增长16.6%；第三产业4586.77亿元，增长12.4%。分季度看，第四季度受金融危机影响增速略有放缓。

1. 三大产业稳健运行

2008年，湖北农村经济虽然受到年初冰雪灾害和农业生产成本大幅上涨等不利因素影响，但农业发展速度加快。全省农林牧渔业增加值1780亿元，增长6%，增幅高于上年1.3个百分点，为4年来最好发展水平。除棉花外，主要农产品产量均有不同程度增长。粮食产量2227.23万吨，增长1.9%；棉花产量51.3万吨，比上年减产7.9%；油料产量283.56万吨，增长11.3%；肉类总产量、禽蛋产量和水产品产量的增长速度都超过10%。

2008年，全省工业生产保持较快增长，规模以上工业完成增加值3842.33亿元，增长21.6%；完成销售产值12108.59亿元，增长29.3%，产销率98.0%。第四季度，受到金融危机影响，增速有所放缓。轻工业生产增速持续快于重工业，轻、重工业增加值分别增长23%和20.5%。规模经济进一步壮大，全省千亿元行业增加到5个，分别是汽车、钢铁、石化、电力和食品工业。高新技术产业较快发展，完成增加值1104.94亿元，增长24.2%，快于全省工业2.6个百分点。工业经济效益总体上继续改善，1～11月份工业经济效益综合指数208.08，同比上升18.8个百分点。

2008年，全省第三产业增加值增长12.4%，保持平稳发展势头。

2. 三大需求保持快速增长

2008年，全省投资呈加速增长态势，对经济增长的拉动作用进一步增强。全社会固定资产投资5798.56亿元，增长27.9%，增幅比上年提高1个百分点；其中，城镇以上固定资产投资5332.67亿元，增长29.1%，增幅比上年提高1.3个百分点。一、二、三产业投资116.46、2250.21和2966亿元，分别增长92.6%、38.7%和21.2%。新开工项目11964个，比上年增加2417个，增长25.3%，计划总投资3690.79亿元，增长33.7%。工业投资保持快速增长势头，完成投资2223.22亿元，增长38.5%，增幅比上年提高7.8个百分点，比全省投资平均增长水平高9.4个百分点。民间投资保持旺盛，完成投资2402.36亿元，增长52.8%，增幅比上年加快7.9个百分点，高于全省投资平均增长水平23.7个百分点。武汉城市圈投资保持快速增长，完成投资3472.22亿元，增长33.4%，高于全省投资平均增长水平4.3个百分点，占全省投资的65.1%。

2008年，全省消费市场持续活跃，消费需求保持旺盛，消费对经济增长的拉动作用日益增强，为经济发展提供了强劲动力。全省社会消费品零售总额4965.82亿元，增长23.3%，增幅比上年提高5.2个百分点，创1996年以来新高。城乡市场呈现共同繁荣的格局，城市零售额3486.46亿元，增长23.3%，增幅比上年提高5.3个百分点；农村零售额1479.37亿元，增长23.2%，增幅比上年提高5.1个百分点。居民消费层次逐步提高，消费热点突出。吃、穿类等基本生活用品继续保持快速增长的势头，食品、饮料、烟酒类零售额比上年增长30.5%，服装、鞋帽、针纺织品类增长21.4%，日用品类增长22.5%。消费升级类商品零售额保持高位运行，家用电器和音响器材类实现零售额105.2亿元，增长27.9%，通讯器材类实现零售额11.4亿元，增长18.1%，汽车类实现零售额160.2亿元，增长14.9%。

2008年，全省外贸经济在前几年快速增长的基础上进一步加快发展。进出口总额205.67亿美元，增长38.4%，增速比上年提高11.8个百分点。其中，出口额115.92亿美元，增长41.8%，快于上年增速11.2个百分点。贸易顺差26.17亿美元，比上年扩大11.27亿美元。

3. 财政持续增收

2008年，全省财政总收入1338.04亿元，比上年增收222.57亿元，增长20%。其中，地方一般预算收入完成710.23亿元，比上年增收119.88亿元，增长20.3%。地方一般预算收入中，税收收入537.14亿元，增长23.8%，非税收入173.09亿元，增长10.7%。

4. 金融运行稳定

2008年，全省金融机构存贷款稳步增加，金融运行保持稳定。年末存款余额13574.95亿元，比年初增加2363.36亿元；其中，城乡居民储蓄存款6800.41亿元，比年初增加1309.87亿元；企业存款4378.98亿元，比年初增加701.68亿元。各项贷款余额8752.01亿元（不包含农行剥离数），比年初增加1305.19亿元。

5. 物价回稳

2008年，全省居民消费价格上涨6.3%，仅高于上年1.5个百分点。分月看，物价稳步回落，涨幅在2月份创出年内9.7%的最高点后不断走低，8月份涨幅已低于上年同期水平，12月份同比上涨2%，比2月份回落7.7个百分点。

6. 民生明显改善

2008年，全省城乡居民收入继续稳步增长。城镇居民人均可支配收入13152.86元，比上年增加1667元，增长14.5%；农民年人均纯收入步入4656.38元，比上年增加658.9元，增长16.5%。城乡居民收入基本保持快速同步增长。

2008年，全省就业人员稳步增加，年末城乡就业人员达到3607万人，比上年末增加23万人，其中城镇就业人员达到1337万人，比上年末增加15万人。年末城镇登记失业率为4.2%。三次产业就业人员之比约为47.35∶20.25∶32.4，与上年末相比，第一产业基本持平，第二产业比重下降，第三产业比重上升，就业结构得到优化。

2008年末，全省社会保障体系建设取得积极进展，五项社会保险参保人数超过2700万人次，143万城镇居民和147万多农村居民得到最低生活保障。

二、经济运行中的主要矛盾和问题

1. 保持农业长久稳定发展的基础依然薄弱，农民增收压力加大

近几年来，全省农业生产和农民生活条件有了明显改善，但区域间发展仍不平衡。一是保持农业长久稳定发展的基础依然薄弱，抵御自然灾害、疫情和市场风险的能力还不强，应对突发事件的体制和机制还不够健全，农业基础设施建设和维护仍需加强，村级集体经济还比较薄弱。二是当前经济形势下农民持续增收的压力较大。在国际金融危机的影响下，农民务工地部分中小企业倒闭、停产、歇产，引发农民工回流返乡，农民打工收入减少；同时在市场需求萎缩情况下，部分农产品价格回落走软，对农民增收形成较大压力。

2. 工业经济结构性矛盾尚未根本转变，应对经济环境突变的能力还不强

湖北省工业经济存在一些结构性矛盾。一是重工业比重过大，2008年轻重工业比达到1∶2.45，使得湖北工业经济发展畏“冷”喜“热”。二是工业生产结构与消费结构存在矛盾，工业产品结构不能完全适应变化了的市场形势。三是地区工业结构存在趋同现象，互补性不强，特色不够鲜明。四是工业增长质量不够高，技术密集型产业的发展及其比重的提高不够快。2008年第四季度以后，随着世界金融危机的扩展和蔓延，经济环境急剧趋“冷”，湖北工业经济形成明显拐点，增速回落和亏损上升成为两大突出矛盾，工业经济显现出应变能力不强的弱点。

3. 投资持续增长的难度加大

投资的结构性性矛盾依然存在。一是高能耗行业投资没得到有效控制。2008年，全省高能耗行业投资934.09亿元，增长29.6%，高于全省投资平均增长水平0.5个百分点。二是第三产业投资增长乏力，全年完成投资2966亿元，增长21.2%，增幅比上年下降4.8个百分点，低于全省城镇投资平均增长水平7.9个百分点。

热点市场趋冷对投资增长的反压作用较为明显。房地产市场降温，商品房销售面积继

续下降，空置面积继续增加。全年全省商品房销售面积 1926.98 万平方米，比上年下降 24.1%；销售额 580.12 亿元，下降 25.2%。商品房空置面积 514.9 万平米，增长 101.1%。房地产开发投资 892.67 亿元，增长 23.3%，比上年增幅下降 4.8 个百分点。

4. 保持消费增长的支撑因素弱化，消费市场发展面临后劲不足

消费增长需要多种关联因素的强力支撑，但在当前经济环境下，这些支撑因素有弱化趋向。一是国内外经济增长减速不利于消费增长。二是就业和收入压力增大，导致消费萎缩。当前，不少企业生产经营困难加剧，生存环境短期难以有大的改观，对就业将产生不利影响，城乡居民收入预期也会下降，进而影响到消费。三是财富效应对消费增长的拉动作用减弱。四是汽车和住房消费短期难以摆脱低迷。从目前看，房地产市场的调整远未结束，商品房价格仍大大高于居民收入水平。受其影响，近年来销售较快与住房相关的建筑及装潢材料类和家具类的商品出现大幅度下降。此外，汽车消费也面临较大的市场压力。汽车和住房属于重量级消费品，且拉动相关消费的作用较大，这些消费热点增长速度的下降对于整体消费需求的负面影响较大。

表 10.7　2008 年湖北省经济在全国的定位

	绝对额在全国位次	增长率在全国位次	参与排序的地区数
地区生产总值	10	6	31
农林牧渔业总产值	8	16	31
规模以上工业企业增加值	—	5	31
城镇固定资产投资完成额	11	12	31
施工项目计划总投资	11	18	31
新开工项目计划总投资	12	9	31
房地产开发投资额	14	18	31
商品房施工面积	15	14	31
商品房竣工面积	12	16	30
房地产业购置土地面积	15	24	29
商品房销售面积	13	21	30
商品房销售额	14	23	30
建筑业总产值	8	10	31
社会消费品零售总额	6	11	31
出口总额	14	5	31
进口总额	12	10	31
城镇单位就业人员	11	14	31
城镇单位劳动报酬	13	23	31
城镇居民人均可支配收入	17	12	31
城镇居民人均消费性支出	19	25	31
城镇居民人均食品支出	15	21	31
农村居民人均现金收入	15	8	31
农村居民人均生活消费现金支出	15	4	31
农村居民人均食品支出	17	8	31
地方财政收入总额	15	22	31
	年涨幅在全国的位次		参与排序的地区数
居民消费价格	11		31
工业品出厂价格	18		30
原材料燃料动力购进价格	23		30
固定资产投资价格	12		30

三、经济发展调控建议

1. 坚持促进经济稳定增长与调整优化产业结构相结合

要将保增长与调结构有机结合起来，着力推进“三个升级”：一是着力推进产业优化升级。大力提升传统产业、发展先进制造业、壮大高新技术产业。二是着力推进行业内部结构升级。要围绕龙头企业发展产业集群，以规模大、效益好、管理规范、技术雄厚、市场地位突出、抗风险能力强的龙头企业为核心，通过向上或向下延伸产品链，来带动配套和关联企业发展，形成企业“航母”群，避免企业同质竞争，增强企业优势互补。三是着力推进企业产品结构升级。要充分发挥企业在自主创新中的主体作用，加快建设一批创新型企业，构建多层次产业技术创新体系，积极推进企业技术进步和产品结构升级。

2. 坚持增加政府投资与推动企业和社会投资相结合

一要加快直接融资步伐，鼓励直接融资，提高企业的投资效率。二要增强企业投资信心。三要围绕中小企业融资难问题，加强全省担保平台体系建设。四要出台新规，实施宽松的投资准入制度，进一步开放投资准入领域。

3. 坚持加大公共财政支出与财政引导扶持经济建设相结合

要将优化财政支出结构放在突出的位置，按照促进发展、保障民生、兼顾行政的优先次序调整财政支出结构。首先要以“三农”为重中之重加以扶持。其次要强化对此次金融危机中遭受冲击的支柱行业和重点企业的财力帮扶。第三要加强对第三产业发展的支持，重点向交通、房地产和扩大内需重要平台的批零产业倾斜。

4. 坚持扩大内需促进消费与增加有效供给相结合

要以市场需求为导向进一步调整产品结构，培植具有竞争优势的产品。要重点通过调整供给政策来增加有效供给，扩大消费需求。当前，从消费领域城乡二元结构看，农村消费市场具有较大发展空间，要结合国家加大农业、农田水利设施建设和重点扩大农村消费市场政策，针对农村市场特点，适时调整水泥、钢材、农用汽车、家用电器等产品生产结构，努力扩大产品的农村市场占有率。

第六节 湖南省

2008 年，湖南经历了年初罕见雨雪冰冻灾害、全球金融危机和国内外经济增长下行的不利影响，依靠加大投资力度、积极扩大内需和调整产业结构，经济保持了平稳较快发展的良好局面。

一、经济发展基本情况

1. 经济总量再上新台阶

经初步核算，2008 年，全省生产总值 11156.64 亿元，突破万亿元大关。按年均汇率折算，人均 GDP 达到 2523 美元，向人均 GDP 翻两番目标迈进了一大步。各产业呈现良好发展态势，一、二、三产业增加值分别为 2007.4、4933.08 和 4216.16 亿元，分别增长 5.3%、14.9% 和 13.3%。三次产业结构为 18:44.2:37.8，继续保持“二、三、一”的产业格局。与 2007 年比，第一产业比重提高 0.3 个百分点，第二产业比重提高 1.6 个百分点，第三产业比重降低 1.9 个百分点。

2. 三大需求协调拉动

2008 年，全省固定资产投资 5649.97 亿元，增长 31.6%，增速比上年回落 0.8 个百分点。其中，城镇投资 4995.62 亿元，增长 33.2%，增速比上年回落 1.4 个百分点；农村投资 654.36 亿元，增长 20%，增速比上年提高 0.7 个百分点。

2008 年，全省消费市场持续旺盛，对防止经济下行起到了重要的缓冲作用。社会消费品零售总额4119.66亿元，增长22.7%，较上年加快4.3个百分点，增幅创下1996年来的新高。

2008年，全省外贸出口逆势增长。进出口总额突破125.66亿美元，增长29.7%，增幅比全国平均水平高11.9个百分点。其中，出口84.1亿美元，增长29.1%；进口41.56亿美元，增长31.2%，分别比全国平均水平高11.8和12.6个百分点。

3. 新型工业化取得新进展

2008年，全省工业增加值4280.2亿元，增长16%，工业对全省经济增长的贡献率为47.1%，拉动GDP增长6个百分点。其中，规模工业增加值3570.85亿元，增长18.4%。规模工业的发展主要有以下特点：

一是全年增速平稳，增幅稳步提升。全省规模工业生产除元月份和2月份因冰灾影响增速较低外，其他月份增速波动较小，基本稳定在18%及以上，增幅稳步攀升。全年各季度累计增幅分别为11.5%、16.8%、18%和18.4%。全年累计增速高于全国平均水平5.5个百分点，增幅居全国第12位。

二是轻重工业增速一快一慢。近五年来，全省轻工业增加值增速一直在重工业增速下方运行，但随着产业结构的调整和国际市场的变化，这一趋势明显减弱。2008年，规模以上轻工业增加值1144.54亿元，增长21.5%，高于重工业4.5个百分点；重工业增加值增长17%。

三是高加工度行业增速快于资源型行业。2008年，全省规模以上工业中高加工度行业实现增加值933.68亿元，增长28.9%，高于全省平均水平10.5个百分点，拉动全省规模工业增长6.8个百分点。传统资源型行业增速相对较慢，采掘业增加值253.17亿元，增长16.3%；其中，有色金属矿采选业增加值仅增长9.8%，比上年低6.4个百分点。原材料型行业增速同样较慢，如黑色金属冶炼及压延加工业和有色金属冶炼及压延加工业增加值，分别仅增长5.9%和12.5%，而石油加工、炼焦及核燃料加工业增加值下降6.7%。

四是产业规模不断壮大，集聚势头喜人。继2007年机械产业主营业务收入过千亿元后，2008年又新增食品、石化、有色和钢铁4个产业。五大过千亿产业共实现主营业务收入7139.51亿元，增长29.1%，总量占全部规模工业的66.6%。大型企业集团稳步壮大，2008年，年主营业务收入过300和过200亿元的工业企业，分别新增1家和4家，全省过百亿元工业企业共实现主营业务收入2116.14亿元，增长25.6%。

4. 民生得到改善

2008年，全省城镇居民人均可支配收入13821.2元，增长12.4%，是1990年的8.7倍；农民人均纯收入4512.5元，增长15.6%，总额是1990年的6.8倍。1～11月，全省新增城镇就业74.11万人。

二、存在的主要问题

1. 企业效益下滑，亏损明显。

2008年，全省规模以上工业企业亏损面为8.4%，比上年上升0.7个百分点。其中，国有企业、外商及港澳台投资企业和股份制企业亏损面分别为25.7%、15.6%和9%，分别比上年上升0.8、2.8和0.7个百分点。规模以上工业亏损企业亏损112.71亿元，增长2.5倍。其中，几大国有电力热力生产供应和石油加工企业亏损较大，致使全省国有亏损企业亏损44.48亿元，比上年增长6.7倍；股份制亏损企业亏损35.49亿元，增长3倍；外商及港澳台投资亏损企业亏损11.48亿元，增长6.6%。

2. 房地产投资增速回落

2008年，全省房地产开发投资896.41亿元，增长18.8%，增速比上年大幅回落16.9个百分点，低于本年全社会固定资产投资增速12.8个百分点；占本年全社会固定资产投资的15.9%，比上年下降1.7个百分点。其中，商品住宅投资668.73亿元，增长16.7%，增幅比2007年大幅回落33.6个百分点。

三、需要关注几个问题

1. 注意把握金融危机调整期机遇，推进产业结构优化升级

推进经济结构战略性调整是实现经济目

标的强大推力。湖南的产业结构一直是第一产业偏大，第二产业偏弱，第三产业偏小。实现经济结构的合理优化，关键在第二产业，特别是在工业发展上。要注意立足两个优势，一方面要立足农产品资源优势，把农产品加工特别是食品加工业作为新型工业化的战略重点，大力发展农副产品加工业和支农产业，在发展工业的同时，实现“以工促农，以城带乡”。另一方面要立足传统产业优势，对冶金、机械、有色、造纸、化工等行业，进行高端化、“两型”化、高新化，通过提质改造，做大传统产业。与此同时，要精心培育和大力扶持电子信息、节能环保、光伏、新能源设备、生物医药、动漫产业等成长性好的“两型”和新兴产业，只有骨架强壮、两翼丰满的产业结构，才能使整体经济在激烈的市场竞争中显现优势。

表 10.8 2008 年湖南省经济在全国的定位

	绝对额在全国位次	增长率在全国位次	参与排序的地区数
地区生产总值	11	9	31
农林牧渔业总产值	6	19	31
规模以上工业企业增加值	—	12	31
城镇固定资产投资完成额	12	9	31
施工项目计划总投资	15	8	31
新开工项目计划总投资	9	7	31
房地产开发投资额	15	21	31
商品房施工面积	13	12	31
商品房竣工面积	13	14	30
房地产业购置土地面积	8	12	29
商品房销售面积	10	13	30
商品房销售额	15	14	30
建筑业总产值	11	6	31
社会消费品零售总额	12	17	31
出口总额	18	11	31
进口总额	23	14	31
城镇单位就业人员	13	4	31
城镇单位劳动报酬	12	12	31
城镇居民人均可支配收入	13	24	31
城镇居民人均消费性支出	12	20	31
城镇居民人均食品支出	16	3	31
农村居民人均现金收入	17	16	31
农村居民人均生活消费现金支出	12	24	31
农村居民人均食品支出	8	16	31
地方财政收入总额	14	24	31
	年涨幅在全国的位次		参与排序的地区数
居民消费价格	15		31
工业品出厂价格	11		30
原材料燃料动力购进价格	15		30
固定资产投资价格	8		30

2. 把握国家产业振兴机遇，推动投资乘数效应的发挥

近年来，投资一直在全省经济中扮演着重要角色。2007 年，全省投资需求贡献率达到 56.7％，贡献率已经连续 5 年保持在 50％以上。如何保持投资强引擎的动力，更好地发挥投资的乘数效应，是保证全省经济实现新一轮增长的关键所在。当前投资应采取“保重点、带一般”的发展战略。在重点项目上，要进一步确保各方面资金的及时到位，加大银行支持和多途径招商引资力度，广泛吸引民间资金，鼓励社会投资；要进一步加快工作进度，尽快形成实物量，形成投资规模；要进一步加强对重点工程和国家投资项目的监管，确保资金使用安全，加快投资进度，确保工程质量。

3. 把握社会关注资源产品质量的机遇，不断扩大湖南产品的市场份额

随着社会的不断进步，民众的环保意识和生活质量要求日益提高，从近来频频发生的食品安全、环境排污上诉等案件可以看出，市场主导需求正趋向节能环保健康的主题。湖南必须抓住公众消费观念的变化，围绕产品质量做文章，通过制定严格的产品质量标准、质量监控标准，提升公众对湖南产品的消费信心。只有对湖南消费品信心的提升，才能反过来刺激湖南的精细化生产，达到增加市场份额、做大做强品牌的效果。

4. 把握进出口遭遇瓶颈的有利机遇，推动全省创新发展

国际金融危机的爆发，一方面对全省产品出口带来不利影响，但另一方面，也为承接产业转移、引进先进技术带来巨大空间。因此，全省可以在谋划好产业发展规划的基础上，有选择性地引进一批先进技术，通过“腾笼换鸟”，把优势产业做大做强，把弱式产业扶齐扶壮。与此同时，引导企业不断增强自主创新，加强与高校、科研院所合作，自主研发具有知识产权的关键技术、核心技术，突破一批技术瓶颈；部分有实力的企业还应该建立自已的研发机构，在引进技术的同时注重消化吸收，在创新技术中找优势、树品牌。要借湖南省大力推进新型工业化之机，发挥湖南在人才、科技、资源等方面的优势，推进信息化和工业化相融合、高新技术与传统工业改造相结合，利用富有成效的创新来加强经济社会发展的后劲。

第十一章

西部六省的经济运行情况

2008年，西部六省遇到雪灾、特大地震等自然灾害和国际金融危机的双重冲击，经济加速增长趋势受阻，多数省份经济增速明显回落。由于自然灾害对各省的影响不同，再加上各省自身经济情况的差异，六省的经济运行存在着较大的差别。四川、贵州、云南和甘肃四省经济明显回落，与上年相比，GDP增速分别回落4.7、3.5、2和1.3个百分点；青海经济增速与上年基本相当；陕西不降反升，全年GDP增长15.6%，创20年以来最高，比上年加快1.2个百分点。四川、贵州、云南和甘肃四省规模以上工业企业增加值分别比上年回落7.5、6.7、7.6和4.9个百分点。

第一节 四川省

2008年，四川省紧紧围绕“加快建设灾后美好家园、加快建设西部经济发展高地”的战略要求，努力克服雪灾、特大地震等自然灾害和国际金融危机对经济增长的影响，重灾区基本实现止落回稳，部分重灾区明显回升，轻灾区经济持续、健康、稳定发展，全省经济较快增长、结构继续优化、运行质量良好，实力进一步增强。

一、四川省经济运行特点

1. 经济增长波动较大

经核算，2008年全省生产总值12506.3亿元，增长9.5%，增速比上年回落4.7个百分点。其中，第一产业增加值2366.2亿元，增长3%；第二产业增加值5790.1亿元，增长12.9%；第三产业增加值4350亿元，增长8.3%。受地震灾害和国际金融危机等因素的影响，全年经济增长呈现起伏波动较大的运行特征。第一阶段，前4个月加快增长，一季度GDP增长14.5%；第二阶段，受地震的影响，5月份主要经济指标明显回落，经济增长速度急剧减缓，二季度经济增长降低到4.6%；第三阶段，6月份以后恢复回升，三季度经济增长恢复到10.1%；第四阶段，受国际金融危机的影响，主要经济指标增速减缓。

2. 农业生产稳定增长，工业增长波动较大，服务业增速明显回落

2008年，在农产品价格上涨和各项补贴优惠政策及国家对地震灾区转移性支付力度加大等有利因素的促进下，全省农业生产稳定增长。由于特大地震的受灾乡镇绝大部分属于龙门山区，不是农产品主产区，对全省农业生产的影响不大。全年农林牧渔业增加值2366.1亿元，增长3%。粮食产量3500万吨，

比上年增产108吨，增长3.2%；油料产量249.9万吨，增长9.4%，其中油菜籽产量再创历史新高，增长10%。

2008年，受特大地震和金融危机双重因素的影响，全省工业增速明显放缓。规模以上工业完成增加值4939.3亿元，增长17.9%，是近六年来最低的，增速比上年回落7.5个百分点。地震对重灾区工业生产能力破坏较为严重，其中阿坝州工业增加值下降48.6%。工业经济效益继续改善，规模以上工业企业实现主营业务收入13768亿元，增长31.9%；实现利税1457.3亿元，增长24.5%；实现净利润712.9亿元，增长7.8%；工业经济效益综合指数218.3，比上年提高11.3点。

2008年，全省建筑业生产在投资快速增长的带动下持续稳步增长。全年建筑业增加值867.3亿元，比上年增长19.2%。建筑企业经济效益进一步提高，实现利税总额132.6亿元，增长9.8%。

2008年，受汶川地震和金融危机的影响，全省服务业增速明显回落，增加值增速8.3%，比上年回落5.2个百分点。从行业看，交通运输、仓储和邮政业增长7%；批发和零售业增长11.9%；房地产业、住宿和餐饮业较低迷。从总量看，服务业增加值占GDP的34.8%，比上年下降1.7个百分点，这是连续第6年下降。

3. 投资持续快速增长，消费市场增长较快，对外经济逆势增长

2008年，全省投资保持快速增长，全社会固定资产投资7581.2亿元，增长29.5%，增幅与上年持平。从三次产业看，第一产业投资大幅增长，完成投资324亿元，增长67.3%，增速比上年提高32.8个百分点；第二产业投资3100.1亿元，增长26.6%，其中工业投资增长27.7%，增幅比上年回落1.1个百分点；第三产业投资4157.1亿元，增长29.4%，其中房地产开发投资1430.2亿元，增长7.8%，增速比上年回落37.3个百分点。新开工项目投资规模明显扩大，计划总投资达2346.2亿元，增长46.6%。地震重灾区投资快速增长，6个重灾市州中，除阿坝州投资大幅下降24.5%外，其余5个市增长较快，其中成都增长25.5%，绵阳增长39.1%，广元增长41.3%，雅安增长43%，德阳增长32.8%。重大基础设施和重大产业项目建设得到加强，康定机场、南渝高速、西攀高速等项目竣工投入使用；溪洛渡、向家坝水电站和泸州港集装箱码头等项目加快推进；成都至都江堰铁路、成绵乐客运专线、珙县电厂等项目开工建设。

2008年，全省消费品市场保持较快的增长势头，全年实现社会消费品零售总额4800.8亿元，增长19.6%。受地震灾害影响，5月份社会消费品零售总额同比仅增长11.8%，增幅低于正常水平10个百分点。重灾区与非重灾区的差异明显扩大，六个重灾市州的社会消费品零售总额增长16.1%，其中，成都市增长19.5%，德阳市增长16.1%，绵阳市增长11.1%，广元市增长14.5%，雅安市增长19.9%，阿坝州下降27.8%；15个非重灾市州增长22.9%，较重灾区高6.8个百分点。

2008年，受地震灾害和金融危机的影响，全省旅游经济出现了前所未有的下滑，旅游收入较上年下降10%，其中入境旅游外汇收入下降58.3%。由于入川旅游和会议明显减少，大中型餐饮业受到较大影响，营业额增幅明显减缓，全年实现营业额68亿元，仅比上年增长9.5%，增幅较上年低13.5个百分点。

四川的外贸依存度不高，出口产品的结构与全国差异较大，与东部经济区相比，受金融危机的影响较小，2008年对外贸易仍保持高速增长，贸易总量实现新突破。全年进出口总额220.4亿美元，居全国第13位、西部首位，增长53.3%。其中，出口131.1亿美元，增长52.3%；进口89.3亿美元，增长54.7%。全省对外承包工程和劳务合作完成营业额24.05亿美元，比上年增长98%，继续位于全国前茅。全省外派劳务32081人次，增长21.9%，居中西部第1。

4. 财政收入增速明显回落，居民收入稳定增加

2008年，全省地方财政一般预算收入1041.8亿元，增长18.9%，增速比上年回落16.1个百分点。其中，税收收入732亿元，增长18.5%，增速比上年回落16.8个百分点。

受抗震救灾和灾后重建需求增大等因素的影响，财政支出大幅增加，全年地方财政一般预算支出2965.2亿元，增长68.6%。

2008年，全省城镇居民收入稳步增加，人均可支配收入12633元，增长13.8%，其中，工薪收入9117元，增长11.9%；人均消费性支出9679元，增长11.4%，其中用于食品、衣着、医疗保健、居住等方面的费用增加较多。在农产品价格上涨、各项补贴优惠政策及国家对地震灾区转移性支付力度加大等因素促进下，农民收入保持较快增长，人均纯收入4121.2元，增长16.2%，增幅较上年回落1.9个百分点。农民人均生活消费支出增长13.9%。

表11.1 2008年四川省经济在全国的定位

	绝对额在全国位次	增长率在全国位次	参与排序的地区数
地区生产总值	9	29	31
农林牧渔业总产值	3	29	31
规模以上工业企业增加值	—	13	31
城镇固定资产投资完成额	8	18	31
施工项目计划总投资	5	5	31
新开工项目计划总投资	6	1	31
房地产开发投资额	7	28	31
商品房施工面积	5	22	31
商品房竣工面积	6	17	30
房地产业购置土地面积	18	27	29
商品房销售面积	5	27	30
商品房销售额	8	25	30
建筑业总产值	9	16	31
社会消费品零售总额	9	28	31
出口总额	13	3	31
进口总额	13	3	31
城镇单位就业人员	7	10	31
城镇单位劳动报酬	9	10	31
城镇居民人均可支配收入	24	16	31
城镇居民人均消费性支出	15	19	31
城镇居民人均食品支出	12	9	31
农村居民人均现金收入	22	17	31
农村居民人均生活消费现金支出	22	11	31
农村居民人均食品支出	20	13	31
地方财政收入总额	8	20	31
	年涨幅在全国的位次		参与排序的地区数
居民消费价格	27		31
工业品出厂价格	10		30
原材料燃料动力购进价格	12		30
固定资产投资价格	3		30

5. 物价平稳回落,金融运行平稳

2008年,全省居民消费价格上涨5.1%,涨幅比上年低0.8个百分点;其中,八大类商品和服务价格五涨三跌,食品类涨幅最高,上涨12%。工业品出厂价格上涨9.3%,涨幅比上年高5.4个百分点,其中,生产资料价格上涨9.6%,生活资料价格上涨8%。原材料、燃料和动力购进价格上涨12.4%,比工业品出厂价格涨幅高3.1个百分点。房屋销售价格上涨2.9%,涨幅比上年回落5.4个百分点。

2008年,全省金融机构加大信贷支持力度,村镇银行、贷款公司、农村资金互助社试点范围扩大,农村信用社改革发展取得新成效。年末金融机构人民币各项存款余额18661亿元,比年初增加4710.5亿元,增长33.8%;其中,城乡居民储蓄存款余额9646.8亿元,比年初增加2195.9亿元,增长29.5%。各项贷款余额11163.4亿元,增长26.6%。

二、经济运行中存在的主要问题

2008年,除经济增长速度明显回落和经济效益增速大幅下滑外,全省经济还存在工业下行压力增大,建设资金到位滞后、社会资金比重下降,房地产开发投资增幅回落、商品房销售下降等矛盾和问题。

1. 工业下行压力增大

2008年,东部地区工业调整对四川资源性上游产业的不良影响日益显现,全省工业生产形势不容乐观。一是主要工业产品产量下降面扩大。重点监测的87种主要产品产量下降面达35.6%,比上年扩大20.7个百分点,其中12月份下降面达52.9%。二是大部分行业生产仍处于下行通道。8月份以后,有七成多的行业生产持续下滑。

2. 建设资金到位滞后

2008年,建设资金到位进度滞后现象逐步显现,固定资产投资到位资金增长23.2%,低于投资增长6.3个百分点。尤其是房地产投资,到位资金明显减少,比上年下降9.3%。

3. 房地产开发投资增幅回落

一是商品房销售面积持续下降,全年商品房销售面积3205.9万平方米,下降34.9%。二是商品房空置面积增大,年末空置面积已达到808万平方米,增长35.6%,创历史最高水平。三是房地产投资增速大幅回落,仅增长7.8%。

4. 就业压力较大

由于地震灾害对生产能力的破坏,造成灾区失业人数增加。四川是农民工输出大省,国际金融危机导致返乡农民工增加。2008年全省城镇登记失业人员37.9万人,比上年增加3.1万人,城镇登记失业率为4.6%,比上年上升0.3个百分点。经济增速放缓导致新增就业岗位减少,全省城镇新增就业63.5万人,比上年减少2.4万人。因此,就业压力进一步增大。

第二节 贵州省

2008年,全省年初遭受了百年不遇的雪凝灾害,9月份以后又受到国际金融危机蔓延的影响。面对多年以来最复杂的形势和严重的困难,全省抢抓扩内需保增长重民生调结构的机遇,经济保持较快发展的良好势头。

一、经济运行的特点

1. 经济增长较快,经济效益提高

2008年,全省生产总值3333.4亿元,增长10.2%。其中,第一产业增长6.5%,第二产业增长8.9%,第三产业增长12.9%。从走势看，前两个月受特大雪凝灾害影响，部分行业遭受重大损失，工农业生产和固定资产投资等方面出现了多年不见的下降情况。3月份，随着抗灾救灾取得阶段性胜利，全省生产和人民生活恢复很快，经济运行步入正常发展轨道，呈现明显回升和加快的态势。9月份以后，国际国内形势急剧变化，全省加强经济运行调节，以煤、电生产为关键，紧紧抓住中央扩大内需促进经济增长的有利时机，积极争取国家支持，有力地支撑了经济的持续增长。一季度GDP下降2%，上半年、前三季度和全年分别比上年同期增长5.7%、8.6%和10.2%，呈逐季加快态势。

2008年，全省总体经济效益良好。财政收入持续快速增长，全年总收入674.56亿元，增长21.1%，其中一般预算收入349.53亿元，增长22.6%。企业经济效益总体稳定，规模以上工业企业盈亏相抵后实现利润164.07亿元。

2008年末，全省金融机构各项人民币存款余额为4737.0亿元，比年初增加910.3亿元；贷款余额为3569.3亿元，比年初增加545.5亿元。

2. 产业结构不断优化，特色优势产业进一步提升

2008年，全省农业产业结构调整取得重要进展，特色农业发展加快。在遭受严重自然灾害的情况下，通过扩大种植面积、提高单产等措施，粮食喜获丰收，总产量达到1158万吨，增长5.2%。在稳定粮食生产的同时，坚持把畜牧业作为农业产业结构调整的重点来抓，畜牧业增加值增长6.9%，占农业增加值的比重达到35.5%，比上年提高2.9个百分点。油菜、烟叶、辣椒、脱毒马铃薯、蔬菜等特色优势经济作物对农业增长的贡献进一步提高，蔬菜产业初步成长为区域化布局、规模化生产的外向型产业。

2008年，全省规模以上工业增加值1051.26亿元，增长10.1%。从走势看，受雪凝灾害影响，1至2月份同比下降18%，3月份后连续7个月保持两位数增长，9月份以后，受国际金融危机影响，增速明显回落，从13.2%降至12月份的5.1%。电力、煤炭、烟草、饮料等主要工业行业依然保持增长，对工业增长的贡献率达59.3%。电力生产克服多重不利因素影响，发电量达到1192.08亿千瓦时，增长1.9%；原煤产量达到1.18亿吨，增长7%；卷烟产量1133.7亿支，增长2.7%；白酒产量18350万升，增长22.2%。

2008年，在旅游业和批发零售业等行业的带动下，全省第三产业保持较快增长。旅游业以“发展和谐旅游”为主题，努力减少自然灾害等不利因素对旅游业的影响，全年实现旅游总收入653.13亿元，增长27.5%；批发和零售业保持较快增长，社会消费品零售总额达到1014.85亿元，增长23.5%。第三产业增加值完成1376.84亿元，增长12.9%。

3. 固定资产投资力度继续加大，基础设施建设迈出重要步伐

2008年，尽管年初的特大低温雪凝灾害，使很多项目建设工期延缓，但经过努力，全省固定资产投资仍然增长较快。特别是在国家出台扩大内需促进经济增长的十项措施后，贵州抓住这一难得的机遇，在中央当年新增的1000亿元投资中获得48.45亿元，投资增长速度进一步加快，全年投资形势呈现先慢后快的特征。全社会固定资产投资完成1858.32亿元，增长24.8%。

2008年，以交通和水利为重点的基础设施建设继续取得重要进展。贵阳至广州快速铁路开工建设，长沙经贵阳至昆明铁路客运专线和贵阳至成都、贵阳至重庆、贵阳至南宁等快速铁路全部纳入国家中长期铁路网规划，并已启动前期工作；黔桂铁路扩能改造工程贵州段基本建成，贵阳铁路枢纽南编组站、六沾复线贵州段和黄织铁路建设加快推进。全年完成公路投资210.69亿元，增长30.9%。通乡油路、乡村公路建设力度加大。六盘水、毕节、遵义支线机场和龙洞堡机场扩建工程前期工作加快推进。黔中水利枢纽一期工程等重大项目获国家批准立项。治理病险水库150座。新增解决223万农村人口饮水安全问题。

4. 居民收入继续提高

2008年，随着强农惠农政策力度进一步加大，全省农民收入增速连续第二年快于城镇

居民。城镇居民人均可支配收入 11758.76 元,实际增长 2.9%;农民人均纯收入为 2797 元,实际增长 8.9%。

二、经济运行面临的困难和问题

一是受国际金融危机影响,部分行业特别是工业增长放缓。2008 年 9 月份以后,国际金融危机快速扩散和蔓延,由虚拟经济向实体经济、由东部沿海向中西部、由下游企业向上游企业、由生产向消费逐步传导,对我国经济的冲击仍在延续。虽然贵州进出口规模较小,外贸依存度不高,但贵州属于工业主导型产业结构,占经济总量的 37.3%,服务业发展滞后,高新技术产业规模偏小。工业又以重工业、基础原材料加工业为主。这种以上游产业占主导的产业结构受国际、国内环境和国家宏观调控政策的影响较大,抗风险能力较弱,不仅受国际市场直接影响,而且通过其他地区受间接影响。工业增幅大幅回落,规模以上工业增加值增速由 8 月份的 18.8% 跌至 12 月份的 5.1%。工业企业利润呈下降趋势,全年规模以上工业企业盈亏相抵后实现利润总额 164.07 亿元,比上年下降 7.6%;亏损企业亏损额达 72.49%亿元,比上年上升 229.5%。

二是市场需求收缩对经济增长的影响加大。长期以来,贵州经济增长受煤、电、运等生产要素供应趋紧制约,但在 2008 年 9 月以后,省内工业企业用电量大幅减少,由 9 月份的 47.45 亿度下降到 12 月份的 40.74 亿度,电力、运输生产等领域出现了生产能力闲置和供大于求的局面。另外,从销售和库存情况看,化肥、铁合金、炼焦等行业销售大幅下降,全年规模以上工业企业产销率为 95.4%,比上年下降 1.4 个百分点。全省经济增长受市场需求制约的趋势更加明显。

三是就业形势趋紧。2008 年三季度后,由于减停产企业增多,处于失业半失业的职工增多,加之贵州在外省务工的部分农民工返乡回流,全省就业形势进一步趋紧。

三、政策建议

2009 年贵州经济发展仍会遇到较大困难,国内外诸多不利因素带来的负面影响有可能更加突出,但全国的扩张性政策给贵州扩大投资、加快发展带来了机遇。

1. 加快经济增长稳大局

从近年的发展情况看,贵州经济只有保持相对较快的发展速度,才能确保财政收入、居民收入实现稳定增长,保持就业形势基本稳定,才能缩小与全国以及发达地区的差距。因此,避免经济增速过度回落是首要任务。

2. 加快投资增长强拉动

要切实加快新增投资的落实转化,突出国有投资的带动作用和乘数效应。要按照中央要求,切实抓紧做好相关工作,加快进度,务求在国家规定时间内,将投资转化为实物工作。同时,要加快推进投资体制改革,积极引导启动民间资本参与投资,放大国有投资的带动作用和乘数效应。

3. 加快工业增长保速度

贵州刚刚进入工业化加速期,工业增加值占生产总值的 37.3%,低于全国平均水平,产业结构优化升级的空间和潜力较大。2009 年加快工业增长有困难也有机遇,发挥贵州工业比较优势,着力抓好中央政策的配套落实和大型产业项目建设,密切关注工业运行态势,加强对工业运行的调控,促进工业经济平稳较快发展。

4. 加快结构调整谋长远

加快增长方式转变,推进经济结构战略性调整是实现经济目标的强大动力。当前,国际国内产业结构面临重新布局,贵州要抓住这一机遇,充分发挥政府的引导作用,通过优化重组、改造提升、发展先进产能、淘汰落后产能,增强产业竞争力,优化产业结构。

表 11.2 2008 年贵州省经济在全国的定位

	绝对额在全国位次	增长率在全国位次	参与排序的地区数
地区生产总值	26	21	31
农林牧渔业总产值	22	11	31
规模以上工业企业增加值	—	25	31
城镇固定资产投资完成额	26	20	31
施工项目计划总投资	24	13	31
新开工项目计划总投资	26	2	31
房地产开发投资额	25	19	31
商品房施工面积	22	13	31
商品房竣工面积	27	23	30
房地产业购置土地面积	23	18	29
商品房销售面积	25	18	30
商品房销售额	25	16	30
建筑业总产值	27	30	31
社会消费品零售总额	26	8	31
出口总额	26	10	31
进口总额	28	1	31
城镇单位就业人员	25	30	31
城镇单位劳动报酬	26	22	31
城镇居民人均可支配收入	27	30	31
城镇居民人均消费性支出	28	28	31
城镇居民人均食品支出	20	23	31
农村居民人均现金收入	29	2	31
农村居民人均生活消费现金支出	31	7	31
农村居民人均食品支出	31	3	31
地方财政收入总额	26	19	31
	年涨幅在全国的位次		参与排序的地区数
居民消费价格	6		31
工业品出厂价格	7		30
原材料燃料动力购进价格	11		30
固定资产投资价格	19		30

第三节 云南省

2008 年，云南省克服了冰冻雨雪、地震、泥石流等特大自然灾害和国际金融危机冲击的不利影响，全省经济平稳较快发展，民生不断改善。

一、综合

2008 年，全省生产总值 5700.1 亿元，比上年增长 11%，高于全国平均水平 2 个百分点；

增长速度在全国排名第19位，创近12年来的最高排名。分产业看，第一产业增加值1020.94亿元，增长7.6%；第二产业增加值2451.09亿元，增长11.4%；第三产业增加值2228.07亿元，增长12.1%。三次产业结构由上年的17.7∶43.2∶39.1调整为17.9∶43.0∶39.1。全省人均GDP达到12587元，比上年增长10.3%，按年末汇率折算为1842美元。非公有制经济创造增加值2194.54亿元，占全省生产总值的38.5%，比上年提高1.1个百分点。

2008年，全省财政总收入1360亿元，比上年增长22.4%。地方财政一般预算收入614.05亿元，比上年增长26.2%；其中增值税99.41亿元，增长16%；营业税136.63亿元，增长21.5%；企业所得税66.03亿元，增长18.5%。全省地方一般预算支出1470.24亿元，比上年增长29.5%，其中，用于环境保护、教育、科技、医疗卫生、社会保障与就业的支出分别增长87.1%、27.0%、35.3%、35.6%和31.8%。

2008年，居民消费价格比上年上涨5.7%，其中食品价格上涨15.4%。工业品出厂价格上涨5.8%。原材料、燃料、动力购进价格上涨11.6%。固定资产投资价格上涨7.4%。农业生产资料价格上涨16.6%。

2008年，全省能源消费总量7598.2万吨标准煤(等价热值)，较上年增长5.92%。原煤消费量7951.4万吨，增长2.53%；石油及制品消费量645.55万吨，增长7.2%；天然气消费量4.98亿立方米，下降9.26%。全省单位GDP能耗为每万元1.562吨标准煤（按2005年可比价计算，下同），比上年下降4.79%。全年节能378.25万吨标准煤。全省规模以上工业万元增加值能耗为2.847吨标准煤，较上年下降9.78%。全年全社会用电量829.44亿千瓦时，较上年增长7.76%。全省单位GDP电耗为1654.94千瓦时/万元，比上年下降2.92%。

表11.3 2008年居民消费价格比上年涨跌幅度(%)

指标	全省	城市	农村
居民消费价格	5.7	5.4	6.0
食品	15.4	15.6	14.8
其中:粮食	9.8	10.6	9.1
油脂	26.7	24.7	28.1
肉禽及其制品	27.1	29.0	24.2
#猪肉	33.1	35.0	30.0
鲜蛋	1.7	−0.4	4.5
烟酒及用品	2.4	2.9	2.0
衣着	−7.5	−10.9	−3.0
家庭设备用品及服务	0.3	0.4	0.3
医疗保健及个人用品	4.9	5.9	3.3
交通和通信	−0.8	−1.3	−0.1
娱乐教育文化用品及服务	−1.5	−2.2	−0.3
居住	4.8	3.9	5.9

二、农业

2008年，全省农业总产值1641.46亿元，比上年增长7.9%。其中，种植业产值790.87亿元，增长6.6%，林业产值183.6亿元，增长11.6%，畜牧业产值570.01亿元，增长9.0%，渔业产值38.12亿元，增长6.7%，农业服务业产值58.86亿元，增长3.7%。

2008年，全省粮食总产量达1518.59万吨，比上年增长4%；油料产量40.38万吨，增长10.2%；烤烟产量83.9万吨，增长9.5%；蔬菜产量1166.6万吨，增长4.8%；园林水果产量266.18万吨，增长31.5%；茶叶产量17.15万吨，增长1%；肉类总产量288.29万吨，增长8.3%；牛奶产量44.67万吨，增长5.5%；禽蛋产量19.41万吨，增长8.1%；水产品产量40万吨，增长19.8%。

三、工业和建筑业

2008年，全省工业增加值2056.95亿元，比上年增长12.5%；其中规模以上工业完成增加值1803.62亿元，增长12.6%。在规模以上工业中，轻工业增加值818.61亿元，比上年增长14.2%；重工业增加值985.12亿元，增长11.3%。石油加工炼焦及核燃料加工业、化学原料及化学制品制造业、非金属矿物制品业、电力热力的生产和供应业、黑色金属冶炼及压延加工业和有色金属冶炼及压延加工业6大重工行业共完成增加值715.48亿元，比上年增长8.4%。烟草制品业完成增加值659.39亿元，比上年增长15.3%。

2008年，全省原煤产量8657.43万吨，比上年增长8.2%；发电量1039.56亿千瓦小时，增长11.9%；粗钢产量901.31万吨，增长0.7%；钢材产量836.62万吨，增长5.4%；十种有色金属产量216.75万吨，下降7.7%；水泥产量4011.98万吨，增长13.3%；卷烟产量679.55万箱，增长1.4%；成品糖产量211.02万吨，增长11.1%。

2008年，全省建筑业增加值394.14亿元，比上年增长5.5%。具有资质等级的总承包和专业承包建筑业企业完成总产值899.86亿元，比上年增长17.9%；实现利润28亿元，增长5.1%；上缴税金35亿元，增长14.7%。

四、固定资产投资

2008年，全省固定资产投资3526.6亿元，比上年增长26%。分城乡看，城镇投资3106.24亿元，增长27.1%；农村投资420.36亿元，增长18.4%。在城镇投资中，第一产业投资97.56亿元，增长1.1倍；第二产业投资1247.19亿元，增长30.4%，其中工业投资1231.68亿元，增长25.9%；第三产业投资1761.48亿元，增长22.2%。

2008年，全省房地产开发投资557.59亿元，比上年增长31.9%；商品房屋施工面积5376.3万平方米，增长25%；竣工面积1051.23万平方米，增长3.4%；商品房屋销售面积1643.35万平方米，下降16.8%；商品房屋销售额440.46亿元，下降9.2%。

2008年，全省改建和新建农村公路2.5万公里；腾冲机场顺利通航，昆明新机场全面开工建设，丽江、香格里拉等6个机场改扩建工程全面推进；向家坝电站实现截流，景洪电站3台机组并网发电，全年新增电力装机容量394万千瓦。

五、国内贸易和对外经济

2008年，全省社会消费品零售总额1718.54亿元，比上年增长23.2%。分地域看，城市零售额959.73亿元，增长24.4 %；县及县以下零售额758.81亿元，增长21.8%。分行业看，批发和零售业零售额1314.12亿元，增长22.7%；住宿和餐饮业零售额298.22亿元，增长28.6%；其他行业零售额106.2亿元，增长15.8%。

2008年，全省限额以上批发和零售企业的粮油类零售额增长19.8%，肉禽蛋类零售额增长21.4%，汽车类增长11.6 %，石油及制品类增长51.5%，家用电器和音像器材类增长10.6%，中西药品类增长6.9%，日用品类增长40.9%，化妆品类增长20.5%，金银珠宝类增长43.3%，家具类增长15.6%，建筑及装潢材料类下降8%。

2008年，全省外贸进出口总额95.99亿美元，比上年增长9.3 %。其中出口49.87亿美元，增长5.3%，进口46.12亿美元，增长14%。对欧盟进出口11.3亿美元，增长47.2%；对东盟进出口27.64亿美元，下降7.8%；对南亚进出口8.98亿美元，增长60.6%。

2008年，磷化工产品成为了全省出口创汇的新龙头，出口总额15.61亿美元，增长65.8%；机电产品出口9.78亿美元，增长

48.1%；农产品出口7.99亿美元，增长20.2%；高新技术产品出口8.2亿美元，增长19.1%。在进口商品中，金属原材料进口20.52亿美元，下降15.5%；非金属原材料进口10.55亿美元，增长2倍；机电产品进口6.69亿美元，增长43.7%。

2008年，全省批准利用外资项目228个，增长33.3%，合同外资16.86亿美元，增长29.3%，实际使用外商直接投资7.77亿美元，增长54.5%。

六、交通、邮电和旅游

2008年，全省交通运输、仓储和邮政业增加值222.06亿元，比上年增长8.6%。邮电业务总量567.3亿元，增长20.9%，其中邮政业务总量12.71亿元，增长14.5%，电信业务总量554.59亿元，增长21.0 %。年末全省固定电话减少用户12.41万户，达616.27万户，比上年下降1.97%；固定电话普及率13.85部/百人。移动电话新增用户292.2万户，达到1638.6万户，增长21.7%。各种运输方式完成货物周转量831.68亿吨公里，增长5.2%。旅客周转量426.4亿人公里，比上年增长5.4%。

表11.4 2008年云南省经济在全国的定位

	绝对额在全国位次	增长率在全国位次	参与排序的地区数
地区生产总值	23	19	31
农林牧渔业总产值	17	5	31
规模以上工业企业增加值	—	23	31
城镇固定资产投资完成额	24	15	31
施工项目计划总投资	17	25	31
新开工项目计划总投资	19	12	31
房地产开发投资额	21	10	31
商品房施工面积	21	9	31
商品房竣工面积	22	8	30
房地产业购置土地面积	11	7	29
商品房销售面积	16	15	30
商品房销售额	19	15	30
建筑业总产值	22	20	31
社会消费品零售总额	24	14	31
出口总额	23	30	31
进口总额	21	23	31
城镇单位就业人员	18	9	31
城镇单位劳动报酬	20	11	31
城镇居民人均可支配收入	15	9	31
城镇居民人均消费性支出	22	7	31
城镇居民人均食品支出	10	7	31
农村居民人均现金收入	27	14	31
农村居民人均生活消费现金支出	26	25	31
农村居民人均食品支出	26	11	31
地方财政收入总额	18	10	31
	年涨幅在全国的位次		参与排序的地区数
居民消费价格	18		31
工业品出厂价格	20		30
原材料燃料动力购进价格	19		30
固定资产投资价格	27		30

2008年末，全省民用汽车保有量163.41万辆（包括三轮汽车和低速货车9.84万辆），比上年末增长14.3%，其中私人汽车保有量120.6万辆，增长16.9%。民用轿车保有量56.61万辆，增长21.2%，其中私人轿车46.17万辆，增长24%。

2008年，全省接待海外入境旅客（包括口岸入境一日游）510.7万人次，比上年增长11.4%，实现旅游外汇收入10.08亿美元，增长15.6%。全年接待国内游客10250.08万人次，增长14.1%；实现国内旅游收入594.76亿元，增长20.2%；全省实现旅游业总收入663.28亿元，增长18.6%。

七、金融

2008年末，全省金融机构人民币存款余额达8418.94亿元，比上年末增长17.4%，其中城乡居民储蓄存款余额3783.78亿元，增长24.2%；金融机构人民币各项贷款余额达6594.33亿元，增长19.3%，其中，短期贷款余额2505.45亿元，增长21.3%；中长期贷款余额3817.03亿元，增长16.2%。

八、人民生活

2008年，全省城镇新增就业人数23.08万人，年末城镇登记失业人数14.77万人，登记失业率4.21%。

2008年，全省城镇居民人均可支配收入为13250元，比上年实际增长9.4%；城镇居民人均消费性支出9077元，比上年实际增长8.7%。全省职工年平均工资24030元，比上年增长17.3%。农民人均纯收入3103元，比上年实际增长9.1%；农民人均生活消费支出2991元，比上年增长13.4%。城镇居民家庭恩格尔系数为47.1%，农村居民家庭恩格尔系数为49.6%。按2008年农村贫困标准1196元测算，年末农村贫困人口为555万人，比上年减少42万人。

第四节 陕西省

2008年，在国际国内形势极其严峻的情况下，陕西省经济仍然取得了快速发展的成绩。

一、经济运行特点

1. 经济发展的基本面没有改变

2008年，全省经济保持平稳较快增长，地区生产总值一季度增长16%，上半年增长16.2%，前三季度增长16.1%，全年经济总量6851.32亿元，增长15.6%。虽然全年增速比前三季度有所回落，但仍是20年以来经济增长最快的。

2008年，全省物价涨幅逐季回落。年初CPI承接上年价格上涨势头高位运行，二季度涨幅开始回落，一、二、三、四季度CPI分别上涨9.1%、8.1%、5.5%和2.9%，呈现出逐季回落趋势，全年上涨6.4%，高出上年1.3个百分点。原材料燃料动力价格上涨11.2%，工业品出厂价格（PPI）上涨8.4%，两者的差距由上年的3.4个百分点缩小到2.8个百分点，物价上涨对生产生活的不利影响在逐步减弱。

2008年，全省进一步加大了关注民生的力度，通过一系列措施为促进和扩大就业创造了条件，就业状况好于预期。全年城镇新增就业人员29.8万人，下岗失业人员再就业14.3万人；累计直接扶持个人创业2.5万人，带动5万人就业；消除了3403户“零就业”家庭。城镇登记失业人数20.83万人，城镇登记失业率3.91%。

2008年，全省相继提高了企业离退休人员养老金或离退休金标准，提高了城市最低工资标准和最低生活保障标准，城乡居民收入显著提高。全年城镇居民人均可支配收入12858元，比上年增加2095元，增长19.5%，扣除价格因素后实际增长12.5%；农民人均纯收入3136元，增加491元，增长18.6%，扣除价格因素后实际增长10.6%。

2. 经济发展的基础依然坚实

2008年，全省粮食生产取得好收成，连续五年超过1000万吨，全年总产量1150.9万吨，增长7.8%；油料生产再创佳绩，总产量49.5万吨，增长26.5%；棉花总产量10.1万吨，增长14.8%，棉花亩产79公斤，较上年增长16.6%，创历史最高水平。畜牧业生产稳定发展，年末牛存栏182.1万头，增长9.7%；猪存栏999万头，增长17.3%；全年肉类产量111.5万吨、奶类产量197.6万吨、禽蛋产量47.9万吨，分别增长16.1%、9.6%和10.7%。以苹果为龙头的果业进一步发展，水果总产量1067.7万吨，增长13.6%，其中苹果产量745.5万吨，增长6.3%。

2008年，全省工业保持快速增长，增速创20年来新高。规模以上工业企业工业增加值2988.07亿元，比上年增长21%，增幅比上年加快1.4个百分点，增速与天津并列居全国第8位；工业总产值7322.92亿元，增长31.9%，比上年加快4.6个百分点。

2008年，全省财政收入突破千亿元大关，达到1104.21亿元，增长23.7%，其中，一般预算收入591.42亿元，增长24.5%。各项税收455.55亿元，增长28.1%，税收收入占一般预算收入的77%。初步统计，全年财政支出1435.57亿元，增长36.2%。

3. 经济发展的生机和活力依然旺盛

2008年，项目带动战略成效显著，全省投资高速增长。全社会固定资产投资4835.15亿元，增长32.8%，增幅比上年回落6.7个百分点，但高速增长的势头未变。其中城镇固定资产投资4510.44亿元，增长32.9%，增速居全国第七位。新开工项目较多，项目数为6747个，增长29.8%。优势行业投资多，装备制造业投资增长48.9%，能源工业投资增长17.1%。涉及民生民计行业的投资较多，水利、环境和公共设施管理业投资增长39%，卫生、社会保障和社会福利业投资增长80.5%。

2008年，消费对经济的带动作用进一步增强，全省实现消费品零售总额2256.09亿元，增长25.3%，增速是1993年以来最高的，居全国首位，比上年加快7个百分点。城乡市场同步增长，城市零售额增长25.6%，比上年加快5个百分点；县及县以下零售额增长24.6%，加快10.4个百分点，与城市增幅差距由上年同期的6.4个百分点缩小为1个百分点。

2008年，在外需大幅度减少的不利形势下，全省对外贸易仍保持较快增长。进出口总值83.68亿美元，增长21.5%，其中，出口总值54.07亿美元，增长15.7%；进口总值29.61亿美元，增长33.6%。实际利用外资13.7亿美元，增长14.6%。

2008年，全省三大区域各具特色，优势互补协调发展。关中、陕北依托高新技术、装备制造、现代服务产业、能源化工业，保持率先发展的好势头。关中地区是全省的中坚力量，生产总值4346.75亿元，占全省的63.7%，增长15.6%。陕北地区生产总值1721.53亿元，增长19.6%，高于全省4个百分点，居三大区域之首。陕南地区生产总值760.32亿元，增长13.9%，比上年加快1.4个百分点。

2008年，全省的信贷投放力度加大，融资环境相对宽松。年末金融机构各项存款余额10790.87亿元，比年初增加2289.49亿元，新增存款增长1.2倍。其中，城乡居民储蓄存款余额5485.24亿元，比年初增加1211.65亿元，增长4.9倍。各项贷款余额6056.82亿元，比年初增加1169.98亿元，新增贷款增长77.8%，增幅扩大48.5个百分点。

二、进一步发展面临的困难与挑战

2008年四季度以后，国际金融危机对陕西的影响已经明显显现，主要表现为资源类产品、农畜产品市场需求减弱，价格下降，工业增速回落，出口萎缩，为进一步发展带来一定困难。

1. 工业增速下滑，效益回落

2008年，全省规模以上工业增速位居全国第八，但是，增速在6月份以后逐渐下滑，11月降至9.9%，比与10月份下滑8.2个百分点。全年工业经济效益综合指数比三季度回落6.88个百分点，实现利税总额增速回落22.7个百分点。

2. 房地产市场需求减弱

房地产开发投资一季度增速达61.8%、上半年为56.4%、三季度末为49.3%，全年增速回落到40%，完成749.23亿元，增幅比一季度回落21.8个百分点。商品房销售面积1416.5万平方米，比上年下降3%，四季度出现负增长，降幅达21%，商品房屋销售额增长14.8%，比上年回落24.1个百分点。

3. 节能降耗的任务艰巨

陕西“十一五”规划提出，陕西万元GDP能耗由2005年的1.48吨标准煤下降到2010年的1.18吨标准煤，下降20%，年均降低率为4.365%。“十一五”前两年，万元GDP能耗分别下降3.39%和4.54%，完成总任务的36.32%。2008年，单位GDP能耗目标下降4%，全年节能降耗任务有望完成。若全年降幅维持在4%，那么2009、2010年每年必须降低4.95%才能完成“十一五”目标，节能降耗任务相当艰巨。

4. 就业岗位供小于求的总量性矛盾更加突出

2009年，陕西大学生毕业人数将达28万人，2008年沉淀未就业大学生4万人，城镇就业困难人员、失业人员和企业破产改制分离出来的富余人员还有近20万人需要安置，加上近期返乡农民工、农村新成长劳动力、新的土地承包政策实施后从土地上剥离出来的农村富余劳动力，将有约100万人需要就业，而陕西每年可提供的就业岗位仅有30万个左右，就业岗位供小于求的总量性矛盾突出。

三、坚定信心，化“危”为“机”保增长

1. 全省经济保持适度较快增长的长期趋势不可逆转

经过30年的改革开放，全省已经走上了加快发展、科学发展之路。新中国成立后，全省经济总量突破百亿元耗时32年之久，改革开放初期，历时13年突破千亿元，1996年后，用时5年突破2000亿元，用了3年时间突破3000亿元，仅2年时间突破4000亿元，2006年后，每年以1000亿元的增量增加，分别跨上4000和5000亿元历史大关，2008年全省经济总量突破6000亿元，连续7年保持两位数增长。人均生产总值2005年突破万元大关后，2006、2007年每年增加2000元，2008年增量创历史之最，比上年增加3639元达18246元，按平均汇率折算为2627美元，接近于3000美元的水平。这种加快发展的势头会长期持续下去。

2. 经济保持较快增长仍有很大空间

一是从总体上看，陕西仍属欠发达省份，总量不大，人均收入水平还很低，人均GDP只相当全国平均水平的80%左右。二是“保增长”成为2009年的头等大事，全省连续多年的“两位数”快速增长，形成了经济上行的平台和通道。三是第二产业特别是工业表现突出，工业对GDP的贡献率达57.1%。加快全省经济发展关键在工业，潜力在工业，出路在工业。目前全省正处于城镇化和工业化的加速阶段，城乡建设、基础设施、产业升级、生活改善等方面都需要大量投入，生产、投资、消费需求巨大，发展潜力和空间很大。

3. 经济保持适度较快增长面临新的发展机遇

一是中央明确“扩内需、保增长”的目标，出台了一系列政策措施，政策密度之大和覆盖面之广前所未有，给陕西提供难得的机遇。陕西经济发展重点是资源优势产业、基础设施、重点产业和民生工程等，都与国家的投资重点相一致。二是国际国内经济形势变化和“洗牌”有利于陕西。在世界经济陷于金融危机动荡之中，中国经济面临着外需大幅减少的问题，但陕西是内陆省份，经济外向依存度低，因而受影响相对较小，原来的劣势成了现在的优势。国际金融危机引发的国内经济重新布局给陕西发展带来了新希望。我国沿海发达地区出现发展渐缓的势头，出现由第二产业为主向发展第三产业为主的变化，第二产业正向中西部地区转移。陕西作为承东启西的“桥头堡”，抓住这次机会更有优势。

4. 经济保持适度较快增长有较为牢固的物质支撑

一是当前世界性经济的变化趋势之一是农产品短缺、价格上涨，作为国家安全的基础，中央及各方面必将提高对农业战略地位的认

识，加大政策支持和各种物质投入力度，这对农业大省陕西来讲是相对有利的。二是陕西前几年狠抓经济基础建设，投资的基础条件变好并开始显现效果。2008年底，全省高速公路已突破2400公里，当年新增高速公路里程403公里，新建成的6条高速公路将做到路通车通。大量的新公路陆续投入使用，成为陕西近年经济快速发展的重要环境。三是陕西有着丰富的资源优势和产业优势。陕西矿产资源潜在经济价值42.6万亿元，约占全国的1/3。尽管全球经济增速下滑，但经济增长受资源约束的局面没有改变。陕西能源开发已具相当规模，深度转化加速推进，能够为经济持续快速发展提供强有力的支撑。

表 11.5 2008年陕西省经济在全国的定位

	绝对额在全国位次	增长率在全国位次	参与排序的地区数
地区生产总值	19	4	31
农林牧渔业总产值	19	6	31
规模以上工业企业增加值	—	9	31
城镇固定资产投资完成额	17	7	31
施工项目计划总投资	19	6	31
新开工项目计划总投资	16	6	31
房地产开发投资额	16	7	31
商品房施工面积	20	8	31
商品房竣工面积	25	28	30
房地产业购置土地面积	22	10	29
商品房销售面积	20	8	30
商品房销售额	20	3	30
建筑业总产值	15	1	31
社会消费品零售总额	20	1	31
出口总额	22	25	31
进口总额	25	11	31
城镇单位就业人员	16	16	31
城镇单位劳动报酬	17	5	31
城镇居民人均可支配收入	22	1	31
城镇居民人均消费性支出	13	5	31
城镇居民人均食品支出	21	15	31
农村居民人均现金收入	26	6	31
农村居民人均生活消费现金支出	18	8	31
农村居民人均食品支出	22	5	31
地方财政收入总额	19	15	31
	年涨幅在全国的位次		参与排序的地区数
居民消费价格	10		31
工业品出厂价格	14		30
原材料燃料动力购进价格	22		30
固定资产投资价格	10		30

第五节 甘肃省

2008年是国内外经济形势异常复杂、多变的一年。在经历了年初雨雪冰冻灾害和"5.12"地震灾害后，又面临国内外经济环境变化带来的重大挑战和考验，甘肃省坚定"四抓三支撑"总体工作思路，深入实施"工业强省"战略，克服重重困难，全力推进各项工作，全省经济保持平稳较快增长态势。

一、经济运行状况

1. 经济平稳较快增长，居民消费价格涨幅回落

初步核算，2008年全省生产总值3176.11亿元，增长10.1%。分季度看，一季度增长10.3%，上半年增长9.7%，前三季度增长10.2%，全年增长10.1%，保持平稳较快发展态势。

2008年，劳动就业形势较好，年末全省城镇登记失业率3.23%，比上年下降0.11个百分点；城镇新增就业25.6万人，增长12.78%；下岗失业人员实现再就业11.7万人，增长27.17%，其中就业困难对象再就业4.8万人，增长33%。

2008年，价格涨幅持续回落，全省居民消费价格上涨8.2%，涨幅比上年高2.7个百分点，比年内最高的前四个月回落2.1个百分点。其中食品类和居住类分别上涨16.2%和11.3%，是拉动CPI上涨的主要动力。

2. 农业经济运行良好，工业生产平稳增长

2008年，随着各项支农惠农政策的落实，全省上下全力做好救灾复产和稳定农业生产工作，农业生产增幅有所提高。初步核算，全省农林牧渔业增加值462.27亿元，增长7.1%，增幅比上年提高3.1个百分点。粮食喜获丰收，总产888.5万吨，达到历史最高水平，增长7.77%。主要经济作物呈现"四增三减"的态势。油料、药材大幅增产，产量分别增长15.48%和13.86%。蔬菜、水果生产持续增长，蔬菜产量首次突破千万吨大关，增长8.24%，水果产量增长8.79%。受面积调整影响，棉花产量减产4.82%，甜菜产量下降27.74%。畜禽出栏继续提高，猪、牛、羊出栏分别增长2.98%、2.7%和2.1%。肉、奶产量继续增加，分别增长3%、5.35%。

2008年，工业生产平稳增长，全省规模以上工业增加值突破千亿元，达到1135.17亿元，增长9.5%，是2000年以来的最低增速。增幅自前三季度达到年内最高的10.8%之后，四季度开始持续小幅回落。电力、装备制造、煤炭、建材、医药和食品工业等行业对全省工业增长支撑作用明显。上述行业工业增加值447.28亿元，占全省总量的39.4%，平均增长17.62%，高出全省平均增速8.12个百分点，拉动全省工业增长6.33个百分点，对全省工业增长的贡献率达到66.75%。

3. 内需增长加快，对外贸易增速回落

2008年，投资较快增长，全社会固定资产投资1735.79亿元，增长32.47%，是1994年以来最高的。其中：城镇固定资产投资1495.64亿元，增长27.02%；农村固定资产投资202.02亿元，增长52.0%。工业投资增长较快，增长30.09%，占城镇投资的42.65%，比重比上年提高1个百分点，工业投资的热点仍然是电力、燃气及水的生产和供应业。

2008年，房地产开发投资增幅回落，投资额170.69亿元，增长27.32%，增幅比上年回落9.88个百分点。

2008年，消费品市场加快增长，全社会消费品零售总额990.14亿元，增长18.82%，是1996年以来的最高增速。其中：批发业零售额增长22.86%，零售业零售额增长19.21%，住宿餐饮业零售额增长19.79%。城乡市场同步发展，市、县和县以下的零售额分别增长18.52%、19.66%和19.13%。

2008年，在金融危机冲击下，出口呈下降

趋势，总额16亿美元，下降3.5%，增幅比上年回落13.43个百分点；进口增幅显著下滑，总额44.8亿美元，增长16.8%，增幅比上年回落48.9个百分点。一般贸易平稳发展，进出口总值57.6亿美元，增长11.5%；加工贸易略有下降，进出口总值3亿美元，下降3.8%。资源类产品占进出口商品主导地位，全省进口商品主要集中在矿产品、镍钴原材料和机电产品上，分别占进口总值的61.7%、17.4%和6.9%；出口商品主要集中在金属及其制品、农产品和机电产品上，分别占出口总值的47.7%、17.2%和15.5%。

4. 财政收入平稳增长，工业企业效益下滑

2008年，财政收入平稳增长，全省大口径财政收入470.91亿元，增长20.27%，增幅比上年回落12.6个百分点。一般预算收入264.94亿元，增长39%，增幅比上年提高3.8个百分点。其中：营业税、企业所得税、个人所得税分别增长22.47%、15.97%和13.69%，增值税下降6.07%。财政支出大幅增长，全省一般预算支出965.38亿元，增长42.99%。

2008年，工业企业效益下滑，全省规模以上工业企业利润总额69亿元，下降68.24%。亏损企业亏损额156.54亿元，增长2.01倍。经济效益综合指数为180.01，比上年下降25.53个百分点。其中石油加工、炼焦及核燃料加工业净亏损119亿元，占全省亏损额的76.02%。剔除这两个行业后，全省工业企业实现利润117.11亿元，下降38.67%。

5. 城镇居民收入平稳增长，农村居民收入加快增长

2008年，全省城镇居民收入平稳增长，人均可支配收入为10969.41元，增长9.56%，增速低于上年2.7个百分点。转移性收入稳定增加，财产性收入所占比重有所降低，工资性收入仍然是城镇居民家庭收入的主要来源。

2008年，农村居民收入加快增长，人均纯收入2723.8元，增长16.95%，增幅比上年提高7.8个百分点。工资性收入是农民增收的主要因素。同时，农产品价格上涨带动出售农牧产品的收入提高，支农惠农政策使农民进一步得到实惠。

6. 工业品出厂价格涨幅回落

2008年，工业品出厂价格上涨4.9%，原材料、燃料、动力购进价格比上年上涨10.2%。8月份，工业品出厂价格指数108.9，为全年上涨幅度最高点，9月份后持续回落，11月份为96.8%，12月份为91.2%。

二、经济运行中的亮点

1.“三农”形势良好

2008年，农业运行良好，农林牧渔业增加值增幅比上年提高3.1个百分点；粮食喜获丰收，粮食产量达到历史最高水平；农村投资在灾后重建过程中快速增长，增长52%，高于全社会固定资产投资增幅19.53个百分点，占全社会固定资产投资的11.64%，比重比上年提高1.5个百分点；农民人均纯收入加快增长，增幅为1997年以来最高的，比上年提高7.9个百分点。

2. 非公有制工业增势强劲，地方工业增长较快

2008年，非公有制工业一直保持高位运行，成为甘肃工业增长的亮点。全省规模以上非公有制工业增加值168.62亿元，占全省总量的14.85%，增长15.20%，高出全省平均增速5.7个百分点，拉动全省工业增长2.05个百分点，对全省工业增长的贡献率为21.57%。

2008年，全省规模以上地方工业（市及市以下）增加值322.47亿元，占全省规模以上工业总量的28.41%，较上年提高2.06个百分点，增长10.40%，比全省平均增速高出0.9个百分点，拉动全省工业增长2.8个百分点，对全省工业增长的贡献率为29.53%。

3. 全社会固定资产投资增幅创1994年以来的新高

2008年，全省固定资产投资增速达到32.47%，是1994年以来最高的。

4. 金融存贷款增幅不断提高

2008年，全省金融机构人民币各项存款余额为4728.82亿元，增长26.29%，增幅比上年提高13.32个百分点。其中，居民储蓄存款增长28.6%；企业存款增长21.57%。金融机构各项人民币贷款余额为2731.89亿元，增长

19.28%，增幅比上年提高5.48个百分点。其中，短期贷款余额增长21.93%；中长期贷款余额增长17.68%。

5. 民生问题有所改善

2008年，全省财政支出中社会保障和就业、教育、医疗卫生支出增长较快，分别增长95.5%、46.71%和41.04%。

城镇居民基本医疗保险工作启动实施后，低收入居民认为缴费不高，对普遍实施医疗保障非常满意。两免一补政策的实施，使低收入群体的孩子们享受到义务教育，解除了后顾之忧。

三、经济运行中值得关注的问题

1. 工业生产增速减缓，利润大幅下降

2008年，全省规模以上工业增长速度较上年回落了7.56个百分点。有色、冶金两大支柱行业生产大幅下滑，规模以上有色工业增加值仅增长2.07%，增幅比上年回落11.77个百分点；冶金工业增加值增长9.39%，增幅比上年回落21.52个百分点。主要产品产量呈下降趋势，镍产量下降1.59%，粗钢产量下降21.09%，钢材产量下降3.31%。

表11.6 2008年甘肃省经济在全国的定位

	绝对额在全国位次	增长率在全国位次	参与排序的地区数
地区生产总值	27	25	31
农林牧渔业总产值	23	9	31
规模以上工业企业增加值	—	26	31
城镇固定资产投资完成额	27	16	31
施工项目计划总投资	27	23	31
新开工项目计划总投资	25	14	31
房地产开发投资额	28	14	31
商品房施工面积	27	29	31
商品房竣工面积	28	27	30
房地产业购置土地面积	26	20	29
商品房销售面积	28	19	30
商品房销售额	29	22	30
建筑业总产值	26	29	31
社会消费品零售总额	27	29	31
出口总额	27	31	31
进口总额	22	22	31
城镇单位就业人员	27	28	31
城镇单位劳动报酬	27	21	31
城镇居民人均可支配收入	31	31	31
城镇居民人均消费性支出	30	31	31
城镇居民人均食品支出	27	29	31
农村居民人均现金收入	30	11	31
农村居民人均生活消费现金支出	29	5	31
农村居民人均食品支出	30	1	31
地方财政收入总额	27	1	31
	年涨幅在全国的位次		参与排序的地区数
居民消费价格	3		31
工业品出厂价格	22		30
原材料燃料动力购进价格	29		30
固定资产投资价格	29		30

2008年，全省规模以上工业利润总额比上年下降68.24%。利润总额下降的原因有二：一方面国际原油价格大幅波动，石油加工、炼焦及核燃料加工业亏损企业亏损额增长1.87倍；另一方面是电力和有色行业实现利润大幅下降，其中电力行业实现利润下降64.7%，有色行业实现利润下降48.1%。

2. 投资到位资金状况不理想

2008年，全省城镇固定资产投资到位资金一直低于投资额，增长20.7%，增幅比城镇投资低6.3个百分点。房地产开发投资增长27.32%，增速减缓，到位资金仅增长16.82%，从8月份开始，房屋竣工面积和商品房销售面积持续下降。

3. 财政收入增幅回落

2008年，受重点企业效益下滑和地震等自然灾害的影响，全省财政收支形势比较严峻，财政收入增幅一直低位徘徊，剔除地震灾害捐赠收入和两权价款收入等一次性增收因素后，大口径财政收入和地方财政收入增幅分别为8.05%、13.91%，增幅分别比上年回落24.8和21.28个百分点。

4. 进出口总值增速大幅回落

2008年，全省进出口总值增幅比上年回落33个百分点。

第六节 青海省

2008年，青海省千方百计克服了经济运行环境趋紧、制约因素增多等困难，使全省继续保持了平稳较快发展的良好势头，巩固了社会和谐稳定的大好局面，在全面建设小康社会的道路上迈出了坚实步伐。全省生产总值961.53亿元，按可比价格计算比上年增长12.7%，已连续5年增速保持在12%以上。其中，第一产业增加值105.58亿元，增长3.9%；第二产业529.4亿元，增长16.5%；第三产业326.55亿元，增长10%。

一、农牧业稳定发展，粮油生产获得丰收

2008年以来，全省扎实推进社会主义新农村新牧区建设，加大对“三农”的支持力度，继续实行粮食直补、良种补贴、农资补贴、生猪补贴等优惠政策，有力促进了农村经济的稳步发展。全省农牧业经济运行平稳，种植业生产获得丰收，畜牧业生产基本平稳。

种植业结构继续调整，粮油产量再获好收成。2008年，全省各地以市场为导向，在稳定粮食生产的基础上，着力推进马铃薯、油菜、蔬菜等特色优势产业建设。农作物种植结构呈现出“粮食略减，油料、蔬菜略增”的格局。全省农作物总播种面积为770.4万亩，比上年减少4.6万亩。其中：粮食作物播种面积407.99万亩，比上年减少4.41万亩；油料作物播种面积为259.1万亩，比上年增加0.5万亩；蔬菜种植面积达到51万亩，比上年增加6.15万亩。由于种植业结构的调整，加之自然条件较好，2008年粮油产量又获丰收。全年粮食总产量101.8万吨，比2007年增长2.8%；油料总产量35.2万吨，比2007年增长9.9%；蔬菜总产量110万吨，比上年增长12%。

抗灾保畜措施得力，畜牧业生产保持稳定。2008年春季，青南牧区遭受特大雪灾，造成牲畜大量死亡，给全省畜牧业生产带来一定损失。但各地救灾措施到位，特别是加大了牲畜出栏，使损失降低到了最低。全年全省草食类牲畜共产仔畜788万头(只)，比上年增长0.2%；育活仔畜693万头(只)，成活率为87.9%，比上年下降1.3个百分点；成幼畜死亡59万头(只)，死亡率为3%，比上年上升1.1个百分点；在减少草场牲畜承载量的情况下，肉类总产量达25.5万吨，比上年增长4.9%。

二、工业生产保持快速增长，效益不断提高

2008年，在重点行业及新投产项目的拉

动下，全省规模以上工业企业增加值增长速度逐月攀升，到8月份达到最高，同比增长31.6%。后四个月受全球金融危机影响，增速逐月放缓，12月同比增长5.6%。全年规模以上工业增加值438.83亿元，增长21.5%。分轻重工业看，轻工业增加值30.18亿元，增长18.4%，重工业408.65亿元，增长21.8%。分经济类型看，股份制增加值358.39亿元，增长20.4%；国有企业增加值57.54亿元，增长34.0%；外商港澳台企业增加值13.93亿元，增长16.1%。分行业看，部分重点行业保持较高增长速度，煤炭开采及洗选业、有色金属矿采选业、化学原料及化学制品业三个行业增加值分别增长1.2倍、67.8%和22.5%；黑色金属和有色金属冶炼业的增速分别为19.8%和21.4%。从支柱和优势产业看，四大支柱产业增加值297.01亿元，比上年增长18.1%，其中有色金属工业增加值85.21亿元，增长30.5%；盐化工业增加值78.64亿元，增长22.9%；电力工业增加值46.69亿元，增长11.3%。四大优势产业增加值66.90亿元，增长16.8%，其中冶金业增加值48.32亿元，增长19.5%；建材业增加值7.67亿元，增长29.9%。

2008年，工业产品产量保持较快增长，原煤产量增长31.5%，天然气增长27.7%，碳化硅增长35.6%，碳化钙增长1.8倍，原盐增长45.8%，中成药增长70.8%，食用植物油增长1倍，饮料酒增长50.3%，碳酸锂增长76.7%，烧碱增长32.2%，铁合金增长30.7%，铬铁增长1.1倍，焦炭增长72.0%，锌增长24.4%，铜材增长1.1倍。

2008年，全省工业经济效益提高，规模以上工业企业利润总额179.84亿元，增长34.5%。其中，国有企业利润总额38.04亿元，增长98.5%；私营企业利润总额13.97亿元，增长94.7%。

三、固定资产投资持续快速增长，战略支撑作用增强

2008年，全省全社会固定资产投资582.18亿元，增长19.4%，比上年增速提高3.2个百分点。其中地方投资477.97亿元，增长17.8%。分经济类型看，国有投资253.83亿元，股份经济投资250.41亿元，分别增长26.2%和24.2%；外商投资9.2亿元，增长6.3%。分产业看，第一产业投资40.87亿元，增长5%；第二产业投资297.31亿元，增长18.2%，呈持续快速增长，其中，工业投资288.28亿元，增长19.1%；第三产业投资243.99亿元，增长23.9%，增幅比上年提高6.2个百分点。

2008年，全省房地产开发投资保持快速增长，完成投资50.38亿元，增长47.3%，增幅比上年提高37.6个百分点。住宅投资完成42.7亿元，增长52.21%。房屋施工面积增长21.57%，房屋竣工面积增长32.68%，商品房销售面积下降10.41%。

2008年，全省全社会固定资产投资中本年到位资金556.86亿元，比上年增长16.1%，资金到位良好。其中国家预算内资金75.43亿元，增长50.9%；国内贷款92.88亿元，增长21.6%；利用外资8.70亿元，增长16.3%；自筹资金298.93亿元，增长13.0%；其他资金来源80.91亿元，与上年持平。

四、城乡消费市场活跃，对外贸易持续增长

随着城乡居民收入稳步增加和扩大内需政策的推动，2008年，全省消费品市场繁荣，社会消费品零售总额252.84亿元，增长21.4%，增幅比上年提高5.7个百分点。分城乡看，城市消费品零售额179.89亿元，增长23.0%；县的零售额48.11亿元，增长17.9%；县以下农村市场的零售额24.84亿元，增长16.8%。分行业看，批发业零售额47.53亿元，增长25%，其中，限额以上批发业零售额20.82亿元，增长30.8%；住宿和餐饮业零售额41.01亿元，增长20.2%，其中，星级以上住宿和餐饮业零售额31.82亿元，增长30.3%。

2008年，全省进出口总值6.88亿美元，增长12.5%，其中出口总值4.19亿美元，增长8.5%；进口总值2.69亿美元，增长19.3%。

五、财政金融形势良好

2008年,全省完成一般预算收入136.51亿元,比上年增长23.6%。其中:地方一般预算收入71.56亿元,增长26.2%;中央一般预算收入64.95亿元,增长20.8%。营业税增长25.7%,企业所得税增长57.2%,资源税增长45.5%。全省财政一般预算支出363.83亿元,增长28.9%。其中:农林水事务支出增长45.9%,城乡社区事务支出增长1.1倍,科学技术支出增长57%,教育支出增长39.3%,医疗卫生支出增长26.9%,社会保障与就业支出增长27%,文化体育与传媒支出增长42.5%,一般公共服务支出增长21.5%。

2008年末,全省金融机构人民币各项存款余额1383.68亿元,比年初增加291.03亿元,同比增长26.64%,其中储蓄存款余额比年初增加138.17亿元,企业存款余额比年初增加69.47亿元。人民币各项贷款余额为1025.63亿元,比年初增加211亿元,增长24.17%,其中短期贷款增长17.57%,中长期贷款增长28.17%。

六、城乡居民收入增长较快,收入结构发生新变化

2008年,全省进一步规范机关、事业单位工作人员津贴补贴和提高离退休人员养老金,增加城镇低收入户价格补贴,大力发展个体私营经济,加大转移支付力度,城镇居民收入增长较快,人均可支配收入达到11648.3元,增长13.4%。其中,工资性收入人均8624.4元,增长9.87%;转移性收入人均3444.01元,增长15.99%,经营性收入人均761.22元,增长40.22%;财产性收入人均51.4元,下降22.85%。在转移性收入中,人均养老金增长13.98%,社会救济收入增长73.42%。

2008年,粮油丰收使农牧民从家庭经营中得到的收入增加,各级政府加大劳务输出和培训力度增加了农牧民外出务工收入,再加上农村最低生活保障制度进一步完善,因此农牧民纯收入快速增长,人均纯收入达3061.2元,增长14.1%。从收入构成看,工资性收入1067.31元,比上年增长21.48%,其中农牧民外出务工收入人均772.89元,比上年增长17.88%;家庭经营纯收入1641.22元,增长8.92%,增长幅度比上年提高3.49个百分点;财产和转移性收入352.7元,增长18.2%。转移和财产性收入较快增长的主要原因是粮食直接补贴及时兑现、提高退休人员工资、提高农村牧区最低生活保障标准以及无偿扶贫款的发放等。2008年农牧民人均生活消费支出大幅度增加,全年人均支出2974.94元,比上年增长20.16%。

七、消费价格涨幅逐步回落

2008年,全省居民消费价格涨幅从5月份开始逐月回落,涨幅由5月份的12.6%回落至12月份的4.7%。全年居民消费价格上涨9.9%,八大类消费价格呈"七涨一降"的态势,食品价格上涨19%,居住价格上涨15.8%,医疗保健和个人用品类价格上涨6.1%,家庭设备用品及维修服务价格上涨2.9%,烟酒及用品价格上涨5.6%,衣着价格上涨4.4%,娱乐教育文化用品及服务价格上涨1%;交通和通信价格下降0.2%。

八、交通运输量稳步提高,旅游收入保持增长

2008年,全省完成货物运输量9309.37万吨,增长12.7%,较上年增幅提高2个百分点,其中铁路货运量2309.9万吨,增长30.3%;公路货运量6797万吨,增长8.3%;民航货运量0.63万吨,增长26.1%。在铁路货物运输量中增长较多的有:焦炭增长7.2倍、水泥增长64.5%、煤增长50.1%、金属矿石增长31.4%、盐增长1倍、农副土特产品增长38.1%。

2008年,全省运送旅客6084.27万人次,增长7.7%,其中铁路客运量404.40万人次,增长3%;公路客运量5633万人次,增长8%;民航客运量46.87万人次,增长6%。

2008年,全省旅游总收入47.51亿元,增长0.3%。其中国内旅游收入46.72亿元,增长1.3%。

2008年，全省电信业务量67.7亿元，增长31.2%；邮政业务量2.25亿元，增长7.4%。

九、人口自然增长率下降，社会保障体系不断完善

2008年末全省总人口为554.3万人，人口自然增长率8.35‰，创历史新低，比上年下降0.45个千分点，连续五年控制在10‰以内。

2008年，从业人员317.2万人，比上年增长1.5%，年末城镇登记失业率3.8%。参加城镇养老保险人数68.3万人，比上年增加3.3万人；参加城镇职工医疗保险人数72万人，增加1.9万人；城镇参加失业保险人数35.4万人，增加0.7万人。

表11.7 2008年青海省经济在全国的定位

	绝对额在全国位次	增长率在全国位次	参与排序的地区数
地区生产总值	30	11	31
农林牧渔业总产值	30	25	31
规模以上工业企业增加值	—	7	31
城镇固定资产投资完成额	30	27	31
施工项目计划总投资	29	3	31
新开工项目计划总投资	29	26	31
房地产开发投资额	30	4	31
商品房施工面积	30	11	31
商品房竣工面积	30	1	30
房地产业购置土地面积	29	9	29
商品房销售面积	30	11	30
商品房销售额	30	13	30
建筑业总产值	29	31	31
社会消费品零售总额	30	22	31
出口总额	31	28	31
进口总额	30	20	31
城镇单位就业人员	30	5	31
城镇单位劳动报酬	30	9	31
城镇居民人均可支配收入	28	19	31
城镇居民人均消费性支出	31	24	31
城镇居民人均食品支出	24	11	31
农村居民人均现金收入	28	29	31
农村居民人均生活消费现金支出	27	10	31
农村居民人均食品支出	29	30	31
地方财政收入总额	30	9	31
	年涨幅在全国的位次		参与排序的地区数
居民消费价格	1		31
工业品出厂价格	16		30
原材料燃料动力购进价格	26		30
固定资产投资价格	6		30

第十二章

五个自治区的经济运行情况

2008年，五个自治区的经济运行均有不同程度回落。西藏回落幅度最大，GDP增长速度比上年回落3.9个百分点。规模以上工业企业增加值和社会消费品零售额分别比上年回落8.7和9.7个百分点。广西和内蒙回落幅度较大，GDP增长速度分别比上年回落2.1和1.8个百分点，规模以上工业企业增加值比上年分别回落3.9和5.5个百分点，固定资产投资比上年分别回落5.6和5.4个百分点。宁夏和新疆回落幅度较小，宁夏的投资超常增长抵消了工业生产下滑的影响，全社会固定资产投资增速高达39.4，比上年加快19个百分点，新疆各个指标回落幅度都不大。

尽管五个自治区的经济都有不同程度的下滑，但总体上看五个自治区的经济仍然保持了平稳较快的增长，各地区经济增长均在10%以上，增长最快的依然是内蒙，全年增长17.2%，远高于其他四个自治区的水平，比次高的广西高4.4个百分点，比最低的西藏高7.1个百分点；经济增长最慢的是西藏，全年仅增长10.1%。

第一节 内蒙古自治区

2008年，内蒙古认真贯彻执行国家出台的扩大内需政策措施，努力变挑战为机遇，全区经济呈平稳较快发展态势。据初步核算，全区生产总值7761.8亿元，按可比价格计算，增长17.2%，增速连续七年保持全国第1。其中，第一产业增加值906.98亿元，增长7.5%；第二产业增加值4271.03亿元，增长20.5%，第三产业增加值2583.79亿元，增长15.5%。

一、经济运行的主要特征

1. 农牧业生产形势较好

2008年，全区从自治区实际出发，开创性贯彻落实中央关于扶持“三农三牧”的政策措施，农牧业生产实现了良好的发展局面，生产基础条件得到有效改善，各项惠农补贴全部兑现落实，加之全区雨水充沛，粮食获得了大丰收，粮食产量创历史最高纪录，实现改革开放以来首次连续5年增产。全区农作物总播种面积686.1万公顷，增长1.47%。其中，粮食作物播种面积525.4万公顷，增长3%，粮食产量420亿斤，增长16%。畜牧业生产稳步发展，主要畜产品产量明显增加，畜牧业结构调整步伐加快，养殖业向着提质增效和规模化、集约化方向发展。全区年末牲畜总数保持在亿头（只）以上，达10677.2万头（只），下降1.6%。牛奶产量达912万吨，增长0.3%；肉类总产量达220万吨，增长6.3%。

2. 工业生产增长明显趋缓，经济效益有所回落

2008年，全区规模以上工业企业增加值3450.25亿元，增长24.5%，比上年增速回落5.5个百分点，在全国各省（区、市）中排第1位。受全球性金融危机影响，四季度特别是后两个月增长速度出现明显回落，12月增速下滑到了3.6%的低谷。从轻重工业看，重工业增加值2830.43亿元，占全部规模以上工业增加值的82%，增长26.9%，比全部规模以上工业增速高2.4个百分点；轻工业增加值619.82亿元，增长15.1%。

2008年，全区工业增长主要依靠资源能源类行业。煤炭开采和洗选业、黑色金属冶炼及压延加工业和电力、热力的生产和供应业位居全区工业的前3位，增加值分别为724.87、483.72和425.4亿元，分别增长40.5%、24.5%和16.2%。

2008年，受部分产品滞销的影响，全区工业品产销率有所下降，为97.2%，比上年下降0.2个百分点。其中，轻工业产品销售率为96.05%，提高1.1个百分点；重工业产品销售率97.51%，下降0.71个百分点。

2008年，工业增速下滑和部分产品价格大幅下降导致全区工业经济效益有所回落。1～11月份，规模以上工业企业实现主营业务收入7503.88亿元，同比增长43.3%；实现利润总额614.68亿元，比上年同期增长40.7%，增速比上年同期低23.1个百分点。从企业经济类型看，国有企业利润同比下降31.8%。从轻重工业看，受乳品事件的影响，轻工业实现利润同比下降7.4%。

3. 投资较为平稳，房地产业投资较快增长

2008年，全区加大了对民生、基础设施建设、自主创新、环境保护等领域的投资力度，投资实现平稳增长。全社会固定资产投资5596.44亿元，增长27.1%，比上年增速回落2.2个百分点。全区50万元以上项目固定资产投资5516.04亿元，增长27.4%。从三次产业看，全区第一产业投资额251.5亿元，增长67%，增速明显快于第二产业和第三产业；第二产业投资2916.9亿元，增长30.1%，其中工业投资881.76亿元，增长29.8%；第三产业投资2347.64亿元，增长21.2%。

2008年，房地产开发投资保持较快增长，完成投资736.08亿元，增长47%，高于全社会固定资产投资增速19.9个百分点。商品房销售面积达2141.01万平方米，增长2.6%，销售额527.98亿元，增长12.9%。经济适用房销售面积227.2万平方米，增长14.7%，销售额37.21亿元，增长43.1%。

4. 消费需求保持旺盛，对外贸易形势面临较大挑战

2008年，全区社会消费品零售总额2363.33亿元，增长24.1%，增幅比上年加快4.7个百分点。全区作为国家“家电下乡”的试点省区市之一，有力带动了全区农村牧区的消费市场。2008年，县及县以下实现零售额736.41亿元，增长22.3%，比上年加快5.1个百分点。住宿和餐饮业零售额462.16亿元，增长27.7%，批发业和零售业的零售额分别增长26.1%和22.5%。

2008年，全区海关进出口总额达89.33亿美元，比上年增长15.4%，比上年增速回落14.8个百分点，低于全国增速2.4个百分点。其中，出口总额35.79亿美元，增长21.6%，比上年增幅回落16个百分点；进口总额53.54亿美元，增长11.6%，比上年增幅低14.5个百分点。进出口贸易逆差达17.75亿美元，比上年减少0.75亿美元。

5. 财政收入实现较快增长，货币市场流动性较为充足

2008年，全区财政收入较快增长，财政实力大幅提升，为实施积极的财政政策打下了坚实基础。全区完成地方财政总收入1107.31亿元，增长32.5%；地方财政一般预算收入完成650.64亿元，增长32.1%，增速在全国31个省区市中排第4位，在西部12个省区市中排第2位。全区地方财政支出1455.48亿元，比上年增长34.5%。其中，一般公共服务和教育领域支出成为政府财政支出的大项，支出额均超过200亿元，分别达247.65和205.84亿元，分别比上年增长27.6%和34%。

2008年末，全区金融机构各项人民币存款余额达6341.03亿元，比上年末增长28%。其中，居民储蓄存款余额达3211.66亿元，增长26.4%。金融机构各项人民币贷款余额4527.86亿元，增长23.3%，增速比上年末加快5.7个百分点。其中，个人消费贷款余额256.86亿元，增长37.6%，高于全部贷款余额增速14.3个百分点。

6. 价格涨幅明显回落

2008年，全区居民消费价格涨幅达5.7%，其中，城市上涨5.4%，农村牧区上涨6.3%。分月看，涨幅呈回落走势，12月份涨幅仅为0.4%。分商品类别看，食品类价格上涨14.7%，居住类价格上涨6.3%，交通和通讯类、娱乐教育文化服务类价格下降，分别下降0.6%和0.2%。工业品出厂价格和原材料、燃料、动力购进价格分别上涨12.5%和11.7%，两者的涨幅均已呈回落走势，12月份涨幅分别降至5.6%和7.3%。

7. 城乡居民收入实现双增

2008年，在国家及自治区多项增资、增收、减负、扶持等各项政策措施的作用下，全区城乡居民收入实现双增。城镇居民人均可支配收入达14431元，增长16.6%，比上年增速回落2.9个百分点。其中，转移性收入为3031元，增长29.8%，增速较快；工资性收入达10283元，增长10.6%。城镇居民人均消费性支出10827元，增长16.7%。全区农牧民人均纯收入达4656元，增长17.8%，较上年增速回落0.5个百分点。其中，转移和财产性收入632元，增长40.3%；家庭经营收入3218元，增长15.5%。农牧民人均生活费支出3618元，增长11.1%。

8. 区域经济发展的协调性有所增强

全区东部盟市主要经济指标增速有所加快，有望成为全区经济新的增长极。2008年，东部5个盟市规模以上工业企业完成增加值首次突破千亿元，达1003.69亿元，增长28.5%，增速快于全区平均水平4个百分点；东部5个盟市城乡50万元以上项目完成固定资产投资、社会消费品零售总额和地方财政总收入，分别为1877.28、762.61和283.06亿元，分别增长33.7%、24.7%和38.2%，增速均快于全区平均水平。

二、经济运行中的突出问题

2008年，由于国际金融危机由虚拟经济向实体经济扩散，国内经济下行压力空前加大，再加之全区经济自身的结构性问题和发展方式问题，导致全区经济在发展过程中出现一些突出问题。

1. 经济增长下行的压力明显加大

从发展的周期看，全区本轮经济增长从2005年的峰值逐步回落。2008年的主要经济指标增长率均比2007年有较大回落。由于2008年四季度部分行业需求萎缩、产能相对过剩、价格明显下降，部分企业停产、半停产导致工业生产增速减缓，2008年全区规模以上工业增加值增速创下了2002年以来的新低；前11个月实现利润总额增速比2007年同期低23.1个百分点。从对外贸易看，2008年，全区海关进出口总额增速比2007年回落14.8个百分点，低于全国增速2.4个百分点。其中，出口总额增速比2007年增幅回落16个百分点。从财政收入看，全区地方财政总收入增速比2007年回落8个百分点；地方财政一般预算收入增速较2007年下滑11.3个百分点。

2. 经济结构调整步伐较为缓慢

一是最终消费占地区生产总值的比重偏低，2007年，全区最终消费率为43.2%，低于全国48.8%的水平；二是第三产业的比重偏低；三是城乡经济社会发展一体化进程较为缓慢，城乡居民收入差距日益扩大；四是盟市间经济发展不平衡问题较为突出。

3. 企业亏损情况较为严重

受需求萎缩和部分产品价格大幅下降的影响，2008年前11个月，全区规模以上亏损企业646家，比上年同期增加41家，亏损面17.9%；亏损企业亏损额57.74亿元，同比增长1.54倍，比上年同期增速提高157个百分点。其中，大型企业和农村工业企业亏损较为严重，亏损企业亏损额同比上升幅度均超过10倍。

4. 节能降耗形势不容乐观

2008年，全区节能降耗形势没有明显好

转，一些行业耗能依然偏高。1～11月份，全区年耗能万吨以上工业企业综合能源消费量为8507.35万吨标准煤，与上年同期相比增长5.7%。重工业仍是全区能耗的最主要行业，1～11月年耗能万吨以上重工业企业综合能源消费量达到8252.98万吨标准煤，占全区的97%。分行业看，石油加工炼焦及核燃料业综合能源消费量同比增长60.5%，有色金属冶炼及压延加工业综合能源消费量同比增长24.3%，属于能耗较高的行业。

5. 就业形势较为严峻

虽然金融危机冲击对内蒙古影响较小，中小企业倒闭破产的比例没有沿海省市的高，但金融危机本身尚未见底，对全区的影响还会继续加大，企业面临的“严冬”还远未结束，失业加剧的风险和可能进一步增大，再加之大学生求职就业的高潮很快到来，而全区新增的就业岗位又十分有限，就业工作将面临严峻挑战。

表12.1 2008年内蒙古经济在全国的定位

	绝对额在全国位次	增长率在全国位次	参与排序的地区数
地区生产总值	16	1	31
农林牧渔业总产值	18	8	31
规模以上工业企业增加值	—	1	31
城镇固定资产投资完成额	10	19	31
施工项目计划总投资	13	19	31
新开工项目计划总投资	7	16	31
房地产开发投资额	17	5	31
商品房施工面积	17	2	31
商品房竣工面积	16	19	30
房地产业购置土地面积	6	11	29
商品房销售面积	12	4	30
商品房销售额	17	6	30
建筑业总产值	23	28	31
社会消费品零售总额	17	5	31
出口总额	25	17	31
进口总额	19	26	31
城镇单位就业人员	23	27	31
城镇单位劳动报酬	21	16	31
城镇居民人均可支配收入	9	5	31
城镇居民人均消费性支出	11	4	31
城镇居民人均食品支出	22	1	31
农村居民人均现金收入	12	10	31
农村居民人均生活消费现金支出	13	27	31
农村居民人均食品支出	18	23	31
地方财政收入总额	17	4	31
	年涨幅在全国的位次		参与排序的地区数
居民消费价格	17		31
工业品出厂价格	6		30
原材料燃料动力购进价格	17		30
固定资产投资价格	22		30

第二节　广西壮族自治区

2008年，广西壮族自治区以广西北部湾经济区开放开发正式上升为国家战略为契机，努力克服重大自然灾害和国际金融危机的不利影响，全年经济实现平稳较快增长。

一、经济运行基本情况及特点

1. 积极应对挑战，综合经济实力迈上新台阶

初步核算，2008年全区生产总值7171.58亿元，比上年增长12.8%，自2002年以来连续7年保持两位数增长。分产业看，第一产业增加值1453.90亿元，增长5.1%；第二产业增加值3037.74亿元，增长17.4%；第三产业增加值2679.94亿元，增长11.7%。第一、二、三产业增加值占地区生产总值的比重分别为20.3%、42.3%和37.4%，对经济增长的贡献率分别为7.7%、55.7%和36.6%。人均生产总值14966元，按2008年年平均汇率折算为2137美元。财政收入843.56亿元，比上年增长19.8%。城镇化率达到38.2%，比上年提高2个百分点。

2. 努力打造支柱产业，产业结构优化提升

2008年，全区坚定不移地走新型工业化城镇化道路，完成工业增加值2627.39亿元，增长18.6%。工业对经济增长的贡献率达到50.7%，比上年提高2.7个百分点，工业增加值占GDP比重为36.6%，比上年提高1.5个百分点。优先发展七大支柱产业，大力组建重大产业集团，努力完善产业布局，不断提升产业水平。初步统计，食品、有色金属、石化、冶金、汽车、机械、电力七大支柱产业增加值合计达到1581.8亿元，增长22.4%，对规模以上工业增长的贡献率达到79.9%，贡献率比上年提高2.1个百分点。食品产业主营业务收入达到1003.69亿元，开创广西千亿元工业产业的先河。建材、造纸、电子信息、造船、纺织服装皮革、木材加工、医药制造七大优势产业增加值合计351.5亿元，增长25.2%。广西钢铁集团、广西有色金属集团等一批重大产业集团成功组建。

3. 奋力抗灾救灾，农业生产平稳增长

2008年初，全区遭受50年不遇的低温雨雪冰冻灾害，年中遭受严重的洪涝灾害，9月下旬遭受强台风袭击，11月初遭受局部洪涝灾害，直接经济损失630.4亿元。面对严重灾害，全区上下科学应对，积极推动灾后生产恢复，农业生产平稳增长。初步统计，种植业增加值744.2亿元，增长2.5%；林业增加值101.8亿元，增长26.3%；牧业增加值435.2亿元，增长5.8%；渔业增加值141.2亿元，增长2.3%。粮食总产量1394.7万吨，与上年基本持平；甘蔗产量8215.6万吨，保持基本稳定；油料产量37.5万吨，增长11.0%；蔬菜产量2015.2万吨，增长1.5%。肉类总产量350.7万吨，增长6.7%。水产品产量250万吨，增长1.6%。木材采伐量达到1580.2万立方米，增长38.7%。

4. 固定资产投资创历史新高，重大项目和交通建设取得新突破

2008年，全区把项目建设作为加快发展的重要抓手，完成固定资产投资3778.1亿元，创历史新高，增长27.2%。中石化北海炼油异地改造、柳州正菱集团机械装备制造等125个重大项目开工建设，平果氧化铝三期、华银氧化铝一期、中石油钦州千万吨炼油厂常减压装置、龙滩水电站4～7号机组等80个重大项目竣工投产。围绕把广西建设成为连接多区域的国际大通道、交流大桥梁、合作大平台的战略目标，全力实施交通优先发展战略。全年交通运输业投资384.29亿元，增长32.1%，增幅比上年提高8.7个百分点。其中铁路、道路、水上运输、民航投资分别增长38.4%、26.1%、50.7%和348.7%。新建成高速公路达到302公里，高速公路总里程达到2181公里。南广

铁路、贵广铁路、湘桂铁路扩能改造、广西沿海铁路南宁—钦州段扩能改造全面开工，洛湛铁路等在建项目加快推进。全年新增万吨级以上泊位5个，新增沿海港口吞吐能力1477万吨，沿海港口总吞吐能力达到8766万吨。发展基础进一步夯实，后劲进一步增强。

5. 北部湾经济区开放开发掀起新高潮

2008年初，《广西北部湾经济区发展规划》通过国家审批，5月份国家批准设立广西钦州保税港区，12月份又批准设立凭祥综合保税区，经济区开放开发掀起了新高潮。中石油钦州千万吨炼油、防城港核电、北海林浆纸、北海铁山港石化、防城港钢铁等重大产业加快布局，临港产业发展初见雏形。沿海基础设施建设大会战二期基本完成，全年共有17个项目建成，累计完成投资38.5亿元。港口基础设施建设进一步完善，钦州港工业区、铁山港工业区、防城港企沙工业区等重点产业园区基础设施建设全面启动。组建北部湾银行，搭建起经济区投融资平台。初步核算，北部湾经济区（南宁、北海、钦州、防城港四市）GDP达到2219.7亿元，增长15.5%，比全区高2.7个百分点，对全区GDP增长的贡献率达到35.8%；财政收入272.38亿元，增长28.8%，比全区高9个百分点，对全区财政收入增长的贡献率达到43.7%；全社会固定资产投资总额达到1288.71亿元，增长33.6%，比全区高6.4个百分点，对全区投资增长的贡献率达到40.1%；进出口总额60.61亿美元，增长48.4%，比全区高5.2个百分点，对全区进出口增长的贡献率达到49.4%。北部湾经济区发展势头强劲，龙头带动作用增强。

6. 开放合作开创新局面，进出口增幅创16年来最高水平

2008年，广西成功举办第五届中国—东盟博览会、第五届中国—东盟商务与投资峰会，参展参会客商达3.7万人，商品贸易成交额15.97亿美元，签订国际合作项目投资额63.64亿美元，签约国内项目合作投资额612.01亿元人民币，广西在多区域合作中的战略地位进一步提升，参与中国—东盟自由贸易区建设能力进一步增强。泛北部湾经济合作、大湄公河次区域合作、中越“两廊一圈”合作、南宁至新加坡通道经济带等国际区域合作加快推进，与泛珠三角、长三角、大西南各省区市及港澳台地区合作等区域合作不断深化，招商引资、承接东部产业转移取得新进展，对外贸易取得新突破。全年进出口总额132.84亿美元，比上年增长43.2%，增幅创16年来最高水平。其中，出口总额73.51亿美元，增长43.8%；进口总额59.33亿美元，增长42.5%。外商直接投资额9.71亿美元，增长42.0%；区外境内投资到位资金1483.47亿元，增长38.3%。

7. 人民生活改善

2008年，全区社会消费品零售总额达到2338.45亿元，增长23.2%，增幅创13年来最高水平。城镇居民人均可支配收入14146元，增长16%，扣除价格因素，实际增长7.8%；农民人均纯收入3690.3元，增长14.5%，扣除价格因素，实际增长5.5%。居民消费价格上涨7.8%，比上年提高1.7个百分点。城镇新增就业38.29万人；年末全区城镇登记失业率3.75%。

二、经济运行存在的主要问题

1. 工业效益整体下滑

2008年下半年，国际金融危机对广西实体经济的冲击日益加深，工业生产减速，市场需求减弱，广西制糖、钢铁、有色、化工、电力、汽车等行业生产经营面临较大的困难，部分企业减产、限产甚至停产，企业效益明显下滑。全区规模以上工业企业利润总额由上年增长53.9%转为下降34.2%。规模以上工业增加值增长22.6%，比上年回落3.9个百分点。在38个工业行业大类中，有26个增幅比上年回落，占行业面的68.4%。工业产品销售率94.05%，比上年下降1.2个百分点，为2000年以来最低。出口交货值增长23.6%，比上年回落10.6个百分点。

2. 投资增幅回落

2008年，全区固定资产投资增速比上年回落5个百分点，其中城镇投资增速27.4%，回落4.2个百分点。城镇投资建设到位资金

增长23%，比上年回落10个百分点。房地产开发投资增长15.9%，比上年回落29个百分点；商品房销售面积1734.47万平方米，由上年增长34.2%转为下降14%。影响投资增长的主要原因是：投资者信心和投资意愿不足，部分企业资金趋紧，项目建设进展缓慢，一些重大项目"启而未动"，没有形成实际投资工作量，部分统筹推进的重大项目未能如期开工。

3. 其他问题

财政收入增幅下滑，全年财政收入增长19.8%，比上年回落3.9个百分点。消费热点降温，房地产成交量下降，汽车、家用电器、建筑及装潢材料等消费下降。就业压力加重，外出农民工返乡人数不断增加，城镇新增劳动力、大中专院校毕业生等就业形势严峻。农民增收困难，农资价格居高不下，农产品价格下行，农民外出务工收入减少。

三、对策建议

1. 积极扩大内需，着力增强投资拉动力。

2. 推动产业优先发展，着力增强经济发展的竞争力。

3. 切实扩大开放合作，加快推进广西北部湾经济区优先发展。

4. 保障和改善民生，维护社会稳定。

表12.2 2008年广西经济在全国的定位

	绝对额在全国位次	增长率在全国位次	参与排序的地区数
地区生产总值	17	10	31
农林牧渔业总产值	11	18	31
规模以上工业企业增加值	—	2	31
城镇固定资产投资完成额	21	14	31
施工项目计划总投资	14	1	31
新开工项目计划总投资	22	25	31
房地产开发投资额	20	25	31
商品房施工面积	16	20	31
商品房竣工面积	19	20	30
房地产业购置土地面积	12	22	29
商品房销售面积	15	14	30
商品房销售额	18	12	30
建筑业总产值	24	11	31
社会消费品零售总额	19	13	31
出口总额	20	4	31
进口总额	18	7	31
城镇单位就业人员	19	12	31
城镇单位劳动报酬	19	18	31
城镇居民人均可支配收入	12	6	31
城镇居民人均消费性支出	16	3	31
城镇居民人均食品支出	14	6	31
农村居民人均现金收入	24	22	31
农村居民人均生活消费现金支出	24	29	31
农村居民人均食品支出	16	28	31
地方财政收入总额	22	17	31
	年涨幅在全国的位次		参与排序的地区数
居民消费价格	5		31
工业品出厂价格	12		30
原材料燃料动力购进价格	25		30
固定资产投资价格	24		30

第三节 西藏自治区

2008年,西藏大力实施"一产上水平、二产抓重点、三产大发展"的经济发展战略,经受住了多方面的严峻考验,实现了经济的持续、健康、较快发展,人民生活有了新的提高。

一、经济增长较快

初步核算,2008年,全区生产总值(GDP)395.91亿元,按可比价格计算,增长10.1%。其中第一产业增加值60.51亿元,增长6%;第二产业115.76亿元,增长7.9%;第三产业219.64亿元,增长12.4%。人均GDP为13861元,增长9%。与上年相比,第一产业比重下降0.7个百分点,第二产业提高0.4个百分点,第三产业提高0.3个百分点。

二、主要农牧产品产量增加

2008年,全区粮食作物种植面积170.23千公顷,比上年减少1.55千公顷。粮食总产量95万吨,增长1.2%;油菜籽5.92万吨,增长13.6%;蔬菜46万吨,增长2.2%。

年末牲畜存栏总数2400万头(只),比上年末减少7万头(只)。其中牛635万头,增加13万头;羊1600万只,减少107万只。全年猪牛羊肉产量达24.27万吨,比上年增长3.4%;奶类产量29.52万吨,增长2%。

三、工业产业和效益均保持增长

2008年,全区工业增加值29.68亿元,增长8.7%,其中规模以上工业增加值26.34亿元,增长8.9%。规模以上工业产值46.62亿元,增长8.9%,其中轻工业产值16.81亿元,增长34.3%;重工业产值29.81亿元,下降1.1%。国有及国有控股企业全年实现产值25.05亿元,比上年增长11.6%。按登记注册类型分,国有企业产值15.96亿元,增长2%;集体企业产值2.43亿元,增长29.1%;股份制企业产值20.9亿元,增长12.7%;外商及港澳台企业产值4.06亿元,增长9.9%;其他经济类型企业产值2.98亿元,增长39.9%。

2008年,全区规模以上工业企业实现利润总额6.14亿元,增长8.4%。其中:国有及国有控股企业实现利润2.01亿元,下降1.8%;集体企业实现利润1.12亿元,下降0.6%;股份制企业实现利润1.14亿元,增长53.3%。规模以上工业企业产品销售率92.0%。

四、第二产业投资和房地产开发投资高速增长

2008年,全区固定资产投资总额303.33亿元,增长12.5%。其中民间投资92.88亿元,增长8.7%。分经济类型看,国有经济完成投资196.91亿元,比上年增长13.5%;集体经济1.92亿元,下降62.6%;其他各种经济类型72.74亿元,增长28.7%;个人投资31.76亿元,下降8%。分城乡看:城镇完成投资265.37亿元,比上年增长15.8%;农村完成投资37.96亿元,下降6.3%。分产业看,第一产业15.99亿元,增长1.5%;第二产业64.74亿元,增长63.6%;第三产业222.60亿元,增长3.9%。

2008年,全区房地产开发投资12.97亿元,增长57%,施工房屋面积135.2万平方米,增长1.2倍;竣工房屋面积45.06万平方米;商品房销售面积63.27万平方米,增长4.8倍。

五、城乡市场同步增长

2008年,全区实现社会消费品零售额129.08亿元,增长15.2%。其中:城市消费品零售额64.28亿元,增长14%;县及县以下消费品零售额64.80亿元,增长16.4%。分行业看,批发和零售业零售额104.59亿元,增长18.1%;住宿和餐饮业零售额19.51亿元,增长3.8%;其他行业零售额4.98亿元,增长

7.3%。

六、出口成倍增长，进口下降

2008年，全区出口总额70721万美元，增长1.2倍；进口总额5822万美元，下降13.2%。对亚洲出口47846万美元，增长63.4%；对欧洲出口10651万美元，增长9.2倍；对北美洲出口2227万美元，增长31.2%；对大洋洲出口839万美元，增长30.1倍。边境小额贸易实现进出口总额23949万美元，占进出口贸易总额的31.3%，下降3.8%，其中：出口23675万美元，下降3.7%；进口274万美元，下降10.5%。

七、交通运输业和旅游业下降，邮电快速增长

2008年，全区货运量331.63万吨，下降13.8%，客运总量447.1万人次，下降34.3%。年末公路总通车里程5.13万公里，比上年增加2703公里，其中有铺装路面总里程2895公里，增加358公里。年末民用汽车拥有量达到19.3万辆，增长19.8%。

2008年，全区邮电业务总量41.73亿元，增长35.1%。其中：邮政业务总量1.48亿元，增长11.3%；电信业务总量40.25亿元，增长36.2%。新增固定电话用户1.7万户，达到72.27万户。新增移动电话用户9.8万户，达到83.52万户。电话普及率达到每百人55部。

2008年，全年接待国内外旅游者224.64万人次，比上年下降44.2%。其中：接待国内旅游者217.85万人次，下降40.5%；接待入境旅游者6.8万人次，下降81.4%。实现外汇收入3112万美元，下降77%。

八、财政收支增长，金融运行稳定

2008年，全区地方财政收入28.43亿元，按同比口径计算，比上年增长22.9%。其中一般预算收入24.88亿元，增长23.5%。在一般预算收入中，增值税增长31.6%，营业税增长23.4%。地方财政收入占GDP的比重为7.2%。财政总支出383.86亿元，按同比口径计算，比上年增长37.4%。其中一般预算支出380.66元，增长38.2%。

2008年末，全区金融机构本外币各项存款余额829.02亿元，增长28.9%，其中城乡居民储蓄存款185.36亿元，增长15.8%；本外币各项贷款余额219.32亿元，增长13.3%。

九、人民生活水平提高

2008年，全区城镇居民人均可支配收入达12482元，比上年增长12.1%；农牧民人均纯收入3176元，增长13.9%。城乡居民家庭恩格尔系数分别为51.2%、56.0%。通过推进新农村建设、实施安居工程，年末已有20万户、百万农牧民住上了宽敞明亮的新房。年末城镇居民人均居住面积33平方米，农牧民人均居住面积达到22.83平方米。紧紧围绕改善农牧民生产生活条件，全年有699个行政村新建了村级组织活动场所，解决了32个乡、423个行政村通公路，25万农牧民喝上了安全卫生的饮用水，新增和改善了17.7万农牧民的用电问题，有4.3万户农牧民用上了清洁的沼气，农牧区碘盐推广人口覆盖率达到66%。

2008年，全区居民消费价格上涨5.7%。其中服务项目价格上涨2.6%；消费品价格上涨6.4%。在各类消费品中，除娱乐教育文化用品及服务类价格下降1%外，其余七大类均有不同程度的上涨。价格上涨幅度较大的是食品和居住类，分别上涨12.1%和6.6%。农业生产资料价格上涨3.2%。工业品出厂价格上涨5.6%。

表 12.3　2008 年西藏经济在全国的定位

	绝对额在全国位次	增长率在全国位次	参与排序的地区数
地区生产总值	31	23	31
农林牧渔业总产值	31	13	31
规模以上工业企业增加值	—	27	31
城镇固定资产投资完成额	31	28	31
施工项目计划总投资	31	16	31
新开工项目计划总投资	31	27	31
房地产开发投资额	31	26	31
商品房施工面积	31	16	31
商品房竣工面积	—	—	30
房地产业购置土地面积	—	—	29
商品房销售面积	—	—	30
商品房销售额	—	—	30
建筑业总产值	31	17	31
社会消费品零售总额	31	31	31
出口总额	30	1	31
进口总额	31	31	31
城镇单位就业人员	31	7	31
城镇单位劳动报酬	31	31	31
城镇居民人均可支配收入	26	26	31
城镇居民人均消费性支出	29	21	31
城镇居民人均食品支出	11	31	31
农村居民人均现金收入	31	13	31
农村居民人均生活消费现金支出	30	31	31
农村居民人均食品支出	28	31	31
地方财政收入总额	31	16	31
	年涨幅在全国的位次		参与排序的地区数
居民消费价格	19		31
工业品出厂价格	—		30
原材料燃料动力购进价格	—		30
固定资产投资价格	—		30

第四节　宁夏回族自治区

2008 年，面对国际金融市场动荡加剧、国内自然灾害频发、全国经济下行压力加大的复杂形势，宁夏全区上下积极化解各种不利因素影响，加大结构调整力度，努力转变经济发展方式，经济继续承接近年来的积极发展势头，总体运行呈现增长较快、结构趋优、需求活跃、质量改善的良好态势。

一、经济总体运行特征

1. 经济平稳较快增长，经济总量迈上新

台阶

初步核算，2008年全区生产总值跨越千亿元台阶，达到1098.51亿元，按可比价格计算，比去年增长12.2%。分产业看，一、二、三产业增加值分别增长7.2%、14.3%和11%，第二产业增幅有所回落，一、三次产业增速均为近10年来最快的。分季度看，一、二、三及全年累计增长速度分别达到12%、12.5%、12.4%和12.2%。与近年和改革开放以来的平均增长水平相比，全区经济增长仍在一个持续平稳较快的平台上运行，支持经济增长的基础依然牢固，经济发展的基本面依然良好。

2. 粮食生产再创新高，农村经济稳定发展

2008年，全区紧紧抓住新农村建设的有利机遇，认真落实支农惠农政策，农业和农村经济总体上呈现出持续、快速发展的良好势头。全区农林牧渔业增加值120.11亿元，增长7.2%。粮食生产迈上新台阶，总产量329.24万吨，增长1.8%，实现了连续5年稳产增产的新记录。在确保粮食安全的基础上，强力推进特色和设施农业扩量、提质、增效。全年新增设施农业面积22.4万亩，累计达64.1万亩，马铃薯、清真牛羊肉、牛奶、瓜菜、果品等优势特色农产品保持两位数增长。牧业生产恢复增长，全年肉类总产量23.62万吨，增长3.6%；禽蛋产量6.45万吨，增长13.2%；奶产量89.4万吨，增长12.5%。以"适水产业"发展为重点，全区淡水鱼面积大幅增加，水产品产量7.51万吨，增长6.6%。

3. 工业经济增幅回落，优势主导行业依然保持较快增长

2008年，全区工业经济克服各种不利因素影响，保持稳定增长。初步统计，规模以上工业增加值485.08亿元，增长15.1%，增幅比上年回落1.9个百分点。工业经济结构顺势调整，冶金、化工等传统高耗能行业增速全面回落，煤炭、纺织、建材、机械等优势行业保持17%以上的较快增速，原煤、水泥、羊绒、针织服装、起重设备、混合饲料等产品产量较快增长。主要工业经济效益指标继续增长，规模以上工业主营业务收入1325.8亿元，增长27.1%，工业经济效益综合指数达到194.4，提高24.86点。在努力确保工业经济稳定增长的同时，加快企业节能减排技术的运用和技术改造，淘汰落后的生产能力，单位GDP能耗按可比价计算，比上年下降6.79%，单位GDP电耗比上年下降10.91%，单位工业增加值能耗比上年下降12.23%。

4. 固定资产投资快速增长，投资结构趋向改善

2008年，全区紧紧抓住自治区五十大庆历史机遇，坚持基础设施建设适度超前原则，实施项目带动战略，投资保持持续较快增长。全社会固定资产投资858.65亿元，增长38.1%，增幅比上年提高17.4个百分点。其中，城镇投资增长39.3%；农村投资增长29.2%。城镇投资中，基本建设投资增长49.7%；更新改造投资增长21.2%；房地产开发投资增长26.1%。投资结构继续改善，第一产业投资增长2.9倍，增幅明显提高；第二产业投资增长45.2%，增幅提高4.2个百分点；第三产业投资增长27.1%，增幅提高21.5个百分点。通过扩大投资，推进项目建设，一批事关长远发展的水利、交通、能源、城市基础设施、社会事业等重大项目相继建成，极大地改善了全区的社会环境和生产条件，对全区经济增长和社会发展做出了重要贡献。

5. 城乡市场持续活跃，消费品零售额增势强劲

2008年，全区消费品市场持续活跃，完成消费品零售总额285.15亿元，增长22.2%，增幅比上年提高4.9个百分点。城乡市场同步、协调发展，城市零售额212.71亿元，增长20.8%；县及县以下零售额72.5亿元，增长26.6%。分行业看，批发和零售业零售额234亿元，增长22.6%；住宿和餐饮业零售额48.4亿元，增长21.9%。基本生活类商品、享受型消费品、汽车、文化娱乐等商品零售额增长较快，成为2008年引领市场消费的热点。

6. 对外贸易增势平稳，利用外资继续扩大

2008年四季度遭遇外需明显减弱的冲击，但全区对外贸易依然保持相对平稳，全年进出口总值18.82亿美元，增长18.9%。其中，出口12.59亿美元，增长15.8%；进口

6.23 亿美元,增长 25.7%,增幅均比上年有所提高。出口商品结构继续改善,高新技术产品、机电产品、农副产品等出口商品增长较快。利用外资继续稳步增长,实际直接利用外商投资 6238 万美元,增长 23.6%。

7. 两大收入稳步增长,经济运行质量继续提高

2008 年,全区财政收入较快增长,财政总收入 178.62 亿元,增长 23.7%,其中,地方一般预算财政收入 95.02 亿元,增长 18.8%。税收收入快速增长,增速达到 32.3%,增值税、营业税、企业所得税三大税种收入增势强劲,增速分别达到 29.4%、30.5%和 37.1%。

2008 年,全区居民收入较快增长,增加额均创历史最高水平。城镇居民人均可支配收入 12932 元,增长 19.1%,其中工资收入、转移性收入和经营性收入继续快速增长,是拉动城镇居民收入增长的主要因素。农村居民人均纯收入为 3682 元,增长 15.8%,以外出务工收入为主的工资性收入快速增长,成为促进农村居民收入增长的主导因素。

8. 金融财政运行平稳

2008 年末,全区金融机构本外币各项存款余额 1598.17 亿元,比年初增加 309.92 亿元,增长 24.1%;本外币各项贷款 1414.3 亿元,比年初增加 262.81 亿元,增长 22%。全年财政支出 323.08 亿元,增长 33.8%,其中,用于社会保障和就业、医疗卫生、城乡社区服务的支出分别增长 53.32%、47.55% 和 78.16%。

9. 消费价格涨幅持续回落,工业品购销价格继续在相对高位运行

2008 年以来,全区居民消费价格上涨 8.5%,涨幅比上年提高 3.1 个百分点,分月看,涨幅在 5 月份后逐月回落,12 月份同比上涨 3.4%,比涨幅最高的 2 月份回落 7.9 个百分点。工业品出厂价格上涨 12.8%,涨幅比上年提高 9.1 个百分点,原材料、燃料、动力购进价格上涨 21.8%,涨幅比上年提高 14.7 个百分点。

二、经济运行中的突出问题

1. 金融危机对宁夏经济产生的冲击不容忽视

国际金融危机对实体经济的影响在蔓延,对宁夏经济运行的影响仍有一定的不确定性。对全区工业的显著影响是从 2008 年四季度开始的,主要表现为:全区工业出现订单减少,存货增加,资金周转困难,速度效益下滑,停产半停产企业增多。

全区的产品出口受到影响,客户订单减少,出口产品价格下降,铁合金、碳化硅、双氰胺、金属镁、机床铸件等重点出口产品增速明显下滑。

2. 经济运行中的结构性矛盾依然突出

宁夏应当发挥能源和资源优势,但也造成“两高一资”企业所占比重过高。一旦国际国内市场对这些产品的需求发生波动,受冲击就会成为必然。这也是国际金融危机对宁夏经济冲击很严重的原因。从产业关联度分析,国际需求大幅度下降导致国内钢铁企业逾半数停产或限产,宁夏相关联企业特别是铁合金企业也是如此,进而连累电力工业和煤炭工业。

3. 农民增收面临着不少困难

一是农产品加工转化能力低的“短腿”问题更加显现。2008 年,全区农产品加工企业平均资产仅为 155 万元,每个企业的从业人员平均只有 21.5 人,并且加工层次低,以初级加工为主。产业链条短,产业效益就低,市场开拓就困难,农民就业和增收就困难。二是农民工返乡回流增多。全区每年输出农村劳动力 70 多万人,金融危机向实体经济扩散,导致劳动用工急剧减少,就业形势将会更加严峻。

三、对策建议

1. 建立经济增长和节能减排“双赢”的长效机制

为了从根本上降低能源消耗,必须大力调整工业结构。限制高耗能、低附加值产业,严格执行国家关于电石、铁合金、焦化、水泥行业的市场准入制度,严格能耗标准和环保标准,推进行业内部整合,对达不到强制性能效标准

的，限期整改，整改不达标责令停产。对国家明令淘汰的耗能过高的产品、设备和生产能力，从销售、使用和生产等环节，加大惩处力度。支持发展低耗能的产业和高新技术产业，鼓励应用先进实用技术改造传统产业，制止高耗能行业的盲目投资和低水平扩张，通过政策激励和信息引导，加快结构调整和技术进步。

全面提升金融支持节能减排效能。金融监管部门要加强信贷政策的窗口指导，充分使用诫勉谈话、风险提示等手段有效遏制不符合节能减排要求的授权授信和融资行为。金融机构要根据企业所在的主要行业及其特点，制定高效能、高污染行业的授信政策和操作细则；对节能环保领先的企业特别是新能源，新材料、新环保企业实施优惠贷款利率，反之采取惩罚性高利率；对节能环保的重点产业和大型项目，通过银团贷款、联合贷款、转贷款等合作方式，加大信贷支持力度。证券部门对于符合节能减排要求的企业和融资项目，应建立绿色通道，优先支持其上市融资。

加大节能技改力度。通过政策引导，积极支持老企业进行节能改造，提高行业技术整体装备水平，延伸产业和产品链，提高产品附加值，加快发展冶金、化工等行业的后续产业，形成集群产业和循环产业链。在煤炭、电力、冶金、化工、建材等重点耗能领域，积极推广节能新技术、新工艺，支持企业实施工业锅炉（窑炉）改造、区域热电联产、能源阶梯利用、电机系统节能、能量系统优化等节能技改工程，进一步降低工业能耗水平。

2. 大力推进宁夏沿黄城市带建设

当前，在区域经济一体化潮流带动下，城市群的崛起成为助推地区经济发展的强大引擎。面对沿海发达省份城市集群迅猛发展、面对中西部地区城市带建设你追我赶的竞争态势，宁夏作为处于较低层次的欠发达省区，只有通过加大沿黄城市带的开发建设力度、加速区域城市化进程，才能实现优势生产要素的相对集中，增强城市带的集聚、辐射功能，切实发挥沿黄城市带的核心增长极作用，带动整个宁夏经济实现又好又快的跨越式发展。

沿黄城市带发展的实践证明，只要坚持科学制定城市规划，合理确定城市人口、面积，做到城市经济发展与人口、资源、环境相协调，加快建设资源节约型和环境友好型城市，同时切实改善城市人居环境，保护城市文化特色，防止盲目建设、重复建设和占而不建、圈炒地皮等现象，就能够实现城市带的全面、协调、可持续发展。

3. 加快发展现代农业

一要在稳定粮食播种面积的前提下，坚持把提高单产、优化品质作为主攻方向，不断提高粮食综合生产能力。二要加快推进特色优势产业集聚升级。以建设引黄灌区现代农业、中部干旱带旱作节水农业、南部山区生态农业“三大示范区”为重点，加快实施新一轮特色优势产业发展规划，推进特色优势产业扩规模、提质量、增效益。三要大力发展现代畜牧业和“适水产业”。要坚持养殖与防疫并重，以推动规模化养殖为重点，加快转变生产方式，不断提升畜牧水产业对农民增收的贡献率。四要加快农业科技创新与推广应用步伐。要紧紧围绕特色优势产业发展的关键技术和环节，以提高品质、降低成本、增加效益为核心，加快推进农业科技创新步伐。

4. 切实支持优势企业或有发展潜力企业的发展

“十五”以来，宁夏工业领域已经有一些消耗能源少、污染程度轻且易于治理、在国内外市场已经占有较多份额、掌握核心技术并且研发能力较强、产业链长、吸纳就业多、发展潜力大的行业与企业。一是装备制造业。这个行业中的石油机械轴承、铁路轴承，煤矿机械、防爆电机，自动化仪表、大型铸件、铸钢及精密加工、数控机床等产品不仅在国内占有较大份额，有些还掌握核心技术，已经具有较强的市场竞争力。有些虽然市场占有率不高，但也表现出技术优势和发展的潜力。如风电设备制造。二是钽、铌和铍等稀有金属产品，技术研发能力和水平在国际国内处于领先地位，市场份额在国际上长期“三分天下有其一”。光伏、碳基材料也呈现良好的发展势头。三是制药行业。启元和多维药业的生物发酵抗生素和其他化学原料药，在国内外有较高的市场占有率。四是电力工业。在火电“压小上大”快速发展的同时,风力发电和煤矸石发电的发展势头非常好。五是已经形成一定规模的玉米、枸杞、葡萄、“高酸苹果”、牛奶、羊绒等农、林、牧产品初、深加工能力。六是突出清真特色的食品工业,国内外市场潜力巨大。七是宁东能源化工基地,已经被国务院批准建设煤炭、煤化工、“西电东送”火电基地,对宁夏实现跨越式发展更是具有战略意义。

表 12.4 2008 年宁夏经济在全国的定位

	绝对额在全国位次	增长率在全国位次	参与排序的地区数
地区生产总值	29	15	31
农林牧渔业总产值	29	4	31
规模以上工业企业增加值	—	17	31
城镇固定资产投资完成额	28	5	31
施工项目计划总投资	28	11	31
新开工项目计划总投资	28	18	31
房地产开发投资额	29	16	31
商品房施工面积	28	4	31
商品房竣工面积	26	2	30
房地产业购置土地面积	28	29	29
商品房销售面积	27	5	30
商品房销售额	28	4	30
建筑业总产值	28	21	31
社会消费品零售总额	29	19	31
出口总额	29	24	31
进口总额	29	19	31
城镇单位就业人员	29	29	31
城镇单位劳动报酬	28	26	31
城镇居民人均可支配收入	20	2	31
城镇居民人均消费性支出	17	1	31
城镇居民人均食品支出	23	4	31
农村居民人均现金收入	18	12	31
农村居民人均生活消费现金支出	21	2	31
农村居民人均食品支出	25	4	31
地方财政收入总额	29	27	31
	年涨幅在全国的位次		参与排序的地区数
居民消费价格	2		31
工业品出厂价格	5		30
原材料燃料动力购进价格	1		30
固定资产投资价格	16		30

第五节 新疆维吾尔自治区

2008 年,新疆工农业生产积极向好,投资、消费、出口三驾马车保持强劲拉力,全区经济继续在2003年以来的上升通道中稳步运行。

一、经济运行的六个亮点

2008年，全区生产总值突破4000亿元大关，达到4203.41亿元，增长11%，比全国增速高2个百分点，自2003年以来，连续6年保持两位数以上的增长速度。分产业看，第一产业增加值691.1亿元，增长6.4%，高于全国增速0.9个百分点；第二产业2086.74亿元，增长13.9%，高于全国增速4.6个百分点；第三产业1425.57亿元，增长9.7%，高于全国增速0.2个百分点。

1. 农业生产形势喜人

2008年，在一系列支农惠农政策措施的积极影响下，新农村建设稳步推进，全区农业和农村经济进一步发展，农业生产再获丰收。全区粮食播种面积2474.95万亩，比上年增长19.7%，总产量1022.85万吨，创历史最高水平，比上年增加155.81万吨，增产18%；棉花播种面积2502.02万亩，下降6.4%，产量301.55万吨，增长4%；在油脂类价格大幅上涨的引导下，油料播种面积430.05万亩，增长62.4%，产量60.44万吨，增产50%；甜菜播种面积106.65万亩，下降24.4%，产量438.88万吨，减产25.2%。蔬菜播种面积387.07万亩，增长9.8%，产量1307.8万吨，增产11.4%。水果（含果用瓜）产量855.04万吨，增长13.9%，其中，园林水果450.87万吨，增产9.4%。

2008年，全区年末牲畜存栏4747.01万头（只），比上年下降5.5%；全年牲畜出栏4577.06万头（只），增长11.4%。肉类总产量175.49万吨，增长9.3%，其中，猪肉36.79万吨，增长15.9%；牛肉40.98万吨，下降3%；羊肉67.45万吨，增长3.7%。牛奶209.06万吨，增长6.5%。绵羊毛8.4万吨，下降5.8%。水产品9.26万吨，增长4.2%。

2008年，全区农业生产条件进一步提高。年末农业机械总动力1374.33万千瓦，增长7.8%。拥有大中型拖拉机17.84万台，增长16.6%；小型拖拉机37.66万台，增长3.5%。化肥施用量（折纯）148.89万吨，增长13.2%。

2. 工业经济总体好于全国

2008年，全区工业增加值1790.7亿元，增长15.1%，高出全国增速5.6个百分点，其中，规模以上工业增加值1727.35亿元，增长15.5%。各种经济类型普遍好于全国平均水平（见表12.5）。在全区36个工业行业大类中，增长的有27个。重点行业和高成长行业表现突出（见表12.6）。石油和天然气开采业等六大重点行业全部实现增长，对规模以上工业增长的贡献达68.7%，拉动规模以上工业增长10.6个百分点，除纺织业增速低于全国5.7个百分点外，其他重点行业增速均远高于全国。面临国际金融危机的严峻挑战，煤炭开采和洗选业等十大高成长行业仍保持较高增长速度，显示出较强的抵御风险能力和良好的成长性。

表12.5 新疆与全国规模以上工业经济增速比较

指标名称	比去年同期增长%	
	新疆	全国
工业增加值	15.5	12.9
其中：轻工业	9.8	12.3
重工业	16.1	13.2
其中：国有及国有控股企业	23.2	9.1
其中：集体企业	13.8	8.1
股份合作企业	28.5	11.4
股份制企业	15.1	15.0
外商及港澳台投资	16.9	9.9

表 12.6 新疆规模以上重点行业和高成长行业增加值增速与全国比较情况

行业	新疆增加值（亿元）	比上年增长%	
		新疆	全国
总计	1727.35	15.5	12.9
煤炭开采和洗选业▲	52.86	42.9	19.1
石油和天然气开采业☆	1086.53	12.8	6.1
黑色金属矿采选业▲	24.33	22.6	21.9
纺织业☆	23.72	4.8	10.5
纺织服装、鞋、帽制造业▲	0.60	37.1	12.5
石油加工、炼焦及核燃料加工业☆	28.57	15.1	4.3
化学原料及化学制品制造业☆▲	85.44	19.7	10.0
黑色金属冶炼及压延加工业☆▲	77.35	33.1	8.2
专用设备制造业▲	2.87	26.8	20.5
交通运输设备制造业▲	1.04	26.2	15.2
电气机械及器材制造业▲	27.51	58.4	18.1
通信设备、计算机及其他电子设备制造业▲	0.90	29.7	12.0
电力、热力的生产和供应业☆▲	95.6	19.6	8.6

注：标“☆”为重点行业，标“▲”为高成长行业。

3. 投资力度加大

2008 年，全区固定资产投资 2314 亿元，增长 25%。其中，城镇固定资产投资 2062.14 亿元，增长 24.3%；农村固定资产投资 251.86 亿元，增长 31.4%。分产业看，第一产业投资 154.12 亿元，增长 4.4%；第二产业投资 1162.29 亿元，增长 21.9%；第三产业投资 997.59 亿元，增长 33%。

4. 收入消费同步增长

2008 年，全区城乡居民收入同步增长，城镇居民人均可支配收入 11432 元，增长 10.9%；农村居民人均纯收入 3502.9 元，增长 10.1%。社会消费品零售总额 1025.72 亿元，增长 21%，扣除物价上涨因素，实际增长 11.5%。分城乡看，城市零售额 729.64 亿元，增长 21.6%，增幅比上年提高 3.8 个百分点；农村零售额 296.08 亿元，增长 19.4 %，增幅比上年提高 5.9 个百分点，增幅明显提高。

5. 对外贸易逆势攀高

2008 年，全区进出口总额达 222.17 亿美元，增长 62%，比全国增速高 44.2 个百分点。其中，出口总额 192.99 亿美元，增长 67.8%；进口总额 29.18 亿美元，增长 31.9%。进出口总额位居西部 12 省市区榜首，增速仅次于西藏位居全国第二。边境贸易一枝独秀，全年完成边境小额贸易出口额 157.69 亿美元，占出口总额的 81.7%，增长 95.5%；完成边境小额贸易进口额 18.73 亿美元，占进口总额的 64.2%。

6. 财政、金融支撑有力

2008 年，全区全口径财政收入 818.99 亿元，增长 27.9%。地方财政收入 479.75 亿元，增长 29.8%。地方财政一般预算收入 361.05 亿元，增长 26.3%，地方财政一般预算支出 1056.14 亿元，增长 32.8%。

2008 年，金融为全区工农业生产提供了强有力的资金支持。年末金融机构（不含外资）人民币各项存款余额 5399.34 亿元，增长 17%，各项贷款余额 2826.53 亿元，增长 12.5%。农村信用社贷款余额 301.62 亿元，增长 34.2%。个人消费贷款余额 216.95 亿元，增长 11.5%。个人住房贷款余额 173.17 亿元，增长 10.3%。

二、国际金融危机的影响不容忽视

新疆的产品结构以资源性产品为主导，棉

花和石油产品是工农业的主要产品，产业结构层次相对较低。国际金融危机对全区经济的影响，突出表现在资源类产品价格下跌，并由此产生一系列负面效应。

1. 对实体经济的负面影响

由于国际原油、棉花以及有色金属等大宗资源价格的剧烈波动，对全区相关产业和企业产生较大的负面影响。棉花销路始终不畅，纺织、轻工行业产销回落，建材等产品出口大幅下降。2008 年，规模以上工业企业产品销售率 97.6%，比上年下降 1.5 个百分点，其中，轻工业产品销售率 96.1%，下降 0.6 个百分点；重工业产品销售率 97.8%，下降 1.7 个百分点。出口交货值 63.77 亿元，增长 5.6%，增幅比上年回落 68.5 个百分点。

2. 工业经济持续增长压力增大

资源类产品价格大幅下挫，对工业经济持续快速增长产生一定的负面影响。自 2008 年 7 月份以来，新疆 PPI 呈明显回落态势，已由 7 月份最高的 125.5% 回落到 12 月末的 84.6%，回落 40.9 个百分点。PPI 回落对工业经济增长的滞后效应 3 个月后开始显现，规模以上工业增加值增长速度自 9 月份开始呈回落态势，12 月比 9 月回落 5 个百分点。

表 12.7　2008 年新疆经济在全国的定位

	绝对额在全国位次	增长率在全国位次	参与排序的地区数
地区生产总值	25	20	31
农林牧渔业总产值	20	12	31
规模以上工业企业增加值	—	16	31
城镇固定资产投资完成额	25	25	31
施工项目计划总投资	26	17	31
新开工项目计划总投资	23	10	31
房地产开发投资额	26	9	31
商品房施工面积	26	7	31
商品房竣工面积	24	21	30
房地产业购置土地面积	21	15	29
商品房销售面积	26	23	30
商品房销售额	26	19	30
建筑业总产值	25	8	31
社会消费品零售总额	25	23	31
出口总额	11	2	31
进口总额	27	13	31
城镇单位就业人员	22	21	31
城镇单位劳动报酬	22	20	31
城镇居民人均可支配收入	30	28	31
城镇居民人均消费性支出	26	23	31
城镇居民人均食品支出	26	14	31
农村居民人均现金收入	14	31	31
农村居民人均生活消费现金支出	25	20	31
农村居民人均食品支出	27	9	31
地方财政收入总额	25	8	31
	年涨幅在全国的位次		参与排序的地区数
居民消费价格	4		31
工业品出厂价格	3		30
原材料燃料动力购进价格	3		30
固定资产投资价格	4		30

3. 工业企业获利空间减少

新疆工业以资源型产品为主导，石油工业一枝独秀，占规模以上工业增加值的64.6%。资源类产品价格下降直接影响石油、钢铁、有色、化工等重点行业效益下滑。2008年，由于原油价格快速下滑，导致工业利润总额整体回落。11月份，新疆原油出厂价格出现了2008年以来的首次大跌，出厂价格指数跌至69.5%，与最高点2月份的153.3%相差83.8个百分点。1～11月，石油和天然气开采业利润增长38.3%，比1～10月回落8.8个百分点，比1～9月回落16.4个百分点。

由于有色、冶金、石化等产品价格普遍下降，致使新疆部分行业和企业由盈转亏，或限产停产。1～11月，纺织业和化学纤维制造业由上年的盈利转为亏损；有色金属矿采选业利润下降32.3%；农副食品加工业下降26.2%；非金属矿采选业下降4.3%；黑色金属冶炼及压延加工业仅增长3.6%，比前三季度增幅回落96.9个百分点；化学原料及化学制品制造增长18.9%，比前三季度增幅回落49.5个百分点。

4. 房地产市场迅速降温

2008年，新疆房地产市场明显由热转冷，房地产开发投资222.05亿元，增长31.9%，增幅比上年回落7.3个百分点。其中，经济适用房投资15.48亿元，下降5.8%。房屋施工面积2585万平方米，增长25.9%，增幅比上年回落5.1个百分点。竣工面积804.91万平方米，下降9.6%。商品房销售面积855.27万平方米，下降25.3%，销售额193.24亿元，下降18.9%。商品房空置面积339.57万平方米，增长17.4 %。

第十三章

东北三省的经济运行情况

2008年，国际金融危机对东北地区影响不大，三省经济呈现稳步较快增长的态势，工业生产、进出口等经济指标明显好于全国平均水平，但也存在一些与全国其他地区相类似的问题，如工业生产下行压力加大、进出口增速有所放缓、就业和再就业难度加大等问题。

东北三省的GDP、工业生产和投资等主要经济指标是吉林好于辽宁、辽宁好于黑龙江。吉林、辽宁和黑龙江三省GDP依次增长16%、13.1%和11.3%，规模以上工业企业增加值依次增长18.6%、17.5%和13.1%，城镇固定资产投资依次增长40.3%、35%和30%。出口和财政收入指标是黑龙江好于吉林、吉林好于辽宁，黑龙江、吉林和辽宁三省出口依次增长35.2%、23.7%和19.1%，地方财政收入分别增长32.4%、31.8%和25.2%。居民收入是辽宁好于吉林、吉林好于黑龙江，辽宁、吉林和黑龙江三省城镇居民人均可支配收入依次增长17%、13.7%和13%。

第一节　辽宁省

一、经济保持平稳较快增长的态势

2008年，辽宁省经济总体状况呈现稳步较快增长的态势。初步核算，地区生产总值13461.6亿元，增长13.1%。其中，第一产业增加值1302亿元，增长6.3%；第二产业7512.1亿元，增长15.5%；第三产业4647.5亿元，增长11.2%。从全年走势看，全省经济运行现状指数比2007年下降，从2007年末的71.5下降到2008年末的59.9，从黄灯区下降到绿灯区。

1. 三次产业共同推进经济平稳增长

2008年，全省农业再次获得大丰收，粮食总产量创历史最高水平，达到1860万吨，增产25万吨。畜牧业生产稳定增长，肉类总产量达376.0万吨，增长8%。

2008年，全省工业生产平稳较快发展。规模以上工业增加值6603.1亿元，按可比价计算，增长17.5%，显著高于全国增速4.6个百分点。从走势看，从9月起增速回落，由9月的19%回落到12月的17.5%。

2008年，全省第三产业增长势头加快。全年交通运输、仓储及邮政业增加值715.2亿元，增长9%。货物周转量6338.5亿吨公里，增长9%；旅客周转量871.3亿人公里，增长8.1%；港口货物吞吐量48768万吨，增长17.2%。邮政、电信业发展势头强劲，邮电业务总量819.8亿元，增长16.1%。旅游业较快发展,全年接待国内外游客 20078.3 万人次,增长 20.2%。

2. 投资、消费、出口三大需求协调拉动经济增长

2008 年,全省投资增长较快,投资总量突破万亿元大关,全社会固定资产投资 10016.3 亿元,增长 34.7%。三次产业投资均保持较快增长,第一产业投资 325.1 亿元,增长 64.2%;第二产业投资 4832.2 亿元,增长 35.2%;第三产业投资 4859 亿元,增长 32.6%。非国有经济投资比重达到 74.8%。基础设施建设进一步加快,重大项目建设加快推进,投资结构不断优化。

2008 年,全省房地产开发投资 2058.1 亿元,增长 37.4%。其中,商品住宅开发投资 1575.1 亿元,增长 35.1%。房屋施工面积 14702.6 万平方米,增长 26.6%;房屋竣工面积 3540.8 万平方米,增长 13.1%。商品房销售面积 4016.4 万平方米,增长 4.9%,其中销售住宅面积 3667.5 万平方米,增长 3.4%。商品房销售额 1507.7 亿元,增长 12.8%,其中住宅销售额 1309.3 亿元,增长 10.1%。

2008 年,全省消费品市场持续繁荣,社会消费品零售总额 4917.5 亿元,增长 22%。

2008 年,全省对外贸易平稳发展,进出口总额 724.4 亿美元,增长 21.8%。其中,进口总额 303.8 亿美元,增长 25.8%,高于全国 7.3 个百分点;出口总额 420.5 亿美元,增长 19.1%,高于全国 1.9 个百分点。实际使用外商直接投资额突破百亿美元大关,达到 120.2 亿美元,增长 32.1%。

3. 人民生活进一步改善

2008 年,全省城乡居民收入较快增长。城镇居民人均可支配收入 14393 元,增长 17%,扣除价格因素,实际增长 12.1%;农村居民人均纯收入 5576 元,增长 16.8%,扣除价格因素,实际增长 10%。低收入群体生活保障不断提高。新型农村合作医疗人均筹资水平从 50 元提高到 100 元。企业退休人员基本养老金月人均提高 100 元。城市居民最低生活保障标准平均提高 18.3%。

4. 财政收支稳步增长,金融运行平稳

2008 年,全省地方财政一般预算收入 1356.1 亿元,增长 25.2%。各项税收均保持增长,增值税 694.2 亿元,增长 15.9%;营业税 304.0 亿元,增长 20.6%;企业所得税 407.4 亿元,增长 34.4%;个人所得税 129.3 亿元,增长 13%。全年地方财政一般预算支出 2151.9 亿元,增长 22%。财政支出结构进一步优化。

2008 年,全省金融机构存贷款增长较快。年末金融机构(不含外资,下同)人民币各项存款余额 18223.2 亿元,比年初增加 3105.4 亿元。其中,储蓄存款 10127.3 亿元,比年初增加 2064.3 亿元。各项贷款余额 11794.6 亿元,比年初增加 1885.4 亿元。

5. 通货膨胀风险解除

2008 年,全省居民消费价格水平上涨 4.7%,涨幅比上年降低 0.4 个百分点。工业品出厂价格上涨 10.9%,涨幅比上年提高 6.4 个百分点。原材料、燃料、动力购进价格上涨 11.5%,涨幅比上年提高 6.7 个百分点。从走势看,居民消费价格涨幅在 2 月份后持续回落,12 月已转为下跌,同比下跌 1.2%。工业品出厂价格涨幅在 8 月份后转降,回落的速度很快,12 月已转为下跌,同比下跌 0.5%。

二、存在的问题

1. 经济下行压力加大

受国际金融危机、世界经济增长放缓以及国内外市场需求变化等因素的影响,辽宁经济运行走向指数在 2008 年 8 月份出现下降拐点,并持续走低,到 2008 年末已下降到 44.8,从黄灯区下降到了绿灯区。各项经济指标的增幅也出现了不同程度的回落。全省 GDP 一季度增长 13.4%,上半年增长 14.2%,前三季度增长 13.8%,全年增长 13.1%,增幅同比分别回落 0.3、0.6、1.3 和 1.4 个百分点。全年规模以上工业增加值比上年增长 17.5%,增幅比上年回落 3.6 个百分点,比三季度和上半年分别回落 1.5 和 2.9 个百分点。城镇固定资产投资增长 35%,比三季度和上半年分别回落 2.6 和 1.3 个百分点。出口增长 19.1%,增幅比三季度回落 4.4 个百分点。地方财政一般

预算收入增长 25.2%，增幅回落 7.1 个百分点，比三季度回落 4.1 个百分点。规模以上工业企业实现利润比上年减少 252.4 亿元。房地产新开工面积增长 1.5%，低于全国平均水平，空置面积重新出现增加的局面，2007 年末全省空置面积下降，2008 年末增长 14.5%。

2. 就业和再就业困难加大

一方面，2008 年，受世界性经济危机影响，企业面临生产经营困难，大量企业试图通过减员、减薪的方法应对此次金融危机，新增就业岗位减少。另一方面，2009 年辽宁省高校毕业生总数预计达到 25 万人，与今年 22.9 万高校毕业生总量相比，将多出 3 万多人，新增就业人数不断增加。由此可见，就业形势十分严峻。

3. 企业生产和经营压力增加

受国际金融危机影响，多数企业生产经营出现困难。2008 年，全省规模以上工业企业实现利润 489.8 亿元，比上年减少 252.4 亿元；利税总额 1248.8 亿元，减少 170.4 亿元。虽然原材料、燃料、动力购进价格不断下降，但是受全球经济不景气和人们对未来经济预期的不确定性等因素的影响，消费市场萎缩，企业订货需求不断下降，开工生产不足。特别是中小企业，融资难担保难，流动资金紧张加剧了企业经营风险。

表 13.1 2008 年辽宁省经济在全国的定位

	绝对额在全国位次	增长率在全国位次	参与排序的地区数
地区生产总值	8	7	31
农林牧渔业总产值	9	14	31
规模以上工业企业增加值	—	14	31
城镇固定资产投资完成额	3	6	31
施工项目计划总投资	6	21	31
新开工项目计划总投资	5	23	31
房地产开发投资额	3	8	31
商品房施工面积	6	6	31
商品房竣工面积	5	3	30
房地产业购置土地面积	1	16	29
商品房销售面积	4	3	30
商品房销售额	7	5	30
建筑业总产值	10	18	31
社会消费品零售总额	7	20	31
出口总额	8	19	31
进口总额	8	17	31
城镇单位就业人员	8	6	31
城镇单位劳动报酬	8	6	31
城镇居民人均可支配收入	10	4	31
城镇居民人均消费性支出	8	2	31
城镇居民人均食品支出	9	2	31
农村居民人均现金收入	5	4	31
农村居民人均生活消费现金支出	10	23	31
农村居民人均食品支出	10	25	31
地方财政收入总额	7	12	31
	年涨幅在全国的位次		参与排序的地区数
居民消费价格	30		31
工业品出厂价格	9		30
原材料燃料动力购进价格	20		30
固定资产投资价格	15		30

三、政策选择

1. 加大固定资产投资，保持经济平稳较快发展

保持经济平稳较快增长，加快固定资产投资建设至关重要。要抓住国家扩大内需，鼓励加大基础设施投资的机遇，狠抓项目落实，提高项目落地率，加快项目建设进度。同时要加大对外、对内招商引资力度，引进一批牵动力、影响力较大的项目。

2. 优化金融服务，改善金融环境

中小企业融资难已经成为制约中小企业发展的瓶颈，中小企业在2009年将遭遇更多挑战。促进银行优化信贷结构，加大对有订单、有信誉企业的信贷支持。建立多层次的资本市场，拓宽中小企业融资渠道。支持企业发行债券，帮助争取国外优惠贷款。

3. 优化产业结构，推进节能减排工作

作为老工业基地，辽宁产业结构优化势在必行。要不断优化第一产业，做大做强第二产业，大力发展第三产业。加快发展现代物流、金融、电子商务、技术咨询、信息服务等生产性服务业，不断提高生产性服务业对第一、第二产业的辐射力和渗透力。继续加大对高耗能、高污染的煤矿、纸厂、钢厂的整治力度，严把项目引进环保关。

4. 强化民生工程建设，努力提高居民生活水平

一是加强就业和再就业工作。努力促进校企合作，解决毕业生就业问题。强化技能培训，落实就业扶持政策，帮助困难群众解决再就业问题。二是不断增加居民收入。工资性收入是辽宁省居民收入的主要来源，要保障居民收入稳步增长，最主要的途径就是增加居民的工资性收入。因此，应出台扶持政策，力促企业不裁员、少减薪，督促企业按时落实职工工资发放，不得低于最低工资标准。三是不断完善社会保障制度。继续加大对社会保障事业的投入，进一步完善收入分配制度，关注低收入群体生活，加大对低收入群体的扶贫力度。不断扩大社会保障覆盖面，不断提高社会保障线。

第二节 吉林省

2008年，在国际经济形势动荡不定，逐渐走低，国家长期实行从紧宏观调控政策的前提下，吉林省紧紧围绕科学发展、改革开放、改善民生等重点任务，高举振兴旗帜，奋力攻坚克难，实现了全省经济的持续平稳较快增长，经济发展的各项核心指标增幅均居全国前列。

一、经济保持较高增速

2008年，全省经济保持较高增速，地区生产总值6424.06亿元，按可比价格计算，增长16.0％，比全国的增速高7个百分点，在全国各省（区、市）中居第3位。其中，第一产业增加值916.7亿元，增长9.5％；第二产业3064.63亿元，增长17.2％；第三产业2442.73亿元，增长16.7％。按常住人口计算，人均GDP为23514元，增长15.7％。三次产业比例为14.3∶47.7∶38.0，一、二、三产业对经济增长的贡献率分别为8.1％、50.1％、41.8％。

进入下半年，国际金融危机对全省经济的影响有所显露，但吉林经济的对外依存度较低，因而影响不是十分剧烈。

二、工业生产基本保持平稳

2008年，全省规模以上工业增加值2491.28亿元，按可比价格计算，增长18.6％。其中，轻工业增加值638.58亿元，增长27％；重工业增加值1852.69亿元，增长16％。受国内外经济环境的影响，工业增长速度呈逐月下降的趋势。1～3月增长23.1％，1～10月份降到20％，1～11月增长19.7％。

2008年，优势和特色产业增长加快。交通运输设备制造，石油化工，食品加工，医药制

造和通信设备、计算机及其他电子设备制造业共完成增加值1644.86亿元，增长17%，占全部规模以上工业增加值的比重达到66%，拉动全省规模以上工业增加值增长11.5个百分点，对规模以上工业增长的贡献率为61.6%。

2008年，全省民营工业快速发展。年末全省有规模以上民营企业3340户，比上年末增加871户，实现工业增加值919.04亿元，增长37.3%，增幅高于全省规模以上工业18.7个百分点；实现利润124.45亿元，增长48.8%。

2008年，全省工业经济效益保持较高水平。规模以上工业企业经济效益综合指数达到230.47%，比上年提高7.03个百分点，实现利润总额353.8亿元，比上年下降17.86%，实现利税总额735.5亿元，比上年下降1.17%。

三、粮食生产实现新突破

2008年，全省农业获得大丰收。粮食作物播种面积6586.8万亩，增长1.3%；粮食总产量2840万吨，创历史新高，增长15.7%。畜牧业发展势头强劲，速度和效益均创历史最高水平。猪、牛、羊、禽出栏量分别为2450万头、435.6万头、395万只、5.36亿只，分别增长11.4%、3.7%、8.2%和7.5%。肉蛋奶产量分别为384.48、127和65万吨，分别增长10.6%、12.4%和35.4%。畜牧业产值751亿元，增长10%。

四、投资、消费、进出口三大需求高速增长

1. 投资保持高速增长

2008年，全省固定资产投资达到5608.2亿元，增长40.1%，人均投资突破2万元，达到发达省份水平。其中城镇固定资产投资4687.35亿元，增长40.3%，比全国增速高14.2个百分点，增幅在各省(区、市)居第4位；农村投资920.85亿元，增长38.9%。在城镇投资中，第一产业投资96.15亿元，增长93%；第二产业投资2609.36亿元，增长49.1%，其中工业投资2571.65亿元，增长48.2%，占全省投资的54.9%，比上年提高3个百分点；第三产业投资1981.84亿元，增长28.7%。

2008年，全省民间投资活力进一步增强，完成投资3154.03亿元，增长46.8%，占城镇投资的比重由上年的64.3%提高到67.3%，对全省投资增长的贡献率高达74.6%。

2008年，全省集中精力狠抓重大项目建设，带动作用显著，有效促进了全省固定资产投资的快速增长。全省亿元以上项目766个，完成投资1581.57亿元，占投资总额的33.7%。

2. 消费需求高速增长

2008年，在通信、汽车、住房、旅游等消费结构升级和假日经济效应的带动下，全省消费品市场繁荣活跃，消费需求实现持续较快增长。全省社会消费品零售额2484.26亿元，增长24.3%，增幅比上年提高5个百分点，比全国高2.7个百分点，增速在各省(区、市)居第3位。其中，城市消费品零售额1939.38亿元，增长24.2%；农村消费品零售额544.88亿元，增长24.6%。分行业看，批发零售贸易业零售额2127.91亿元，增长23.7%；住宿餐饮业零售额354.67亿元，增长28.1%；其他行业零售额1.68亿元，下降36.3%。

3. 对外贸易实现新跨越

2008年，全省大力实施出口战略，加快发展高新技术产业，拓宽出口渠道，继续改善投资环境，加大招商引资力度，对外经济保持良好的发展态势，有力地推动了全省经济发展。据海关统计，全省进出口总额133.41亿美元，增长29.5%，增速比全国高11.7个百分点。其中出口总值47.72亿美元，增长23.7%，增速比全国高6.5个百分点；进口总值85.69亿美元，增长33%，增速比全国高14.5个百分点。从主要进口商品看，进口汽车零件19.54亿美元，增长14.8%，进口汽车14.1亿美元，增长2.3倍，进口钢材2.06亿美元，增长74.3%。

五、财政金融运行积极稳健

2008年，全省财政收支大幅增长。一般预算全口径财政收入845.2亿元，比上年增长30.2%。其中实现地方财政收入422.77亿元，增长31.8%，增幅高于上年1.1个百分点。

地方财政支出1180.1亿元，增长33.5%。

2008年，全省金融运行平稳。年末金融机构本外币各项存款余额6433.3亿元，比年初增加1034.6亿元，比上年多增加708.4亿元，增长19.2%，增速比上年加快12.8个百分点。居民储蓄存款余额3975.6亿元，比年初增加728.2亿元，增长22.4%。企业存款余额1544.2亿元，比年初增加186.6亿元，增长13.7%。金融机构本外币各项贷款余额4891亿元，比年初增加766.9亿元，比上年多增327.3亿元，增长17.6%，增幅比上年提高6.3个百分点。其中短期贷款余额2295.4亿元，比年初增加325.2亿元，增长15.3%；中长期贷款余额2338.2亿元，比年初增加344.2亿元，增长16.6%。

六、居民收入和支出增长稳定

2008年，全省城镇居民人均可支配收入12829.45元，增长13.7%；人均消费性支出9729.05元，增长13.7%。农村居民人均纯收入4930元，增长17.7%，增速高于城镇居民；人均生活消费性支出3101.65元，增长14.6%。

表13.2 2008年吉林省经济在全国的定位

	绝对额在全国位次	增长率在全国位次	参与排序的地区数
地区生产总值	21	3	31
农林牧渔业总产值	16	1	31
规模以上工业企业增加值	—	11	31
城镇固定资产投资完成额	13	4	31
施工项目计划总投资	23	7	31
新开工项目计划总投资	13	13	31
房地产开发投资额	19	13	31
商品房施工面积	23	28	31
商品房竣工面积	21	26	30
房地产业购置土地面积	—	—	29
商品房销售面积	21	2	30
商品房销售额	22	2	30
建筑业总产值	21	4	31
社会消费品零售总额	16	4	31
出口总额	24	16	31
进口总额	14	12	31
城镇单位就业人员	21	23	31
城镇单位劳动报酬	24	29	31
城镇居民人均可支配收入	23	17	31
城镇居民人均消费性支出	14	9	31
城镇居民人均食品支出	25	16	31
农村居民人均现金收入	8	1	31
农村居民人均生活消费现金支出	11	15	31
农村居民人均食品支出	12	12	31
地方财政收入总额	24	5	31
	年涨幅在全国的位次		参与排序的地区数
居民消费价格	26		31
工业品出厂价格	23		30
原材料燃料动力购进价格	21		30
固定资产投资价格	28		30

七、物价水平趋于平稳

2008年4月后，全省居民消费品价格涨幅呈逐月回落的态势，全年上涨5.1%。2008年，原材料燃料动力购进价格和工业品出厂价格分别上涨11.29%和4.92%，涨幅分别比上年提高6.09和2.23个百分点。

八、各项社会服务业稳步发展

2008年，全省交通运输能力大幅增长。铁路和公路累计完成货物发送量4.17亿吨，增长10.4%，完成货物周转量736.61亿吨公里，增长12.7%；完成旅客发送量34246万人，增长9.2%。

2008年，全省邮电业务量大幅增加，完成业务总量455.85亿元，增长10.39%。年末全省有互联网接入用户257.90万户，增长11.79%；其中宽带接入用户175.9万户，增长22.7%；移动电话用户1441.2万户，增长9.92%。

2008年，全省房地产业保持稳定发展，商品房销售面积1377.9万平方米，增长6.6%，其中商品住宅销售面积1203万平方米，增长1.6%。

第三节 黑龙江省

2008年，黑龙江省积极克服国内外经济环境带来的压力和挑战，着力解决经济发展中出现的突出矛盾和问题，实现了经济增长较快、价格回稳、结构优化、民生改善的良好局面。

一、经济保持较快增长

2008年，全省经济继续在较高增长平台运行，经初步核算，全年地区生产总值8310亿元，增长11.8%，连续5年保持11.6%以上的增幅。从三次产业看，第一产业增加值1089.1亿元，增长8.2%，增幅比上年快4个百分点；第二产业增加值4365.9亿元，增长12.1%，增幅回落2.2个百分点；第三产业增加值2855亿元，增长12.4%，增幅加快1.2个百分点。

二、粮食产量再创历史新高，畜牧业生产快速增长

2008年，全省加强“三农”工作，落实各项惠民政策，增加农业投入，大力推进农田水利建设，粮食生产再获大丰收。粮食作物播种面积16482万亩，比上年增加791万亩，增长5%，连续4年增长，粮食总产量845亿斤，创历史新高。

2008年，由于畜产品价格大幅上涨，全省畜牧业呈现出良好发展态势。畜牧业产值达到846.1亿元，增长13%。生猪生产全面恢复，年末存栏1788万头，增长35.6%，有效缓解了市场供应偏紧的局面。年末奶牛存栏达到221.2万头，增长21.9%；牛奶产量577.1万吨，增长21.8%。畜禽产品产量增加较快，全年猪、牛、羊肉产量242.2万吨，增长26.9%，其中牛肉产量比上年增长38.2%；鲜蛋产量109.3万吨，增长15.3%。

三、骨干工业企业支撑作用显著

2008年，全省加快新型工业化进程，积极实施结构调整，做大做强优势产业。虽然受国际金融危机和能源、原材料类产品价格波动等因素的影响，但工业生产仍然保持稳步增长。规模以上工业实现增加值3444.8亿元，增长13.1%，实现利税2030.1亿元，利润1437亿元。

2008年，全省重点企业和主导产业的“龙头”作用显著。全省产值超亿元的工业企业634户，比上年增加98户，实现产值6588.4亿元，占规模以上工业的89.8%；实现利税、利润分别为1976.1、1416.1亿元，分别占97.3%和98.5%。装备、石化、能源、食品等四大主导产业实现产值6540.9亿元，占规模以上工业的89.1%；实现利税、利润分别为1939、1389.9亿元，分别占95.5%和96.7%。

四、固定资产投资成为拉动经济发展的强力引擎

2008年，全省继续完善投融资体制，紧紧抓住国家扩大内需的机遇，积极谋划大项目，推进重大项目建设，投资平稳较快增长。全年完成全社会固定资产投资3669.3亿元，比上年增长28.1%，增速与上年持平，连续3年保持在28%以上。

2008年，工业投资拉动强劲。全省城镇第二产业投资1545.9亿元，增长36.2%，其中工业投资1457.3亿元，增长32.6%，拉动投资增长13.7个百分点。第一产业投资123.9亿元，增长71.5%，增长很快，增幅提高50.4个百分点。

2008年，大项目支撑作用明显。全省城镇在建亿元以上建设项目750个，比上年增加87个，完成投资1455.9亿元，增长22.4%，拉动全省投资增长10.1个百分点。

2008年，地方项目投资增速快，完成投资2598.8亿元，增长32.2%，增速比中央项目快15个百分点。

五、城乡市场持续活跃

2008年，全省消费品市场受国家扩大内需政策刺激和城乡居民收入增加等因素影响，呈现起步高、增长快、运行稳的运行态势。全年社会消费品零售总额2838.6亿元，增长21.8%，连续7年保持两位数增长，是1997年以来的最高增幅。分城乡看，农村市场持续活跃，实现零售额311.9亿元，比上年增长20.2%；城镇零售额2526.7亿元，增长22%。分行业看，批零贸易业零售额2445.7亿元，增长21.7%，所占比重达86.2%，拉动全省零售额增长18.7个百分点；住宿餐饮业零售额351.4亿元，增长23.7%，增幅提高5.7个百分点。

六、外贸在逆境中发展

2008年，受国际金融危机、国内外经济放缓的影响，全省对外贸易增长速度出现较大回落，但是各级政府积极采取有效应对措施，进出口总值在上年大幅增长的基础上保持了较快增长。全年实现进出口总值229亿美元，比上年增长32.4%，连续七年保持20%以上的增幅。主要的贸易伙伴中，与美国、韩国、德国的进出口总值增长快，分别增长84.5%、1.3倍和1.2倍。对俄贸易仍占主体，对俄进出口总值110.6亿美元，占全省的48.3%。机电产品出口增长快，出口39.2亿美元，增长76.7%；高新技术产品出口3亿美元，下降13%。

2008年，全省加大招商引资力度，利用外资稳步增长。实际利用外资26.6亿美元，增长22.5%，增幅比上年下降1.5个百分点，其中外商直接投资25.5亿美元，增长22.2%。

七、物价控制效果明显

2008年，受年初食品等价格持续高位运行等因素影响，全省居民消费价格(CPI)呈现结构性上涨，3月份到达年内最高点9.5%，尔后逐月回落，12月份降至－0.1%，全年上涨5.6%。农村CPI上涨7.2%；城市上涨5%。八大类别六升一降一平，食品价格上涨12%、居住价格上涨4.5%、医疗保健和个人用品上涨4.3%、烟酒及用品上涨3.8%、家庭用品及服务上涨3.1%、交通和通信价格上涨0.6%、文教娱乐用品及服务持平；衣着下降0.7%。

八、财政收入大幅增长

2008年，全省地方财政收入767.1亿元，增长32.4%，是1986年以来的最高增幅。其中一般预算收入578.4亿元，增长31.4%，增幅比上年分别提高10.5和17.5个百分点。国内增值税、营业税、企业所得税、个人所得税等主体税种分别增长22.2%、16.4%、50.3%和9.3%。全省地方财政支出1717.7亿元，增长29.6%，其中一般预算支出1542.3亿元，增长29.9%。城乡社区事务、农林水事务、教育和医疗卫生等重点支出分别增长42.5%、39.9%、28.4%和24.6%。

九、民生得到进一步改善

2008年，全省城乡居民收入增长较快，就

业和再就业工作扎实推进。城镇居民人均可支配收入11581元，比上年增长13%，增幅提高1.4个百分点；农村居民人均纯收入4856元，增长17.5%，增幅提高1.2个百分点，是2005年以来的最高增幅。全省新增就业71.7万人，其中安置下岗失业人员58万人。城镇登记失业率4.2%。

表13.3 2008年黑龙江经济在全国的定位

	绝对额在全国位次	增长率在全国位次	参与排序的地区数
地区生产总值	15	18	31
农林牧渔业总产值	12	3	31
规模以上工业企业增加值	—	21	31
城镇固定资产投资完成额	20	13	31
施工项目计划总投资	25	14	31
新开工项目计划总投资	17	8	31
房地产开发投资额	23	22	31
商品房施工面积	25	26	31
商品房竣工面积	17	24	30
房地产业购置土地面积	17	8	29
商品房销售面积	18	12	30
商品房销售额	21	10	30
建筑业总产值	19	14	31
社会消费品零售总额	15	21	31
出口总额	12	9	31
进口总额	16	18	31
城镇单位就业人员	10	31	31
城镇单位劳动报酬	14	30	31
城镇居民人均可支配收入	29	21	31
城镇居民人均消费性支出	27	6	31
城镇居民人均食品支出	29	10	31
农村居民人均现金收入	6	3	31
农村居民人均生活消费现金支出	9	1	31
农村居民人均食品支出	11	6	31
地方财政收入总额	20	6	31
	年涨幅在全国的位次		参与排序的地区数
居民消费价格	22		31
工业品出厂价格	4		30
原材料燃料动力购进价格	8		30
固定资产投资价格	18		30

十、区域经济龙头辐射作用增强

为推动区域经济快速发展，培养经济发展的新增长点，全省加快建设哈大齐工业走廊、东部煤电化基地等经济板块，大力发展县域经济，为全省经济发展注入了生机和活力。哈大齐工业走廊龙头作用增强，2008年三个市地区生产总值相当于全省的62%。东部煤电化基地加快发展，牡丹江、佳木斯、鸡西、七台河、双鸭山、鹤岗六市地区生产总值增幅均超过全省平均水平；规模以上工业增加值增速位居各市地的前列。县域经济稳中有快，前三季度，全省县域实现地区生产总值 1955.8 亿元，占全省生产总值的 36.6%，增长 16.6%，增幅高出全省 4.4 个百分点；城镇固定资产投资为 709.5 亿元，增长 48.2%，增幅高出全省 22 个百分点。

第三篇

重点城市

第十四章

东部城市的经济运行情况

2008年，受经济下行周期和国际金融危机冲击叠加的影响，东部地区城市经济增速明显放缓，经济运行大幅下降，经济景气度明显低于中西部城市。大多数东部城市经济增速在10%～13%之间；规模以上工业企业增加值增速均在17%以下，其中，杭州、宁波降至一位数，海口为负增长；多数地区固定资产投资增速在20%以下，低于全国平均水平，深圳、宁波和厦门均降至一位数；进出口大幅减缓，减缓幅度南强北弱，其中深圳进出口双双降至一位数。由于经济下滑主要发生在四季度，而居民收入和消费是经济运行的滞后变量，因此，2008年东部城市的居民收入和消费依然保持快速增长。

表14.1 2008年东部地区城市经济指标比较

		厦门	济南	青岛	广州	深圳	海口
地区生产总值	绝对额(亿元)	1560	3017.4	4436.2	8215.8	7806.5	443.2
	增长率(%)	11.1	13	13.2	12.3	12.1	10.4
规模以上工业企业增加值	绝对额(亿元)	680.4	1095	2019	2693.1	3527.8	75.4
	增长率(%)	12	12	14	12.3	12.5	−0.9
固定资产投资	完成额(亿元)	928.3	1415.3	2019	2104.6	1467.6	219.1
	增长率(%)	0.1	23.3	23.5	12.9	9.1	20.5
房地产开发投资	完成额(亿元)	324	114.9	373.1	762.4	440.5	
	增长率(%)	6.3	9.6	15.8	8.3	−4.5	37
城镇居民人均可支配收入	绝对额(元)	23948	20802.2	20464	25317	26729.3	14150
	增长率(%)	11.4	15.5	14.6	12.7	10	15.1
社会消费品零售额	绝对额(亿元)	418.9	1356.7	1464.8	3140.1	2251.8	234.8
	增长率(%)	15.7	23	22.2	21	17.6	24
出口总额	绝对额(亿美元)	293.9	46	314.6	429.6	1797.4	13.1
	增长率(%)	1533.8	17.5	13.4	6.6	15.6	
进口总额	绝对额(亿美元)	159.9	34.3	207	389.9	1202.3	23.1
	增长率(%)	12.4	23.3	23	9.5	1	21.2
居民消费价格	涨幅(%)	4.9	5.7	4.7	5.9	5.9	5.8
地方财政一般预算收入	绝对额(亿元)	220.2	186	342.4	622.0	800	31
	增长率(%)	18.118.5	17	18.7	22.9	19.1	

续表

		石家庄	南京	杭州	宁波	福州
地区生产总值	绝对额(亿元)	2838.4	3775	4781.2	3964.1	2284.2
	增长率(%)	11	12.1	11	10.1	13
规模以上工业企业增加值	绝对额(亿元)	1095.8	1322	1743.2	1698.6	805.2
	增长率(%)	13.2	10	9.3	9	17
固定资产投资	完成额(亿元)	1727	2154.2	1961.7	1728.2	1248.9
	增长率(%)	24.2	15.3	16.5	8.2	24.7
房地产开发投资	完成额(亿元)	281.8	508.2	596.6	307.8	309.8
	增长率(%)	42.6	13.9	15	−7.6	17.7
城镇居民人均可支配收入	绝对额(元)	15062	23122.7	24104	25304	19009
	增长率(%)	14.1	13.8	11.1	13.4	16
社会消费品零售额	绝对额(亿元)	1005.2	1651.8	1558.4	1238	1134.4
	增长率(%)	22.4	19.7	20.2	19.6	20.6
出口总额	绝对额(亿美元)	56	236	336.1	463.3	135.9
	增长率(%)	34.9	14.4	12.2	21.1	10.4
进口总额	绝对额(亿美元)	13.9	170	144.5	215.1	67.6
	增长率(%)	42.1	9.3	7.4	17.9	6.7
居民消费价格	涨幅(%)	6.7	6.2	4.9	5	4.2
地方财政一般预算收入	绝对额(亿元)	110.1	386.6	455.4	810.9	
	增长率(%)	14.8	17	16.3	12	15.2

注:宁波为全口径工业增加值数。

第一节　石家庄

2008年,是改革开放30周年,也是石家庄市实现"三年大变样"的第一年。全市经济保持平稳较快发展,城乡人民生活水平和质量得到新提高。

一、经济运行主要特点

1. 全市经济持续平稳增长

2008年,全市生产总值2838.4亿元,按可比价格计算,增长11%。第一产业稳定增长,增加值309.7亿元,增长4.0%;第二产业较快增长,增加值1424.6亿元,增长10.8%;第三产业增加值1104.1亿元,增长12.9%。

2. 新农村建设扎实推进

农业综合生产能力进一步提高,粮食生产连续5年获得丰收,单产再创历史新高。农业产业化项目建设稳步推进,全市农林牧渔业总产值543.0亿元,比上年增长3.3%,全年粮食生产获得丰收,总产量达到506.7万吨,比上年增产2.5%,粮食亩产447公斤,比上年增加16公斤,再创历史新高。积极推进农业产业结构调整,产业化经营率稳步提高。农业产业化经营率达到60.5%,比上年提高了0.4个百分点。

3. 工业生产和效益保持增长

2008年,全市规模以上工业企业增加值1095.8亿元,比上年增长13.2%。工业产销衔接较好,经济效益继续提高,但亏损企业亏损额也出现较大增加。全市规模以上工业产销率98.2%;主营业务收入4015.7亿元,增长26%;实现利税391.7亿元,增长10.7%,增速比上年下降26.2个百分点;实现利润241.6亿元,增长8.1%,增速比上年大幅下降40.9个百分点。亏损企业亏损额大幅上升,增长218.7%。

4. 固定资产投资平稳较快增长

五大基地建设取得较大进展,十三所半导体照明、常山纺织一期等14个项目竣工投产,石药国际化制剂中心、金石60万吨合成氨等16个项目开工建设。威远生物、永通精细化工等南部工业新区10个在建项目进展顺利。“20＋X”重点服务业项目建设加快推进，正定国际小商品城一期建成开业，联邦东方明珠广场等19个项目加快建设。石太铁路客运专线、石家庄机场改扩建、上安电厂三期1号、2号机组等一批重大交通能源项目竣工使用。2008年，全社会固定资产投资达到1727亿元，比上年增长24.2％，其中城镇固定资产投资1580.6亿元，增长25％。城镇投资中，第一产业投资43.4亿元，增长51.0％，第二产业投资706.4亿元，增长20.1％，第三产业投资830.8亿元，增长27.7％。建设项目投资完成1298.9亿元，增长21.8％；新开工项目4958个，增长35.2％；施工项目个数5701个，增长18.4％，房地产开发投资281.8亿元，增长42.6％，施工面积和竣工面积分别为1111和212万平方米，分别比上年增长13％和20.3％。

5. 消费品市场繁荣

2008年，全市社会消费品零售总额1005.2亿元，比上年增长22.4％。增速为10年来最高水平。分商品类别看，销售额增长较快的有：金银珠宝类零售额7.7亿元，增长40.3％；肉禽蛋类零售额4.0亿元，增长26.4％；体育娱乐用品类零售额1.8亿元，增长20.9％；化妆品类零售额4.9亿元，增长17.0％；粮油类零售额4.5亿元，增长12.2％。住宿餐饮业快速增长，零售额99.1亿元，增长27.4％。消费市场的繁荣是和城乡居民收入的提高分不开的。2008年市区城市居民人均可支配收入15062元，增长14.1％；农民人均纯收入为5469元，增长10.4％。

6. 外贸进出口出现较快增长，利用外资质量和水平得到提高

2008年，全市进口13.93亿美元，增长42.1％，比上年提高16.7个百分点；出口55.96亿美元，增长34.9％，比上年提高12.9个百分点。在出口中，外商投资企业出口额17.88亿美元，增长55.3％；国有企业出口8.65亿美元，下降13.4％；集体企业出口4.5亿美元，增长109.3％；私营企业出口24.88亿美元，增长39.7％。不断完善投资环境，采取多种方式招商引资，年内新批准设立外商投资企业33个，新增合同总金额5.2亿美元。年末实有三资企业610家。全市实际利用外资5.08亿美元，其中直接利用外资4.58亿美元。

7. 全市民营经济呈现较好的发展态势

实现增加值1626.8亿元，比上年增长14.3％，占全市GDP的57.3％；民营经济上缴税金150.1亿元，比上年增长34.9％，占全市财政收入的55.2％。

8. 全市依法加强税费征管，克服了经济下滑及政策性减收的影响，实现了财政收入稳定增长

全部财政收入271.72亿元，增长17.96％，其中一般预算收入完成110.04亿元，增长14.77％。在全部税收中，增值税100.3亿元，增长13.2％；营业税完成41.3亿元，增长10.4％；企业所得税完成48.3亿元，增长47.4％。全市一般预算支出195.17亿元，增长19.6％，其中环境保护支出6.2亿元，同比增长115.8％；医疗卫生支出14.8亿元，增长98.1％；教育支出49.7亿元，增长23.4％；科学技术支出3.9亿元，增长23.1％；社会保障和就业支出18.2亿元，增长29％。

9. 金融保持稳定

全市存、贷款余额增加较多，年末金融机构本币存款余额4112亿元，比年初增加780亿元，增长23.4％，其中城乡居民储蓄存款余额2180亿元，比年初增加485亿元，增长28.6％。金融机构本币贷款余额2080亿元，比年初增加305亿元，增长17.2％。

10. 加快完善社会保障体系建设，社会保障事业稳步发展

年末全市各类企业在职职工及个体工商户共有89万人参加基本养老保险，比上年增加近10万人；26.1万名离退休人员参加基本养老保险社会统筹，比上年增加1.7万人；年末全市机关事业单位共有13.9万人参加基本养老保险，3.5万名离退休人员参加基本养老保险社会统筹，人数均比上年有所增加。城镇职工失业保险参保人数达88.3万人。年末全

市116万人参加了职工医疗保险，比上年增长6.2%。城乡困难家庭、特困群体得到有效救助，年末全市共有70060人享受城镇居民最低生活保障。

二、经济运行中的主要问题

一是经济下行压力加大，主导产业支撑作用不强，大项目少与项目落地难的问题并存，经济持续增长后劲不足。

二是资源环境约束趋紧，经济发展方式依然粗放，节能减排任务艰巨。

三是城市基础设施建设相对滞后，尤其缺少全国知名的特色街区和地标性建筑，承载功能和吸附能力有待大幅提高。

四是农业基础薄弱，农村发展滞后，农业比较效益下降，农民持续增收困难。

五是社会事业仍是薄弱环节，一些涉及群众切身利益的问题有待进一步解决，尤其是就业形势日趋严峻。

第二节　南京

2008年，南京市经济在发展过程中遭遇了一系列严峻挑战，尤其是美国次贷危机引发的国际金融危机对实体经济的影响。在严峻的环境下，全市在调整中求发展，经济呈现平稳增长的态势。

一、经济运行基本情况

初步统计，2008年全市实现生产总值3775亿元，按可比价格计算，比上年增长12.1%。其中，第一产业增加值93亿元，增长1.3%；第二产业增加值1795亿元，增长9.6%，其中，工业增加值1555亿元，增长9.9%；第三产业增加值1887亿元，增长15.3%。

1. 农业生产保持平稳

2008年，全市粮食总产量114.43万吨，比上年增长0.2%；其中：小麦产量21.32万吨，增长3.1%，稻谷产量82.31万吨，增长3.1%。油料总产量13.34万吨，增长2.9%，其中，油菜籽产量12.43万吨，增长6.1%。据初步统计，蔬菜总产量270.33万吨，下降2.4%。

2. 工业生产增幅趋缓

2008年，据初步统计，全市规模以上工业总产值6472.23亿元，增长12.1%，增幅比上年降低10.2个百分点；其中，轻工业总产值1049.9亿元，增长21.5%，快于重工业增幅11个百分点，轻重工业比为16.2:83.8。在规模以上工业企业中，股份制企业工业总产值增长21.6%；外商及港澳台投资企业增长5%；私营企业增长33%；国有企业增长13%；集体企业增长5%。

2008年，规模以上工业企业产品销售产值6339.33亿元，比上年增长11.7%，工业产品产销率为98%；工业产品出口交货值1155.18亿元，比上年下降0.5%，占工业销售产值的18.2%。

3. 固定资产投资增速平缓

2008年，全社会固定资产投资额2154.17亿元，比上年增长15.3%。第一产业投资12.43亿元，增长15%；第二产业投资1088.93亿元，增长16.2%，其中工业投资1081.09亿元，增长16.2%；第三产业投资1052.81亿元，增长14.4%，其中房地产开发投资508.17亿元，增长13.9%。在投资中，民间投资1062亿元，增长26.3%，占全部投资比重49.3%，较2007年上升4.3个百分点。其中个体私营经济投资586.91亿元，增长38.2%，占全部投资的27.2%，比2007年上升4.5个百分点。

4. 零售市场继续扩张

2008年，全市社会消费品零售总额1651.82亿元，增长19.7%。其中，批发和零售业完成零售额1434.8亿元，增长19.1%；住宿和餐饮业实现零售额195.08亿元，增长23.4%。私营经济、个体经济和股份制经济的零售额分别为378.68、555.59和217.48亿元,分别增长19.5%、26.9%和19.3%。

5. 财政收入增长平缓

2008年,全市财政总收入742.4亿元,比上年同口径增长18%。其中,地方财政一般预算收入386.56亿元,比上年同口径增长17%。

6. 存、贷款余额较快增长

2008年末,金融机构本外币各项存款余额8562.27亿元,增长20%,其中居民储蓄存款余额2565.83亿元,增长27.6%。金融机构本外币贷款余额7483.1亿元,增长18.8%。

7. 居民收支同步增长

2008年,全市城市居民人均可支配收入23122.69元,增长13.8%。其中,工薪收入、经营净收入、转移性收入分别增长17.6%、20.3%和11.1%,财产性收入下降47%。城市居民人均消费支出15132.73元,增长14%。农村居民人均纯收入达8951元,增长11.6%。

8. 价格水平维持在高位

2008年,全市居民消费价格上涨6.2%。其中,食品类、烟酒及用品类、衣着类、家庭设备用品及维修服务类、医疗保健及个人用品类、居住类分别上涨15.1%、4.0%、8.5%、8.7%、3.1%和2.1%,娱乐教育文化用品及服务类、交通和通讯类分别下降1.6%和3.8%。工业品出厂价格上涨5.5%。其中,生产资料价格上涨6.1%;生活资料价格上涨2.3%。

二、经济运行主要特点

1. 严峻的环境对工业乃至整体经济产生较大的影响

纵观全年,南京工业虽保持了1998年以来的两位数增长,但运行的稳定性和增长速度均逊于前几年。增长速度自2008年7月份开始回落,出现了自2003年以来首次负增长,11月下跌至历史同期最低点。全市规模以上工业增加值增速从本年最高的1~7月增长21.9%回落到全年的12.1%,仅用5个月时间就回落9.8个百分点。与此同时,企业经济效益大幅下滑,全年工业实现利税371.73亿元,比上年下降38.5%;实现利润125.51亿元,下降65.1%。

2008年工业企业面临的困难前所未有,发展缓慢的原因多样。年初的低温冰雪造成部分生产原材料运输紧张,出厂困难;人民币持续升值与出口退税率的调整挤压了企业出口产品的利润空间;人工成本激增等诸多的不利因素导致工业企业生产和销售的不确定性增加。尤其是上半年原油等产品价格的暴涨和下半年化学原料及化学制品制造业等产品价格的暴跌使南京这个以重化工业为主的工业生产城市饱受打击。

2. 第三产业成为支撑全年经济发展的主要动力

2008年,全市第三产业的发展好于第二产业,增速比第二产业高出5.7个百分点,对全市GDP总量的贡献率达60.4%;第三产业增长拉动全市GDP增长7.2个百分点,占三次产业总体拉动的59.5%,比第二产业拉动率高2.3个百分点。

第三产业的较快发展,带来了产业结构的变化。第三产业所占比重再次超过第二产业。全市三次产业结构由2007年2.6:49:48.4变为2008年的2.5:47.5:50,第一产业和第二产业比重分别下降0.1和1.5个百分点,第三产业比重上升1.6个百分点,第三产业比重是2003年以来的最高年份。

3. 全社会固定资产投资增幅总体上呈现前高后低的格局

固定资产投资受宏观调控影响明显,上半年在“双控”的宏观大环境下,投资增幅逐步趋缓,从一季度的26.9%开始一路下滑到上半年的24.8%。下半年随着美国次贷危机引发的金融海啸影响的扩散,对投资的影响逐步显现。虽然国家逐步采取了诸多的措施,对宏观政策进行了调整,但由于项目认证、资金准备等时滞效应以及对未来经济发展悲观的预期,固定资产投资的增幅下滑趋势仍未能得到遏制,由1至3季度的18.9%下滑到全年的15.3%。

4. 国内贸易受经济环境影响的程度小于外贸

社会消费品零售总额在2007年的高平台

上保持平稳发展态势，在限额以上企业增长放缓之际，限额以下企业贡献加大，保证了全年社会消费品零售总额较高的增长水平。

2008年，限额以上和限额以下企业对全市增长的贡献出现了逆转。建材类、汽车等大宗商品消费的下降对限额以上企业销售的影响明显，限额以上批零住餐业全年实现零售额711.64亿元，比上年增长9.2%，占全市比重43.1%，对全市增长贡献率为22.1%。限额以下企业及个体实现零售额918.22亿元，比上年增长29.1%，增幅高于全市社会消费品零售总额9.4个百分点，总量占全市比重55.6%，对全市增长贡献率为76.4%。

外贸出口形势空前严峻，特别是下半年，国际金融风暴越演越烈，对欧美国家实体经济的影响显现，外部需求急剧放缓，企业出口订单数骤减，11、12月份出口出现少有的负增长。受此影响，全年出口总值仅增长14.2%，比上年回落4.7个百分点。

第三节 杭州

2008年，由于国际金融危机的蔓延和国内外经济周期性的变化，全市经济增速出现明显回落，一些深层次矛盾进一步显现，经济平稳较快增长面临着很大压力。面对历史罕见的挑战，杭州市着力解决影响经济运行的突出矛盾和问题，在防止经济大幅下滑和加快转型升级方面取得了明显进展。全市地区生产总值4781.16亿元，按可比价格计算，比上年增长11.0%，连续18年保持两位数增长，增速快于全国、全省2和0.9个百分点。全市一、二、三次产业分别完成增加值178.64、2389.38和2213.14亿元，分别增长3.6%、9%和13.8%，产业结构由上年的4∶50.2∶45.8转变为3.7∶50∶46.3。经济运行主要特征可概括为“一优二快三稳四回落”。

一、“一优”——经济结构进一步优化

2008年，服务业贡献过半。全市服务业增加值增速继续快于GDP，比二产高4.8个百分点，占全市GDP的46.3%，对全市经济增长的贡献度达到57.7%。服务业地方税收244.35亿元，占全部地税收入的55.1%。以金融业、科学研究技术服务、信息传输计算机服务和软件业、教育等为代表的现代服务业加快发展，增速均高于服务业平均水平。

2008年，县域经济发展加快。五县(市)生产总值增长11.7%，增速快于全市0.7个百分点；财政总收入和地方财政收入分别增长16.7%和17.4%，快于全市1.2和1.1个百分点；规模以上工业销售产值增长20.5%，高于全市8.2个百分点；社会消费品零售总额220.65亿元，增长21.3%，快于全市1.1个百分点。

2008年，全市工业企业加大创新力度，财政加大对科技的投入，科技支出增长52.6%，工业经济优化升级。规模以上高技术企业利润增长28.4%，比上年提高12.8个百分点；全市规模以上工业新产品产值率14.8%，同比上升0.5个百分点。重化工业比重进一步提高，销售产值占全部工业的34.2%，同比提高1.8个百分点。装备制造业主导作用显现，销售产值增长18.2%，比规模以上工业平均增幅高5.9个百分点。

2008年，节能减排成效明显。全市单位GDP能耗比上年下降4.6%以上；规模以上单位工业增加值能耗同比下降7.9%以上，好于2007年的4.26%和7.5%。全市化学需氧量、二氧化硫排放量分别较上年下降3.7%和3.7%以上。二氧化硫排放达标率、工业废水综合排放达标率分别由上年的96.9%和73.2%提高到98%和82%。

二、"二快"——内需拉力和外需调整步伐加快

2008年，全市投资保持较快增长。全社会固定资产投资1961.72亿元，增长16.5%，增幅比上年提高1.2个百分点。在地铁等项目带动下，全市基础设施投资541.12亿元，增长33.4%，增速明显加快，比上年提高28.7个百分点。新开工项目增长8.9%，改变了上年负增长(—19.2%)的局面。新开工项目规模扩大，平均规模达2581万元，提高13.1%。

2008年，消费对经济的拉动作用增强。全市社会消费品零售总额1558.38亿元，增长20.2%，同比提高3.7个百分点，增速分别快于投资、出口3.7和8个百分点，改变了过去经济增长主要依赖投资和出口拉动的局面。餐饮消费的市场份额不断扩大，零售额增长23.3%，同比提高3.8个百分点；城乡居民"发展型"高科技商品消费均较快增长，其中液晶和等离子电视增长最快，达43.8%。

2008年，对外经济结构调整加快。全市进出口总额480.65亿美元，增长10.7%。其中：出口额336.14亿美元，增长12.2%；进口额144.51亿美元，增长7.4%。进出口贸易方式加速调整，全市一般贸易出口增长19.6%，比加工贸易高26.4个百分点。非公经济出口增势较强，全市私营企业出口增长38.9%，高出全市出口平均增幅26.7个百分点。内资企业出口增长22.8%，增幅比外资企业高25.6个百分点。对拉丁美洲、印度和俄罗斯等新兴市场出口增幅均在30%以上，增幅超过传统市场。对欧盟、美国、日本三大传统主销市场出口分别增长23%、—7.6%和6.9%。

2008年，利用外资结构不断趋好。全市合同外资62.28亿美元，增长11.6%，实际利用外资33.12亿美元，增长18.2%。其中高技术产业利用外资增长较快，增幅达186.5%，信息传输计算机服务和软件业、科学研究和综合技术服务业实际利用外资分别增长693.4%和475.1%。外资项目规模进一步扩大，总投资1000万美元以上项目的总投资和合同利用外资分别占全市总额的94.2%和92.8%。全市新批世界500强项目12个，比上年增加4个。

三、"三稳"——农业、民生、财金基本稳定

2008年，全市继续加大对农业和粮食生产的政策支持力度，强农惠农工作稳步推进，农业生产平稳增长。全市财政支农支出104.05亿元，增长36.9%。第一产业投资增长32.4%，高出全市平均水平14.7个百分点。农林牧渔业总产值273.76亿元，按可比价格计算增长4.3%，同比提高1.5个百分点。其中农、林、牧、渔业分别增长1.5%、5.1%、0.1%和32.7%。粮食总产量110.16万吨，比上年增长3%；出栏肉猪增长5.5%，家禽出栏增长17.2%。

2008年，全市居民收入增长平稳。市区城镇居民人均可支配收入24104元，增长11.1%；农民人均纯收入10692元，增长12 %。市区城镇居民人均消费性支出16719元，增长12.2%；农村居民人均消费性支出8446元，增长11.6%。

2008年，劳动保障稳步推进。全市年末参加基本养老保险、失业保险、基本医疗保险、参加工伤保险人数318.11、202.41、274.59、245.82万人，分别比上年末净增37.62、32.32、36.85和44.18万人。城乡居民最低生活保障得到强化，发放保障金比上年增长29%。开展消除零就业家庭活动，全年新增就业岗位20.11万个，年末城镇登记失业率由上年的3.21%下降为3.02%。

2008年，全市财政总收入910.55亿元，增长15.5%，其中，地方财政收入455.35亿元，增长16.3%。地方财政支出419.67亿元，增长25%。地方财政支出重点向社会、民生和科技等方面倾斜，其中医疗卫生、社保与就业、环境保护、科学技术文体与传媒支出分别增长31.7%、34.6%、43.7%、52.6%和86 %

2008年末，金融机构本外币存款余额11333.35亿元，增长21.4%，增幅比上年末提高3.3个百分点。本外币贷款余额10069.03亿元，增长19.0%，比上年末提高4.8个百分点。从人民币贷款投向看，工业、商业和农业

短期贷款分别增长12.1%、18%和17.8%，私营个体短期贷款增长16.4%；个人消费贷款增长11.2%。

四、“四回落”——工业、旅游、信心指数、物价回落

2008年，工业生产和利润增幅回落明显。全市工业增加值2140.2亿元，增长9%，增幅比上年回落5.9个百分点。全市39个行业中回落幅度超过20个百分点的有燃气生产、化学纤维、烟草、有色金属和交通运输设备等，分别回落26.5、26.1、24.2、20.1和20.1个百分点。规模以上工业企业实现利润408.73亿元，增长0.3%，增幅比上年回落33.3个百分点；企业亏损面20.9%，比上年上升7.6个百分点；亏损企业亏损额增长61%，比上年提高44.8个百分点。

2008年，旅游市场增速回落。全市接待旅游人数4773万人次，旅游收入707.22亿元，分别增长10.5%和12.2%，增幅比上年回落1.3和3.6个百分点。其中，接待入境旅游者221.33万人次，旅游外汇收入12.96亿美元，分别增长6.1%、15.8%，增幅回落8.5和7.3个百分点。境外游客中，欧洲和美洲入境游客明显减少，亚洲、大洋洲、非洲入境旅客增速大幅回落。

2008年，市场信心处于低潮。四季度，全市企业家信心指数80.1，比三季度和上年同期分别回落24.5和63.9个百分点。其中房地产业信心指数回落幅度较大，四季度降至87.3，比上年同期回落53.4个百分点。工业和贸易业信心指数回落明显，分别为78.4和60.3，较三季度分别下滑28.4和30.7个百分点。企业景气指数为113.4，同比回落32.5点。

2008年，物价总水平高位回落。全市居民消费价格上涨4.9%。八大类价格“五升三降”，食品价格上涨14.6%，医疗保健和个人用品类、家庭设备用品及维修服务类、烟酒及用品、居住类分别上涨5.3%、5.0%、2.5%和2.4%；娱乐教育文化用品及服务类、衣着类、交通和通信类，分别下降0.6%、1.4%和5.3%。原材料、燃料、动力购进价格和工业品出厂价格分别上涨10.8%和5.9%，其中12月份同比分别下降2%和2.2%。

2008年，全市房屋销售价格上涨8.6%，各月涨幅逐渐回落，12月份房价同比下降0.1%。住宅类新建房、二手房价格分别上涨9.9%和4.5%。房屋租赁价格上涨2.5%，物业管理价格上涨1.9%。

第四节　宁波

一、经济发展的亮点

1. 人均GDP突破1万美元

2008年世界经济增长减缓，需求萎缩，对以外向型、临港重化工业为主的宁波市经济冲击重大，但全市GDP总量在15个副省级城市和长三角16个城市中均位居第5，与上年排名相同。初步核算，全市生产总值3964.1亿元，按可比价计算比上年增长10.1%，高于全国1.1个百分点，增幅比上年回落4.8个百分点。人均生产总值为69997元，按年平均汇率折算为10079美元，首次突破1万美元。

2. 居民收入和财政收入保持较快增长

2008年，全市财政一般预算收入810.9亿元，比上年增长12.0%，其中地方财政收入390.4亿元，在副省级城市和长三角城市中均位居第四，增长18.6%。市区居民人均可支配收入25304元，增长13.4%，收入水平在长三角城市中位居第2，在副省级城市中位居第3。农村居民人均纯收入11450元，增长13.9%，收入水平在长三角城市中位居第4，在副省级城市中位居第1。

3. 产业发展实现三超

2008年，全市工业总产值10937.1亿元，

比上年增长13.9%，首次跃上万亿元台阶。规模以上工业总产值8891.8亿元，增长12.7%，其中居前四位的石油加工、炼焦及核燃料加工业、电气机械及器材制造业、通信设备、计算机及其他电子设备制造业和通用设备制造业的总产值分别增长25.4%、15.3%、12.7%和10.4%。全部工业增加值1990.5亿元，增长10.4%。

2008年，全市社会消费品零售总额1238亿元，比上年增长19.6%，增幅比上年提高2.3个百分点，扣除价格因素，实际增长11.7%。月均消费品零售额达103.2亿元，首次超过百亿元。

2008年，全市自营进出口总额678.4亿美元，在副省级和长三角城市中均位居第3，增长20.1%，增速位居计划单列市首位。其中出口463.3亿美元，在长三角城市中位居第3，在副省级城市中位居第2，增长21.1%，增速位居计划单列市首位；进口215.1亿美元，增长17.9%。有对外贸易经营资格的企业超万家，达10758家。其中已有进出口实绩企业9085家，较上年新增1008家。

4. 集装箱吞吐量突破千万标箱

2008年，全市港口货物吞吐量3.6亿吨，比上年增长4.8%，居中国大陆港口第2位，全球第4位。集装箱吞吐量突破1000万标箱，达1084.6万标箱，增长16.0%。继续保持中国大陆沿海港口第4位，超越荷兰鹿特丹港等知名港口，全球排名从2007年的第11位上升至第8位。

二、经济社会发展的特点

1. 结构日趋优化

服务业领先发展。2008年，第二产业增加值2196.7亿元，增长10%。第三产业实现增加值1600亿元，增长11%，增速领先于第二产业1个百分点。完成服务外包总额31.2亿元；举办会展活动276个，增长34%；实现旅游总收入450.2亿元，增长18.4%；年末全市金融机构本外币存、贷款余额分别为6353.6和5820.8亿元，增长19.7%和17.9%，首家小额贷款公司成立。

工业结构不断趋优。2008年，部分先进制造业增长较快，如交通运输设备业、仪器仪表及文化办公用机械业的产值分别增长35%和24.2%，快于平均增速22.3和11.5个百分点。部分高耗能行业增速回落，如化学原料及化学制品制造业、有色金属冶炼及压延加工业的产值增幅分别回落42.0和35.3个百分点。

农业增产增收。2008年，农林牧渔业总产值263.3亿元，按可比价格计算，比上年增长4.0%。春粮实现面积、单产、总产“三增”，分别净增1.3万亩、7.9公斤、0.4万吨。

投资结构加快调整。限额以上通用设备、专用设备和通信设备等制造业投资分别增长17.5%、19.2%和49.7%。限额以上新开工项目平均规模由上年同期的4880.3万元扩大到5947.7万元。

外贸结构继续改善。机电产品出口增长22.7%，占同期出口总值的58.3%，提高0.7个百分点。对新兴市场的出口比重为30.7%，提高1.3个百分点。

2. 创新活力增强

财政科技支出15.5亿元，比上年增长1.7%。规模以上工业企业科技活动经费支出增长22.1%。新增国家级企业技术中心1家、省级企业技术中心18家。全年专利申请量16173件，授权量9882件，分别增长26.5%和11.7%。其中发明专利授权量505件，增长72.3%。全市的私营企业105471户(含分支机构)，注册资本亿元以上的企业102户，增长30.8%。

3. 民生改善

居民生活水平提升。2008年，城乡居民收入差距缩小。市区和农村居民人均消费性支出分别比上年增长17.7%和13.8%，已超过或接近于收入增速。年末全市城乡居民本外币储蓄存款余额2396.3亿元，增长29.1%。

社会保障水准提升。2008年，财政对社会保障与就业、医疗卫生、城乡社区事务等方面的支出分别增长32.3%、29.2%和27.6%；企业基本养老保险、医疗保险、失业保险、工伤保险、生育保险五大社会保险参保人数增幅分别增长51.0%、47.3%、68.6%、22.8%、

77.4%。

城乡就业继续增加。2008年末，全市新增就业人员13.3万人，增长2.0%。城镇失业人员实现再就业和困难人员再就业分别为6.6和2.3万人，增长5.4%和15.3%。城镇登记失业率3.31%，处于较低水平。

4. 物价涨幅回落

CPI涨幅全年呈回落趋势。全年市区居民消费价格上涨5.0%，比上年提高1.1个百分点，但全年呈持续回落趋势。全年工业品出厂价格上涨4.5%，原材料燃料动力购进价格上涨12.3%。全年房屋销售价格上涨9.2%，仅比上年提高0.6个百分点，各月呈持续回落趋势。

三、经济社会发展中需要关注的几个问题

1. 企业经营困难

2008年，工业生产放缓，效益下滑。世界金融危机对于以出口加工、劳动密集、小型民营为主体的宁波市工业经济的影响逐步加深，全年工业用电量仅增长3.2%。规模以上工业总产值增幅低于上年12.8个百分点，实现利润和利税总额分别下降44.5%、24.8%，回落69.1和47.3个百分点；亏损额增长2.8倍，亏损面为19.3%。

2008年，服务业企业亏损面扩大。全市2465家限额以上服务业企业中，亏损企业为776家，亏损面31.5%，比上年扩大8.2个百分点。房地产业增加值比重锐减，仅占GDP的1%，同比减少12.1个百分点，实现营业利润0.5亿元，下降67%。

2. 需求持续萎缩

宁波市外向型经济比重高，出口依存度为81.2%。全球金融动荡、经济减速和外需下降对宁波市出口影响深刻。2008年，自营出口增速逐季回落；规模以上工业企业出口交货值增长9.3%，增速比上年回落26个百分点。

2008年，全社会固定资产投资仅比上年增长8.2%，呈现高开低走态势。居民和社会集团的消费预期难以乐观。城乡居民人均消费性支出差额由上年同期的5859元扩大至7205元，增速差距由0.6个百分点拉大到3.9个百分点。

3. 房市和车市调整趋势明显

2008年，房地产业实现增加值196.6亿元，比上年下降6.3%，增幅比上年回落23.6个百分点。房地产开发投资负增长7.6%。商品房销售面积下降43.4%，新开工面积下降22.5%，商品房空置面积增长24.3%。

2008年，汽车销售额仅增长1.7%，增幅比上年回落9个百分点，贡献率由上年的18个百分点降至5.6个百分点。

4. 经济持续下行，景气度下滑

2008年，全年全市GDP增幅比上年回落4.8个百分点。自营进出口总额、财政收入、集装箱吞吐量等指标增速均出现较大幅度的回落。四季度企业景气指数为102.06，比上年同期和本年上季分别下降35.42和6.04点，四季度企业家信心指数为88.77，首次跌落不景气区间，比上年同期和上季分别下降48.3和17.95点。

第五节　福州

2008年，福州市着力调整优化经济结构，发展壮大产业集群，更加注重改善民生，扎实推进经济又好又快发展。全市经济运行呈现平稳较快、结构趋优的良好势头，城乡居民收入稳步增长，生活水平进一步提高。

一、经济增长平稳较快

2008年，全市生产总值2284.16亿元，增长13%，其中第一、二、三产业增加值分别为234.90、1083.92、965.34亿元，分别增长

4.8%、15.8%和11.7%。第一、二、三产业对GDP增长的贡献率分别为3.4%、58%和38.6%。人均生产总值33615元,增长12%。财政总收入(不含基金)288.21亿元,增长16.4%,地方级财政收入168.86亿元,增长15.2%,财政一般预算支出175.97亿元,增长23%。

二、农业生产能力提高,林业生产保持稳定

2008年,农业综合生产能力进一步提高。全市农林牧渔业总产值402.31亿元,增长5.6%,其中农业产值100.71亿元,增长2.3%;林业产值9.65亿元,增长7.9%;牧业产值67.12亿元,增长5.7%;渔业产值209.08亿元,增长7.3%。粮食种植面积继续调减,为182.92万亩,比上年减少1.91万亩;粮食总产量63.77万吨,下降0.4%。名优水果、蔬菜、食用菌、花卉等优势特色经济作物的生产规模扩大,食用菌产量8.79万吨,增长11%;茶叶产量1.5万吨,增长6%;肉、蛋、奶总产量37.08万吨,增长2.6%;蔬菜瓜果产量267.09万吨,增长1.7%;水果产量32.05万吨,增长3.4%。渔业生产重点发展水产品深加工和优高养殖,全市水产品产量165.61万吨,比上年增长7.7%。

2008年,推进集体林权制度配套改革,完善农村基本经营制度,林业生产保持稳定。全市完成人工造林总面积11806公顷,其中速生丰产林总面积6000公顷,沿海防护林总面积2286公顷。全年商品材产量14.26万立方米,森林覆盖率54.9%。

2008年,榕台农业合作继续加强。以海峡两岸农业合作实验区为依托,继续引进台湾农业优良品种、技术,发展高、优、特农业。一大批台湾名优水果、蔬菜、食用菌、花卉、茶叶、水产、畜禽等良种先后在福州落户。随着两岸三通的实现,两岸农业科技合作交流将更加密切,台资良种企业将陆续引进。

三、工业保持增长

2008年,全市加大对工业项目、技术改造与自主创新等扶持力度,发展壮大产业集群,着力优化产业布局,拓展以江阴、罗源湾为重点的南北“两翼”,发挥临港工业优势,工业集中区的支撑、集聚作用增强。全市工业增加值924.79亿元,增长15.8%,其中规模以上工业增加值805.18亿元,增长17%。全部工业总产值3584.58亿元,增长17.5%;规模以上工业总产值3265.41亿元,增长18.3%,其中国有控股工业总产值448.83亿元,增长8%;股份制工业总产值1177.01亿元,增长25.5%;外商及港澳台商投资工业总产值1750.49亿元,增长17.3%。三大支柱产业较快增长,通信设备、计算机及电子设备制造业工业总产值600.07亿元,增长13.6%;纺织、服装、化纤工业总产值476.53亿元,增长23.5%;电力、热力的生产和供应业260.84亿元,增长15.3%;塑料制品业209.69亿元,增长14.0%;农副食品加工业202.33亿元,增长21%。

四、贸易业发展迅速

2008年,“万村千乡”市场工程建设激活农村消费市场,全市共建设和改造“农家店”150家。连锁规模扩大,经营从超市、百货店向多业态、多领域拓展。积极建设海峡西岸现代服务业强市,现代物流配送迅速发展,物流企业不断壮大,盛辉等6家物流企业入选全国物流百强企业。福州市粮食批发市场、果品批发市场及蔬菜批发市场被评为省首批标准化农产品批发市场。全市实现社会消费品零售总额1134.37亿元,增长20.6%。分城乡市场看,城市消费品零售额918.39亿元,增长22.0%;县及县以下零售额215.99亿元,增长14.9%。分行业看,批发零售贸易业976.31亿元,增长20.7%;住宿餐饮业151.63亿元,增长20.0%。居民消费进入转型升级阶段,消费热点进一步拓宽,化妆品、金银珠宝、汽车、家居等类商品消费快速增长。在限额以上贸易企业商品零售额中,化妆品类增长30.9%,金银珠宝类增长26.3%,汽车类增长20.5%,家具类增长25.4%。

五、固定资产投资迈上新台阶，重点项目建设取得新进展

2008年，全社会固定资产投资迈上一个新台阶，完成投资额1248.9亿元，增长24.7%。城镇规模以上固定资产投资1163.67亿元，增长22.9%。房地产开发投资额309.8亿元，下降17.7%。商品房交易成交额194.98亿元，下降41.7%；商品房交易面积344.1万平方米，下降46.7%。

2008年，重点基础设施建设取得新进展，完成投资333.6亿元，占全社会固定资产投资的27.3%。大力拓展东部新区，启动建设海峡国际会展中心、火车南北站综合交通枢纽等一批重大工程项目。开工建设福清核电站、向莆铁路福州段、渔平高速公路及江阴疏港支线等，城区轨道交通等重大项目前期工作取得突破。

六、对外经贸持续发展，国际经济技术合作范围扩大

2008年，全市进出口总额203.47亿美元，增长9.2%，其中进口总额67.57亿美元，增长6.7%；出口总额135.90亿美元，增长10.4%，主要销往美国、欧盟等地。从出口主体看，外资企业出口84.36亿美元，内资企业出口51.64亿美元，分别增长10.6%和10.1%。从出口产品看，高新技术产品出口44.88亿美元，机电产品出口76.69亿美元，分别增长20%和18.6%。对台贸易额24.13亿美元。

2008年，新批合同外资项目155项，其中新批台资项目24项，新批合同外资金额14.89亿美元，增长12.5%；实际利用外资按验资口径达10.02亿美元，增长43%。新签对外承包工程和劳务合作合同金额7089.29万美元，增长6.87倍；完成营业额5174.98万美元，增长52.1%；年末在外人员5194人，增长40.5%。

七、金融态势平稳

2008年，金融发展态势保持稳定。年末全市金融机构本外币各项存款余额4026.16亿元，增长16.8%；各项贷款余额3205.38亿元，增长14.8%。人民币中长期贷款余额2076.95亿元，增长18.2%；中长期贷款个人消费贷款余额605亿元。金融市场对外开放进程加快，年末共有3家外资金融机构在福州设立分行。

八、人民生活水平提高

2008年，全市在岗职工年平均工资27341元，增长14.2%。城镇居民人均可支配收入19009元，增长16%，扣除价格因素，实际增长9.3%。农民人均纯收入7142元，增长13.6%，扣除价格因素，实际增长8.8%。市区城镇居民人均住房建筑面积22.1平方米，农村居民人均住房面积46.5平方米。

第六节　厦门

2008年，厦门市积极应对国际金融危机，果断采取一系列有力的政策措施，全市经济保持稳定增长。地区生产总值1560.02亿元，增长11.1%，其中第一产业增加值21.5亿元，增长4.4%；第二产业818.04亿元，增长12%；第三产业720.48亿元，增长10.1%。三次产业结构为1.4∶52.4∶46.2。

一、供给总体稳定

1. 农村经济稳步发展

2008年，全市农林牧渔及服务业总产值34.82亿元，增长4.9%。全年新增2家国家级、3家省级农业产业化重点龙头企业。市级以上农业产业化龙头企业实现销售收入159.27亿元，出口创汇4.7亿美元，上缴税金

3.09亿元；与本市农民签订订单农业11万亩，带动本地农户10.54万户，吸纳本地农民1.95万人进厂务工，农民从产业化组织得到收入11.87亿元。全年农民人均纯收入8475元，增长11%，增幅连续四年保持在两位数。其中人均工资性收入4400元，增长13.1%，占农民人均纯收入的51.9%，比上年提高1个百分点，在本乡地域内劳动得到的收入3353元，增长15.8%。农民人均生活消费支出6427元，增长14.2%。

2. 工业增速放缓

2008年，全市工业总产值3042.33亿元，增长10%，工业增加值705.36亿元，增长11.9%，占全市地区生产总值的45.2%，是带动全市经济增长的主要力量。其中，规模以上工业总产值2929.60亿元，增长10%，工业增加值680.36亿元，增长12%。2008年末，全市有规模以上工业企业1991家，比上年增加131家，其中年产值亿元以上企业379家，比上年增加60家。进入四季度后，国际金融危机严重影响全市工业生产，11、12月规模以上工业产值分别比上年同月下降15.2%和12.6%。

3. 第三产业增幅回落

2008年，受宏观调控政策、金融政策调整和经济形势变化的影响，第三产业增速放缓，增加值增长速度比上年回落6个百分点，对经济增长的贡献率为51.2%，拉动经济增长4.3个百分点，比上年回落2.6个百分点。房地产业陷入负增长，完成投资323.96亿元，下降6.3%，增幅较上年回落67.9个百分点，增加值112.13亿元，下降9.9%，影响全市经济增长0.7个百分点。金融保险业和其他服务业增加值增幅回落也较为明显，分别比上年回落9.2和8.5个百分点。

金融市场保持平稳运行。2008年末，全市中外资金融机构本外币各项存款余额2727.14亿元，增长10.6%；本外币各项贷款余额2369.44亿元，增长10.9%。台湾富邦金控通过香港富邦银行入股厦门市商业银行，是台湾金融机构首次借道第三地投资大陆银行。建发股份与台湾人寿合资成立的君龙人寿成为全省首家地方法人保险机构。中国邮政储蓄银行、奥地利中央合作银行和平安银行先后在厦门设立分行。

二、需求拉动乏力

1. 固定资产投资呈低速增长态势

2008年，全市固定资产投资928.32亿元，仅比上年增长0.1%。由于缺乏新的大项目支撑，投资增长乏力。全年投资上亿元项目（不含房地产项目）共125项，投资总额为362.89亿元，较上年减少15.34亿元。从新开工大项目看，全市共有亿元以上新开工项目25个，亿元以上新开工项目完成投资15.56亿元。

2. 外贸出口增速回落

2008年，全市进出口总值453.89亿美元，增长14.1%。其中出口293.94亿美元，增长15.0%；进口159.94亿美元，增长12.4%。外贸运行呈高开低走态势，进出口增幅从1月份的32.5%回落至全年的14.1%，出口增幅则从30.8%回落至全年的15%，进口也从35.8%回落至全年的12.4%。

3. 消费需求增速加快

2008年，全市社会消费品零售总额418.92亿元，增长15.7%，增速比上年加快0.7个百分点。分行业看，批发零售贸易业零售额344.74亿元，增长15.6%，占零售总额的82.3%；住宿餐饮业零售额58.98亿元，增长21.7%，占零售总额的14.1%；其它行业零售额15.19亿元，下降0.9%，占零售总额的3.6%。

三、价格涨幅回落

2008年，全市居民消费价格总水平比上年上涨4.9%，涨幅比第一季度回落1个百分点，比上半年回落1.5个百分点。其中，消费品价格上涨6.3%，服务项目价格上涨0.7%。分月看，CPI自4月份达到高点以后，涨幅明显地呈逐月回落态势，12月份上涨1.3%。从环比指数来看，12月CPI下跌0.8%，是自8月份以来的连续第5个月下跌。

2008年，全市工业品出厂价格下跌2.52%，全年PPI走势平稳，小幅波动。生产资料出厂价格下跌3.6%，其中，采掘工业持平，原料工业上涨1%，加工工业下跌4.3%；

生活资料出厂价格微涨0.3%，其中，食品类价格上涨5%，衣着类价格下跌0.9%，一般日用品类价格上涨3.5%，耐用消费品类价格下降5.1%。在调查的34个工业大类中，出厂价格上涨的有21个行业，上涨面为61.8%，下降的有10个行业，占29.4%，3个行业持平。

四、财政、居民收入稳步增长，企业效益有所下降

1. 财政收入稳步增长

2008年，全市财政总收入410.14亿元，比上年增长17.7%，为全市生产总值的26.3%，比上年提高1个百分点。其中，地方财政收入220.23亿元，增长18.1%。在地方财政收入中，税收收入稳步上升，全年完成193.02亿元，增长15.5%，占地方收入增量的76.9%。各行业税收增势稳定。第三产业税收107.27元，增长14.1%，其中，金融业增长1倍，信息传输、计算机服务和软件业增长62.4%，交通运输、仓储及邮政业增长45.6%，批发零售业增长42.7%；第二产业税收72.26元，增长19.8%，其中，制造业增长27.7%，电力、燃气及水的生产和供应业增长19.6%。

2. 工业经济效益下滑

2008年，全市工业经济效益综合指数165.09，比上年回落9.16个百分点。其中，总资产贡献率9.48%，下降3.01个百分点；资本保值增值率115.07%，上升3.34个百分点；资产负债率56.88%，下降2.07个百分点；流动资产周转率2.04次，减缓0.10次；成本费用利润率3.99%，下降2.28个百分点；全员劳动生产率11.76万元/人，净增0.90万元/人。工业企业生产综合成本上升，利润下降，全年规模以上工业实现利润109.31亿元，比上年下降29.4%。在全市1991家规模以上工业企业中，利润比上年下降的有1162家，占到58.4%；亏损企业679家，比上年增长56.5%，亏损额42.16亿元，增长1.1倍。

3. 居民收入稳步提高

2008年，全市城镇居民人均可支配收入23948元，比上年增长11.4%。其中工薪收入18986元，增长15.4%，占可支配收入的70.5%，比上年上升2.9个百分点，拉动可支配收入增长11.6个百分点。居民消费趋于谨慎，居民人均消费支出17117元，增长4.5%。

五、实际利用外资快速增长，对台交流合作日益增强

1. 项目履约良好，实际利用外资保持全省首位

2008年，全市新设立外商投资企业356个；合同利用外资18.96亿美元，下降42%；实际利用外资20.42亿美元，增长60.6%，规模居全省首位，占全省实际利用外资的36%。总投资在千万美元以上的项目83个，合同外资14.6亿美元，比上年下降23%，其中新批项目30个，合同外资5.42亿美元，增资项目43个，合同外资9.18亿美元。增资大项目主要包括太古发动机服务、世通华纳、友达光电、泓信超细纤维材料等。第三产业利用外资比重大幅上升，新设项目和合同外资所占比重分别为68.8%和57%，分别比上年提高13.1和16.7个百分点，第三产业合同外资金额10.8亿美元，比上年增长16.8%，其中73%的外资投向以商务、信息、科研、物流、贸易等为主的生产性服务业。

2. 对台交流合作不断拓展

全年新批准设立台资（含第三地）项目132个，合同台资4.96亿美元，实际利用台资7.17亿美元，增长15.1%。厦门被列为首批两岸包机直航点、海上直航口岸、通邮封发局，厦门航空公司成为大陆第一家在台设立办事机构的航空公司，厦门与澎湖、台中实现历史上首次空中直航。厦金、厦澎以及赴台旅游取得新突破，大陆13个省居民赴台旅游经厦门“小三通”航线，在厦暂住1年以上人员在厦办证赴台旅游顺利启动，厦金旅游成倍增长，厦金航线全年运载旅客90.25万人次，增长31.2%。对台贸易大幅增长。全年对台进出口总额38.31亿美元，增长25.4%。其中自台进口31.19亿美元，增长22.6%；对台出口7.12亿美元，增长39.6%。厦门口岸进口零关税台湾水果和水产品超过全国进口总量的一半，居全国首位。台湾中部四县市县市长首次同访厦

门,厦门市委参访团赴台开展国共两党基层政党交流活动,实现了历史性突破。成功举办台交会、旅博会、文博会、保生慈济文化节、世界金门日、图书交易会、建材展等重大活动,厦门对台工作先行先试作用进一步凸显。

六、就业形势较好

2008年,全市城镇新增就业人数20.97万人;失业人员再就业人数5.1万人,其中持《再就业优惠证》实现再就业的下岗、失业人员9108人。2008年末,城镇从业人员67.69万人,登记失业人员2.92万人,城镇登记失业率为4.14%。

第七节 济南

2008年,面对严重的全球金融危机和国内外经济增长下行的不利影响,全市上下积极应对复杂多变的国内外经济发展环境,认真落实国家各项宏观调控政策和措施,及时解决经济运行中的突出矛盾和问题,变压力为动力,化危机为机遇,实现了经济平稳较快增长,经济结构进一步优化,新农村建设扎实推进,市场物价逐步回稳,城乡居民生活水平较大提高,就业形势基本稳定。

一、经济平稳较快增长,经济结构继续优化

1. 经济总量平稳较快增长

2008年,全市生产总值3017.42亿元,比上年增长13.0%左右。其中,第一产业175.01亿元,增长5.0%;第二产业1330.68亿元,增长10.1%;其中,工业增加值1140.14亿元,增长10.7%;建筑业增加值190.54亿元,增长5.5%;第三产业1511.73亿元,增长16.8%。按常住人口计算人均生产总值45724元,增长12.9%,折合美元6589.7美元。

2008年,全社会劳动生产率82482元/人,增长12.1%(按从业人员计算)。各项税收总额403.4亿元,增长14.6%,其中:服务业税收213.8亿元,增长23.9%。全市地域财政总收入和地方财政一般预算收入分别达到922.6亿元和186亿元,分别增长20.4%、18.5%。地域财政收入占生产总值比重30.6%,提高1个百分点。

2. 结构调整取得积极变化

三次产业比重由2007年的5.9∶45.2∶48.9转变为2008年的5.8∶44.1∶50.1。第三产业增加值占全市生产总值的半壁江山。非公有制经济增加值1237.7亿元,增长18.4%,占生产总值的41%,比上年提高1.2个百分点。非公有制经济工业增加值468亿元,增长24.2%,高于全市平均增幅11.2个百分点。

3. 发展方式向好转变

2008年,新能源与节能、交通装备、新材料、生物工程、先进制造等高新技术行业增长迅速,企业605家,比上年末增加28家,其中年总产值过亿元企业达到219家,增加38家;产值1460亿元,增长25.2%,占规模以上工业的比重37.3%,上升2个百分点。

2008年,经济外向度有所增强。全市进出口总值80.3亿美元,增长29.1%。其中进口34.3亿美元,增长23.3%;出口46亿美元,增长33.8%。新签利用外资合同69个;合同外商直接投资14.7亿美元,增长41.5%;实际外商直接投资8.6亿美元,增长54.2%。共签订对外承包和劳务合作合同金额39.2亿美元,增长100.8%,完成营业额8.57亿美元,增长1.1%。

二、农业生产形势稳定,新农村建设进展顺利

2008年,农业生产稳定增长。粮食生产

连续第6年获得丰收，呈现面积、单产、总产“三增”的良好势头。播种面积677.9万亩，增长2.3%；粮食总产量281.5万吨，增长5%，亩产415.3公斤，增长2.7%。蔬菜生产稳中有增，播种面积136.8万亩，增长1.5%，总产量548.4万吨，增长5%。畜牧业呈现恢复性增长，肉、蛋和奶产量分别增长9.5%、1%和9.6%。

2008年，农业产业化水平进一步提高。龙头企业快速发展，全市新增规模以上农业龙头企业20家，累计达到265家，其中国家级5家、省级24家、市级164家。规模以上龙头企业实现销售收入150亿元。农民专业合作社迅速发展，助推全市农业产业化快速发展。全市注册登记农民专业合作社达到1160家，覆盖了粮食、畜禽、林果、瓜菜、食用菌、药材、渔业、花卉苗木等八大产业。目前全市基本形成每个农业主导产业都有龙头企业带动或合作社参与助推的新格局，53%的农户纳入了农业产业化的经营范畴。

三、工业经济相对平稳、生产效益增速下滑

2008年，受国内外复杂多变的经济大环境影响，全市工业企业面临着成本增加、赢利下降和市场萎缩、缩减生产的双重困境，工业经济走势平缓。全市工业增加值1140.1亿元，增长10.7%，其中：规模以上工业完成增加值1095亿元，增长12%，较上年同期下降5.5个百分点。全年实现主营业务收入3704亿元，增长21.2%，实现利税361.9亿元，增长8.2%，利润180亿元，增长1.8%，增幅分别较上年下降2.2、19.7和29个百分点。

2008年，支柱行业、企业集团发展相对稳定。全市六大产业集群工业增加值865.8亿元，增长11.6%，占规模以上工业的79.1%，比上年上升0.45个百分点。其中，交通装备产业增长22.7%，石化化纤产业增长21.7%，机械装备制造产业增长21%，食品药品产业增长16.7%，电子信息产业增长4.5%，冶金钢铁产业下降14.2%。企业规模明显壮大，全年主营业务收入过亿元企业513家，其中过10亿元企业40家，分别比上年增加98和4家。

四、第三产业健康快速发展，成为拉动经济增长主要动力

1. 传统服务业保持较快发展势头

2008年，消费品市场繁荣活跃，社会消费品零售总额1356.7亿元，增长23%。其中：城市零售额1163.8亿元，增长23.4%；县及县以下零售额192.9亿元，增长20.3%。公有经济零售额144.9亿元，增长7.4%；非公有经济零售额1211.8亿元，增长25.2%。住宿餐饮业零售额223.9亿元，增长29.0%，占社会消费品零售额的16.5%，提高0.8个百分点。从分商品类别看，食品、饮料、烟酒类增长23.7%，服装、鞋帽、针纺织品类增长20.7%，金银珠宝类增长35.5%，日用品类增长28.8%，电子出版物及音像制品类增长27.8%，石油及制品类增长25.6%，体育、娱乐用品类增长22.8%，中西药品类增长21%，家具类增长20%。

2. 现代服务业发展稳健

2008年，全市现代服务业持续较快发展，共完成增加值666.2亿元，增长16.1%；占全部第三产业比重为44.1%，与上年持平。

2008年，金融形势基本稳定，增加值184亿元，增长12.7%。年末金融机构人民币各项存款余额5036.8亿元，较年初增加974.5亿元；各项贷款余额4116.7亿元，比年初增加485.4亿元。现金收入6005.2亿元，增长0.1%；现金支出5889.1亿元，下降0.1%。

2008年，房地产业趋缓，增加值114.9亿元，增长9.6%。房地产开发投资274.1亿元，占全社会固定资产投资的19.4%，比上年提高2.6个百分点。新开工房屋面积482.8万平方米，竣工面积172.2万平方米。房屋销售价格上涨7.2%，其中新建房屋销售价格上涨7%。

2008年，旅游业较快增长。接待国内游客2300.3万人次，增长15.6%；接待入境游客17.03万人次，增长6%。国内旅游总收入204.9亿元，增长18.7%；旅游外汇收入8339.6万美元，增长17.9%。旅游总收入

210.7亿元,增长18.5%。

五、固定资产投资平稳增长,城建重点工程稳步推进

2008年,投资平稳增长,全市固定资产投资1415.3亿元,增长23.3%。其中:第一产业55.3亿元,增长27.6%;第二产业454.3亿元,增长15%;第三产业905.7亿元,增长27%。重点领域投资力度加大,现代服务业投资542.6亿元,增长16.6%;交通运输、仓储和邮政业投资134.4亿元,增长84.3%;水利、环境和公共设施管理业投资112.4亿元,增长46.3%;批发和零售业投资57.7亿元,增长4.8%;住宿和餐饮业投资16.7亿元,增长34.7%。工业投资平稳增长,在建的工业投资项目1289个,完成投资434.2亿元,增长12.3%,其中计划总投资千万元以上工业项目802个,完成投资400.9亿元,占工业投资的92.3%;计划总投资上亿元的项目113个,完成投资187.7亿元,占工业投资的43.2%。

2008年,城市建设重点工程稳步推进。一是全运会和园博园建设加快推进。奥体中心一场三馆等全运场馆建设累计完成投资54.5亿元,已进入内部装饰、安装阶段;园博园累计完成投资5.6亿元,地形整理基本完成,配套服务设施建设已全面展开。二是棚户区改造步伐加快。纳入改造的38个棚户片区中,至2008年底已动迁35个片区,拆迁建筑面积约210万平方米,动迁居民约3.5万户、12万人,开工建设安置房110万平方米。

六、民生状况进一步改善

1. 市场物价逐步回稳

2008年,居民消费价格上涨5.7%,比上年提高1.8个百分点,分月涨幅在4月份达到8.4%后逐月回落,12月份涨幅回落到1.8%,比4月份回落6.6个百分点。房屋销售价格上涨7.2%,比上年提高2个百分点,分月涨幅在8月份开始回落,12月同比涨幅回落至3.4%。工业品出厂价格上涨9.2%,比上年提高5.3个百分点,分月涨幅在8月份达到峰值13.4%后不断回落,12月份同比涨幅降至1.9%,较8月份回落11.5个百分点。原材料燃料动力购进价格上涨16.9%,比上年提高11.9个百分点,12月份上涨2.4%,较7月份峰值24.8%回落22.4个百分点。

2. 城乡居民生活水平不断提高

2008年,济南市城市居民人均可支配收入20802.2元,比上年增长15.5%;居民人均消费性支出13904.6元,增长12.2%。农村居民人均纯收入7180元,增长14%,农民人均生活消费支出4385.4元,增长15.7%。全年全市法人单位从业人员人均劳动报酬25970元,增长15.6%。城乡居民恩格尔系数分别为32.1%、37.1%,分别上升0.6和下降0.4个百分点。

3. 就业形势基本稳定

2008年,年末全市从业人员367.36万人,增长0.84%。安置就业再就业14.42万人次,比上年多安置1.1万人次,增长8.29%,其中,安置下岗失业人员就业6.32万人次,增长6.67%。城镇登记失业率3.43%,回落0.15个百分点。

第八节 青岛

2008年,面对国内发生的严重自然灾害和国际金融危机等不利影响,青岛市努力保持全市经济平稳较快发展。初步核算,全市生产总值4436.18亿元,增长13.2%。其中,第一产业223.4亿元,增长1.4%;第二产业2255.45亿元,增长11.1%;第三产业1957.33

亿元，增长17.1%。三次产业比例为5.1∶50.8∶44.1。

一、经济发展基本态势

1. 农业保持稳定，粮食丰收

2008年，全市粮食生产总产量达到333.66万吨，增长10.9%。粮食播种面积51.06万公顷，增长7.3%。瓜类播种面积达到13.25万亩，比上年减少16.8%。水果总产量80.68万吨，增长1.6%。肉类总产量增长0.6%，蛋类产量下降28.4%，奶类产量下降9.6%。水产品产量105.74万吨，下降1.6%，其中捕捞产量25.9万吨，下降2%；养殖产量79.84万吨，下降1.5%。农村生产条件继续改善，年末拥有农业机械总动力697.38万千瓦，增长2.5%。

2. 工业增幅前高后低

2008年，全市规模以上工业增加值2018.96亿元，增长13.98%，增速较上年回落7.34个百分点。工业产销衔接良好，销售率为96.96%，比上年提高0.36个百分点。轻、重工业总产值分别为3466.49、4611.3亿元，重工业生产增速快于轻工业12个百分点。

2008年，五市二区（城阳、黄岛）工业产值5980.64亿元，增长29.3%，高于全市平均水平6.9个百分点，拉动全市工业增长20.5个百分点。八大工业产业集群总产值4546.6亿元，增长24.98%，生产增幅快于全市平均水平2.6个百分点。其中，石化产业集群增长44.64%、造船集群增长39.34%、机械产业集群增长32.91%、汽车集群增长28.5%、纺织产业集群增长19.93%。规模以上高新技术产业产值3758.78亿元，增长20.1%，占比重46.31%。规模以上装备制造业产值2352.72亿元，增长27.2%，增幅比上年回落8.1个百分点，对全市工业增长带动作用有所削弱。

2008年，受国际市场波动和原材料能源价格急剧变化等因素影响，全市工业生产增速前高后低。上半年增长18%，第三季度各月度增幅在10%～15%之间，第四季度下降到10%以下。

2008年，规模以上工业主营业务收入7813.8亿元，增长23.7%；利税总额530.9亿元，增长0.9%；利润总额246.3亿元，下降9.68%。石油加工和电力、热力行业严重亏损，亏损83.47亿元，占规模以上工业亏损总额的66.5%。其中，石油加工行业亏损68.31亿元，是上年的11.7倍，青岛炼化亏损46.5亿元；电力、热力行业亏损15.16亿元，是上年的4.7倍，黄岛电厂亏损8.7亿元。剔除这两个行业后，规模以上工业实现利润327.54亿元，增长16.97%。利润增长较快的行业有：汽车轨道车业（18.15亿元）、机械钢铁业（84.71亿元）、纺织服装业（47.58亿元），分别增长62.93%、31.68%、31.19%。

2008年，企业成本费用增大，规模以上工业主营业务成本6904.41亿元，增长25.62%，增幅高于主营业务收入增幅1.96个百分点；工业成本费用利润率为3.29%，比上年下降1.26个百分点。

3. 固定资产投资结构优化，增长较快

2008年，全市规模以上固定资产投资完成2019亿元，增长23.5%，增速比上年提高0.2个百分点。第一、二、三产业分别完成投资46、972和1001亿元，分别增长84.5%、14.6%和31.4%。三次产业投资构成比重为2.3∶48.1∶49.6。工业投资957.9亿元，增长15.5%。重点扶持的高新技术产业和装备制造业分别完成投资145.6和395.4亿元，增长49.9%和42.4%。全年服务业投资增速较快，增长31.4%，其中计算机服务软件业、科研技术服务业、卫生社保和社会福利业分别增长96.3%、180.4%和105.1%，成为带动服务业整体投资快速增长的主动力。民间投资成为投资的主导力量，完成投资1477亿元，增长31.4%，快于全市投资增速7.9个百分点，对全市投资增长的贡献率超过90%。房地产开发投资平稳增长，完成投资373.1亿元，增长15.8%，比上年降低4.3个百分点。

2008年，投资领域存在的主要问题有：一是大项目带动作用弱化。全年新开工项目个数增长1.3%，但投资额下降1.7%。从项目规模看，5000万元以上大项目完成投资610.4亿元，增长8.4%，所占比重降低4.2个百分点。二是房地产销售趋淡。全年各类房屋销售面积769.2万平方米，下降7.7%。三是外资助推作用下降。港澳台、外商投资企业投资329.3亿元，增长3.2%，比上年降低18.8个百分点。

4. 消费市场持续繁荣，服务业发展步伐加快

2008年，全市社会消费品零售额1464.77亿元，增长22.2%，比上年提高3.1个百分点。分行业看，批发和零售业零售额1191.99亿元，增长20.9%，住宿和餐饮业零售额230.67亿元，增长27.4%。分城乡看，城市和农村的零售额分别为1162.06和302.71亿元，分别增长23.1%和18.7%。

2008年，交通运输业稳步发展。港口吞吐量突破3亿吨，完成30029万吨，比上年增长13.3%；集装箱吞吐量达1037.67万标准箱，增长10.3%；航空货邮吞吐量完成13.1万吨，增长12.8%；航空旅客吞吐量完成820万人次，增长4.2%。

2008年，金融业快速发展。年末金融机构本外币存款余额4896.29亿元，比年初增加860.73亿元；人民币存款余额4735.38亿元，比年初增加843.80亿元，其中，居民储蓄存款2123.36亿元，比年初增加421.32亿元。

2008年，旅游业受金融危机影响较大，全市旅游总收入达420.28亿元，仅增长4.99%，增速比上年下降18.1个百分点。其中国内旅游总收入385.52亿元，增长10.12%；国际旅游收入5亿美元，下降25.9%。全年共接待国内外游客3469.58万人次，增长3.05%。

5. 外向经济持续发展，招商引资平稳增长

2008年，全市进出口总额（不含中央、省公司）521.58亿美元，增长19.6%。其中，出口314.62亿美元，增长17.5%；进口206.96亿美元，增长23%。出口产品结构不断优化，机电、高新技术产品出口分别增长20.6%和30.5%，分别高于全市出口增速3.1和13个百分点，拉动作用明显。外商投资企业仍是全市外贸出口的主体，出口额171.4亿美元，增长9.8%，占全市54.5%。全年共批准利用外资项目640个，下降40.1%；外商直接投资到帐26.4亿美元，增长10%。

6. 财政收入稳步增长，支出向民生倾斜

2008年，全市财政总收入1251.6亿元，增长16.9%。地方财政一般预算收入342.4亿元，增长17%。其中，增值税增长12.9%、营业税增长12.1%、企业所得税增长10.4%、个人所得税增长7.7%。地方财政一般预算支出369.4亿元，增长15%，其中，一般公共服务增长19.9%、教育增长16.3%、社会保障和就业增长5.8%、城乡社区事务增长12.8%、公共安全增长8.6%、医疗卫生增长35.7%、农林水事务增长39.5%，加大了对公共服务和民生的支出力度。

7. 居民生活水平持续提高，社会保障继续完善

2008年，全市城市居民人均可支配收入达到20464元，比上年增长14.6%。城市居民人均消费性支出14999元，增长12.1%。农民人均纯收入达到8509元，比上年增长13.8%。农民人均生活消费支出5303元，增长12%。年末全市城镇登记失业人员6.19万人，增长10.5%，就业压力较大；城镇登记失业率3.01%。社会保险覆盖面继续扩大，年末全市基本养老保险参保职工人数为197.5万人，增长14.5%；城镇职工基本医疗保险参保人数229.6万人，增长10.3%；失业保险参保人数137.3万人，增长17.8%。

8. 各类价格涨幅走低，物价涨势回落

2008年，全市居民消费价格上涨4.7%，比上年提高0.2个百分点，12月同比上涨2.4%。工业品出厂价格上涨5.33%，原材料、燃料、动力购进价格上涨15.91%。房屋销售价格上涨5.1%。

二、政策建议

1. 抑制工业下滑关注重点企业、行业、产品

工业占全市GDP近50%，2009年上半年的形势仍比较严峻，应予以高度重视。一是加大对大企业集团和重点骨干企业的帮扶力度；二是加大对企业的资金支持；三是强化传统工业的比较优势，提升企业国内外市场竞争力，尽快形成青岛工业的梯次发展格局。四是继

续大力发展高新技术产业，实现经济、资源环境的可持续发展。五是加快县域工业的发展；六是加快调整工业布局结构。

2. 把投资作为扩大内需促进经济增长的重中之重

近几年，全市投资对 GDP 的贡献率均在 50%左右，2009 年要更重视投资的拉动作用。一是重视投资增长政策措施的落实到位。结合近期中央出台的一系列扩大内需促进经济增长的政策措施，围绕“环湾保护、拥湾发展”的战略部署，加大城市基础设施、生态环境、社会事业等领域的投资力度。二是以大项目和重点项目推动投资快速持续增长。尤其是重视亿元以上的大项目，解决投资后劲不足问题。三是着力调整投资结构，突出抓好先进制造业和现代服务业。四是抓好投资的资金筹措。

3. 重视对外经贸对全市经济增长的作用

对外经贸在全市经济中占重要地位，全市经济外向度（市属单位进出口/GDP）80%，其中出口依存度约 48%。国外需求的下降已导致相关企业生产经营出现困难，从而影响全市经济增长。一是加大出口地指导，分散出口过于集中的风险；二是在加大金融支持力度的前提下，重点抓好落实；三是提高企业产品的科技水平。

4. 保持服务业的稳定增长，促进全市经济发展和结构优化

服务业在国民经济中所占比重逐年提高，2008 年已达到 44%。加快发展服务业，是今后经济结构调整的主攻方向，也是 2009 年全市经济最大的增长点。重点扶持并加快发展现代服务业。坚持促、保、调并举，分类指导金融、旅游、创意、会展、房地产、科技信息服务和中介服务等产业上水平。保持传统服务业的稳定发展，与居民生活密切相关的商贸餐馆、交通运输等传统服务业可以作为服务业先行发展的重点。

第九节　广州

2008 年，国内外经济形势错综复杂，广州市按照建立全省“首善之区”的要求，坚决执行中央宏观调控政策措施，加快推进经济发展方式转变，努力克服各种困难，实现了全年经济持续稳定增长的目标，经济总量再上新台阶，经济运行呈现出生产稳定、内需旺盛、民生改善、物价回稳的特点。

一、经济持续稳定增长，经济总量再上新台阶

2008 年，全市地区生产总值 8215.82 亿元，增长 12.3%，增速比上半年加快 0.4 个百分点。三次产业结构为 2.04:38.94:59.02。其中，一、二、三产业分别完成增加值 167.72、3198.96 和 4849.13 亿元，分别增长 1.8%、10.9%和 13.6%，对全市经济增长的贡献率分别为 0.3%、35.1%和 64.6%，第三产业拉动经济增长 7.9 个百分点，是主动力。

二、农业生产逐季好转，工业生产稳定增长

2008 年，受年初低温冰冻灾害及 6 月份强降雨的影响，1～2 季度全市农业生产增长缓慢。三季度后，除 9 月下旬遭受台风“黑格比”袭击外，天气状况相对转好，农业生产形势好转。全市农业总产值 290.16 亿元，增长 3.0%。粮食总产量 43.86 万吨，增长 3.6%。肉类产量 31.09 万吨，生猪出栏 230.73 万头，分别增长 12.6%和 16.3%。

2008 年，工业生产稳定增长。全市工业总产值 12639.05 亿元，增长 13.1%，增速比上年回落 7 个百分点。规模以上工业总产值 11627.56 亿元，增长 13.2%。三大支柱产业两快一慢，完成产值 4508.91 亿元，增长 12.7%，拉动全市规模以上工业总产值增长 5 个百分点。汽车制造业、电子产品制造业、石

油化工制造业分别完成产值1849.92、1023.35和1635.64亿元,分别增长8.1%、17.7%和15.2%。高新技术较快发展,产品产值3981.3亿元,增长18.8%,增速高于全市工业增速5.7个百分点,占全部工业总产值的31.5%,比重比上年提高1.5个百分点。民营工业发展较快,完成总产值2472.09亿元,增长15.2%,高于全市工业增速2.1个百分点。

三、内需拉动作用增强,外需增长稳中趋缓

2008年,在央行多次下调人民币贷款基准利率和全市扩大投资政策的影响下,在地铁工程、广州新客站及相关工程、广州电网输变电工程、亚运项目、中船集团广州龙穴造船基地和南沙汽车产业基地等重点项目的带动下,全市投资增长较快。全社会固定资产投资2104.56亿元,增长12.9%,增速比上年提高3.1个百分点。其中,基本建设投资985.16亿元,增长23.1%;更新改造投资348.87亿元,增长0.3%。房地产开发投资增速大幅回落,完成投资762.43亿元,增长8.3%,增速比上年回落18.1个百分点。投资继续向第三产业倾斜,占全社会固定资产投资的比重达到78.66%,比上年提高0.27个百分点。

2008年,随着国家、省、市扩大内需政策措施效果的逐步显现,再加上城乡居民收入稳定增长的带动,全市消费持续较快增长,中、高档物质消费和文化消费、保健消费需求旺盛。全市实现社会消费品零售总额3140.13亿元,增长21.0%,其中,批发和零售业零售额2624.52亿元,住宿和餐饮业零售额515.61亿元,分别增长20.5%和23.8%。

2008年,商品进出口增长稳中趋缓。全市商品进出口总值819.52亿美元,增长11.5%。其中,进口389.88亿美元,出口429.64亿美元,分别增长9.5%和13.4%。顺差39.76亿美元,增长74.2%。一般贸易出口增幅高于加工贸易出口3.4个百分点。对香港、欧盟和美国出口分别增长8.9%、14.2%和2.3%。机电产品出口增长17.2%,高新技术产品出口增长7.2%。船舶、家具及其零件、箱包及类似容器出口较快增长,分别增长1.1倍、34%和27.8%。

四、城乡居民收入继续增加,就业形势稳定

2008年,全市城镇单位职工平均工资、城市居民人均可支配收入和农村居民人均纯收入分别为45251、25317和9828元,分别增长12.6%、12.7%和14.1%,扣除价格因素,分别增长6.3%、6.4%和4.3%。

2008年末,全市金融机构人民币存款余额为16421.05亿元,增长14.8%;其中储蓄存款余额6867.29亿元,增长22.9%。

2008年,就业形势稳定。年末全市城镇单位从业人员224.88万人,比上年末增加1.19万人,增长0.5%。登记在册的"零就业家庭"一人以上就业率达100%。

五、消费价格涨幅走低,生产价格涨幅高位回落

2008年,城市居民消费价格总水平同比上升5.9%,分月涨幅在2月份到达峰值8.6%,尔后逐渐回落,12月份降至1.4%。全市工业品出厂价格上涨3.7%,原材料、燃料、动力购进价格上涨9.4%,这两种价格的涨幅在9月份后快速回落,12月份为下降1.2%和2.2%。

第十节 深圳

2008年,深圳市认真贯彻落实党中央、国务院和省委省政府各项宏观调控政策措施,率先积极应对国际国内经济环境变化的冲击和挑战，加大对各类企业扶持力度，有力促进了经济平稳发展，较好实现了年初预定的经济增长目标。

一、经济运行基本情况

初步核算，2008 年全市生产总值 7806.54 亿元，比上年增长 12.1%，第一产业增加值 6.66 亿元，下降 13.4%；第二产业增加值 3815.78 亿元，增长 11.9%；第三产业增加值 3984.10 亿元，增长 12.5%。三次产业结构由上年的 0.1∶50.1∶49.8 发展为 0.1∶48.9∶51.0，第三产业所占比重提高了 1.2 个百分点。

1. 工业平稳增长

2008 年全市规模以上工业企业增加值 3527.77 亿元，增长 12.5%。从发展趋势看，工业增速逐月上升，由年初的 9.1%上升到 12 月份的最高点，累计上升 3.4 个百分点。

从行业看，电子信息行业快速增长，高于全市平均水平。通信设备、计算机及其他电子设备制造业增加值 1607.14 亿元，增长 18.4%，比全市平均增速高 5.9 个百分点。从经济类型看，外商及港澳台投资企业生产增速明显回落，完成增加值 2260.21 亿元，增长 8.7%，占规模以上工业增加值的 64.1%。

2. 固定资产投资增幅上升

2008 年，全年全社会固定资产投资 1467.6 亿元，增长 9.1%，是 2005 年以来增幅最高的一年。其中，基本建设投资 827.83 亿元，增长 15.9%；房地产开发投资 440.49 亿元，下降 4.5%；更新改造投资 155.84 亿元，增长 8.1%；其他投资 43.45 亿元，增长 68.3%。分产业看，第一产业投资 0.1 亿元；第二产业投资 386.00 亿元，增长 3.9%，其中工业投资 386 亿元，增长 3.9%，占全社会固定资产投资的比重由上年的 27.6%下降到 26.3%；第三产业投资 1081.50 亿元，增长 11.4%

3. 交通运输业保持增长

2008 年，全市货运量 14893.97 万吨，增长 8.9%，货物运输周转量 745.85 亿吨公里，下降 6.1%；客运量和旅客周转量分别增长 5.6%和增长 16.6%。邮电业务量 611.75 亿元，增长 19.1%。深圳港港口货物吞吐量 21125.47 万吨，增长 6.1%。其中，集装箱吞吐量 2141.65 万标箱，增长 1.5%，机场货邮吞吐量 59.79 万吨，下降 2.9%，机场旅客吞吐量 2140.04 万人次，增长 3.8%。

4. 消费市场增长较快，外贸出口放缓

2008 年，全市社会消费品零售总额 2251.82 亿元，增长 17.6%。其中，批发零售业零售额 1972.12 亿元，增长 16.7%；住宿餐饮业零售额 279.69 亿元，增长 24.0%。

2008 年，全市进出口总额 2999.75 亿美元，增长 4.3%。其中进口总额 1202.31 亿美元，增长 1%；出口总额 1797.44 亿美元，增长 6.6%。实际吸收外商直接投资 40.3 亿美元，增长 10.1%。

5. 财政收入保持较快增长

2008 年，全市地方财政一般预算收入 800.36 亿元，增长 21.6%；地方财政一般预算支出 889.86 亿元，增长 22.2%。

6. 消费物价

2008 年，全市居民消费价格总水平上涨 5.9%。

二、经济运行的基本特点

1. 经济保持平稳较快增长

2008 年，深圳经济发展遭遇了复杂而严峻的国内外经济环境。全球的金融风暴对世界经济的影响不断扩大和加深。深圳经济外向型程度高，与世界经济联系紧密，全年一开始就经历了美元大幅贬值、国外市场需求下降、原材料、粮食、能源价格大幅攀升等因素的影响。在这样的大背景下，深圳经济保持了平稳较快增长，从运行轨迹看，各季度 GDP 累计增幅分别为 10.2%、10.5%、11.5% 和 12.1%，全年经济增长从低到高逐渐加快。这是十分难得的，也是很不平常的。这表明深圳经过 28 年的发展，经济基础牢固，国际竞争力和抗风险能力较强。

2. 经济结构得到调整优化

从三次产业看，第三产业发展加快，2008 年第 1 至第 4 季度第三产业增加值累计增速分别为 11.9%、11.5%、12.4%和 12.5%，呈逐渐加快趋势，使第三产业所占比重超过50%，成为推动经济增长的第一动力。

高新技术、物流、金融和文化四大支柱产业继续发展。以电子信息产业为主体的全市高新技术产业在复杂严峻的国际经济环境中，仍保持快速增长势头。华为、中兴通讯等大批拥有自主知识产权的电子信息企业成为抵御外部风险，推动全市工业增长的中坚力量。1～11月，全市高新技术产品产值7811.5亿元，增长16.3%；高新技术产品出口额729.01亿美元，增长12%，比全市出口增长高4.3个百分点，有力拉动了全市整体出口水平。1～3季度四大支柱产业增加值合计占GDP比重59.3%，同比提高3.2个百分点。

3. 经济效益提高

2008年，全市一般预算财政收入突破800亿元，增长22.9%，其增幅虽比2007年回落，仍高于经济增长10.8个百分点，表明整体经济增长效益仍保持平稳增长态势。各项税收收入762.93亿元，增长22.5%，占一般预算财政收入95.3%。其中四大主体税种增值税、营业税、企业所得税和个人所得税占一般预算财政收入82.7%，均保持快速增长，分别增长16.1%、24.9%、21.7%和35.5%。企业所得税对应的税基是企业的利润，所得税的快速增长可以反映出企业经济效益较好。从行业看，高新技术产业、金融业、批发零售业、住宿餐饮、交通运输及仓储邮政业税收快速增长；由于市场销售持续低迷，房地产税收收入下降。

三、经济运行中面临的困难

深圳在近30年的发展中，凭借改革开放的先行优势和创新优势，经济持续快速增长，1980～2008年GDP年平均增长26.4%。但是，20多年持续快速发展所积聚的矛盾和问题日益显现，面临的土地、资源、人口和环境压力不断增大，经济已进入转型期，经济增长处于经济周期的下降通道。世界经济增长放缓对深圳经济产生严重影响，进一步加大经济下行压力。

1. 外贸出口形势严峻

2008年出口形势严峻，一方面是外需减弱，出口市场面临萎缩风险；另一方面，受人民币升值加快、原材料涨价、利率上调和去年外贸政策调整等多种因素叠加影响，全市出口增速大幅回落，而且回落幅度逐渐加深，从6月份开始出口总额累计增幅已从两位数跌至一位数。全年出口总额增速比上年回落17.2个百分点。从海关统计的主要出口商品看，受冲击最大的是服装、玩具、塑料制品、电视收音机零附件等。

2. 工业生产下滑

出口是深圳工业增长的主要动力，2008年影响深圳出口的因素也同时影响着深圳工业。2008年深圳工业增加值增速陡降，回落至近20年的低位。从汇率看，2008年上半年，由于人民币对美元升值，影响全市工业增加值速度约7个百分点左右，第三季度人民币兑美元升值步伐有所放缓，但其影响并未消除。

2008年，工业出口交货值9171.75亿元，增长3.4%，低于工业销售收入增速6.3个百分点，占工业销售收入的比重由上年的63.8%下降到60.1%，出口的拉动作用减弱。全市33个出口行业有14个行业的出口为负增长，其余行业的出口增幅也不同程度回落。

3. 第三产业遭受冲击很大

由于外贸出口、工业生产放缓，使全市货物、港口运输业明显回落。2008年，全市货物运输量增幅比上年回落11.4个百分点，货物周转量回落22.7个百分点。全市港口集装箱吞吐量回落12.7个百分点。交通运输、仓储和邮政业增加值仅增长6%，增幅比上年回落5.4个百分点。

金融业是深圳第三产业中最大的行业，2007年占GDP的比重达11.4%。2008年，证券市场回调，特别是受国际资本市场动荡影响，股价下挫，使金融业难以保持2007年的发展水平。全年金融业增加值增幅比上年回落28.7个百分点。

2008年，国内主要城市房地产价格下降，深圳房地产市场价格明显回落。全年深圳房地产开发投资下降4.5%。商品房销售面积负增长，使房地产业增加值由2007年增长6.4%跌至下降1.6%。

批发和零售业占第三产业比重18.7%，占GDP比重9.5%。2008年，批发和零售业增加值743.82亿元，增长6.9%，比上年回落3.7个百分点。

第十一节　海口

2008年，面对复杂多变的经济形势和国际金融危机的冲击，海口市果断采取措施，及时解决经济运行中的问题，保持了全市经济的平稳发展，但存在工业生产增速下滑、新开工项目减少、商品房销售面积下降等不稳定因素。

一、全年经济运行的主要特点

1. 经济增长速度较上年有所回落

初步测算，2008年全市生产总值443.18亿元(不含农垦，下同)，按可比价格计算，增长10.4%，增幅比上年回落2.3个百分点，比全国和全省分别高出1.4和0.6个百分点。从三次产业情况看，第一产业增加值31.4亿元，增长8.6%；第二产业增加值113.28亿元，增长1.7%，第三产业增加值298.5亿元，增长14.4%。一、二、三次产业结构为7.0:25.6:67.4。规模以上工业增加值下降0.9%，增幅较上年回落14个百分点。

2. 农业保持稳健增长

2008年，全市克服持续低温阴雨天气对农作物生产的影响，加大农业基础设施投入，认真落实各项支农惠农政策，农业整体经济呈现平稳发展。全年实现农林牧渔业增加值31.4亿元，增长8.6%，增幅比2007年高出0.6个百分点。其中，种植业增加值14.55亿元，增长4.5%；林业增加值1.96亿元，增长7.3%；牧业增加值10.21亿元，增长13.9%；渔业增加值3.6亿元，增长10.0%。畜牧业、渔业、水果等优势产业出岛出口保持增长，其中生猪出岛增长11.2%；文昌鸡出口增长37.1%；水产品出口创汇增长70%。

3. 固定资产投资稳定快速增长

2008年，全市固定资产投资219.1亿元，增长20.5%。分产业看，第一产业投资3.8亿元，增长28.6%；第二产业投资5.9亿元，增长5.3%；第三产业投资209.3亿元，增长20.8%。分行业看，文化、体育和娱乐业、房地产业和信息传输计算机服务和软件业增长较快，分别增长4.9倍、37%和27.9%。重大项目发挥主要支撑作用。年内计划总投资超过亿元的项目共有128个，完成投资180.8亿元，增长36.9%，占全市固定资产投资比重达82.5%。海口港二期深水泊位起步工程、羊山地区土地整理与生态恢复、滨江西路整治工程、玉沙村旧城改造项目、荣域、新埠岛开发、城市海岸、紫园、观澜公寓等项目都有较大进展。

4. 社会消费品零售额稳步上升

2008年，全市实现社会消费品零售总额234.8亿元，比上年增长24%，扣除物价上涨因素，实际增长17.4%。其中，限额以上批发零售贸易企业零售额122.08亿元，增长44.6%，比上年加快13.5个百分点。分类别看，汽车类、石油及制品类等商品销售增速较快，分别完成零售额29和49.94亿元，分别增长43.3%和41.2%。

5. 三大收入保持持续增长

2008年，全市财政收入持续较快增长，收入总额100.02亿元，增长21.2%。其中，地方一般预算收入31.0亿元，增长19.1%。主要税种营业税、增值税、企业所得税和个人所得税分别增长17.9%、11.0%、63.7%和19.5%。

2008年，全市城市居民人均可支配收入14150元，比上年增长15.1%，增长较快。其中，工薪收入、经营收入、财产收入继续保持较快增长。农民人均现金收入实现5215元，比上年增长13.8%。其中，家庭经营收入仍是农民收入的主渠道，占农民人均现金收入的69.7%，增长11.6%。

6. 金融、对外经济贸易增势较快

2008年，全市金融运行态势良好。年末

金融机构本外币各项存款余额1359.24亿元，比年初增长24.9%。本外币各项贷款余额1092.25亿元，比年初增长24.8%。

2008年，全市进出口总值36.14亿美元，增长19.1%。其中，进口总值23.1亿美元，增长21.2%；出口总值13.1亿美元，增长15.6%。对外贸易伙伴是美国、欧盟和香港，进出口额分别增长60.8%、49.3%和23.3%。外商投资增势良好，新签外资协议合同54宗，新签协议合同总投资5.86亿美元；实际外商直接投资5.6亿美元，增长11.2%。

7. 旅游业继续保持稳定增长

2008年，全市以海南建省办经济特区20周年为契机，全方位展示大特区省会城市的环境特色、城市特色和文化特色，宣传推介了“阳光海口、娱乐之都、品位之城”的城市形象，全市接待国内外过夜旅游者637.9万人次，比上年增长8.5%。旅游饭店客房平均开房率为60.4%。实现旅游总收入60.02亿元，增长8.4%。

8. 市场价格涨幅继续回落

2008年，全市居民消费价格上涨5.8%，涨幅比上年提高1.4个百分点，比全省低1.2个百分点。八大类消费价格呈“七涨一跌”的态势，除衣着类下降外，食品、居住、烟酒及用品、医疗保健及个人用品、交通和通信、家庭设备用品及维修服务、娱乐教育文化用品及服务价格均表现出不同程度的上升趋势。其中，食品类价格比上年上涨12.7%，提高2.7个百分点。从走势看，全市居民消费价格涨幅从5月份开始下行。12月份，居民消费价格涨幅由2月份的最高点9.2%降为2.2%；其中食品类价格涨幅由5月份的最高点16.9%降至7.5%。

二、经济运行中的主要问题

1. 工业生产增速呈现下滑

2008年，受市场竞争日趋激烈、企业资金偏紧、原材料价格上扬等因素的影响，全市工业生产在3、4、5月份小幅回落后，下半年各月下滑幅度较大，全年工业总产值328.7亿元，比上年下降5.6%，其中规模以上工业产值305.41亿元，下降6.6%。分轻重工业看，重工业产值165.64亿元，下降17%；轻工业产值139.77亿元，增长11.7%。从支柱行业方面看，汽车制造业、化学原料及化学制品制造业产值分别下降35.6%和11.4%。

2. 新开工项目拉动作用减弱

2008年，全市新开工项目128个，下降31.6%，计划总投资39.2亿元，下降57.8%。新开工项目不足，势必对今后的投资产生不利影响。

3. 商品房销售面积下降

2008年，全市房屋新开工面积196.3万平方米，下降1.9%；其中住宅下降13%；房屋竣工面积109.5万平方米，下降15.8%；房屋销售面积168.9万平方米，下降2.3%。这将对全市未来房地产投资的平稳增长产生较大压力。

第十五章

中部城市的经济运行情况

受国际金融危机冲击的影响，2008 年我国中部城市经济运行有所回落，但总体上看高于东部和西部城市。在主要经济指标中，工业生产回落幅度最大，进出口各个地区悬殊不一，投资、房地产、居民收入、消费以及地方财政收入的回落幅度较小。各市回落幅度差别较大，回落幅度最大的是太原，GDP 和工业生产增速均降至一位数，进口增速降为负值。

表 15.1　2008 年中部地区城市经济指标比较

		合肥	南昌	郑州	武汉	长沙	太原
地区生产总值	绝对额(亿元)	1664.8	1660.1	3004	3960.1	3001	1468.1
	增长率(%)	17.2	15	12.2	15.1	15.1	8.1
规模以上工业企业增加值	绝对额(亿元)	606.3	543.4	1223.7	1388	932.8	581.1
	增长率(%)	26.3	21.3	18.1	20.3	23	2.7
固定资产投资	完成额(亿元)	1838.6	1086.1	1772.7	2252.1	1873.3	702.6
	增长率(%)	40.3	34	29.7	30	29.6	21.8
房地产开发投资	完成额(亿元)	565.5	495.8	429.9	570.4	460.5	121.6
	增长率(%)	46.9	21.6	43.9	24.1	13.7	28.2
城镇居民人均可支配收入	绝对额(元)	15591	17500	15732	16712.4	18282	15230
	增长率(%)	16.1	24.3	14.9	16.4	13.2	10.8
社会消费品零售额	绝对额(亿元)	588.4	528.3	1206.2	1850	1273.9	620
	增长率(%)	25.5	24	23	21.8	22.8	20.2
出口总额	绝对额(亿美元)	25	25	25.2	69	34.8	59.4
	增长率(%)	7.2	7.2	43.3	45.4	33.7	35.3
进口总额	绝对额(亿美元)	9	9	13.2	70.7	16.9	34.4
	增长率(%)	4.4	4.4	33.8	35.8	15.2	−7.6
居民消费价格	涨幅(%)	6.4	6.1	6.1	5.7	5.2	7.4
地方财政一般预算收入	绝对额(亿元)	160.9	102.2	260.4	277.3	205.6	116.9
	增长率(%)	57.8	17.1	18.6	25.1	17.8	32.2

第一节 合肥

2008年，国内外宏观经济形势发生深刻变化，合肥市积极应对各种困难和挑战，全市经济总体呈现高位运行、质量稳定、需求平稳、结构优化的快速发展态势。

一、经济运行态势

1. 经济指标高位运行

初步核算，2008年全市生产总值1664.84亿元，占全省的18.8%，比上年提高0.7个百分点。其中，第一产业增加值105.2亿元，增长7.3%；第二产业增加值834.92亿元，增长21.7%；第三产业增加值724.72亿元，增长13.3%。按户籍人口计算，人均生产总值为34482元，比上年增加6348元。

2008年，全市规模以上工业总产值2078.37亿元，增加值606.29亿元，增长26.3%。全社会固定资产投资1838.64亿元，增长40.3%。社会消费品零售总额588.36亿元，增长25.5%。进出口总额77.08亿美元，增长23.4%。财政收入301.21亿元，增长40%，其中地方财政收入160.94亿元，增长57.8%。

在全国26个省会城市中，合肥市GDP、地方财政收入、固定资产投资、规模以上工业增加值、社会消费品零售总额等5项指标增速均名列前茅。

2. 农业供给能力明显增强

2008年，农业供给能力明显增强，全市农林牧渔业总产值180.04亿元，按可比价计算，增长7.5%。粮食产量186.63万吨，棉花产量1.87万吨，肉类总产量33.91万吨，奶类产量4.31万吨，均为历史最高水平。

3. 经济社会和谐发展

2008年，城镇居民人均可支配收入为15591元，增长16.1%。农民人均纯收入为5368元，增长19.7%。城乡居民收入差距缩小到2.9:1。城乡居民储蓄存款余额852.83亿元，增长26.6%，增速为近五年来的新高。全市在岗职工年平均工资30603元，增长18.3%。

2008年，节能减排成效显著。部分主要耗能工业产品单耗明显下降，33户重点能耗工业企业的万元产值能耗为0.4吨标准煤，下降17%。噪声达标区覆盖率为76.7%，烟尘控制区覆盖率为90.7%，达到国家环境空气质量二级标准。全市工业废水达标率超过90%，饮用水源水质达标率100%。

2008年，民生工程扎实推进。28项民生工程各级财政投入资金28.4亿元。财政支出中，城乡社区服务、医疗卫生支出分别增长111.83%和78.2%。全年新增城镇就业人口8.9万人。全市养老、城镇职工医疗、失业、工伤、生育等保险的参保人数均比上年增加10万人以上。

二、经济运行的主要特点

1. 增长速度高位放缓

2008年，由于宏观调控政策效应及经济周期影响，加上全球经济环境发生深刻变化，9月份后，全市工业、出口和投资增幅先后由高位下行。经济增长率由上半年的18.1%回落到全年的17.2%。

2. 建筑业不断发展壮大

2008年，建筑业规模迅速扩张，全市具有建筑业资质的企业已达1280家，占全省的34.2%。资质等级以上建筑企业713家，完成总产值842.51亿元，比上年增长36.7%。其中，国有及国有控股企业完成总产值446.07亿元，增长33.4%。建筑业增加值180亿元，占全市GDP比重为10.8%，比上年提高1.1个百分点，增长17.2%，对全市经济增长贡献率为9.7%。建筑企业从业人员为43.98万人，比上年增加7.35万人，增长19%。其中，工程技术人员6.42万人，比上年增长46.9%。

建筑企业全年人均劳动生产率18.33万元，增长13.5%。

3. 投资需求快速增长

2008年，全市固定资产投资1838.64亿元，投资规模首次超越郑州，在中部六省的省会城市中由上年的第4位前移至第3位，占全省投资的27.1%，比上年提高1.4个百分点，增长40.3%，增长速度连续三年保持40%以上。分产业看，三次产业投资的结构由上年1∶26.5∶72.5转变为1.13∶30.43∶68.44。工业投资占全社会投资比重为29.1%，比上年提高3.5个百分点。美的冰洗工业园、格力产业基地一期、长虹工业园等建成投产。市政基础设施投资228.87亿元，增长36.6%。合宁高铁正式运营，105公里的外环高速全线贯通。

2008年，全市房地产开发投资565.47亿元，占全社会投资的30.8%，增长46.9%，增幅比上年提高9.7个百分点。其中，住宅投资439.55亿元，增长48.1%，占房地产投资的77.7%。

4. 开放融资势头强劲

一是外资结构进一步优化。全年实际到位外资12亿美元，增长18.6%。其中农业实际到位外资200万美元，增长186%；商贸批发零售企业实际到位外资8742万美元，增长70倍。

二是外商增资势头强劲。全年增资项目56个，外方增资额达4.3亿美元，同比增长90%，占全市合同外资额的半壁江山。增资扩股成为吸收外资的重要来源。

三是信贷规模不断扩大。年末金融机构人民币贷款余额2640.61亿元，当年新增547.89亿元，占全省增量的45.2%。其中短期贷款、中长期贷款分别比年初增加97.24、427.23亿元，占全省的30.2%和53.4%。

第二节　南昌

2008年，面对历史罕见的低温雨雪冰冻灾害和国际金融危机的冲击，南昌市认真贯彻落实各项宏观调控政策，紧紧围绕“创业富民、创新发展”战略，以“三抓三促”工作为主线，不断开拓进取，扎实推进各项工作，全市经济继续保持平稳较快的良好发展态势。

一、经济运行的基本态势

1. 经济增长较快

初步核算，2008年全市生产总值1660.08亿元，增长15%。其中第一产业增加值96.45亿元，增长5.6%；第二产业924.73亿元，增长18.7%；第三产业638.9亿元，增长11.3%；三次产业结构由上年的6.2∶54.3∶39.5转变为5.8∶55.7∶38.5，工业占生产总值的比重由上年的38.3%提高到41.1%，提高2.8个百分点，工业主导型经济发展地位进一步增强。

2. 投资规模继续扩大

2008年，全市固定资产投资1086.05亿元，增长34%，增幅比上年提高6.4个百分点。其中：城镇规模以上固定资产投资1052.61亿元，增长36%，增幅比上年提高6个百分点。2008年是南昌市“项目推进年”，大项目拉动作用明显。江铃汽车股份整车生产基地（一期）、新昌电厂、铁路西外环线等一批大项目集中投入，成为拉动南昌市投资增长的主力军。1～3季度，5亿元以上大项目52个，完成投资132.41亿元，占城镇投资的20.5%。

3. 消费品市场活跃

2008年，全市社会消费品零售总额达到528.29亿元，增长24.0%，增幅比上年提高4.9个百分点。消费结构升级加快，吃、穿、用所占比重下降，文化、教育、旅游和医疗保健等消费比重快速上升，汽车消费成为近几年来的持续消费热点，家电产品、通讯工具等快速进入更新换代阶段。在限额以上批发零售企业中，汽车类、石油及制品类、家用电器和音像制品类、化妆品类、服装鞋帽针纺织品类商品零售额分别增长21.3%、82.0%、29.5%、38.0%和27.1%，消费正朝高档化、个性化方向发展。

4. 开放型经济稳步发展

2008年，全市克服出口退税率下调、人民币持续升值、产品生产成本大幅提升、世界经济增速放缓等不利因素影响，实现了外贸出口的较快增长，开放型经济稳步发展。全市进出口总额34亿美元，其中出口额25亿美元，分别增长6.4%和7.2%。实际利用外资14.11亿美元，增长14.6%。

5. 物价总水平逐步回稳

2008年，全市居民消费价格上涨6.1%，涨幅在5月份后逐渐回落。八大类商品价格六升二降，食品类价格上涨14.8%，烟酒及用品价格上涨3.3%，家庭设备用品及维修服务价格上涨4%，医疗保健和个人用品价格上涨6.3%，居住类价格上涨6.1%，衣着类价格下跌7.6%，交通和通信价格下降0.6%，娱乐教育文化用品及服务价格上涨0.4%。

6. 贷款总量大幅增加

2008年，在国家货币政策由从紧调整为适度宽松的背景下，全市积极响应政策要求，扩大信贷规模，优化信贷结构，各项贷款大幅增加。年末全市金融机构各项存款余额为2471.16亿元，比年初增长21.3%。其中，企业存款936.81亿元，增长16.4%；居民储蓄存款955.4亿元，增长28.3%。金融机构各项贷款余额2112.02亿元，比年初增长17.9%。短期贷款745.42亿元，增长19.5%；中长期贷款1245.37亿元，增长15.9%。

7. 经济增长的效益较好

2008年，全市财政收入稳步增长，收入总额230.05亿元，增长20.7%。其中，地方财政一般预算收入102.15亿元，增长17.1%。

2008年，全市城乡居民生活水平不断提高。城镇居民人均可支配收入15112元，增长15.6%，恩格尔系数35.8%，比上年降低4.1个百分点。农民人均纯收入5774元，增长14.7%，增幅比上年提高0.2个百分点，恩格尔系数47.4%，比上年降低2.9个百分点。

2008年，南昌市规模以上工业实现主营业务收入1814.76亿元，增长25.3%；实现利税146.96亿元，增长5.08%，利润53.94亿元，下降3.46%；生产、销售衔接较好，工业产品产销率98.5%；工业经济效益综合指数再创新高，达到235.6，比上年提高21.2个百分点。

二、经济运行中的四大亮点

1. 工业生产继续保持较快增长

2008年，全市规模以上工业增加值543.4亿元，增长21.3%。逐步由传统工业向先进制造业升级，高新技术产业增加值占规模以上工业增加值的比重达23.6%，工业创新能力由“弱”逐步转“强”。工业节能降耗成效明显，前三个季度的万元工业增加值能耗同比分别下降20.9%、15.1%、16.9%。

2. 农业经济稳步发展，粮食生产再创历史新高

2008年，在一系列加强农业生产、促进农民增收政策的支持下，全市农业生产经受住了年初雨雪冰冻灾害等不利因素影响，农业生产形势较好。农林牧渔及服务业总产值171.14亿元，增长7.4%。粮食生产自2004年以来连年丰收，总产量224.97万吨，比上年增产8.97万吨，增长4.2%，再创历史新高。

3. 投资结构进一步优化，非国有投资活跃

2008年，工业投资占城镇以上固定资产投资的比重由上年的38.9%提高到40.4%，城建和技术改造投资所占比重由上年的14.7%提高到21.8%。基础建设投入不断加大，完成投资130.38亿元，增长22.1%。投资主体呈现积极变化，非国有经济持续快速增长，完成投资705.58亿元，增长42.5%，高出国有投资增幅17.9个百分点，比重由上年的64%上升到67%。

4. 财政支出重点突出

2008年，地方财政一般预算支出148.17亿元，增长26.7%。其中，环境保护支出2.16亿元，增长2.8倍；教育支出22.78亿元，增长34.2%；用于民生方面的支出继续扩大，社会保障和就业支出24.2亿元，增长24.5%，医疗卫生支出9.2亿元，增长26.6%。

三、值得关注的几个问题

1. 密切关注就业和居民收入问题

一是受国际金融危机的影响，外部需求萎

缩，南昌市经济运行中的不可测、不确定因素也开始增加，特别是一些中小型企业出现关停倒闭现象，劳动力就业难的问题更加突出。二是伴随物价总水平的回落和粮食生产的五年丰收对粮价的影响，农民的生产积极性会受到影响，农民增收任务艰巨。

2. 密切关注非国有投资的活跃性

在南昌市的经济发展过程中，非国有投资对经济发展起了很大的促进作用，但随着国际金融危机的影响和国内市场的疲软，企业利润增速放缓，如何继续保持非国有投资的活跃，对南昌市经济又好又快发展具有重大的现实意义。

3. 密切关注企业盈利下降的问题

伴随着金融危机的影响市场竞争的加剧，南昌市企业的市场份额和利润空间受到了影响，2008 年 9 月份以后，全市企业的利润总额、利税总额有较大幅度下滑。目前，这场金融危机不仅本身尚未见底，而且对实体经济的影响正进一步加深，未来一段时期，南昌市企业的盈利能力将会受到进一步的影响，对此必须高度关注。

4. 密切关注企业科技创新能力，以创新提高企业核心竞争力

加大创新品牌意识，着力培植“南昌制造”的知名度，建立奖励制度。建立以“政府为引导，企业为主体，金融机构为支撑”的多渠道、多层次科技投入机制。发挥创新平台作用，组织并引导企业充分利用科技资源，帮助企业加强科技创新，加快发展。通过“产学研”联合等形式开展研发攻关，围绕重点产业，推动产品和技术升级，提高企业竞争力。

第三节　郑州

郑州市是河南省加快城镇化发展、实施中心城市带动战略和中原城市群经济隆起带的核心城市，2008 年全市经济保持较快发展，主要经济指标稳步提升。初步核算，全年生产总值 3004 亿元，增长 12.2%；人均生产总值 40617 元，增长 10.7%。其中第一产业增加值 94.7 亿元，增长 5.6%；第二产业增加值 1659.5 亿元，增长 14.8%；第三产业增加值 1249.8 亿元，增长 9.2%。三次产业结构由上年的 3.2∶52.9∶43.9 调整为 3.2∶55.2∶41.6。非公有制经济完成增加值 1802 亿元，增长 16%，占生产总值的比重为 60%，比上年提高 2 个百分点。

一、农业经济持续发展

2008 年，全市认真落实各项惠农政策，积极推进社会主义新农村建设，加大调整农业和农村经济结构力度，实现了农村经济的平稳发展。全年粮食总产量达 165.2 万吨，比上年增长 0.5%，其中：夏粮总产量 78.8 万吨，增长 0.7%；秋粮总产量 86.4 万吨，增长 0.3%。全年棉花总产量 0.5 万吨，下降 14.5%；油料总产量 17.8 万吨，下降 2.8%；蔬菜总产量 273.6 万吨，增长 5%；水果总产量 29.1 万吨，增长 8.7%。肉、蛋、奶和水产品产量分别为 21.9、19.4、42.1 和 13 万吨，分别增长 7.1%、7.6%、17.3%和 12.3%。农业产业化水平进一步提高，市级以上农业产业化重点龙头企业达到 260 家，农民专业合作社达到 512 个。

二、工业继续保持较快增长，效益进一步提高

2008 年，郑州市深入贯彻落实科学发展观，加快工业结构调整，突出项目建设，强化扶优扶强和产业园区建设，狠抓节能降耗，全市工业经济实现了平稳运行并较快增长。全年工业增加值 1484.7 亿元，增长 15.6%。其中规模以上工业企业增加值 1223.7 亿元，增长 18.1%；非公有制工业完成增加值 861.3 亿元，增长 22.3%；高技术产业完成增加值 30.8 亿元，增长 16.9%；工业新产品产值 108.6 亿元，增长 19.6%。分经济类型看，国有企业完

成增加值140.5亿元，比上年增长10%；集体企业完成增加值103亿元，增长4.2%；股份制企业完成增加值705.9亿元，增长19.4%；股份合作企业完成增加值10.8亿元，增长37.5%；外商及港澳台商投资企业完成增加值107.9亿元，增长11.9%；私营及其他经济类型企业完成增加值155.5亿元，增长34.6%。分轻重工业看，轻工业完成增加值257.4亿元，比上年增长20.1%；重工业完成增加值966.3亿元，增长17.5%。

工业经济效益进一步提高。全年规模以上工业企业产品销售收入达到4260.1亿元，比上年增长29.4%；实现利税701亿元，增长19.9%；实现利润442.7亿元，增长18.7%；产销率达到98%，比上年下降0.5个百分点。

三、固定资产投资规模进一步扩大

2008年，全市固定资产投资1772.7亿元，比上年增长29.7%。其中第一产业投资61.7亿元，增长86.9%；第二产业投资750.2亿元，增长21.9%；第三产业投资960.8亿元，增长33.7%。城镇固定资产投资完成1523.2亿元，增长34.1%。其中国有及国有控股单位完成投资300.6亿元，增长11.2%；民间投资完成1120.7亿元，增长42.8%。工业投资完成670.5亿元，增长25.9%，其中电子行业完成投资16.9亿元，增长12.4%；纺织行业完成36.4亿元，增长47.6%；建材行业完成投资158.2亿元，增长62.4%；机械行业完成投资141.7亿元，增长43.7%；化工行业完成投资64.9亿元，增长37.6%。

2008年，全市固定资产新开工项目2584个，比上年增长7.4%。项目建成投产率80%，比上年提高6个百分点。新增固定资产913.2亿元，增长19%。全市147项重点工程共完成投资332.3亿元，其中国电荥阳煤电一体化有限公司、郑煤集团赵家寨煤矿、郑州三全食品股份有限公司综合基地工程、郑州西绕城公路改建工程、郑州国家干线公路物流港工程、郑州火车站西出口项目广场工程等项目进展顺利。

2008年，全市房地产开发完成投资429.9亿元，比上年增长43.9%；其中住宅投资338.1亿元，增长50.1%。商品房屋施工面积4864.2万平方米，比上年增长32%；其中住宅施工3717.9万平方米，增长32%。商品房新开工面积1370.1万平方米，下降2.1%。商品房屋竣工面积691.8万平方米，增长4%。商品房屋销售面积699.6万平方米，下降36.3%；销售金额279.5亿元，下降28.8%。

四、贸易市场快速增长，市场价格上扬

2008年，全市社会消费品零售总额1206.2亿元，增长23.2%。分城乡看，城市消费品零售额853.9亿元，增长23.7%；县及县以下消费品零售额352.3亿元，增长22.1%。分行业看，批零贸易业零售额977.6亿元，增长22.7%；住宿餐饮业零售额207.5亿元，增长26.1%；其他行业零售额21.1亿元，增长20.6%。

2008年，全市对外贸易增长迅猛。进出口总额42.7亿美元，增长35.4%。其中进口13.2亿美元，增长33.8%；出口29.5亿美元，增长36.1%。市属及以下企业直接进出口总额34.1亿美元，比上年增长37.4%。其中进口8.9亿美元，增长23.2%；出口25.2亿美元，增长43.3%。一般贸易出口23.2亿美元，增长44.6%；加工贸易出口1.5亿美元，增长0.3%。全年新批外资企业109个，比上年下降27.8%。合同利用外资额23.7亿美元，增长35.6%；实际利用外商直接投资14亿美元，增长40%。全年国外经济合作合同额2.2亿美元，比上年增长94%；国外经济合作营业额2.9亿美元，增长46.3%。

2008年，全市实现旅游总收入341.8亿元，增长19.6%；其中国内旅游收入334.2亿元，增长20.1%；旅游外汇收入1.1亿美元，增长11.8%。接待国际旅游人数29.2万人次，比上年增长11.3%；其中接待港澳台同胞12.6万人次，增长10.5%。接待国内旅游者3511万人次，增长20.6%。

2008年，全市城镇居民消费价格比上年上涨6.1%，其中食品价格上涨15.9%，家庭设备用品及服务价格上涨3.2%，烟酒及用品

价格上涨4.6%，衣着价格上涨0.4%，娱乐教育文化用品及服务价格上涨0.2%，居住价格上涨3.1%，医疗保健及个人用品价格上涨0.8%，交通和通讯价格下降1.1%。

五、财政、金融状况良好

2008年，全市财政总收入680.1亿元，比上年增长24.4%；地方财政一般预算收入260.4亿元，增长18.6%；其中市本级收入118.1亿元，增长15%。在一般预算收入中，增值税27.5亿元，增长19.1%；营业税72.3亿元，增长12.2%；企业所得税36.3亿元，增长9.5%；个人所得税10.4亿元，增长15.3%。全年地方财政一般预算支出288.8亿元，比上年增长21.9%。其中教育经费支出51.7亿元，增长22%；社会保障与就业支出31.3亿元，增长16.5%；一般公共服务支出48.7亿元，增长7.4%；公共安全支出21.8亿元，增长19.5%；医疗卫生支出17亿元，增长52.1%；农林水事务支出21亿元，增长37.4%；环境保护支出5.7亿元，增长89.8%。

2008年，全市金融运行平稳。年末金融机构各项存款余额4916.4亿元，增长24.9%；其中城乡居民储蓄存款余额2067.2亿元，增长24.6%；各项贷款余额3612.3亿元，增长25.9%；其中工业贷款547.7亿元，增长16.3%；票据融资479.8亿元，增长1.5倍。

六、城乡居民生活质量进一步提高

2008年，全市城镇居民人均可支配收入15732元，增长14.9%；人均消费性支出9700元，增长11.3%。其中市区城镇居民人均可支配收入16120元，增长14.5%；人均消费性支出9703元，增长10.8%。农村居民人均纯收入7548元，增长14.5%；人均生活消费支出4575元，增长16.8%。城市居民人均住房建筑面积26平方米，农村居民人均住房面积46.4平方米，均比上年增加0.9平方米。

第四节 长沙

2008年，长沙市在外部环境趋紧、不利因素较多的情况下，抓住国家实施中部崛起和长株潭“两型社会综合配套改革试验区”战略机遇，经济社会各项事业继续保持了平稳较快增长的势头。

一、经济总量再上新台阶，经济结构不断优化

初步核算，长沙市全年实现地区生产总值(GDP)3000.98亿元，比上年增长15.1%。在GDP总量中，第一产业实现增加值172.38亿元，增长6.8%；第二产业实现增加值1567.41亿元，增长16.8%，其中工业实现增加值1311.27亿元，增长19.2%；第三产业实现增加值1261.19亿元，增长14.3%。按常住人口计算，人均GDP达45765元，同比增长14.0%。全年经济平稳运行，四个季度的GDP累计增幅分别为14.4%、14.8%、15.0%和15.1%。

经济结构不断优化。在全市GDP中，三次产业的比例为5.7:52.2:42.1，与上年同期相比较，一、三产业比重分别降低0.6、6.6个百分点，二产业提高7.2个百分点。全部工业增加值占GDP比重为43.7%，比上年提高8.5个百分点。非公有制经济贡献增强，全市非公有制经济实现增加值1661亿元，占全市GDP的比重达55.3%。非国有经济固定资产投资1399.89亿元，增长30.4%，占全社会固定资产投资的比重达74.7%，比上年提高0.4个百分点。私营企业进出口总额为32.61亿元，增长49.4%，占全市进出口总额的比重为63.1%，比上年提高9.5个百分点。

二、新型工业化成效显著，新农村建设稳步推进

2008年，规模以上工业企业完成工业增

加值932.78亿元,比上年增长23.0%。按轻、重工业分,轻工业完成增加值451.30亿元,增长18.1%;重工业完成增加值481.50亿元,增长21.2%。按经济类型分,国有企业完成工业增加值328.75亿元,增长17.2%;集体企业完成工业增加值12.52亿元,增长22.4%;股份合作制企业完成工业增加值8.38亿元,增长25.7%;股份制企业完成工业增加值453.05亿元,增长29.2%;外商及港澳台投资企业完成工业增加值67.58亿元,增长7.8%;其他经济类型企业完成工业增加值62.50亿元,增长36.1%。

新型工业化发展对全市经济贡献提高。2008年,"两园九区"完成规模以上工业增加值415.76亿元,占规模以上工业增加值比重达44.6%,增速比规模以上工业快7.1个百分点;规模以上高新技术产业完成增加值299.07亿元,占规模以上工业增加值比重为32.1%;规模以上工业六大产业集群增加值为309.36亿元,占规模以上工业增加值比重为33.2%。

新农村建设稳步推进。农村基础设施建设投入力度加大,全年财政对农林水事务的支出达17.05亿元,比上年增加2.28亿元,增长15.4%。全年改造县乡公路164.69公里,新建乡镇到村水泥(沥青)路1503.2公里,完成240个行政村配电网重建、改建任务,治理病险水库180座,新建农村沼气池1.49万口,建成乡镇垃圾站18个。

主要农产品获较好收成。2008年,全市粮食总产量为248.01万吨,增长1.67%;出栏生猪884.05万头,增长7.7%;蔬菜400.01万吨,水果27.43万吨,茶叶2.47万吨,油料6.14万吨。农林牧渔业总产值达282.34亿元,增长6.8%。

三、投资、消费持续增长,外经外贸发展迅速

2008年全市完成固定资产投资1873.33亿元,比上年增长29.6%,其中城镇以上固定资产投资1712.24亿元,增长29.1%。在城镇以上固定资产投资中,房地产开发投资469.45亿元,增长13.7%,所占比重为27.4%;更新改造投资403.15亿元,增长47.4%,所占比重为23.6%。分产业看,第一、二、三产业分别完成投资19.02,485.10,1369.21亿元,分别比上年增长96.7%、41.8%和25.2%。三次产业完成投资的占比由上年的0.7:23.7:75.6变为2008年的1.0:25.9:73.1,第三产业投资比重下降,第一、二产业投资比重略有上升,其中工业完成投资461.87亿元,增长40.1%,占比比上年提高1.8个百分点。

2008年,全市实现社会消费品零售总额1273.87亿元,增长22.8%,增速比上年提高3个百分点。批发业实现零售额192.24亿元,增长24.4%;零售业实现零售额881.39亿元,增长22.6%;住宿和餐饮业实现零售额190.12亿元,增长22.8%;其他行业实现零售额10.12亿元,增长16.2%。城乡消费市场同步发展,分别实现消费品零售额1046.31和227.56亿元,分别增长23.4%和20.5%。

2008年全市进出口总额(海关口径)为51.68亿美元,比上年增长27.0%,其中出口总额34.79亿美元,增长33.7%,进口总额16.88亿美元,增长15.2%。在出口产品中,未锻造的锰、粉末及废碎料、纺织纱线、织物及制品等初级产品和资源性产品的增速均有不同程度回落,而机电和高新技术产品等工业制成品的出口占比不断增大,机电和高新技术产品出口24.89亿美元,比上年增长46.3%,高出全市出口总额增速12.6个百分点,占全部出口总额的71.5%。利用外资项目(企业)达152个;合同引进外商直接投资22.28亿美元,实际使用外商直接投资18.01亿美元,增长19.7%。

四、城乡居民生活水平大幅提高,民生环境改善

2008年,城市居民人均可支配收入为18282元,增长13.2%,农村居民人均纯收入为8003元,增长21.0%。城乡居民收入差距进一步缩小,城乡居民收入比(以农民收入为1)由上年的2.44缩小为2.28。城市居民人均消费性支出12960元,增长5.5%,农村居民人均消费性支出6212元,增长14.7%。

2008年,关系民生的省、市56项为民办实事工程建设全面或超额完成目标任务。解决农村电视盲区7.4万人。新增就业培训2.82万人,转移农村富余劳动力就业8.16万人。城乡低保资金按规定标准拨付到位率100%。解决农村饮水不安全人数9.62万人。新建、改建乡镇卫生院32个,参加新型农村合作医疗人数为367.71万人。改建农村特困户危房和冰灾户恢复建房1572所。新建经济适用房103.85万平方米,新建城镇廉租住房48.7万平方米。

第五节 武汉

2008年,武汉市经济面对复杂严峻的国内外经济环境,全市在调整中求发展,整体上呈现出平稳增长的态势。

一、经济运行基本情况

初步统计,2008年全市生产总值3960.08亿元,按可比价格计算,比上年增长15.1%。其中,第一产业增加值144.70亿元,增长3%;第二产业1827.65亿元,增长17.7%,其中,工业1515.65亿元,增长18.2%;第三产业1987.73亿元,增长13.5%。全市的主要经济指标均保持两位数以上增长,其中4项指标增幅创12年新高。

2008年,全市农业生产保持平稳。农林牧渔业总产值244.64亿元,增长3.5%。其中,农业132.25亿元,增长1.3%;林业1.46亿元,下降2.9%;牧业69.56亿元,增长10.9%;渔业40.11亿元,下降0.5%;农林牧渔服务业1.26亿元,增长7.6%。

2008年,全市规模以上工业增加值1388亿元,增长20.3%,总产值4350亿元以上,增长27%,增幅创12年新高。十大行业产值3150亿元,增长26%,占全市规模以上工业的72.4%。年末规模以上工业企业达到2153家,净增466家,增长27.6%。

2008年,全市以增加供给、优化结构、提高质量、扩大就业为目标,加快发展生产性服务业,充实提升生活性服务业。服务业增加值占GDP的50.2%,比上年提高0.1个百分点。

2008年,全市坚定不移实施“项目兴市”战略,投资呈现较好发展势头。全社会固定资产投资2252.05亿元,增长30%。其中,城镇固定资产投资2202.45亿元,比上年增长30.5%;农村投资49.61亿元,增长8.7%。房地产开发投资570.36亿元,增长24.1%。

2008年,全市消费市场持续活跃,消费需求保持旺盛,全年社会消费品零售总额1850亿元,增长21.8%,创近12年来新高。其中,批发零售业为1547.01亿元,增长21%,住宿餐饮业为247.03亿元,增长22.8%。

2008年,全市能耗进一步降低,节能降耗成效明显。规模以上工业企业综合能源消费总量1958.9万吨标准煤,单位产值能耗同比下降14.66%,单位工业增加值能耗下降9.98%(初步测算数),单位产值、增加值能耗同比分别回落6.63和4.91个百分点。预计全年万元GDP能耗1.21吨标煤,比上年下降4.6%左右。其中,万元GDP用电量723.29千瓦时,同比下降6.6%。

2008年,城市居民人均可支配收入为16712.44元,比上年增加2354.80元,增长16.4%,剔出物价因素实际增长10.1%。其中,工资性收入增长7.5%,转移性收入(主要是上调养老金和离退休金标准)增长19.7%,经营性收入增长2.1倍,财产性收入增长74.2%。居民人均消费性支出11432.97元,增长7.9%。八大类消费性支出六升二降,食品支出增长11.8%、衣着支出增长8.5%、家庭设备用品及服务支出增长10.4%、医疗保健支出增长20.2%、交通和通讯支出增长13.5%,其它商品和服务支出增长16.1%;居住支出下降1.6%,教育文化娱乐服务支出下降12.9%。

2008年,各种惠农政策补贴到位、农产品价格上涨以及非农产业收入和非生产性收入增加,拉动农民收入的提高,全市农民收入快速增长,人均纯收入达到6349元,比上年增加978元,增长18.2%,增幅创近12年来最好水平。从收入构成看,工资性收入2579.8元,比上年增加535.7元,增长26.2%;家庭经营纯收入3408.9元,增加347.2元,增长11.3%;非生产性纯收入360.5元,增加95.2元,增长35.9%。其中,农民粮食直接补贴、购置和更新大型农机具补贴和良种补贴等三项收入合计55.6元,增长49.4%。农村居民生活消费支出人均4755元,比上年增加536.5元,增长12.7%。八大类消费支出全面增长,食品支出2062.9元,增加197.9元,增长10.6%;衣着支出289.8元,比上年增加44.9元,增长18.3%。

2008年,全市居民消费价格维持在高位,上涨5.7%,涨幅高出上年1.6个百分点。食品类价格涨势最为突出,上涨14.1%,拉动价格总水平上涨4.6%,在价格总涨幅中占80.7%。其次是居住类价格上涨5.1%,拉动价格总水平上涨0.7%,在价格总涨幅中占12.3%。以上两类商品价格上涨共拉动价格总水平上涨5.3%,占价格总涨幅的93%。其它六大类商品有升有降,烟酒及用品类价格上涨5.6%,医疗保健及个人用品类价格上涨4.9%,衣着类价格上涨0.4%,家庭设备用品及维修服务价格下降1.9%,交通和通信类价格下降1.5%,娱乐教育文化用品及服务类价格下降1.4%。

表15.2 2008年武汉市主要经济指标预计

指标	单位	2007年		2008年	
		绝对额	增长(%)	绝对额	增长(%)
GDP	亿元	3141.91	15.6	3960.08	15.1
第一产业	亿元	129.15	3.1	144.7	3
第二产业	亿元	1440	18.3	1827.65	17.7
第三产业	亿元	1572.75	14.2	1987.73	13.5
地方一般财政收入	亿元	218	22.1	277.32	25.1
全社会固定资产投资	亿元	1732.79	30.7	2252.05	30
社会消费品零售额	亿元	1518.3	17.4	1850.05	21.8
出口总额	亿美元	47.53	25.8	69.04	45.35
外商直接投资	亿美元	22.5	12.4	25.73	14.4
规模以上工业总产值	亿元	3525.63	25.5	4338.28	25.4
规模以上工业增加值	亿元	1055.18	22.1	1388	20.3
万元GDP能耗	吨标煤		−4.13		−4.6
城镇居民人均可支配收入	元	14357.64	16.2	16712.44	16.4
农民人均纯收入	元	5371	13.1	6349	18.2
居民消费价格指数	%		4.1		5.7

二、与全省发展水平比较

2008年,武汉市主要经济指标占全省的比重均在1/3以上,多数经济指标对全省发展的贡献率在40%以上。全市生产总值占全省的35%,比上年提高1个百分点,增幅比全省高1.7个百分点，对全省经济增长的贡献为5.2个百分点，贡献率为39%。固定资产投资占全省的38.8%，比上年提高0.6个百分点，增幅比全省高2.1个百分点，对全省投资增长的贡献为11.5个百分点，贡献率为41.1%。社会消费品零售额占全省的37.3%，与上年大体持平，对全省消费增长的贡献为8.2个百分点，贡献率为35.4%。规模以上工业增加值占全省的36.1%，比上年提高3.8个百分点，对全省规模以上工业增长的贡献为12.4个百分点，贡献率为57.4%。出口总额占全省的59.6%，比上年提高1.5个百分点，增幅比全省高3.5个百分点，对全省外贸出口增长的贡献为26.3个百分点，贡献率为62.9%。地方财政一般预算收入和上划省级一般预算收入合计为348.43亿元，占全省一般预算收入的49.1%，比上年提高2.3个百分点，对全省一般预算收入增长的贡献为12.4个百分点，贡献率为60.9%。城市居民人均可支配收入比全省高27.1%，比上年提高2.2个百分点。农民人均纯收入比全省高36.4%，比上年提高2个百分点。

表15.3　2008年武汉市主要经济指标占湖北省的比重

指标名称	计量单位	武汉市	湖北省	武汉市占全省比重(%)
GDP	亿元	3960.08	11330.38	35.0
规模以上工业增加值	亿元	1388.00	3842.33	36.1
全社会固定资产投资	亿元	2252.05	5798.56	38.8
社会消费品零售总额	亿元	1850.05	4965.82	37.3
地方财政一般预算收入	亿元	277.32	710.24	39.1
外贸出口总额	亿美元	69.04	115.92	59.6
实际外商直接投资	亿美元	25.73	32.45	79.3
城市居民可支配收入	元	16712.44	13152.86	
农民人均纯收入	元	6349.00	4656.38	

三、在全国19城市中的位次

根据预计和快报数据测算，2008年，武汉市在全国19个副省级及以上城市(以下简称19城市)中，主要经济指标的总量位次稳中有升，增幅位次明显上升。

生产总值在19城市排第11位，超过南京上升1位；增幅排第6位，上升1位。地方财政一般预算收入排第14位，与上年持平；增幅排第7位，上升9位。规模以上工业总产值排第13位，与上年持平，增幅排第6位，上升2位。固定资产投资排第8位，超过广州、南京上升2位，增幅排第4位，与大连和哈尔滨并列，位次不变。社会消费品零售额排第7位，与上年相同，增幅排第7位，上升2位。出口排第13位，与上年相同，增幅排第2位，上升7位。城市居民人均可支配收入排第15位，与上年相同；增幅排第3位，上升2位。农民人均纯收入在18城市(深圳无农民收入)排第14位，与上年相同，增幅排第3位，上升8位。

第十六章

西部城市的经济运行情况

2008年，西部城市经济增速有所回落，但仍然是高增长，多数地区经济增速保持在12%～15%之间，介于东部和中部之间。回落主要是工业生产和投资增速下降引起的，但平均下降幅度低于中部城市，高于东部城市。多数城市房地产投资、居民收入和进出口增长较快，但一些城市出现大幅下滑。居民消费价格涨幅高于东部和中部城市。消费持续旺盛，呈现加快增长态势。地方财政收入均大幅增加。

表16.1 2008年西部地区城市经济指标比较

		呼和浩特	南宁	成都	贵阳	昆明
地区生产总值	绝对额(亿元)	1316.4	1316.2	3901	811.1	1605.4
	增长率(%)	13.6	14.5	12.1	13.1	12
规模以上工业企业增加值	绝对额(亿元)	330.1	280.3	1277.9	278.6	495.4
	增长率(%)	11.2	18.9	19.9	6.6	13
固定资产投资	完成额(亿元)	640.5	693.4	3012.9	601.6	1050
	增长率(%)	10	23.8	25.8	20.2	28.4
房地产开发投资	完成额(亿元)	177.1	199.3	912.5	170.1	259.3
	增长率(%)	36.4	6.3	0.3	25.9	16.8
城镇居民人均可支配收入	绝对额(元)	20267	14446	16943	13817	14482
	增长率(%)	19.8	20	14.1	8.1	20.4
社会消费品零售额	绝对额(亿元)	533.2	631.7	1621.9	343.5	700.7
	增长率(%)	23.8	22.5	19.5	23	23.1
出口总额	绝对额(亿美元)	4.9	15.9	90.7	14.1	35.3
	增长率(%)	22.7	56.5	58.8	14.5	8.2
进口总额	绝对额(亿美元)	4.1	2.9	63.4	8.4	37.8
	增长率(%)	34	4.3	66.8	82.9	10.3
居民消费价格	涨幅(%)	4.6	8.4	4.3	7	5.8
地方财政一般预算收入	绝对额(亿元)	82.2	92.9	354.6	89.1	175
	增长率(%)	54.2	32.4	19.1	17.3	41.9

续表

		西安	兰州	西宁	银川	乌鲁木齐
地区生产总值	绝对额(亿元)	2190	846.3	422.2	514.1	1020
	增长率(%)	15.6	11.5	14.7	13.3	15
规模以上工业企业增加值	绝对额(亿元)	602.1	296.6	187.3	201	318
	增长率(%)	19.5	13.5	23.6	17	18
固定资产投资	完成额(亿元)	1906.2	432	221.3	365.7	366.1
	增长率(%)	32.8	20.5	23.7	24.9	18.1
房地产开发投资	完成额(亿元)	540.1		44.7	78.6	98.3
	增长率(%)	39.4		41.5	25.3	21.3
城镇居民人均可支配收入	绝对额(元)	15207	11676.8	11929.1	14458	12323
	增长率(%)	20.1	13.7	12.2	18.7	8.4
社会消费品零售额	绝对额(亿元)	1154.3	395	170	155.8	418.6
	增长率(%)	25.3	17	22.3	21.6	25.9
出口总额	绝对额(亿美元)	44.7	5.9	3.8	7.9	52.3
	增长率(%)	28.8	3.6	7.6	15.7	38.6
进口总额	绝对额(亿美元)	25.7	1.3	2.5	3.9	4.2
	增长率(%)	35.9	−14	16.1	16.6	31.3
居民消费价格	涨幅(%)	6	7.2	8.2	7.6	7
地方财政一般预算收入	绝对额(亿元)	145.6	50.9	23.5	35.8	101
	增长率(%)	28.9	25.4	27.3	29.6	37.5

第一节　呼和浩特

2008年，呼和浩特市冷静应对复杂多变的经济形势，努力推进经济的协调和可持续发展，全市经济保持平稳较快增长态势。

一、经济平稳增长

初步测算，2008年全市生产总值实现1316.37亿元，增长13.6%，其中第一产业增加值75.16亿元，增长7.8%；第二产业501.89亿元，增长12.2%；第三产业739.32亿元，增长15.1%，对GDP的贡献率为62%，拉动GDP增长8.4个百分点。

二、粮食产量再获丰收，畜牧生产平稳运行

2008年，随着政府支农力度的不断加强，全市农民的种粮积极性显著提高。农作物总播面积441.4千公顷，增长1.3%，其中粮食种植面积316.4千公顷，与上年持平基本。由于高产作物播种面积增加，粮食产量大获丰收，产量达到119.4万吨，增长11.2%。

2008年，全市畜牧业生产也表现为平稳运行。大牲畜总头数年末存栏79.7万头，增长6.4%，其中奶牛70万头，增长9.4%。牛奶产量305万吨，增长4.1%。猪肉产量达

2.42万吨，羊肉产量达2.69万吨，牛肉产量达2.47万吨，分别增长20.8%、12.4%和16.5%。

三、工业生产增长平稳，经济效益下滑

2008年，剧烈波动的原材料价格、“三聚氰氨事件”、国际金融危机都对全市工业生产产生了较大影响，全年规模以上工业实现增加值330.1亿元，增长11.2%。分轻重工业看，轻工业增加值161.16亿元，增长7%；重工业增加值168.97亿元，增长15.0%，重工业所占比重达到51.2%，较上年提高4.7个百分点。从经济类型看，股份制企业和外商及港澳台企业占据主导地位，分别完成增加值218.5和82.2亿元，分别增长9%和14%，二者合计占全市规模以上工业增加值的91.1%。

2008年，全市工业企业利润下滑较大。前11个月规模以上工业企业实现利税总额67.2亿元，同比下降16.9%；亏损企业亏损额11.6亿元，同比增长384.6%；盈亏相抵后实现利润总额27.6亿元，同比下降37.6%。

四、固定资产投资稳定增长，房地产开发投资增势强劲

2008年，全市完成固定资产投资640.5亿元，同比增长10.0%。国有投资完成251.84亿元，增长2.7%；非国有投资完成388.62亿元，占据主体地位，占全部投资的60%以上，增长15.3%。分产业看，第一产业投资24.6亿元，增长63.2%；第二产业185.5亿元，增长8.3%，其中工业181.9亿元，增长7.6%；第三产业430.3亿元，增长8.7%。

2008年，全市房地产开发投资177.1亿元，增长36.4%，占固定资产投资的比重由上年的22.3%上升到27.7%，对固定资产投资的拉动作用明显。

五、消费市场繁荣活跃，对外贸易一高一低

2008年，在城乡居民收入持续增长带动下，全市消费品市场格外繁荣活跃，社会消费品零售总额533.2亿元，增长23.8%。分地域看，市区消费品零售总额477.7亿元，增长24.2%；县及县以下55.4亿元，增长19.9%。分行业看，批发业零售额107.6亿元，增长27.5%；零售业零售额290亿元，增长20.3%；住宿和餐饮业零售额131.1亿元，增长29.8%；其他行业零售额4.5亿元，增长4.4%。

2008年，全市进出口总额89657万美元，下降4.3%。其中，进口40645万美元，增长34%；出口49012万美元，下降22.7%。

六、财政收入强劲增长、信贷规模有所扩大

2008年，全市地方财政收入158.3亿元，增长32.4%。其中，地方财政一般预算收入82.2亿元，增长54.2%。财政收入中，来自国税部门的收入70.96亿元，增长19.6%；地税部门收入67.58亿元，增长29.6%；财政部门的收入19.76亿元，增长143.6%。全市财政支出133.1亿元，增长32.3%。其中，环境保护支出4.57亿元，增长1.2倍；科学技术支出1.48亿元，增长1.1倍；农林水事务支出1.96亿元，增长1.2倍；教育支出18.19亿元，增长22.3%。2008年，全市金融机构存款余额达1649.8亿元，增长29.2%，其中城乡居民储蓄存款余额640.6亿元，增长26.4%；企业存款余额583.3亿元，增长47%；贷款余额1458.6亿元，增长29.4%。其中短期贷款358.2亿元，增长38.6%；中长期贷款1042.46亿元，增长23.5%。

七、城乡居民收入明显提高，居民消费价格涨幅持续回落

2008年，全市城镇单位在岗职工工资总额累计达93.73亿元，增长16.1%。其中，国有经济73.46亿元，增长16.8%；集体经济2.31亿元，增长24.9%；其他经济类型17.96亿元，增长12.5%。全年城镇居民人均可支配收入达20267元，增长19.8%；人均消费性支出13145元，增长15%。

2008年，由于农业生产喜获丰收、畜牧业发展步履稳健、政府惠农政策效应明显，全市农民人均纯收入达7051元，增长15.2%；人均

生活消费总支出 3756 元，增长 15%。

2008 年，全市居民消费价格指数从 2 月份达到最高后开始回落，年终控制在 5%以下。2～12 月各月累计指数依次为 107.4%、107.1%、107.0%、106.7%、106.3%、106.0%、105.7%、105.6%、105.4%、105.1% 和 104.6%。从分类指数看，居民消费价格八大类指数呈“五涨、三降”态势，食品、居住、烟酒及用品、家庭设备用品及维修服务、医疗保健和个人用品分别为 115.1%、105.2%、102.6%、100.2%和 101.8%；衣着、娱乐教育文化用品及服务、交通和通信分别为 96.3%、96.4%和 95.7%。

第二节　南宁

2008 年，全市以结构调整、节能降耗为着力点，扎实推进各项工作，经济保持稳健、协调、较快发展的良好势头，呈现了增长较快、结构趋优、民生改善的良好态势。

一、国民经济持续保持两位数增长

初步核算，2008 年全市生产总值 1316.21 亿元，增长 14.5%，连续第 7 年实现两位数增长。按户籍人口计算，全市人均生产总值 19142 元，按年末汇率折算为 2801 美元，增长 12.8%。其中，第一产业增加值 203.19 亿元，增长 5.3%；第二产业增加值 456.12 亿元，增长 14.8%；第三产业增加值 656.89 亿元，增长 17.1%。第一产业比重下降 0.9 个百分点，第二、第三产业比重分别上升 0.47 和 0.43 个百分点。

二、农业经济平稳发展

2008 年，全市实现农林牧渔业总产值 338.07 亿元，增长 5.76%。农作物播种面积 90.96 万公顷，比上年增加 1.68 万公顷，增长 1.88%。其中粮食种植面积为 42.74 万公顷，比上年增加 0.4 万公顷，全年粮食作物和经济作物的种植面积比例为 1∶1.13。主要农产品产量保持增长（见表 16.2）。

表 16.2　2008 年主要农产品产量

产品名称	产量（万吨）	比上年增长（%）
粮　食	201.8	0.85
＃稻谷	150.19	0.01
玉　米	45.4	4.09
花　生	8.95	12.5
甘　蔗	150.63	4.82
蔬　菜	320.96	1.22
木　薯	48.55	−3.4
水　果	73.11	−18.11

2008 年，全市畜牧、水产业持续发展，生产规模稳步扩大，生产水平和产品质量明显提高，产品产量保持增长（见表 16.3）。

表 16.3　2008 年养殖业主要产品产量

产品名称	单位	产量	比上年增长%
肉类总产量	万吨	54.82	9.66
＃猪肉产量	万吨	32.26	6.68
禽　蛋	万吨	1.76	7.71
牛　奶	万吨	4.04	3.26
水产品	万吨	16.6	2.16
生猪出栏	万头	440.57	6.66
家禽出栏	万羽	12048	13.4
蚕　茧	万吨	5.45	−3.66

2008 年，全市农村基础设施进一步改善。全年农村用电量 66493 万千瓦时，比上年增长 4.95%。化肥使用量（折纯）40.54 万吨，增长 3.64%。有效灌溉面积 23.32 万公顷，旱涝保收面积 16.97 万公顷。农村基础设施建设进一步增强，通汽车、通电话、通自来水的村所占

的比重提高。通汽车村达 1392 个，占村总数的 99.85%，比上年提高 0.5 个百分点；通电话的村 1383 个，占 99.21%，提高 1 个百分点；自来水受益村达 1219 个，占 87.44%，提高 1.92 个百分点。

三、工业经济保持较快发展

2008 年，全市工业总产值 1050.62 亿元，增长 26.55%，其中，规模以上工业总产值 855.71 亿元，增长 27.45%；全市工业增加值 350.45 亿元，增长 16.9%，工业对经济增长的贡献率为 30.9%，拉动经济上升 4.5 个百分点。工业产值超亿元的企业 193 家，增加 38 家。农副食品加工业、电力热力生产供应业、化学原料及化学制品制造业、非金属矿物制品业、造纸及纸制品业、烟草制品业六大支柱行业完成工业总产值 475.21 亿元，增长 23.43%，占全部规模以上工业总产值的 55.53%（见表 16.4）。轻重工业同步增长，规模以上轻、重工业总产值分别为 422.6 和 433.11 亿元，分别增长 27.93%和 26.99%。

表 16.4　2008 年六大支柱行业工业总产值

六大行业	工业产值（亿元）	增长（%）	贡献率（%）	拉动产值增长百分点
农副食品加工业	177.89	29.51	21.99	6.04
电力热力生产供应业	82.82	19.15	7.22	1.98
化学原料及化学制品制造业	71.63	20.03	6.49	1.78
非金属矿物制品业	56.79	22.01	5.56	1.53
造纸及纸制品业	44.95	27.25	5.22	1.43
烟草制品业	41.13	12.46	2.5	0.69

2008 年，全市工业企业效益回落。规模以上工业企业经济效益综合指数 229.76，比上年提高 7.41 个百分点；全员劳动生产率 191035 元/人，增长 16.44%；实现利税总额 75.29 亿元，增长 5.68%，其中，实现税金 45.86 亿元，增长 15.43%，实现利润 29.44 亿元，下降 6.61%。

四、固定资产投资保持较快增长

2008 年，全市大力推进城市和农村基础设施建设和百项工业项目工程，投资规模继续扩大。全年完成固定资产投资 693.44 亿元，增长 23.78%，其中城镇固定资产投资 650.02 亿元，增长 25.51%，基本建设投资 278.31 亿元，增长 30.82%；更新改造投资 142.45 亿元，增长 37.6%；房地产开发投资 199.3 亿元，增长 6.32%。分产业看，第一产业投资 11.05 亿元，增长 21.4%；第二产业投资 169.8 亿元，增长 41.76%，其中工业投资增长强劲，完成 162.66 亿元，增长 44.58%；第三产业投资 512.58 亿元，增长 18.84%。全市固定资产投资主要集中在制造业、交通运输、房地产、环境和公共设施管理、教育等行业。分经济类型看，非国有经济投资 433.51 亿元，比上年增长 26.1%，占全社会固定资产投资比重达 62.52%，比重比上年上升 1.15 个百分点；私营个体投资 200.02 亿元，增长 12.13%。

2008 年，全市房地产开发投资增速回落较大，但仍保持增长。完成投资 199.3 亿元，增长 6.32%。商品房施工面积 2190.07 万平方米，增长 3.48%；商品房屋竣工面积 436.57 万平方米，增长 4%；商品房销售面积 484.91 万平方米，下降 22.89%；商品房销售额 191.35 亿元，下降 10.61%。商品房平均销售价格每平方米 3946 元，上涨 15.92%，其中住宅平均销售价格每平方米 3720 元。年末商品房空置面积 76.86 万平方米，比上年末增加 13.92 万平方米，其中住宅 14.17 万平方米，增加 1.88 万平方米。

五、交通运输能力进一步提高，邮电通信业保持平稳发展

2008年末，全市境内公路总里程达10398公里，比上年增加442公里，其中，等级公路总里程8312公里，比上年增加675公里。全年公路货物运输量8592万吨，增长20%；公路旅客运输量10692万人，增长12.01%。全市拥有各类民用车辆115.14万辆，比上年增长4.94%，其中汽车27.29万辆，增长21.57%。私人汽车拥有量16.23万辆，增长26.35%，增长很快，其中私人轿车9.67万辆，增长35.24%。

2008年，全市邮电业务总量118.42亿元，增长14.58%，其中电信业务总量114.9亿元，增长14.31%；邮政业务总量3.52亿元，增长8.3%。年末全市固定电话用户（含小灵通）165.02万户，与上年基本持平。移动电话用户322.99万户，比上年末增加49.81万户，增长18.23%。互联网用户42.54万户，比上年末增加3.19万户，增长8.11%。

六、消费市场活跃，销售快速增长

2008年，全市社会消费品零售总额达631.68亿元，增长22.51%，增速比上年提高4.11个百分点，达到13年来的最高增幅。城乡消费市场同步发展，城市零售额516.89亿元，增长22.07%；农村消费明显升温，县及县以下零售额114.79亿元，增长24.54%，增速比上年提高7.08个百分点

七、市场价格呈现结构性上涨

2008年，城市居民消费价格上涨8.4%，八大类消费品价格呈“六升二降”格局。其中，食品价格上涨21.7%，影响总水平上升7.22个百分点。

八、对外经济进一步扩大，旅游业稳步发展

2008年，全市对外贸易发展加快，进出口总值18.71亿美元，增长45.47%。其中出口总值15.86亿美元，增长56.54%；进口总值2.85亿美元，增长4.33%。引进外资大幅增长，全市新批外商投资企业73家，合同外资额7.08亿美元，增长41.59%，外商直接投资2.26亿美元，增长82.85%。年末全市实有三资企业619家，建成投产445家。

2008年，全市积极承接东部产业转移，深入开展“百企入邕”和“央企入邕”活动。与外地签订的投资合同资金达614.87亿元，增长18.3%。实际到位内资336.07亿元，增长31.21%。外地在南宁投资亿元以上项目有121个，主要投向制造业、房地产开发等行业。

2008年，全市国内旅游保持增长态势，国际旅游略有下降。全年共接待国内旅游者2558.14万人次，增长24.3%；国内旅游收入141.21亿元，增长23.63%。接待境外旅游者13.85万人次，下降1.87%。国际旅游收入0.41亿美元，下降1.07%。

九、财政收入继续增加，信贷规模扩大

2008年，全市财政收入191.17亿元，增长26.74%，占全市生产总值的比重为14.52%。其中地方财政一般预算收入92.88亿元，增长32.4%。地方财政一般预算收入中，税收收入69.6亿元，增长28.45%。全市地方财政支出165.22亿元，增长39.94%。投向公共领域和改善民计民生的支出增加，其中社会保障支出19.69亿元，增长22.11%；教育支出25.54亿元，增长26.85%；医疗卫生支出10.34亿元，增长51.83%。

2008年末，全市有金融机构16家，营业网点839个。全市金融机构各项存款余额2320.48亿元，增长23.99%。其中企业存款余额937.52亿元，增长36.75%；城乡居民储蓄存款余额888.65亿元，增长24.27%；金融机构贷款余额2316.63亿元，增长21.63%。

十、城乡居民收入保持增长，生活质量进一步改善

2008年，全市城镇居民人均可支配收入14446元，增长19.95%；人均消费性支出10669元，增长35.35%。农民人均纯收入4001元，增长15.58%。农村居民人均生活消

费支出3115元，增长17.11%。全市在岗职工年平均工资29377元，增长18.51%。城乡居民住房条件继续改善，城镇居民人均住房建筑总面积32.57平方米，农村居民人均居住面积33.21平方米。家庭耐用消费品拥有量继续增加，年末每百户城镇居民家庭拥有空调器134.41台，家用电脑90.42台，移动电话214.02部，家用汽车11.35辆。每百户农村居民家庭拥有彩色电视机99.6台，摩托车69.7辆，移动电话109部，家用电脑7.46台。

十一、就业形势基本稳定

2008年，全市进一步加强劳动力市场建设，年末全市共拥有各类职业介绍所69个，就业服务机构13个，基层劳动保障事务所123个。年末城镇单位从业人数65.18万人；城镇新增就业人数7.26万人，增长17.3%；高校毕业生就业情况较好，就业率达77.13%；年末城镇登记失业人数2.99万人，城镇登记失业率为3.57%。继续推进农村劳动力转移就业，全年农村劳动力转移就业新增人数10.1万人。

2008年，全市经济还存在着一些薄弱环节。主要表现为：经济增长速度回落；经济结构矛盾比较突出；工业对经济增长的拉动作用减弱；原材料价格持续上涨，企业控制成本的难度加大；就业压力较大，社会保障体系仍需完善。

第三节 成都

2008年，成都市继续坚持城乡统筹、“四位一体”科学发展的总体战略，努力克服地震灾害和国际金融危机的不利影响，确保了经济平稳较快发展。全市实现地区生产总值3901亿元，增长12.1%，连续18年保持两位数增长，增速比上年回落3.2个百分点。

一、经济运行出现一定波动，但仍保持较快增长势头

2008年，全市一季度GDP增长15.1%。二季度受地震严重影响，上半年GDP增长11.2%，比一季度回落3.9个点。三季度，通过加快恢复生产和刺激经济增长措施的相继实施，全市经济出现较为有力的回升，前三季度GDP增速回升到12.2%。10月以后，国际金融危机导致经济增长速度略有回落，全年增长12.1%。

二、农业生产形势稳定，工业生产较快增长，第三产业回升

2008年，全市农业生产形势稳定，实现农业增加值270.1亿元，增长4.4%，增速比上年回落1.1个百分点。

2008年，全市工业生产较快增长。工业增加值1479.4亿元，增长19.9%，对全市经济增长的贡献率达到58.5%，拉动经济增长7.1个百分点。其中规模以上工业增加值1277.9亿元，增长24%。全年产销率98%。重点行业稳定增长，电子信息产品制造业、医药工业、食品饮料及烟草工业、机械工业、石油化学工业和建材冶金工业六大重点行业完成增加值993.5亿元，增长23.8%，占全市规模以上工业比重为77.7%。工业集中发展区建设良好，开工建设工业企业973户，竣工投产企业764户，引进签约企业1232户，完成工业增加值871.6亿元，增长34%。工业集中度达到68.2%，比上年提高3.3个百分点。

2008年，全市第三产业回升，实现增加值1814.2亿元，增长9.9%，增速比上半年增速提高1.5百分点。批发零售业实现增加值329.1亿元，增长11.3%；金融业实现增加值197.6亿元，增长13.9%，对全市经济增长的贡献率分别达到7.8%和5.4%。受地震灾害重创的旅游业回升势头较为良好，全年实现旅游总收入375.4亿元，其中12月实现34.8亿元，增长7.8%。接待国内旅游者4105.4万人

次，其中12月接待200.8万人次，增长8.3%。

三、投资、消费和出口增速较快

2008年，全市投资平稳增长。全社会固定资产完成3012.9亿元，增长25.8%。第三产业完成投资2005.2亿元，增长25.3%。其中交通运输业投资完成144.9亿元，增长119.4%。基本建设投资表现突出。基本建设投资1359.4亿元，增长41.3%，比全市增速快15.5个百分点。

2008年，全市消费品市场增长势头良好，消费品零售总额1621.9亿元，增长19.5%，增速比上年提高2个百分点。分区域看，市的零售额增长22.3%，县的零售额增长18.9%，县以下的零售额增长11.6%。分行业看，住宿餐饮业实现零售额303.3亿元，增长21.2%；批发业实现零售额216.3亿元，增长32.1%。

2008年，全市对外开放步伐加快，进出口总额154.1亿美元，增长62%，增速加快25.1个百分点。其中出口90.7亿美元，增长58.8%。利用外资成效显著，新批外商直接投资企业279个，合同外商直接投资50.6亿美元，增长47.9%；实际利用外商直接投资22.5亿美元，增长97.3%，增速加快47.3个百分点。

四、财政收入增势减缓，企业效益进一步提高，城乡居民收入稳步增加

2008年，全市财政收入增势减缓。一般预算收入354.6亿元，增长19.1%，增速回落18.2个百分点。地方财政一般预算支出506.3亿元，增长40%，增速提高1.2个百分点。

2008年，全市企业效益进一步提高。全年规模以上工业企业实现利润264.7亿元，增长42.9%。工业经济效益综合指数达到238.7%，比上年提高28.8个百分点。

2008年，全市城乡居民收入稳步增加。全年城镇居民人均可支配收入16943元，增长14.1%；农民人均纯收入6481元，增长14.9%。

五、价格涨幅明显回落，金融市场稳定

2008年，全市居民消费价格涨幅明显回落。全市居民消费价格指数（CPI）上涨4.3%，比上年回落0.9个百分点。其中食品类价格上涨12.9%，涨幅提高0.5个百分点。工业品出厂价格上涨5.9%，涨幅提高3.3个百分点；原材料、燃料、动力购进价格上涨13.2%，涨幅提高6.8个百分点；

2008年，全市金融市场稳定。年末金融机构各项存款余额达8317亿元，增长29.6%，其中城乡居民储蓄存款余额3265亿元，增长32.4%，增幅提高25.2个百分点。各项贷款余额5410亿元，增长32.7%，增幅提高8.9个百分点。

第四节　贵阳

2008年，贵阳紧紧围绕建设生态文明城市发展战略，积极应对凝冻灾害和复杂多变的国内国际经济形势带来的考验，全市经济保持良好的发展势头。实现生产总值811.05亿元，增长13.1%。其中：第一产业增加值47.21亿元，增长7.2%；第二产业增加值380.95亿元，增长12.1%；第三产业增加值382.89亿元，增长15.0%。

一、农业生产稳步发展

2008年，在遭受严重雪凝灾害的情况下，通过扩大种植面积、调种补栏、改种补种等救灾措施，同时进一步加大新农村建设力度，大力推进农业产业结构调整，促进了全市农村经济持续稳步发展，实现农业不减产、农民不减收的大好局面。全市农业增加值47.21亿元，

增长7.2%。粮食产量63.15万吨，增长2.7%；油菜籽产量4.75万吨，比上年减少4.9%；烤烟产量2.25万吨，增长12.8%；蔬菜产量134.61万吨，增长27.4%，其中外销蔬菜达72.36万吨；肉类总产量12.21万吨，增长8.9%。

二、工业生产呈恢复性增长

2008年，全市规模以上工业实现增加值278.63亿元，增长6.6%。1～2月受雪凝灾害影响，比上年同期下降15.6%。3月份在电力、运力、资金逐渐向好的形势下，加快适销对路产品的生产，抢回了部分损失，工业经济逐月回升，5月份增长21.8%，增速创下历史新高。四季度，受全球金融危机影响，工业品出厂价格下滑，出口受阻，产品销售增速放缓、产品积压，部份企业不得不停产或减产，工业增长势头明显回落，10和11月仅增长2.9%和1.4%。全市32个工业行业大类中，有23个行业比上年有不同程度的增长，其中烟草制品业增长超过20%，对全市规模以上工业增加值的贡献率达58.7%，拉动规模以上工业增加值增长3.9个百分点。食品制造业、通用设备制造业、交通运输设备制造业和橡胶制品业四个行业增长超过15%。

三、第三产业保持较快增长

2008年，在批发零售业和其他营利性服务业等行业的带动下，全市第三产业保持较快增长，对经济增长的贡献率达52.1%，拉动经济增长6.8个百分点。全年社会消费品零售总额343.53亿元，增长23%，增幅比上年提高4.1个百分点。在“中国贵阳避暑季”、“中国企业家论坛贵阳夏季高峰会”活动的推动下，旅游业发展呈现出强劲增长态势，全年实现旅游总收入187.29亿元，比上年增长49.5%，创下旅游业增速的历史最高水平。

四、固定资产投资保持快速增长

2008年，在国家出台扩大内需促进经济增长的十项措施背景下，全市积极抢抓机遇，开工60个投资近150亿元的项目，完成40个重大项目、涉及资金共67亿元的竣工验收工作，进一步加大投资力度，加大项目监管，重点工程项目建设进展顺利，投资保持快速增长。全市固定资产投资完成601.57亿元，增长20.2%，对全市经济增长的贡献率达42%，带动农民工就业17万人，比上年增长17%，为确保全年经济增长起到了至关重要的作用。基本建设投资完成237.92亿元，增长15.8%；更新改造投资完成130.28亿元，增长18.1%；房地产开发投资完成170.1亿元，增长25.9%。

五、对外贸易增速有所放缓

2008年，全市对外贸易总体延续上年的发展势头，前三季度累计增速均达到80%以上，第四季度受国际金融危机的影响，对外贸易增势放缓。全年进出口总额22.52亿美元，增长33.1%，增幅比上年回落18.2个百分点。其中：出口总额14.11亿美元，增长14.5%，增幅比上年回落39.3个百分点；进口总额8.41亿美元，增长82.9%。

六、财政收入增长，金融信贷增加

2008年，全市财政总收入224.29亿元，增长18.9%，一般预算收入89.05亿元，增长17.3%；一般预算支出142.23亿元，增长34.0%，其中环境保护、社会保障和就业、教育、城乡社区事务、文化体育与传媒、科学技术和农林水事务等项支出增幅较大。

2008年末，全市金融机构各项存款余额为1994.78亿元，比年初增加327.3亿元，其中储蓄存款余额为767.05亿元，比年初增加152.9亿元；贷款余额达1623.77亿元，比年初增加256.32亿元。

七、城乡居民收入增加，物价涨幅回落

2008年，全市城市居民人均可支配收入13817元，增长8.1%，扣除价格因素后实际增长1%；农民人均纯收入达4818元，增长17.8%，扣除价格因素后实际增长8.9%。

2008年，全市物价水平总体处于高位运行。1～3月CPI达到110.9，达全年最高。全市采取加快农副基地建设投入、加大物价监管

力度、保障供应、增加补贴等有效措施，使全市物价上涨过快的势头得到有效抑制，从4月份起，CPI涨幅连续9个月回落，全年居民消费价格总水平比上年上涨7%，涨幅比一季度回落3.9个百分点。八大类中，除衣着类（－5.8%）、交通和通讯类（－1.1%）价格低于上年外，其余六大类均不同程度上涨，食品价格上涨18.1%，其变动仍是影响CPI变动的最主要因素。

2008年，全市经济发展中仍存在一些困难和问题：一是转变发展方式压力大。自主创新和产品市场竞争能力整体不强，特色优势工业规模偏小，重化工业占工业比重较大，结构调整任务艰巨；二是节能减排形势严峻，建设生态文明城市任务繁重；三是外出务工难度加大，就业增长和居民收入增长压力更加明显，影响社会稳定的因素仍然存在等。

第五节 昆明

2008年，昆明市经济仍然实现了平稳较快增长，全社会固定资产投资跨过了1000亿元大关，农林牧渔业总产值增长创下了8年来新高。

一、国民经济较快发展

2008年，全市经济增长速度前3个季度走高，1季度增长11%，上半年增长12.1%，1～3季度增长12.2%；第4季度受全球金融危机的影响，增速有所回落，全年生产总值1605.39亿元，增长12.0%，增幅比1～3季度回落0.2个百分点。其中一、二、三产业分别实现增加值104.90、740.26和760.23亿元，分别增长6.2%、13.0%和12.0%，产业结构为三二一型，三次产业比为6.5∶46.1∶47.4。从行业看，工业行业占GDP的比重最大，批发和零售行业增长最快。

1. 农业加快发展

2008年，全市加大对“三农”投入，农村生产、生活环境有所改观，农村经济发展有所加快，农民收入有所提高。农林牧渔业总产值发展速度创8年来新高，总值175.2亿元，增长7.5%，增幅比上年加快0.5个百分点。粮食总产量115万吨，比上年增长1.2%。蔬菜总产量190万吨，鲜花产量38.6亿枝，肉类总产量40万吨，分别比上年增长3.1%、6.7%和3.7%。

2. 工业平稳发展

2008年，受国际金融危机的影响，全市工业增长速度在8月份以后有所放缓。规模以上工业企业增加值495.4亿元，增长13%，增幅比1～3季度回落0.7个百分点，其中轻工业增加值220.91亿元，重工业274.49亿元，分别增长9.3%和16.2%；全年规模以上工业企业实现销售产值1747.04亿元，比上年增长9.1%。在14种主要产品产量中，生产量比上年增长的有9种，下降的有5种。其中电力电缆、中成药、磷矿石、化肥分别增长78.1%、14.8%、14.5%和13.3%；十种有色金属、钢材、发电量分别下降14.3%、10.5%和9.9%。

3. 消费市场繁荣

2008年，全市批发和零售业增加值增长23.9%，拉动GDP增长2.4个百分点。社会消费品零售总额700.74亿元，增长23.1%，扣除物价因素，实际增长16.8%。农村市场需求旺于城市市场，农村市场消费品零售额增长29.5%，城市市场增长22.2%。从所有制看，公有制经济消费品零售额增长21.4%，非公有制经济增长23.4%。从行业看，全市餐饮业零售额增长一直领先于其他行业，批发零售贸易业零售额增长24.9%，住宿业增长8.8%，餐饮业增长30.5%。

2008年，全市用电量达223.81亿千瓦时，比上年增长15.8%，其中生产经营用电增长12.9%；城乡居民生活用电增长29.2%。第一产业用电量比上年下降23.6%,二、三产业分别增长14%和10.9%。

4. 固定资产投资保持高位增长

2008年,全市固定资产投资越过1000亿元大关,完成1050亿元,增长28.4%,增幅高于全省平均2.4个百分点。城镇固定资产投资各月累计增速一直保持在24%以上,9月后,随着国家增加1000亿元用于重点基础设施建设和改善民生建设,增速进一步加快,超过了30%。房地产开发投资259.29亿元,增长16.8%。

5. 招商引资再创佳绩,贸易外经平稳运行

2008年,全市加大招商引资力度,创新招商引资工作方式,招商引资工作再创佳绩,实现新的突破,引进外商投资实现倍增,引进市外资金登上500亿元台阶。全年新签合同外资9.31亿美元,比上年增长1.1倍,实际利用外资6.02亿美元,增长1倍,新批外商投资企业143户,增加54户;引进市外到位资金530亿元,增长75.6%。

2008年,全市进出口贸易总额73.08亿美元,增长9.3%,其中出口35.27亿美元,进口37.81亿美元,分别增长8.2%和10.3%。从贸易方式看,一般贸易进出口额增长23.6%;进料加工贸易进出口额下降61.9%。从商品类值看:初级产品进出口额增长13.9%;工业制成品进出口额增长5.1%。从国别和地区看:对东盟国家的双边贸易下降16.7%,对欧盟国家的双边贸易增长46.1%;出口额上亿美元,增长超1倍的国家有:印度(出口3.34亿美元,增长1.3倍)、孟加拉国(出口2.16亿美元,增长3.5倍)、德国(出口1.13亿美元,增长1.6倍),进口额上亿美元,增长超过1倍的国家有:沙特阿拉伯(进口2.22亿美元,增长4.9倍)、奥地利(进口1.39亿美元,增长1.4倍)、加拿大(进口3.59亿美元,增长2.2倍)。

2008年,全市海内外来昆旅游总人数2733.64万人次,增长9%,其中海外旅游者70.07万人次,下降1.8%,国内旅游者2663.57万人次,增长9.2%;旅游总收入197.12亿元,增长17%,其中旅游外汇收入2.04亿美元,下降1.8%,国内旅游收入183.23亿元,增长18.7%。

6. 财政实力明显增强,金融支出力度加大

2008年,全市地方财政总收入425.19亿元,比上年增加84.97亿元,增长25%,其中地方一般预算收入174.99亿元,增加41.89亿元,增长31.5%。在地方一般预算收入中,税收收入153.64亿元,增长33.8%,其中增值税、营业税和企业所得税93.14亿元,增长15.1%。全市地方财政一般预算支出233.74亿元,增长41.8%。在地方一般预算支出中,财政加大了环保、社会保障和就业、教育和农业等的支出力度,支出增加额占全市地方财政一般预算支出增加额的47.9%。

2008年,全市金融呈低开高走态势,年末金融机构人民币存款余额4267.47亿元,比年初增长17.4%,其中企业存款余额增长16.9%,居民储蓄存款余额增长25.8%;金融机构人民币贷款余额4012.41亿元,增长21%,其中短期贷款余额增长27.6%,中长期贷款余额增长14.6%。

7. 城乡居民收入增加,物价总水平继续回落

2008年,全市城镇居民人均可支配收入14482元,增长20.4%,扣除物价因素,实际增长13.3%;人均消费支出9953.52元,增长15.1%,扣除物价因素实际增长8%。八大类消费支出均比上年增长,其中衣着、食品和家庭设备用品及服务支出增长最快,分别增长34.9%、18.4%和16.5%。

2008年,全市农民人均纯收入4610元,增长15.2%,扣除物价因素,实际增长8.1%;农民人均生活消费支出4530元,下降0.3%。由于全市加大城中村改造,农民人均居住支出减少,在生活消费支出中的比重由2007年的30%下降到2008年的21%。农村劳动力转移培训16.79万人,转移农村劳动力12.96万人,实现转移收入7.94亿元。

2008年,全市居民消费价格涨幅从4月份开始走低,第四季度的各月同比上涨均低于3%,全年上涨5.8%,涨幅与上年持平,八大类居民消费价格五涨三降,其中涨幅最大的是食品类上涨16.4%,降幅最大的是衣着类下降

13.7%。工业品出厂价格总水平上涨6%,但12月下降5.7%,其中生产资料价格上涨6.9%,生活资料价格上涨2.8%。原材料燃料动力价格总水平上涨12.6%。

二、经济发展中的困难和问题

2008年4季度,全市企业景气指数和企业家信心指数分别比3季度下降32.4和30.3个百分点,企业综合经营景气指数下降32.4个百分点,经济中出现了一些不容忽视的困难和问题。

1. 工业经济效益普遍下滑

2008年全球原材料燃料价格跌宕起伏,需求萎缩,企业经营困难,成本不断上升,效益不断下滑。全市规模以上工业企业产品产销率97.5%,比上年回落3个百分点,新产品产值下降15%,出口交货值下降8.3%。1~11月全市规模以上工业经济效益综合指数243.56%,比上年同期回落2.3个百分点;总资产贡献率14.2%,回落2.6个百分点,资本保值增值率110.4%,回落24.4个百分点;成本费用利润率4.7%,回落3.1个百分点,利税总额237.28亿元,下降6.4%,其中利润总额72.19亿元,下降29.3%;企业亏损额32.22亿元,增长2.6倍,亏损面37.3%。

2. 进出口贸易增长快速回落

2008年,全市进出口贸易总额增长幅度逐渐走低,一季度比上年同期增长45.9%,上半年增长36.3%,1~3季度增长29.5%,全年增长9.3%。

3. 海外旅游市场持续下滑

2008年,海外旅游市场低迷,8~12月已连续5个月海外来昆旅游人数下降。全年海外旅游人数比上年下降1.8%,是近5年来首次出现负增长,国内旅游人数增长9.2%。

第六节 西安

2008年,西安市经受了国际金融危机和国外需求迅速减少的不利变化,但经济依然保持平稳较快发展的良好势头。初步核算,全市生产总值2190.04亿元,增长15.6%,增幅比上年加快0.9个百分点。其中:第一产业增加值103.45亿元,增长7.6%;第二产业增加值987.70亿元,增长17.0%;第三产业增加值1098.89亿元,增长15.1%。人均生产总值达26259元,比上年增加4920元,增长14.5%,按平均汇率折算达3714美元。

一、农业生产继续稳定增长

2008年,全市粮食生产喜获丰收,总产量214.4万吨,在上年粮食增产的基础上又增产0.53万吨,创历史最高水平。亩产340.14公斤,超过以往最高的2005年蔬菜产量221.53万吨,增长8.4%,加快0.3个百分点。水果产量71.69万吨,增长18.5%,加快9.2个百分点。生猪、牛、羊和家禽出栏数分别为117.06、6.88、20.72万头和971.71万只,分别增长13%、10.6%、7.5%和10.3%,分别加快6.5、4.1、4.5、1.4个百分点。肉类总产量11.54万吨,增长12.9%,加快7.7个百分点;奶类产量58.97万吨,增长11.7%;禽蛋产量10.85万吨,增长10.6%,加快8.6个百分点。

二、工业生产保持较快增长

2008年,全市规模以上工业增加值602.09亿元,增长19.5%,增速比上年提高0.2个百分点。装备制造业拉动作用进一步增强,规模以上装备制造业实现增加值312.51亿元,增长21.9%,比工业增速高2.4个百分点,对全市规模以上工业增加值的贡献率为54.2%,拉动全市工业增长11个百分点。其中,金属制造业、通用设备制造业、电气机械及器材制造业增长较快,增速分别达51.3%、30.3%、28.2%,高于工业增速31.8、10.8、8.7个百分点。重工业支撑作用进一步显现,完成总产值1535.06亿元，增长24.9%，占规模以上工业的79.3%，比重较上年提高0.6个百分点；轻工业完成总产值401.46亿元，增长19.8%。非公有制工业加快增长，完成总产值636.11亿元，增长35.6%，增幅比规模以上工业高11.8个百分点，占规模以上工业的32.8%，比重比上年提高3个百分点，拉动规模以上工业总产值增长10.7个百分点。

2008年，全市大型工业企业较快增长。监测的35家重点企业完成工业总产值1119.78亿元，占规模以上工业的57.8%。西安大唐电信有限公司、西安华钼新材料股份有限公司增长最快，分别较上年增长4.1和1.4倍；陕西汽车集团有限责任公司产销超过200亿元，西安电力机械制造公司产销超过150亿元。

2008年，出口对全市工业的带动作用明显提高。全年工业出口交货值173.26亿元，增长53.8%，占工业销售产值的比重由上年的7.2%提高到9.3%，出口对工业增长的贡献率为16.3%，比上年提高4.4个百分点，拉动西安市规模以上工业增长3.8个百分点，提高0.4个百分点。

2008年，工业综合效益指数创历史最好水平，1～11月为185.26，同比提高10.3个百分点。从分项指标来看，资本保值增值率123.51%，同比提高6.97个百分点；流动资产周转1.43次，同比提高0.04次，企业资金利用率有所提高；劳动生产率大幅提高，每人157371元，较上年同期提高28145元，比2005年翻了一番。

三、交通运输业稳定增长，邮电业发展继续加快

2008年，全市公路、铁路和民航货运量分别达到12702、605和11.7万吨，分别增长13%、10%和5%；客运量分别达8820、2680和1192.2万人，分别增长4%、6%和5%，增长速度均比上年有不同程度的回落。邮电业务总收入90.72亿元，增长13.4%，比上年回落3个百分点。

四、投资保持快速增长

2008年，全市完成固定资产投资1906.19亿元，增长32.8%，保持快速增长态势。其中，城镇固定资产投资1786.44亿元，增长33.3%。分产业看，第一产业投资力度明显增大，完成投资23.75亿元，增长1.3倍；第二产业投资369.74亿元，增长24.3%；第三产业投资1392.95亿元，增长34.9%。分所有制看，非公有制经济投资快速增长，完成投资971.70亿元，增长36.2%，占全部投资的比重由上年的49.7%上升到51%。重点行业投资快速增长，交通运输设备制造业、仓储和邮政业投资112.36亿元，增长92.5%；水利、环境和公共设施管理业投资215.36亿元，增长41.5%；工业投资356.12亿元，增长24.3%。

五、消费市场保持活跃，大型企业贡献提高

2008年，全市社会消费品零售总额1154.3亿元，增长25.3%，增速比上年提高6.6个百分点，创1996年以来新高，扣除价格因素，实际增长18.9%，比上年提高4.4个百分点。城市市场增长依然快于农村市场，城市零售额1043.78亿元，增长25.4%，比上年提高6.6个百分点，县及县以下零售额110.52亿元，增长23.9%。分行业看，批发零售业实现零售额1021.34亿元，增长25.2%；住宿餐饮业实现零售额112.27亿元，增长27.7%，增速快于批发零售业2.5个百分点。

六、对外贸易依然较快增长，利用外资稳步增加

2008年，全市进出口总额70.4亿美元，增长31.3%，增速比上年提高2.2个百分点。其中，进口25.69亿美元，增长35.9%，提高3.3个百分点；出口44.71亿美元，增长28.8%，提高1.6个百分点。利用外资依然稳步增加，实际利用外商直接投资11.47亿美元，创历史最高记录，增长2.8%。全市批准利用外资项目100个，合同外资金额11.82亿美元。

七、财政收入平稳增长，财政支出力度明显加大

2008年，受金融危机影响，房地产市场持续低迷，部分企业出现效益下滑、利润下降，导致全市地方财政一般预算收入增幅较上年略有回落。全年地方财政总收入324.34亿元，增长24.4%，地方财政一般预算收入145.61亿元，增长28.9%，比上年回落2.6个百分点。其中，营业税、增值税、企业所得税和个人所得税分别增长30.2%、16.3%、20.4%和21.7%，比上年分别回落1.3、4.6、49.3、6.1个百分点。全年地方财政一般预算支出226.99亿元，增长40.8%，比上年提高5.5个百分点。

八、金融运行基本平稳

2008年末，全市金融机构各项存款余额（不含外资银行）5711.27亿元，比年初增加1150.97亿元，比上年多增648.76亿元。其中，城乡居民储蓄存款余额2504.41亿元，比年初增加506.85亿元，多增453.47亿元。金融机构各项贷款余额3235.84亿元，比年初增加650.41亿元，多增340.46亿元。其中，短期贷款1028.76亿元，比年初增加192.28亿元，多增114.28亿元；中长期贷款1868.76亿元，比年初增加325.01亿元，多增76.87亿元。

九、区县经济加快发展

2008年，西安各区县经济运行态势良好，13个区县中，有11个区县增速超过上年或持平，其中，高陵、未央、雁塔位列前三，分别比上年增长33.1%、18.2%、18.1%。经济总量雁塔首次超400亿元，达410.37亿元，莲湖、未央、新城、碑林过200亿元，分别为269.41、235、222.33、228.67亿元，长安、临潼、灞桥超过100亿元。

从工业生产看，高陵、长安、蓝田、灞桥4区县发展较快，增速超过西安市平均水平，分别为40.1%、31.5%、31%和26.5%。莲湖工业增加值首次超过100亿元，继续保持第一位。

从运行质量看，地方财政收入增速有8个区县超过西安市平均水平，其中灞桥和长安增长最快，分别为52.3%和51%。莲湖和碑林分别以15.47和14.66亿元继续稳居前两位，雁塔和新城首次超过10亿元，分别为11.87和10.81亿元。

从人民生活看，城镇居民人均可支配收入有9个区县增速超过西安市平均水平，其中雁塔、阎良和长安增速最快，分别为23.1%、22.8%和22.5%；有5个区县超过15000元，其中雁塔以总量15695元居第一位。在10个涉农区县中，有4个区县农民人均纯收入增速超过20%，分别为阎良（20.5%）、高陵（20.3%）、灞桥（20.2%）和临潼（20.1%），雁塔和未央分别以6585和6441元稳居前两位。

“四区两基地”完成固定资产投资占西安市的比重由上年的26.4%提高到28.4%，提高2个百分点；地方财政一般预算收入占西安市的比重达20%，实际利用外商直接投资占西安市的比重达75.9%。

第七节 兰州

2008年，面对国内外复杂多变的形势，全市坚持“好字优先、能快则快、增效增速、和谐发展”的要求，依靠充分发挥自身优势，经济保持平稳较快的增长态势。全年生产总值846.28亿元，增长11.51%，其中第一产业增加值28.1亿元，增长5.71%；第二产业398.25亿元，增长11.43%；第三产业419.93亿元，增长11.96%。三次产业的比例为3.32：47.06：49.62，对经济增长的贡献率分别达到1.64%、46.29%和52.07%。

一、农村经济稳步发展，农业生产喜获丰收

2008年是近年来农村经济形势最好的一年，也是农民得到实惠最多的一年。全市始终坚持把“三农”工作作为重中之重，大力发展城市农业和现代农业，狠抓劳动力培训和转移输出，积极推进农业产业结构的战略性调整，农村经济保持持续稳定的良好发展态势。全年农林牧渔业增加值28.1亿元，增长5.71%。粮食产量达38.75万吨，是1997年以来的最高水平，较上年增长4.25%。蔬菜产量达172.30万吨，增长5.25%，其中外销80万吨。年末大牲畜存栏10.44万头，猪存栏28.94万头、羊存栏53.15万只，分别较上年增加0.48万头、1.83万头、2.33万只。肉产量2.81万吨，增长6.84%；其中，猪肉产量2.1万吨，增长6.06%。鲜蛋产量1.46万吨，增长11.45%；牛奶产量5.28万吨，增长21.1%。

2008年，农业产业化水平不断提高，优势特色产业较快发展。全市突出区域特色，大力培育优势产品生产基地和特色产业带，不断提升优势特色产业。目前已形成三县和红古区具有一定规模的无公害、绿色标准化蔬菜生产基地。培育了一批辐射面广、带动力强的龙头企业，累计认定省级重点龙头企业20户，农民专业合作组织发展到78家。

二、工业生产增长趋缓，经济效益有所下滑

2008年，全市继续实施“工业强市”战略，加快工业结构优化升级，努力降低生产能耗。

全年工业增加值318.93亿元，增长13.16%，其中规模以上工业增加值296.59亿元，增长13.50%，增速较上年回落4.48个百分点。

2008年，多种经济成份共同发展，国有、集体、外商及港澳台企业分别完成工业增加值93.38、9.65和11.62亿元，分别增长17.35%、0.09%和17.04%。股份制企业增加值177.03亿元，占到规模以上工业增加值的59.69%，增长12.62%，成为带动全市工业增长的主动力。

分行业看，在全市36个工业大类行业中，增长的有19个，烟草制品业、非金属矿物制品业、有色金属冶炼及压延加工业和电气机械及器材制造业的增长速度均在16%以上。装备制造业快速增长，增加值43.13亿元，增长21.5%，增速比规模以上工业高8个百分点，总量占规模以上工业的14.54%。

受金融危机影响，国际国内市场萎缩，企业订单减少，产销率下降，需求不足矛盾突出。2008年，全市工业实现利税17.73亿元，比上年减少60.2亿元。全年工业出口交货值15.02亿元，下降13.6%。

三、固定资产投资快速增长，投资结构进一步优化

全市积极营造良好的投资环境，坚持实施项目带动战略，继续强化重大项目管理，项目建设工作成效显著，投资形势良好。2008年，全社会固定资产投资431.98亿元，增长20.46%；其中，城镇投资418.93亿元，增长20.9%；农村投资13.05亿元，增长8.01%。分经济类型看，国有经济投资208.44亿元，增长20.74%；非国有经济投资223.54亿元，增长20.2%。

2008年，重大项目建设进展良好。计划总投资5000万元以上的新开工项目103个，比上年增长24%。蓝星公司20万吨甲醇、黄河柴家峡水电站等项目建成运营；兰铝自备电厂、长城制造研发生产基地等工程基本完工；连铝25万吨铝锭、兰州石化丁腈橡胶、城市电网建设与改造等项目建设进行中。

四、消费市场持续活跃，消费需求保持旺盛

2008年，在城乡居民收入较快增长和价格上涨等多种因素推动下，消费市场规模继续扩大，增长速度不断提升，呈现起步高、增长快的发展态势。全年社会消费品零售总额395.04亿元，增长17.03%，增速达到1996年以来的最高水平。分区域看，城市消费品零售额增长17.27%；县消费品零售额增长

12.62%；县以下农村消费品零售额增长12.34%。分行业看，批零贸易业零售额320.85亿元，增长18.83%，增速高于社会消费品零售总额1.8个百分点，占全市社会消费品零售总额的比重达81.22%，继续占据主导地位；住宿餐饮业零售额65.27亿元，增长17.4%。

五、城乡居民生活继续改善，收入水平稳定增长

2008年，城市居民收入水平继续得到稳步提高，生活质量进一步改善。全年人均可支配收入为11676.77元，增长13.68%，其中工薪收入8012.27元，增长8.63%。城市居民人均消费性支出为9033.7元，增长12.22%。

2008年，各项支农、惠农政策的落实、农产品价格上涨及外出务工收入提高等因素促进农民收入持续增长。农民人均纯收入为3502.73元，净增400元，增长12.89%，净增幅度是历史上最多的一年，增速是近10年来最快的一年。人均工资性收入1677.53元，占农民人均纯收入的47.9%，增长24.76%，比上年提高18个百分点。

六、物价涨幅前高后低，下半年逐步趋稳

2008年，上半年各月居民消费价格涨幅保持在9%以上，4月达到9.5%的最高水平，进入下半年后逐月回落，全年上涨7.2%。

七、财政运行稳中趋好，金融运行平稳

2008年，地区财政收入152.44亿元，增长19.05%，其中一般预算收入50.86亿元，增长25.44%。在一般预算收入中，增值税、营业税、企业所得税分别增长5.84%、23.94%和43.01%。一般预算支出99.56亿元，增长19.52%。其中，城乡社区事务、教育等事关和谐建设和民生的重点支出分别增长47.44%和26.7%。

2008年末，全市金融机构存款余额为2156.29亿元，比上年增长21.59%。城乡居民储蓄存款达907.1亿元，增长29.62%。金融机构贷款余额为1520.26亿元，增长17.11%。

第八节　西宁

2008年，西宁市积极应对经济发展中出现的各种矛盾和问题，克服经济运行环境趋紧、制约因素增多等困难，使全市经济仍保持较快增长。

一、经济总量和经济结构

2008年，全市经济保持较快增长，地区生产总值422.19亿元，按可比价格计算增长14.7%，较上年回落0.6个百分点。人均生产总值19494元，按可比价格计算增长13.3%。第一产业增加值19.21亿元，增长5%；第二产业227.39亿元，增长19.2%，其中工业193.75亿元，增长22.92%；第三产业175.59亿元，增长10.6%。

经济结构继续保持“二三一”的格局，三次产业结构比由上年的4.4∶51.6∶44转变为4.5∶53.9∶41.6。

二、农业

2008年，全市进一步加大对农业、新农村建设的投入和农民生产生活补贴，落实各项支农惠农政策，切实加强农业基础地位，促进农村各项事业发展，实现了农业增产、农民增收。全年农林牧渔业增加值19.21亿元，增长5%，其中：农业增加值8.18亿元，增长10.5%；林业增加值0.19亿元，增长8.94%；牧业增加值10.54亿元，增长1.62%；渔业增加值24万元，下降27.29%；农林牧渔服务业增加值0.3亿元，下降24.44%。

2008年，农业结构进行了积极调整。全

市农作物播种面积121187公顷(181.78万亩),比上年下降3.11%,其中:粮食作物播种面积62528公顷(93.79万亩),下降11.37%,占总播种面积的比重由上年的56.41%下降到51.60%;油料作物播种面积40335公顷(60.50万亩),增长3.36%,比重由上年的31.2%上升到33.28%;蔬菜种植面积13691公顷(20.54万亩),增长27.61%,比重由上年的8.58%上升到11.30%。

2008年末,大牲畜存栏头数31.53万头,增长6.16%,其中:牛存栏26.25万头,增长9.74%;羊存栏79万只,增长23.46%;猪存栏37.85万头,增长33.04%。年内出栏牛16.94万头,增长2.29%;羊61.12万只,下降23.82%;猪40.66万头,增长13.89%。

全市完成造林合格面积5.04万亩。零星植树252.53万株,本年育苗面积0.39万亩。

农村基础设施继续改善,综合生产能力进一步提高。年末农业机械总动力达130.75万千瓦,增长1.58%。

三、工业

2008年前九个月全市工业经济一直保持了快速增长,为全年工业目标任务完成奠定了基础。进入10月份后,受全球金融危机影响,我市工业经济遇到的困难逐渐增多,市场需求萎缩,部分中小企业停产、半停产,企业资金周转困难,经济效益下滑,产品出口受阻等。全年工业增加值193.75亿元,比上年增长22.92%,其中:规模以上工业企业实现增加值187.26亿元,增长23.62%。

在规模以上工业企业中,轻工业增加值25.95亿元,增长17.36%,重工业增加值161.31亿元,增长24.69%。国有企业增加值18.47亿元,增长22.64%;集体企业增加值0.43亿元,下降13.24%;股份合作制企业增加值1.12亿元,增长29.17%;股份制企业增加值158.43亿元,增长24.96%;外商及港澳台企业增加值7.45亿元,增长11.45%;其他企业增加值1.36亿元,下降16.37%。

2008年,规模以上工业企业主营业务收入450.37亿元,增长34.02%;利润总额10.28亿元,下降58.95%。

四、交通邮电

2008年,交通运输能力进一步提高。货运总量2641.63万吨,增长8.20%,其中:铁路383万吨,增长6.69%;公路2258万吨,增长8.45%;航空0.62万吨,增长26.53%。货物周转量93.46亿吨公里,增长6.29%,其中:铁路63.91亿吨公里,增长5.64%;公路29.45亿吨公里,增长7.66%;航空1012万吨公里,增长25.94%。全年客运总量3484.82万人,增长5.48%,其中:铁路311万人,增长5.42%;公路3127万人,增长5.46%;航空45.82万人,增长6.78%。客运周转量54.32亿人公里,增长6.88%,其中:铁路28.54亿人公里,增长7.16%;公路19.16亿人公里,增长6.52%;航空6.62亿人公里,增长6.69%。

2008年,邮电通信业增长较快。全年邮电业务总量28.6亿元,增长29.88%,其中:邮政1.18亿元,增长6%;电信27.42亿元,增长31.16%。年末电话装机设备容量101.59万门。年末市话用户70.10万户,下降8.38%,其中:住宅电话54.34万户,下降10.41%。移动电话用户108.06万户,增长2.82%。年末互联网用户15.16万户,增长34.52%,数字数据用户9482户,增长25.97%。

五、固定资产投资

2008年,全市投资规模进一步扩大,全社会固定资产投资221.31亿元,增长23.69%,其中市属固定资产投资173.94亿元,增长31.91%。分产业看,第一产业投资7.99亿元,增长50.71%;第二产业投资102.28亿元,增长20.96%,其中工业投资96.18亿元,增长19.18%;第三产业投资111.04亿元,增长24.69%,其中交通运输邮政业投资21.31亿元,增长91.12%,教育投资3.43亿元,增长27.80%;水利、环境和公共设施管理业投资16.77亿元,增长3.81%。分经济类型看,国有和国有控股投资105.35亿元,增长15.38%,民间投资105.37亿元,增长31.09%;港澳台及外商投资10.59亿元,增长

46.44%。

2008年,全市房地产开发投资44.72亿元,增长41.51%。商品房施工面积579.49万平方米,增长7.89%;竣工面积210.67万平方米,增长30.82%。商品房销售面积105.46万平方米,下降24.43%,商品房销售额29.17亿元,下降13.66%。商品房每平方米销售价格由上年的2421元上升到2766元,上涨14.25%,其中住宅每平方米销售价格由上年的2313元上升到2675元,上涨15.65%。

六、贸易和物价

2008年,消费市场繁荣,交易活跃,消费品零售总额快速增长。全市社会消费品零售总额169.99亿元,增长22.31%。分区域看,市区零售额155.99亿元,增长23.39%;县及县以下零售额14亿元,增长11.44%。分行业看,批发业实现零售额33.59亿元,增长23.86%;零售业零售额111.23亿元,增长22.25%;住宿和餐饮业零售额23.18亿元,增长20.75%;其他行业零售额2.01亿元,增长18.3%。

2008年,全市进口24502万美元,增长16.08%;出口38352万美元,增长7.63%;贸易顺差13850万美元。

2008年,物价涨幅前高后低,全市居民消费价格上涨8.2%;商品零售价格上涨10.1%。

七、财政金融

2008年,全市财政收入52.42亿元,增长20.1%,其中地方一般预算收入23.45亿元,增长27.3%,呈快速增长。财政支出72.25亿元,增长45.3%,其中:地方一般预算支出67.25亿元,增长49.3%。

2008年末,西宁地区金融机构各项存款余额998.82亿元,比上年增长26.19%,其中:城乡居民储蓄存款余额395.62亿元,增长33.16%。各项贷款余额857.34亿元,增长21.57%。西宁地区金融机构现金收入1394.8亿元,增长5.28%;现金支出1402.63亿元,增长5.2%。现金净投放7.83亿元。

八、居民生活

2008年,城乡居民生活水平继续提高。城市居民人均可支配收入11929.1元,增长12.2%;农民人均纯收入3943.6元,增长16.07%。城市居民人均消费性支出8278.32元,增长8.4%,其中:食品支出3412.35元,增长16.0%;衣着支出850.29元,增长2.0%;家庭设备用品及服务支出535.4元,增长10.3%;医疗保健支出635.53元,下降4.1%;娱乐教育文化服务支出901.25元,增长1.4%;居住支出827.24元,增长22.7%;交通和通讯支出771.12元,下降2.0%;杂项商品及服务支出345.12元,下降4.4%。

2008年末,全市城镇登记失业人数2.28万人。登记失业人员再就业人数2.45万人,城镇登记失业率4.1%。

第九节　银川

2008年,面对复杂多变的国内外经济发展环境,银川市努力克服各种不利因素和困难,赢得了“经济稳步增长、发展动力较强、结构继续优化、民生不断改善”的良好局面。

一、经济运行的基本情况和特点

1. 经济总量再上台阶,产业结构继续优化

2008年,全市生产总值突破500亿元大关,达到514.11亿元,按可比价格计算,增长

13.3%，增幅比上年回落0.7个百分点。第一产业增加值30.23亿元，增长7.3%；第二产业增加值250.71亿元，增长15.1%，其中工业增加值211.46亿元，增长16.3%；第三产业增加值233.17亿元，增长12.2%。

2. 农业生产势头较好，粮食产量再获丰收

2008年，全市粮食总产量90万吨，增长3%，总产和单产均创历史新高。蔬菜产量93万吨，增长19%。畜牧业生产稳定增长，肉类总产量4.1万吨，增长6%；禽蛋产量1.6万吨，增长12%；牛奶产量29万吨，增长9%。

3. 工业生产平稳较快增长

2008年，全市规模以上工业增加值200.95亿元，增长17%。增幅比上年回落2.5个百分点，高于全区1.9个百分点。煤炭、电力、纺织、机械等重点行业较快增长。原煤、发电量、原油加工量、农用化肥、水泥、变压器等产品产量较快增长。

4. 投资、消费、出口协调发展，“三驾马车”共同拉动经济增长

2008年，全市投资保持良好增势，全社会固定资产投资365.69亿元，增长24.9%。其中城镇投资349.51亿元，增长25.6%。第一产业投资6.91亿元，增长76.7%；第二产业投资204.85亿元，增长31.8%，其中工业投资204.73亿元，增长31.8%；第三产业投资140.18亿元，增长23.1%。房地产开发投资78.6亿元，增长25.3%，其中住宅完成投资56.93亿元，增长28.7%。

2008年，全市实现社会消费品零售总额155.77亿元，增长21.6%，比上年提高3.8个百分点。分城乡看，城市零售额增长18.6%，县及县以下零售额增长47.7%，增速比全市快26.1个百分点。分行业看，批发零售业零售额132.03亿元，增长22.4%；住宿和餐饮业零售额23.18亿元，增长18%。从经济类型看，股份制经济实现零售额33.7亿元，增长34.3%；个体私营经济实现零售额110.1亿元，增长20%。

2008年，全市出口增幅稳步提高。全年进出口总额12.7亿美元，比上年增长16.6%，其中出口增长16.7%。

5. 各类价格涨幅回落

2008年，全市居民消费价格上涨7.6%，涨幅比上年扩大2.3个百分点。八大类价格中，食品价格上涨17.7%；烟酒及用品价格上涨1%；家庭设备用品及维修服务价格上涨4.8%；医疗保健和个人用品价格上涨2.2%；居住价格上涨5.3%；衣着价格上涨5.5%；交通和通信、娱乐教育文化用品及服务价格分别下降1.4%、1.9%。原材料燃料动力购进价格、工业品出厂价格分别上涨23.2%和11.5%。分月看，各类价格涨幅均呈先升后降的走势。

6. 经济发展质量和效益稳步提高

2008年，全市地方财政收入64.68亿元，增长19.8%，增长较快，其中一般预算收入35.82亿元，增长29.6%。地方财政支出92.63亿元，增长24.7%，其中，一般预算支出62.88亿元，增长30.2%。

2008年末，全市金融机构人民币各项存款余额993.91亿元，增长22.8%，其中城乡居民储蓄存款余额423.15亿元，增长29.6%。人民币各项贷款余额965.08亿元，增长23.6%。

2008年，全市工业企业效益有所回升。规模以上工业经济效益综合指数为213.1，比上半年和前三季度提高11.3和2.9个百分点。

2008年，全市城乡居民收入增长加快。城镇居民人均可支配收入14458元，增长18.7%。全市农民人均纯收入4916元，比上年增加613元，增长14.3%。

二、经济发展中存在的主要问题

1. 主要经济指标继续有下行的压力

进入2008年第四季度，受各种因素影响，全市地区生产总值比上年增幅同比回落0.7个百分点，比一季度、上半年和前三季度分别回落1.9、2.6和1.2个百分点；规模以上工业增加值增长17%，是2008年4月份后累计增速的最低值。房地产投资增长由上半年的29.8%回落到全年的25.3%；全年全市商品房销售面积300.25万平方米，下降10.6%。地方财政一般预算收入增长29.6%，增幅比前三

季度回落7.8个百分点。从经济运行的大环境和惯性影响看,这些指标仍面临下行的压力。

2. 企业生产经营困难,亏损额大幅上升

2008年,原材料、燃料动力购进价格的涨幅比工业品出厂价格高11.7个百分点,购销价格倒挂极为严重,对企业效益产生不利影响。全年规模以上工业实现利润0.54亿元,同比下降96.7%;亏损企业亏损额24.74亿元,同比增长4.5倍。

3. 消费需求增长出现减弱迹象

2008年,受房市、股市低迷等多种因素影响,汽车、食品、建材类增长减缓,影响了居民消费的持续增长。10月份以后,社会消费品零售总额增速呈现回落态势。

4. 企业家信心指数和企业景气指数明显回落

受国际金融危机、国内外经济放缓等不利因素影响,企业家对未来经济信心转淡。2008年四季,企业景气指数比上季下降23.46点,企业家信心指数比上季下降24.05点,同比分别下降22.07和27.8点,总体景气状况明显下滑。

三、几点建议

1. 着力扩大投资和消费需求

抓住国家加强基础设施建设,以及改善民生、结构调整、节能减排、自主创新等方面建设的有利时机,积极争取和集中抓好一批事关长远发展的重点项目。早动手规划实施和储备好一大批重点项目,为争取国家的项目和投资赢得主动。努力扩大消费需求,积极开拓农村市场,挖掘消费潜力,培育消费热点。

2. 加快结构优化升级步伐

坚持走新型工业化道路,充分发挥比较优势,推进区域间优势互补,提高产业整体竞争力。努力形成主业突出、多业并举,相互支撑的产业发展格局。积极培育和发展"一强五优"优势特色产业,提高对经济增长的支撑力。加快发展高新技术产业,努力形成新的产业优势。促进服务业的全面发展。加快综合运输、现代物流、金融服务等生产性服务业发展。鼓励引导商贸餐饮、房地产等消费性服务业发展。在调整转变中形成更多的经济增长点和新的竞争优势。

3. 进一步改善民生

多渠道增加居民收入。加大政策落实力度,确保各项政策性增资政策到位,特别是最低工资标准、机关事业单位增资政策的落实。调整收入分配结构,完善社会保障体系,积极研究出台新的地方增资政策,提高城乡低保人口补助水平。继续实施积极的就业政策,加强大中专毕业生的就业工作,对困难群体特别是零就业家庭实施就业援助。加强失业调控和失业预警,确保就业形势稳定。

第十节　乌鲁木齐

2008年,乌鲁木齐市积极转变经济增长方式,全市经济保持平稳运行的态势,综合实力增强,经济结构优化,发展质量提升。初步核算,全市生产总值突破1000亿元,达到1020亿元,增长15%。其中第一产业18亿元,增长8%;第二产业425亿元,增长17.3%;第三产业577亿元,增长13.8%。三次产业的比例为1.8∶41.7∶56.5。第二产业所占比重比上年提高3.1个百分点,第一产业和第三产业所占比重分别下降0.2和2.9个百分点,二、三产业对全市GDP的贡献率分别为43.67%和55.36%,形成了二、三产业协同拉动全市经济增长的格局。

一、经济运行的主要特点

1. 新农村建设力度不断加大

2008年,全市加快新农村建设步伐,农村经济全面发展。预计全市农林牧渔业总产值28.8亿元,增长5.74%,其中,牧业产值13.3亿元,增长20.8%。年末牲畜出栏数115.36

万头，粮食播种面积 2.36 万公顷，增长 24.21%，粮食产量 14 万吨，增长 12.36%。

2. 工业经济经受考验

2008 年，全市工业在原材料、能源价格居高不下，部分企业经营困难以及第四季度经济危机影响下，克服重重困难，保持了平稳发展的势头。工业总产值突破 1000 亿元，增加值突破 300 亿元，达 355 亿元，增长 18%。工业经济效益略有下滑，经济效益综合指数 170.66%，比上年降低 3.26 个百分点。

3. 三大需求协调发展

2008 年，全市消费需求增速创“九五”以来新高，对经济增长的作用增强。全年社会消费品零售总额 418.64 亿元，增长 25.94%。非国有经济消费品零售总额 378.15 亿元，增长 28.76%，较全市高出 2.8 个百分点，所占比重高达 90%，成为全市消费品市场发展的主导力量。

2008 年，全市投资需求增长加快。全社会固定资产投资 366.06 亿元，增长 18.05%。其中工业投资 152.5 亿元，增长 37.93%，增势迅猛，对全部投资起到较强的推动作用。房地产投资 98.34 亿元，增长 21.34%。商品房销售面积 271.96 万平方米，下降 44.1%，销售额 88.53 亿元，下降 31.8%，降幅很大。

2008 年，全市出口 52.29 亿美元，增长 38.6%；进口 4.24 亿美元，增长 31.3%。出口结构得到进一步改善，高附加值的电子、机电产品的出口量大增，提高了乌鲁木齐市外贸进出口产品的科技含量。

4. 第三产业加快发展，对全市经济发展的贡献加大

初步核算，2008 年，全市第三产业增加值占 GDP 比重为 56.55%，对经济增长的贡献率达到 55.4%。其中以金融业、科学研究技术服务、信息传输计算机服务和软件业为代表的现代服务业加快发展，增速均高于第三产业平均水平。

2008 年，受外部不利因素的影响，旅游业总收入有所下降，但本地观光旅游、休闲度假旅游、特色旅游仍然比较活跃。全市接待国内外游客 870.32 万人次，比上年增长 3.39%；旅游总收入 70.17 亿元，下降 12.78%。

5. 财政金融状况

2008 年，全市财政收入增长较快，地方财政收入突破 100 亿元，达 131.12 亿元，增长 36.87%；地方财政支出 129.09 亿元，增长 47.69%。其中，教育、社会保障和就业、一般公共服务支出事关和谐社会建设和民生的重点支出分别增长 39.43%、14.36% 和 18.46%。

2008 年，货币信贷运行平稳，年末全市金融机构存款余额 2371.96 亿元，增长 15.29%。其中，居民储蓄存款余额 872.22 亿元，增长 28.29%；贷款余额 1217.32 亿元，增长 11.11%。

6. 物价房价备受关注

2008 年，全市 CPI 上涨 7%，低于全疆 1.1 个百分点。八大类商品和服务项目价格呈“五涨三降”格局，其中以肉禽蛋油为龙头的农副产品价格持续上涨，引发食品类价格上涨 18.4%，带动了 CPI 的高位运行。

2008 年，全市房屋销售价格上涨 5.1%，高于全国 4.6 个百分点，其中：新建住宅价格上涨 6.5%，在全国 70 个大中城市中位列第三。

7. 居民收入平稳增长

2008 年，全市将切实解决群众最关心、最直接、最现实的利益问题放在首位，使更多的群众享受到经济又好又快发展的成果，城乡居民收入均保持平稳增长的态势。城镇居民人均可支配收入为 12323 元，增长 8.4%；农村居民人均纯收入突破 6000 元，达到 6116 元，增长 8%。

二、经济中需要关注的几个方面及政策建议

1. 关注宏观调控，增强应变能力

随着出口退税、调整存贷款准备金率等外贸金融政策的调整和世界金融市场动荡的进一步加剧，全市的外贸出口企业和部分外向度较高的制造企业会进入调整期。2008 年，全市出口总额增长 39.3%，比 2007 年回落 33 个百分点，规模以上工业完成出口交货值 26.25 亿元，比上年下降 17.5%。

2. 关注工业经济，确保稳定发展

2008年四季度，受金融危机影响，对全市工业影响较大的西北石油、八钢、石化、中泰化学等几家大型企业增速明显放缓，效益下滑。随着危机的蔓延，对工业企业的影响将会继续显现。虽然当前国家十大措施出台，同时针对行业的扶持政策也相继出台，以及宽松的放贷政策的实行，都会对乌鲁木齐市企业的生产正常运行有所帮助，但见成效尚需时日。因而应高度关注工业经济发展，确保其稳步发展。

3. 关注民生改善，提高社会和谐度

改善民生的重点依然是加快建立和完善基本医疗和基本养老保障制度；实施积极就业政策，促进充分就业。努力提高低收入家庭的收入，缩小收入差距，提高低收入家庭生活水平。不断调整投资结构，加大政府在事关民生的城乡基础设施、公共交通、科教文卫体等社会事业上的投资力度。努力提升全市的社会和谐度。

第十七章

东北城市的经济运行情况

2008年，东北城市经济继续保持平稳快速发展态势，经济运行总体好于全国其他地区。分领域看，投资继续保持快速增长，工业生产在高位运行，消费需求持续旺盛，进出口依然较快增长，居民收入和地方财政收入大幅增加，物价涨幅低于全国平均水平，总体呈现出平稳较快发展的态势。

表17.1 2008年东北地区城市经济指标比较

		沈阳	大连	长春	哈尔滨
地区生产总值	绝对额(亿元)	3860.5	3858.2	2588	2868.2
	增长率(%)	16.3	16.5	16.5	13.2
规模以上工业企业增加值	绝对额(亿元)	1714.2	1398.4	884.5	513.5
	增长率(%)	23.5	23.8	15.7	14.7
固定资产投资	完成额(亿元)	3008.7	2513.4	1818.8	1341.3
	增长率(%)	27.4	30.2	34.7	30.2
房地产开发投资	完成额(亿元)	1010.9	495.8	352.9	215.8
	增长率(%)	38.4	21.6	36	15.1
城镇居民人均可支配收入	绝对额(元)	17295	17500	15003	14588.6
	增长率(%)	18.4	24.3	17.1	14.2
社会消费品零售额	绝对额(亿元)	1323.4	1182.6	945.7	1264
	增长率(%)	23.2	20.3	21.5	22
出口总额	绝对额(亿美元)	41.2	238.4	16.4	17.5
	增长率(%)	24.2	21.1	9	110
进口总额	绝对额(亿美元)	30.1	210.7	71.5	19
	增长率(%)	9.5	26.9	31.4	33.3
居民消费价格	涨幅(%)	4.4	4.4	4.4	4.7
地方财政一般预算收入	绝对额(亿元)	290.9	339.1	119	164
	增长率(%)	26	26.5	27.6	27.2

第一节　沈阳

2008年，沈阳市以“优化结构年”活动为主线，紧紧围绕“五大任务”、“三大目标”，着力优化经济结构，转变经济发展方式，扩大对内对外的开放力度，全市呈现出经济较快增长、效益进一步提高、民生逐步改善的良好运行态势。

一、经济总量保持平稳较快增长

经初步核算，2008年全市实现地区生产总值3860.5亿元，增长16.3%，增速比上年减缓6.5个百分点。其中，第一产业增加值183.7亿元，增长8%，贡献率为2.3%；第二产业1934.1亿元，增长18.4%，贡献率为55%，拉动经济增长9个百分点；第三产业增加值1742.7亿元，增长15%，贡献率为42.7%，拉动经济增长7个百分点。

2008年，全市非公有制经济继续发展壮大，完成增加值2498亿元，增长17.8%，占全市GDP比重达64.7%，比重比上年提高0.9个百分点。非公有制规模以上工业增加值1217.1亿元，增长29.6%，快于全市规上工业平均增速6.1个百分点，占全市比重达71%；固定资产投资2137.5亿元，增长27.5%，快于全市0.1个百分点，占全市比重71%；社会消费品零售额1323.4亿元，增长23.2%，增幅比上年提高4个百分点，快于全市1个百分点，占全市比重87.9%，比上年提高0.2个百分点。

二、财政、金融平稳增长

2008年，全市地方财政一般预算收入290.9亿元，增长26%。各项税收203.8亿元，增长25.2%；非税收入87.1亿元，增长28.1%。企业所得税20.3亿元，增长28.9%。地方财政一般预算支出400.6亿元，增长17.9%。其中，教育、科技、医疗卫生、环境保护等支出增速均高于一般预算支出的增长速度，分别为25.8%、26.3%、26.5%、23.2%。在所有支出中，用于社会保障和就业的支出所占比重最大，为22.1%。

2008年末，全市金融机构本外币存款余额5404.8亿元，增长15.1%；本外币贷款余额3572.6亿元，增长26.8%。人民币存款余额5275.9亿元，增长16%；人民币贷款余额3526.2亿元，增长27.3%。其中，中长期贷款1583.4亿元；短期贷款1177.0亿元；票据融资485.4亿元。城乡居民人民币储蓄存款余额2471.8亿元，比年初增加503.9亿元。

三、各层面主要经济指标有力地支撑经济增长

2008年，尽管受国际、国内经济环境的影响，工业增加值增速有所回落，但仍在20%以上，保持平稳较快发展。全市规模以上工业总产值6424.3亿元，增长34.3%，增速比上年减缓11.1个百分点；增加值1714.2亿元，增长23.5%，其中，轻工业482.9亿元，重工业1231.4亿元，轻重工业比为28.2:71.8。

2008年，机械装备、汽车及零部件、医药化工、IT、农副产品加工、黑色金属冶炼及压延业、有色金属冶炼及压延业和航空航天器制造业等八大优势产业仍保持平稳发展态势，完成工业总产值5117.3亿元，占全市比重为79.7%，增长31.7%；完成增加值1361.5亿元，占全市比重为79.4%，增长23.2%；实现利税总额300.2亿元，增长20.3%。其中，装备制造业总产值3148.2亿元，增长29%，增加值804.1亿元，增长21.9%，增速低于全市工业1.6个百分点。

2008年，全市工业经济效益显著提高。规模以上工业综合经济效益指数达247.7%，比上年提高28.4个百分点；实现主营业务收入6173.9亿元，增长36.1%；实现利润237.7亿元，增长28%；实现利税403.4亿元，增长24.0%；产品产销率97.8%，同比提高0.3个百分点。

2008年，全市投资保持较快增长。全社会固定资产投资3008.7亿元，增长27.4%，增速比上年放缓4.5个百分点。其中，城镇固定资产投资2842.4亿元，增长26.6%。分产业看，第一产业投资62.6亿元，增长44.8%；第二产业投资1125.6亿元，增长21.9%，其中工业投资1105.1亿元，增长23%；第三产业投资1820.4亿元，增长30.5%。全年新增固定资产1740.5亿元，增长24.7%。

2008年，房地产投资增长明显加快，完成投资1010.9亿元，增长38.4%，比上年加快2.7个百分点。房屋施工面积5848.5万平方米，增长16.5%，房屋竣工面积1291.6万平方米，增长0.1%，商品房销售面积1465.1万平方米，增长0.2%，商品房销售额604.7万元，增长12.1%。

2008年，全市对外贸易持续稳步增长。进出口总额71.3亿美元，增长17.5%，增幅比上年提高2.7个百分点。其中，出口41.2亿美元，增长24.2%，增幅回落0.6个百分点；进口30.1亿美元，增长9.5%，增幅提高4.9个百分点。实际使用外商直接投资金额60亿美元，增长19%。

2008年，全市服务业稳步健康发展。社会消费品零售总额1505.5亿元，增长22.2%，增幅同比提高4.7个百分点。交通运输邮电业稳步发展，全年货运总量20731.2万吨，增长8.6%；客运总量11040.1万人次，增长9.7%；空港进出港人数达680.7万人，增长10.0%；邮电业务总量199.8亿元，增长7.3%。旅游业发展蒸蒸日上，全年接待国内外旅游者5209.0万人次，增长3%；实现旅游总收入410.3亿元，增长25.4%。

四、物价水平稳中有降，人民生活水平进一步提高

2008年，城市居民消费价格总上涨4.4%，涨幅比上年下降0.1个百分点。其中，食品消费价格上涨14%。从八大类消费品价格指数看，除食品、烟酒及用品价格指数有所提高外，其他六大类价格指数均有所下降。烟酒及用品类价格上涨2.7%，衣着类价格下跌5.1%，家庭设备用品及维修服务类价格上涨4.4%，医疗保健和个人用品类价格上涨2.3%，交通和通信类价格下跌6.8%，娱乐教育文化用品及服务价格下跌0.5%，居住类价格上涨1.7%。房屋销售价格上涨4.6%。工业品出厂价格上涨4.1%，原材料、燃料、动力购进价格上涨11%。

2008年，居民收入稳步增长。城市居民人均可支配收入17295元，增长18.4%。其中，工资性收入10915元，增长9.5%；经营性收入2440元，增长1.7倍；转移性收入5770元，增长15.6%，养老金或离退休金5420元，增长25.1%；财产性收入144元，减少4.9%。农民人均纯收入8079元，增长18.7%。其中，占比重较大的家庭经营纯收入为4520元，增长19.9%。

2008年，居民消费性支出显著增加。城市居民人均消费性支出14667元，增长30.3%，增幅比上年提高0.5个百分点。受食品价格上涨的影响，恩格尔系数为38.2%，高于上年2.9个百分点。在消费性支出中，用于食品、居住、交通和通信的支出分别增长40.9%、36.8%和24.0%。农民人均生活消费支出4494.9元，增长16.8%。

第二节 大连

2008年，面对国际金融危机的冲击和复杂多变的国内外经济环境，大连市认真落实国家、省一系列宏观调控措施和重大决策部署，以改革开放和结构调整为主线，加速推进东北老工业基地振兴和国际航运中心建设，实现了国民经济又好又快发展。

一、综合经济实力持续增强

2008年,全市生产总值3858.2亿元,按可比价格计算增长16.5%,连续17年保持两位数递增。其中,第一产业增加值289.1亿元,增长8.1%;第二产业增加值1993.9亿元,增长19.6%;第三产业增加值1575.2亿元,增长14.4%。三次产业构成比例为7.5∶51.7∶40.8。财政收入再创新高,连续16年保持当年财政收支平衡。地方财政一般预算收入339.1亿元,增长26.5%;地方财政一般预算支出410亿元,增长19%。科教事业和重点民生支出得到有效保障,教育、科学技术、社保就业支出分别增长35.2%、34.2%和20.6%。国税、地税收入合计为500.56亿元,增长22%。

二、国际航运中心建设顺利推进

2008年,全市沿海港口货物吞吐量2.46亿吨,增长10.3%;集装箱吞吐量452.5万标箱,增长18.6%,其中内贸集装箱吞吐量77.3万标箱,增长59.1%,增长很快。重大港航设施建设力度加大。大窑湾集装箱码头17#、18#泊位建成投产,新30万吨原油码头和中石油LNG码头建设快速推进,烟大铁路轮渡正式运营,大窑湾区域铁路网络初具规模。大连港与锦州、葫芦岛港签署了战略合作协议,与丹东港的合作正在顺利推进,港口资源整合取得突破性进展。大窑湾保税港区政策功能辐射东北腹地,长春、吉林内陆港正式运营,与沈阳、哈尔滨、满洲里等城市和沈阳铁路局签署战略合作协议。《大连港总体规划》获国家批准,辽宁电子口岸正式开通。空港新增国际通航点15个,国际航线数量位居全国第四。两岸直航大连至台湾航班正式开通。

三、"两区一带"建设成效卓著

2008年,全市规模以上工业增加值1398.4亿元,按可比价格计算比上年增长23.8%。其中,轻、重工业分别增长20.8%和24.8%;支柱行业石化、船舶制造、电子信息、现代装备制造业分别增长25.1%、39.2%、13.8%和24.9%;民营企业增长35.4%。2007年4月,国务院副总理李克强(时任辽宁省委书记)视察大连时,提出了建设"两区一带"临港临海先进装备制造业聚集区的要求,这是大连站在新起点上的战略选择,也是东北老工业基地振兴的战略选择。在加快"两区一带"建设进程中,2008年全市重工起重风电机组扩能改造项目顺利实施,船用曲轴批量生产,中国一重核岛项目建设加快;德国大众30万台自动变速箱项目开工建设,美国博格华纳变速箱模块项目签约;大连湾临海区和大窑湾临港区初步形成了世界级的重型装备、汽车零部件产业集群。STX第一条船下水,中远造船、船柴扩建项目快速推进,船舶重工长兴岛造船基地开工建设,渤海岸线造船产业带已经形成。大石化2000万吨炼油扩能竣工投产,逸盛·大化PTA和福佳·大化PX项目开车调试,大孤山半岛石化产业链条形成。

四、城市基础设施建设向纵深拓展

2008年,全市固定资产投资2513.4亿元,增长30.2%。其中城镇建设项目投资1638.7亿元,增长35.6%。城市综合服务功能显著提升。进出市区第二条快速路等交通基础设施建设全面实施,完成了香炉礁立交桥、鲁迅路、五一路等拓宽改造工程,有效缓解了进出市区和部分路段交通拥堵问题。经济开发区至金州区九里快轨建成运营。红沿河核电站一期工程建设加快,哈大客运专线大连段、滨海公路、大伙房水库输水入连、三道沟净水厂改造、大连国际会议中心等工程相继开工建设。生态环境建设取得新进展。实施了西郊国家森林公园、前关城市中央湿地公园、劳动公园改造、滨海路人行木栈道等项目建设。大连冰峪国家地质公园开园。改造了疏港路、迎客路、中山西路和中南路等景观道路,实施了主干道绿化美化工程,新增绿地175万平方米,城市绿化覆盖率达到44%,人均公共绿地面积增至11.6平方米。节能减排和环境保护工作扎实推进,万元GDP综合能耗下降4.2%,主要污染物排放总量平均削减3%;夏家河等7座城市污水处理厂建成投产,市区污水处理率达到

90%。

五、新农村建设进程加快

2008年,全市农林牧渔及服务业总产值516亿元,增长15.9%。水产、水果、蔬菜、肉蛋奶产量均创历史新高,粮食生产获得大丰收。新发展设施农业10.8万亩,新建畜牧小区110个。引进农业新品种新技术153个。农村基础设施建设得到加强。完成200个新农村村庄规划编制,全面开展了新农村环境整治工程。投入资金6.8亿元,新建各类重点水源和饮水工程189项,解决了8.2万人饮水安全问题。新建农村公路351公里,解决了3307个自然村出行难问题。启动138个生态文明村建设,建设大型沼气工程46处、户用沼气8014个,完成生态移民搬迁930户。投入2.7亿元用于新农村现代流通服务网络建设。投入1.2亿元新建234个农村社区服务中心。高标准完成沈大高速公路绿化带建设,实施道路绿化892公里,造林40万亩,植树1亿株。林权改革面积476万亩,占应改面积95.2%。

六、外向型经济优化升级

2008年,全市实际使用外商直接投资50.1亿美元,增长58.3%,其中高新技术产业、先进制造业、现代服务业引进外资42亿美元,占总额的81%。引进内资410.8亿元,比上年增长21.1%。外贸自营进、出口双双迈上200亿美元新台阶,分别实现210.7和238.4亿美元,比上年增长26.9%和21.1%。接待海内外游客3000万人次,旅游总收入400.8亿元,分别比上年增长21%和23%。年内新引进德国博世集团、日本三菱重工等跨国公司投资项目22个,新批1000万美元以上的外资项目102个。沿海经济带建设加快推进。长兴岛临港工业区签约项目46个,实际使用外资5.3亿美元,增长1倍。花园口经济区开发建设全面提速,签约项目47个,实际使用外资增长3.4倍。经济开发区核心产业区、保税区主功能区等8个区域被纳入辽宁沿海经济带重点支持区域,美国固特异、北车工业园等一批重点产业项目相继入驻。

七、高新技术产业长足发展

2008年,全市高新技术产业增加值802亿元,增长33.2%。软件和信息服务业销售收入306亿元,出口10.5亿美元,分别增长42.3%和47.4%。进一步拓展了旅顺南路软件产业带发展空间,美国思科等6个世界500强公司的软件项目相继落户,东软国际软件园一期、腾飞软件园二期等项目竣工,大连(日本)软件园在东京开园,英特尔芯片项目快速推进,自主创新能力增强。新增国家级科技企业孵化器3家,培育孵化创新型科技企业1700个。实施了光电子、数控等8个自主创新专项,启动了3兆瓦风电整机等95个重大技术攻关项目。组建了大连科技创新发展研究中心和大连软件高级经理人学院。年内,全市获批国家信息产业高技术产业基地,被列为国家节能与新能源汽车示范城市、国家级新材料产业基地和装备制造国际科技合作基地。

八、金融市场稳健运行

2008年末,全市金融机构本外币存款余额5535.2亿元,增长24.3%;贷款余额4062.7亿元,增长22.2%;储蓄存款余额2476.3亿元,增长28.2%。大连商品交易所期货交易成交6.38亿手,成交金额27.49万亿元,分别增长72%和130.5%,成交量连续9年保持全国第一,成交额连续两年实现翻番。金融领域改革深入推进。建立了长兴岛、花园口和地铁、城市基础设施以及中小企业投融资平台。大连港集团成功发行30亿元公司债券,华锐铸钢等5家企业境内外上市。资本市场直接融资83亿元,是上年的1.5倍。启动了新型农村金融机构和农业保险试点,设立了两家村镇银行和4家小额贷款公司。花旗银行等5家金融机构落户大连,百年人寿保险、渣打银行大连分行获准筹建,大连银行开设北京分行。

九、民生质量明显改善

2008年,全市城市居民人均可支配收入17500元,增长15.8%,增幅比上年提高2.6

个百分点；农村居民人均纯收入9818元，增长17.3%，增长幅度连续3年超过城市居民，与城镇居民人均可支配收入之间的差距，由三年前的1∶2.03缩小到1∶1.78。全市社会消费品零售总额1182.6亿元，比上年增长20.3%，增幅提高3.1个百分点，其中汽车以及休闲型、享受型商品成为市场消费的热点。社会保障水平进一步提升，全面实施了城镇居民基本医疗保险，建立了失业保险金与最低工资标准同步调整机制，企业离退休人员养老金再度提高。投入社会救助资金2.7亿元，提高了城乡居民最低生活保障标准。就业扶持政策成效显现，全市实现城镇就业16万人。住房保障体系日益完善，投入廉租住房补贴资金1000万元，市内四区符合条件的家庭实现了应保尽保。城镇80万平方米经济适用住房开工建设，改造农村困难居民危房2000户。新建农村区域性中心敬老院20所，新增城乡养老床位3200张。

2008年，全市经济仍存在一些亟待解决的困难和问题，主要有：经济持续快速增长的阻力增大，经济结构调整任务还很艰巨，外贸出口困难增多，就业形势日益严峻，节能减排和环境保护任务仍很艰巨，城乡部分群众生产生活比较困难，交通拥堵的问题尚未得到根本解决，一些职能部门行政效率和服务水平还需进一步提高。

第三节　长春

2008年，长春市紧紧围绕“工业强市”的战略目标，努力克服各种困难，全市经济呈现出平稳较快增长、市场价格回稳、消费需求畅旺、民生逐步改善的发展态势。

一、经济平稳较快增长，增幅有所回落

初步核算，2008年全市GDP 2588亿元，增长16.5%，比上年回落1.2个百分点，增幅在全国15个副省级城市中位居首位，在东北四市中与大连并列居首位，比西安和厦门GDP增幅快0.9和5.5个百分点。其中，第一产业增加值244亿元，增长17.3%，提高8.7个百分点；第二产业增加值1311.8亿元，增长16.5%，回落5.6个百分点，工业增加值1066.7亿元，增长15.4%，回落8.4个百分点；建筑业完成增加值245.1亿元，增长21.7%，提高6.9个百分点；第三产业增加值1032.2亿元，增长16.3%，提高1.8个百分点。全口径财政收入占GDP的比重为14.4%，比重比上年提高0.8个百分点。

二、经济运行质量遇挑战

一是财税收入增幅回落。2008年，全市一般预算全口径财政收入372.1亿元，增长30.8%，增幅比上年回落4.3个百分点。全市地方财政收入119亿元，增长27.6%，增幅回落2.7个百分点；地方财政支出240.3亿元，增长32.4%，增幅提高8.6个百分点。全市税收收入417.1亿元，增长31.7%，增幅提高1.7个百分点。二是工业企业经济效益下滑。2008年，全市规模以上工业企业利润总额187.9亿元，仅增长5.3%；亏损企业亏损额为10.4亿元，增长17.8%。

三、节能减排取得进展

2008年，全市进一步增强节约资源意识，认真落实节能减排目标责任制和考核制度，突出抓好重点耗能企业节能减排工作。大力推行绿色制造和清洁生产，着力发展循环经济。培育环保产业，开发新能源，推广应用节能技术和产品。鼓励企业加快节能降耗技术改造。全市规模以上工业用电量达到68.9亿千瓦时，增长14.5%，增幅低于同期工业生产增幅6.5个百分点；重点企业单位产值能耗下降8.32%。

四、消费价格稳中趋降

2008年，全市城市居民消费价格上涨4.4%。其中消费品价格上涨6.3%，服务项目价格下降0.6%。食品类价格上涨10.1%。分月看，4月份到达峰值8.5%，尔后逐月回落，12月份下降1%。

五、农村经济运行态势良好

2008年，全市农业克服了持续干旱，畜牧业存栏较低等诸多不利因素影响，农村经济保持平稳发展的良好态势。农、林、牧、渔业总产值413.2亿元，增长10%。其中牧业总产值占比重为57.3%，上升4.7个百分点。粮食生产喜获丰收，总产量预计可达176.8亿斤，再创历史新高，增长17.9%。牧业生产快速发展，年末全市生猪、肉牛发展到1472.2、494.6万头，分别增长18%和20%；家禽发展到47610万只，增长8.6%；生猪、肉牛出栏分别为927.6和235.6万头，分别增长12.6%和7%，家禽出栏36649万只，增长12.3%；肉类总产量191.7万吨，增长9.6%；禽蛋总产量40.2万吨，增长15.5%。农民外出打工人数增加，全市有外出打工农民106.3万人次，比上年增长1.5%。

六、工业生产增幅有所回落

2008年，全市工业产出和经济效益保持增长态势，规模以上工业总产值3515.3亿元，增长21%，比上年回落12.9个百分点；工业增加值884.5亿元，增长15.7%，工业对全市经济增长的贡献率达39.2%，比上年回落14.5个百分点，拉动全市经济增长6.5个百分点。受金融危机、国际和国内汽车市场下滑影响，工业生产增长速度从7、8月份开始回落，增速下降到10%左右。

2008年，主导产业拉动全市工业快速增长。全市汽车工业完成产值2371.2亿元，增长15.6%，比上年回落20.6个百分点；占规模以上工业总产值的67.5%，比重比上年回落3.6个百分点；拉动全市工业增长11个百分点，比上年回落14.3个百分点；对全市工业的贡献率为52.5%，比上年回落22个百分点。一汽集团完成产值800.2亿元，增长16.9%，比上年回落11.6个百分点；一汽大众公司完成工业总产值1062.9亿元，增长10.3%，比上年回落29.4个百分点。汽车产量86.1万辆，增长4.9%，比上年回落26.3个百分点。

2008年，全市销售汽车89.4万辆，增长13.2%。其中，载货汽车23.5万辆，增长14.6%；公路客车3.4万辆，下降3.1%；轿车62.5万辆，增长15.7%。年末汽车库存4万辆，下降51.2%。其中，载货汽车1.7万辆，增长13.3%；公路客车0.01万辆，下降89.7%；轿车2.3万辆，下降52.1%。

2008年，一汽集团和一汽大众共进口55.5亿美元，增长37.8%，占全市进口额的7.7%，拉动全市进口增长28个百分点。其中一汽大众进口32.3亿美元，增长18.4%，占全市进口额的45.2%；一汽集团进口23.2亿美元，增长78.2%，占进口额的32.5%。

2008年，全市的重点产业保持高速增长。生物及医药工业（含大成及医疗器械）完成产值115.1亿元，增长25.2%，占规模以上工业总产值的25.2%；光电子信息工业（含汽车电子）完成产值146.4亿元，增长41.6%，占规模以上工业总产值的41.6%；建材工业完成产值110.7亿元，增长27.7%，占规模以上工业总产值的27.7%；能源工业完成产值111.1亿元，增长22.1%，占规模以上工业总产值的22.1%。

七、消费市场持续畅旺，内需对经济增长的拉动作用增强

2008年，全市实现社会消费品零售总额945.7亿元，增长21.5%，增速比上年加快4.7个百分点，在全国15个副省级城市排第7位，比上年上升4位。其中，批发零售贸易业零售额849.1亿元，增长21.7%；住宿和餐饮业零售额96.5亿元，增长20.4%。限额以上批发零售企业实现零售额386.7亿元，增长31.5%，增幅高于社会消费品零售总额10个百分点。

八、固定资产投资稳步增长，房地产市场趋缓

2008年，全市固定资产投资1818.8亿元，增长34.7%，增幅比上年回落7.4个百分点，在全国15个副省级城市排序中居首位。分产业看，第一产业投资29.6亿元，增长79.2%；第二产业投资835亿元，增长34.6%；第三产业投资912.2亿元，增长34.9%。工业投资持续快速增长，完成投资813亿元，增长33.6%，占全市投资的44.7%。施工项目2639个，比上年增加490个，其中本年新开工项目2146个，比上年增加392个。亿元以上施工项目268个，比上年减少34个。

2008年，全市投资到位资金以自筹为主。全年投资到位资金1773.9亿元，增长33.7%。其中，自筹资金1464.5亿元，增长43%，占全部到位资金的82.6%；国家预算内资金59.3亿元，占3.3%，增长39.4%；国内贷款109.6亿元，占6.2%，减少5.3%；利用外资14.8亿元，占0.8%，减少21.6%；其它来源100.5亿元，占5.7%，减少5.7%。

2008年，房地产开发投资增长趋缓，完成投资352.9亿元，增长36%，增幅比上年回落13个百分点。房屋施工面积2183.5万平方米，增长8.6%；竣工面积482.4万平方米，下降9.4%；商品房销售面积571.4万平方米，增长12.4%，销售额199亿元，增长20.4%，其中住宅销售额增长18.1%。年末房屋空置面积283.2万平方米，增长2.9%。

九、对外贸易稳中趋缓，利用外资平稳增长

2008年，全市进出口总额87.9亿美元，增长26.5%，增幅比上年回落6.4个百分点。其中，出口16.4亿美元，增长9%，比上年回落37.9个百分点；进口71.5亿美元，增长31.4%，比上年提高0.1个百分点。进出口主要特点：

一是汽车及零部件进出口增长幅度较大。出口额4.3亿美元，增长18.1%，高于全市出口增幅9.1个百分点，占全市出口额的26%，拉动全市出口增长4.3个百分点。进口额为33.6亿美元，增长43.5%，高于全市进口增幅12.1个百分点，占全市进口额的47.1%，拉动全市进口增长18.8个百分点。

二是工业制成品出口保持大幅增长。出口额12.3亿美元，占全市出口额的75%，增长15.4%，高于全市出口增幅6.4个百分点，拉动全市出口增长10.9个百分点。其中机电产品出口7.5亿美元，占工业制成品的一半多，增长21.6%，高于工业制成品出口增幅6.2个百分点，占全市出口额的45.6%，比上年提高4.6个百分点，拉动全市出口增长8.8个百分点。

三是玉米出口因政策限制而停止。

2008年，全市实际使用外资20.4亿美元，增长20.6%。其中直接利用外资5.8亿美元，增长8.7%。合同利用外资额5.1亿美元，下降25.2%。

十、城乡居民收入增加，差距有所拉大

2008年，城市居民人均可支配收入达到15003元，增长17.1%，人均消费支出12720元，增长24.5%，恩格尔系数32.4%，比上年下降0.5个百分点。农民人均纯收入达到5080元，比上年增加300元，增长12.7%。城乡居民收入差距有所拉大，由上年的8030.9元扩大到9920.3元。

2008年，全市经济运行中也存在着一些不容忽视的问题，一是受国际金融危机的影响，国际、国内汽车市场下滑，导致全市汽车生产和销售均受到一定程度影响；二是外部需求减弱，企业出口订单减少。

第四节 哈尔滨

2008年,哈尔滨市经济实现持续快速增长,但四季度后发展速度回落。

一、经济总体运行特征

1. 经济在较高平台上运行,三次产业协调发展

2008年,全市生产总值2868.2亿元,比上年增长13.2%,经济保持自1993年以来的两位数增长的发展态势。其中第一产业增加值390.2亿元,增长6.9%;第二产业增加值1077.6亿元,增长14.5%;第三产业增加值1400.4亿元,增长13.9%。

2. 在国家惠农政策和全市强农措施作用下,农业和农村经济稳定发展

2008年,全市农林牧渔业总产值670亿元,比上年增长7%。粮食作物播种面积2561万亩,比上年增长1.4%,粮食总产量达到105.4亿公斤,增长8.1%,创历史新高。畜禽饲养及畜产品产量稳步增长。全市大牲畜存栏192.6万头,增长8.7%。其中黄牛及肉牛存栏135.8万头,增长7.9%。奶牛存栏46.7万头,增长12.3%。生猪存栏347.2万头,增长8.8%。家禽存栏5118.3万只,增长8.4%。全市肉类总产量达69万吨,增长10.2%。禽蛋产量30.3万吨,增长9.3%。牛奶产量135.6万吨,增长13.6%。

2008年,全市绿色种植面积及绿色食品产量增加。全市无公害、绿色和有机食品生产基地认证面积(含山产品和水产品面积)达到3000万亩,增长1.1%。有效使用无公害、绿色和有机食品标志企业238家,认证产品突破2000达到2107个,增长35.4%。无公害、绿色和有机食品全年生产总量达到392万吨,增长14.4%。总产值114.9亿元,增长18.5%。

2008年,全市农业产业化效应继续放大,乳制品、肉牛、生猪、肉鸡、玉米、水稻、食用菌和大豆八大主导产业链条进一步延伸。各类农业产业化组织达到1035个,比上年增加15个。参与农业产业化经营的农户发展到89.5万户,增长7.5%。农业产业化带动种植基地面积101.5万公顷,增长9.1%。市级以上重点龙头企业达到95家,增加10家;实现销售收入151.9亿元,增长9.3%;实现利税11.6亿元,增长12.6%。

2008年,全市新农村建设投入增加,投入资金61.7亿元,其中争取国家和省投入12.7亿元,地方政府投入10.9亿元,部门帮建2.1亿元,村集体投入9.8亿元,农民投入23亿元,社会投入3.2亿元。道路、饮用水等基础设施建设有较大进展,全市完成硬化通乡通村公路6562公里,乡(镇)、村屯内道路硬化4163公里,新建饮水工程586处,完成农村康居工程310万平方米,改造土草房189万平方米。

3. 主导产业快速增长,促使工业经济保持稳步增长

2008年,全市规模以上工业增加值513.5亿元,增长14.7%。其中,轻工业增加值230.4亿元,增长18.5%;重工业283.1亿元,增长11.7%,增长幅度分别比上年回落1.5和2.2个百分点。重点监测的37个行业大类中29个行业增长,其中造纸及纸制品业、金属制品业、食品制造业、农副产品加工业、化学原料及化学制品制造业等5个行业增幅在29.2%至63.8%之间。食品、医药、装备制造、石化四大主导产业共实现增加值426.8亿元,增长15.7%,高于全市1个百分点,拉动规模以上工业增长13.2个百分点。产值超亿元的大型工业企业有195户,实现产值1533.8亿元,占规模以上工业的87.1%。分经济类型看,股份制工业增加值291.8亿元,增长18.4%,外商及港澳台投资企业124.5亿元,增长12.3%,国有企业85.4亿元,增长5.7%,集体企业4.9亿元,增长17%。

4. 服务业总体保持发展态势

2008年,全市交通运输、仓储和邮政业增加值202.6亿元,增长11.9%;批发和零售业实现362.2亿元,增长15.6%;住宿和餐饮业83.4亿元,增长15%;金融业92.8亿元,增长9.2%;其他营利性服务业259.3亿元,增长17.5%;其他非营利性服务业321.9亿元,增长16.1%。全年接待国内外旅游者3019.8万人次,增长19.9%,旅游业务总收入245.9亿元,增长20.3%。

5. 在大抓项目、抓大项目的强力作用下,投资保持高速增长

2008年,全市固定资产投资1341.3亿元,增长30.2%,增速创1994年以来历史新高。主要特点:一是新开工项目对全市投资支撑作用显著,新开工项目2171个,比上年增加249个,完成投资785.4亿元,占全市投资的58.6%。二是第一、二产业投资高速增长,第一产业完成投资34.4亿元,增长92.2%;第二产业364.4亿元,增长36.8%,其中工业349.8亿元,增长34%,增速高于上年3.8个百分点;第三产业942.5亿元,增长26.3%。三是民间投资比重继续扩大,完成投资646.4亿元,增长33.4%,高于全市投资增速3.2个百分点,占全市的48.2%。国有及国有控股经济投资完成642.6亿元,增长25.4%,占全市投资的47.9%;外商投资增势强劲,完成投资52.3亿元,增长55.6%,高于全市投资增速25.4个百分点,占全市投资的3.9%。

6. 消费市场购销较为活跃,总体上呈持续、稳定、快速增长的态势

2008年,全市社会消费品零售额1264亿元,增长22%,增速高于上年6.2个百分点。四个季度呈逐季走高的特点,累计分别增长17.9%、19.9%、21.1%、22%,增速分别加快3.1、4.6、5.5、6.2个百分点。主要特点:一是农村消费市场升温明显,县零售额65.8亿元,增长21.3%,增速提高6.2个百分点;县以下零售额89.3亿元,增长21.6%,增速提高9个百分点。二是消费层次明显提升,全年吃、穿、用类商品零售额分别增长15.6%、21.3%、22.7%;三是餐饮等服务消费持续升温,全市住宿和餐饮业零售额147.6亿元,增长25.2%,增速提高7.2个百分点,高于批发和零售业增速3.6个百分点,占社会消费品零售额的比重为11.7%。

7. 进出口贸易保持快速增长

2008年,全市进出口总值36.4亿美元,增长21.6%。其中出口总值17.5亿美元,增长110%;进口总值19亿美元,增长33.3%。一般贸易实现进出口总值32.2亿美元,增长21.8%,占全部进出口总值的88.3%,其中出口额14.3亿美元,增长9.5%;进口额17.9亿美元,增长33.9%。机电和传统大宗商品依然是主导产品,出口总值占全市的36.6%;进口总值占全市的59.3%,比上年低8.6个百分点。分经济类型看,国有企业进出口总值18.4亿美元,增长26.5%;集体企业0.8亿美元,增长88.3%;私营企业7.8亿美元,增长8.4%;外商投资企业9.5亿美元,增长21.5%。欧洲市场所占份额较大,为全市进出口总值的34.3%,排在其后的分别是亚洲32.7%,北美洲17.2%,拉丁美洲12.2%,非洲2.6%,大洋洲1%。

8. 财政收支和城乡居民收入保持稳定快速增长

2008年,全市全口径财政一般预算收入280.5亿元,增长27%。其中地方财政一般预算收入164亿元,增长27.2%。财政收入快速增长,主要得益于三项税收强劲增长,增值税增长26.1%,企业所得税增长46.0%,个人所得税增长27.7%。地方财政一般预算支出301.3亿元,增长25.6%,其中社会保障和就业支出31亿元,增长26.8%。

2008年,全市城市居民人均可支配收入14588.6元,增长14.2%。工资性收入是主要来源,人均工资性收入8759元,增长12.5%,拉动可支配收入增长7.6个百分点。转移性收入增长11.6%,拉动可支配收入增长3.9个百分点。其中养老金或离退休金增长1.7%。农民人均纯收入5960.9元,增长17.6%,增速创4年来新高。其中工资性收入1270.6元,增长24%;家庭经营性收入4052.4元,增长12.7%;财产性收入307元,增长12.7%;转移

性收入330.9元，增长88%。

9. 金融运行平稳，市场物价稳步回落

2008年，全市金融机构存款余额3974.8亿元，增长19%。其中居民储蓄存款余额1916.8亿元，增长24.4%。贷款余额2636.8亿元，增长15.9%，其中中长期贷款1408.1亿元，增长14.7%。

2008年，居民消费价格总体呈逐月回落态势，全年上涨4.7%，12月同比上涨0.2%。八大类商品有七类上涨，食品类上涨9.6%，烟酒及用品类上涨9.1%，家庭设备用品及维修服务类上涨8.5%，居住类上涨3.0%，医疗保健和个人用品类上涨2.9%，衣着类上涨1%、娱乐教育文化用品及服务类上涨0.4%，交通和通信类下降1%。

二、金融危机显现消极影响

1. 经济增长速度回落

2008年四季度，受国际金融危机影响，经济增长速度回落。全年地区生产总值增长13.2%，是自2003年以来的最低点，增幅比前三季度回落0.5个百分点。全年规模以上工业实现增加值增长14.7%，增幅比前三季度回落1.1个百分点，

2. 农业增效、农民增收发生阻滞

金融危机造成农畜产品价格下行。2008年12月份水稻收购价1.8元/公斤，比10月下降36%；玉米收购价格1.33元/公斤，比10月下降8.3%。猪肉价格17元/公斤，比10月下降22.7%；鸡蛋6.8元/公斤，比10月下降15%。金融危机导致全市在8月份以后提前返乡的务工农民达4.2万人，占外出务工农民的3.5%。

3. 房地产业下降明显

2008年，全市房地产开发投资215.8亿元，增长15.1%，增幅比上年回落3.6个百分点。商品房竣工面积467.3万平方米，下降33.1%，增幅比上年回落37.7个百分点。

第四篇

专题报告

第十八章

长三角区域城市经济转型升级研究

我国沿海发达地区，如长三角、珠三角等，工业化进程已基本完成，然而代价也相当高，资源消耗、污染物排放的快速增长，给生态环境、社会环境带来了巨大的压力。这些地区进入了以制造业技术升级、产品升级、市场“业态”升级和服务业加快发展为特征的工业化后期发展阶段。本章以长三角区域城市（江苏沿江八市与浙江杭州湾六市及台州）为实例，分析研究我国发达地区经济的特征、面临的严峻挑战及其转型升级的路径选择。

第一节　长三角区域城市工业化进程判断及产业演进趋势

一、长三角区域城市概况

长三角区域城市陆域土地面积10.38万平方公里，占全国的1.08%，占长江三角洲（两省一市）土地面积的49.27%。2007年末户籍人口4728.41万人，占全国的3.58%，常住人口7891万人，占全国的5.97%；人口城市化水平59.9%，比全国44.9%高出15个百分点。2007年实现GDP 34671.62亿元，占全国的13.89%，人均GDP4.44万元，是全国平均水平的2.345倍，比沪苏浙两省一市平均高13.1%；城镇居民人均可支配收入20023元，农村居民人均纯收入8733元，分别比全国高45.2%与110.9%。长三角区域城市不仅是我国经济最发达的区域，也是我国最具经济活力和竞争力的区域，其发展道路对全国具有很强的示范和引领作用。

二、长三角区域城市工业化进程的判断

世界经济发展史表明，发达国家分别经历了工业革命和服务业革命，实现了资源配置从农业转向工业，进而从工业到服务业的转移。根据经济发展水平、产业结构、就业结构和工业内部结构的变化，可以将一个国家或地区的工业化进程大致分为前期、中期、后期三个阶段。根据经济理论，结合东亚先行工业化国家日本、新兴工业化国家韩国和我国台湾地区的经济发展水平及产业结构，工业化后期阶段界定标准是：经济发展水平（人均GNP）高于上中等国家下限，农业增加值在GDP中的比重小于10%，农业劳动力占就业比重小于20%。对照这一标准，长三角区域城市已整体上进入工业化后期阶段。主要体现在：

从人均GDP看，2007年长三角区域城市以常住人口计算人均GDP为4.44万元，折合5840美元，根据世界银行2008年7月公布的国

家或地区收入水平分类标准，长三角区域城市人均GDP水平已进入上中等收入国家(地区)人均GNP3706～11455美元行列，相当于日本20世纪70年代中期、台湾1987年前后、韩国1989年前后的水平。如果按购买力平价国际元与人民币的比例3.547(2007年)换算，2007年长三角区域城市人均GDP约合12519国际元，相当于日本1984年、台湾1993年、韩国1995年国际元的水平(见表18.1)。

表18.1 长三角区域城市与日、台、韩相当时期人均产值水平比较

地区	人均GDP(美元)				按购买力平价计算的人均GNP(国际元)			
	长三角区域城市	日本	台湾	韩国	上海周边城市	日本	台湾	韩国
年度	2007	1975	1987	1989	2007	1984	1993	1995
实绩	5840	4334	5276	5430	12519	12013	12475	12050

资料来源：各市统计年鉴，日本、台湾、韩国数据取自IMF的WEO最新数据库(08年10月版)。上海周边城市按购买力平价计算的人均GDP按2007年中国本币与国际元的GDP比率1：0.48159折算，美元GDP按当年汇率中间价年平均数计算，其他国家或地区按世界银行方法计算。

从产业结构看，日本、台湾、韩国分别从20世纪60年代初、70年代末、1985年开始农业增加值占GDP比重低于10%。长三角区域城市2002年开始低于10%，2007年已降至4.2%，相当于日本20世纪70年代中期、台湾1990年前后、韩国2000年前后水平(见表18.2)。

表18.2 长三角区域城市与日、台、韩工业化完成前后GDP产业构成比较

长三角区域城市				日本				台湾				韩国			
年度	第一产业	第二产业	第三产业	年度	第一产业	第二产业	第三产业	年度	第一产业	第二产业	第三产业	年度	第一产业	第二产业	第三产业
1998	10.4	53.7	35.9	1960	12.8	40.8	46.4	1970	17.9	34.7	47.4	1980	14.5	40.4	45.1
2000	9.1	53.5	37.4	1970	5.9	43.1	50.9	1975	14.9	39.1	46.0	1985	12.5	41.0	46.5
2001	8.5	53.1	38.4	1980	3.5	36.5	60.0	1980	9.2	45.0	45.8	1987	10.1	42.6	47.2
2005	5.3	57.4	37.3	1985	3.1	35.1	61.8	1985	6.9	44.9	48.2	1990	8.7	43.4	47.9
2007	4.2	56.8	38.9	1990	2.4	35.7	61.8	1990	4.2	41.2	54.6	2000	4.3	36.2	59.5

资料来源：日本：吴敬琏.中国增长模式抉择(修订版).上海世纪出版股份有限公司上海远东出版社，2006年2月第2版：72—73。韩国：1989年及以前数据来自方甲主编．产业结构问题研究．中国人民大学出版社，1997年11月第1版；1990年以来数据产值三次产业构成与就业人口结构于国家统计局《国际统计资料》。台湾：1988年GDP构成转引自《台湾产业结构50年变动分析》，《台湾研究》，2002—6—5，根据台湾经济研究所等有关统计资料，并根据国家统计年鉴补充。

从就业结构看，日本、台湾、韩国分别从1970年、上世纪70年代后期、80年代中后期开始农业劳力比重低于20%，长三角区域城市2000年人口普查时仍达34.7%，2005年为20.2%，2007年降到15.9%，相当于日本20世纪70年代初期，台湾1987年前后、韩国1992年前后水平(详见表18.3)。

表18.3 长三角区域城市与日本、韩国、台湾工业化完成前后就业结构演变

长三角区域城市				日本				台湾				韩国			
年度	第一产业	第二产业	第三产业	年度	第一产业	第二产业	第三产业	年度	第一产业	第二产业	第三产业	年度	第一产业	第二产业	第三产业
2000	34.7	40.6	24.7	1965	24.7	31.5	43.7	1980	19.5	42.4	38.1	1988	20.7	34.9	44.5
2004	23.0	45.3	31.7	1970	19.3	34	46.6	1985	17.5	41.5	40.8	1989	19.6	35.2	45.3
2005	20.2	47.1	32.7	1975	13.8	34.1	51.8	1987	15.3	42.7	42.0	1990	17.9	35.4	46.7
2006	17.6	49.0	33.4	1980	10.9	33.6	55.4	1988	13.7	42.5	43.7	1992	15.8	34.9	49.3
2007	15.9	50.2	33.9	1985	9.3	33.1	57.3	1989	12.9	42.2	44.9	1993	14.7	33.5	51.8

资料来源：同表18.2

综合上述分析，目前长三角区域城市在经济发展水平、产业结构、劳动力就业结构等诸多方面与日本1970年代初期、台湾、韩国1980年代后期基本相当，而当时上述三个国家和地区均已进入工业化后期阶段。据此判断，长三角区域城市基本实现了由农业经济向工业经济的转变，总体上进入工业化后期阶段。

第二节 长三角区域城市工业化推进的典型模式分析

改革开放以来，长三角区域城市探索出推进工业化进程的两种典型模式：温州模式和苏南模式（江浙长三角区域其它城市基本介于这两种模式之间）。这两种模式是在不同自然、历史和发展基础上形成的具体形式，但其推进区域工业化进程的总体效果基本相同。

一、长三角区域城市工业化进程差异分析

"苏南模式"是苏州、无锡、常州等苏南地区，通过政府主导发展乡镇企业、招商引资发展三资企业，先工业化再市场化的发展路径。由于历史积累和接受上海等地的辐射，为苏南地区工业化的起步创造了良好条件。"温州模式"则是以温州为代表的浙江，因缺乏工业化所需的资金和技术，走的是私人资本积累的发展道路，通过开拓国内外市场，以市场化来促进工业化。

苏南的工业化进程在一定时期明显快于浙江。以苏州、无锡为代表的苏南城市，在2000年前后，经济发展水平、产业结构、就业结构已与20世纪70年代初期的日本、80年代后期的台湾、韩国相当。而以台州等为代表的浙江城市，2007年的经济发展水平、产业结构、就业结构才达到上述国家和地区相应时期的水平，基本进入工业化后期阶段（见表18.4、18.5）。

表18.4 长三角区域城市人均GDP比较

	长三角区域城市			江苏八市			浙江七市		
	人民币	美元	国际元	人民币	美元	国际元	人民币	美元	国际元
1990	2570	537	1253	2636	551	1285	2476	518	1207
2000	15827	1912	4796	15447	1866	4681	16361	1976	4958
2005	32829	4008	9521	33504	4090	9717	31904	3895	9253
2006	38275	4801	11056	39243	4923	11335	36945	4635	10672
2007	44405	5840	12519	45407	5971	12802	43022	5658	12129

资料来源：各市统计年鉴，日本、台湾、韩国数据取自IMF的WEO最新数据库（08年10月版）。上海周边城市按购买力平价计算的人均GDP按2007年中国本币与国际元的GDP比率1：0.48159折算，美元GDP按当年汇率中间价年平均数计算，其他国家或地区按世界银行方法计算。

表18.5 2000年以来长三角区域城市产业结构变化

	GDP结构（%）						就业结构（%）					
	江苏八市			浙江七市			江苏八市			浙江七市		
	第一产业	第二产业	第三产业	第一产业	第二产业	第三产业	第一产业	第二产业	第三产业	第一产业	第二产业	第三产业
2000	8.3	53.5	38.2	10.2	53.5	36.2	37.8	38.3	23.9	30.4	43.8	25.8
2004	5.0	59.1	35.9	6.9	54.4	38.7	22.2	45.7	32.1	24.0	44.9	31.1
2005	4.5	59.6	35.9	6.5	54.2	39.3	19.0	46.6	34.4	21.6	47.6	30.7
2007	3.5	58.3	38.2	5.3	54.7	40.0	14.5	50.9	34.5	17.4	49.4	33.2

资料来源：根据各市年报、年鉴整理。

尽管，长三角区域苏南城市率先进入工业化后期阶段，但由于路径依赖等种种原因，并未能率先实现经济发展方式的转型升级。从服务业增加值占 GDP 比重看，江苏八市与浙江七市基本相当。从人均收入方面考量，江苏城市并没有明显的优势。长三角区域城市之间居民的收入水平差距明显小于 GDP 差距。江苏八市人均 GDP 高出浙江七市平均 5.5%，但城乡居民收入水平却比浙江七市平均低 11.5%。其中苏州人均 GDP 高出台州 123.8%，而城乡居民人均收入仅高出台州 13.6%，其中城市居民还比台州低 4.4%。民营经济比例高的台州虽然人均 GDP 只有苏州的一半，但城乡居民收入却基本相当（见表 18.6）。

表 18.6　2007 年长三角区域城市经济发展水平与城乡居民收入比较

	人均 GDP（元）	人均 GDP（美元）	城市居民人均可支配收入（元）	农村居民纯收入（元）	人口城市化水平（%）	城乡居民人均收入
上海周边 15 城市	44406	5840	20023	8733	59.9	15498
江苏八市	45407	5971	18925	8134	60.8	14700
浙江七市	43024	5658	21601	9518	58.6	16604
苏州	67387	8862	21260	10475	65.6	17550
无锡	65212	8576	20898	10026	67.4	17357
常州	43704	5747	19089	9033	60.9	15152
南京	44972	5914	20317	8020	76.8	17467
镇江	40123	5277	16775	8007	59.6	13233
南通	29273	3850	16451	6905	48.6	11544
扬州	29419	3869	15057	6586	50.2	10838
泰州	26085	3430	14940	6469	47.6	10501
杭州	52590	6916	21689	9549	69.0	17927
宁波	50474	6638	22307	10051	63.2	17799
嘉兴	38357	5044	20128	10163	49.4	15082
湖州	32047	4214	20046	9536	49.3	14716
绍兴	43442	5713	21717	9730	56.9	16551
舟山	39604	5208	20736	9725	61.5	16492
台州	30105	3959	22245	8331	51.1	15447

资料来源：各市统计年鉴；城乡居民人均收入按人口城市水平加权平均，各区域水平按各市人口加权平均。

综合上述因素分析，长三角区域城市尽管推进工业化的模式有所差异，不同阶段所表现的效果互有优劣，但在工业化发展所处的发展阶段上基本相同。

二、长三角区域城市工业化效率分析

1. 长三角区域城市人均 GDP 与服务业发展水平比较

一般而言，随着工业化和经济发展水平提

高,社会分工促进专业化服务活动发展,服务业在 GDP 中的比重提高。但是长三角区域城市在工业化快速推进过程中,服务业发展相对缓慢,比重未见明显提高(见图 18.1),服务业增加值比重与人均 GDP 的相关系数仅为 0.0831。

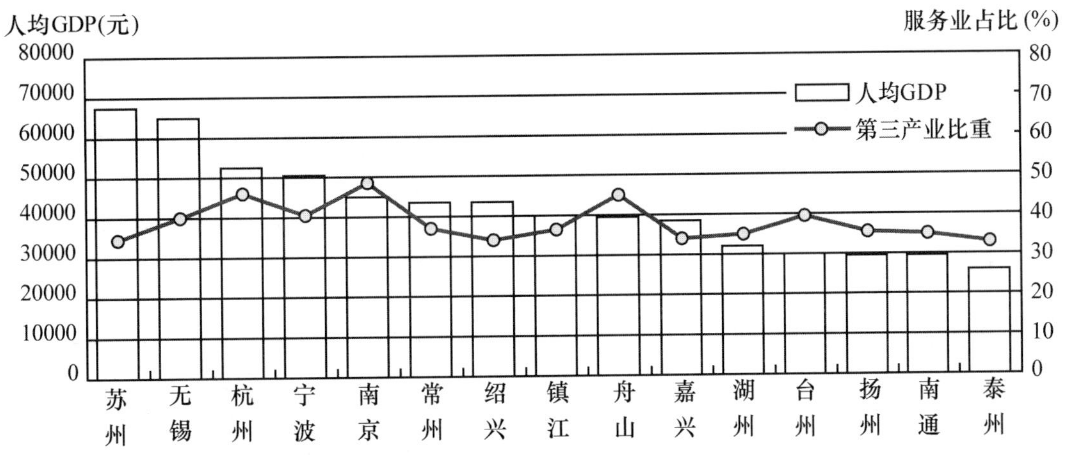

图 18.1 长三角区域城市人均 GDP 与服务业增加值占 GDP 比重

2. 长三角区域城市投资效果分析

投资驱动增长模式的效益并不理想。一方面,高强度的固定资产投资导致投资产出效率下降,另一方面由此推动的经济发展水平提高,对城乡居民收入的影响不大。从长三角区域城市固定资产投资强度(固定资产投资与 GDP 的比例)与投资效果系数(GDP 增量与固定资产投资比例)看,二者成反比(见图 18.2),二者间的相关系数平方为 0.8487,线性回归结果如下:

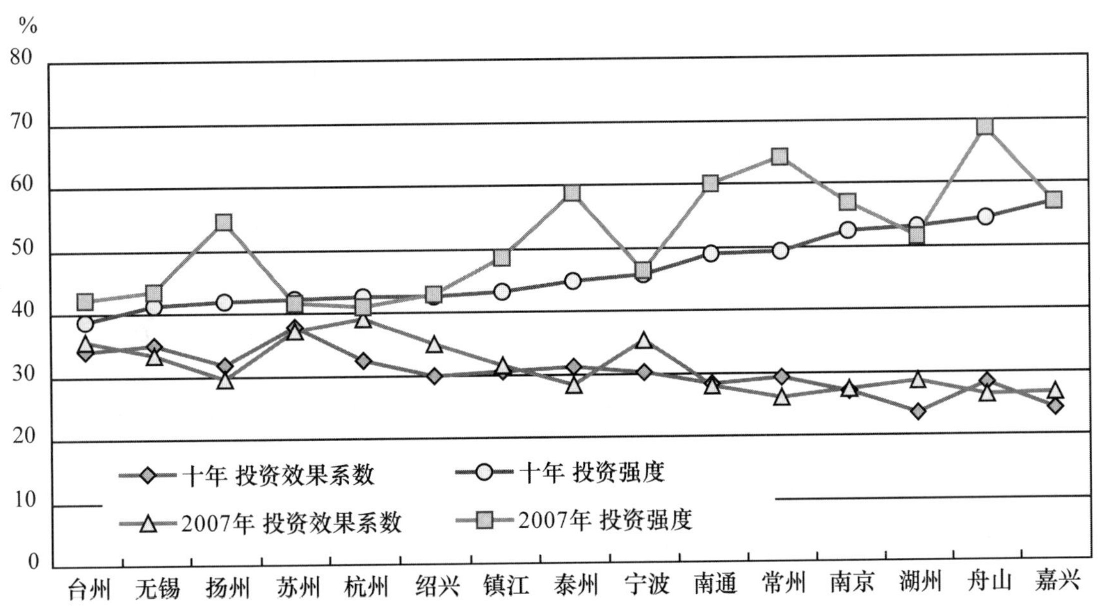

图 18.2 长三角区域城市投资强度与投资效果

$$Y_i = 54.76 - 0.4562X_i$$

$$R^2 = 0.8487, F = 72.94$$

从 2007 年长三角区域城市人均 GDP 与城乡居民收入水平看,随着人均 GDP 的提高,城乡居民收入缓慢上升。2007 年长三角区域城市人均 GDP 差距达 1 倍以上,而收入差距不大,特别是人均 GDP 较高的苏州、无锡等市,在城乡居民收入方面相对于其它城市并没有明显优势(详见图 18.3)。两者之间建立线性回归结果如下：

$$Y_i = 8533.82 + 0.1573G_i$$

$$R^2 = 0.5948, F = 19.0818$$

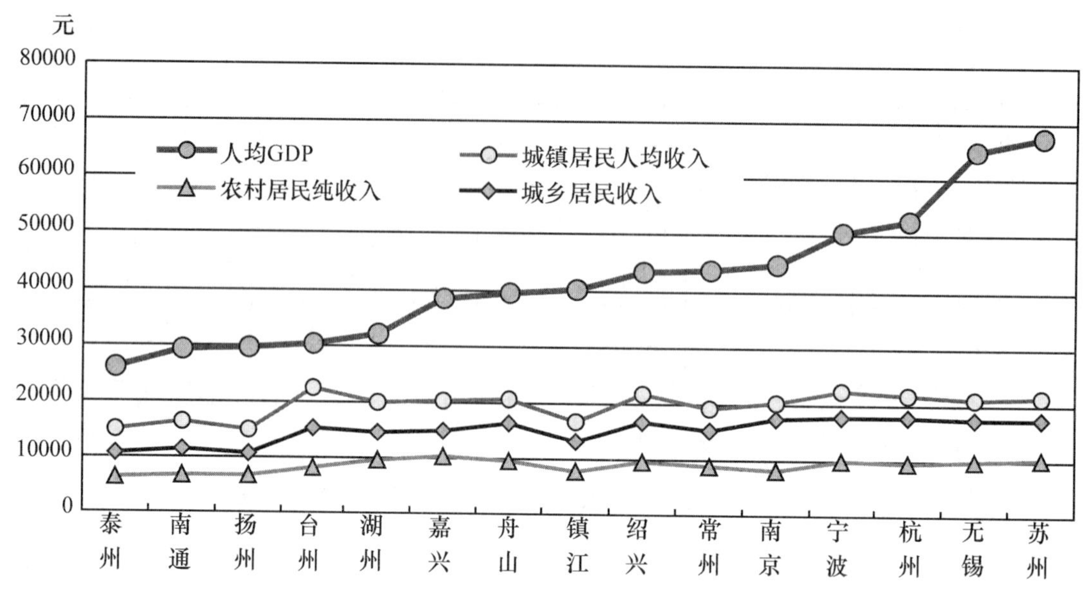

图 18.3 2007 长三角区域城市人均与城乡居民收入

3. 长三角区域城市经济外向度对人均 GDP 影响分析

长三角区域城市依靠外需特征非常明显。依据 2007 年长三角区域 15 个城市经济外向度(出口总额与 GDP 的比例)与人均 GDP 的线性回归结果如下：

$$Y_i = 27777.32 + 282.95X_i$$

$$R^2 = 0.6013, F = 19.6022$$

模型检验结果表明，经济外向度与人均 GDP 水平呈现较高的正相关性，出口比例每提高 1 个百分点，人均 GDP 平均提高 282.95 元。

三、长三角区域城市环境承载力分析

2005 年 15 城市仅工业废水排放量达 41.06 亿吨，二氧化硫排放量达 162.44 万吨，近年来有所减少，但 2007 年仍为 39 万吨和在 145 亿吨以上。以太湖水质为例，1980 年代初至 1990 年代初，从平均Ⅱ类为主下降为以Ⅲ类为主；1990 年代中期至今，平均水质下降为劣Ⅴ类。太湖流域河流监测断面中，Ⅴ类、劣Ⅴ类断面所占比重，江苏部分从 1998 年的 45.1%上升到 2005 年的 57.6%，浙江部分基本稳定在 53%以下，其中 5 年没有超过 50%。2007 年震惊中外的“太湖蓝藻”事件只是生态环境恶化明显表现，长三角区域其它城市的环境问题也很突出，几乎达到了环境承载力的极限。

四、长三角区域城市本地劳动力支撑发展能力分析

2006 年第二次农业普查提供的数据表明，工业化的快速推进，促进了长三角区域城市农业劳动力向非农产业转移，目前可转移农业劳动力几近枯竭。表 18.7 显示，2006 年长三角区域城市农业就业人员中超过 50 周岁的占 61.0%，而且大多是文化程度不高甚至是文盲、半文盲的老年人，平均受教育年限 6.73 年，难以在非农产业就业。

随着工业的扩张，低层次产业的迅速发展，劳动力需求膨胀，大量外来劳动力涌入，导致人口超常增长。长三角区域城市 2001 年以来常住人口年均增长 15.2‰，比 1991～2000 年年均增长率 9.8‰提高 5.4 个千分点，而同期全国人口增长率由 10‰下降为 6‰。2007 年长三角区域城市常住人口超过户籍人口 12.9%，比 2000 年提高 7.4 个百分点，其中苏

州、无锡、嘉兴、宁波、常州、南京超过户籍人口 20%以上,其中苏州超过40%。

表18.7 2006年长三角区域城市农业劳动力年龄分布与平均受教育年限

	年龄构成(%)			平均受教育年限(年)	文化程度构成(%)				
	<30	30~50	≥50		未上学	小学	初中	高中	大专及以上
上海周边城市	3.9	35.1	61.0	6.34	12.68	54.57	29.14	3.41	0.20
江苏八市	4.1	37.8	58.0	6.73	9.19	52.57	34.00	4.01	0.23
浙江七市	3.6	31.1	65.3	5.77	17.65	57.43	22.21	2.56	0.15

资料来源:各市第二次农业普查公报。

第三节 推进经济转型升级是破解发展难题的必然选择

一、长三角区域城市现有工业化模式已难以为继

前述分析表明,一方面,在现有工业化模式下,长三角区域城市工业化进展迅速。另一方面,高度依赖投资驱动、外向带动的工业化推进模式,虽然带来了人均GDP水平的明显提高,但没有带来经济结构的有效改善,也没有带来城乡居民收入的明显增加。相反,这种工业化模式,不仅造成该区域资源、要素、环境的巨大压力,而且随着投资强度的进一步加大,投资效果系数不断下降。

上述问题表明,长三角区域城市当前的工业化模式已经难以为继。按照产业演进的一般规律,进入工业化后期发展阶段的长三角区域城市,制造业在经济总量中的比重应呈下降趋势,服务业发展速度将进一步加快,以服务业为主的产业结构将逐步形成。同时,随着工业结构向高加工度化的进一步演进,技术集约程度大幅度上升,经济发展动力也将由投资驱动,逐步转向创新驱动,并成为经济增长的主要力量。因此,实现长三角区域的可持续发展,必须加快转变发展方式,推进经济转型升级。

二、破解同类问题的国际经验

20世纪70年代,日本经济发展状况与当前长三角区域城市十分相像。日本曾长期追求高速增长,导致环境的破坏和公害的泛滥,以至于在上世纪70年代末出现了震惊世界的“四大公害”案件。当时日本整个包括政策当局以及企业,产生一个共识,这个共识就是“资源无限供给的时代已经结束”,今后的发展必须要转变增长模式,即从过去的数量增长向质量增长转变。通过减、节、转,压缩成本,消除冗余;提倡节约,推行能源节约措施;调整产业结构和产品结构,改变企业投资方向,减少用于量的扩大投资,扩大用于技术改造和技术更新投资。与此同时,当年的日本通过大力增加研究开发投入,完成了由技术引进、技术改良阶段向自主技术开发转变,推动了日本经济结构在短时间内迅速升级,实现了经济增长方式由粗放型向集约型的转变。GDP结构中第二产业比重由1970年的43.1%下降到1985年的35.1%,而服务业比重由50.9%上升到61.8%;就业结构中第二产业比重由34.0%下降到33.1%,服务业比重由46.6%提高到57.3%。20世纪90年代的台湾、韩国也有日本20世纪70年代的类似过程。

第四节 长三角区域城市经济转型升级的路径选择

一、优先发展服务业，推进制造业升级

服务业优先发展，是产业演进规律的内在要求。在发展重点上，应依托长三角区域城市的制造业优势，优先发展面向生产的服务业。加快以上海国际航运中心和国际金融中心为主的现代服务业发展，尽快建成以上海为中心、以江苏和浙江港口为两翼的上海国际航运中心。依托区域综合交通网络，大力推进现代物流业发展。健全多层次金融市场体系，引进和培育高层次金融人才，改善金融业发展环境，提高金融服务业发展水平。积极发展面向民生的服务业，大力发展旅游业。在政策方面，要尽改变歧视服务业的做法。

推进制造业结构优化升级，打造国际先进制造业基地，不仅是经济转型升级的内在要求，也是克服资源要素制约，保持工业平稳较快发展的重要保障。要充分运用土地、能源、水、环境容量(排污权)等基础资源的配置权、价格调整权来推动产业升级。通过实施“腾笼换鸟”，对占用基础资源大、产出效率低的企业，建立相应的退出机制，加快传统产业的升级改造和梯度转移步伐。鼓励和支持优质资本、优势企业跨行政区并购和重组，提升产业整体素质，增强竞争能力。

二、强化创新驱动，提升人力资本水平

增强自主创新能力，是加快经济转型升级的核心环节。提升自主创新能力，必须充分利用长三角区域城市的创新资源，构建具有国际竞争力的区域创新体系。整合自主研发力量，加强区域联合协作，共同攻克产业核心技术和关键技术。充分发挥高新技术产业园区在产业集聚和创新载体方面的作用，协同推进原始创新、集成创新和引进消化吸收再创新。积极推动市场化、专业化创新服务体系的形成，加强创新型人才的培养和引进，努力实现长三角区域城市经济发展从主要依靠增加物质资源消耗向主要依靠科技进步、劳动者素质提高转变。

制造业的升级与服务业的发展都需要较高素质的人力资本。2004 年全国经济普查数据显示，服务业就业人员平均素质明显高于制造业，平均受教育年限要高出制造业 30%，甚至受教育年限最少的餐饮业也高出制造业平均水平 3.8%。从 2004 年浙江省 16.48 万家制造业企业平均人力资本水平与劳动生产率回归模型看，每提高人力资本水平 1 年，劳动生产率平均提高 1.128 万元，相当于制造业平均劳动生产率 4.313 万元的 26.1%。因此，要调动个人、企业、政府三方面的积极性，推动人力资本投资，为经济转型升级提供人力资本支持。在政府政策选择上，应加强制度建设，通过严格执行劳动法，适当提高最低工资标准，来促进企业增加人力资本投资。提高工资水平虽然是企业行为，但政府可以通过严格执行劳动保障法规、适当提高最低工资标准等形式来提高实际工资水平，迫使企业通过技术改造、产业层次升级、发展相对高附加值产品、提高劳动生产率来消化工资成本的上升，从而提升产业层次、提高生产效率。

三、打造具有国际竞争力和影响力的世界级都市群

推进长三角区域城市经济转型和产业升级，需要加快建设以特大城市和大城市为主体，中小城市和小城镇合理发展的网络化城镇体系，打造世界级都市群。在继续发挥上海龙头作用的同时，进一步提升区域特大城市、大城市及中小城市的综合承载能力和服务功能，扩大辐射半径，提升整个区域协调发展水平。打造世界级城市群，必须完善综合交通运输体系。在公路建设上，以加强关键工程和断头路段建设为重点，加强区域内外通道、重要城际

快速通道及重要疏港高速公路建设。铁路建设方面，以客运专线和城际轨道交通建设为重点，优化路网结构，提高路网质量。加强水路运输、航空枢纽与配套支线机场建设，尽快形成综合交通运输体系。

要尽快打破行政区划限制，推动统一、开放、竞争、有序的大市场建设，加快推进长三角区域一体化。以市场一体化为核心，促进建立和形成涵盖商品、产权、金融、技术、人力资源等要素的统一市场体系。加快市场准入一体化，实施统一的市场准入政策，强化市场监管联动和对跨地区经济违法行为的查处。推动建立统一的市场执法标准和市场交易规则，加强联合执法，加快推动质量互认、资格互认制度的对接，促进商品、资本、技术等要素无障碍流动。加快推动建立跨行政区域环保联动机制和生态补偿机制，跨区域同步实施运河综合治理与保护开发，共建绿色生态屏障。加强交通设施建设合作，促进重大交通项目同步立项、同步开工、同步建成，推进基础设施建设的互通。进一步推动区域社保政策、知识产权、企业征信、反不正当竞争、反垄断等方面的合作，以进一步密切相互间的经济、技术、文化联系，促进要素流动和功能整合，发挥同城效应。

（陈德荣）

第十九章

上海经济发展方式转变研究

1992年以来，上海经济已连续17年保持快速增长，年均实际增长12.4%。2008年，受外向度高、产业结构调整等因素的叠加作用，全球性金融危机对上海经济发展的负面影响超出预期，对经济发展方式转变和经济平稳有序增长影响重大。

第一节　上海经济运行状况分析

一、经济处于下降周期

以"峰—峰"为一个周期，1978～1985年、1985～1988年、1988～1992年为上海经济的三个完整周期。1992年以后，经济一直波动较小，2005年出现了一定的波动，但幅度不够大，因此第四个周期迄今尚未结束。前三个周期经济增长波动幅度较大、增长和衰退持续时间较短。1992年以后，经济增长波动幅度明显缩小，周期持续时间变长，表明上海市经济渐趋成熟，经济增长更加稳健。

1998年是本轮周期的谷底，随后经济增速连续6年上升。从周期对称性看，这一轮增长周期在2004年已接近终点，2005年增速回落。随着新一轮世界经济周期的到来和金融危机的冲击，上海经济增长速度明显放缓。

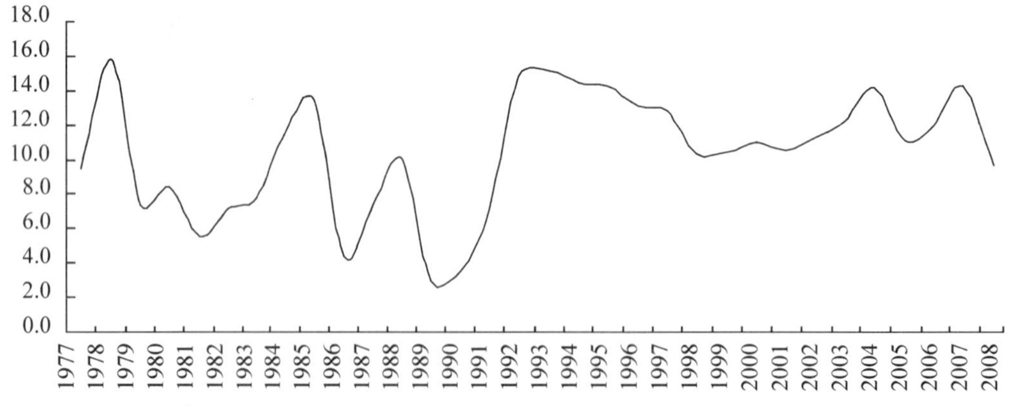

图19.1　1977～2008年上海市GDP增长曲线

二、外部环境严峻

美国"次贷危机"引发的金融危机，已波及全球，世界经济不同程度的陷入衰退或减速。2009年，金融危机影响将会进一步加深，如果不出现重大的经济和政治问题，世界经济将于2009年构筑底部，否则世界经济调整可能持续到2010年，甚至更长。其中，世界复苏将主要取决于美国经济的表现，美国经济可能领先欧元区和日本走出低谷。而我国经济受国际需求萎缩的影响，出口开始疲软，经济增长开始显著回调。2008年，上海出口额相当于生产总值的86.5%，工业出口交货值占工业总产值的30%，远高于北京和广州的20%左右。由于经济外向度高，外需不足的冲击被放大，使得上海经济面对外需衰退冲击时更加脆弱。受金融危机影响，2008年上海经济增速仅为9.7%，比上年回落4.6个百分点，17年来首次跌破两位数。2009年经济将会继续保持放缓态势，对外依赖较高的沿海地区形势将更为严峻。但我国较好的经济基本面和全面的经济刺激计划，将确保我国经济率先于全球走出底部。

三、发展水平达到工业化高级阶段

美国经济学家H·钱纳里提出的工业化标准模型将经济结构转型过程的国民收入水平变化划分为6个阶段，涵盖了从欠发展阶段到成熟经济阶段的全过程。第一时期为农业社会，生产率较低，生产主要是满足基本生活需要；第二至第五个时期为工业化时期，即商品生产社会，是一个技术化和工具理性化的世界；第六时期为后工业社会，其基础是服务，财富的来源不再是体力、能源，而是信息。

按常住人口测算，2008年上海人均GDP突破10000美元大关，考虑到现阶段制造业在上海经济中仍然占有重要地位、服务业还处在发展壮大时期，扣除价格因素后，可以判定上海目前处于工业化高级阶段。

四、投资推动特征明显

竞争战略之父迈克尔·波特的国家竞争优势理论把经济运行划分为四个阶段：①要素推动阶段，②投资推动阶段，③创新推动阶段，④财富推动阶段。1992～2008年，上海固定资产投资规模迅速扩大，从357.38亿元上升到4829.46亿元，投资推动特征明显。2008年单位资本存量的产出率（GDP/K）只有0.38元，比1992年下降31.4%。较低的资本产出率和2004年不断下降的投资增长率表明，单一投资推动经济发展的方式难以为继，上海应以创新为支点转变经济发展方式，向创新推动阶段迈进。

表19.1　1992～2008年上海资本产出率和投资增长率

年份	资本产出率(元)	投资增长率(%)
1992	0.554	38.4
1993	0.516	83.0
1994	0.674	71.8
1995	0.561	42.6
1996	0.488	21.9
1997	0.436	1.3
1998	0.402	−0.6
1999	0.377	−5.5
2000	0.363	0.7
2001	0.361	6.7
2002	0.350	9.6
2003	0.344	12.1
2004	0.359	25.8
2005	0.370	14.8
2006	0.374	10.8
2007	0.380	13.6
2008	0.380	8.3

资本存量计算借鉴了王小鲁(2000)的算法。王小鲁.中国经济增长的可持续性与制度变革.北京：经济科学出版社，2000。

根据《上海统计年鉴2004》、《上海统计报告2005》、《上海统计报告2006》整理得。

从波特理论出发，上海的阶段转换存在两种可能：一是通过创新获得新的增长引擎，二是跨过创新阶段直接进入财富推动阶段。但财富推动阶段是经济发展无奈的选择，所以上海决不能跨过创新推动阶段，应以创新为支点转变经济发展方式。

五、产业结构正在调整

上海三大产业发展不够均衡，而且产业能

级不足。虽然第三产业中的金融业和房地产是近年来支撑上海经济平稳快速发展的主要行业，但二者尚未成熟，增速波动幅度较大。上海产业总体上仍处于由一般加工服务向上升级、转型的过程中，即“青黄不接”的产业转型过渡期，抗危机能力相对较弱。

六、资本推动劳动生产率提高

1992～2007 年，上海全社会劳动生产率从每人 13946 元迅速上升到 107896 元，但这一增长主要由投资带动。同期，固定资产投资和全社会劳动生产率之间的相关系数高达 0.97，说明单位劳动者的资本装备的提升外生推动了生产率快速增长。但长期的高资本投入是不可持续的，因此上海要实现全社会社会生产力提高的可持续性，就必须走效益内生性增长模式——提高劳动者的技术装备。

第二节　上海转变发展方式的实证分析

根据《上海经济发展方式转变优化评价体系设计》，可计算出上海经济发展方式转变优化指数。上海经济发展方式转变优化指数有两个基点：以资本为代表的基础方式和以技术为代表的优化方式。其中，基础方式是当前上海经济运行的方式，优化方式是上海经济发展方式转变方向。

以 2000 年上海经济发展方式转变优化指数为 100，计算得到 2001～2007 年的上海经济发展方式转变优化指数分别为 107.1、111.4、120.9、127.4、129.7、136.5 和 144.1。可见，进入新世纪以来，上海经济发展方式转变基础得到了进一步发展和夯实。

一、经济发展方式处于过渡期

2000～2007 年，上海经济发展方式转变基础方式指数提升 49.9，每年分别提高 5.7、4.9、15.6、8.2、－0.8、7.4 和 8.9。其中，2005 年由于国家采取了较为严格的宏观调控，上海固定资产投资增幅急速回落，从上年的 25.8％下降到 14.8％，这直接导致基础动力疲软，该年经济增幅回落 3.1 个百分点。随后由于外围经济持续景气以及消费增速的提高，基础动力又转入上升通道。外部环境带动的基础动力成长，稳定性偏弱，因此当金融危机冲击到来时，上海投资、消费、出口开始全面下滑，基础动力陷入调整阶段。

2000～2007 年，上海经济发展方式转变优化方式指数提升 38.2，每年分别提高 8.6、4.6、2.4、4.7、5.5、6.2 和 6.2。优化动力成长整体落后于基础动力，但优化动力成长较为稳定。在基础动力高涨的 2003 和 2004 年两年，优化动力增长略显不足，显示出基础动力过度发展对优化动力存在一定的挤出效应。因此，要实现优化动力的大力发展，必须平衡二者关系。

二、基础方式面临调整

1. 结构动力大幅上升

2000～2007 年，基础方式的结构动力指数提高 57.6（见表 19.2），是基础方式三大组成指数中上升幅度最大的，显示出这一时期上海经济发展水平的提升与效益质量的改善。但与此同时，经济发展仍面临诸多制约，一是经济效益受投资力度影响大，2000～2006 年上海全社会劳动生产率、工业利润总额、综合能耗产出率等效益指标和全社会固定资产投资相关系数分别达到 0.97、0.84、0.91；二是经济发展成本改善有限，2000～2007 年，经济成本指数走势起伏不定，呈现“三年好转，四年恶化”态势。随着金融危机冲击的到来，减轻负担、降低成本已成为政府和社会帮助企业抵御危机的重要手段之一，成本制约开始显性化。

表 19.2 上海经济发展方式转变基础方式各级指数

二级指标	三级指标	基础方式各级指数						
		2001	2002	2003	2004	2005	2006	2007
结构动力		103.8	109.7	122.0	130.7	131.8	140.5	157.6
	发展水平	109.7	121.8	134.8	151.5	166.7	185.0	209.3
	效益质量	104.5	112.0	121.5	127.7	132.7	140.4	153.9
	经济成本	96.8	94.3	109.8	114.0	95.8	96.0	111.0
需求动力		112.8	111.2	137.4	143.9	139.0	148.8	151.7
	消费支持	108.8	124.8	101.9	110.5	126.7	133.2	138.1
	投资拉动	109.8	83.2	142.4	134.1	104.2	118.0	112.6
	开放动力	120.7	135.1	166.2	190.4	197.6	205.5	217.6
供给动力		101.7	110.7	121.0	129.9	130.9	135.6	142.8
	资源环境	103.8	118.1	132.5	135.2	138.6	140.5	142.5
	要素丰度	103.8	111.6	120.1	138.6	152.7	164.4	180.2
	要素贡献	98.7	104.5	113.2	119.4	108.9	110.5	115.0

2. 需求动力难以保持稳定

2000～2007 年，需求动力指数提升 51.7，主要得益于消费动力和开放动力快速上升，而投资动力受国家宏观调控影响，自 2005 年开始走弱。开放动力的持续上升，成为上海经济保持快速增长重要动力之一，主要是因为进出口的快速增长和外资的涌入，但在金融危机下，也使上海更直接、更容易、更全面的受到外需萎缩的冲击，成为上海经济增速放缓的主因。投资本身就有不稳定属性，随着企业看淡预期，即使政策环境较为宽松，未来投资动力仍难有显著回升。经济景气和居民收入持续上升形成的消费高增长，在经济前景不明朗情况下，增长空间也会有所萎缩。因此，上海需求动力虽然有很大改善，消费驱动开始逐步部分取代投资驱动，但在外需萎缩，投资冲动预期减弱的情况下，消费动力增长势头也将受到抑制。

3. 供给动力不易持续

2000～2007 年，供给动力指数提升 42.8，主要得益于环境改善与资源量的增长，而资源利用效率贡献有限。2000～2007 年，上海城市绿化覆盖率由 22.2%上升到 37.6%，有利于提高上海环境的承受能力。上海拥有大量的外来流动人口，劳动力供给比较充足，但高端人才却供不应求，有可能制约上海产业结构升级转型。资本供给虽然充足，但投资增长将难以保持高位增长，再加上近几年上海资本产出率基本维持同一水平，资本利用效率改善不大，限制了投资的推动力度。

三、优化方式尚需建设

1. 创新动力处在发展积累阶段

2000～2007 年，科技优化指数提升 73.3（见表 19.3），是优化方式动力中提升最高的。表现最为出色的是科学教育(科教发展指数提升 111.2)，远好于产业转化和创新环境的建设。科教发展是构建创新动力的基础，说明上海目前处在科技创新实力的积累阶段，科技创新具备了良好的基础。同时，科技成果的产业化也正在加速发展阶段，科技成果应用推广率一直维持在 80%左右，技术合同成交额保持高速增长，占 GDP 比重从 2000 年的 1.55%提高到 2007 年的 3.55%。创新环境也处于加速改善阶段，2007 年研究与发展（R&D）投入占 GDP 比重上升到 2.52%，基本与发达国家处于同一水平，具备了一定的创新基础。但总体而言，上海的创新动力仍处于积累阶段，不足仍然存在，如科技创新主要集中于外资企业，R&D 投入结构不够合理等。

表 19.3　上海经济发展方式转变优化方式各级指数

二级指标	三级指标	优化方式各级指数						
		2001	2002	2003	2004	2005	2006	2007
科技优化		111.9	117.5	125.0	134.8	145.7	161.3	173.3
	科教发展	122.2	136.8	150.6	163.5	172.0	187.9	211.2
	产业转化	118.7	119.2	124.4	123.8	136.9	164.3	168.9
	创新环境	99.1	101.8	106.1	121.5	132.7	139.2	148.1
体制优化		107.4	112.9	116.1	119.8	123.9	124.4	128.7
	执政效率	94.8	88.8	88.3	87.6	84.3	80.8	80.4
	政府控制	104.8	105.2	108.0	108.1	115.2	113.0	121.0
	产权发展	118.9	136.8	143.1	152.8	160.1	165.6	170.6
区域优化		105.4	104.7	102.7	101.6	101.2	100.4	101.1
	集聚能力	109.3	110.2	102.8	97.0	93.7	92.2	91.5
	辐射能力	99.3	96.6	96.2	97.7	99.4	96.7	95.4
	产业能量	109.7	109.9	111.2	111.4	111.1	113.5	118.2

2. 体制优化动力仍需深化

2000～2007 年，体制优化指数平稳上升，主要得益于产权的快速优化，经济体制改革成效显著（见表 19.3）。2000～2007 年，上海非公经济比重从 28.5%上升到 45.1%，优化了经济结构，活跃了市场氛围，促进了市场竞争。

政府对经济掌控能力含有两层意思，一是政府对经济走势的把握能力，二是政府对经济发展的控制能力。随着经济体制的改革，政府对经济发展的控制能力肯定会有所下降，这是市场经济发展的内在规律，但政府对经济走势把握能力理应加强。这次突如其来的金融危机冲击更是从现实层面，对政府研判经济走势提出了更高要求。同时，政府活动在经济中的地位逐年上升，2000～2007 年，上海政府消费支出占 GDP 比重从 10.2%上升到 12.8%，行政管理费用占财政支出比例从 3.6%上升到 4.5%，这一趋势有利于政府对经济控制能力的提高，但也有可能导致效率相对下降。

3. 区域优化动力有待加强

2000～2007 年，区域优化指数增长幅度有限，主要原因是区域合作进展不大，上海作为区域发展“极点”的功能还有待提升。但上海自身的产业发展取得一定成就，六大支柱产业占 GDP 比重从 40.2%提高到 47.2%。但是上海在区域中心建设中仍面临诸多关键问题，如：上海在“长三角”城市群中的优势地位正在削弱，2000～2007 年上海 GDP 占“长三角”经济比重下降了 4.1 个百分点，第三产业所占比重下降了 4.8 个百分点。

第三节　上海经济增长方式转变的途径

为实现上海经济增长方式的转变，需要从以下六个方面进行突破：

一、加快推进金融中心建设，提升服务全国的能力

上海建设金融中心和航运中心已上升为国家战略，将给上海乃至全国经济回暖注入新的活力。在加快银行、证券公司和保险公司等金融企业改革、完善公司治理结构的基础上，进一步完善金融监管制度，加强金融监管协调，建立健全风险监测、评估、预警和处置体系及应急机制，提高风险免疫能力和风险处置能力，提高金融监管水平，有效防范和化解金融风险。同时，还应加快推进金融市场产品创新。如择机推出股指期货等股票衍生产品，逐步引入更多的浮动利率产品和结构性产品等债券新品种，丰富期货品种、金融衍生品等市场交易品种，增强市场活力，进一步提升上海金融服务的功能。

二、大力发展现代服务业和先进制造业，推进航运中心建设

要加快发展金融服务、航运物流、信息服务、商务服务等现代服务业主导产业；深化推进装备、船舶、航空、航天四大新产业基地建设，重点推进制造业升级“十项工程”，形成以高新技术产业为主导、基础工业为依托、先进装备工业为骨干、战略产业为亮点的先进制造业产业体系；同时着力淘汰或严格控制落后产业的发展，促进资源向现代服务业和高科技产业集聚，提升产业发展的层次和技术含量，构建以服务经济为主导、三二一产业融合发展的新型产业体系。

三、加大对外贸易的财税支持力度，缓冲外需萎缩影响

对国家最近出台提高出口退税率、暂停加工贸易保证金台账“实转”和调整加工贸易禁止类和限制类目录等新的优惠政策，要通过制订高效快速简便的操作办法，尽快落实到企业。如可通过进一步简化出口退税办理手续、放宽出口退税办理时限及出口收结汇联网核查政策等方式，减轻出口企业负担；允许企业先退税后核销，加快出口退税进度。此外，地方政府也可减少对外贸易行政性收费，缓解对外贸易企业的资金压力；可安排扩大出口专项资金，用于扩大对一般贸易出口、企业开拓新兴国际市场的商品出口退税征退差额的资助，通过适当弥补出口退税额度不足等方式，维持大宗出口订单的增长和支持企业开拓新兴国际市场。

四、扩大投资力度

根据上海市政府已出台的确保经济发展与民生改善八项措施的要求，在加快安排已有项目的资金拨付进度，推动八项措施落实的同时，地方财政部门还可以结合上海经济结构调整和发展方式转变的要求，启动一批新的建设项目，重点放在基础设施和改善民生上。如加快推进旧区改造，抓紧落实居民动迁安置基地用地指标，并加快居民动迁基地的建设；积极推进“平改坡”综合改造、旧公房综合整治和非成套旧公房改造工作；按照二级城市发展要求，规划和建设新城，加快建设连接新城和中心城区的轨道交通，提高新城公共服务设施和社会事业建设的标准和水平等。

五、率先建立科技创新体系，提高自主创新能力

围绕国家重大科技专项实施、重大产业项目推进和重大创新基地建设，积极推进部市合作和院地合作，培育和建成一批国家级重点实验室和市级、区级企业技术中心，形成能够支撑高技术产业发展和具有竞争力的产业技术创新体系；积极推进以校区为核心、园区为基地、城区为依托的“三区联动”，构建产学研结合的创新研发体系；增加财政对科技创新的支持力度，着力提升企业自主创新能力，使企业真正成为创新的主体；建立健全创业投资体系，促进科技创新与创业投资融合，不断完善创新环境的建设，促进城市自主创新能力新提升。

六、完善投融资平台，拓宽资金来源

为确保城市重点项目和重点领域的顺利建设，缓解扩内需政策给财政带来的压力，在积极向国家争取资金支持的同时，应多渠道拓

宽资金来源，实现融资方式的多元化。可通过放宽投资准入限制，利用投资补助、贷款贴息、税收优惠等措施，鼓励、支持和引导社会资本参与重点项目和重点领域的建设。可适时加快国有企业整体上市步伐，借助资本市场突破企业发展融资瓶颈。

（朱国众）

第二十章

江苏如何实现经济转型升级

当前江苏正处于转型升级的关键阶段，加快向创新型阶段跃迁，既是转变经济发展方式的内在要求，又是增强综合竞争力和破解发展难题的有效途径。未来江苏要继续保持全国领先地位，实现由经济大省向经济强省的跨越，就必须大力推动发展模式从投资驱动、资源依赖等为主向创新驱动为主转变，以创新促转型，以转型促提升。

第一节　转变发展方式的必要性

经过30年的改革发展，江苏开始进入以结构优化为特征的相对发达经济阶段。但与此相伴生的结构性矛盾突出、生产要素利用效率低、资源和环境代价大、经济整体素质不高的粗放型增长，也愈来愈给江苏经济发展带来压力，转变发展方式和转型升级的要求日益迫切。

一、发展阶段由工业化中期转向后期的特质性

2007年，江苏人均GDP为33689元，按现行汇率折算，约合4430美元；第一、二、三产业增加值构成比例为6.7∶55.9∶37.4，就业结

表20.1　工业化不同阶段划分的标志值

	前工业化	工业化实现阶段			后工业化阶段
		工业化初期	工业化中期	工业化后期	
1.经济发展水平					
人均GDP(1964年美元)	100—200	200—400	400—800	800—1500	1500以上
人均GDP(1995年美元)	610—1220	1220—2430	2430—4870	4870—9120	9120以上
人均GDP(1996年美元)	620—1240	1240—2480	2480—4960	4960—9300	9300以上
人均GDP(2000年美元)	660—1320	1320—2640	2640—5280	5280—9910	9910以上
人均GDP(2005年美元)	745—1490	1490—2980	2980—5960	5960—11170	11170以上
2.三次产业结构	A>I	A>20,A<I	A<20,I>S	A<10,I>S	A<10,I<S
3.制造业产值比重(%)	20以下	20—40	40—50	50—60	60以上
4.城市化水平(%)	30以下	30—50	50—60	60—75	75以上
5.农业就业人员比重(%)	60以上	45—60	30—45	10—30	10以下

注：A、I、S分别代表第一、第二和第三产业增加值在GDP中所占的比重。

资料来源：根据钱纳里等(1989)、库兹涅茨(1999)、科迪等(1990)、郭克莎(2000)、魏后凯等(2003)、陈佳贵等(2006)等有关文献和资料整理

构比例为27.9∶35.3∶36.8,规模以上工业中制造业产值所占比重达95.0%,城市化水平53.2%。参照钱纳里等人的划分方法(表20.1),江苏大致相当于工业化的中期阶段,其基本特征是:长期蓄积的经济能量和雄厚的产业基础能够确保经济继续较快增长,结构层次优化、生产效率和质量效益提升成为主基调,经济社会发展跨入全面加速转型的新时期。

二、由投资推动转向创新推动的必然性

要素和投资驱动是江苏改革开放以来经济高速增长的主要动力。1979～2007年,全省全社会固定资产投资年均增速为24.4%,比同期地区生产总值(现价)年均增速高出7.1个百分点。1994年之后投资需求的贡献率上升到第1位,2005年达到50.9%,投资与消费比例关系严重失衡的状况直到2006年才有所改观。江苏边际资本产出率(ICOR)"九五"、"十五"时期分别为3.66和3.34,"十一五"前两年为3.08,即每增加1亿元的GDP需要投资3亿元以上,而美国、德国则仅需1～2亿元。最近10年中,江苏规上工业总资产贡献率由8.4%上升到14.0%,增加值率却一直徘徊在24%左右,意味着资金投入对结构和效益的提高作用不够显著。

三、实现向产业链和价值链高端跃升的趋势性

江苏现有的出口结构和比较优势格局仍主要侧重于劳动密集度较高的产业,而大多数资本密集型和知识密集型产业在国际市场上处于比较劣势地位。原因是江苏参与的多是加工装配环节,处于产业价值链的低端。因此,江苏要在国际分工和竞争中占有一席之地,绝不能继续满足于在国际产业链和价值链低端生存的境况,必须努力从低端的加工组装向上游的高端制造延伸,向下游各种生产性服务业延伸,实现新一轮产业转轨升级。

四、突破资源禀赋和环境承载力制约的迫切性

江苏是经济大省、人口大省,但资源极为匮乏,耕地、水、矿产、森林和能源等重要资源的人均占有量比较低。人均耕地不足1亩,居全国第23位;水资源总量居全国第20位,占全国的1%;已发现矿产资源133种,探明储量65种,虽然种类多,但资源储量的人均占有量较少;煤炭基础储量、石油地质储量占全国比重不足1%,一次能源生产量占全省能源消费总量不足1/5,80%以上的煤炭、90%以上的石油要从省外输入。同时,江苏环境容量小,单位面积的污染负荷位居全国之首。近年来污染排放强度虽然逐步下降,但污染排放总量随着经济发展而不断增加。

第二节　向创新驱动转变的制约因素

一方面,传统发展方式已逐渐式微,无力推动江苏经济向更高水平跨越,另一方面,创新驱动动力不足,现有结构状况、内在创新能力和体制机制环境都存在不少制约。

一、产业结构失衡

1. 产业结构效益偏低

比较劳动生产率等于某一产业GDP的相对比重与就业相对比重的比值,各产业的比较

劳动生产率越接近，表示产业结构效益越高。近年来江苏第二产业与第三产业的比较劳动生产率差距出现持续扩大的趋势，2007 年第一、二、三产业比较劳动生产率分别为 0.240、1.584 和 1.016，一产和三产比较劳动生产率只相当于二产的 15.2%和 64.2%。上世纪 90 年代以来，第三产业比较劳动生产率不断下降，由 1990 年的 1.769 降至 2007 年的 1.016，降幅达 42.6%，表明第三产业占 GDP 比重的上升慢于就业。金融、软件、物流等重点行业发展不充分，技术创新和产业升级还处在起步阶段，现代服务业有待进一步发展。

2. 产业结构变动对经济增长贡献不大

产业结构变动对经济增长的贡献为：

$$Z^t = \triangle A^t \times G^t \quad \triangle A^t = A^t - A^{t-1}$$

式中：Z^t 为 t 年产业结构变动对经济增长的贡献，A^t 为 t 年各部门增加值占 GDP 比重的行向量，G^t 为由 t 年各部门增国值增长率的列向量。

1979～2007 年间，江苏三次产业结构变动对经济增长的贡献平均为 0.34 个百分点，同期 GDP 年均增长 12.6%，即该时期有 2.66%的经济增长是由产业结构变动带来的。

3. 产业结构失衡有加剧的风险

1979 年以来，江苏三次产业弹性系数变化趋势迥异。其中，一产弹性系数自 1983 年后一直低于 1，二产弹性系数自 1990 年后一直大于 1，说明 20 世纪 80 年代以来江苏工业化进程加快；第三产业弹性系数波动态势尤为明显，80 年代以来，1994～1995 年、1999 年、2002～2004 年均低于 1，且 2002～2006 年弹性系数均低于第二产业，说明第三产业增速偏慢且不稳定，产业结构存在进一步失衡的风险。

二、自主创新能力低

企业研发投入不够，2007 年 R&D 经费支出占 GDP 的比重仅为 1.7%，与国际平均水平差距较大。产业技术进步在相当程度上是外源性而非内生性的，制造业对外技术依存度高达 65%左右，大中型工业企业技术引进经费与消化吸收经费之比约为 1∶0.27(日本、韩国达到 1∶8)。企业自主知识产权产出较少，大中型企业平均每家年申请专利 1.71 件，其中发明专利 0.48 件，分别只有广东的 44.5%和 23%。创新成果转化率偏低，全省 10 所部属高校拥有的科研成果，真正转化为市场需求产品的比例不到 6%。

利用 TOPSIS 方法(逼近理想解的排序方法)对江苏自主创新能力进行静态评价。具体步骤如下：

表 20.2　区域自主创新能力评价指标体系

一级指标	二级指标	三级指标
创新能力规模	创新投入规模	科技活动人员数、企业科技机构数、科技活动经费内部支出总额、R&D 经费内部支出额、大中型工业企业开发新产品经费
	创新产出规模	新产品开发项目数、拥有发明专利数、专利申请数、科技活动项目数、新产品产值、新产品销售收入
创新能力结构	创新投入结构	科技活动人员数/年底从业人员数、科技活动经费内部支出总额/GDP、R&D 经费/GDP、开发新产品经费/产品销售收入
	创新产出结构	拥有发明专利数/年底从业人员数、发明专利数/专利申请数、新产品开发项目数/科技活动项目数、新产品销售收入/产品销售收入

建立规范化决策矩阵为：

$$\begin{array}{c} \quad \text{指标 }1 \quad \text{指标 }2 \quad \cdots \quad \text{指标 }m \\ \begin{array}{l} \text{省份 }1 \\ \text{省份 }2 \\ \vdots \\ \text{省份 }n \end{array} \begin{Bmatrix} B_{11} & B_{12} & \cdots & B_{1m} \\ B_{21} & B_{22} & \cdots & B_{2m} \\ \vdots & \vdots & \vdots & \vdots \\ B_{n1} & B_{n2} & \cdots & B_{nm} \end{Bmatrix} \end{array}$$

确定加权的规范化决策矩阵,其中的元素为:

$$C_{ij}=w_jB_{ij},i=1,2,\cdots,n;j=1,2,\cdots,m$$

其中,w_j 是第 j 个指标的权重。在区域创新能力评价体系中,取 $w_j=1$。B_{ij} 为各指标值归一化处理后的标准值。确定正理想解和负理想解:

$$D^+=\{(\max_i C_{ij} \mid j\in J),(\min_i C_{ij} \mid j\in J') \mid i=1,2,\cdots,n\}=\{d_1^+,d_2^+\cdots,d_m^+\}$$

$$D^-=\{(\min_i C_{ij} \mid j\in J),(\max_i C_{ij} \mid j\in J') \mid i=1,2,\cdots,n\}=\{d_1^-,d_2^-,\cdots,d_m^-\}$$

上式中 J 是效益型目标的集,J'是成本型目标的集。在区域技术创新能力评价体系中,J'是空集。各省市到正理想解和负理想解的距离分别为:

$$E_i^+=\sqrt{\sum_{j=1}^{M}(C_{ij}-d_i^+)^2},\quad i=1,2,\cdots,n$$

$$E_i^-=\sqrt{\sum_{j=1}^{M}(C_{ij}-d_i^-)^2},\quad i=1,2,\cdots,n$$

计算相对接近度:

$$F_i=\frac{E_i^-}{E_i^-+E_i^+},\quad i=1,2,\cdots,n$$

按照 F_i 的大小顺序进行排序,即得到五省市创新能力的比较结果(表 20.3)。

表 20.3 自主创新能力评价结果

		广东	山东	江苏	浙江	上海
总评价结果	E+	0.8018	1.2872	0.9897	1.0557	0.7645
	E−	0.8144	0.1633	0.6669	0.4697	1.0682
	F	0.5039	0.1126	0.4026	0.3079	0.5828
	Rank for F	2	5	3	4	1
规模评价结果	E+	0.1439	0.7285	0.4902	0.6513	0.7552
	E−	0.7517	0.1505	0.5630	0.2781	0.1021
	F	0.8393	0.1712	0.5345	0.2992	0.1191
	Rank for F	1	4	2	3	5
结构评价结果	E+	0.7888	1.0612	0.8597	0.8308	0.1188
	E−	0.3135	0.0633	0.3575	0.3785	1.0633
	F	0.2844	0.0563	0.2937	0.3130	0.8995
	Rank for F	4	5	3	2	1

评价结果显示,江苏自主创新能力总体排在上海和广东之后,在五省市中列第 3 位,创新能力规模排在广东之后列第 2 位,但创新能力结构排在第 3 位。可见,江苏创新能力总体规模较大,基本与其经济总量的地位相称,但创新能力结构层次偏低,创新投入结构需要改善,创新产出效率亟待提升。

三、劳动者素质与发展创新需求不相适应

江苏的劳动力资源总量较为充足,但质量和结构问题突出,劳动者总体素质偏低。一是就业人口教育水平不高。2006 年就业人口中大学及以上受教育程度仅占 7.9%,初中、小学受教育程度所占比重分别为 46.4%、25.4%;就业人口平均受教育年限仅为 8.71 年,还不

到初中毕业的水平；三次产业就业人口受教育年限分别为 6.91、9.44 和 10.96 年，从一产转移出来的劳动者素质不高，影响二、三产业整体就业素质。二是高素质创新人才短缺。全省有科技研发人员 13 万人，其中科学家和工程师的比重仅为 74.2%，低于广东 11 个百分点；科技领军人才较少，如国家 973 顾问组专家仅有 1 人，863 领域主题专家仅 10 人。三是人才培养总量和结构性矛盾依然存在，蓝领人才供不应求。目前全省技能人才总量只占工勤岗位人数的 1/3，其中高技能人才占工勤岗位人数的比例不到 1/20，技师、高级技师更少，只占 0.6%。

四、体制机制不完善形成严重的路径依赖

体制机制不完善、改革创新滞后也构成了阻碍发展转型升级的重要关隘。主要表现在：一些地方仍然注重 GDP 规模扩张，忽视质量效益提高；政府职能转变不到位，还未真正履行经济调节、市场监管、社会管理和公共服务职能；财政体制、投资体制和金融体制改革滞后，投资冲动难以抑制，极力发展能带来较多财税收入的工业特别是重化工业，影响产业结构升级；现代市场体系没有形成，市场配置资源的基础性作用还没有得到充分发挥；能源资源产品价格改革滞后，其价格不能准确反映供求关系和资源稀缺程度，造成能源资源被滥用和浪费；收入分配体制不完善，收入分配结构过度向投资倾斜，劳动报酬偏低，社会保障不健全，影响了消费需求扩大和投资消费比例关系的调整。

第三节　台湾地区和韩国的经验与启迪

台湾地区和韩国在上个世纪 80 年代中后期，均面临资源环境压力加大、生产要素成本上升等问题，与现阶段江苏状况极为相似。为摆脱不利因素的束缚，两地采取一系列创新举措，实现了经济发展方式的转型，形成了比较强的竞争优势，其做法及经验值得借鉴。

一、台湾地区的转型实践

20 世纪 60 年代以来，台湾的发展可分为四个阶段：

高度成长阶段(1961～1972)：也称出口扩张期，经济发展由要素和投资共同驱动。抓住美国等先进国家寻求劳动密集产业外移的机遇，制定了“19 点财经改革措施”、“奖励投资条例”等政策，建立了加工出口区，实施出口导向型经济，经济结构初显优化，农业比重由 1961 年的 27.3%下降到 1972 年的 12.2%，第三产业比重由 42.4%上升至 46.2%。

积极调整阶段(1973～1983)：经济发展由投资驱动为主，创新驱动开始显现。面临生产成本剧增、出口大幅下降等因素困扰，为保持经济持续发展，台湾地区注重加大对科技活动的投入力度，科研投入占 GDP 的比重逐年提高，1983 年达到了 0.96%。同时，大力发挥创业风险投资对新兴产业投资扶持力度。农业比重由 1973 年的 11.8%下降为 1983 年的 5.8%；第三产业比重上升到 47.7%，对经济增长的贡献由 43.6%上升至 53.2%。

结构调整转型阶段(1984～1993)：经济发展由投资驱动逐步向创新驱动演进。高度重视科技创新对经济发展的推动力量，科研投入占 GDP 平均达 1.69%。建立新竹、台南科学园区，不定期召开由各领域顶尖专家参加的科技大会，建立了科技顾问组。颁布实施促进经济发展方式转变的“十四项建设”、“产业升级条例”等，大力发展通讯、信息、新医药、材料等高新技术产业。

发展方式持续转型阶段(1994～现在)：经济发展中创新驱动成为主要因素。制定“台湾科技发展计划”，继续坚持对科研经费的高投

入，2006 年科研投入占 GDP2.61%。高度重视高校研发机构对科技创新的推动作用，建立了高校、研究机构和产业界良好的互动关系，注重培育创新型人才和各类专业技术人员。2006 年，台湾地区市场占有率全球第一的 10 大产品中，有 8 项是属于高科技产品，高新技术产业产值占制造业比重达 55%左右。

二、韩国的转型实践

韩国 20 世纪 60 年代以来的发展可分为三个阶段：

出口导向型经济发展阶段(20 世纪 60 年代至 80 年代初)。产业政策的重点是通过劳动密集型产业加快工业化步伐和资本积累，经济发展以要素和资本驱动为主。20 世纪 70 年代末，韩国开始注重加强科技教育，建立技术基础设施，不断引进外国的技术和人才，科研投入占国民生产总值的比重持续增加。产业结构发生明显变化，第一、二、三产业在国民生产总值中的比重由 43.3%、11.1%、45.6%变为 28.9%、22.8%、48.3%。

由资本密集向技术密集转变阶段(20 世纪 80 年代初至 90 年代末)。顺应全球高技术产业迅速发展的趋势，加大科研投入的水平，科研投入占国民生产总值的比重由 1.5%左右上升至 1996 年的 2.5%左右。政府对大规模的技术引进项目和高科技引进项目进行组织、管理、协调，促进公共研发机构、企业与大学三者之间的技术合作。“科技立国”战略的实施大大改善了经济结构。

创新驱动为主的发展阶段(20 世纪 90 年代末至今)。制定“尖端技术发展计划”、“国策研发事业”、“大型科技研发事业”等科技发展计划，明确划分主导产业、战略产业和未来产业，大力发展信息业、软件业、超导、新材料等高科技产业，运用信息技术为核心的高技术改造传统产业。2006 年研发投入占 GDP3%以上，产业技术水平居世界第 6，拥有包括显示技术在内的 9 个全球最高水平的产业领域，科技进步对经济发展的贡献达 55%左右。

三、对江苏发展转型的若干启示

其一，必须高度重视科技投入和人才培养。韩国和台湾地区在推动发展方式转型中把加大科研投入、人才培养作为国家创新体系的一个重要组成部分，大量创新人才的有效供给适应了发展方式转变的需求。

其二，必须实施行之有效的产业、科技等政策。台湾地区实施“产业升级条例”、“科学技术基本法”、韩国实施“尖端技术发展计划”、“大型科技研发事业”等政策有效推动了产业结构转型升级。

其三，必须明确创新发展的重点领域和行业。目前，韩国重点对信息通信、生物工程、纳米等国家战略科技进行攻关，台湾地区则重点在半导体、影像显示、新材料等领域重点进行基础和应用研究。

其四，必须充分调动企业研发的积极性。韩国政府制定了“技术发展促进法”，注重企业在技术开发和创新活动中的作用，2006 年企业研发投入占全部科研投入的 75%左右，台湾地区也达到了 60%左右。

其五，必须发展适合创新发展的风险投资。台湾地区风险投资历经 20 多年的发展共募集资金超过 200 多亿美元，扶持超过 1000 家公司上市。韩国由政府资助成立了综合技术金融股份公司，为技术开发提供资金支持。

第四节　向创新驱动转变的战略

实施以经济转型为主导的发展战略，实现发展模式的根本变革，形成以科技进步和创新为基础的新竞争优势，是现阶段江苏提升发展层次、保持领先优势的根本途径和战略选择。

一、向创新驱动转型的目标取向

一是通过技术创新和组织创新，使创新能力更高。率先建成创新型省份，基本建立起以企业为主体、产学研相结合的布局合理、良性互动、开放配置、运行高效、富有特色的区域创新体系，在重点应用领域的关键技术和自主高新技术产业培育上取得突破。

二是通过加快实现比较优势的动态转换，使竞争优势更强。继续强化现有的比较优势，并不断提升产业和产品的技术含量和附加价值，实现高新技术向传统产业（产品）的渗透，加大人力资本投入和技术投入力度，构筑新的比较优势和竞争优势。

三是通过先进制造业和现代服务业双轮驱动，使产业结构更优。加快发展先进制造业，形成关联度大、附加值高的产业链，推进“江苏制造”向“江苏创造”转变。提高服务业在国民经济中的比重，大力发展现代服务业，推进“江苏制造”向“江苏服务”跨越。

四是通过资源节约和生态环境保护，使经济发展更可持续。提高能源利用效率，降低主要污染物排放量，基本形成能源资源节约和生态环境保护的产业结构、增长方式、消费模式。提高绿化水平，加强污染环境治理、流域综合防治与环境监测能力。

二、向创新驱动转型的战略举措

以提高经济运行质量为中心，推进从粗放型向集约型转变。加快形成高效集约、要素组合优势充分发挥的发展格局，以节能减排为突破口，大力发展循环经济，加快建设资源节约型和环境友好型社会，促进速度和结构质量效益相统一、经济发展与人口资源环境相协调。在优化结构、提高效益、降低消耗、保护环境的基础上，保持经济稳定较快增长，避免经济增长率出现大的波动。

以提高自主创新能力为突破口，推进从低附加值的价值链低端环节向上游高端转变。加快科技成果市场化步伐，充分发挥高校、科研机构的源头作用，加强产学研合作，推进高等学校和科研院所科技资源的释放。强化基础研究和前沿技术研究，提升科技持续创新能力，建立自主创新知识体系，加强科技公共服务平台和科技创新创业载体建设。培育具有自主知识产权、引领产业发展的重大战略产品。

以优化产业结构为主线，推进从一般加工业为主向先进制造业和现代服务业为主转变。重点发展现代高技术、新技术产业，推动产业结构向高加工度、高附加值、高端产业方向发展，推动高新技术产业在高水平研发基础上向高端产业化攀升。大力开发和使用先进适用技术，加速淘汰落后设备和工艺，坚决关闭破坏资源、污染环境的企业。大力发展现代服务业，注重发展国际服务外包，努力建设国际服务外包基地。

以人才为创新活动的主体要素，推进从物质资源支撑为主向人力资源为主的转变。紧紧围绕人才培养、引进和使用三个关键环节，加快培养创新型、管理型和应用型人才。实施高层次创业创新人才引进计划，重点引进拥有自主创新成果、熟悉国际先进管理经验、善于运作科技资源的创新创业领军人才。优化人才发展环境，为优秀人才提供创新创业的载体支撑和发展空间。

以体制机制创新为根本动力，逐步向有利于科学发展的体制机制转变。加快构建有利于向创新驱动型发展转变的制度环境，如建立反映资源要素稀缺程度的价格形成机制，健全资源和要素高效利用的激励机制等。改进政府绩效考核体系，形成正确的评价导向。

（郁明华）

第二十一章

对安徽参与泛长三角分工合作的思考

长三角指以上海为龙头，由江苏的南京、苏州、无锡、常州、镇江、扬州、泰州、南通和浙江的杭州、嘉兴、湖州、绍兴、宁波、舟山、台州16座城市所组成的城市群，这一经济圈是我国最具活力的三大经济圈之一。

在区域合作中，如果把发达地区视为该区域的中心点，则周边为其提供资源支持并接受其辐射和影响的地区就成为该中心点的腹地。经过多年的发展，长三角城市群已经与珠三角城市群、环渤海城市群一起被公认为中国的三大经济圈。近年来，各区域都十分重视腹地范围的扩大和腹地经济的发展。2003年以来，由广东省倡导并得到福建、江西、湖南、广西、海南、四川、贵州、云南9省区政府和香港、澳门特别行政区政府积极响应的“泛珠三角经济区”构建起步良好，整体推进稳健。泛珠三角经济区覆盖了中国的东、中、西三大地区，跨度大且发展极不平衡，利用内部经济互补效应，收到了拓展空间、共同发展的良好成效。

经过多年的快速发展，长三角土地资源、淡水资源、能源供给等已普遍处于紧缺状态，扩展长三角经济空间是实现可持续发展的内在要求。安徽与长三角地缘相近，人缘相亲，无论从地理位置还是经济关联看，与长三角无缝对接的条件得天独厚。本章以对长三角发展趋势的分析为基础，着重探究安徽参与泛长三角分工合作的优势所在、功能定位、路径选择及制约因素。

第一节　承接产业转移　安徽得天独厚

安徽资源丰富，生产成本较低，交通十分便利，产业结构和经济发展同长三角梯度差异明显，互补性较强，是长三角产业转移最为有利的承接地。

一、历史渊源深厚，现实对接积极

历史上的安徽和长三角同属一个经济区。在明代，安徽与江苏同属江南省，清康熙六年才拆为两省。在更早期的路、府、州行政区设置中，安徽的很多地区与长三角的一些县、市相互交叉，成为一体。历史上的徽商一直是长三角最活跃的群体之一。安徽作为与长三角联系最为密切的地区之一，历来就是上海、浙江等省市的农产品和能源原材料供应地，上海等省市对安徽的发展也给予了很大支持。上海解放的第二天，来自安徽的船队满载着上海人民迫切需要的粮食、煤炭等物资，驶入了黄埔江。20世纪50年代，上海104户企业迁入安徽的合肥、芜湖、安庆、淮南和蚌埠等地，这些企业后来大都成为安徽的骨干企业。20世纪80年代中期，安徽曾正式被扩大为上海经济区四省一市成员。1990年7月，安徽作出“开发皖江、呼应浦东”的战略决策，成为全国第一个响应浦东开发的省份。2005年，安徽明确提出东向发展战略，并于次年将其作为六大战略之一正式纳入“十一五”发展规划。

二、地理区位优越，交通联系紧密

安徽与浙江、江苏等东部省份接壤线长达2000多公里，省内马鞍山、巢湖、滁州、黄山、宣城等共7市23县与苏浙鲁相接，省会合肥距南京仅150公里左右，马鞍山市距南京还不到50公里。据有关专家对2006年长三角16城市主要指标数据测算，目前长三角经济区的辐射半径为398公里，安徽东部的市县多在其辐射范围，预测10年后的辐射半径为660公里，将覆盖安徽大部分市县。长江、淮河、新安江、水阳江、滁河和芜申运河等黄金水道，合宁、宁马、宣杭、徽杭、沿江等多条纵横交错的高速公路，以及今年4月投入运营的合宁快速铁路，把安徽与长三角又进一步拉近了。未来五年，安徽将全面加快综合交通枢纽建设，形成承东启西、连南接北的快速交通网络。

三、资源优势突出，互补特征明显

长三角地区经济发展快，能源原材料需求量大，供需存在较大缺口。安徽是国家重要的能源原材料基地，有多种矿产资源储量居全国前列，可以就近就地就便供应长三角。2007年，安徽向长三角输出煤炭3100万吨，比上年增长12%；皖电东送98.5亿千瓦时，增长38.4%。安徽是农业大省，向长三角提供农产品具有运输距离短、成本低的优势。安徽风景名胜资源丰富，是中国旅游资源最丰富的省份之一，可成为长三角地区人们休闲、度假的理想目的地。安徽的土地、劳动力价格相对便宜，人均耕地面积为长三角的1.7倍，用工成本不到沿海的七成，综合商务成本只有沿海的1/3左右，有利于长三角降低产业转移成本。

四、产业内在关联，承接实力较强

目前长三角正着重发展汽车、电子及通讯设备、大型电站及机械成套设备、精品钢铁、造船、航空航天、生物制药等优势明显、产业关联度高、区域带动力强的高增长行业及服务业，区域内的纺织、食品、冶金、家电、机械等传统行业则不断向外转移和扩张。安徽正处于工业化快速推进阶段，有着广阔的产业发展空间，尤其是加工制造业优势较为明显，十分有利于承接长三角的产业转移。

五、政策扶持明确，推动合作共赢

中部崛起战略的实施，国家陆续出台了相关政策，在资金、项目等方面给予有力支持。使安徽的政策环境得到改善。国家提出将中部地区建设成“三大基地、一个枢纽”——粮食生产基地、能源原材料基地、高技术产业及现代装备制造基地和综合交通运输枢纽。明确了“两个比照”政策的实施范围和内容，确定中部地区26个城市比照实施振兴东北等老工业基地有关政策，243个欠发达县（市、区）比照实施西部大开发有关政策等。铁道部与中部六省签署了关于加快推进铁路建设的战略合作协议。交通部编制了《促进中部地区崛起公路水路交通发展规划纲要》。商务部确定合肥、芜湖、安庆等城市作为加工贸易梯度转移重点承接地。

第二节　准确定位功能　建设五大基地

安徽在参与泛长三角分工合作中，应本着既有利于自身又有利于长三角、互惠互利、合作共赢的原则。

一、面向长三角的农产品生产、加工和供应基地

安徽是农业大省，粮、棉、油、茶等农产品和畜牧水产品产量均居全国前列，是全国重要的商品粮油生产、供应及畜牧水产养殖基地，也是全国7个商品粮调出省之一。2002～2006年销往省外粮食498亿斤。丰富的农业资源催生了一批以农产品为原料的加工企业，到2007年底，全省农产品加工企业已发展到2650家，其中国家重点企业20家，省级龙头企业313家，年主营业务收入超亿元的企业150家，超10亿元的15家，丰原已发展成为全国最大的农产品深加工企业之一。而随着工业化、城市化进程的不断加快，长三角的主要农产品供需存在较大缺口，安徽应抓住这一机会，大力发展现代高效农业，将自己打造成长三角的“米袋子”和“菜篮子”。

二、面向长三角的能源、原材料供应和加工基地

安徽矿产资源种类繁多，储量丰富，分布集中。已发现138种矿种，探明储量的83种，煤、铁、铜、磷、明矾石、硫铁矿和水泥石灰岩等38种矿产居全国前10位。煤炭储量最为丰富，达145.5亿吨，占整个华东地区的一半，淮南、淮北煤矿是国家亿吨级煤炭生产基地。2007年，全省原煤产量9112万吨，发电量868亿千瓦时，分别居全国第7和14位。安徽是国家级材料工业基地，拥有马钢、铜陵有色等特大型金属冶炼及加工企业，产能分别达1600和66万吨。长三角煤炭、原材料等资源缺乏，90%以上的一次性能源需求和30%的电力需要从外部调入。安徽历来是华东地区能源供应基地，“皖煤东运”、“皖电东送”在为长三角提供巨大能源支持的同时，也有利于安徽将资源优势转化为经济优势。

三、面向长三角的现代装备制造及高新技术产业化基地

近些年来，安徽装备制造业快速发展，企业数由2000年的803家增加到2007年的2404家，主营业务收入由363亿元扩大到2232亿元，成为全省的主导产业。规模较大的有汽车制造及零件配件、电线电缆、家用电气、矿山机械等。建设面向长三角的现代装备制造基地，不仅能减少相互竞争，扩大市场份额，而且能降低生产成本，提高经济效益。

安徽科技实力在全国有明显的比较优势。在皖的中科院和省部属科研院所70多家，拥有包括中国科学技术大学在内的各类高校89所，5个国家大科学工程、3个国家级实验室、43个省部级实验室，省级以上工程(技术)研究中心与企业技术中心285家，每年取得省部级以上重大科技成果600多项。全省基本形成了以新材料、生物医药、电子信息技术、光机电、新能源及高效节能领域为主体的高新技术产业体系，成为极具潜力的新的增长点，2007年高新技术企业达1141家，实现产值2518亿元。目前，长三角正面临大规模产业结构升级，相当一部分有实力的企业对高新技术需求大，而安徽有技术、有转化平台，但缺少资金。因此，安徽与长三角之间完全可以优势互补、强强联合，建设面向长三角的高新技术成果转化基地，使科技成果尽快转化成现实生产力。

四、面向长三角的劳务输出基地

安徽是人口大省，农村富余劳动力较多，每年外出流动人口超过1300万人，其中跨省务工1000多万人，仅次于四川。从流向看，长三角地区居多，由2002年的516万人增加到2007年的760万人，占全省外出务工人员比例由71%提高到75%以上。随着长三角对劳动力需求不断增加，结构性劳动力供需矛盾日益突出。近年全国沿海大部分地区都曾出现了“民工荒”、“技工荒”。为破解劳动力资源紧缺“瓶颈”，长三角各城市纷纷到中西部地区设立劳务输入基地。安徽应紧紧抓住这一契机，加强与长三角的沟通和联系，积极建设面向长三角的劳务输出基地。

五、面向长三角的旅游休闲基地

安徽拥有大量风光旖旎的自然景观、文化底蕴丰富的人文景观和世界自然及文化保护

遗产，是全国旅游资源最丰富的省份之一。全省现有A级旅游景点(区)208处、国家级风景名胜区10个、国家级自然保护区6个、国家森林公园29个、国家级历史文化名城5座、国家重点文物保护单位36处。长三角经济发达，工作节奏较快，人民生活富裕，旅游消费渐成热点。位于长三角腹地的安徽，理所当然成为长三角理想的旅游休闲胜地。

第三节 产业、区域和企业的无缝对接

一、产业对接：优势互补、错位发展、分工合作、互惠共赢

目前，苏浙沪正面临大规模产业升级，区域内处于梯度底部的产业势必不断向外围转移。安徽正好能顺应这一趋势，在加工制造、能源、原材料、农副食品加工等行业具有比较优势和发展前景，承接这些产业转移可与长三角经济形成较强的互补性，收到互惠共赢之效。

1. 皖沪苏浙产业对比——梯度明显、互补性强

产业梯度系数高，表示该产业处于一个比较高的位置，是具有相对竞争优势的产业，反之亦然。从表21.1可以看出，安徽已经形成了煤炭、农副食品加工、烟草、橡胶、塑料、水泥、冶金、汽车及零配件、电气以及电力等优势行业，苏浙沪优势行业主要集中在通信设备、汽车、钢铁、电气、电力、纺织、服装鞋帽、化工、

表21.1 2006年皖苏浙沪四省市产业梯度系数

行业	安徽	上海	江苏	浙江
煤炭开采和洗选业	2.62		0.04	0.02
农副食品加工业	14.33	2.06	13.52	1.45
烟草制品业	17.88	2.40	9.19	46.14
纺织业	0.23	0.42	0.06	7.03
纺织服装、鞋、帽制造业	0.10	0.53	1.39	3.44
皮革、毛皮、羽毛(绒)及其制品业	0.31	0.04	0.50	4.79
木材加工及竹、藤、棕、草制品业	0.77	0.11	1.92	3.25
家具制造业	0.12	0.35	0.37	3.93
造纸及纸制品业	0.44	0.74	2.13	4.55
印刷业和记录媒介的复制	0.65	0.59	0.30	3.12
文教体育用品制造业	0.12	0.17	0.82	3.38
石油加工、炼焦及核燃料加工业	0.10	49.48	2.38	30.72
化学原料及化学制品制造业	0.95	21.39	0.95	6.20
医药制造业	0.40	0.18	0.70	4.37
化学纤维制造业	0.38	0.03	2.87	41.96
橡胶制品业	1.46	0.27	0.50	3.09
塑料制品业	1.44	1.00	0.88	6.50
非金属矿物制品业	1.03	1.61	0.69	2.39
黑色金属冶炼及压延加工业	2.27	16.94	3.78	2.58
有色金属冶炼及压延加工业	6.32	0.85	0.86	5.79
金属制品业	0.61	0.25	0.46	3.80
通用设备制造业	0.58	1.64	1.31	4.90
专用设备制造业	0.77	0.51	1.05	3.03
交通运输设备制造业	2.50	3.54	0.76	1.87
电气机械及器材制造业	3.05	2.29	1.62	4.95
通信设备、计算机及其他电子设备制造业	0.19	5.88	1.33	2.28
仪器仪表及文化、办公用机械制造业	0.57	0.23	1.42	3.53
电力、热力的生产和供应业	2.76	18.37	0.70	22.37

注：产业梯度系数=区位商×比较劳动生产率。

石油加工、农副食品加工等行业。与之相比，安徽煤炭、有色等行业有着绝对竞争优势，交通运输设备制造业优势仅次于上海，电气机械及器材制造业优势仅次于浙江，但纺织、化工与苏浙差距较大，通信设备、服装等行业则明显处于劣势。苏浙沪的纺织、机械、化工等传统行业的产业梯度系数仍比较高，由于这些行业已经形成了高度专业化分工基础上的产业集聚，如转向其他地区，成本将大大增加，因此短期内这部分产业还难以大规模转移出去。

2. 产业对接路径——发挥优势、多方承接

——农业对接。长三角是一个巨大的农产品消费市场，为安徽开拓农产品市场提供了广阔空间。目前皖沪已签订了《食品农产品互认协议》，为皖货进入上海市场开辟了"绿色通道"，安徽已有多个农产品获得进沪"绿卡"。巢湖已成为长三角十大无公害淡水鱼供应基地之一，占据了长三角 1/10 的市场份额，蔬菜已占南京市场份额的 40%；皖北的蔬菜、肉类在长三角也占有较大市场份额。下一步，要紧跟长三角市场需求的变化，不断调整农业生产结构，大力发展优质、高产、高效、安全、生态农业。鼓励长三角龙头企业以各种形式在皖建立农产品生产及加工基地，提升安徽农业产业化的规模、档次和实力，提高农产品加工水平。加强政府之间的沟通与交流，积极探索食用农产品、加工品互认和安全等方面的合作。

——工业对接。未来长三角将把精品钢铁、精细化工、汽车、机械装备、生物医药等作为支柱产业来培育，这将增大对钢铁、有色、非金属矿产资源和能源的需求。据有关资料，到 2010 年，上海外来电力比重将由 2005 年的 7.7%上升到 9.5%。目前沪苏浙的一些传统优势行业，正向中西部地区转移。作为安徽，一方面充分发挥重点产业的优势，形成与长三角水平层面的产业关联。把煤炭、钢铁、电力、有色、非金属矿物制品等具有较大优势的行业作为重点发展，同时积极吸引长三角充裕的资金、先进的技术和高层次人才，改造提升传统产业。另一方面尽快提高产业配套水平和规模，形成与长三角垂直层面的产业关联。加强同长三角汽车、电子及通信设备、钢铁、石油及精细化工、家用电子电器、电站设备及大型机电设备等行业的联系，成为其扩散产业的协作基地和配套基地。及时追踪以集成电路与计算机、现代生物与医药、新材料为重点的高新技术产业的发展，抓住机遇，积极介入，发展一批合作企业或配套企业，使之成为安徽经济新的增长点。

——旅游对接。要依托长三角旅游合作组织平台，加强与苏浙沪的交流与合作，努力实现资源共享、市场共建、信息互通、客源互送。积极利用上海 72 小时落地签证给苏浙沪皖区域旅游带来的机遇，加大"两山一湖"旅游品牌在长三角的宣传力度。继续与上海、杭州联手打造"上海名城—杭州名湖—黄山名山"国际黄金旅游线路，加快区域旅游一体化进程。充分利用长三角在旅游资源开发、经营和宾馆饭店管理等方面的运作能力和经验，合作开发旅游资源。

二、区域对接：合肥引领、沿江率先、加速东南、带动皖北

安徽各地资源禀赋、区位条件、产业结构、经济发展差异较大，对接长三角，必须从实际出发，全省 17 个市可分四个方阵与长三角进行有效对接。

1. 以合肥为核心，引领周边地区共同融入长三角

依托合肥强大的科教实力和国家科技创新试点市建设的诸多优惠政策，形成面向长三角的高科技成果转化战略高地，同时依托良好的工业、交通和能源基础，积极发展现代装备制造业和商贸流通业。

2. 以长江为纽带，促进沿江城市率先融入长三角

马鞍山、芜湖、铜陵、安庆等沿江城市群是安徽与长三角联系最为密切的区域，应充分发挥长江天然通道和沿江港口城市优势，成为接轨长三角的先头部队。主要定位于加工制造业和高新技术产业基地、原材料基地和出口加工区，重点围绕汽车、家电、机械等主导产业，形成一批配套基地。

3. 以旅游为重点，带动皖东南加速融入长三角

发挥滁州等皖东地区紧邻长三角的区位优势，积极承接产业转移，提升对外开放水平。以黄山、宣城、池州为核心的皖南地区，主要定位于绿色环保区和优质旅游区。一方面，发挥以“两山一湖”为代表的旅游资源优势，发展旅游产业，打造面向长三角的休闲旅游基地；另一方面，依托丰富的山地资源，建设绿色食品、有机食品和无公害农产品生产基地。

4. 以资源为抓手，推动皖北区域积极融入长三角

以淮北、蚌埠、阜阳、亳州、宿州为核心的皖北区域，主要定位于能源原材料基地和农产品生产及深加工基地。依托煤炭资源优势和骨干企业，以资源深度开发、产业联动发展和环境综合治理为重点，大力发展煤电化和材料产业，打造面向长三角的能源供应基地。皖北平原农业基础较好，涌现出一批以丰原集团为代表的生物质能源和农业产业化企业，可以建设面向长三角的农产品生产、加工和供应基地。

三、企业对接：市场导向、联动发展

近年来，安徽坚持以市场为导向，鼓励企业与长三角优势企业进行联合和嫁接，取得了积极成效。目前在皖的浙商达 30 多万，投资额上千亿元。上海在皖投资的企业也不断增加。安徽在上海开办企业近千家，其中农业企业近 800 家，许多安徽农产品在上海市场从无到有，逐步显现优势。

第四节 参与分工合作 掣肘不容忽视

参与泛长三角分工合作，安徽在公共基础设施、管理协调机制及市场体系等方面亟待加强。

一、基础设施建设不足，对接区域受限明显

交通基础设施、信息化等是经济社会发展的平台，两者互为关联。与苏浙沪相比，安徽交通基础设施建设不足，高等级公路差距较大。有关数据表明，安徽尽管土地面积大于苏浙沪，但高速公路里程只有江苏的 52.1%、浙江的 73.3%，一级公路里程仅为江苏的 6.7%、浙江的 10.2%，二级公路里程为江苏的 54.4%。安徽道路档次不高，缺乏大动脉式的纵贯型道路，直接制约了融入长三角的进程。

在信息化建设方面，安徽与沪苏浙也存在较大差距。2006 年，安徽互联网宽带接入端口为 134.3 万个，分别是沪苏浙的 31.9%、24.5%和 24.4%。

二、要素投入水平不高，对接能力有待增强

与沪苏浙相比，安徽投入明显不足，制约了经济社会发展步伐。安徽投资占全国的比重一直低于人口所占比重，约低 2 个百分点，而上海投资比重高于人口比重约 3 个百分点，江苏、浙江均高 2 个多百分点。

安徽劳动力资源丰富，但劳动力素质结构还不尽合理，高技能、高素质、替代弹性小的高层次人才少，技能不足的一般性体力劳动者多。

三、招商外部竞争加剧，协调机制亟待建立

对于长三角外围城市来说，都希望能承接来自长三角的产业转移。目前，江苏省已制定了新一轮加快沿江开发战略，推动苏中、苏北地区更快融入长三角；浙江省的各长三角边缘城市也积极采取措施，加快融入长三角的进程。未来几年，随着长三角区域一体化进程的加快，区域内部产业转移的趋势将会进一步加强，这些都使得安徽的外部竞争压力越来越大。从省内看，近年来安徽各地加快东向发展的热情很高，纷纷到东部招商引资，但缺乏对长三角产业转移的整体研究，承接产业转移的重点不明，引资项目点多面广，项目规模偏小，

结构布局分散。如某市近几年引进的60多家浙商投资项目，投资额多为几千万元，超过亿元的只有10余家。虽然这些企业对促进当地经济发展发挥了重要作用，但由于缺乏规划布局，难以形成整体合力，不利于竞争力的提升。因此，尽快建立有效的区域协调合作机制尤为重要。

第五节　互动互惠互利　广泛合作共赢

一、坚持统筹规划原则，加强基础设施建设

要根据区域经济流向，做好与长三角交通规划的衔接，尽快构建与东部相连的综合交通网络体系。要按照“高起点规划、高标准建设、高强度投入、高效能管理”的要求，全面加快以高速公路、高速铁路、国际空港、内河航道为重点的综合运输通道和综合交通枢纽建设，构筑立体快速交通网络。

二、坚持互惠共赢原则，加强软环境硬建设

良好的“软环境”将成为安徽参与泛长三角分工合作的“硬资源”。要充分调动各方面的积极性，为产业转移和经济合作搭建框架和平台，使各级政府部门和企业共同推动参与分工合作。一方面，建立政府间统一协调机制，协调各地区中长期规划、产业发展、大型基础设施建设、政府间产业政策和招商政策，建立有序的产业转移机制。同时，加强与长三角的沟通交流，建立广泛的多层次对话交流机制，推行双向区域会商制度，组织多种形式的推介会和招商活动，积极为省内企业与长三角企业合作牵线搭桥，构建良好的合作、协调、互动机制。另一方面，抓好产业服务环境、交通和信息环境、市场制度环境和信用环境等建设，营造公正、公平、开放和富有吸引力的投资环境。以市场为导向，清除妨碍贸易的政策障碍，打破地区封锁，消除不合理的行政干预和市场壁垒，建立透明、便利、规范的投资促进机制，打造政策最优、服务最好、成本最低、效率最高的环境品牌，吸引长三角资金和产业流向安徽。

三、坚持突出重点原则，加强优势产业发展

要坚持“有所为、有所不为”，重点抓优势产业的发展，努力提高产业的空间聚集度。立足信息化和工业化互相融合，改造提升传统产业，大力发展先进制造业、高新技术产业和现代服务业，努力构建具有较强竞争力的现代产业体系。大力推进农业产业化进程，实现畜牧、水产、蔬菜、水果等专业化生产和规模化经营，扩大农产品深加工，提高农产品附加值，增强市场竞争力。

四、坚持科学发展原则，加强可持续性发展

要根据安徽目前的产业基础、生态环境和今后的可持续发展要求，科学确定产业结构布局，有选择地承接长三角的产业转移。一是保护生态环境；二是加强资源节约；三是坚持因地制宜。

（凌力　肖志颖　张明俊　马志恒）

第二十二章

河南承接东部产业转移问题研究

河南作为中部地区人口大省和农业大省，经过近年的快速发展已经成为经济大省和新兴的工业大省，但产业层次较低，就业压力较大，人民生活水平不高，加快发展特别是实现跨越式发展的任务还十分繁重。产业转移不仅是发达地区产业结构调整、产业升级的需要，而且随着资金、技术等生产要素的转移，也促进了承接地区产业结构的升级，就业机会的增加，经济发展的加快，河南能够适时合理地承接符合自身发展的相关产业，充分发挥后发优势，将为应对国际金融危机和本地区经济跨越式发展赢得生机。

第一节 金融危机倒逼发展方式转变

改革开放 30 年，我国经济发展实施的是出口带动模式。1978 年我国的进出口总额略高于 200 亿美元，对外依存度只有 9.7%，1990 年对外依存度上升到 29.8%，2003 年我国对外依存度达到 51.9%，首次突破 50%，国际金融危机到来之前已经达到了 67%。在对外贸易份额迅速扩大的过程中，中国经济取得了世界瞩目的快速增长。出口导向战略对不同区域作用是有差异的，东部沿海地区是国家出口带动战略的最大受益者，成为我国增长的重心。在这 30 年中，东部沿海地区的出口增长非常迅速，在全国出口中占的比重最大，对外依存度很高，2007 年江苏是 104%，广东是 156%，浙江是 72%，而中部地区都比较低，河南是 6.5%，湖南是 8.1%，湖北是 12.3%，

与出口导向战略相伴的产业分布特征也表现为产业向沿海的集聚。产业、资金、劳动力、资源向东部集中，在东部形成了大进大出的出口产业基地，沿海地区制造业远比中西部发达的局面。2007 年，东部 10 省的 GDP 占全国的 55.2%，工业增加值占全国的 58%，进出口总额占全国的 89%。

2008 年国际金融危机袭来，造成我国外需持续不足，东部地区经济出现高位滑坡，出口带动模式受到制约，全国经济增速放缓到 1990 年以来新低。沿海的广东省，2002 年以来，GDP 一直保持两位数的快速增长，2003～2006 年年均增长 14.5%，比同期全国平均增速快 4.1 个百分点。然而，在 2008 年第一季度，广东 GDP 增速出现了 1984 年以来的首次低于全国平均水平的情况。2008 年前三季度广东 GDP 增长 10.4%，增幅同比回落 4.3 个百分点，仅比全国平均水平高 0.5 个百分点。

对外贸易的降温迫使东部地区加快产业结构调整步伐，多年快速增长积累下来的产能在找不到外需时，急需寻求释放空间，形成了

产业转移的内在动力。东部制造业向中西部地区转移就成为必须和必然。

第二节　河南对接产业转移的条件分析

产业转移普遍的现象是,很多企业尤其是行业龙头企业落户内陆省市后,经常会把产业链上的配套企业一起带入当地,逐渐形成产业集群,从而降低转移后的产业配套成本。但目前,东部地区产业向中部地区的转移仍以企业扩张为主,主要目的是利用目的地相对丰富的土地、能源等资源,降低产品成本,提高产品竞争力,占领目的地市场,消费产品企业、加工组装企业居多,劳动密集型产业居多,技术密集型产业较少。产业转移的资源导向和市场导向特点显著,技术导向并不明显。以下从东部产业转移和河南承接的优势互补入手,来分析河南承接东部地区产业转移的条件。

一、市场需求条件

首先,河南消费市场容量大,增长迅速,近5年河南社会消费品零售总额累计达到17314.03亿元,年均增长14.9%;其次,河南中间产品需求和技术需求市场广阔,2007年河南工业增加值和全社会固定资产投资总量分别达到7508.27和8010.11亿元,如此大规模的工业生产和固定资产投资对中间投入产品和技术产生了巨大需求。

二、生产要素条件

河南资源潜力巨大,优势明显。粮、棉、油、猪、渔等农业资源和煤、有色金属、非金属等矿产资源丰富,土地、水域等自然资源条件优越,人口、劳动力等要素资源充足、成本低,经济发展潜力巨大,开发前景广阔。近年来,河南大力实施开放带动战略,主动承接国内外产业转移,据不完全统计,截至2008年10月底,河南省已经承接的东部转移项目就涉及服装、玩具、小家电、饰品、食品、文具、鞋帽、皮具等26个领域。引进产业的数量和质量不断实现突破,随着2008年GDP突破1.8万亿元,人均GDP超过2200美元,河南的经济社会发展迈上了一个新台阶,从而为引进外资、承接产业转移奠定了坚实基础。

河南是全国重要的粮食生产基地、能源原材料基地、现代装备制造及高技术产业基地,承接产业转移要充分利用资源优势,围绕特色定位,大力开发采矿、冶金、有色、建材、化工等矿产资源利用项目,纺织、食品、烟草等农产品加工项目,机电、医药、新材料等现代制造和高新技术项目。紧紧抓住要素资源重新配置的战略机遇,引进一批战略投资者,新上一批重大投资项目。近期,在国家扩大内需政策的带动下,一大批基础设施投资项目(南水北调中线工程、高速公路、高速铁路、机场、电力等项目)已经或正在河南开工,这些项目的开工建设为河南提供了就业岗位,带动了地方投资,同时也将进一步改善河南的投资环境。

三、产业基础及配套设施条件

河南目前已形成食品、医药、冶金、建材、电力、化工、机械、轻纺等为支柱产业的较为完备的工业体系,并且具有在全国有重要影响的工业基地和优势企业,为承接东部地区产业转移打下了良好的基础。河南的产业集群正在不断发育和壮大,部分产业集群在招商引资方面已经开始发挥作用。同时,河南相对完备的基础设施为产业转移提供了重要的有利条件。

河南地处全国中部交通枢纽,连南贯北的特殊区位,使其具有承东启西的天然优势。

以上分析可以看出,河南在承接产业转移的多数基础条件方面具有优势,且与东部地区产业转移区位选择的契合度较高,双方互补性很强,这是河南承接东部地区产业转移的有利条件。但也应清醒地看到,当前东部地区产业转移看中的更多是河南丰富的能源、资源、劳动力供给和优惠的土地、税收、环保政策,转移的产业层次还比较低，容易给承接地区造成能源资源的大量消耗，环境污染的加重，土地资源的大量占用，从而给河南经济的可持续发展带来不利影响。

第三节 产业转移承接的竞争

东部地区尚处于产业扩散转移的初级阶段，而区域经济的竞相发展特别是中西部地区的加快发展，使产业转移对接面临两方面的区域竞争。

一是东部欠发达地区的竞争。东部欠发达地区如鲁西南、苏北、粤北及东西两翼等地区，这些地区与东部沿海发达地区的政治、经济、文化、地理等方面联系密切，使其在承接本区域发达地区产业转移上具有先天优势，特别是地方政府在转移过程中的推动和协调作用是其他外围地区不可比拟的。各地区从促进本地区区域经济协调发展的角度出发，出台的支持产业转移的政策更有针对性和成效。

二是中西部其他省市的竞争，尤以中部六省的竞争最为激烈。中部六省区位相近，资源禀赋相似，政策环境相同，发展基础处于同一起跑线上，相互之间各有所长。（如表 22.1 所示）。

表 22.1 中部六省承接产业转移的态势对比

	山西	江西	安徽	河南	湖北	湖南
区位特点	位于中部内陆，与经济核心区距离较远	“泛珠”成员、紧邻长三角，区位优势突出	地处华东腹地，紧靠长三角	位于中部腹地；与经济核心区有一定距离	“中部之中”、九省通衢	“泛珠成员”，长江经济带、泛珠三角经济区；京广经济带的交汇处
城市群、带	太原城市经济圈	昌九工业走廊、环鄱阳湖经济圈	皖江城市群、沿淮城市群	中原城市群	武汉城市圈	长株潭城市群
资源禀赋	矿产资源丰富，是我国能源重化工基地，我国最大的煤炭基地	矿藏丰富，种类齐全，探明储量的有 84 种，居全国前三位的有七种；旅游资源、生态资源优势突出	能源原材料供应充裕；煤炭农副产品、旅游资源优势突出，汽车零配件、化工、机械装备全国闻名	矿藏能源丰富、种类齐全、地区组合较好，劳动力充沛，水、土地及农副食品供应充足	科教资源丰富，自然资源、旅游资源；水资源、生物资源异常丰富，水电全国第一	资源有一定丰度，湖南共有 57 种矿产的保有储量居全国前 10 位，34 种矿种的保有储量居全国前 5 位。水资源相当丰富
产业基础	能源重化工为主，煤炭、电力、冶金、机械、化工、建材等工业在全国地位突出	比较优势多集中在自然资源优势产业中，农产品加工工业、资源开采及初加工工业发达	农产品深加工、煤电、优质原材料、家用电器、汽车及工程机械；旅游等产业优势明显、特色突出	能源原材料基地初具规模；食品工业、有色金属工业、煤化工和石油化工、机械装备工业、轻纺工业优势突出，产业带初具规模	老工业基地之一；国家光电子信息产业基地；高新产业基础雄厚；金融业、物流业发展迅速；农业大省之一	原材料加工工业基础雄厚、“有色金属之乡”，从有色金属工业的科研教育到勘探选冶，体系完整

续表

	山西	江西	安徽	河南	湖北	湖南
承接战略	融入京津唐地区	对接长珠闽、融入全球化	大力推进东向发展战略，融入长三角	发挥区位优势，加强与东部沿海地区的经济技术合作，大力实施东引西进	融入长三角，密切珠三角，把武汉发展成我国第四大城市群；带动中部地区区域经济一体化	南向对接珠三角
承接重点	建设国家新兴能源基地和工业基地，积极承接资源深加工技术、可再生资源技术、高新技术	产业升级的"接替站"；农副产品的"供应站"；廉价劳动力的"输送站"，旅游休闲的"观光站"	长罩角的加工制造业承接基地；煤电能源基地、农副产品基地、劳务供应基地、旅游观光基地	围绕"三个基地、一个枢纽"建设；加强四个产业带承接载体建设，积极承接能发挥自身资源禀赋优势的劳动密集型；中等资本；技术密集型产业	发挥本地科教资源优势，积极承接高新技术产业，中等资本、技术密集型产业，以及发挥本地区位优势的物流、金融等现代服务业	粤港澳地区的农产品供应基地，产业转移基地，人才和劳务输出基地以及度假；休闲、旅游基地

通过上述对比分析可见，东部欠发达地区、中西部省份各有承接东部地区产业转移的自身优势。在竞争的格局下，河南充分发挥自身优势更为重要。

第四节　承接产业转移要有选择

河南虽然具有资源能源、劳动力和市场需求等方面的优势，但在承接产业转移的过程中要有原则有选择地引入，做到有所接有所不接，避免盲目引入一些不适当的产业。

一、承接原则

1. 可持续发展原则

河南在承接产业转移过程中必须避免或尽量减少资源的浪费和环境的污染，摈弃落后产业和落后生产力以保护资源和环境，促进经济社会的可持续发展。

2. 适应性原则

一方面，承接的产业一定要与河南的产业基础相适应。产业的迁入与技术的发展和应用都是有条件的，必须要结合河南的基本情况和具体产业发展需要，最先进的未必是最适用的，另一方面，承接的产业要与国家和河南的产业政策相匹配，与国家在产业布局中对河南的定位相匹配，与河南的产业规划重点相匹配。

3. 增长极原则

在承接产业转移时要相对集中、选择一定的重点区域和重点产业；给予一定的特殊优惠政策，培育经济发展和招商引资的增长极，使其成为承接产业转移的龙头，不能采取平均主义和全民招商的办法。

4. 竞争优势原则

与东部地区相比，河南在能源资源、劳动力成本、市场需求以及产业配套，特别是在能源工业和原材料工业等基础条件方面具有比较明显的优势，因此，在选择承接重点时一定要准确把握和发挥这些优势，增强吸引力和竞争力，同时，河南也要立足自身，在承接产业转移的过程中积极培育新的竞争优势。

二、承接重点的选择

根据上述原则，可从行业和承接地两方面来选择承接的重点。

1. 重点行业的选择

分别从引进境外、省外资金的行业分布现状，河南"十一五"规划重点行业，国家对河南区域产业布局的定位，河南产业区位上所反映的比较优势四个方面进行交叉选择。河南可以选择有色、食品、电力、化工、装备制造、纺织、建材、交通运输、房地产、旅游、批发和零售等行业作为承接东部地区产业转移的重点。

表 22.2 河南承接产业转移重点行业选择对照

选择方向	重点行业
1.当前外来资金主要投向行业	化工、冶金、建材、电力、采矿、轻工纺织、食品、机械制造、房地产、教育、批发和零售、旅游、交通运输
2."十一五"规划主要行业	食品、有色、化工、汽车及零部件、装备制造、纺织服装、电子信息、生物、新材料、钢铁、建材、造纸、现代物流、文化、旅游、金融、房地产、交通、商贸
3.国家区域产业布局主要行业	食品、煤炭、电力、化工、冶金、建材、装备制造、高新技术、交通、物流
4.区位比较优势行业	煤炭、有色、食品、造纸、建材、装备制造、电力承接产业转移重点行业选择有色、食品、电力、化工、装备制造、纺织、建材、交通运输、房地产、旅游、批发和零售

2. 重点承接地的选择

河南可从三个层次上选择重点承接区域：一是城市群层次上，无论是从产业基础、经济实力还是引资现状、发展规划来看，中原城市群都应该作为首选之地；二是产业带层次上，应以中原城市群规划的四大产业带为重点，特别是依据《中原城市群总体发展规划纲要》对四大产业带详细规划来进行选择和支持，同时，在其他经济区也要选择具有明显优势的产业带，成为承接相关产业转移的重点；三是产业集群及产业园区层次上，点缀在中原城市群产业带上的众多产业集群及园区应该成为重点，同时，其他经济区产业带中具有良好产业基础、形成一定规模、符合招商引资重点行业的产业集群和园区也应成为重点。

总之，河南应围绕优势地区的主导产业及其上下游产业来招商引资，扩展、延长和完善产业链，实现承接东部地区产业转移由单个产业向产业集群及园区、产业带再向城市群承接逐步升级的转变。

（金美江）

第二十三章

湖北省经济发展方式转变研究

改革开放30年来，湖北生产总值由1978年的151亿元增加到2008年的11330.38亿元，规模扩大近75倍，年均增幅达10.5%，经济总量居全国第10位。但是，湖北作为一个经济大省，经济发展还面临诸多困难和挑战。与全国和发达地区相比较，无论是经济结构还是产业水平都存在一定的滞后性，转变经济发展方式是湖北今后经济社会发展的必然选择。

第一节　湖北增长模式分析

湖北省经济增长依靠的是大规模且日益扩展的低成本劳动力、以资源型工业和原材料型工业为主的粗放型增长模式、以高投入为主的投资拉动型增长方式等等。

第一，产业驱动以第二产业尤其是工业推动为主。1978年，湖北三次产业构成为40.5∶42.2∶17.3，到2008年，三次产业构成为15.7∶43.8∶40.5，第一产业的比重下降24.8个百分点，第二产业上升1.6个百分点，第三产业上升23.2个百分点。但目前结构仍然是第二产业为主。从工业内部结构看，仍然是以初级加工为主，采掘业、原材料工业所占比重达60%以上，经济增长主要是靠资源型和原材料型工业支撑。

第二，经济增长贡献率以工业为主。1978～2008年，第一、二、三产业对湖北经济增长的贡献率分别为15.2%、44.6%和40.2%，其中，工业对GDP的贡献率为40.6%。这些年来，虽然第一产业的贡献率在下降，但是经济增长依赖工业贡献的份额却在增加，服务业特别是现代服务业对经济增长的贡献率有待进一步提高。

第三，投资支撑经济增长。1979～2008年，全省全社会固定资产投资累计完成33525亿元，年均增长19.5%；而社会消费品零售总额由1978年的59.84亿元增加到2007年的4965.82亿元，年均增长15.9%；出口总额由1978年的1.59亿美元增加到2008年的115.92亿美元，年均仅增长15.4%。目前湖北的投资率明显偏高，2008年投资率达51.2%（表23.1），远远高于25%左右的世界平均水平。2008年湖北的最终消费率为52.4%，大大低于世界平均80%左右的水平。2008年三大需求对GDP增长的贡献率分别为：消费40.8%、投资58.7%、净出口0.5%。2008年湖北GDP增长13.4%，其中消费拉动5.9个百分点，投资拉动8.5个百分点，出口拉动0.1个百分点。

表 23.1 2000～2008 年湖北投资率变动情况

年份	生产总值(亿元)	全社会固定资产投资(亿元)	投资率(%)
2000	3545.39	1421.55	40.1
2001	3880.53	1551.75	40.0
2002	4212.82	1695.22	40.2
2003	4757.45	1883.59	39.6
2004	5633.24	2356.38	41.8
2005	6520.14	2834.75	43.5
2006	7581.32	3572.69	47.1
2007	9230.68	4534.14	49.1
2008	11330.38	5798.56	51.2

以工业发展为主导的增长模式，体现了工业化时期的特征，资源型和原材料型工业的领军地位也体现了湖北的比较优势，具有一定的合理性，在促进湖北经济社会发展方面发挥了重要作用。但是，这种单纯依赖处于产业链前端的主导产业难以支撑湖北跨越式发展，更难以支撑湖北在中部崛起中发挥重要战略支点作用，这就要求我们必须思考和实施经济发展方式的转变。

粗放型的增长模式正面临着日益增大的转型压力。冲击主要表现在以下几个方面：一是土地、劳动力、环境等要素成本明显上升；二是能源资源及其他重要资源供给日益紧张。转型的主要内容，就是将经济增长过多依赖生产要素投入，转变为更多地依靠生产要素效率的提高，通过技术、组织和制度创新，形成以提高科技含量和附加价值为重点的新的竞争优势。如果不能及时有效地实现这种转变，经济增长的动力将难以持续，增长的质量也难以提高。

第二节 现有模式下湖北经济增长困局

湖北现有经济增长模式具有高能耗和低效益的特征。2000 年，能源消耗总量突破 6000 万吨标准煤，2005 年突破 9000 万吨标准煤，2006 年达到 1.08 亿吨标准煤，初步核算 2007 年为 1.186 亿吨标准煤。一方面湖北能源消耗日益扩大，另一方面则是能源产品的自给率低。湖北是一个缺煤少油的省份，2008 年煤炭生产量仅 727 万吨，原油生产量仅 83.92 万吨，由于供需缺口太大，当年从省外净调进煤炭 7000 万吨；净调进原油 800 万吨；净调进成品油 300 万吨。另外，湖北的重型工业结构加大了对能源的消耗量。2008 年，湖北电力、热水的生产和供应业、非金属矿物制品业、黑色金属冶炼及压延加工业、化学原料及化学用品制造业、纺织业、造纸及纸制造业、石油加工炼焦及核燃料加工业、有色金属冶炼及压延加工业等八大高耗能行业能源消耗达 5800 万吨标煤，占规模以上能源消费总量的 87%，占全省能源消费总量的 46%。从单位 GDP 能耗看，2006 年湖北万元 GDP 能耗为 1.46 吨标煤，比广东、江苏、浙江、山东等经济大省分别高 64.1%、69.2%、18.8% 和 89.6%，也比中部省份江西、安徽、河南、湖南高 42.9%、24.9%、9.1% 和 8.1%。高能耗、低效益的增长方式使湖北经济增长中的矛盾日益突出。

资源消耗高、环境压力大还表现在耕地面积、水域面积减少，水质较差，“三废”排放量过高等方面。1979～2008年，全省耕地面积累计减少了478.74千公顷(718.11万亩)，平均每年减少15.96千公顷(23.94万亩)，人均耕地由1978年的1.24亩减少到2008年的0.81亩。

湖北素有“千湖之省”的美称。目前，全省面积在6.67平方公里以上的主要湖泊有29个，水面1585.9平方公里。近年来，由于多年泥沙淤积，人工围湖垦殖、填埋等因素，湖泊数量和面积逐渐缩小，有的湖泊已经不复存在。以江汉平原上的洪湖为例，水面面积在20世纪50年代初为687平方公里，到80年代初则减少为420平方公里，近期有关部门测量为402平方公里。四湖地区原有的“四湖(即洪湖、长湖、三湖和白露湖)现在仅存洪湖和长湖，原水面面积为222.3平方公里的三湖和白露湖现在全部围垦成粮田。全省湖泊变迁情况详见表23.2。

表 23.2　湖北省湖泊变迁情况简表

	新中国成立初期	20世纪80年代初	现在
6.67km2以上湖泊个数(个)	1332	843	574
相应水面面积(km^2)	8528	2984	2727

随着经济社会的发展和产业结构的调整，湖泊水体污染日趋严重，成为一个严重的环境问题。据对全省29个主要湖泊进行的水体质量评价显示，在29个湖泊中，水质为Ⅰ～Ⅱ类的3个，Ⅲ类的10个，Ⅳ类的6个，Ⅴ类的5个，劣于Ⅴ类的5个。

环境压力较大。2007年，全省废水排放总量达到24.6亿吨，工业废气排放总量10213亿标立方米，工业废水排放量达9.04亿吨，工业固体废物产生量达4683万吨。亿元GDP的废水排放量为21.7万吨，比浙江多8.6万吨；亿元工业增加值的固体废弃物为0.58万吨，比浙江多0.15万吨。

产业结构优化升级任务相当艰巨，城乡、区域发展不平衡问题依然存在，经济增长的代价过大，城乡居民收入差距的继续拉大及发展成果分配不公。这样一种外部负效应过大的经济增长显然是不可持续的，也是不合理的。

第三节　实现经济发展方式转变的主要途径

对湖北来说，转变经济发展方式，主要是依靠科技进步和创新，在优化结构、提高效益、降低能耗和保护环境的基础上，实现速度质量效益相统一，人口资源环境相协调。

一、实现以人为本、速度质量效益相统一的发展

经济增长要以GDP指标来衡量，扩充经济总量，确保一定的增长速度，这是任何社会得以生存和发展的基础。但是经济发展不能只以GDP为中心，不能只求速度而不顾及质量和效益。转变经济发展方式，就是要摒弃传统上一切唯GDP的思想观念，从过去盲目扩大数量、单纯追求经济增长速度转变到以人为核心，注重经济发展的数量与质量、速度与效益相统一的格局上来，把经济发展的重点放到提高经济的整体素质和竞争力上来，在保证发展质量和效益的前提下保持较快的经济发展速度。

二、优化产业结构及实现产业层次的提升

合理、高效的产业结构，既是转变经济发展方式的内在要求，又是推动和促进经济发展

方式转变的动力。当前湖北省产业结构存在的主要问题是工业结构偏重，2008年重工业比重高达71%，服务业特别是消费性服务业、生产服务业比重偏低；传统制造业技术水平不高，竞争力不强；高新技术产业占工业增加值的比重2008年为28.8%；能源消耗高、环境压力大等。因此，必须加快产业结构战略性调整，促进产业结构优化升级，努力形成产业竞争新优势，促进经济增长从主要依靠第二产业带动转向依靠三次产业协同带动，由低水平重复建设、新型服务业落后、高端产业竞争力较弱的格局，转向技术含量高、服务业比较发达、产业整体竞争力较强的格局。

三、实现人与自然的和谐发展

资源和自然环境是人类赖以生存和发展的物质基础，无论是土地资源、生物资源和矿产资源都是经济发展不可或缺的生产要素。近年来，湖北在经济发展过程中，由于粗放型经济增长方式还未根本改变，经济发展面临着严峻的资源环境形势和巨大的市场竞争压力。

第四节 转变经济发展方式的关键领域和重点环节

一、注重增强技术创新能力，提升经济发展的质量和效益

要把提高自主创新能力摆在更加突出的位置，着力解决制约经济社会发展的重大技术问题，大力提高原始创新能力、集成创新能力和引进消化吸收再创新能力，强化产业共性技术的供给，加强重点领域自主创新，突破关键技术，力争在特色优势产业中形成一批拥有自主知识产权的核心技术，提高自主创新能力和科技综合实力。特别要注重开发大气污染、水污染、垃圾污染等综合治理技术，开发资源勘探和综合利用技术。

加快建设以企业为主体、市场为导向、产学研相结合的技术创新体系，特别是要确立企业在技术创新和科技开发投入中的主体地位，引导创新要素向企业集中，支持各类企业特别是中小企业的技术创新活动，使企业真正成为研究开发投入、技术创新活动和创新成果应用的主体。发展技术咨询、技术转让等技术创新中介服务，形成社会化服务体系。

积极构建鼓励自主创新的激励机制，加大财政、金融部门对技术创新的支持力度，改善创新创业投融资环境。深化科技体制改革，加快形成有利于科技进步和自主创新的体制机制，加大知识产权保护力度，营造全面鼓励自主创新的政策环境。2007年湖北R&D经费支出112.49亿元，仅占全省生产总值的0.99%，比全国的1.49%低0.5个百分点，比重偏低，因此，要从投入上加大对技术创新方面的支持力度。

二、注重调整优化产业结构，提升产业整体技术水平和综合竞争力

据测算，如果湖北省第三产业增加值的比重提高1个百分点，第二产业中工业增加值比重相应地降低1个百分点，那么能源消费总量就可以减少约70万吨标准煤，相当于万元GDP能耗降低约1个百分点。按照目前的工业结构，如果高技术产业增加值比重提高1个百分点，而冶金、建材、化工等高耗能行业比重相应地下降1个百分点，那么能源消费总量可减少约80万吨标准煤，相当于万元GDP能耗降低1.2个百分点。

调整经济结构，大力发展服务业，推动经济增长由主要依靠工业带动，向三次产业协同带动转变。促进工业结构向高加工度升级，推进高技术产业从加工装配为主向自主研发制造延伸，加快自主创新成果产业化，力争在高附加值、低资源消耗、低污染排放的先进制造业上取得突破。着力振兴装备制造业，提高重大装备研发设计、核心元器件配套、加工制造

和系统集成的整体水平。加快信息化建设，用先进适用技术改造传统产业，提高产品档次和技术含量。加快企业战略性重组步伐，形成合理的企业规模结构，提高产业集中度，提高产业集群发展水平，发展专业生产和分工协作，培育一批具有自主知识产权和国际影响力的知名品牌。

推动建立资源节约型、环境友好型工业结构，严把土地、信贷两个闸门，提高节能环保市场准入门槛，控制高耗能、高污染行业过快增长，依法淘汰高耗能、高污染行业的落后生产能力、工艺装置和技术设备。

全面发展服务业，拓展生产性服务业，丰富消费性服务业，运用现代经营方式和信息技术改造提升传统服务业，提高服务业的比重和水平。一些有条件的大中城市和经济发达地区，要逐步形成以服务经济为主的产业结构。

三、注重节约能源资源和保护生态环境，提高经济社会发展的可持续性

实行最严格的土地管理政策，严格执行土地利用总体规划和土地利用年度计划，提高土地产出率和投资强度。突出抓好高耗能行业和重点耗能企业的节能降耗工作，全面实施节能降耗重点工程，着力推进节能降耗技术进步，积极开发和推广节能新技术、新工艺、新产品，加快高耗能行业和企业的技术改造。进一步完善出口政策，继续严格限制高耗能、高污染产品和资源密集型产品出口。落实节能降耗目标责任制，把节能降耗情况作为考核各级政府政绩和企业业绩的重要内容，实行“问责制”和“一票否决制”。

强化环境保护和生态建设，加快推进环境基础设施建设和污染综合整治，推进燃煤电厂烟气脱硫和城市污水处理设施建设与运行、重点流域水污染防治、饮用水安全保障及农村水源污染控制。加强自然资源保护与管理，加大环境保护和修复自然生态力度，建立和完善生态补偿机制，遏制生态环境恶化趋势。按照“谁开发谁保护，谁破坏谁恢复，谁受益谁补偿”的原则，强化资源有偿使用和污染者付费政策，改变资源低价和环境无价的现状，逐步使资源性产品价格真正反映资源的稀缺程度、供求关系和环境成本，环保收费标准要达到能够补偿污染治理成本并合理盈利的水平，发挥价格杠杆抑制不合理资源消耗和污染排放的作用。

大力发展循环经济，按照“减量化、再利用、可循环”的原则，在资源开采、生产消耗、废物产生、消费等环节，加快建立资源循环利用体系，促进能源、资源及废弃物的综合利用。

四、注重深化改革开放，增强经济社会发展活力

改进政府绩效考核体系，改变以经济总量和速度指标为中心的考核方法，从对 GDP 的简单考核，转变为对提高公共服务能力、扩大就业、促进社会协调发展、保护生态环境和提高资源利用效率等综合考核，引导各级政府按照新的要求去转变自己的职能，形成正确的政绩导向和用人导向。

加快转变外贸增长方式，在保持出口和利用外资合理增长的同时，积极扩大进口，严格限制高耗能、高污染产品出口，促进贸易结构优化。提高利用外资的质量，把利用外资和调整产业结构更紧密地结合起来，更加注重引进先进技术、管理经验和智力资源，引导外商投向高技术产业、基础设施领域和高端制造环节。

五、注重扩大国内需求特别是消费需求，增强消费对经济发展的拉动作用

更加注重社会公平，逐步提高居民收入在国民收入中的比重，提高劳动报酬在初次分配中的比重。建立更加科学合理的收入调节机制，建立企业职工工资正常增长机制和支付保障机制，合理调节过高收入，缩小收入差距，努力提高农民和城镇低收入者收入水平与消费能力。加快完善养老、医疗等社会保障体系，解除居民扩大消费的后顾之忧，稳定消费预期，增加即期消费。

继续发展住房、汽车消费，培育新的消费热点，拓宽消费领域，优化消费结构，提高消费水平和生活质量，推动居民消费结构升级。在三大需求中，湖北出口对经济的贡献率偏弱，

拉力偏软，2008 年出口 115.9 亿美元，仅相当于广东省的 2.9%，江苏省的 4.9%，上海市的 6.8%，浙江省的 7.5%。因此，在扩大消费需求的同时，湖北还应加大出口创汇的力度，提高出口对经济的贡献率和拉动率。

（邓有成）

第二十四章

西北地区区域经济一体化可行性研究

近年来随着西部大开发战略的实施，西北地区经济增长速度进一步加快，基础设施建设成绩卓著，生态环境保护和建设显著加强，科技教育等社会事业发展迅速，迎来了历史上最好的发展时期。但与全国其他区域经济体相比，西北地区经济发展能力、经济增长水平、城市竞争力、对外开放度等均有明显差距。如何改变这一现状，成为西北地区面临的首要问题。

加强区域间的广泛合作，东部、东北、中部各省经济得以迅速发展。西北地区经济合作处于较低的水平，没有形成区域优势，经济各要素无法自由流动，因此西北地区应当考虑通过区域经济协作来实现跨越式发展。

第一节 西北地区的经济发展现状

2006 年，西北五省区以占全国 32.2%的国土面积，占全国年末 7.39%的人口（为占全国 31 省合计数，下同），仅仅创造了占全国 4.85% 的 GDP，4.52% 的地方财政收入，4.64%的规模以上工业增加值，0.84%的进口总额和 1.42%的出口总额，5.53%的全社会固定资产投资额以及 1.56%的外商投资总额。

西北地区在工业化进程、城市化进程和经济结构变动方面与全国相比具有明显的差距。市场化率也明显低于全国平均水平，绝大多数商品的市场占有率在全国处于劣势地位。虽然近年来，西北地区经济建设取得了令人瞩目的成就，经济总量不断扩大，各项指标快速增长。但横向比较，西部大开发以来西北地区经济实力、发展水平等方面与全国的差距并没有缩小。

第二节 西北地区建立经济协调发展机制的必要性

一、构建和谐社会和实现全面小康社会的战略选择

中国经济的持续快速发展，依赖于区域经济的“单极突进”到“多轮驱动”的转变。全国要保持持续稳定的发展，有必要建立多轮驱动的机制，而西北地区已成为制约整个国家经济社会平稳快速发展的一个“短板”。

西北五省经济落后，实现 9543 万人口全面小康任务艰巨。西北地区有 6019 万农村人

口，占西北人口的63.07%，如果这部分人的收入和生活水平不能得到提高，将会影响全国建设全面小康社会目标的顺利实现。

二、区域经济发展的客观规律

目前，由于西北地区没有建立经济的分工协作机制，一方面，各自在利益驱动下，大量重复建设，造成了国家资金分散使用；不合理的企业结构阻碍技术进步，形成不合理的技术结构，导致不合理的产品结构。另一方面，整个西北市场没有形成自身商品的流动，而大量的基本商品需要从东部购入。

三、促进西北经济社会快速发展的必由之路

西北区域较大，资金投入相对较少。近年来，西北地区在经济发展中与全国平均水平的差距越来越大，说明仅仅依靠"输血"并不能带动西北地区经济可持续发展。西北地区要谋发展，必须依靠自身，以形成西北地区经济增长的合力。

四、维护少数民族区域稳定的客观需要

西北地区民族众多，生产力发展程度不平衡，尤其是民族地区与内地和沿海等汉族地区在经济和文化等方面存在着一定的差距，并且彼此间的差距还呈拉大的趋势，这导致少数民族地区的一系列社会问题及矛盾的积累。而且民族问题在一些地方往往和宗教问题交织在一起，如果对宗教问题处理不慎或不当，也会影响民族关系甚至酿成冲突。同时，因为经济落后，少数民族地区与内地在人员、物质、资金各方面的交流不够，少数民族不能很好地理解和接受中国的主体文化，所以不能彻底消灭分裂主义势力并铲除其滋生土壤。

五、地缘政治和经济发展的客观需要

中亚及周边地区地处亚欧大陆的中心位置。这一区域已经成为俄罗斯、美国、伊斯兰世界、中国、西欧与日本开展政治角逐与对话的新舞台，其战略位置之重要已成世界之共识。中亚及俄罗斯是世界上至今未被大规模开发的资源富集区，油气资源富足，此外中亚及俄罗斯还有大量的铀、黄金、铅、铜、煤、有色金属及稀有金属等，储量也名列世界前茅。

第三节　西北地区建立区域经济一体化的优势条件

西北地区主要优势表现在自然资源丰富，有一定的基础设施、有一定的经济基础，经济发展的势头较好，社会文化环境有一定的优势。

一、西北地区自然条件及资源优势

1. 旅游资源种类多样

西北地区是我国文化旅游资源最丰富、自然风光较为独特的地区：一是丝路文化。古丝绸之路从汉代的长安开始，贯穿今甘肃全境，一直到新疆南部出境，丰富的丝路文化遗迹几乎遍及西北全境。二是石窟文化。以敦煌莫高窟为代表的石窟，西北地区的甘肃、新疆两省有30个。三是以兵马俑为代表的秦汉及唐代帝王陵园文化。四是神秘的西夏文化。五是以青海塔尔寺、甘肃省甘南拉卜楞寺为代表的藏传佛教文化。六是以大地湾为代表的早期人类文化遗址和人文始祖伏羲、女娲文化，以及流行于陇东地区的西王母文化等。七是独特的民族风情。八是古老岩画、石刻和壁画。另外，西北地区独特的自然景观，既有许多鲜为人知的神秘与独特的雪山、草原、沙漠、戈壁、绿洲、雅丹地貌，还有风光绮丽的高山湖泊和众多的温泉、气泉，以及黄河、青海湖、博斯腾湖等。

2. 可再生能源开发的潜力大

西北地区光能、风能、地热资源极为丰富。西北地区日照时间长、温差大，太阳能资源非常丰富，利用潜力很大。甘、青、新三省区的多风地区，风速一般在3米/秒左右。青海和新疆蕴藏着较为丰富的地热资源。水力资源丰富。西北地区水力资源蕴藏量仅次于西南地区，居全国第2位，人均占有量是全国平均水平的1.5倍。

3. 生物资源丰富

西北地区粮食作物主要有小麦、玉米、大麦、水稻、高粱等。经济作物有棉花、油菜、甜菜、胡麻，啤酒花、木耳、生漆等。水果主要有白兰瓜、苹果，香梨、葡萄、番茄、红花、枸杞、哈密瓜等。野生植物名目繁多，中药材资源在全国占有重要位置。西北地区动物资源极为丰富，主要的家畜有秦川牛、关中驴、河西马、青海牦牛、滩羊、高山细毛羊、奶山羊、骆驼等。甘肃和青海是野生动物资源最为丰富的省份之一。

4. 能源储量大

西北是我国重要的石油和天然气资源储备地区。其中新疆有沉积盆地30多个，总面积90多万平方公里。甘肃有大小沉积盆地24个，总面积约18万平方公里。新疆的塔里木盆地有56万平方公里的含油构造地层，预测天然气含量5.8万亿立方米。陕甘宁盆地预测天然气储量达3.7万亿立方米。西北煤炭资源的预测储量居全国首位，探明保有储量居全国第2位。神府煤田是我国已探明的最大优质造气动力煤。

5. 矿产资源种类多样，储量大

西北矿产资源种类多、分布广、储量大。在全国已发现的150多个矿种中，西北有130多种，探明储量的90多种，不少矿种储量居全国首位或居前列，其中仅在新疆已发现的118种矿种中，有7种居全国首位，12种居第2位。有色金属矿产资源是西北的优势，除铝土矿以外其它矿产都较丰富。镍、铜、铅锌矿主要分布在甘肃和新疆，甘肃累计探明镍储量占全国的68.15%，居首位，铜居第4位，锑居第5位，铅锌居第7位；新疆有铅锌矿5处，镍矿5处。陕西的汞资源居全国第2位。甘肃的钴、铂族金属，陕西的铼，青海的锂在全国均居首位。新疆有金矿200多处，是我国重要的黄金储产地之一。非金属的矿产资源也很丰富，储量在全国居首位的有石棉、云母、硒、化工石灰岩、硅石、重晶石、铸型粘土、陶瓷粘土、盐、石膏等。此外硫、磷、红土和黄土、石灰岩、大理石、芒硝的储量也相当丰富。

二、交通运输条件得到改善

经过不断建设，西北已经建成了铁路、公路、航空运输、管道运输的立体网络。铁路已形成了以西安、兰州、乌鲁木齐为枢纽，新亚欧大陆桥为主干，通向华北、西南、中亚的网络。公路基本形成了以国省道为骨架、县乡公路为网络的公路交通体系。天宝、兰临、石中等一批高速公路的通车缩短了城市间的来往时间。

三、区域内大城市具备带动效应

陕西的西安、新疆的乌鲁木齐和甘肃的兰州三大城市对区域内经济发展具有一定的带动作用。其中，西安工业基础、商贸设施、金融机构等综合实力较强，仅次于北京、上海的科技实力，技术创新能力强大，西安列入国家发改委高技术示范项目、国家科技部中小科技企业技术创新项目总数均居全国高新区前列；乌鲁木齐定位于建设现代化国际商贸城，着力打造现代物流业和现代服务业，具有沿边的优势，对整个中亚地区有较强的辐射作用；兰州着重培养和扶持产业集群式发展，重点培育西固石化城、兰州高新技术开发区、平安有色金属材料基地等九大产业聚集区。

四、西北地区有一定的经济基础

西北地区2006年实现生产总值11198亿元，其中第一产业1499亿元，第二产业5624亿元，第三产业4075亿元。具体表现为：

西北地区是全国重要的农业生产基地，棉花、水果、畜牧业在全国有重要地位。2006年，棉花总产量占全国总产量的35.6%，水果产量占全国的12.1%，牛羊肉产量占全国的15.4%。初步建成了一批重要的特色产业基地——西北地区是我国最大的商品棉生产基地、畜产品基地，也是我国珍贵中草药材、稀有山珍的重要生产基地。

西北地区是我国最大的能源、化工、有色金属和稀有金属生产基地之一。已建成煤、电、油、气综合能源基地，石油、天然气和化工生产基地，镍、铝、铅、锌有色金属生产基地。此外，西北的加工业主要有石油钻采设备、高压输变电设备、机床、电机、仪器仪表、纺织、食品、医药等，高技术产业有电子工业、航空航天工业、核工业、新型材料工业和生物工程等。

西北地区有长庆油田、西飞集团、神府—东胜煤矿、中石油兰州石化、陕汽集团、金川公司、酒钢集团、青海盐湖集团、克拉玛依油田、吐哈油田等优势企业。

五、一些城市科技、教育具有很强的比较优势

西安和兰州的科技、教育水平具有很强的比较优势。西安已成为西北乃至全国的重要科技教育中心，拥有高等院校近 40 所，各类科研及技术创新机构 4000 多个，专业技术人员约 40 万人；兰州市地区现有中科院及各部委所属机构 25 个，拥有国家重点研究实验室 9 个，在基础科学的应用工程等诸多领域都有一批具有相当先进设备的实验室。

第四节 西北地区经济一体化存在的问题

西北地区的“三农”问题严重、基础设施落后，生态环境局部改善但是整体恶化，粗放型经济增长方式没有改善，市场化程度不高，缺乏人才、资金、技术等要素，这些都是西北地区发展面临的主要问题。

一、生态环境脆弱

西北地区是全国生态环境最为脆弱的地区。有些地方由于干旱多风，加之开荒、过度放牧，使得大面积的森林草场消失和破坏，水源涵养能力降低、水土流失加剧，自然灾害尤其是干旱灾害、暴洪灾害频次骤增，危害越来越大。

二、基础设施条件较差

西北地区交通通讯等基础设施建设仍然滞后。一是总体规模明显不足，按土地面积及资源拥有量计算，约占全面国土面积 1/3 的西北地区，交通通讯设施地区比重仅占全国的1/10左右。二是西北地区的通讯设施、水利设施、城市公共设施尤其是社会性基础设施落后。

三、中心城市辐射带动作用不强

虽然几个中心城市发展势头较好，但其他城市经济发展水平较低，缺少中等城市，没有形成城市梯度。同时，整个西北地区发展受传统行政区划的影响较大，区域内中心城市难以发挥辐射带动和整合整个地区经济的作用。城市间金融、贸易、技术、产业转移流动性不大，竞争强烈而互补合作不足。加之西北地区幅员面积较大等原因，使得各市都很难统领整个区域经济发展，难以成为区域内资源要素配置的枢纽。各中心城市吸附了区域内的资源、资金、人才，对区域经济的反哺作用却不够。

四、区域内产业结构趋同

西北地区在产业发展层次和阶段、经济主体功能等方面，没有紧密的互动关系。西北各地长期各自为政，缺乏联合，存在包括产业项目之争、基础设施之争等在内的无序竞争现象。西北地区区域内产业结构的趋同，使得产业链不能充分延伸，整个区域内难以形成明显交叉互补、凸显优势与特色的区域分工格局。产业结构趋同也导致企业间横向联系很少，缺乏企业层面的合作。

五、地理因素的限制

西北地区地广人稀，区域辐射难度较大。

比如新疆以天山为界分为南北两部分，乌鲁木齐的辐射作用很难传达到南疆；甘肃属于狭长地形，城市之间距离遥远；青海地域广阔，境内地形复杂多样，具有盆地、山脉、草原和高原丘陵等不同地形。同时，包括陕西和宁夏在内的西北地区城市间有大量不发达的农村间隔，为城市之间金融、贸易、技术等要素流动增加了困难。

第五节　西北地区区域经济一体化构想

一、关于西北地区区域经济一体化的目标设想

1. 实现市场一体化

市场一体化包括：一体化的资本市场，一体化的消费市场，一体化的技术市场，一体化的人力资源市场，一体化的产权市场，一体化的文化市场，一体化的旅游市场等。现在，西北各省都有相当规模的要素市场，但这些要素市场都是封闭的。因此，西北地区要尽快构筑区域经济一体化的要素综合市场，并以此作为突破口，努力营造开放、规范的市场环境，消除各种形式的地方壁垒，为完善市场体系创造基础条件。

2. 产业一体化

据比较优势，西北地区应建设大型石化生产基地、有色工业基地、现代装备制造业基地和农副产品生产基地。西北地区各省应本着以区内优势产业为主体通过垂直分工来加强产业联系。比如，以甘肃的酒钢为主体建设西北最大的钢铁工业体系；以陕西省为主体构建装备制造业体系；以新疆、甘肃为主体建设石化工业体系；以陕西为主体建设医药工业体系。这些体系内的企业群利用企业内各方的资源、品牌、资金、信息等要素进行优势互补，形成产业集群，乃至形成区域性的产业中心。

3. 交通网络一体化

以西陇海的铁路、高速公路及其它快速干道建设为纽带，加快西北地区城市间快速干道的配套与衔接，完善交通、物流网络。西北五省现在已经有自己的铁路、公路和管道运输方式构成的区域交通网，交通设施一体化，关键是完善域内铁路、等级公路为主的交通网布局。

4. 信息一体化

西北五省的商情、经济信息及其它公共信息都应公开、透明、顺畅。西北地区信息资源较为丰富，有一定数量的高校，自然科学、人文科学、应用科学、交叉科学的知识信息量大，要建设覆盖整个西北地区的信息网络平台，包括建设区域一体化的企业信息台。同时，在信息咨询服务上，建立区域信息交互网，完善信息传输机制，建立符合国际规范的西北地区社会化信息服务体系。

二、西北地区经济合作对策选择

1. 应建立一个切实可行、有效的协调运作机构

协调运作机构成员主要由西北五省主要领导及相关部门组成。在此之前，其操作形式可以先从联席会议制度着手，五省主要领导同志任轮值主席，负责召集并确定会议议程，研究确定经济一体化的重大事宜。其次，建立西北五省政府的联席会制度，以协调政府间的利益，解决政府之间的公共服务问题。

2. 启动民间组织在经济一体化过程中的能动作用

目前，西北五省要建立协调运作机构可能会受到种种制约。因此，在时机不成熟，官方不便立即操作的情况下，以民间组织形式出面，可以达到事半功倍的效果。民间组织的主要研究西北地区区域经济一体化发展战略和推进地区协作。具体形式可以有不同层次：一是可组建西北地区经济专家为主体的西北区域经济一体化发展咨询委员会等组织，成为西北五省省委和政府决策的咨询机构。二是充分发挥行业组织在区域经济一体化过程中的

积极作用。行业协会要突破行政区划障碍，组成跨省的行业联盟，共同制定区域行业发展规划、区域共同市场规则，推进区域市场秩序建立，探索区域各类市场资源的衔接和整合等。三是组建跨省际的股份制区域集团公司，倡导组建西北五省相互参股的跨省际的超级巨型企业集团，使各种资源向这些超级巨型企业集团集中，增强这些企业的实力。

3. 实现资本、劳动力等生产要素的自由流动

西北地区应加强省际之间的行政协调，联手构建统一的制度框架和实施细则，实现西北五省区域制度架构的融合。要联手制定与协调五省的财政政策、货币政策和产业政策等，为多元化市场主体创造公平的竞争环境。在招商引资、土地批租、外贸出口、人才流动、技术开发、信息共享等方面联手制定统一政策，着力营造一种区域经济一体化的政策环境。认真梳理西北五省现有的地方性政策法规，消除各省在税收等特殊优惠政策方面的差异。

4. 打破省际界限，建立西北区域经济一体化的共同市场

以省为核心的分散的市场，由于地方利益的导向和政府的干预，它的功能基本上仅是满足省内经济的运行。西北地区区域经济要一体化，首先应该运用行政手段，打破省际分割，打破地域界限，消除壁垒，先从行政体制上解放市场。其次，放手发挥市场经济自身的内动力，促其形成覆盖西北的各种要素市场。形成西北地区商贸网络，加大商品交流的广度和深度。再次，结合西北地区的产业布局调整，开展区域性的资产重组、异地并购、产权交易等业务，为区域经济一体化创造产业基础。

5. 树立新的区域经济发展观

西北地区要消除地域观念，树立优势互补思维。要按照比较利益的原则进行合作，通过区域生产要素流动实行互补，最大限度发挥各自优势。摒弃竞争排他观念，树立互惠互利思想，通过经济分工和协同，从区域经济一体化的整合中产生集聚和累积效益，从而促进西北地区的可持续发展。

三、合作思路探析

1. 以新疆天山北坡经济带为核心，以兰新线和沿黄城市为纽带，构建产业集群

中亚及周边各国产业结构单一，经济发展不平衡，轻工业极不发达，使国内消费品市场绝大多数仍需进口。我国在家电业、食品工业、纺织业、日用品业、机电业等极具优势，另外，建材工业，信息通讯业类产品，这些均是中亚及周边地区最薄弱的产业。但一些商品体积大，加之东部发达地区距西北、中亚路途遥远，运输成本很高。同时，经济带辐射内蒙古东部、西藏自治区。

目前，尽管西北地区承接东部发达地区产业转移的愿望迫切，但东部地区产业转出的动力不足，西北地区承接产业的拉力不够，大规模的产业转移和招商引资并没有来临。因此，国家应当给予西北地区明确的产业定位，并适当给予一些包括税收在内的优惠政策，促进以上产业迅速落户西北，加快抢占中亚及周边国家市场的步伐。

2. 以西安为中心，构建兰州、宝鸡、银川高新技术产业集群

发挥比较优势，大力发展医药工业、装备制造业，食品工业。打造医药品牌，整合优势资源，做大做强藏药系列。以陕汽集团为重点，包括兰州在内，建立具有一定竞争能力的汽车工业基地。抓好优势资源，扩大生产规模，加大农副产品品牌建设，集中力量做好几个具有全国竞争力的农副产品品牌。

西北地区无论是通过自身发展，还是通过国家的转移支付，都没有缩小同全国，特别是同东部发达地区的差距。因此，西北地区除了延长自身产业链条，增加自有企业竞争力外，唯有通过制度创新，找准自身定位，建立区域经济一体化，来促进西北地区经济腾飞。

（董平　陈亮）

第二十五章

对新疆与中亚经济“热”关系的“冷”思考

第一节 现实背景

中亚国家包括哈萨克斯坦、吉尔吉斯斯坦、塔吉克斯坦、乌兹别克斯坦、土库曼斯坦五个国家，地处亚欧大陆中心，西部与欧洲发达国家市场对接，东部与中国新疆毗邻，是近年来全球经济增长最快的地区之一，2006 年，中亚地区 GDP 增长 11.3%。中亚国家矿产及油气资源极为丰富，被称为第二个波斯湾，是当今世界除了中东、非洲、南美洲、大洋洲等老石油基地外，新发现的能源储备基地。

当前，包括美国、日本、欧盟、中国在内的世界主要经济大国为维护能源消费安全，保持经济持续增长，维持世界经济地位，都在千方百计地寻找除中东、非洲之外新的石油进口资源，努力实现石油进口来源多样化，分散石油进口风险。中亚国家以其特殊的战略资源储备地位和快速增长的经济和市场需求，成为世界各国瞩目的焦点，一场对中亚石油资源和市场资源的争夺战正在全球范围内激烈展开，并越演越烈，欧盟、美国、日本、韩国、土耳其、俄罗斯、中国在中亚市场各具优势。

中亚国家产业结构严重失衡。以哈萨克斯坦为例，2005 年国内生产总值 561 亿美元，货物进口总额 174 亿美元，出口总额 278 亿美元，对外贸易的依存度高达 80.6%。中亚国家为追求与主要贸易伙伴国家之间的国际收支平衡，正加紧在全球范围内寻找轻工产品和油气资源开发与合作的多元化合作伙伴。

中国与中亚国家的经贸发展取得了令世人瞩目的巨大成就。2006 年，我国与中亚国家的外贸进出口总额 120.58 亿美元，其中，出口总额 77.33 亿美元。新疆作为向西出口的桥头堡，对中亚国家的进出口总额达到 74 亿美元，占全国对中亚国家外贸总额的 61.4%；出口总额 58.49 亿美元，占全国对中亚出口总额的 75.6%。2001～2005 年，新疆与中亚五国贸易进出口总额年均增长 34.4%，比中亚五国外贸年均增速高 17.6 个百分点，在中亚国家的市场份额稳步扩大，前景十分看好。2006～2007年，新疆对中亚国家的外贸增速分别为 23.0%和 48.3%。

虽然新疆面临着对中亚国家进出口总额快速增长的良好机遇，但中国与中亚经济圈还很不成熟，是中国与周边国家经济圈中发展规模最小的，经贸总额不足全国外贸总额的 1%，同时还面临国际市场争夺最激烈等难题。把握有利时机，加快发展以新疆为核心、以中亚国家为主体的周边贸易和经济技术合作，带动我国产业布局向西转移，形成全方位向西开放的格局，使新疆全方位融入全球经济一体化进程，不仅是新疆的重要课题，也是中国的重大课题。

第二节 优势互补的经贸关系

一、新疆居全国对中亚国家经贸关系的主体地位

近年来，在上海合作组织的框架下，新疆与中亚五国的合作日益广泛、深入，形成了一个令人瞩目的经济区域。2007 年，新疆对中亚五国的进出口总额为 109.76 亿美元，其中，出口总额为 94.21 亿美元，占新疆外贸进出口总额的 80.0%，出口总额的 81.9%。自 2001 年以来，新疆占全国对中亚国家贸易总额的比重始终在 65%以上，稳居全国各省、市、自治区前列。

在新疆 147 个贸易伙伴国家中，哈萨克斯坦、吉尔吉斯斯坦、塔吉克斯坦、乌兹别克斯坦、土库曼斯坦分别为新疆第 1、第 2、第 5、第 6、第 14 大贸易伙伴国家。从 1992 年起，哈萨克斯坦连续 16 年独占新疆外贸进出口鳌头，是新疆最大、最稳定的贸易伙伴。对哈贸易连续 9 年超过全疆外贸进出口总额的 50%，占全国对哈贸易的 70%以上。

近年来，新疆在巩固哈萨克斯坦市场份额的同时，大力开拓吉尔吉斯斯坦、塔吉克斯坦、乌兹别克斯坦、土库曼斯坦等新市场，在市场多元化方面取得了显著成绩。2007 年，新疆与上述五国的外贸进出口总额分别为 69.74、32.50、3.77、3.36、0.40 亿美元。以 2000 年为基期，年均增速分别为 28.9%，52.3%、68.0%、2.1 倍、21.9%。2008 年上半年，新疆与五国贸易总额再度攀升，与哈萨克斯坦的外贸进出口总额达到 40.53 亿美元，同比增长 57.0%；吉尔吉斯斯坦 29.59 亿美元，增长 2.1 倍；塔吉克斯坦 2.17 亿美元，增长 1.2 倍；乌兹别克斯坦 2.06 亿美元，增长 25.7%；土库曼斯坦 0.18 亿美元，下降 15.6%。除土库曼斯坦因保持中立国地位，同新疆的贸易发展较慢外，其它四国贸易增长动力十足，发展潜力非常巨大。

二、新疆开发中亚市场具有的独特优势

1. 地缘优势

新疆地处我国边疆地区，与中亚五国的哈萨克斯坦、吉尔吉斯斯坦、塔吉克斯坦三国接壤，边境线长达 3400 多公里。新亚欧大陆桥穿越新疆和哈萨克斯坦，全线贯通后使得亚欧大陆的陆上运输距离缩短了 2000 公里，比绕道印度洋和苏伊士运河的水运距离缩短了 1 万公里。截至 2007 年末，新疆公路运输总长度 14.52 万公里，东连甘肃、青海，西出中亚、西亚各国；铁路营业里程 2925 公里，横贯东西，连接南北疆，衔接内地，沟通亚欧；民航通航里程 16.04 万公里，连结国内 52 个大中城市和国外 43 个城市；油气管道总里程 6793 公里，是全国管道运输里程最长的省区。“西气东输”管道、中哈原油管道、乌鲁木齐——兰州成品油管道、鄯善——兰州原油管道为新疆建设国家能源、资源陆上安全大通道提供了可能和保障。依此优势，新疆已初步形成了公路、铁路、口岸交叉；沿边、腹地、口岸互补，航空、陆地、口岸并举；沿边依桥、外引内联、东进西出的多层次、全方位向西开放格局。随着新亚欧大陆桥作用的进一步发挥和新疆沿边口岸基础设施条件的不断改善，新疆的区位优势将会得到进一步加强，同中亚国家的联系也会更加密切。

2. 人文资源

新疆与中亚国家的哈萨克、乌兹别克、塔吉克、俄罗斯等主体民族跨境而居，语言相通，姻亲相连，宗教信仰、生活习俗相同或相近，民间往来与贸易交往源远流长。新疆约有 50 万华侨居住生活在中亚国家，他们熟悉双方国家

的经济制度和社会习俗，能够在双方经贸合作方面牵线搭桥。文化渊源、宗教信仰与风俗习惯接近的国家和民族，其消费偏好接近，易于沟通和了解，也就更容易达成贸易。新疆与中亚国家这种历史成就的浓厚的民族、宗教、文化情结和长期以来密切的不间断的经济、社会、文化联系，形成了新疆向西开放的巨大人文优势。

3. 物流集散地

自1991年中亚国家独立以来，中国与中亚国家的双边贸易往来不断增加，新疆承担了全国向西开放的物流大通道作用。一方面，全国各类轻工产品从全国各省运至新疆，再从新疆运往中亚各国及俄罗斯乃至欧洲国家。另一方面，中亚国家及俄罗斯的木材、化学产品、有色金属、黑色金属、机械产品等又经新疆运往内地。中国各省与中亚国家80%以上的进出口商品通过新疆完成。在新疆17个对外开放的国家级一类口岸中，有13个向哈萨克斯坦、吉尔吉斯斯坦、塔吉克斯坦毗邻三国开放，7个沿边开放地州向三国开放。有伊宁、塔城、博乐3个边境经济合作区、乌鲁木齐出口加工区、中哈两国跨境经济贸易和投资合作区(中哈霍尔果斯国际边境合作中心)。全国第二大陆路口岸，全国唯一的铁路、公路、管道三位一体的国家一类口岸——阿拉山口口岸，承担着我国紧缺能源、资源进口和商品出口的大通道作用，地处新疆伊犁州霍城县境内的霍尔果斯口岸是我国向西开放的桥头堡。

4、陆上能源通道和国家能源储备基地

近年来，随着我国经济实力和消费总量的不断扩大，已成为世界上仅次于美国的全球第二大能源消费国家，占世界能源消费总量的15%。2006年，全国石油生产总量1.85亿吨，消费总量3.49亿吨，进口原油1.95亿吨，石油对外依存度超过55%，石油、天然气等资源短缺的问题日益突出。在进口石油中，近50%来自中东，30%来自非洲，石油进口对中东和海上通道的依赖程度已达到80%以上，给能源安全带来了极大的风险。

近年来，我国不断加大与中亚国家油气资源合作开发的力度，新疆从中亚国家进口的原油数量分别为2005年76万吨，2006年105万吨，2007年173万吨，虽然不足全国原油进口总量的1%，却保持了94.9%，38.2%，64.8%的较高增长速度。今后，随着中哈石油管道一、二期工程的全线贯通，新疆从中亚进口原油的总量将先后达到1000和2000万吨，占全国原油进口的比重将逐步上升到8%和15%。

不仅如此，新疆自身具有丰富的石油、天然气和煤炭资源，被确定为21世纪国家能源战略接替区。据全国第二次油气资源评价：新疆石油资源量209.22亿吨，约占全国陆上石油资源量的30%。天然气预测资源量10.40万亿立方米，占全国陆上天然气资源量的34%。2007年，新疆石油产量达到2604.31万吨，占全国石油产量的14%，居全国第3位；天然气产量210.33亿立方米，居全国第1位。西部大开发的标志性工程——新疆独山子年产千万吨的大型炼油厂和百万吨乙烯工程建成后，将使独山子成为中国最大的石化基地之一，中亚国家和新疆本地丰富的油气资源和矿产资源为把新疆建设成中国最大的石油产地，国家能源、资源陆上安全大通道奠定了强大的物质基础。

5. 边境贸易

边境贸易是新疆对外贸易的最突出特点。1986年，外经贸部批准新疆开展同周边国家的地方边境贸易。1987年正式启动，当年贸易额0.16亿美元，仅占进出口总额的0.5%。1992年邓小平南巡讲话之后，国家赋予新疆边贸更多的优惠政策，新疆积极利用自己的地缘优势地位，与中亚五国开展全方位合作，大力发展边境贸易，当年边境贸易占进出口总额的42.7%，从补充地位上升到了主力军地位，1993年达到62.3%，占据了对外贸易的半壁江山。2007年，边境贸易进出口额94.17亿美元，占进出口总额的68.7%，其中：进口13.48亿美元，出口80.69亿美元，分别占进、出口总额的60.9%和70.1%。自1993年起，新疆边境小额贸易已连续13年超过新疆对外贸易的50%以上，使新疆成为继黑龙江省之后全国第二大边贸省区。1990～2007年的17年间，边境小额贸易年均增长33.5%，高于同期新疆外贸平均增速10.6个百分点。新疆边境贸易、一般贸易、加工贸易占对外贸易总额的比重由1994年的49.3∶43.4∶7.3调整为2007年的68.7∶26.9∶4.4,边境贸易比重提高19.4个百分点,一般贸易和加工贸易比重分别下降16.5和2.9个百分点。边境小额贸易符合新疆与周边国家经济发展的实际,在今年相当长的一个时期内,仍将占据新疆对外贸易的主导地位。

三、新疆与中亚国家开展经贸往来的互补性

中亚国家资源丰富,市场潜力很大,与我国在产业结构、自然资源、劳动力资源等方面存在较大的互补性。加强与中亚等周边国家的区域合作,开拓周边国家市场,不仅可以扩大我国产品出口,而且有助于我国利用周边国家的资源,弥补我国资源不足的缺陷。

1. 产业结构互补

(1)农业生产。中亚五国农业基础薄弱,2004年,哈萨克斯坦第一产业比重为7.6%,比同期中国第一产业比重低5.5个百分点。中亚五国中,除哈萨克斯坦粮食生产情况较好外,其它各国粮食生产都不能自给,粮食和食品供应对进口的依赖性较大。独立后的中亚各国都实行了鼓励生育的政策,人口数量稳步增加。据世界银行数据库资料显示,2005年,中亚五国总人口为5824万人,其中,哈萨克斯坦1515万人,吉尔吉斯坦516万人,塔吉克斯坦651万人,土库曼斯塔483万人,乌兹别克斯坦2569万人,2001~2005年,各国人口的年均增长率分别为0.2%、1.0%、1.1%、1.4%、1.5%(同期中国人口年均增长率为0.7%)。巨大的人口压力使粮食、蔬菜、瓜果的供求矛盾十分尖锐。根据联合国粮农组织的数据,2004年,在哈萨克斯坦人均每天食品消费量中,除了奶制品高达452.09克,相当于中国平均水平的10.7倍外,谷物、瓜果、蔬菜、肉类的人均消费量仅相当于中国同期水平的42.9%、49.6%、39.8%、77.6%。食品消费结构单一,亟待补充和改善。而新疆是中国农业大区,全国重要的粮食、棉花、畜牧业、林果业生产基地,人均粮食、肉制品、瓜果占有量高居全国前列,与哈国农业贸易的互补性极强。

(2)轻重工业。从原苏联独立出来的中亚五国,工业内部发展比例不协调,重工业发达,轻工业体系薄弱。哈国食品、饮料和烟草加工业、纺织和服装业、机器和运输设备、化工业几乎一片空白。原油、钢材、化肥、大型机械产品有余而食品、轻纺产品和家用电器等日用消费品奇缺,中亚消费市场80%左右的轻纺、家电等依赖进口,并且随着五国经济发展和人民收入水平的提高,对进口商品的依赖将进一步增大。而我国轻工业基础较好,在食品、轻纺、日用消费品、造纸和塑料工业的技术设备和价格上都具有优势,新疆粮食和清真食品深受中亚地区广大消费者欢迎,中亚国家急需的恰恰是中国在国际市场上极具竞争力的产品,双方产业结构的互补性很强,在上述领域开展交流与合作的潜力巨大。

2. 技术结构互补

(1)农业生产技术。新疆与中亚国家都是棉花生产和输出大区,在棉花产业发展和棉花出口方面存在一定的同构性,但在棉花种植技术方面各有优势。以乌兹别克斯坦为代表,中亚国家在棉花品种资源收集和保管上有一套较为完整的体系,几十年来收集世界各国棉花品种资源近万份,在世界上占据重要地位;在棉花新品种的培育方面,建有世界一流的人工气候室,采用一年可种植三季的加代繁殖技术,大大加速了棉花的育种进程;在棉花生理生化、遗传育种、分子遗传、灌溉制度等方面有较深入的研究;棉花的机械播种和收获技术居世界先进水平。而新疆在棉花优质品种的培育与推广、棉花的科学种植技术、棉花病虫害的生物与机械防治技术、轧花设备与技术、纺织工业技术、棉花副产品综合利用技术等方面都有较明显的优势。加强双方的交流与合作,有利于共同提高双方棉花产业的层次和水平,提高在国际市场和中国市场的竞争力。

(2)能源勘探与开采技术。中亚国家拥有丰富的矿产资源,目前,有一半的矿业开采、加工和冶炼企业设备老化过时,需要大量维修,而自己的矿山机械制造业发展薄弱,主要从俄

罗斯进口。我国在地质勘探和矿产开采冶炼技术设备方面有比较优势，近年向巴基斯坦、赞比亚和南美等许多国家出口了大量成套设备，加强与中亚国家在这方面的合作，可以为中国地质勘探、矿产开采冶炼技术设备出口提供广阔的市场空间。

中亚国家的石油工业发展较早，在石油和天然气的勘探、选冶技术、输油管加热技术、石油加工工艺等方面较为先进。新疆在石油钻井、炼油、管道开发技术方面有优势，尤其在油田开采和管理上高度自动化，达到国际先进水平。由于双方都把能源工业作为主导产业，因此，在能源勘探与开采技术上的合作具有现实意义。

(3)金属产品生产技术。中亚国家早在前苏联时期就是重要的金属制品生产基地，尤其是哈萨克斯坦和乌兹别克斯坦在黑色金属和有色金属领域已形成采矿、选矿、冶炼到制成品的完整的工业体系，拥有一批技术设备先进、工艺水平高、矿物综合利用水平高的大型联合企业。新疆在黑色金属和有色金属制品的后加工方面能力较强，如将钢材制成适合建材用的钢窗、钢门、优质合金钢、螺纹钢等产品，可以弥补中亚国家在这一方面的不足。新疆的黄金开采和冶炼技术较为先进，其低品位堆浸技术经济效益高，在大规模利用低品位金矿方面开创了先河，双方在该领域技术合作的互补性较强。

(4)机械设备生产技术。中亚国家普遍存在农业机械设备老化、效率低下的问题，在电机制造技术、重型机械制造技术和大型农机制造技术方面有明显优势。我国农业机械设备和食品加工设备在国际市场上具有一定的优势。新疆在小型农机、蒸汽锅炉、小型加工设备等方面技术水平较高，农机化作业水平综合能力位居全国第三。将新疆与中亚国家在农机、建筑机械、小型电子器件等方面的合作从贸易合作上升到技术合作，应当大有可为。

(5)机电产品生产技术。中亚国家没有电力设备和附件生产能力，其发电站多采用俄罗斯生产的电力设备。近年来，我国的特种变压器、电力成套设备和输变设备配件在国际市场已占有一席之地，新疆可以抓住机会，与内地大力合作，积极参与国际金融资本有关电力项目的国际竞标，推动我国电力成套设备向中亚批量出口。

(6)邮电通讯技术。近年来，中国与中亚国家的合作还仅局限于传统邮政业务、电信业和广播电视业，在移动通讯、电子邮件、有线电视等方面的合作还未展开。中亚国家通讯设备生产和普及水平偏低，2004 年，哈萨克斯坦每百人移动电话普及率为 18.37 部，仅相当于我国同期水平的 70%；每百人当中有 2.66 个国际互联网用户，仅相当于中国同期水平的 36.7%。而中国在通讯设备研发、制造方面已取得了长足的进步，我国此类产品的价格只有发达国家产品价格的 1/3 或 1/2，为通讯企业开拓中亚通讯设备市场创造了机遇，双方需要立即开展这一领域的合作。

(7)科技信息技术。中亚国家在物理、化学、应用数学、地理地质学等基础研究领域处于世界前沿。中国在信息和通讯技术，计算机制造与普及等方面占据明显优势，中国计算机产品的性能和质量可以与国际品牌媲美，价格与欧美计算机相比具有较强的竞争力，中亚国家对计算机零配件和部件需求较大，当地一些公司通过进口散件进行组装，以便降低关税，降低商品价格，我国的优势正是对方的需要，双方在上述领域开展合作的前景较好。

(8)医药卫生技术。2003 年，哈萨克斯坦医疗支出占国内生产总值的比重为 3.5%，比中国平均水平低 2.1 个百分点。人口平均预期寿命为 63.4 岁，比中国平均水平低 8.5 岁。中亚国家急需牙科设备及用具、消毒设备、外科仪器及用具、实验室设备和用具、医疗监测设备和药品生产线，我国在医疗设备和药品生产方面具有优势，目前我国已与中亚国家在中医的针灸推拿、中草药治疗疑难杂症、沙疗、民族医药等方面开展过小范围的合作，今后还可以在民族药、中药、医疗器械的生产与开发及居民卫生防疫与保健等领域开展多方位的合作。

3. 服务贸易互补

中亚五国中除塔吉克斯坦外，其余四国都

不同程度地缺乏熟练劳动力，特别是在建筑业、项目承包、农业种植、果蔬种植、特种养殖、粮食、食品、轻工业和饮食服务等行业，需要大量的技术人员和熟练劳动工人。世界贸易组织的多边优惠条件，有利于新疆有针对性地组织开展各种劳务输出和输入工作。新疆可以在金融保险、信息服务、交通运输、劳务输出等具有相对优势的领域，与中亚国家开展相互投资与合作，开辟外经贸发展的新领域。

第三节 “热”背后的“冷”思考

虽然新疆与中亚五国的经贸合作已达到历史上前所未有的规模和高度，但与双方经济实力和增速相比，还有很大的差距。当前，新疆对中亚、俄罗斯等周边国家及欧洲的开放基本局限于对外贸易阶段，对外投资和服务贸易刚刚起步。新疆与周边国家的区域合作还存在着许多问题，双方合作不够稳定，常因一些外在和内部原因而骤降骤增，这些都需要我们深入分析、认真思考并加以研究。

一、外贸市场份额偏小

2007 年，新疆对中亚国家的进出口额已占到全疆外贸总额的 80％以上，但是与中亚国家的市场容量相比，仍然有很大的差距。从整个中亚地区看，新疆占其外贸总额的份额不足 10％，据哈萨克斯坦国家统计委员会统计，我国在哈萨克斯坦出口市场份额中仅占 8.7％，位于瑞士（19.8％）、意大利（15％）、俄罗斯（10.5％）、法国（9.6％）之后，居第五位。我国在哈萨克斯坦进口市场份额中只占 7.2％，位于俄罗斯（38％）、德国（7.5％）之后，居第三位。在中亚国家的市场占有率偏低。

二、经贸水平层次较低

以新疆为主体，我国与中亚国家经贸合作的主要形式为边境贸易，仅占中亚五国外贸市场份额的 10％左右，一般贸易和加工贸易十分薄弱。在投资合作领域更是微不足道，可以为对方提供的合作项目主要集中在轻工、商贸、饮食服务等行业，普遍存在规模小、技术含量低，产品档次不高，总体发展水平和层次低的特征。无论是易货贸易还是现汇贸易，发展规模和水平都十分有限。1994 年以来，哈萨克斯坦实际利用外资 330 亿美元，其中，中国投资仅为 17 亿美元，占 5.1％，排名第 7 位。目前，哈国已有外资企业 9300 多家，其中，中方投资企业 2866 家，实际运作的企业只有 350 多家，仅占登记注册企业的 12.2％。新疆在哈投资注册并实际运做的企业只有 32 家，占哈外资企业 0.3％；哈国在新疆投资企业不到 30 家，投资金额很少。这种合作格局与两国经济发展速度和贸易发展速度极不协调，显然不符合世界经济发展区域化、一体化趋势的要求，在很大程度上束缚了新疆与周边国家外经贸合作的发展。

三、竞争优势相对不足

从中亚国家的主要贸易伙伴看，美国在资金、技术、人才等方面占绝对优势。目前，美国正积极参与中亚地区的能源开发和投资，优势居于领先地位，与中亚国家在石油开发、飞机制造、汽车、农业等诸多领域也有广泛的合作，是中亚国家最大的投资者。以哈萨克斯坦为例，2005 年前三季度，美国的直接投资总计为 120 亿美元，占哈萨克斯坦吸收外资总额的 30.8％，是对哈投资最多的国家。

日本、韩国、欧盟等其他发达国家和地区在中亚市场的影响正逐步增强，主要投资于石油和天然气开采业。日本与哈萨克斯坦在咸海东北部联合进行勘探工作，并签订了共同勘探里海大陆架石油资源的协议。韩国和日本在向中亚各国出口家电产品的同时，已开始开发中亚的矿产。英国和意大利的石油公司与哈萨克斯坦签订了共同开发乌拉尔及艾姆巴河流域石油资源的协议，投资额高达50亿美元。法国的埃尔夫公司在哈萨克斯坦西部里海沿岸地区勘探石油和天然气，投资约8亿美元。上述国家对中亚投资较多的领域还包括棉纺、烟草等以当地优势资源为原料的初级加工业。

伊朗和土耳其凭借文化、宗教、地理等方面的便利条件，主要通过发展与中亚各国的经贸关系来扩大其政治影响，并积极介入中亚的能源开发、输油管道、天然气管道和公路、铁路铺设。在中亚市场占有一席之地，将来还会进一步加大份额。

俄罗斯在中亚的特殊地位无法替代，尽管中国在地缘、人文环境、产业结构和贸易结构等方面占有一定的优势，但就目前状况看，与上述发达国家及伊朗、土耳其、俄罗斯相比，并不具有独有的明显优势。

四、涉外政策不够完善

1. 缺乏针对中亚市场的特殊性优惠政策

在世贸组织的框架下，允许对发展中国家的落后地区、产业或行业、弱势群体及小企业给予特殊的优惠政策支持。从我国的执行情况看，却不尽人意。一是中央政府在制定和调整外经贸政策时，没有充分考虑到边境地区外贸发展的特殊性，采取了全国一刀切的统一政策，对边境贸易产生了较大的冲击和负面影响。如2004年，国家实施新的出口退税政策，由口岸所在地地方政府承担出口退税支出，实际上加重了新疆沿边地州的地方财政支出负担。在对周边国家的援外项目和经济合作项目中，对新疆和全国其他省区实行无差别的招投标办法，客观上使得新疆企业不具备发展对外经济的优势。二是尽管新疆地方政府已经将发展外向型经济纳入“十一五”规划，对企业“走出去”出台了相应的鼓励政策和措施，但只是从宏观上对所有开拓国际市场的行为做了统一规范，并没有出台和落实专门针对中亚市场的导向性优惠政策，缺乏对合作项目的后期监管以及企业在国外的权益保障措施。三是大多数中小企业在开拓中亚市场时，都存在融资的“瓶颈”限制。地方政府对涉外企业的投融资保障力度较弱，对其在技术援助、财税支持、投资保险及民间服务等方面的支持力度远远不够。

2. 中亚各国市场机制和法律法规不健全

中亚国家的市场规范程度与国际市场相比，还有很大差别。尤其是在开展边境贸易方面，政策不稳定、政府机构工作效率低下，口岸管理不够规范，“灰色清关”、运输摩擦等现象时有发生，往往造成不公平竞争，商品同质不同价等普遍现象。虽然中亚国家近几年非常重视贸易政策的法制化，但政策的连贯性和一致性仍有待提高，如对个别贸易商品加收临时关税，不定期地进行贸易税费调整等。从中亚五国实施对外开放政策至今，我国人员到对方国家做生意遇抢劫和人身攻击的事件时有发生，我方人员按照法律程序上诉有结果的很少，而能够执行的就更少。

五、资金、技术、人才不足

1. 资金实力不足

新疆地处边远，经济基础和发展水平远远落后于东南沿海地区，属于财政不能自给的经济落后地区和边疆少数民族地区。地方财政收入仅占全国财政总收入的0.7%，地方财政缺口超过500亿元。新疆与中亚等国家区域合作仍处于起步阶段，以公路、铁路、机场、口岸等为基础，口岸现有的基础设施条件与其所处的向西开放的桥头堡地位和肩负的责任极不相符，其首要问题是口岸发展建设资金不足，至使大部分口岸没有发挥应有的效应。

2. 技术实力不足

2007年，新疆实现GDP3523亿元，居全国第25位，仅占全国GDP总量的1.4%，经济结构不平衡，第一产业比重比全国平均水平高6.1个百分点；第二产业中重工业占规模以上工业增加值的92.0%，第三产业中传统产业份额多，除大农业较具优势外，二、三产业的内部结构与中亚国家有着较强的同构性。金融业，租赁和商务服务业，科学研究、技术服务和地质勘查业三大新兴产业仅占GDP的5.5%。处于工业现代化的初级阶段，企业的科学技术水平和自主创新能力不强，当地生产可供出口的产品品种和数量非常有限,地产品出口竞争乏力,地产工业品出口交货值仅为全区外贸出口总额的7.7%,加上农产品出口,每年通过新疆出口的商品有80%以上是内地产商品,使得新疆外贸对内贸的依赖性很大。正如有关专家学者所说:“新疆与中亚国家的合作必须依托东部”。

3. 专业人才不足

新疆精通国际贸易专业知识、专业俄语和英语的人才十分匮乏,真正懂得并能够熟练运用国际经贸规则的优惠政策从事经贸活动的专业人才更是少之又少。涉外经营者对国家外贸政策法规、国际经贸规则、惯例等知识的掌握和实际运用程度远远不够。

六、利益均衡难度较大

在新疆与中亚五国的区域合作中,特别是在多国交界处开展区域经济合作过程中,不可避免地会产生利益冲突问题。在边境贸易中,银行结算、法律仲裁、出口信用保险等问题一直影响着双方边境贸易的发展。近年来,尽管中亚五国与新疆逐渐开始采取自由结汇、进出口抵押、定期结汇、票据贴现、信用证抵押放款等多种结算方式,一般可在办理外汇业务的银行里进行,但这种方式主要针对一般贸易方式。占新疆进出口贸易总额70%左右的边境小额贸易往往依靠易货或现金结算方式完成,在双方边境口岸非常缺乏相应的贸易结算机构,对贸易双方来说,交易和人身安全的风险都很大。

第四节　加快推进开放进程

在上海合作组织的框架指引下,将新疆与中亚经济关系的认识提高到一个崭新的高度,通过一系列具体明确、可操作性强的政策,推动新疆与中亚经贸关系的发展。

一、充分利用世贸组织的各项优惠条款

1. 边境贸易例外条款

为发展边境贸易而给予毗邻国家的优惠政策可以不给予其他成员国。依此规定,新疆从周边国家进口商品实行减半征收关税和进口环节税原则,对一定额度范围内的边民互市贸易商品可以免征关税,同时可以在边境地区制定有利于毗邻国家的其他各种优惠政策。

2. 自由贸易区例外条款

在建立了自由贸易区的国家之间相互给予的优惠政策可以不给予其他成员国。对输入一国领土内自由贸易区的商品所给予的优惠可以不给予国内其他地区。出口加工区、自由边境区、保税区等开放区域都是自由贸易区的形式。新疆霍尔果斯边民互市贸易区、中哈霍尔果斯国际边境合作中心,以及今后可能出现的中哈霍尔果斯自由贸易区和其他出口加工区、自由边境区、保税区等新自由贸易区,都可以享受这些“例外”条款。

3. 最惠国待遇协定

中国与中亚五国签订的经贸合作协定中规定相互给予最惠国待遇,中亚五国的海关税都规定对从签订有最惠国待遇协定的国家进口的商品给予最惠国待遇税率,即按对外公布的现行进口税率表征税,对从没有签订最惠国待遇协定的国家进口的商品则征收双倍进口关税。

二、建立更高层次的经贸交流平台

为了更好地发展中国与中亚国家的经贸关系,协调并解决新疆与中亚国家经济合作中出现的各种问题,建议成立由中央政府直接管理,包括新疆在内的中亚区域经贸合作机构或协调委员会,作为政府间官方机构,以增强双

方决策的权威性和协调性，把新疆与中亚国家的经贸关系提高到中国与中亚国家经贸关系的高度上来对待。同时建议把“乌洽会”和“喀交会”由目前的省级升格为国家级，由目前的商品交易洽谈会提升为投资与经贸洽谈会。并将“乌洽会”更名为“中西亚投资与经贸洽谈会”，使“乌洽会”逐步升级为更高层次的国际性博览盛会。

三、加大对涉外贸易的财政和金融支持力度

一是争取国家援外资金带动境外投资发展。争取国家商务部对新疆本土企业获取援外项目的优惠政策，为新疆境外投资上规模、上档次提供必要的中央财政支持。二是为边贸发展和口岸建设设立专项基金。从海关关税收入中拿出一定比例，设立口岸建设专项基金，从口岸海关代征的进口环节增值税中拿出一定比例，返还当地政府，专门用于支持口岸建设和边境贸易的发展。三是建议国家在信贷、外贸发展基金等方面给新疆发展边境贸易一定的优惠支持政策。四是借鉴西方对俄及中亚贸易的成功经验，在目前中亚国家企业资金不足、信贷困难、支付能力差的情况下，建立进出口保险基金。由双方政府提供保险基金或由中国提供商品贷款。五是提高边民互市贸易商品的免税额度，逐步提高边境贸易的规模和层次。

四、加大“涉外经济特区”建设力度

充分利用新疆地缘优势，发展特色支柱产业，建设一批面向中、西、南亚、俄罗斯及欧盟市场的出口产品加工区；利用周边国家的资源与市场，建设一批能源、矿产进口加工基地，东西互动、内引外联，使新疆成为中国西部内建基地、外辟市场最便捷的陆路通道，中国西部名副其实的国际商贸中心。一是积极推进中哈霍尔果斯国际边境合作中心建设，加快中哈自由贸易区的建设进程。二是尽快在新疆阿拉山口口岸建立边境贸易区，并给予相应的优惠政策。三是尽快将喀什地区开发建设成新疆第四个边境经济合作开发区，发挥喀什作为南疆文化中心，与塔吉克斯坦、阿富汗、巴基斯坦三国接壤，基础条件好，地理位置优越的优势，提升喀什综合性城市的功能，以外贸促内贸，促进南疆地区经济的进一步发展。四是建议在乌鲁木齐市设立中国西部首家保税区。乌鲁木齐位于欧亚大陆桥国际商贸中心位置，基础设施条件好，第三产业发达，设立保税区的条件理想的优势，尽早把新疆建成面向中亚、南亚、西亚乃至东欧国家出口商品的重要基地和商贸中心。

五、建设涉外农副产品出口加工基地

积极扶持新疆与中亚各国互补性较强的纺织品、食品加工业、农副产品加工业等优势产业发展壮大，尽快实现双方市场的合理对接。新疆是全国粮食、肉奶、果蔬的重要产区，我们可以在优化种子品种，提高农业综合生产能力，提高单产，发展农业产业化等方面多下功夫，不断降低粮食生产成本，提高商品粮质量，增强国际竞争力。根据 7 个沿边开放地州的气候土壤和生产条件，确定农副产品出口生产基地，实行专业化生产和规模经营。着力培育并壮大农产品出口优势产业和龙头企业，积极发展冷鲜肉、蔬菜、工业番茄酱等外向型产业，提升新疆本地农副产品的加工出口能力。

六、全方位实施东联西出政策

1. 积极推进“走出去”战略

所谓“走出去”，既包括产品打入国际市场，也包括向外输出资本，即到国外投资办厂。新疆应站在全球经济一体化的高度上，充分利用国际、国内两种资源，“东联西出”，放宽对中亚国家人员、资金和商品出入新疆的限制。鼓励双方企业到对方开展来料加工、投资和销售业务。充分挖掘新疆在食品、家具、棉纱、建材、石油化工、有色和黑色金属等方面的产业优势，加快发展加工贸易。引导加工贸易在新疆落地生根和转型升级，提高加工贸易在外贸进出口总额中的比重。

2. 构筑内外贸拓展的双向渠道

一方面，应以边境地、州、市、县为前沿和支点，以我国东南沿海省区为后援，根据中亚国家的市场需求积极开展商品、投资、加工、服务、对外援助、工程承包等多元化的对外经贸合作，使新疆成为中国西部乃至中亚市场最大的商品集散地和技术引进地，中国商品通往欧亚的主渠道，逐步达到与中亚国家互惠互利、优势互补、共同繁荣的最终目的。另一方面，应积极引进内地的技术、设备和品牌，建立企业技术创新机制，建成适合新疆区情、布局合理、有强大发展后劲的产业技术体系，使新疆工业生产进入“技术引进—产业结构优化—外贸结构优化”的良性循环轨道。

七、积极发展国际服务贸易业

1. 优先发展涉外服务贸易业

打破行业垄断，鼓励民间资本和内地企业参与发展涉外服务业，逐步提高新疆涉外服务企业的技术和管理水平。认真学习香港等全球港口中心城市的经验，将新疆尽早建成我国沿边开放的国际金融中心和服务中心。实实在在地为我国与中亚国家开展经贸活动做好各项服务工作。

2. 积极发展双边旅游

新疆与中亚国家共同拥有举世闻名的古“丝绸之路”，旅游资源总量大、类型多，人文科学内涵丰富，开发潜力巨大。以哈萨克斯坦为代表的中亚国家，是崇尚旅游的国家。2004年，出国旅游人数达到391万人，占本国总人口的25.8%，比2000年增长2.2倍，年均增长33.3%。针对这种现象和新疆独有的旅游购物特色，我国应在政府宏观调控、统一规划、有序开发的前提下，逐步形成全方面综合配套服务体系，积极开展同中亚国家的三日游、五日游、七日游、探险、休闲、文化、城市观光购物和商务考察等旅游项目，进一步提升新疆与中亚国家的旅游购物水平和规模，营造大旅游的氛围，提高旅游业层次和水平。

八、完善人才培育机制

1. 重视培养新型适用型外贸人才

高度重视外贸从业人员的再培训工作，尤其是注重培养少数民族外贸专业人才。一方面，应尽可能使更多的外贸工作者掌握一到两门外语，具备国际化经营头脑和丰富的专业知识，能够从容应对瞬息万变的国际竞争市场，减少因知识贫乏和决策失误带来的损失。另一方面，应注重对外贸从业人员的国格、纪律、廉洁和思想教育，使之具有从事外经贸事业所要求的高水平、高素质和高人品。

2. 选派高层人才到中亚五国使馆任职

在新疆党政部门中选派一定数量的高层次经贸干部，到我国驻中亚五国大使馆、领事馆挂职商务参赞等工作，掌握中亚国家经济、社会、人文、法制、规范的第一手信息资料，为新疆与中亚五国经济技术和贸易合作提供充实的第一手信息资料。

3. 创造条件让新疆学生到中亚国家学习深造

2004年，哈萨克斯坦人文发展指数位于世界排名第80位，比中国高5个位次，受教育程度高于中国平均水平，成人识字率达到99.5%，比中国高8.6个百分点，初等、中等和高等教育入学率达91%，比中国高21个百分点。接近半数的高中毕业生能够升入大学深造。我国政府应制定相应的配套措施，鼓励并引导新疆优秀的高中毕业生，尤其是少数民族学生到中亚国家学习深造，为中国和新疆外经贸事业的发展做好人才储备工作。

九、加强双向沟通与交流

除了加强官方的交流沟通外，还应积极创造条件让新疆各主体民族，经常到对方去“走亲戚”拜朋友，并邀请对方人士到新疆开展多层次的参观访问和交流，沟通双方情况，加强睦邻友好关系，促进双边经贸活动健康发展。

（周迎）

第二十六章

推动陕西经济社会科学发展的若干思考

2002年以来是陕西发展最好的时期，经济社会取得了又好又快的发展。2007年，全省进入加速发展、科学发展的新时期，但作为初级阶段欠发达省份的地位仍然没有改变，加快发展的任务依然任重道远。

第一节　近几年全省经济社会发展状况分析

一、经济发展最快、持续时间最长、稳定性最好

2007年，陕西经济增长14.6%，2003～2007年年均增速达到12.9%，比1978～2002年的平均增速9.8%高3.1个百分点，比同期全国年均增速高2.1个百分点。消费对经济驱动性增强。2003～2007年，社会消费品零售总额由908亿元扩大到1801亿元，增长近1倍。通货膨胀率处于较低水平，从2003～2007年，只有2007年的居民消费价格涨幅高于3%，年均上涨2.5%。

二、经济总量、人均GDP实现双翻番，发展实力增强

陕西生产总值由2002年的2253亿元增加到2007年的5465.8亿元，2006年总量实现翻番，提前4年完成了建设西部强省“三步走”的第二步战略目标，经济总量在全国31个省区市中的位次由21位提升到20位，占全国GDP的比重由2002年的1.9%提高到2.2%。2007年人均GDP达14607元，是2002年的2.4倍，在全国位次由23位提升到20位。财政收入达到893亿元，比2002年增加641亿元，增长2.5倍，地方财政收入由2002年的150亿元增加到475亿元，增长2.2倍，年均增长25.9%，比1998～2002年增幅提高13.6个百分点。

三、以基础设施建设为主的投资规模不断扩大，为陕西发展奠定了基础条件

自2003年至2007年，全省固定资产投资由975亿元增加到3642亿元，扩大2.7倍。建成了一批公路、铁路、机场、水利、通信、环保、能源、装备制造、重要原材料等基础设施工程项目，经济发展后劲明显增强。

四、经济发展方式转变加快，可持续发展能力提高

节能减排成效显著，单位GDP能耗逐年降低。2002年陕西万元GDP能耗1.69吨标

准煤，到“十一五”初的2005年降为1.48吨标煤，2007年为1.36吨标准煤，较上年下降4.5%。万元GDP能耗降幅在全国由高到低排居北京、天津、上海之后列第4位。主要污染物化学需氧量和二氧化硫排放量首次呈现“双下降”。

生态生活环境改观。在全国率先实施了大规模的退耕还林，陕西占全国退耕还林总面积的1/10。城市集中式饮用水源地水质达标率达99.92%，城市环境空气质量优良天数达标率为84.1%。农村生活环境得到改观，陕西自来水受益村达到59.4%，建成各类饮改水工程1.3万处，初步解决了600多万农村人口的用水困难。

五、对外开放水平不断提高，国际旅游实现新突破

2007年实际利用外商直接投资11.95亿美元，为2002年的2.9倍，年平均增长23.8%。对外贸易增势强劲，进出口总额达到68.88亿美元，出口保持高速增长态势，年均增长27.7%。旅游人数达到8138万人次，为2002年的2.1倍，年均增长16.3%；旅游收入504亿元，年均增长21.9%。

六、人民生活向全面小康迈进，民生问题得到更好解决

居民收入大幅增长。2003～2007年，全省城乡居民收入年均增长速度达到两位数。2007年，在岗职工年平均工资21296元，比2002年增长1.1倍，年均增长15.5%，城镇居民人均可支配收入10763元，年均增长11.2%，农民人均纯收入2645元，年均增长10.6%。城乡居民人均储蓄存款由5737元增加到11421元。全省用于社会保障和就业的财政支出达到159.01亿元，有81.38万人得到城镇最低生活保障，117.36万离退休人员参加了基本养老保险，410.07万职工参加基本医疗保险，330.97万职工参加失业保险。农民得到实惠最多。

近几年是陕西经济发展步伐加快、城乡面貌变化最大、财政状况最好的几年，也是居民收入增加、百姓生活得到实惠最多的几年，但总体实力仍然较弱，欠发达仍然是陕西的基本省情。在各地竞相发展的格局下，赶超与被超的两种可能并存，在竞争中求发展，实现赶超目标的任务艰巨。

一是经济总量占全国的份额偏小。2007年，陕西人口占全国的2.8%，但生产总值仅占全国的2.2%，与1978年相当。经过30年的奋斗，虽然经济总量跨上了新台阶，但占全国的份额始终没有大的突破。二是经济总量位次在全国居中下游。30年来，生产总值基本徘徊于全国第20位左右。三是人均GDP低于全国平均水平，2007年为14607元，仅相当于全国的77.1%，在全国位次处中下游水平，居第20位。四是赶超与被超的两种可能并存。2007年，陕西经济总量比第19位的江西少34.5亿元，GDP增速比江西快1.6个百分点；比位于陕西之后的吉林和天津仅多181.1和415.4亿元，但GDP增速比吉林和天津慢1.5和0.6个百分点。2008年前三季度，陕西经济总量超过了江西，但又被天津赶超，仍居全国20位。GDP总量比第19位天津少20.72亿元，比第18位广西少98.3亿元，增速比天津慢0.3个百分点，比广西快3个百分点，GDP总量比第21位江西多42.3亿元，比第22位吉林多594.73亿元，增速比江西快3.1个百分点，比吉林仅快0.1个百分点。2005年，内蒙古首次超越陕西，陕西20位，内蒙古19位，到2007年陕西仍为20位，内蒙古已提升到16位。在各地竞相发展的形势下，目前的地位来之不易。

第二节 推动科学发展的途径

陕西经济社会已经进入了又好又快发展的新时期，具备了进一步加快发展、科学发展的基本条件和环境，抓住机遇，不断推动全省经济社会发展上水平。

一、必须走“结构调整之路”

近年来，陕西结构调整虽然取得很大进展，但目前的经济结构仍不尽合理。产业结构不够合理。2007年，第二产业占54.2%，第三产业34.9%，低于全国40.1%的水平。第二产业过分依赖能源化工工业。工业比重达85.8%，而能源工业又占工业总量的近一半，呈现出典型的资源型特征。装备制造业不大不强，装备制造业产值仅占陕西工业的22.2%，只占全国装备制造业的1.1%，工业利润2/3依赖石化、煤炭、有色行业。民营企业活力不足，发展滞后。2007年，非公有制经济占经济总量的比重达到45.6%，与东部发达地区80%相比差距较大。

推动陕西科学发展上水平，必须加快陕西经济结构战略性调整，特别是要着力加强薄弱环节，大力发展第三产业、壮大装备制造业和民营经济。

加快服务业发展。发展交通运输业，提升物流专业化、社会化服务水平；积极发展信息服务业，有序发展金融服务业，鼓励发展科技服务、法律咨询等服务业。进一步发展面向民生的服务业，积极拓展新型服务领域，不断培育形成服务业的新增长点。加快构建服务业市场体系，优化服务业组织结构，提高服务业市场化、产业化、社会化和国际化水平。

装备制造业是陕西有潜力大发展的重要产业。必须尽快提高重大装备研发设计能力、制造能力和集成能力，发展重大成套设备、高技术装备和高技术产业所需装备，推进装备制造业绿色化、信息化和国产化，形成一批企业规模大、技术水平高、产品质量优、市场占有率大的装备制造业产业集群。

加快发展民营经济，要进一步放宽产业准入限制，加快民营企业产业升级。政府应当进一步降低包括垄断行业和公共服务行业在内的准入门槛，鼓励民间资本进入。缓解融资难题，形成覆盖陕西的融资担保网络，发展直接融资，加快银行体制改革，探索成立为中小企业服务的民营企业银行及金融服务组织。政府对企业的技术创新与改造，要从政策、资金、人才等方面给以扶持。

二、必须走投资、消费、出口协同拉动之路

目前，陕西经济增长过多依赖投资拉动，消费率不高，对外开放度低。2007年陕西消费率仅45.2%，在全国由高到低排居第24位。相反，投资率（资本形成占GDP的比重）“十五”以来一直保持在40%以上的水平。2007年陕西固定资产投资占GDP的比重高达66.6%。同时，投资效率逐渐降低。2005年每增加1亿元GDP需要的固定资产投资为3.32亿元，2007年增加到3.87亿元，付出的投资代价越来越大。外贸依存度不到10%，全国已达60%以上。

陕西要推动科学发展上水平，必须走投资、消费、出口协同拉动之路。必须坚持把扩大内需作为经济发展的基本立足点，下决心调整国民收入分配格局，着力扩大消费需求特别是居民消费需求，切实提高农民收入和城镇低保收入，增加公务员津贴，统筹解决影响即期消费的体制性问题，减轻和消除居民扩大消费的后顾之忧，提高消费对经济增长的贡献率。要继续扩大对外开放，加大招商引资的力度，不断提升陕西经济的外向度，大幅度提高外贸进出口在经济中的比重。

三、必须走强县之路

县域经济是国民经济发展的基础，陕西县域间经济发展不协调，整体发展缓慢仍是陕西科学发展加快发展的“短腿”。

县域发展总体实力弱。2007年，全国县域经济总量占GDP的比重为57%，陕西仅为49.2%。全国百强县经济总量、财政收入、农民纯收入分别是陕西“十强县”平均水平的3.2、2.9和2倍，陕西十强县首位的神木县在全国百强县中仅处于第92位。工业化、城市化、农业产业化水平低。

实现经济社会又好又快发展的基础在县域经济。要缩小与其他发达省份的差距，重点在县域经济。关键是努力提高陕西的工业化与城镇化水平，积极发展农村二三产业，加快乡镇企业发展和小城镇建设，积极稳妥引导农业人口转移，要充分发挥各地资源优势，加大“一村一品”推进力度，大力推进农业产业化进程。要加大基础设施建设，逐步缩小城乡二元差距。要继续落实扩权强县各项政策，扩大试点范围，在项目、资金等方面给予扩权县更大支持。

四、必须走转变经济发展方式之路

陕西是能源资源比较丰富的省份，经济发展也主要依赖于资源开发，能源消费总量较高，经济发展方式比较粗放。2000年以来，陕西能源消费弹性系数偏高，经济增长付出了巨大的能耗代价，虽然2006年能耗增速低于经济增速，但基础很不稳定，深层次的矛盾并没有得到根本解决。土地和水资源供需矛盾突出。2007年陕西常用耕地面积比2000年平均每年减少58.5万亩，人均水资源量仅相当于全国平均水平的37.1%，水资源的承载力和土地承载力低。

保护好利用好资源环境，是实践科学发展观、实现可持续发展的需要。要努力解决经济发展过渡依赖资源的粗放模式，逐渐转变经济增长方式，科学合理的开发好利用好资源。着力发展循环经济，切实保护生态环境，协调资源开发与环境保护，统筹工业发展与城镇建设。建立资源开发、产业发展、环境保护良性互动的新机制，努力实现经济发展与资源和环境相协调，确保经济社会可持续发展。

五、必须走自主创新之路

陕西省科技教育资源相对雄厚，虽属科技教育大省，但不是科技教育强省，科技投入不够，科技成果转化程度不高，自主创新能力不强。

一是R&D经费占GDP比重低。2005～2007年，陕西R&D经费占GDP的平均比重仅为2%左右。2007年，陕西大中型工业企业中，仅有33.6%的企业开展了R&D活动，自主创新意识淡薄。二是企业的创新、研发能力不强，科技成果在全国份额小。陕西的中国名牌产品27个，在全国的份额不足2%。2007年，高新产业增加值为203.61亿元，在工业经济中的比重仅为8.5%。三是中央单位研发实力强大，而地方单位研发实力相对弱小，科学技术与陕西经济发展的融合度较低。

提高自主创新能力是推动科学发展的主要突破口，是从根本上提高陕西综合竞争力，建设西部强省的有效途径。要按照建设创新型省份的要求，制定与落实支持科技进步和自主创新的各项政策措施。建立健全自主创新激励机制，营造良好的创新环境。加快建立以企业为主体、市场为导向、产学研相结合的技术创新体系，不断提高开放条件下的原始创新能力、集成创新能力和引进消化能力，用先进技术改造提升陕西传统产业，打造拥有自主知识产权的优势产业，全面提高产业技术水平。

六、必须走富民之路

近几年，陕西城乡居民生活水平得到明显改善，但居民收入、就业就学、就医看病、住房等方面仍存在明显不足。民生问题仍然是陕西科学发展必须解决的最大难题。

一是居民收入实际增长与经济增长不同步。按可比价计算，2003年到2007年，陕西GDP年均增长12.9%，城乡居民人均收入年均实际增长分别仅为8.6%和6.6%。二是城乡之间、区域之间居民收入差距明显。陕西农民与城镇居民人均收入比由2000年的

1∶3.49扩大到1∶4.1;最低与最高地区相比,2007年在岗职工平均工资商洛仅相当于西安的57.7%;城镇居民人均可支配收入,安康仅相当于杨凌的61%;农村居民人均纯收入,商洛仅相当于西安的42.1%。三是就业,住房、医疗、养老等矛盾较为突出。

科学发展观的核心是以人为本,实质就是要把发展的成果体现在提高人民生活水平上。要结合陕西民生问题比较突出的实际,大幅度提高居民实际收入水平,解决城乡居民收入偏低的问题。大力推进民生八大工程,把教育特别是基础教育、职业教育切实摆在优先发展的战略地位。要把提高人民健康素质作为改善民生的重要目标。加快建设覆盖城乡居民的基本医疗卫生制度,破解人民群众看病难、看病贵的难题,不断提高全民健康素质,要把就业摆在经济社会发展的突出位置。增强广大劳动者的就业能力,千方百计扩大就业渠道。要进一步完善社会保障体系,突出抓好基本养老、基本医疗、最低生活保障制度等重点,逐步提高统筹层次和保障水平。要把解决保障性住房问题作为解决民生问题的重要任务,进一步健全城市廉租房、住房公积金和经济适用房三项制度,花更大的力气,解决城市低收入群众住房困难问题。

(王莉霞　杨天祥)

第二十七章

黑龙江与辽、吉、蒙经济发展比较

2000年以来，黑龙江省紧紧抓住国家振兴东北等老工业基地、扶持粮食主产区生产、社会主义新农村建设等政策机遇，加快经济发展，综合实力显著增强，累计生产原油占全国四成以上、木材占三成、原煤约占一成、商品粮占1/7，为国家经济建设做出了重要贡献。然而，石油、原煤等资源枯竭带来的压力和矛盾日益增加，一些主要指标与相邻省(区)相比存在一定差距。

第一节　经济发展中存在的差距

一、经济发展相对滞后

2007年全省GDP达到7077.2亿元，连续6年保持两位数增长，是改革开放以来发展速度最快、持续时间最长的时期，各项主要经济指标创历史最好水平，但与辽、吉、蒙相比仍存在一定差距(见表27.1)。主要表现是：

一是位次后移。改革开放初期，我省经济总量占全国的5%左右，1980年在全国31个省(区、市)中排在第8位，2007年只占2.9%，排在第15位，后移了7位，同期辽宁后移3位、吉林后移3位，内蒙则前移8位。人均GDP在全国的排位由1980年第5位后移到2006年的第12位。

二是增速不如辽、吉、蒙快。2000年以来的GDP年均增速为11%，辽、吉、蒙分别为13.4%、12.6%、19.3%。

三是地方财力不足。2007年地方一般预算财政收入增速为13.9%，居全国第30位，辽、吉、蒙分别居第9位、第13位和第1位。2006年人均地方财政一般预算收入为1012元，居全国第15位，低于全国平均水平1937元，比吉林高111元，比辽宁、内蒙分别低903和421元。黑龙江作为资源大省虽然产出大量资源性产品，但是由于分配机制的作用，地方财力积累不足。

四是居民收入低。2007年城镇居民人均可支配收入为10245元，比全国平均水平低3541元，比辽、吉、蒙分别低2055、1041和2133元。作为农业大省，农村居民人均纯收入并不高，2007年为4132元，低于全国平均水平(4140元)，分别比辽、吉、蒙少641元、少58元、多179元。

表 27.1 2007 年黑、辽、吉、蒙以及全国主要经济指标

	地区生产总值（亿元）		地方财政一般预算收入（亿元）		城镇居民人均可支配收入（元）		农村居民人均纯收入（元）	
	绝对值	增幅%	绝对值	增幅%	绝对值	增幅%	绝对值	增幅%
全 国	246619.0	11.4	51304.0	32.4	13786	17.2	4140	15.4
黑龙江	7077.2	12.1	440.2	13.9	10245	11.6	4132	16.3
辽 宁	11021.7	14.5	1082.0	32.3	12300	18.6	4773	16.7
吉 林	5226.1	16.1	320.5	30.7	11285	15.5	4190	15.1
内蒙古	6018.8	19.0	492.3	43.4	12378	19.5	3953	18.3

注：全国为财政收入。

二、产业结构不合理

黑龙江的产业结构倚轻倚重特征明显，主要表现在 3 个方面：

一是一产优势不突出。虽然连续四年粮食综合生产能力保持在 700 亿斤的水平，畜牧业也保持较快增长，农业对经济的贡献率虽高于全国水平，但优势并不明显。2000 年以来，全省第一产业增加值占 GDP 比重为 12.5%，比全国平均水平高 0.5 个百分点，比辽宁高 1.6 个百分点、比吉林和内蒙分别低 5.8 和 5.6 个百分点；对经济增长贡献率 8%左右，比全国平均水平高 3 个百分点。

二是二产比重过大。黑龙江经济发展主要靠第二产业中的工业支撑，工业中石油天然气开采业占 1/5 强，是比较典型的“油经济”。2007 年，我国第二产业占 GDP 比重为 49%，而黑龙江全省 GDP 中 53.4 %是由第二产业创造的，分别高于辽宁、吉林和内蒙 0.5、7.7 和 2.2 个百分点。

三是三产规模偏小。全省第三产业一直处于较低水平，2007 年所占比重为 34%，居全国第 28 位，比全国平均水平低 5.1 个百分点，比辽、吉、蒙分别低 2.4、4.7 和 1.8 个百分点。

表 27.2 2006 年黑、辽、吉、蒙以及全国三次产业情况

单位：%

	第一产业			第二产业			第三产业		
	增幅	占 GDP 比重	对 GDP 贡献率	增幅	占 GDP 比重	对 GDP 贡献率	增幅	占 GDP 比重	对 GDP 贡献率
全 国	3.7	13.7	4.6	13.4	44.8	49.7	11.4	41.5	45.7
黑龙江	4.2	13.0	10.9	14.3	50.7	58.6	11.2	36.3	30.5
辽 宁	5.5	10.8	8.6	19.6	47.8	47.4	10.1	41.4	44.0
吉 林	4.1	19.0	12.9	21.1	40.2	44.3	15.1	40.8	42.8
内蒙古	5.7	13.6	6.7	25.3	48.6	61.9	15.6	37.8	31.4

三、经济发展活力不够

黑龙江是较晚退出计划经济体制的省份，市场化程度比较低，对市场经济的适应能力比较差。主要表现是：

一是非公经济所占比重低，对经济贡献低。规模以上工业全部资产中私营以及三资工业企业仅占 18.0%，比全国低 22.4 个百分点，分别比辽、吉、蒙低 14.7、3.8 和 4.5 个百分点。规模以上私营以及三资工业企业实现增加值占 GDP 比重仅为 4.6%，比全国平均水平低 16.3 个百分点，分别比辽、吉、蒙低 14.5、8.6 和 5.7 个百分点。实现的利税仅占全部利税的 5.3%，比全国低 35.2 个百分点，分别比

辽、吉、蒙低35.1、30.1和20.3个百分点。

二是区域市场化程度低。黑龙江区域经济竞争力虽然居全国第14位(2006年),但是市场化程度处在较低水平,主要表现为地区间经济发展相对封闭,经济主体自由度较低,生产要素市场化程度较低。2007年技术合同成交额相当于GDP的0.5%,占全国比重的1.6%,明显低于辽宁省的4.3%;2007年在国内A、B股的上市公司为28家,仅占全国的1.8%,低于省均50家的水平。金融环境欠佳,不符合贷款条件的项目和企业较多,银行不良资产率居高不下,有效信贷需求严重不足。

三是对外开放度低。在发展外向型经济、吸引区域生产要素流入方面,远远落后于全国平均水平。2007年,对外贸易依存度18.5%,远远低于全国平均水平(66.6%);外商直接投资20.9亿美元,仅占全国的2.8%,外资所占比重过低。

四是企业发展能力不强。从工业企业经济效益指标看,2006年总资产增长率为4.8%,分别低于辽宁和吉林13.7和9.3个百分点,处于全国的末尾,低于全国平均水平13.9个百分点。

第二节 比较优势和发展潜力分析

一、国家政策支持

国家振兴东北等老工业基地政策、《东北地区振兴规划》,以及沿海发达省份的产业转移,对黑龙江经济社会发展起到强大的支撑作用。目前国企改制已经基本完成,经济运行体制机制改革逐步深入,对经济发展促进效应逐步释放。黑龙江经济发展的外部环境比较有利,《中俄地区合作规划》的签署和实施,有益于对俄经贸科技合作战略升级,为实现经济跨越式发展提供了基本保障。

二、具备经济发展所需的基础条件

一是基础设施比较完善,交通运输、能源电力、邮电通信等经济发展的先行指标具有明显比较优势,一大批重点基础设施项目先后投入使用,经济发展软硬环境不断改善。二是资源优势明显,耕地面积、石油、商品粮等居全国首位,具有得天独厚的生态、冰雪资源,具有一批良好素质的产业队伍。

三、对俄罗斯贸易具有地理优势

在对外贸易方面,黑龙江与俄罗斯共享3000多公里的边境线,具有25个国家一类口岸,陆路相通,水陆相连,拥有得天独厚的优势。全省对俄贸易占全国对俄贸易的20%以上,并有坚实的合作基础,对俄经贸战略升级将成为加快发展新的增长点。

四、处于产业结构升级期

黑龙江正处于结构调整和经济转型的重要时期,制造业发展潜力大,尤其是装备制造业的影响力系数和感应度系数绝大部分都超过1,波及效果最大。制造业的聚集效应拓展了生产性服务业的发展空间。伴随制造业的技术进步和产品档次的提升,物质消耗占生产消耗的比重将越来越小,而产品的设计、包装、运输、存储、广告、宣传、售后服务等环节的消耗将不断增加,这些原来内置于制造业产业链中的服务活动将通过专业化分工而逐步外扩,在产业结构调整改造中形成巨大的市场需求,从而推动服务业的发展。通过服务业的发展,既能促进产业结构的优化升级,增加经济总量,也能促进经济协调发展。

作为老工业基地,黑龙江在装备制造、石化、能源、医药、电子和食品加工等行业培育出一批在国际、国内具有较强竞争力的大企业,这些企业依靠资源优势,具有较强的集聚力和辐射力,为产品由初加工向深加工,延伸产业链条,开发终端产品,提高产品附加值,发展区域特色和优势的产业集群，做大做强企业，提升产业能力，提供了良好的发展基础。

第三节　实现经济跨越的对策与建议

一、积极有效地调动各地的积极性

积极有效地调动各地的积极性，才能增强发展经济的干劲。要以《关于进一步加快县域经济发展的决定》和《黑龙江省县域经济社会发展监测考核和奖励办法》为基础，进一步提高各地发展县域经济的主动性、积极性和创造性，不断壮大县域经济总体实力。

二、构筑经济发展良好平台

各地以深化改革，建立社会主义市场经济体系为突破口，注重从政府职能转变、企业诚信、市场环境等方面解决制约经济发展的问题。

三、实现消费、投资、出口协调拉动

黑龙江经济主要靠投资拉动，消费、出口对经济拉动比较弱。应重视消费市场的培育，完善城乡市场体系，改善消费环境，提高城乡居民收入，促进居民扩大即期消费。针对外贸出口占经济总量较低的情况，在稳定对俄贸易的基础上，积极开发欧美、日本以及中东、拉美等新兴市场，增强出口对经济拉动力。

四、不断优化产业结构，增强经济发展协调性

遵从强化一产优势，提升二产竞争力，做大三产规模，大力推进结构调整升级的发展战略，充分发挥比较优势，加快新型工业化、农业产业化、企业市场化、经济国际化建设步伐，形成“四化”联动，将发展潜力转化经济强势，将资源大省建设成经济强省。

五、发挥区域龙头作用，增强相互间的协动性

一是加快哈大齐工业走廊建设，以高新技术产业为引领，重点发展装备、石化、食品、医药和现代物流等产业集群，使其成为全省经济的新增长点。二是加快现代农业综合试验区建设，充分发挥农垦在发展现代农业中的辐射带动作用，建立国家级现代农业综合试验区。三是加大东部煤电化基地建设力度，鸡西、鹤岗、双鸭山、七台河四大煤城已经被国家批准为全国七个煤化工产业基地之一，必将加快东部煤电化基地建设，组建具有资源开发、产业整合、融资平台功能和国际竞争优势的大型煤炭企业集团，推进煤炭产业结构调整，实现从煤炭资源大省向煤炭经济强省转变。四是加快沿边开放带建设，充分发挥绥芬河、黑河等19个沿边市、县对外开放桥头堡作用；加快沿边县市对俄加工园区建设，有力地推动对俄经贸科技合作。五是加快大小兴安岭森林生态经济功能区生态功能恢复和经济转型建设，通过实施天然林保护工程等生态工程性措施基础上，建设生态经济区，依托资源优势，以先进适用技术发展林木资源精深加工，因地制宜地发展山特产品精深加工，打造生态特色产业带。

（安静）

第二十八章

河北省产业协同支撑力问题研究

本章以打造产业协同支撑力为突破口，以增强“三力[①]”、建设沿海强省为主线，通过与人均 GDP 高于河北的沿海省份[②]比较，深入分析了河北产业协同特征和制约点，提出了沿海强省产业协同支撑力的目标与路径，以及打造四大协同“支撑力”的策略。

第一节 河北存在的“双滞后”与“剪刀差”现象

产业协同发展是指产业结构调整优化，促进经济良性发展的过程。一个协同发展的产业结构，不仅能使区位、资源优势得到充分发挥，而且能使产业结构所具有的整体性和系统性，在调整优化与相互支撑的基础上产生协同效应，全面提升本地区的实力、活力和竞争力，有效促进经济又好又快发展。区域经济发展是渐进升级的过程，在经济发展的不同阶段，有与之相适应的产业结构，发达国家经验表明，工业化中后期产业结构调整升级的方向是第二产业缩量调强，第三产业比重和拉动力上升，产业协同发展趋势增强。目前，河北已进入工业化中期阶段，对产业协同发展提出了迫切的要求。

为研究产业协同与“三力”水平状况，以河北及广东、江苏、浙江、山东、福建、辽宁等沿海七省平均水平作为沿海强省的参照系，建立并运用产业协同与“三力”水平指标群[③]，采取聚类分析和综合评价方法，分别对七省的产业协同与“三力”水平进行聚类分析和指数化定位，通过横、纵向比较，七省存在“双高”、“一高一低”和“双滞后”等基本形态，河北呈现“双滞后”与“剪刀差”特征。

第一，“双高”形态，协同效应最佳。产业协同水平保持领先，“三力”水平较高，协调联动效应良好。包括广东、浙江和江苏三省，2007 年三次产业增加值比例平均为 6∶54∶40，第三产业比重高于七省平均 2.5 个百分点，制造业和高技术产业比重较高。2003～2007 年经济年均增长率在 14％以上，人均

① “三力”是对实力、活力、竞争力的简称。

② 人均 GDP 居河北前列的沿海省份指与河北具有可比性的广东、江苏、浙江、山东、福建、辽宁六省。

③ 产业协同指标群：包括第三产业增加值比重、第三产业对经济增长的贡献率、增加值对比系数（第三产业增加值/第二产业增加值）、制造业比重和高技术产业增加值比重 5 项指标，综合反映区域产业结构层次水平及高加工度化与技术集约化趋势。“三力”水平指标群：包括人均生产总值、经济持续增长率、国内市场占有率和出口总值占 GDP 的比重 4 项指标，综合反映区域经济实力、活力与竞争力。

GDP 超过 4000 美元，出口占 GDP 的比重在 50%以上。经济发展与资源环境较协调，按从高到低排列，2006 年万元 GDP 能耗水平居全国第 26～29 位。

第二，"一高一低"形态，协同效应不强。产业协同与"三力"协调联动效应不强。包括以下两种情况：一是产业协同水平较高，但"三力"水平相对偏低。表现为工业化水平相对较高，第三产业比重达 40%左右，但人均 GDP 位次后移，"三力"水平提升不快，影响了产业协同优势发挥。二是"三力"水平较高，但产业协同水平相对偏低。表现为产业结构层次指标均低于七省平均水平，特别是第三产业比重较低。产业结构的瓶颈制约加大，"三力"水平提升不快，人均 GDP 与苏浙粤差距较大。

第三，"双滞后"形态，协同效应缺失。产业协同水平在低位徘徊，"三力"水平与发达省份差距拉大，二者缺乏相互支撑与协调联动效应。以河北为例，2007 年三次产业比例为 14.2∶52.3∶33.5，第三产业比重比沿海七省平均低 4 个百分点，制造业和高技术产业比重较低，人均 GDP 比七省平均水平低 8920 元，国内外市场占有率较低，出口总值占 GDP 的比重仅为 9.3%，比七省平均水平低 33.8 个百分点，经济发展的资源环境代价较大，万元 GDP 能耗水平居七省首位。

第四，"剪刀差"形态，二者趋势背离。进一步对河北产业协同与"三力"水平的发展趋势分析①，产业协同水平快速下滑，协同水平指数由 2002 年的 81.1 逐年下降到 2006 年的 58.4，且未见止跌迹象；"三力"水平快速提升，"三力"水平指数由 2001 年的 53.8 逐年提高到 2006 年的 85.7，但升幅趋缓。二者走势呈现"剪刀差"形态，反差呈扩大趋势。

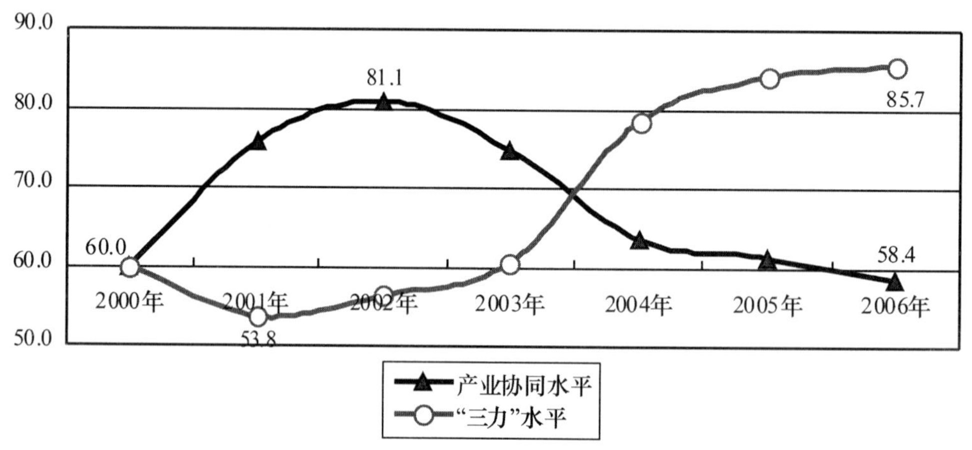

图 28.1 河北产业协同与"三力"水平呈现"剪刀差"态势

河北存在"双滞后"与"剪刀差"，主要是产业协同水平低位下滑，具体表现为"三个不协调"：

一是第三产业滞后，与经济发展不协调。第三产业发展水平是衡量一个地区产业结构高级化和经济现代化的重要标志，人均 GDP 与三次产业的关联度分析表明，发展第三产业对增强经济实力，提高运行质量具有重要作用。河北人均 GDP 超过 2000 美元，处于工业化中期阶段，这一阶段第三产业增加值比重一般应在 37.8%～41.2%之间，但河北 2007 年仅为 33.5%，比全国低 5.6 个百分点，分别比广东、浙江、福建、江苏低 8.8、6.9、6.0 和 3.9 个百分点。从内部行业协同支撑分析，存在着行业结构性错位，即规模较大的行业对经济的影响力较弱，规模效应难以有效发挥，如交通运输及仓储、批发和零售贸易、公共管理和社会组织、房地产和金融保险等行业增加值占第三产业的 60%以上，但影响力系数均小于 1；而影响力较大的行业因规模偏小，制约了影响力效应的放大，如卫生、社会保障和社会福利

① 对河北产业协同与三力水平的动态趋势分析，采用了功效系数法与综合评价方法，协同水平指数与三力水平指数均以 2000 年为 60，各年份的水平指数反映了与 2000 年相比，综合发展水平及变化趋势。

业、信息传输、计算机服务和软件业、租赁和商务服务业、综合技术服务业等行业影响力系数均大于1,但增加值比重不足20%。

二是工业结构层次低,与资源环境不协调。河北重工业比重高,符合工业化中期阶段的基本特征,但结构不优,缺乏多业并举的支撑。突出表现为加工度低,制造业比重低,过度依赖钢铁工业。2006年河北制造业比重为75%,比沿海七省平均水平落后10个百分点;钢铁工业增加值比重比全国高23.2个百分点,而装备制造业增加值比重比全国低7.2个百分点,比江苏、浙江、广东等沿海发达省份低12个百分点以上。对资源性、高耗能行业,特别是钢铁工业的高度依赖,使全省经济发展面临较大的资源环境压力,节能降耗任务艰巨。2006年单位工业增加值能耗4.19吨标准煤/万元,比全国平均水平高1.66吨标准煤/万元,分别相当于江苏、浙江、福建、广东的2.7、2.9、3.1和4倍。这种状况不利于工业乃至整体经济的可持续发展。

三是高技术产业薄弱。高技术产业特别是信息技术产业的快速发展,使产业融合与协同发展的趋势越来越明显。河北高技术产业发展不足,严重制约着产业升级的步伐。2006年高技术产业增加值占GDP的比重仅为0.89%,比沿海七省平均水平低3.9个百分点,居末位;远低于广东10.8%、江苏8.1%的水平,福建、山东、浙江、辽宁在2.3%~5.5%之间。技术集约度高的电子及通信设备制造业占规模以上工业的0.6%,比沿海七省平均水平低5个百分点。

河北经济发展主要以资源型产业为主,缺乏多业并举、产业协同发展的有效支撑,资源环境代价较大。产业协同水平低已成为提升"三力"水平、转变经济发展方式的瓶颈制约。加快产业结构调整,提高产业协同水平,是提升"三力"、建设沿海强省的关键。

第二节 产业协同制约因素分析

河北存在"双滞后"与"剪刀差"的制约因素是多方面的,从微观、中观、宏观三个层面深入剖析,主要有五大制约,症结在于产业升级的导向存在偏差,区域特色不突出,产业结构不优,缺乏有较强竞争力的市场主体和优势产业。

一、市场主体不强,缺乏有效的微观基础支撑

市场主体是区域经济与产业发展的重要支撑与载体,市场主体发达的地区也是经济实力较强、产业结构较优的地区。与沿海发达省份相比,河北市场主体呈现"少、小、偏"的特征。一是数量少,缺乏活力。截止2007年上半年,法人企业数达14.89万个,居全国第10位,相当于江苏、浙江、山东和广东的33.2%~46.0%;每千人拥有法人企业2.2个,居全国第13位,比全国少1.1个,比上述四省少1.3~5.9个。二是规模小,竞争力弱。第一次经济普查资料显示,河北就业人员1千人以上的法人企业数仅相当于江苏、浙江、山东和广东的37.2%~74.4%,营业收入5千万元以上法人企业仅为上述四省的28.1%~41.7%。三是结构偏,制约协同发展。第二产业个数特别是工业比重偏高,占全部法人企业的比重分别为63.1%和60%,居全国第4和第3位;第三产业比重偏低,仅为36.9%,居第28位。市场主体不强不活不优,制约了产业的协同发展和整体经济的活力和竞争力。

二、行业比较优势缺失,产业结构升级受到挤压

比较优势决定竞争优势,竞争优势决定区域经济的分工合作。比较优势缺失的地区往往成为发达地区产业转移的对象,在区域产业结构升级中处于滞后被动的局面,受到更多市场环境因素的制约。与沿海发达省份比较,河

北优势行业差距较大。

一是具有比较优势的行业少，聚集效应难以有效发挥。如图 28.2 所示，在 36 个主要工业行业中，具有比较优势（区位商>1）的只有煤炭采选业、黑色金属矿采选业、食品制造业、皮革毛皮羽绒及其制品业、非金属矿物制品业、黑色金属冶炼及压延加工业、金属制品业、电力蒸汽热水生产供应业 8 个行业，占 22.2%，与 2000 年相比减少 3 个；其中只有 4 个行业区位商提高，比较优势得到加强。而浙江和福建具有比较优势的行业超过半数，分别有 20 和 19 个，占 55.6%和 52.8%；江苏和广东各有 16 个，占 44.4%；山东和辽宁分别有 14 和 13 个，占 38.9%和 36.1%；上述 6 省比较优势加强的行业有 7～12 个，均高于河北。

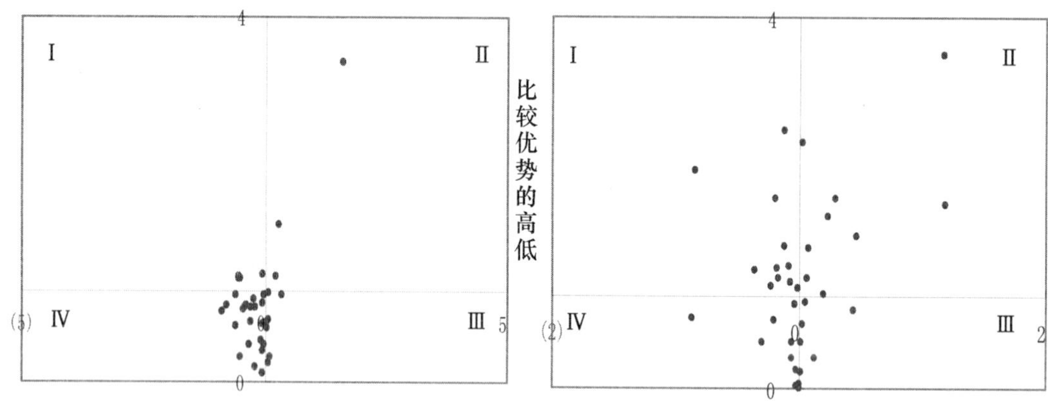

图 28.2 河北与浙江工业比较优势行业分布图

二是规模较大的优势行业少，制约了比较优势效应的发挥。河北前十大工业行业增加值占规模以上工业的 70%以上，具有比较优势的只有 6 个行业，占规模以上工业增加值的比重不足 55%，仅黑色金属冶炼及压延加工业就占 27.8%。而沿海发达省份前十大行业中，江苏、浙江和广东具有比较优势的行业分别有 8、8 和 9 个，占规模以上工业增加值的比重达 60%左右。由于比较优势集中在少数基础原材料和高耗能行业，近两年来，受国内外从紧环境影响较大，抗风险能力减弱，生产效益出现下滑，导致工业乃至整体经济增速减缓。

三、供需导向低欠佳，造成要素配置偏斜

从要素供给分析，相对国民收入①是产业结构演变的动因，生产要素逐步向相对收入较高的产业部门转移和配置，推动产业升级与协同发展。河北三次产业相对国民收入呈现“二三一”格局，依次为第二产业 1.81，第三产业 1.34，第一产业 0.33；三次产业劳动生产率差距明显，分别相当于全省平均水平的 33.1%、1.8 和 1.3 倍。第二产业发展优势突出，动力强劲，必然成为各地发展经济的首选目标；而第三产业发展动力弱于第二产业，发展第三产业缺乏有效的动力支撑。

从需求导向分析，经济各部门的发展离不开其他部门的需求拉动，特别是第三产业对其他产业的依赖性较高，市场需求结构决定着产业结构。河北第三产业市场需求结构层次低，是发展滞后的重要原因。据测算，第三产业感应度系数仅为 0.743，低于第二产业 1.581 的水平。传统服务业市场需求较大，交通运输及仓储业、批发和零售贸易业、公共管理和社会组织增加值占第三产业的 50%以上，而租赁和商务服务、住宿餐饮、综合技术服务等其他部门需求规模小，发展不足。表明经济发展对第三产业产生的需求拉动明显不足，对新兴服务

① 相对国民收入是指某一产业国民收入在全部国民收入（本表用地区生产总值指标计算）中的比重和该产业劳动力在全部就业人数中的比重之比。

表 28.1 三次产业的相对收入水平

年份	第一产业	第二产业	第三产业
2000	0.33	1.90	1.39
2001	0.34	1.85	1.41
2002	0.33	1.79	1.46
2003	0.32	1.82	1.43
2004	0.34	1.80	1.29
2005	0.34	1.77	1.24
2006	0.33	1.75	1.22
2007	0.33	1.70	1.19
2002～2007 年平均	0.33	1.81	1.34

业拉动更弱，这一方面制约了第三产业的规模扩张，反过来又阻碍了产业向协同迈进的进程。

四、区域产业同构，加固了产业不协同发展的惯性

河北区域产业同构问题突出，是产业结构不优、协同度不高的重要原因。一是各地产业同构化程度较高。河北各设区市产业结构相似系数均在 0.875 以上。经济总量居前四位的唐山、石家庄、邯郸和沧州市在 0.986 以上，承德、廊坊、邯郸、唐山、邢台、张家口和衡水等 7 个市制造业结构相似系数在 0.75 以上。二是制造业同构现象突出。第三产业结构雷同，传统服务业占绝对优势，前五大行业所占比重在 70%以上，现代服务业规模偏小。

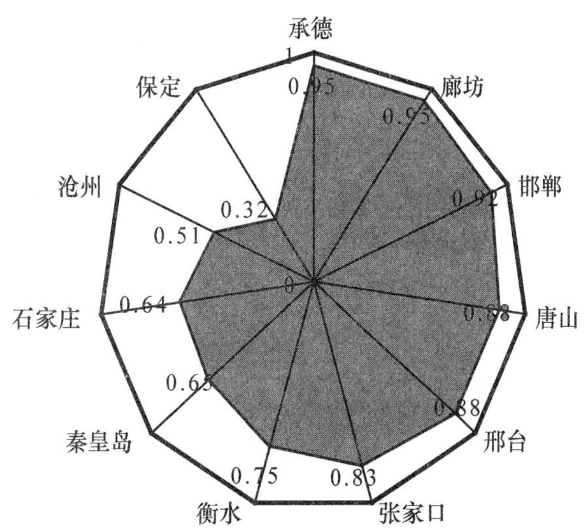

图 28.3 各设区市与省内其他地区制造业结构相似系数

五、城镇化发展滞后，限制了产业拓展空间

近年来，河北实施城市化战略，城镇化进程明显加快，但城镇化水平仍然偏低，对第三产业带动偏弱。2007 年城镇化率与第三产业比重分别为 40.25%和 33.5%，分别比全国低 4.6 和 5.6 个百分点，与沿海七省平均水平有 12.4 和 4 个百分点的差距，城镇化滞后限制了第三产业发展，延缓了产业优化升级和协同演进的进程。

第三节　路径选择与协同“支撑力”

一、目标与路径

为尽快达到目前沿海发达省份水平，必须加快经济增长向依靠三次产业协同带动转变、由资源依赖型向开放创新型转变，促进产业协同与“三力”水平由“双滞后”向“双高”形态迈进。推进这一进程，有三种路径可供选择，即：

路径一：先做“大”后调“优”，产业协同跟进。优先经济发展，以经济发展促进产业结构优化升级，在发展中逐步化解产业结构瓶颈制约。

路径二：先调“优”后做“大”，经济发展跟进。优先调整结构，加快产业结构优化升级步伐，以突破产业结构瓶颈为经济发展铺路开道。

路径三：“优”“强”并重，均衡协调发展。兼顾产业结构与经济发展，以产业结构协同促经济发展，以经济发展促产业升级，实现又好又快发展。

显而易见，应选择第三条路径，即“优强”并重，均衡协调发展。按照科学发展观和又好又快发展的要求，遵循科学、渐进、兼容并蓄的原则，取苏浙粤经济发展领先、产业协同发展之长，发挥沿海区位优势，加快结构调整与经济发展步伐，当务之急是扭转“双滞后”与“剪刀差”态势，提高产业协同发展水平，实现与“三力”同步向上运行，合力推进沿海强省建设步伐。

二、强化着力点

选择“优强”并重，均衡协调发展的路径，应重点从强化第三产业与提升工业协同度着力，促进产业协同与“三力”水平双提高。

一是从加快城镇化和增加投入着力，强化第三产业。按照目前沿海七省平均水平测算，大力发展第三产业，将第三产业增加值比重提高到38%，产业协同水平能在现有基础上提高6.8个点，超过山东，接近辽宁；同时可提高全省生产总值和人均GDP7%以上。

二是提高工业结构协同度，是建设沿海强省的关键。若将河北制造业与高技术产业比重提高到87%和5.5%的沿海七省平均水平，可带动产业协同水平提高7.8个点，超过山东和辽宁。

对人均GDP水平与工业结构进行灰色关联分析，建立灰色关联模型①：

$X_0=\{x_0(1),\ x_0(2),\ \cdots\cdots,\ x_0(n)\}$

$X_i=\{x_i(1),\ x_i(2),,\cdots\cdots,\ x_i(n)\},i=1,2$

根据模型计算结果，河北人均GDP与制造业比重的关联度为$R_1(X_0,X_1)=0.653$，与高技术产业比重的关联度为$R_2(X_0,X_2)=0.703$，均高于多数沿海省份。为此，改善工业结构层次，提升工业结构协同度，对建设沿海强省更具现实意义，其关键是提高加工度，加快知识集约化，提升先进制造业与高技术产业比重。

三、构筑四大协同“支撑力”

建设以实力、活力、竞争力为标志的沿海强省，做好产业协同“大文章”，走“优”“强”并重、均衡协调发展之路，应构筑微观、中观、宏观多层次支撑体系，有效增强四大协同“支撑力”。基本思路是：夯实微观基础支撑，提升市场主体竞争力；拓宽产业升级空间，构筑协调发展格局；增强区域支撑力，优化生产力布局；发挥市场政府双重作用，营造全民创业环境。

一要培育壮大市场主体，增强“主体”支撑力。倡导全民创业，激发市场主体活力，加快培育更多、更优、更强的市场主体，构建多层次的市场主体支撑体系。继续做优做强大型骨

① 人均GDP水平(X_0)为参考序列，制造业比重(X_1)、高技术产业比重(X_2)为比较序列。

干企业，通过资本运作，整合优化市场主体，增强大企业和企业集团竞争力；做多做大民营企业，大力引导和鼓励民营经济发展；推进招商引资和项目建设，积极引进战略投资者参与企业改制重组。培育壮大企业家队伍，完善人力资源支撑的长效机制。积极引入人才竞争机制，形成选贤任能的社会环境，按照竞争择优的原则，探索企业家职业化的发展道路；加快建立现代企业制度，完善企业领导体制和企业内部管理体系，委之以权、赋之以责、厚之以利，为企业家提供成长锻炼的条件；进一步完善人才的培养和储备体系，增强人力资源支撑后劲。

二要加快建立现代产业体系，增强“升级”支撑力。坚持走新型工业化道路，提高传统优势产业技术水平，提升钢铁产业竞争力，着力建设先进装备制造基地，积极发展电子信息、生物制药和新型材料等高新技术产业，全力推进廊坊和秦皇岛信息产业、石家庄生物产业、保定新能源等高技术产业基地建设。大力促进关键核心技术创新，推进科技创新和优势产业的密切结合；加快节能减排技术研发和推广，加大农业科技成果应用力度。加快城镇化进程，优先发展信息服务、金融保险、现代物流等生产型服务业。

三要优化生产力布局，增强“区域”支撑力。顺应经济全球化和区域经济一体化大势，进一步强化开放意识，全面推进与跨国公司、世界500强和中央直属大公司大集团的战略合作，着力引进战略性支撑项目。顺应环渤海经济圈加快崛起大势，扩大与环渤海区域的经济技术协作，积极承接京津产业转移，促进区域合作双赢。顺应建设沿海经济隆起带大势，沿海地区应重点构筑以电力能源、港口物流、钢铁、石化、装备制造等为主导的产业隆起带；环京津地区推进高科技产业基地、农副产品加工基地、绿色环保和生态旅游基地建设；沿路地区加快培育先进制造、现代服务、医药、纺织等产业高地。努力形成优势互补、布局合理、相互促进的沿海腹地互动发展格局。

四要营造全民创业氛围，增强“环境”支撑力。进一步解放思想，破除制约发展的思想障碍，发挥好市场配置资源的基础性作用与政府调控作用，鼓励全民创业，在全社会形成敢于、善于办企业的宽松环境。要提供有利于企业发展的政策环境和基础设施条件，营造税负合理、自主创新意识较强、人力资源充沛的发展环境。以产业政策为指导，重点支持具有较强引导、示范和带动作用的项目，大力加强铁路、港口、公路、机场等基础设施建设。切实转变政府职能，构建服务型政府。更新服务意识，树立不仅为国有大企业服务、还要为众多中小企业服务的理念，提高办事效率；健全信息咨询平台和服务体系建设，在创业、融资、技术、信息、市场、技能培训等方面为企业提供全方位服务。

（杨景祥　田艳　梁义科）

第二十九章

工业结构调整对北京市节能降耗的影响

“十一五”前两年，北京市万元 GDP 能耗累计下降 10.97%，是全国唯一连续两年完成能耗下降目标的地区。工业占全市能源消费总量比重持续下降，对能效提高和节能降耗工作做出了突出贡献。本章对近几年来北京工业能源消费变化和能耗水平降低原因进行了分析，认为三次产业和工业行业结构调整是北京市能耗水平下降的主导因素，全市节能降耗的工作重点应逐步向效率节能转变。

第一节 能源消费结构与能源效率的变化

一、第二产业能源消费比重持续下降

2007 年全市能源消费总量为 6285.04 万吨标准煤（等价值，简称标煤，下同），比 2000 年增长 51.7%，年均增速达到 6.1%。全市能源消费结构发生深刻变化，2000～2007年，第

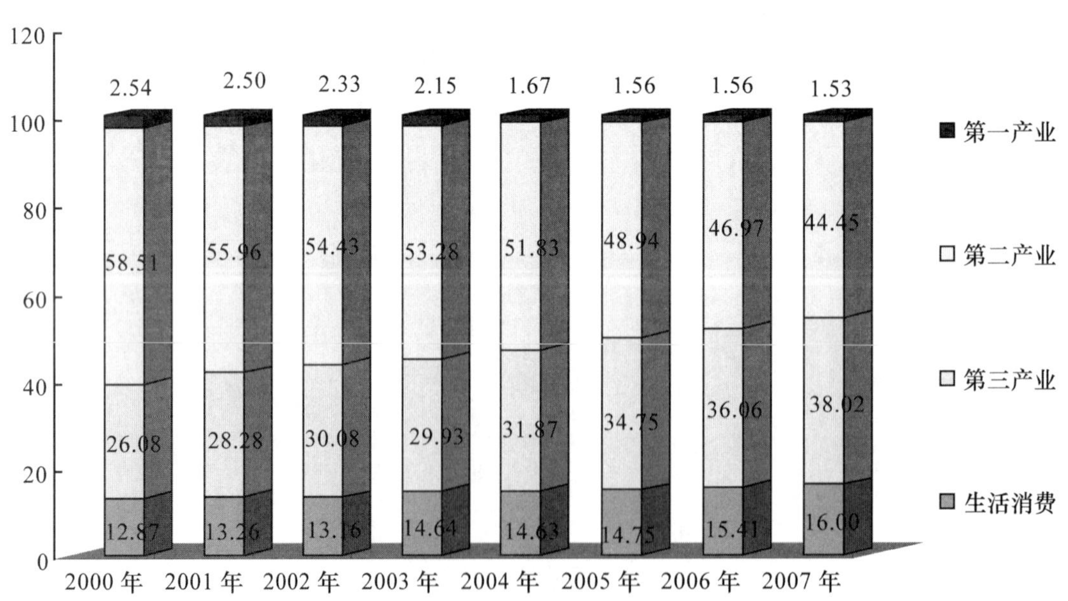

图 29.1 2000～2007 年全市能源消费结构(%)

二产业占全市能源消费的比重由58.51%降至44.45%，下降14.06个百分点；第三产业和居民生活占全市能源消费的比重则分别上升了11.94和3.13个百分点（见图29.1），全市能源消费结构由第二产业为主改变为二、三产业并重、居民生活消费逐年增加的格局。第二产业中，工业占全市能源消费总量的比重逐年下降，2004年首次低于50%，2000～2007年由56.86%降至42.72%，降低了14.14个百分点。

二、工业能源利用效率提高

2000～2007年，全市工业能源消费量累计增长13.9%，年均增长1.9%，低于全市能源消费总量年均增速4.2个百分点（见图29.2），同期工业增加值的年均增长速度为11.8%。

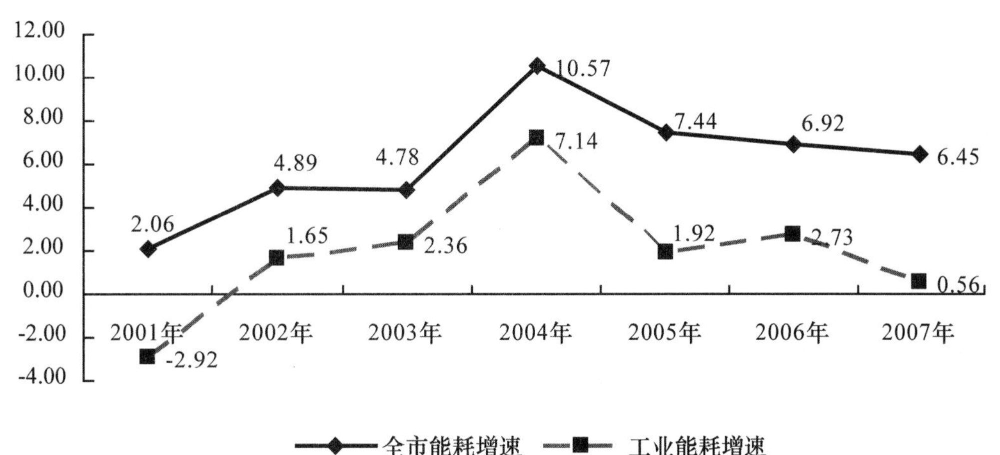

图29.2　2001～2007年全市及工业能源消费增速变动情况(%)

以电子通信、计算机设备制造业和汽车制造业为代表的新兴低耗能行业逐步成为拉动全市工业经济发展的主导力量，2007年高技术制造业和现代制造业对全市工业增长的贡献率分别达到45.5%和53%。这种变化带动了全市工业能源总体利用水平的不断提高，2000～2007年，全市万元工业增加值能耗由2.79吨标煤降至1.29吨标煤（现价），工业节能量达到635.03万吨标煤，占全市总节能量的86.6%（见表29.1）。

表29.1　2005～2007年北京市三次产业能耗变化及节能情况(万吨标煤)

	万元增加值能耗			节能量	
	2005年	2007年	下降(%)	数量	贡献率(%)
合计	0.802	0.714	10.97	733.67	100.0
第一产业	0.881	1.058	−20.09	13.86	1.9
第二产业	1.334	1.107	17.02	658.36	89.7
其中:工业	1.523	1.271	16.55	635.03	86.6
第三产业	0.403	0.387	3.97	61.45	8.4

注：万元增加值能耗及其下降率均按2005年可比价格计算。

三、工业能源消费的集中度

由于工艺和生产特点不同，工业内部不同行业能源消费水平存在较大差异。2000年，全市原油加工、炼焦及核燃料加工业、非金属矿物制品业、黑色金属冶炼及压延加工业、化学原料及化学制品制造业、电力热力生产及供应业等五个行业占全市工业能源消费的比重达到84.36%。2007年，全市五大高耗能行业增加值占全市工业增加值的比重为32.85%，而其能源消费量占全市工业能源消费量的比重高达79.51%（见表29.2），仍是北京市工业能源消费的主体，仅比2000年下降4.85个百分点。同时，全市耗能前15户企业的能源消费量占全部规模以上工业能源消费的比重达到72.52%，且全部集中在上述五个高耗能行业。

表29.2　2007年部分行业增加值和能耗比重对比表

行　业	万元增加值能耗（吨标煤）	增加值比重（%）	能耗比重（%）
石油加工、炼焦及核燃料加工业	11.872	2.81	25.88
非金属矿物制品业	5.149	2.88	11.51
黑色金属冶炼及压延加工业	4.943	6.54	25.07
化学原料及化学制品制造业	2.703	3.65	7.65
电力、热力的生产和供应业	0.714	16.97	9.39
通用设备制造业	0.382	4.29	1.27
交通运输设备制造业	0.354	9.15	2.51
专用设备制造业	0.352	4.34	1.18
医药制造业	0.304	3.75	0.88
电气机械及器材制造业	0.188	4.12	0.60
通信设备、计算机及其他电子设备制造业	0.178	16.52	2.28
仪器仪表及文化、办公用机械制造业	0.088	3.42	0.23

能源消费集中的现象决定了高耗能行业对北京工业能源利用效率提高和节能降耗工作具有较大的影响。2005～2007年，全市工业和五大高耗能行业增加值分别增长23.79%和4.59%，同期的能源消费量分别上升了3.31%和2.51%，五大高耗能行业对全市工业经济增长的贡献率为7.59%，而其对全市工业节能降耗的贡献率则为82.74%。

第二节　工业能耗降低的因素分析

节能降耗的途径分为两种：一种是结构节能，即通过行业（或产品等）结构的调整，降低高耗能行业（或产品）在经济中的比重，提高低耗能行业（产品）的比重，从而提升能源利用效率的整体水平，实现节能降耗。另一种是效率节能，也称技术节能，即通过技术改造、技术更新或能源管理水平的提高等途径，提高能源的利用效率，实现节能降耗。

一、主要耗能产品单耗变化对工业能耗的影响

产品（工序）能耗是反映工业生产能源利用效率最直接的指标，企业（行业）主要产品能耗的变化直接导致了其总体能耗水平的变化。

2007年，全市8个行业14类主要高耗能产品或工序[①]综合能源消费量为1610.33万吨标煤（当量值），占全市规模以上工业能源消费总量的66.9%，占所在的8个行业能源消费量的比重为76.2%。从14类主要高耗能产品（工序）单位产品能耗（简称单耗）变化情况看，有8类产品（工序）的单耗水平同比下降，其中，烧碱的单耗下降幅度最大，为6.1%；其余6类产品（工序）的单耗水平同比上升，其中，铁矿选矿工序的单耗上升幅度最高，为19.56%。

以2007年各产品（工序）的产量计算，8类单耗下降的产品（工序）共节约能源24.93万吨标煤，而6类单耗上升产品所增加的能源消费量为9.36万吨标煤，14类高耗能产品由于单耗变化而产生的节能量合计15.57万吨标煤（见表29.3），仅为2007年综合能源消费量的0.97%，技术节能尚未成为全市及高耗能产品所在行业节能降耗的主要因素。

表29.3　2007年主要高耗能产品单耗节能降耗情况

产品或工序	单　耗			本期产量（万吨、万标准箱、万千瓦时）	节能量（吨标煤）
	计量单位	本期	同期		
原煤	千克标准煤/吨	6.09	6.05	500.67	−200.27
铁矿采矿（工序）	千克标准煤/吨	0.64	0.65	660.09	66.01
铁矿选矿（工序）	千克标准煤/吨	3.79	3.17	311.10	−1928.84
机制纸及纸板	千克标准煤/吨	279.04	277.05	4.05	−80.65
炼焦（工序）	千克标准煤/吨	145.94	152.90	176.03	12251.56
原油（原料油）加工	千克标准煤/吨	120.50	115.17	996.35	−53092.52
烧碱（离子膜法30%）	千克标准煤/吨	455.82	485.61	7.64	2274.59
烧碱（隔膜法30%）	千克标准煤/吨	716.32	623.04	7.09	−6611.63
乙烯	千克标准煤/吨	941.66	971.92	90.86	27493.33
水泥	千克标准煤/吨	105.65	111.42	1147.61	66217.12
平板玻璃	千克标准煤/吨	15.89	16.90	228.99	2312.80
钢	千克标准煤/吨	658.12	654.20	808.43	−31690.48
轧钢（工序）	千克标准煤/吨	63.56	64.64	893.88	9653.88
火力发电	克标准煤/千瓦时	299.59	305.53	2172768.88	129062.47
合计		—	—	—	155727.38

二、行业结构变化对工业能耗的影响

2005年，全市工业万元增加值能耗为1.52吨标煤，在37个工业行业大类中，有27个行业低于全市工业平均水平，其余10个行业高于全市平均水平（见表29.4）。到2007年，前27个行业增加值所占比重由73.4%上升至82.80%，其余10个行业则由26.6%下降至17.2%，其中，五大高耗能行业的比重由36.4%下降至32.85%，降低3.55个百分点。低耗能行业比重的上升和高耗能行业比重的下降，直接带动了全市工业总体能耗水平的下降。

① 注：根据现有统计资料，2007年北京市主要耗能产品（工序）单位综合能耗类指标涉及8个行业，共14类产品（工序）。涉及的8个行业包括：煤炭开采和洗选业、黑色金属矿采选业、造纸及纸制品业、原油加工炼焦及核燃料加工业、化学原料及化学品制造业、非金属矿物制品业、黑色金属冶炼及压延加工业、电力热力生产及供应业。

表 29.4 工业各行业的能耗水平及增加值比重的变化情况(吨标煤、%)

行业	2005 年增加值单耗	能耗比重		增加值比重	
		2005 年	2007 年	2005 年	2007 年
石油加工、炼焦及核燃料加工业	8.56	25.48	25.88	4.53	2.81
非金属矿物制品业	5.36	11.52	11.51	3.27	2.88
非金属矿采选业	3.36	0.20	0.39	0.09	0.11
橡胶制品业	3.15	0.51	0.37	0.25	0.21
化学原料及化学制品制造业	2.91	7.67	7.65	4.01	3.65
黑色金属冶炼及压延加工业	2.89	25.44	25.07	13.41	6.54
木材加工及木、竹、藤、棕、草制品业	2.18	0.21	0.16	0.15	0.18
黑色金属矿采选业	2.05	0.46	0.36	0.34	0.45
废弃资源和废旧材料回收加工业	1.98	0.06	0.05	0.05	0.04
水的生产和供应业	1.79	0.60	0.58	0.51	0.33
工艺品及其他制造业	1.43	0.52	0.44	0.55	1.28
电力、热力的生产和供应业	1.36	10.01	9.39	11.17	16.97
塑料制品业	1.27	0.80	0.75	0.96	0.89
造纸及纸制品业	1.09	0.57	0.55	0.79	0.86
饮料制造业	1.08	1.52	1.59	2.15	1.75
纺织业	0.98	0.76	0.61	1.18	0.98
皮革、毛皮、羽毛(绒)及其制品业	0.92	0.07	0.05	0.11	0.09
农副食品加工业	0.89	0.80	0.88	1.36	0.92
有色金属冶炼及压延加工业	0.87	0.25	0.27	0.43	0.33
家具制造业	0.75	0.24	0.26	0.49	0.59
金属制品业	0.68	0.90	0.95	2.01	2.32
食品制造业	0.68	1.28	1.12	2.86	1.87
印刷业和记录媒介的复制	0.65	0.84	0.83	1.96	1.97
纺织服装、鞋、帽制造业	0.63	0.66	0.64	1.59	1.47
化学纤维制造业	0.61	0.04	0.05	0.09	0.06
文教体育用品制造业	0.54	0.10	0.13	0.28	0.22
通用设备制造业	0.51	1.24	1.27	3.69	4.29
交通运输设备制造业	0.44	2.45	2.51	8.44	9.15
医药制造业	0.41	0.78	0.88	2.91	3.75
专用设备制造业	0.33	0.84	1.18	3.94	4.34
煤炭开采和洗选业	0.30	0.31	0.27	1.56	2.22
电气机械及器材制造业	0.21	0.53	0.60	3.87	4.12
通信设备、计算机及其他电子设备制造业	0.19	2.01	2.28	16.08	16.52
燃气生产和供应业	0.13	0.09	0.14	0.99	1.01
仪器仪表及文化、办公用机械制造业	0.10	0.20	0.23	2.93	3.42
烟草制造业	0.09	0.04	0.04	0.68	0.86
石油和天然气开采业	0.00	0.00	0.07	0.28	0.56

(吴万标　赖伟臣)

第三十章

山东省富民强省监测指标体系

目前，山东省经济社会发展正处在加快推进工业化、城市化、市场化、国际化进程的新阶段，如何反映在新的历史起点上实现富民强省的进程，探究实现富民强省新跨越和新战略，成为全省上下共同关注的重要课题。

第一节 富民监测指标分析

从富民的内涵来看，富足、殷实的生活既包括居民收入的增加、社会就业的扩大、保障体系的完善、衣食用住行条件的改善、公共卫生、教育服务的提高，也包括文化生活的丰富，公民思想道德素质、科学文化素质和健康素质的提高。以此为依据，同时参考全面建设小康社会指标体系及其目标值，可以构建一套涵盖32个基本指标、由15项综合指标组成的富民指标体系及目标值（见表30.1）。这一富民指标体系，鲜明、全面地反映富民优先的实际进

表 30.1 山东省富民监测指标体系

指 标	单 位	目标值	2000年绝对值	2007年绝对值	2000年实现值	2007年实现值
1. 居民人均可支配收入（现价）	元	≥13000	4097	9232	3.15	7.10
2. 居民人均储蓄额	元	≥20000	4965	12211	1.99	4.88
3. 居民高低收入组收入比	以低为1	≤4	4.21	5.33	4.94	2.80
4. 城乡居民收入比	以农为1	≤2.8	2.48	2.96	5.00	4.91
5. 平均受教育年限	年	≥11	7.5	7.7	4.79	4.91
6. 平均预期寿命	岁	≥75	73.4	75.0	5.87	6.00
7. 恩格尔系数	%	≤30	40.6	35.5	5.18	5.91
8. 人均住房使用面积	平方米	≥35	18.3	26.9	3.65	5.37
9. 居民人均文化娱乐占消费支出比重	%	≥10	4.1	4.7	2.44	2.79
10. 二三产业就业占全社会就业比重	%	≥85	46.9	62.8	4.42	5.91
11. 基本社会保障覆盖率	%	≥85	21.6	75.8	2.03	7.14
12. 万人拥有医生数	人	≥28	16.11	15.97	4.03	3.99
13. 千人民用载客汽车拥有量	辆	≥70	5.9	28.7	0.50	2.46
14. 百户家用电脑拥有量	台	≥60	3.6	29.0	0.30	2.41
15. 居民人均生活用电量	千瓦小时	≥500	135.0	280.5	1.35	2.80
实现程度	%				49.65	69.39

程，清楚、具体地展示人民富足生活的内在质量，详尽、集中地表明人民享受社会保障的程度。

根据上述富民监测指标体系及目标值测算，2000年以来，山东努力扩大就业规模，积极加大社会保障力度，不断提高城乡居民生活水平，富民的实现程度呈逐年上升态势，由49.65%上升到69.39%，提高了19.7个百分点，年均提高2.8个百分点。特别是2005～2007年，富民实现程度提高速度明显加快，年均提高近5个百分点。主要有如下特点：

1. 居民收入大幅提高，但收入差距渐趋增大

2000～2007年，随着山东经济发展步伐的加快，经济综合实力逐步增强，有效带动了居民收入水平的上升。7年间，居民人均可支配收入、人均储蓄额由4097和4965元分别增至9232和12211元，分别增长1.3和1.5倍，年均增长12.3%和13.7%，实现程度分别为71%和61%，对富民实现程度提高幅度的贡献率分别为20.0%和14.6%。

2000～2007年，城乡差距、贫富差距在逐步增大。城乡居民收入比（以农民为1）由2.48扩大到2.96，居民高低收入组收入比（以20%低收入组为1）由4.21扩大到5.33，两项指标将富民实现程度下拉2.2个百分点。

2. 居民生活质量稳步提高，但消费能力依然较弱

2000～2007年，山东致力于人民生活水平的提高，家庭财产普遍增加，生活质量明显改善。恩格尔系数降低，由40.6%降至35.5%；平均预期寿命延长，由73.4岁延长至75岁；人均住房使用面积增大，由18.3平方米增至26.9平方米；每千人民用汽车拥有量、每百户家用电脑拥有量和居民人均生活用电明显增多，分别由5.9辆、3.6台、135.0千瓦小时增至28.7辆、29.0台、280.5千瓦小时。六项指标对富民实现程度提高幅度的贡献率为41.0%，拉动富民实现程度提高8.1个百分点。这六项指标仍处在较低水平，低于目标值较多。

3. 社会保障程度快速提升，但人口综合素质依然不高

2000～2007年，山东积极扩大就业，推动各项社会事业协调发展，社会保障体系逐步完善，困难群众的基本生活得到有效保障。二三产业就业人数占全社会比重由46.9%升至62.8%，7年提高15.9个百分点，对富民实现程度提高幅度的贡献率达到7.5%；基本社会保障覆盖率扩大，由21.6%扩大至75.8%，仅此一项指标对富民实现程度提高幅度的贡献率为25.9%，拉动富民实现程度提高5.1个百分点，成为山东实现富民目标的坚实基础。

但山东人口平均受教育年限仅为7.7年，与11年的目标值相差较大，实现程度尚不及一半；万人拥有医生数近五年来有所回升，2007年达到15.97人，但仍低于2000年的16.11人。

第二节　强省监测指标分析

强省，就是通过调整优化经济结构，依靠科技进步和创新，使全省经济的整体素质、综合实力和竞争力明显增强。强省目标，就是要实现由总体小康向全面小康跨越，由经济大省向经济强省跨越，由资源消耗和污染排放较多省份向资源节约型、环境友好型省份跨越，由人口大省向人力资源强省跨越，由文化资源大省向文化强省跨越。

在发展的新阶段，强省之路追求的是转变发展观念，创新发展模式，提高经济发展质量、效益和竞争力，强调的是经济结构优、质量效益好、创新能力强、资源消耗少、生态环境美。因此，可以用富民指标体系相同思路，构建一套涵盖30个基本指标、由15项综合指标组成

的强省指标体系及目标值(见表 30.2)。

表 30.2 山东省强省监测指标体系

指　　标	单　位	目标值	2000 年绝对值	2007 年绝对值	2000 年实现值	2007 年实现值
1. 人均 GDP	元	≥40000	9326	27807	2.33	6.95
2. 人均地方财政收入	元	≥8000	519	1794	0.65	2.24
3. 全社会劳动生产率	元/人	≥70000	15502	43128	1.33	3.70
4. 国地税占 GDP 比重	%	≥20	10.2	12.4	0.29	2.93
5. 第三产业占 GDP 比重	%	≥50	34.8	33.4	4.18	4.01
6. 消费贡献率	%	≥60	45.7	47.2	4.57	4.72
7. 城市化率	%	≥60	38.2	46.8	3.82	4.68
8. 外贸依存度	%	≥70	24.8	35.9	1.77	2.56
9. 科技创新能力指数	%	100	49.0	64.9	3.43	4.54
10. 工业发展指数	%	100	74.9	93.2	3.74	4.66
11. 交通运输仓储邮电业占 GDP 比重	%	6	6.5	6.8	5.00	5.00
12. 万元 GDP 能耗	吨标准煤	≤0.84	0.982	1.175	5.986	5.004
13. 环境质量指数	%	100	51.7	66.4	4.14	5.31
14. 地区经济发展差异系数	%	≤60	71.0	67.6	3.49	4.27
15. 社会安全指数	%	≥100	100	90.8	7.00	6.36
实现程度	%				51.72	66.93

根据上述强省监测指标体系测算,近几年山东强省的实现程度呈逐年上升态势,由 51.72%上升到 66.93%,提高了 15.2 个百分点,年均提高 2.2 个百分点。特别是 2005 年以来,强省实现程度提升速度逐年加快,由 2005 年的近 3 个百分点,升至 2006 年的 3.5 个百分点,再升至 2007 年的 6.1 个百分点。主要有如下特点:

1. 经济综合实力明显增强,但财税收入增加缓慢

2000～2007 年,山东人均 GDP、全社会劳动生产率分别由 9326 和每 15502 元分别上升到 27807 和 43128 元,7 年增长 1.3 和 1.2 倍,年均增长 12.8%和 11.7%,对强省实现程度提高幅度的贡献率分别为 30.4%和 15.6%,拉动强省实现程度提高 7.0 个百分点,占强省实现程度提高幅度的近一半。

山东第三产业发展滞后,占 GDP 比重由 34.8%降至 33.4%,不仅影响强省实现程度的提高,而且影响了全省地方财政收入、国地税收入的增加。7 年间,全省人均地方财政收入由 519 元增加到 1794 元,国地税收入占 GDP 比重由 10.2%升至 12.4%,分别与 8000 元和 20%的目标值相差甚远。

2. 经济发展动力强基础牢,但经济外向度偏低

2000～2007 年,山东城市化率、工业发展指数、消费贡献率分别由 38.2%、74.9%和

45.7%提高到46.8%、93.2%和47.2%，7年依次提升8.6、18.3和1.5个百分点，三项指标对强省实现程度的贡献率为12.7%；交通运输仓储邮电业发展较快，占GDP比重由6.5%提高到6.8%，基本保持在6.5%左右，比重已达到世界6%左右的先进水平。同时，山东R&D经费投入不断增加，高新技术产业发展加快，专利申请量明显增多，使科技创新指数由49.1%提高到64.9%，7年上升15.8个百分点，其对强省实现程度提高幅度的贡献率为7.3%，拉动强省实现程度提高1.1个百分点。

2000～2007年，虽然山东对外开放水平在逐步提高，外贸依存度由24.8%升至35.9%，7年提高11.1个百分点，但与经济发达省份的90%以上水平相比，差距较大；与70%的目标值相比，仅及其一半；与内需的强势发展相比，外贸依存度仍显偏低。

3. 区域发展渐趋协调，可持续发展水平偏低

2000～2007年，山东从"东部突破烟台、中部突破济南、西部突破菏泽"入手，形成东部率先发展、中部加速崛起、西部跨越式赶上的新局面，激发了区域经济的发展潜力，带动提高了区域经济协调发展的水平。地区经济发展差异系数由71.0%缩减至67.6%，7年地区差距缩小3.4个百分点，其对强省实现程度提高幅度的贡献率为5.1%。

环境质量欠佳、社会安全程度降低成为制约可持续发展的重要因素。2000～2007年，山东环境质量取得一定改善，环境质量指数由51.7% 升至66.4%，其拉动强省实现程度提高幅度提高1.2个百分点。但7年来，环境质量的波动性较大，环境质量指数忽高忽低，变动频繁，尤其是2004、2006年，环境质量指数有所降低，尚不能形成对实现富民强省新跨越的稳定支撑。从社会的安全状况看，与2000年相比，山东的万人交通、火灾、工伤事故发生率均在持续降低，但万人刑事犯罪率基本处于上升态势，致使社会安全指数下降，2007年降低9.2个百分点，其对强省实现程度形成了负作用。

第三节　富民与强省的关系

"治国之道，必先富民"。富民强省的战略目标，将"富民"置于"强省"之前，不仅凸显了"富民优先"的发展理念，也是全面把握全省人民需求的实际体现。民富得益于省强，强省是为了富民，富民强省相辅相成。

2003年是富民进程加快推进的拐点，富民的实现程度由前三年滞后于强省实现程度转为反超——由滞后2.07个百分点到2007年领先强省实现程度2.46个百分点，富民优先逐步在富民强省的推进发展中得以重视和体现。

但实现富民强省新跨越是一项复杂的系统工程，并不是实现程度的简单超越。因此，既要对富民强省的实现进程进行全面、客观、科学的评价分析，也要准确把握富民强省指标体系中各个指标的现状及差距，由此深入揭示富民与强省的关系，探寻实现富民强省新跨越的关键所在。通过对2000～2007年山东富民、强省实现程度的评价分析雷达图中（见图30.1和图30.2），可以看到个别指标的下降或长期处于劣势地位，对富民、强省实现程度的提升形成了强力约束。如，富民体系中的居民高低收入组收入比、城乡居民收入比以及强省体系中的社会安全指数基本是逐年降低，分别对提升富民、强省程度形成了"卡脖子"约束，再如，富民体系中的居民人均文化娱乐占消费支出比重、千人民用载客汽车拥有量、百户家用电脑拥有量、居民人均生活用电量和强省体系中人均地方财政收入、国地税占GDP比重、外贸依存度多年来处于弱势地位，对实现强省目标形成瓶颈制约。

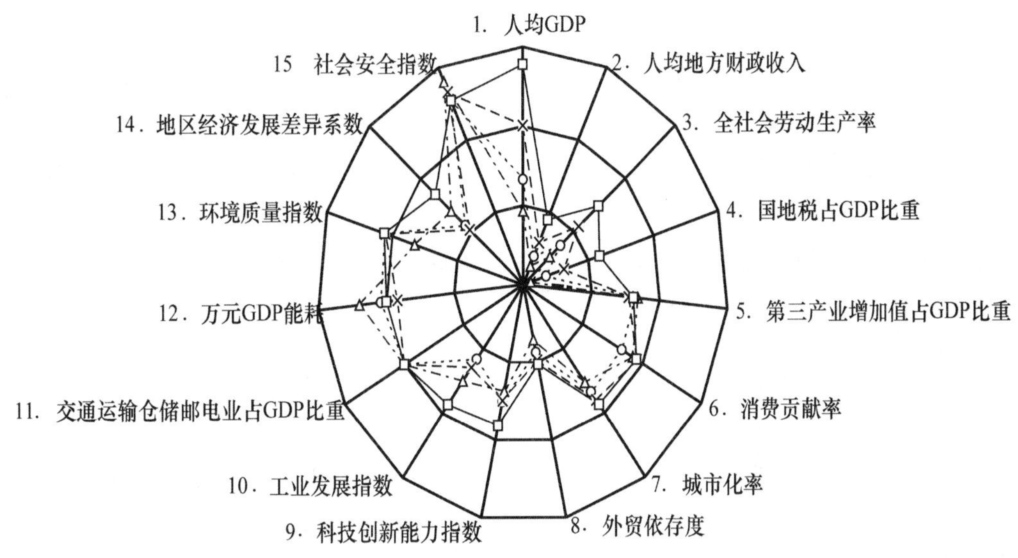

图 30.1 2000、2003、2005、2007 年山东强省进程比较雷达图

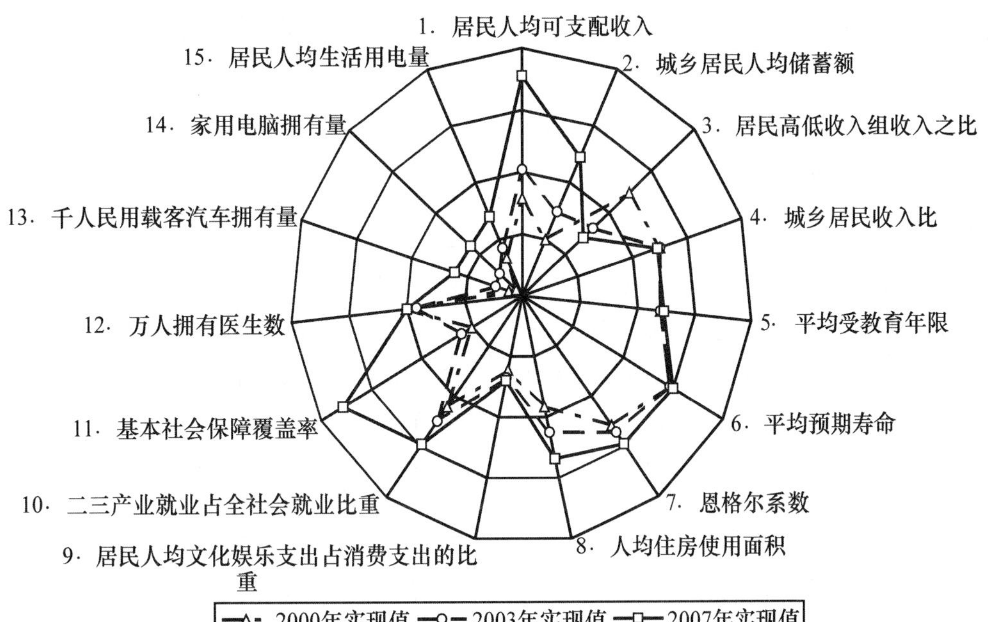

图 30.2 2000、2003、2005、2007 年山东富民进程比较雷达图

第四节 实现富民强省战略目标的举措

富民强省是一个长期积累和提升的过程，因此，在分析描述富民强省实现程度的基础上，要善于从富民强省实现程度的“瓶颈”制约入手。

一、以壮大财政实力为重点，以提高城乡居民收入水平为着力点，切实增强富民强省的核心动力

要实现富民强省新跨越，一方面必须以壮大财政实力为重点，通过优化财政收入结构、积极开辟新兴财源、积极培植财政收入新增长点等举措，建立起财政收入稳定增长机制，不断提升国地税收入占GDP比重和人均财政收入，提高经济社会发展的财税贡献率，确保财政收入均衡增长。同时，健全公共财政预算管理制度，提高财政资金的综合使用效益；严格公共支出安排顺序，以达到优化公共财政支出结构和提高支出效率的目的。另一方面，要以提高城乡居民收入水平为着力点，从机关事业单位、企业、农村不同层次群体入手，建立健全定期的增收机制，逐步推进城乡居民的增收与宏观经济效益、企业效益的状况相衔接，充分使人民群众享受到发展的成果。

二、以调整优化产业结构为动力，以提高城乡居民消费能力为轴心，大力提升富民强省整体水平

实现富民强省新跨越，必须从调整优化产业结构、提高城乡居民消费能力两个方面入手，着力提高产业经济的规模、层次、素质与效益，同时带动城乡居民的消费升级。一方面，要立足全省产业发展实际，以构筑具备持续性竞争优势的产业体系为目标，根据产业的不同类型和发育程度，继续调整优化产业结构，不断壮大发展趋势好、后劲足、带动面广的现代制造业，改造提高占GDP比重较大但技术水平不够高的传统产业，壮大旅游、金融保险、现代物流业等具有一定基础又有较好发展前景的产业，培育扶持新材料、生物工程技术、环保新技术、海洋技术等现在比较弱小但代表着经济未来发展方向的新兴高科技产业，着力发展特色产业，不断增强二三产业的独特竞争优势，增强产业吸纳就业的容量和能量，努力形成一个内部关系协调、聚合力强、整体水平高、竞争优势持久的产业体系。另一方面，在努力提高城乡居民收入水平的前提下，积极促进消费需求的扩大，积极实施鼓励消费的政策，通过转变消费观念、改善消费环境、扩增就业容量、完善社保体系、健全信用体系等更加切实有效的措施，不断增强城乡居民的即期消费信心和能力，不断提高城乡居民的消费层次和水平，逐步加快消费升级的步伐，促进富民强省整体水平的全面提升。

三、以提升科技创新能力为关键，以提高全民综合素质为宗旨，全面激活富民强省潜在动能

从富民、强省两个监测指标体系的构成和实现程度看，山东多年来知识经济发展水平不高，科技创新能力、平均受教育年限和家用电脑拥有量等指标，成为实现富民强省新跨越战略的“软肋”。因此，必须坚持以提升科技创新能力为关键，以提高全民素质为宗旨，全面提升富民强省的潜在动力。一方面，要紧紧抓住科技创新这个关键，围绕经济社会发展中亟需的关键技术问题，筛选和扶持一批原创性研究项目和重大高新技术产业化项目，加大重大科技专项实施力度，加强相关技术的配套集成与创新，力求在一批重点技术领域取得新的突破，抢占一批科技制高点。要确立企业技术创新的主体地位，加快建立高新技术产业风险投资机制，积极构筑技术支持体系，促进科技与经济结合，增强科技研发能力、自主创新能力和科技成果转化能力，提高经济发展的科技含量，提高科技创新贡献率。另一方面，以提高全民素质为宗旨，从培育适应新世纪高素质人才的高度，巩固提高“两基”成果，构建学习型社会。积极培养各类人才特别是科技人才，尤其要加强对劳动者专业技能、创业能力、创新精神和职业道德的培养，普遍提高劳动者的素质，为推进技术创新和科技进步奠定坚实的人才基础。

四、以新型工业化为主导，以市场化为基础，以城市化为动力，逐步缩小城乡差距，显著加快富民强省进程

针对山东工业化、城市化、市场化发展不够平衡和协调以及城乡差距逐步扩大的问题，

一方面要坚持走新型工业化道路，与调整优化经济结构、与转变经济发展方式、与增强产业集聚能力、与扩大内需紧密结合起来，在增强工业素质和提高产业水平上取得突破性进展，不断加快工业化进程；要以构建体系健全、机制完善的市场支撑体系，形成统一开放、竞争有序的良好市场环境为着眼点，培育能够促进市场和产业互动发展的区域性专业市场，健全生产和消费互动的农村市场体系，发展地方性资本市场，形成多元投资、公平竞争、规范经营的发展格局；要以壮大中心城市为龙头，以城市群增长带为支撑，把强化中心城市功能作用与提升区域竞争力和对各类经济资源的吸引力结合起来，增强城市集聚效益和辐射功能，突出抓好中心城市和中心城镇的功能培育和发展壮大，逐步形成中心城市辐射带动作用较强，大中小城市和小城镇共同发展、分工有序、功能互补、布局合理、结构协调的城市化体系，加快推动城市化进程。另一方面，在推进工业化、城市化、市场化的同时，通过规范高收入群体的收入分配制度、加大低收入群体的社会保障力度，逐步形成缩小高低收入差距的运行机制；通过拓展农民增收渠道、加大农村劳动力转移力度、改革粮食价格机制等措施，努力缩小城乡差距，促进城乡的协调发展。

五、一手抓基础设施环境，一手抓社会服务环境，强劲带动提升富民强省水平

要继续加大经济社会发展硬环境和软环境建设的力度，全面增强实现富民强省新跨越的“两翼”力量。一方面，要以构建更具强大支撑力的物质性基础设施体系为目标，全面建设综合立体交通网络，加快建立现代化信息传输网，积极建设稳定可靠的能源保障网络和安全、稳定、可靠的电网，加快完善城镇供水、排水、燃气、供电、现代信息基础设施建设和以提高农业抗旱防洪能力和农村路网为重点的农村基础设施建设，不断增强基础设施环境竞争力。另一方面，要以构建优质高效的社会服务支撑体系为目标，大力推进依法治省进程，形成比较完善的法制环境。进一步优化政策环境，完善教育、医疗、住房、收入分配再分配等惠及全民切身利益方面的政策；加强社会保障体系和社会救助体系建设，加快社会信用体系建设，加强社会治安综合治理，创造良好的社会服务环境，切实增强经济发展软环境竞争力。

（刘绍辉　董晓青　张毅）

第三十一章

广东外来务工人员消费状况分析

以农民工为主体的外来务工人员，已成为我国地区经济发展的重要因素，经济较发达的地区尤其如此。地处中国南部沿海的广东省，自改革开放以来，随着经济的快速发展，外来务工人员愈来愈多，逐渐成为广东经济建设的一支生力军。外来务工人员进入广东，对广东的经济建设、社会科技和文化生活产生了全方位的、深刻的影响，研究和关注外来务工人员在广东的生活状况，不仅仅是广东经济发展的需要，更是广东经济稳定、政治稳定、社会和谐的需要。广东省目前外来务工人员究竟有何特点，他们的收入与消费现状怎样，与广东经济发展有着什么样的关系？这是制订合理的消费政策，切实保护外来务工人员的相关合法权益，提出具有参考价值的政策性建议的需要。

第一节　外来务工人员的的基本特点

广东是外来务工人员输入大省，吸引了来自全国各地的数千万外来务工人员。据广东省青少年研究中心的调查，2006 年广东常住人口为 9304 万人，其中外来人口超过 2600 万，主要集中在广州、深圳、汕头、中山、佛山、东莞等制造业发达地区。另据国家统计局广东调查总队的研究资料反映，2000 年广东省外来务工人员约有 1834 万人，广东省劳动与社会保障厅以及《羊城晚报》公布的相关资料显示，2007 年末及 2008 年末，广东外来工均达到 1900 万人。

一、外来务工人员是一支青壮年队伍

据问卷调查，在广东的外来工中，18～40 岁的青壮年占 70％～80％左右。其中“80 后”的外来工被称为“第二代”外来务工人员。因为他们从文化层次、工作技能到消费观念、消费行为上都与“第一代”外来工有明显区别，从而对经济系统供给与需求的影响也不同。

“有自己的事业”成为第二代外来工中不少人的最高理想。多挣钱仅仅是他们外出务工的初始动机，其目的是为将来自己创业积累资金。他们对于技术的需求也比第一代农民工更强烈。他们最希望掌握的知识是与工作相关的知识、计算机和经营管理知识，大多希望有一技之长，并以此改变自己的命运。

表 31.1 广东流动人口与广东总人口受教育程度比较(万人)

	总数	小学以下	初中	高中/中专	大专	本科	研究生
全省	7819.79	3288.68	3126.14	1101.84	204.63	90.74	7.76
比率(%)	100	42.06	39.98	14.09	2.62	1.16	0.10
流动人口	2038.12	370.18	1252.02	351	47.02	16.94	0.96
比率(%)	100	18.16	61.43	17.22	2.31	0.83	0.05

资料来源:根据《广东统计年鉴 2003》公布的全国第五次人口普查资料整理。

从受教育结构上看,外来工基本以初中和中专为主,相对改革初期的外来工,文化素质有了明显提高,但高学历结构仍偏低。随着高校扩招和毕业生就业的市场化程度提高,预期以后将会有越来越多的高素质人才加入广东流动人口大军。从而不仅提高广东外来工的文化素质,同时也将大大转变外来工的消费观念和提高外来工的消费能力。

从教育培训的消费意向上看,经问卷调查,在所有受访者中有 28%的外来工不同程度地认为收入提高将增加文化教育消费,尤其是教育消费。外来工对提高文化素质的重视,预示教育培训消费将逐渐成为外来工消费的一种趋势。

二、外来务工人员流动模式由"候鸟式"向"迁徙式"转变

从流动人口的来源地来看,可分为省内流动和省外流动。第四次人口普查显示,省内流动人口是省外流动人口的两倍多,第五次人口普查则显示省外流动人口已超过省内流动人口近 50%,表明跨省流动人口已成为广东外来工的主力军。从分布上看主要来自与广东邻近的且交通方便的省区,如湖南、四川、江西、广西、重庆、湖北、贵州、河南等地。

从流动模式上看,前期的外来工由于受农村土地制度、劳动力市场环境和农民工自身素质等因素的制约,主要呈"候鸟式"流动,即农闲在外务工,农忙时回家务农。这样的模式下外来工在当地的消费欲望较小,外来工的消费对地方经济的影响也相当有限。近年外来工"迁徙式"流动不断增加,常年在外务工的已占相当比重,他们的流动形式也由过去的个体流动为主,逐渐演变成家庭流动和个体流动并存。在我们调查的已婚受访者中,约 67%的人有亲属随同来粤工作或生活。家庭式流动促使外来工在工作地区的消费份额增加,同时由于城市物质条件丰富,使得外来工消费也越来越趋向于"象征性消费"。

三、外来务工人员的就业结构以第二产业为主

近年广东的产业结构正不断优化,经济增长逐步从粗放型向集约型转变,改革初期很多低技术劳动密集型的企业逐渐向内陆转移。因此"第二代"外来工的从业结构也在不断优化,由原来以粗放型的制造业与建筑业等体力工作行业为主,逐渐过渡到技术含量高的现代化高新工业企业,还有餐饮、批发零售和金融等一些传统与现代服务业,同时更有不少有生意头脑的外来工把握商机发展个体经营。

据《广东劳动统计资料》反映,2007 年广东全省城镇从业人员的外省员工中,有 76.8%的人员从事第二产业,即:采矿业、制造业、电力燃气及水的生产和供应业和建筑业,其中以制造业的人数为最多,占外来务工人员总体的 70.7%;23.0%的人员从事第三产业;而从事第一产业的人员只有 0.24%。

在选择工作时,"第二代"外来工首先看重工作环境,其次才是工作待遇。这与第一代农民工只要有工作,什么都肯干相比,发生了很大变化。据共青团广东省委 2006 年的调查,62.1%的第二代外来工认为人生最应该珍惜的是健康,期望能像城里人一样生活。他们的消费观念发生了根本性的改变,不少人主张消费至上。

第二节 外来务工人员的消费水平

由于在统计年鉴等统计资料上有关外来务工人员的数据十分缺乏，故外来务工人员消费结构采用问卷调查的数据。而用作参照的广东城镇居民和农村居民收入及消费数据均来源于历年的广东统计年鉴。通过外来工消费特点、消费倾向以及其消费变化趋势三方面综合说明广东外来务工人员的消费特征。

一、外来务工人员的消费现状

1. 在工作地区消费大部分收入，收入多少则受自身因素影响

据《南方日报》2006 年 12 月 1 日报道，2005 年广东外来工人均收入达 13857.6 元，为同期城镇居民人均可支配收入 14769.94 元的 93.82%。此数据与问卷调查的汇总数基本一致。以相应比例，我们推知 2007 年外来工年均收入约为 16637.34 元，而当年消费额达 12213.48 元，消费倾向为 73.4%。另外，随着"第二代"外来工的成长，"广东挣钱回家用"的思想正逐步转变，调查显示有寄钱回家的受访者不足一半就说明了这一点。可见广东外来工将大部分收入消费在工作地。思想的转变与"迁徙式"流动等因素使得外来工逐渐增加在广东消费的份额，外来工的消费与其收入的相关程度也越来越高。

在所考察与收入相关的几个因素中，行业、学历和来粤工作时间对收入的影响非常显著，而性别和婚姻因素对收入影响不大(见表 31.2)。首先，从行业看，制造业、建筑业工人收入较低，都处于平均水平之下，服务业和商业收入较高。可见从事劳动密集或体力劳动行业的外来工收入偏低。所以要提高外来工收入，提升产业和就业结构很有必要。其次，从学历方面看，大专及大专以上高学历的外来工收入明显高于低学历者，统计检验表明学历与收入成高度正相关。因此要想提高外来工收入，促进其消费，应为外来工提供工作技能培训或自我增值的机会；再次，从来粤工作年限看，工作时间越长，收入越高。说明随着工作年限增加，积累的知识、经验愈加丰富，劳动技能更加熟练，收入自然也就增加。所以，制定相应政策，为外来工提供宽松稳定的工作环境，切实维护外来工权益，稳定外来工在粤就业秩序，是外来工收入增加、消费水平提高的关键所在。

表 31.2 各因素对收入的影响

因素	项目	整体平均为 100	因素	项目	整体平均为 100
行业	制造业	91.09	文化程度	初中以下	83.71
	建筑业	96.66		中专或高中	91.17
	服务业	109.46		大专及以上	132.14
	商业	128.52	婚姻状况	已婚	107.37
	其它行业	99.40		未婚	92.31
性别	男	101.71	工作年限	1 年以下	68.66
				1—3 年	87.98
	女	96.73		3 年以上	106.94

2. 从单纯的生存消费，逐渐转向增加文化娱乐消费和现代消费方式

从消费构成来看，广东外来工消费结构更相似于城镇居民，与初期的外来工除了吃、住等生存消费外很少其他消费相比，现今的外来工消费内容越来越丰富。食品和居住只占其

消费的53.51%，略高于城镇居民而低于农村居民，教育文娱和其他服务比例也接近城镇居民，衣着消费比例更远高于广东的居民。外来工随着收入的增加，食品消费比例不断下降，而教育文娱和其他服务比例逐渐上升（见表31.3）。但需要注意的是，外来工居住消费比例居高不下，这一方面是因为，居住作为一种必须的生存行为，其消费是不可替代的，在收入水平不高的状况下自然其消费比例就高。另一方面，受中国传统观念的影响，"拥有自己的房"，改善居住条件，始终成为包括外来工在内的国人极为关注的问题，甚至是相当部分人一生追求的目标。调查资料显示，随着收入水平提高，外来工有购置房产的强烈愿望。

表31.3 外来务工人员消费结构(%)

消费项目	城镇居民	农村居民	外来工	其中≤800	800—1200	1200—2000	2000—3000	≥3000
消费性支出	100	100	100	100	100	100	100	100
食品	35.27	49.68	37.05	41.05	40.95	39.33	31.75	29.73
衣着	5.68	3.86	10.08	9.55	12.41	11.03	9.10	9.34
居住	10.08	18.16	16.48	16.16	16.75	17.28	23.72	20.50
家庭设备用品及服务	5.95	3.90	6.69	5.84	5.60	7.52	6.62	6.49
医疗保健	5.25	4.74	4.80	5.33	5.51	5.82	4.65	2.96
交通与通讯	20.69	10.55	10.01	12.73	8.29	9.41	9.84	12.73
教育文化娱乐	13.91	6.07	9.84	7.02	7.34	6.12	9.60	11.86
杂项商品	3.17	3.05	5.05	2.33	3.13	3.50	4.72	6.39

在消费选择方面（见表31.4），外来工中经常或偶尔在互联网和用银行卡购物的人超半数，说明外来工对新消费方式的追逐与适应。在文体娱乐消费方面，外来工只在消费额度较低的书刊杂志方面普及面较广；在消费层次较高的观看电影、体育比赛、旅游等方面消费较少，尤其是体育文艺活动方面消费，大部分外来工还没有试过。这可能受外来工的消费能力或其生活地区配套设施限制。总之，外来工消费选择具有追逐性、低端性的特点。

表31.4 外来务工人员消费选择(%)

消费选择	没试过	仅试过	偶尔	经常	总计
互联网消费	35.6	7.6	41.3	15.5	100
银行卡消费	40.7	8.8	30.4	20.1	100
订购书刊杂志	31.9	10.6	41.7	15.8	100
观看电影/比赛等	43.5	13.4	36.7	6.4	100
旅游	36.8	18.8	37.1	7.3	100
体育文艺活动	52.0	13.7	26.7	7.6	100

3. 向往和适应城市人生活方式，同时影响当地消费习惯

多数年轻外来工越来越趋向于"象征性消费"，即一种典型的消费主义消费方式，并非实际的生活需要，其目的一是为了借此表达成就感与优越感，另一个原因就是为了融入城市生活。例如在外来工的消费结构中，衣着消费和设备用品消费的比例比城镇居民明显高，在一定程度上说明了外来工追求"象征性消费"，尝试从衣着和设备用品上拉近和城市人的距离。据零点指标网的研究显示，68.8%的外来工希望能成为城市的一分子，89.7%的外来工希望能被城市居民尊重。

外来工在追求城市生活方式方面也影响

当地消费习惯。例如餐饮业消费，外来工除了带来新的劳动力也带来很多新的饮食习惯，湘菜、川菜和东北菜馆在广东遍地开花，广东人也逐渐适应了外来口味。再有外来工带来一些新鲜消费特产和休闲娱乐方式等等，与本地消费形成互补关系，也促进了本地区消费。

二、外来务工人员的消费需求

研究消费需求一般采用扩展线性支出系统(ELES)，它考虑了收入、消费需求和价格因素对消费结构的影响，把各项消费支出看作相互联系、相互制约的行为，从而能对消费总量、消费结构的变动趋势作出量化描述。本文以问卷调查数据为基础，整理的不同收入段的消费结构，并以之建立计量模型。由于调查样本在容量、代表性方面存在一定的局限性，因此依据历年《广东统计年鉴》及有关城镇居民和农村居民消费的研究结果，对模型结果作了必要的修正。

1. 广东外来工基本消费需求

首先将调查的外来工按收入高低分成5个档次(见表31.3)，用最小二乘法求得的收入回归系数不是边际消费倾向，表示外来工收入每增加1元，各类需求将增加的数量。从回归系数可计算出各类商品的基本消费需求，结果如表31.5。

表 31.5 广东外来工基本消费需求

消费项目	边际消费倾向(β_i)	实际消费(元)	基本需求(元)	最低收入组实际消费(元)	最低消费为基本消费的(%)
食品	0.1722	4525.19	2705.96	2346.03	86.70
衣着	0.0584	1231.47	618.95	545.68	88.16
居住	0.1596	2012.18	980.59	923.47	94.17
家庭设备用品及服务	0.0460	816.81	331.49	333.71	100.67
医疗保健	0.0161	586.57	363.02	304.45	83.87
交通与通讯	0.0866	1222.28	470.22	727.58	154.73
教育文化娱乐	0.0909	1202.39	441.28	401.08	90.89
杂项商品	0.0509	616.60	322.68	133.00	41.22
总　计	0.6806	12213.48	6234.18	5715.00	91.67

表31.5表明，外来工人均收入增加100元，将有68.06元用于消费支出，其中17.22元用于食品支出，15.96元用于居住支出，增加最少的是医疗保健。

基本需求也就是外来工能维持最基本生活的需求。依据扩展线性支出系统计算，广东外来工一年的基本需要为6234.18元。实际平均消费水平为基本消费的两倍，但最低收入组的外来工仅能满足基本消费需求的91.7%，其中食品消费和衣着消费仅满足基本需求只有86.7%和88.16%。可见，低收入外来工的衣食等基本生活消费能力不足。杂项商品消费满足基本需求最低，只有41.22%，说明杂项消费相对于低收入外来工重要性偏低，他们宁愿减少杂项消费去满足其他消费。由于身在异乡，外来工交通、通讯消费支出较大，超过基本需求54.73%，影响了其它一些基本消费需求的满足。所以就最低收入组的外来工而言，政府应对其制定交通与通讯方面的优惠政策，减少他们在这方面的支出，以促进其对衣食住行等方面基本消费的满足。

2. 广东居民基本消费需求与外来工的对比研究

从基本消费需求结构上看，广东外来工比较接近城镇居民的需求结构(见表31.6)，但同时又有其特点。首先由于外来工生活于城镇，所以其基本消费总量与城镇居民相当接近；其次，外来工的食品消费基本需求比例(43.4%)低于城镇居民(54.4%)和农村居民(60.9%)，这与大部分外来工从事的制造业企业一般提供集体伙食、外来工省吃俭用有关。再次，外来工在衣着、设备用品和杂项商品三方面的基本需求和边际消费倾向相对都较高，说明外来工注重“形象消费”，主要从外观装饰和时尚用品消费等方面追求城市人的模式，也说明外来工在这三方面消费有很大潜在需求。最后，医疗保健和教育文化娱乐项目虽然基本需求与城镇居民相近，但边际消费倾向较低，尤其医疗保健边际消费倾向比较低甚至低于农村居民，说明在现有的医疗和教育体制下外来工在医疗保健方面的刚性需求仍是很强的，但由于针对外来工在这两方面的配套政策不完善，可供选择的余地不多，没有很好挖掘外来工在这两方面的消费潜力。

表 31.6　2007 年广东居民与外来工基本消费需求比较

消费项目	城镇居民		农村居民		外来工	
	边际消费倾向（β_i）	基本需求（V_i元）	边际消费倾向（β_i）	基本需求（V_i元）	边际消费倾向（β_i）	基本需求（V_i元）
食品	0.1368	3384.49	0.1623	1601.08	0.1722	2705.96
衣着	0.0437	303.77	0.0182	107.60	0.0584	618.95
居住	0.0655	694.70	0.1538	301.81	0.1596	980.59
家庭设备用品及服务	0.0519	264.31	0.0233	93.92	0.0460	331.49
医疗保健	0.0381	327.64	0.0310	106.46	0.0161	363.02
交通与通讯	0.2144	532.58	0.0686	237.74	0.0866	470.22
教育文化娱乐	0.1234	588.18	0.0521	98.95	0.0909	441.28
杂项商品	0.0292	120.39	0.0163	79.34	0.0509	322.68
总　计	0.7030	6216.05	0.5256	2626.89	0.6806	6234.18

3. 外来务工人员需求的收入弹性

弹性分析包括分析需求的收入弹性和需求的价格弹性。需求的收入弹性是指，假如价格不变，当收入变动 1%时，需求量变动的百分比。需求的价格弹性是指某一商品价格变动 1%，而其它商品价格不变，同时收入也不变时，需求量变动的百分比。

从需求的收入弹性来看（见表 31.7），弹性较小的是医疗保健、食品和衣着，外来工收入增加 1%分别引起三项消费增加 0.458%、0.6329%和 0.7884%。弹性较大的有居住、杂项商品和教育文化娱乐等，收入弹性均大于 1.2578，说明广东外来工收入倾向于增加改善居住环境和享受型、发展型消费品的需求。在文教娱乐收入弹性也很高，接近于城镇居民水平，说明来广东的外来工，子女来广东上学的较多。

表 31.7　2007 年广东居民与外来工需求的收入弹性

收入弹性	城镇居民	农民居民	外来工
食品	0.5328	0.4372	0.6329
衣着	1.0559	0.6318	0.7884
居住	0.8934	1.1339	1.3195
家庭设备用品及服务	1.1975	0.8010	0.9361
医疗保健	0.9966	0.8743	0.4580
交通与通讯	1.4241	0.8702	1.1788
教育文化娱乐	1.2188	1.1483	1.2578
杂项商品	1.2680	0.7141	1.3740

三、外来务工人员消费的变化趋势

为了解收入增加后对外来务工人员消费变化的影响，调查问卷以多选题方式设计了两个问题，即："收入增加最愿意增加哪方面消费"和"收入增加到某一水平时消费意向如何改变"。对回答进行综合评分和项目选择比例排序，可得出外来工收入增加时的消费变化趋势。

1. 收入增加后的消费变化趋势

问卷就"收入增加后最愿意增加哪方面消费"进行提问，要求其选出最想增加的3项消费并对其进行排序，依据其排序的比例进行综合评分（见表31.8）。由此表可见，收入提高后，最先想改善饮食的外来工占58.8%，最先想改善居住条件的占43.4%，其余类推。经过对各消费项目被选情况评分，结果为：饮食（230.3分）、居住（217.1分）和衣着（213.2分），分别列1、2、3位。说明当前外来工的消费层次仍然较低，收入的提高主要用来增加一些基本的消费项目支出。在"你对消费感觉的最大缺憾是什么"的回答中，选择"基本生活难以保障"的人达28.1%，也说明了这一点。

表31.8　收入增加的消费变化趋势

随收入增加最想增加的前三项消费选择比率（%）					
消费类别	排序1	排序2	排序3	综合评分	位次
饮食	58.8	12.8	28.3	230.3	1
衣着	29.1	55.1	15.7	213.2	3
居住	43.4	30.3	26.3	217.1	2
交通	29.9	47.8	22.4	207.7	4
通讯	3.3	50.0	46.7	156.6	9
生活用品及服务	12.8	39.5	47.7	165.1	8
医疗服务	17.6	38.2	44.1	173.3	6
文化教育	24.2	40.7	35.2	189.2	5
娱乐服务	12.5	20.0	67.5	145.0	10
社会保障	25.0	20.8	54.2	170.8	7

计分方法：排序1、2、3分别计3、2、1分。

在"最想增加的消费项目"评分中，交通（207.7分）和文化教育（189.2分），增加交通消费的意向仅次于基本消费项目，这可能由于广东尤其是珠三角地区公路交通枢纽发达，能够拥有自己的交通工具，同广大当地城镇居民一样，也成为众多外来工的一种愿望。文化教育消费排名第5，说明文化教育消费受到了外来工的高度重视，他们知道"知识改变命运"的道理，要想自己和后代在广东"扎根"，一定要具备相当的文化技术水平，只有从事高技术含量的工作才能脱离高工作强度低收入水平的现状。

医疗服务和社会保障消费增加意欲属于中等，这两个消费项目需求比较固定。而外来工对通讯、生活用品和娱乐服务等消费弹性较大的消费项目意欲最低。所以外来工当前的消费趋势由于经济水平所限，收入增加时首先满足基本生活消费，其次再满足文化教育消费，最后才考虑一些消费弹性较大的消费项目。短时间内外来工消费仍趋向于增加饮食、居住和衣着消费为主；长远来看，基本消费项目的消费意欲将降低，文化教育消费支出将持续较快增长；而消费弹性较大的项目，在外来工工资水平未得到较大提高的情况下，很难促进其增加在该方面的消费。

2. 不同收入段位对消费项目选择的影响

为了具体了解不同收入段位对消费项目选择的影响，在问卷中我们将收入设定为2000、3000、4000、5000和5000元以上共5个段位，根据"收入增加到某一段位时的消费意向"选择3个最想增加的消费项目，得数据如表31.9。

表31.9 分阶段收入增加的消费意向

消费意向	月收入达到以下各档水平时的消费选择比率(%)				
	2000元	3000元	4000元	5000元	5000元以上
租房	29.9	27.1	22.2	11.4	5.5
买房	11.4	16.4	30.6	54.0	70.0
买车	9.2	11.9	18.3	27.3	60.0
日常用品	46.7	38.4	13.9	10.8	10.9
家电家私	27.7	36.2	31.1	30.7	14.5
电子产品	25.0	28.8	25.0	21.0	7.3
改善伙食	56.5	40.7	27.8	13.1	9.5
外出酒店聚餐	1.6	2.8	8.3	8.0	4.5
孩子教育	31.0	27.7	30.6	29.5	32.7
赴中高档消费场所购物	7.6	7.9	18.9	15.3	11.8
酒吧消费	2.7	5.1	4.4	7.4	2.7
歌舞厅消费	1.6	2.3	3.3	1.7	0.5
休闲健身	12.0	11.3	17.8	13.6	13.2
外出旅游	14.1	16.4	26.1	34.1	36.8
业务培训	20.7	21.5	17.2	18.2	16.4
合　计	297.7	294.5	295.5	296.1	296.3

注：本题为多选题，故各列的合计数不等于100%。

如果外来工月收入增加到2000元，他们选择比例最大的三项意向依次为改善伙食、增购日用品和孩子教育支出。可见，收入增加初期外来工倾向于先增加一些基本生活消费，而紧随其后的就是孩子教育，虽然收入水平不算高但孩子教育消费已经成为外来工消费的重点之一。

若月收入达到3000元，选择比例最大的三项意向变为改善伙食、增购日用品和家电家私支出。随着收入的增加选择改善伙食的意向的比例越来越低，收入3000元之前改善伙食的消费意向很大，收入达4000元以后就迅速下降。同时日常用品重要性排名第二，但选择比例也下降不少，变化趋势与改善伙食基本相同，说明收入增加后对基本生活消费意向将降低。在月收入3000元的阶段外来工对家电家具、电子产品的消费意向得到迅速提高，说明消费从满足基本需求向满足象征式需求转变。

当月收入达到4000元时，家电家私消费成为首位，选择买房的比例上升近一倍，与孩子教育选择比例相当，并列第二。随着收入的增加，之前比例较高的伙食和日常用品的消费意向下降明显，这个收入段的外来工基本消费得到较高水平的满足，消费意向转向体现现代化生活水平的家电家私消费和体现外来工在城市地位与归属感的购房消费。孩子教育再次排名第二，说明孩子教育消费的重要性不但不会随收入增加而降低，相反总体上收入越高其消费的选择比例也越高。

当月收入达到5000元时，购房消费选择持续快速增长，成为各项消费选择最多的项目，家电家私比例持平但在各项消费中只排名第三，外出旅游选择激增取代孩子教育排名第二。收入5000元以上的群体，更多的外来工选择购房，为70%，选择购车的达60%之多，第三仍然是外出旅游。可见收入增加到较高层次外来工将选择体现社会身份地位和旅游等高档次消费。从选择的比例看，体现高收入外来工先购房再购车的消费意向，购房购车、旅游和孩子教育消费是高收入外来工的四大消费意向。

总体来看，基本生活消费如伙食、租房和日常用品等消费意向呈现与收入成反比例关系；体现外来工在城市地位的消费，如购房购车与收入成明显的正比例关系；孩子教育消费在各收入阶段都较为重要，而且选择比例稳定在30%左右，随收入增加略有上升；家电家具和电子产品等现代生活用品消费意向随收入增加先上升再下降，说明收入达到较高段位其消费也将达到饱和；受收入水平所限，其余一些城市人的娱乐消费项目如酒吧消费、酒店聚餐和休闲健身等目前对外来工吸引力不大。

第三节　外来务工人员消费对广东经济增长的影响

一、外来工消费结构对广东经济增量影响的分析

居民消费需求的诱发系数是指居民消费需求增加1个单位，对各部门生产量的拉动量，从产品技术关联的角度反映居民消费对国民经济的影响。如果说用回归方法得到的研究结论体现的是某种“统计规律”，那么依投入产出模型计算的结果则反映的是某种客观存在的内在联系。多种方法综合运用，相互印证，有助于增加分析的深度和可信度。

根据研究需要，我们对广东2002年（经过经济普查调整的）42部门投入产出表依据相应统计分类标准将42个产品部门合并为非居民消费品、食品、衣着、居住、家庭设备用品及服务、医疗保健、交通和通讯、文化教育娱乐用品及服务、其他商品和服务9个部门，利用合并后的9部门投入产出表计算列昂惕夫逆矩阵及消费结构系数求得诱发系数如表31.10。

从表31.10可以发现：(1)城镇居民消费诱发系数高于农村居民；(2)外来工消费诱发系数与城镇居民相当；(3)分消费品项目看，居民消费对食品、家庭设备及用品、文化教育、居住的诱发量较大，可见居民消费水平的提高对这些产品的生产会带来更为积极的影响。

表31.10　外来工消费结构对经济增量的诱发系数

	单位最终消费引至的产出增量				
	投入产出表(2002)		调查数据(2007)		
	城镇居民	农村居民	城镇居民	农村居民	外来工
非居民消费品	0.0952	0.0877	0.0871	0.0875	0.0906
食品	0.4548	0.7334	0.5655	0.7760	0.5960
衣着	0.1229	0.1037	0.1223	0.0889	0.1984
居住	0.3742	0.3621	0.3385	0.4301	0.4212
家庭设备、用品及服务	0.5406	0.4531	0.5376	0.4830	0.5504
医疗保健	0.0100	0.0072	0.0547	0.0497	0.0503
交通和通讯	0.3179	0.2717	0.3970	0.2725	0.2691
文化教育娱乐用品及服务	0.3894	0.3072	0.5295	0.3487	0.4427
其他商品和服务	0.4073	0.3132	0.1868	0.1735	0.2065
合　计	2.7125	2.6393	2.8190	2.7100	2.8252

注：本表依2002年城镇居民消费结构与农村居民消费结构计算所得，调查数据的诱发系数系根据2007年城镇居民消费结构与农村居民消费结构和本课题外来工问卷调查数据推算的消费结构计算所得。

广东外来务工人员消费对广东经济增长贡献与广东的城镇居民消费的贡献相当，对传统制造业和教育服务业的拉动突出。在当今全球金融危机、经济下行、制造业产品出口受限的大环境下，扩大内需成为经济持续增长的重要支柱，而广东经济要持续保持总量和速度在国内的领先地位，必须采取切实有效措施，真正把提高外来工收入和消费能力落到实处。

二、外来工当期消费对其长期消费影响分析

在研究经济问题的长期影响时，通常采用乘数效应分析。居民的本期消费会诱发产出增加，而产出增加又会带动增加值及其包括劳动报酬在内的构成项目的增加，劳动报酬的增加又会产生新的消费增量。可见，居民消费对经济系统的影响既有短期的，也有长期的，依据投入产出模型也能对之进行量化。

依广东投入产出表及近年居民消费结构计算，广东城镇居民每增加消费 100 元有约 51 元转化为劳动报酬，农村居民消费增加 100 元有约 54 元转化为劳动报酬，而外来工消费每增加 100 元也有 52 元转化为劳动报酬。可见三者消费的劳动报酬转化率比较相近，尤其外来工与城镇居民转化情况更为相似。

表 31.11　居民消费单位产品增量引至的增加值增量

	城镇居民	农村居民	外来工
劳动报酬转换系数	0.5089	0.5400	0.5191
2007 年消费倾向	0.8100	0.7472	0.7341
下期消费转化系数	0.4122	0.4035	0.3811
长期消费乘数	1.3780	1.2526	1.1861

注：长期消费乘数＝消费倾向/(1－消费转化系数)。

劳动报酬经过再消费会形成对经济运行和消费水平的长期影响，所以我们将劳动报酬转化系数乘以消费倾向表示本期消费对下期消费转化系数，如表 31.11。由该表可见，城镇居民本期消费 100 元有 41.22 元转化为下期消费，农村居民有 40.35 元，而外来工消费 100 元只有 38.11 元转化为下期消费。究其原因，是外来工消费倾向偏低所致。我们曾经说过，外来工生活环境多属城镇，其消费结构自然接近于城镇居民。但外来工更多的故里牵挂，其偏低的消费倾向也是必然的现象。

第四节　政策建议

正视外来工对广东经济和社会发展的贡献，积极扶持外来工来粤创业，切实采取有效措施，维护外来工权益，为外来工在广东创造更好的生存与发展空间。

一、要多管齐下，切实提高外来务工人员的收入水平

要提高外来务工人员的收入水平，就必须从与收入水平有较强相关性的“行业”、“学历”和“来粤工作时间”三大因素着手。

1. 改善外来务工人员的就业结构，促使其收入提高

近年来，广东经济持续高速增长，产业结构正由初期工业化阶段向中后期工业化阶段转变。这不仅从客观上要求传统企业改变以往技术含量少、产品附加值低、依靠低成本劳动力维持生存的局面，各类企业都要加大技术投入，向技术密集型转变，也为提升外来务工

人员的就业结构提供了良好的契机，政府应抓住这一机会，尤其在当前要化“危”为“机”，大力推进产业结构调整，在将部分低技术和劳动密集型产业向内陆转移的同时，统筹兼顾好外来务工人员的就业结构调整，使二者互相促进，彼此深化，相得益彰。为帮助企业尽快转型，各地政府及有关部门一方面应完善对企业的发展服务体系，为企业提供有关服务，推进企业技术投入和创新，引导和支持企业产业升级；另一方面还应通过加大公共财政投入，为企业培养技术人才，减轻企业培养负担。为加快和促进产业与就业结构调整，各地应将更多的工作重点放在改造提升餐饮、批发零售等传统服务业和金融、物流、会展、电子商务等现代服务业，以及创造条件，帮助有生意头脑的外来工把握商机，发展个体经营方面，扶持个体创业。

2. 调整人才引进机制和相关政策，提升外来务工人员的整体素质

抓住高校毕业生就业市场化程度提高、越来越多高素质人才参与就业竞争的机会，适时调整人才引进机制和相关政策，增强对人才的吸引力，扭转在与京、沪、苏、浙等地的人才引入竞争中相对下滑的地位。只有在人才争夺战中重拾优势，才能为进一步改善外来工整体素质提供必要保障。

充分考虑“第二代”外来工重视自身发展和强烈要求改变命运的特点，为其提供更多的有针对性的工作技能培训或自我增值机会，尤其是在其最希望掌握的与工作相关的知识、计算机和经营管理知识方面。要大规模开展针对性、实用性强的农民工技能培训。有条件的地方可将失去工作的农民工纳入相关就业政策支持范围。在贷款发放、税费减免、工商登记、信息咨询等方面提供支持。

3. 制订落实各项措施，吸引外来务工人员长期在广东工作

首先，应进一步加快职能转变的步伐，加强直接为外来务工人员服务的政府职能部门建设，尤其是应加强劳动监察部门、公共就业服务体系、外来务工人员权益保障的法制体系的建设，引导企业履行社会责任，支持企业多留用农民工，督促企业及时足额发放工资，妥善解决劳资纠纷。对生产经营遇到暂时困难的企业，引导其采取灵活用工、弹性工时、在岗培训等多种措施稳定就业岗位。要加强外来务工人员聚居的小区管理服务机构的建设，进一步强化政府的公共管理职能，通过加强对企业用工行为的监管、完善执法、保证公共产品供给等措施，努力改善外来务工人员的生活就业环境，维护外来务工人员的正当权益。其次，应进一步建立和完善适应外来务工人员流动性的社会保障体系，彻底改革现行社会保险制度中存在的“门槛高、负担重、灵活性不足”的问题，坚持分类指导、稳步推进的原则，不断完善外来务工人员的社会保障制度，提高外来务工人员的社会保障水平。抓紧制定适合农民工特点的养老保险办法，解决养老保险关系跨地区转移接续问题。第三，应进一步加大城市基础设施建设投入，提高城市公共产品的供给能力，逐步解决外来务工人员在医疗、子女教育、住房等方面存在的问题，并逐步缩小外来务工人员与城市居民之间的福利待遇差别。

二、把握外来务工人员的消费趋势，挖掘和满足其潜在需求

要提高外来务工人员的消费水平，除了提高收入外，还必须把握外来务工人员的消费趋势，正确引导，解除或放宽主要消费项目中现存的各种制约，进一步挖掘和满足其潜在需求，从而实现消费水平的提高，增强内需拉力。

1. 把握外来务工人员的消费特征及变化趋势，提高其消费水平

重点要加大文教娱乐和医疗基础设施建设，出台更为宽松、灵活的教育政策和医疗政策，使外来务工人员在子女教育、自身文教娱乐以及医疗方面的现实需求得到充分满足。另外，密切关注部分收入较高的外来务工人员的潜在需求变化，推出具有针对性的金融政策，帮助其尽早实现购买交通工具和固定资产投资的需求和愿望。

2. 克服外来务工人员六大消费项目中的主要制约因素，提高其消费水平

在饮食消费方面，重点加强饮食的卫生和

环境管理，严防卫生事故的发生；对饮食价格实行适当管制；制订政策鼓励饮食行业的多元化和口味的多样化，使不同口味均可得到满足。在居住消费方面，采取强有力措施，重点打击治安黑点，从根本上改善目前外来工集中居住地区的治安问题。在生活用品消费方面，注意从外来工购物需求存在某种随意性和"追赶潮流"的购物理念出发，引导其消费行为。娱乐消费方面，重点发展价格便宜的中低档次娱乐场所，娱乐项目以通俗普及为宜，服务质量要好，突出营造平等和尊重的氛围。医疗消费方面，花大力气推动社会保障制度和医疗体制改革，采取切实有效措施，为广大外来工提供良好的医疗保障和"实惠便宜"的医疗服务。文化教育消费方面，构建合理的公共消费机制，推进公平消费，提升消费层次，促进经济稳定和社会和谐。

3. 全方位帮助外来务工人员拉近与城市人生活方式的距离

对于"第二代"外来工来说，由于向往城市人的生活方式，热切希望融入城市生活，其消费观念也随之发生改变，越来越倾向于"象征性消费"。在这一方面，政府和有关部门应采取更多的措施，帮助其真正融入城市生活，真正满足其对于"尊重"的需要，使其从单纯追求从衣着、设备用品上拉近与城市人的距离，逐步转变到从全方位拉近与城市人的距离。只有当其实现了这一转变，其"象征性消费"才能从根本上得到释放。

4. 进一步提升外来务工人员的受教育水平

勿庸置疑，外来务工人员文化素质结构的转变将极大地影响其消费观念的转变。鼓励外来务工人员踊跃参加学习与培训，提高自身的知识技术水平，不但可以增加就业机会，提高其收入水平，还可以促进其消费观念的转变。同时，受教育参加学习这种"充电"过程本身也是一种消费。从这个意义上说，采取积极措施提升外来务工人员的文化素质结构，是较高层次的消费方式，它不仅可以有力地拉动消费，而且可以为经济的进一步发展打下良好的基础。

（陈新）

第三十二章

贵州省国民收入分配现状分析

本章就近年来贵州省国民收入分配格局[①]及存在的主要问题进行分析，并针对提高居民收入在国民收入分配中比重、提高劳动报酬在初次分配中比重等问题，提出相关建议。

第一节　近年来贵州省国民收入分配的基本情况

一、贵州省国民收入分配的基本格局

1. 国民收入分配的最终结果是居民拿大头、政府居中、企业拿小头

2007年，经过初次分配后，居民所占比重为66.0%，企业和政府分别为22.2%和11.8%；经过再次分配后，居民所占比重为55.7%，企业和和政府分别为15.9%和28.4%。

2. 初次分配向企业倾斜，政府和居民所占比重呈现下降趋势

从初次分配格局来看，与1998年相比，2007年企业在初次分配总收入中所占比重提高11.5个百分点，而居民和政府所占比重均

表32.1　1998～2007年贵州省国民收入初次分配格局及增速(%)

年份	初次分配总收入		企业		政府		住户	
	构成	增速	构成	增速	构成	增速	构成	增速
1998	100.0	5.5	10.7	−21.8	14.1	35.4	75.2	6.4
1999	100.0	4.7	6.6	−35.2	13.9	3.1	79.5	10.6
2000	100.0	7.9	9.2	50.2	15.8	22.1	75.0	1.9
2001	100.0	8.4	5.9	−30.7	19.5	34.5	74.6	7.7
2002	100.0	9.8	7.8	44.7	17.3	−2.7	74.9	10.3
2003	100.0	14.4	9.8	44.7	16.3	7.8	73.9	12.8
2004	100.0	23.2	16.5	107.2	15.8	19.5	67.7	12.9
2005	100.0	15.7	25.4	77.7	9.5	−30.3	65.1	11.3
2006	100.0	14.6	27.1	22.1	10.0	20.8	62.9	10.7
2007	100.0	21.3	22.2	−0.7	11.8	43.3	66.0	27.2

① 本章所用增速除实际增速按可比价格计算外，其余均按现行价格计算。

呈下降趋势，分别下降了 9.2 和 2.3 个百分点。从 1998～2007 年平均增速来看，初次分配总收入平均增速为 12.4%；企业平均增速最高，达到 17.3%，高于初次分配总收入平均增速 4.9 个百分点；政府平均增速为 13.2%，高于初次分配总收入平均增速 0.8 个百分点；居民平均增速最低，仅有 11.0%（见表 32.1）。

3. 再分配环节，企业、政府可支配收入比重持续上升，居民所占比重明显下降

从收入再分配格局来看，全省可支配总收入中，居民仍然是主要拥有者，所占比重最高，达 55.7%，但呈持续下降趋势；企业、政府所占比重持续上升。与 1998 年相比，居民所占比重下降了 14.7 个百分点，企业、政府呈波动上升态势，所占比重分别提高 9.0 和 5.7 个百分点。从 1998～2007 年平均增速来看，可支配总收入平均增速为 13.6%；政府平均增速最高为 19.9%，高于初次分配总收入平均增速 6.3 个百分点；企业平均增速为 16.7%，高于初次分配总收入平均增速 3.1 个百分点；居民平均增速最低为 10.8%（见表 32.2）。

表 32.2　1998～2007 年贵州省国民收入再分配格局及增速（%）

年份	可支配总收入		企业		政府		住户	
	构成	增速	构成	增速	构成	增速	构成	增速
1998	100	6.1	6.9	−39.4	22.7	45.8	70.4	4.6
1999	100	7.6	2.4	−63.3	25.2	19.5	72.4	10.7
2000	100	9.7	4.4	104.4	27.8	21.1	67.8	2.7
2001	100	13.5	2.4	−39.1	33.1	35.4	64.5	8.0
2002	100	9.3	6.4	195.9	30.7	1.2	62.9	6.6
2003	100	12.5	8.4	47.0	28.9	6.1	62.7	12.2
2004	100	24.1	11.3	68.1	27.1	15.9	61.6	22.0
2005	100	15.4	19.9	102.3	21.3	−8.9	58.8	10.1
2006	100	15.4	20.8	21.0	25.6	37.8	53.6	5.3
2007	100	23.4	15.9	−5.6	28.4	37.3	55.7	28.0

二、贵州省城乡居民收入情况分析

1. 城乡居民收入增长逐步加快

2007 年城镇居民人均可支配收入为 10678.4 元，实际增长 10.6%，与 1998 年相比，城镇居民人均可支配收入增加了 6113.01 元，收入增速提高了 8.3 个百分点；农民人均纯收入为 2373.99 元，实际增长 11.6%，与 1998 年相比，农民人均纯收入增加了 1039.53 元，收入增速提高了 7.2 个百分点（见表 32.3）。

表 32.3　1998～2007 年贵州省城乡居民人均收入及实际增速

年　份	城镇居民人均可支配收入（元）	增长速度（%）	农民人均纯收入（元）	增长速度（%）
1998	4565.39	2.3	1334.46	4.4
1999	4934.02	9.0	1363.07	4.7
2000	5122.21	5.1	1374.16	3.6
2001	5451.91	3.9	1411.73	3.7
2002	5944.02	9.8	1489.91	4.3
2003	6568.91	9.5	1564.66	4.7
2004	7322.04	7.7	1721.55	5.6
2005	8147.13	10.6	1876.96	5.2
2006	9116.61	10.1	1984.62	4.7
2007	10678.40	10.6	2373.99	11.6

2. 工资性收入依然是城镇居民收入的主要来源

2007 年，在城镇居民人均总收入中，工资性收入、转移性收入所占比重分别为 70.0%和 21.6%，与 1998 年相比分别下降了 1.6 和 2.1 个百分点；经营净收入和财产性收入所占比重分别为 6.9%和 1.5%，与 1998 年相比分别上升了 3.4 和 0.3 个百分点。从 1998～2007 年平均增速来看，城镇居民人均总收入平均增速为 9.5%；工资性收入平均增速为 8.8%，不仅是四项收入中增速最低的，而且还低于人均总收入的平均增速 0.7 个百分点；经营净收入的平均增速为 19.3%，是 4 项收入中最高的，高于人均总收入的平均增速 9.8 个百分点；财产性收入平均增速为 13.5%；转移性收入平均增速为 9.8%（见表 32.4）。

表 32.4　1998～2007 年贵州省城镇居民人均总收入来源构成（%）

年　份	工资性收入	经营净收入	财产性收入	转移性收入
1998	71.6	3.5	1.2	23.7
1999	75.7	3.7	0.9	19.7
2000	71.7	4.4	0.8	23.1
2001	73.4	5.2	0.3	21.1
2002	65.6	5.5	0.9	28.0
2003	69.2	5.6	0.8	24.4
2004	68.3	7.7	0.7	23.3
2005	65.8	9.4	1.1	23.7
2006	68.9	9.4	1.3	20.4
2007	70.0	6.9	1.5	21.6

3. 工资性收入占农村居民收入的比重大幅上升

2007 年农民人均纯收入中，工资性收入、财产性收入、转移性收入所占比重分别为 35.7%、6.8%、1.9%，较 1998 年分别提高了 18.5、1.8、1.3 个百分点；家庭经营收入所占比重为 55.6%，与 1998 年相比下降了 21.6 个百分点。从 1998～2007 年平均增速来看，农村居民人均纯收入平均增速为 9.5%；工资性收入平均增速达 16.0%，高出农民人均纯收入平均增速 9.8 个百分点；家庭经营收入平均增速为 2.3%，低于农村居民人均纯收入平均增速 3.9 个百分点（见表 32.5）。

表 32.5　1998～2007 年贵州省农村居民人均纯收入来源构成（%）

年　份	工资性收入	家庭经营收入	财产性收入	转移性收入
1998	17.2	77.2	5.0	0.6
1999	19.3	74.8	5.1	0.8
2000	20.0	74.9	4.6	0.5
2001	22.5	71.8	4.8	0.9
2002	26.0	66.4	5.7	1.9
2003	29.3	63.2	5.2	2.3
2004	29.3	64.8	4.8	1.1
2005	31.1	61.4	5.6	1.9
2006	36.1	56.1	6.0	1.8
2007	35.7	55.6	6.8	1.9

第二节 贵州省国民收入分配中存在的主要问题

近年来,随着贵州经济发展加快,城乡居民收入实现了不同程度的增长。但在收入分配领域仍存在一些问题,如居民收入增速不快,不同行业之间、城乡居民之间、城乡内部之间收入差距逐年扩大,等等。

一、居民收入增长低于GDP、财政收入和企业利润的增长

1998~2007年,GDP中的劳动者报酬平均增速为9.2%,分别低于GDP、地方财政收入、规模以上工业企业利润增速3.9、8.1、63.0个百分点(见表32.6)。

二、不同行业职工工资水平差距逐年扩大

2001年全省职工平均工资最高行业为14529元,最低行业为5741元,平均工资高低比为2.53∶1,高低差为8788元。到2007年平均工资最高行业为39873元,最低行业为11015元,平均工资高低比为3.62∶1,高低差为28858元,是2001年的3.3倍。职工平均工资高低差异呈逐年扩大趋势(见表32.7)。

表32.6 1998~2007年贵州省劳动者报酬增长与主要总量指标增速对比(%)

年份	劳动者报酬	GDP	地方财政收入	企业利润
1998	10.0	6.5	12.8	115.8
1999	8.4	9.2	13.7	−60.4
2000	2.5	9.9	14.8	1832.3
2001	1.7	10.0	17.0	48.0
2002	8.6	9.7	8.6	15.2
2003	13.9	14.7	15.0	75.2
2004	−2.6	17.6	19.9	65.2
2005	19.1	18.0	22.2	14.2
2006	11.6	14.7	24.2	56.7
2007	20.9	20.7	25.8	57.3
平均增速	9.2	13.0	17.3	72.2

注:本表增速均按现价计算。2000年全省开展国有工业企业扭亏增盈工作,使规模以上工业企业利润大幅上升。

表32.7 贵州省职工平均工资及高低差(元)

	2001年	2002年	2003年	2004年	2005年	2006年	2007年
全省平均	8991	9810	11037	12431	14344	16815	20668
最高行业	14529	16490	18801	22243	26326	30007	39873
最低行业	5741	7306	8563	9503	9982	9590	11015
高低差	8788	9184	10238	12740	16344	20417	28858
高低比	2.53∶1	2.26∶1	2.20∶1	2.34∶1	2.64∶1	3.13∶1	3.62∶1

三、城乡居民之间和城乡居民内部收入差距不断拉大

城镇居民人均可支配收入与农民人均纯收入之比从 1998 年的 3.42∶1，上升为 2007 年的 4.50∶1，上升了 31.6%。从城乡镇居民人均收入的实际增速来看，仅在 1998、2007 年两年出现城镇居民人均可支配收入增速低于农村居民人均纯收入平均增速，1998 年～2007 年间，城镇居民人均可支配收入平均增速为 7.8%，比农村居民人均纯收入平均增速 5.2%，高 2.6 个百分点(见表 32.8)。

表 32.8　1998～2007 年贵州省城乡居民人均收入对比表

年　份	城镇居民人均可支配收入(元)	农民人均纯收入(元)	城乡居民人均收入比	城镇居民人均可支配收入实际增速(%)	农民人均纯收入实际增速(%)	城乡居民人均收入实际增速差异(%)
1998	4565.39	1334.46	3.42:1	2.3	4.4	−2.1
1999	4934.02	1363.07	3.62:1	9.0	4.7	4.3
2000	5122.21	1374.16	3.73:1	5.1	3.6	1.5
2001	5451.91	1411.73	3.86:1	3.9	3.7	0.2
2002	5944.02	1489.91	3.99:1	9.8	4.3	5.5
2003	6568.91	1564.66	4.20:1	9.5	4.7	4.8
2004	7322.04	1721.55	4.25:1	7.7	5.6	2.1
2005	8147.13	1876.96	4.34:1	10.6	5.2	5.4
2006	9116.61	1984.62	4.59:1	10.1	4.7	5.4
2007	10678.40	2373.99	4.50:1	10.6	11.6	−1.0

城镇内部高低收入组间绝对差距从 2000 年的 8185.51 元，扩大到 2007 年的 24152.68 元，差距扩大了 195.1%；农村内部高低收入组间绝对差距从 2000 年的 1971.18 元，扩大到 2007 年的 4013.68 元，差距扩大了 103.6%。2000 年城镇高低收入组(各占 10%)人均可支配收入之比为 4.91∶1，到 2007 年上升为 7.96∶1，扩大了 62.2%；2000 年农村高低收入组(各占 20%)人均纯收入之比为 4.08∶1，到 2007 年上升为 5.17∶1，扩大了 26.7%。

第三节　政策建议

一、加大产业结构调整力度，大力发展工业、第三产业和非公经济

一是大力发展工业。工业是整个国民经济的支柱产业，2007 年贵州省工业增加值在 GDP 中所占比重为 36.8%，是 GDP 中比重最大的行业。因此，扩大工业生产规模，优化工业产业结构，加快工业发展有助于改善国民收入分配结构。二是大力发展第三产业。第三产业从业人数较多，2007 年贵州省第三产业从业人员为 430.40 万人，是第二产业从业人员的近两倍。所以，积极推动第三产业发展，将提供更多就业岗位，促进就业增加。三是大力发展非公有制经济。非公有制经济是国民经济的重要组成部分。近年来，非公经济发展较快，2006 和 2007 年非公经济增加值平均增速为 24.8%，高于同期 GDP 平均增速 7.1 个百分点。因此，鼓励非公有制经济发展，是扩

大就业渠道，提高就业容量，增加居民收入的重要途径。

二、提高工资水平，促进居民收入的增加

工资是居民收入的重要来源，2007 年在城镇居民人均总收入中工资性收入所占比重为 70%，在农民人均纯收入中工资性收入所比重为 35.7%。工资水平的高低直接影响居民收入的增加。2006 年全省在岗职工平均工资为 16815 元，比全国平均水平 21001 元，低 4186 元。因此，根据经济发展状况、财政收入增长、企业经营状况和物价水平变化等，建立职工工资正常增长和支付保障机制，适时提高职工工资水平。

三、多渠道增加农民收入，努力遏制城乡收入差距扩大的趋势

从 1998 年以来，农民外出务工和在本地提供劳务的收入增长较快，工资性收入在农民人均纯收入中所占比重提高最快，外出务工的工资性收入成为农民增收的重要渠道。因此，要继续加强农民工就业培训工作，提高农民工的劳动技能，加大农村富余劳动力有序转移力度。同时加快农业产业结构调整步伐，加大农业科技投入，提高种养殖业生产的科技水平，优化种养殖业结构，提高农产品附加值，促进农民增产增收。

四、进一步完善社会保障制度

调整财政支出结构，加大高社会保障支出的力度，逐步建立完善的覆盖城乡居民的社会保障制度。

（邵尉　范振新）

第五篇

分地区统计资料

一、人口和经济核算

表1 年末总人口

单位：万人

	1995	2000	2005	2006	2007	2008
全　国	**121121**	**126743**	**130756**	**131448**	**132129**	**132802**
北　京	1251	1357	1538	1581	1633	1695
天　津	942	1001	1043	1075	1115	1176
河　北	6437	6674	6851	6898	6943	6989
山　西	3077	3248	3355	3375	3393	3411
内蒙古	2284	2372	2386	2397	2405	2414
辽　宁	4092	4184	4221	4271	4298	4315
吉　林	2592	2682	2716	2723	2730	2734
黑龙江	3701	3807	3820	3823	3824	3825
上　海	1415	1641	1778	1815	1858	1888
江　苏	7066	7327	7475	7550	7625	7677
浙　江	4319	4596	4898	4980	5060	5120
安　徽	6013	6286	6120	6110	6118	6135
福　建	3237	3410	3535	3558	3581	3604
江　西	4063	4149	4311	4339	4368	4400
山　东	8705	8998	9248	9309	9367	9417
河　南	9100	9488	9380	9392	9360	9429
湖　北	5772	5960	5710	5693	5699	5711
湖　南	6392	6562	6326	6342	6355	6380
广　东	6868	7707	9194	9304	9449	9544
广　西	4543	4750	4660	4719	4768	4816
海　南	724	789	828	836	845	854
重　庆	3002	3092	2798	2808	2816	2839
四　川	8323	8602	8212	8169	8127	8138
贵　州	3508	3756	3730	3757	3762	3793
云　南	3990	4241	4450	4483	4514	4543
西　藏	240	258	277	281	284	287
陕　西	3514	3644	3720	3735	3748	3762
甘　肃	2438	2557	2594	2606	2617	2628
青　海	481	517	543	548	552	554
宁　夏	513	554	596	604	610	618
新　疆	1661	1849	2010	2050	2095	2131

表 2　地区生产总值

单位:亿元

	1995	2000	2005	2006	2007	2008
全　国	**60793.7**	**99214.6**	**183217.4**	**211923.5**	**249529.9**	**300670.0**
北　京	1507.7	3161.0	6886.3	7870.3	9353.3	10488.0
天　津	932.0	1701.9	3697.6	4359.2	5050.4	6354.4
河　北	2849.5	5044.0	10096.1	11660.4	13709.5	16188.6
山　西	1076.0	1845.7	4179.5	4752.5	5733.4	6938.7
内蒙古	857.1	1539.1	3895.6	4791.5	6091.1	7761.8
辽　宁	2793.4	4669.1	8009.0	9251.2	11023.5	13461.6
吉　林	1137.2	1951.5	3620.3	4275.1	5284.7	6424.1
黑龙江	1991.4	3151.4	5511.5	6188.9	7065.0	8310.0
上　海	2499.4	4771.2	9154.2	10366.4	12188.9	13698.2
江　苏	5155.3	8553.7	18305.7	21645.1	25741.2	30312.6
浙　江	3557.6	6141.0	13437.9	15742.5	18780.4	21486.9
安　徽	1810.7	2902.1	5375.1	6148.7	7364.2	8874.2
福　建	2094.9	3764.5	6568.9	7614.6	9249.1	10823.1
江　西	1169.7	2003.1	4056.8	4670.5	5500.3	6480.3
山　东	4953.4	8337.5	18516.9	22077.4	25965.9	31072.1
河　南	2988.4	5053.0	10587.4	12496.0	15012.5	18407.8
湖　北	2109.4	3545.4	6520.1	7581.3	9230.7	11330.4
湖　南	2132.1	3551.5	6511.3	7568.9	9200.0	11156.6
广　东	5933.1	10741.3	22366.5	26204.5	31084.4	35696.5
广　西	1497.6	2080.0	4075.8	4828.5	5955.7	7171.6
海　南	363.3	526.8	894.6	1052.9	1223.3	1459.2
重　庆	1016.3	1603.2	3070.5	3491.6	4122.5	5096.7
四　川	2443.2	3928.2	7385.1	8637.8	10505.3	12506.3
贵　州	636.2	1029.9	1979.1	2282.0	2741.9	3333.4
云　南	1222.2	2011.2	3472.9	4006.7	4741.3	5700.1
西　藏	56.1	117.8	251.2	291.0	342.2	395.9
陕　西	1036.9	1804.0	3675.7	4523.7	5465.8	6851.3
甘　肃	557.8	1052.9	1934.0	2276.7	2702.4	3176.1
青　海	167.8	263.7	543.3	641.6	783.6	961.5
宁　夏	175.2	295.0	606.1	710.8	889.2	1098.5
新　疆	814.9	1363.6	2604.2	3045.3	3523.2	4203.4

表3　地区生产总值增长率

单位:%

	1995	2000	2005	2006	2007	2008
全　国	**10.9**	**8.4**	**10.4**	**11.6**	**11.9**	**9.0**
北　京	12.0	11.8	11.8	12.8	13.3	9.0
天　津	14.9	10.8	14.7	14.5	15.2	16.5
河　北	13.9	9.5	13.4	13.4	12.8	10.1
山　西	12.0	9.4	12.6	11.8	14.4	8.3
内蒙古	10.1	10.8	23.8	19.0	19.1	17.2
辽　宁	7.1	8.9	12.3	13.8	14.5	13.1
吉　林	9.7	9.2	12.1	15.0	16.1	16.0
黑龙江	9.2	8.2	11.6	12.1	12.0	11.8
上　海	14.3	11.0	11.1	12.0	14.3	9.7
江　苏	15.4	10.6	14.5	14.9	14.9	12.3
浙　江	16.8	11.0	12.8	13.9	14.7	10.1
安　徽	14.3	8.3	11.6	12.8	13.9	12.7
福　建	14.6	9.3	11.6	14.8	15.2	13.0
江　西	6.8	8.0	12.8	12.3	13.0	12.6
山　东	14.0	10.3	15.2	14.8	14.3	12.1
河　南	14.8	9.5	14.2	14.4	14.6	12.1
湖　北	13.2	8.6	12.1	13.2	14.5	13.4
湖　南	10.3	9.0	11.6	12.2	14.5	12.8
广　东	15.6	11.5	13.8	14.6	14.7	10.1
广　西	11.4	7.9	13.2	13.6	15.1	12.8
海　南	3.8	9.0	10.2	12.5	14.8	9.8
重　庆	12.1	8.5	11.5	12.2	15.6	14.3
四　川	10.7	8.5	12.6	13.3	14.2	9.5
贵　州	7.5	8.4	11.6	11.6	13.7	10.2
云　南	11.7	7.5	9.0	11.9	12.5	11.0
西　藏	17.9	10.4	12.1	13.3	14.0	10.1
陕　西	10.4	10.4	12.6	12.8	14.6	15.6
甘　肃	10.4	9.7	11.8	11.5	12.3	10.1
青　海	8.0	8.9	12.2	12.2	12.5	12.7
宁　夏	9.5	10.2	10.9	12.7	12.7	12.2
新　疆	9.1	8.7	10.9	11.0	12.2	11.0

说明:本表按可比价计算。

表4　第一产业增加值

单位:亿元

	1995	2000	2005	2006	2007	2008
全　　国	**12135.8**	**14944.7**	**22420.0**	**24040.0**	**28095.0**	**34000.0**
北　　京	72.2	76.6	98.0	98.0	101.3	112.8
天　　津	60.8	73.7	112.4	118.2	110.2	122.6
河　　北	631.3	824.6	1503.1	1606.5	1804.7	2034.6
山　　西	168.7	179.9	262.4	276.8	269.7	302.5
内 蒙 古	260.2	350.8	589.6	649.6	762.1	907.0
辽　　宁	392.2	503.4	882.4	976.4	1133.4	1302.0
吉　　林	304.0	398.7	625.6	672.8	783.8	916.7
黑 龙 江	371.2	383.2	684.6	737.6	915.4	1089.1
上　　海	59.8	76.7	80.3	93.8	101.8	111.8
江　　苏	866.2	1048.3	1461.5	1545.0	1816.2	2100.0
浙　　江	550.0	631.0	892.8	925.1	986.0	1095.4
安　　徽	584.1	741.8	966.5	1028.7	1200.2	1418.1
福　　建	464.8	640.6	841.2	896.2	1002.1	1157.8
江　　西	374.6	485.1	727.4	786.1	905.8	1060.4
山　　东	1010.1	1268.6	1963.5	2138.9	2509.1	3002.7
河　　南	763.0	1161.6	1892.0	2049.9	2217.7	2658.8
湖　　北	619.8	662.3	1082.1	1140.4	1378.0	1780.0
湖　　南	685.3	784.9	1274.2	1332.2	1626.5	2007.4
广　　东	864.5	986.3	1428.3	1577.1	1695.6	1970.2
广　　西	449.6	538.7	912.5	1032.5	1241.4	1453.9
海　　南	128.9	192.0	300.8	344.5	361.1	437.6
重　　庆	264.2	284.9	463.4	425.8	482.4	575.4
四　　川	662.5	945.6	1481.1	1595.5	2032.0	2366.2
贵　　州	227.1	271.2	368.9	393.2	446.4	547.9
云　　南	302.7	431.8	669.8	749.8	837.4	1020.9
西　　藏	23.5	36.4	48.0	50.9	54.9	60.5
陕　　西	217.3	258.2	435.8	488.5	592.6	753.7
甘　　肃	110.7	194.1	308.1	333.4	386.0	463.0
青　　海	39.6	40.1	65.3	69.6	83.4	105.6
宁　　夏	35.4	46.0	72.1	79.5	97.9	120.0
新　　疆	240.7	288.2	510.0	527.8	628.7	691.1

表5 第二产业增加值

单位:亿元

	1995	2000	2005	2006	2007	2008
全　国	**28679.5**	**45555.9**	**87364.6**	**103162.0**	**121381.3**	**146183.4**
北　京	645.8	1033.3	2026.5	2191.4	2509.4	2693.2
天　津	518.6	863.8	2051.2	2488.3	2892.5	3821.1
河　北	1322.8	2515.0	5232.5	6115.0	7241.8	8777.4
山　西	494.5	858.4	2353.2	2748.3	3438.6	4265.8
内蒙古	308.8	582.6	1773.2	2327.4	3154.6	4271.0
辽　宁	1390.0	2344.4	3953.3	4729.5	5853.1	7512.1
吉　林	475.2	768.9	1580.8	1915.3	2475.5	3064.6
黑龙江	1048.6	1731.7	2971.7	3365.3	3695.6	4365.9
上　海	1419.4	2207.6	4452.9	5028.4	5678.5	6235.9
江　苏	2715.3	4435.9	10355.0	12250.8	14306.4	16663.8
浙　江	1854.5	3273.9	7166.2	8509.6	10148.5	11580.3
安　徽	660.1	1056.8	2221.2	2648.1	3289.1	4137.4
福　建	882.3	1628.5	3200.3	3743.7	4549.4	5415.8
江　西	403.7	700.8	1917.5	2320.7	2840.9	3414.9
山　东	2355.8	4164.5	10628.6	12751.2	14776.5	17702.2
河　南	1395.0	2294.2	5514.1	6724.6	8282.8	10477.9
湖　北	780.2	1437.4	2810.0	3365.1	3966.7	4963.6
湖　南	770.7	1293.2	2596.7	3151.7	3916.4	4933.1
广　东	2900.2	4999.5	11339.9	13431.8	15939.1	18402.6
广　西	535.9	732.8	1510.7	1878.6	2425.3	3037.7
海　南	78.5	104.0	220.1	287.9	364.3	434.4
重　庆	412.3	623.8	1259.1	1501.0	1892.1	2433.3
四　川	980.9	1433.1	3067.2	3775.2	4641.3	5790.1
贵　州	232.5	391.2	826.6	980.8	1148.3	1408.7
云　南	534.8	833.3	1432.8	1712.6	2051.1	2451.1
西　藏	13.2	27.1	63.5	80.1	98.5	115.8
陕　西	441.7	782.6	1849.3	2440.5	2964.6	3842.1
甘　肃	256.8	421.7	838.6	1043.2	1279.3	1471.4
青　海	64.6	108.8	264.6	331.2	417.8	529.4
宁　夏	74.7	121.4	281.2	349.8	451.8	581.2
新　疆	284.0	537.6	1164.8	1459.3	1647.6	2086.7

表 6　全部工业增加值

单位:亿元

	1995	2000	2005	2006	2007	2008
全　国	**24950.6**	**40033.6**	**77230.8**	**91310.9**	**107367.2**	**129112.0**
北　京	527.8	844.0	1707.0	1821.9	2082.8	2198.5
天　津	467.9	786.0	1885.0	2292.7	2661.9	3533.9
河　北	1150.5	2201.7	4665.2	5490.5	6555.2	7967.6
山　西	438.5	748.7	2117.7	2485.1	3141.9	3919.8
内蒙古	254.9	484.2	1477.9	1978.2	2742.7	3798.6
辽　宁	1233.4	2114.9	3489.6	4175.3	5199.9	6735.7
吉　林	413.9	655.7	1363.9	1659.3	2170.7	2687.0
黑龙江	949.1	1566.4	2696.3	3049.0	3326.9	3927.6
上　海	1308.2	1999.0	4129.5	4670.1	5298.1	5785.0
江　苏	2467.6	3848.5	9334.7	11110.2	13016.8	15069.0
浙　江	1645.5	2945.7	6349.3	7590.6	9095.7	10359.8
安　徽	562.4	885.1	1818.5	2190.2	2752.1	3487.5
福　建	748.9	1422.3	2842.4	3311.6	4018.4	4755.5
江　西	314.5	543.9	1455.5	1806.2	2277.7	2766.9
山　东	2098.1	3665.7	9568.6	11556.0	13412.7	16102.2
河　南	1256.5	2000.0	4896.0	6031.2	7508.3	9546.1
湖　北	680.9	1243.2	2436.6	2929.2	3451.6	4330.2
湖　南	658.7	1094.8	2189.9	2694.1	3375.9	4280.2
广　东	2448.8	4463.1	10482.0	12500.2	14910.0	17254.0
广　西	461.3	612.3	1264.8	1592.3	2090.1	2627.4
海　南	44.0	70.5	156.2	217.6	278.4	321.2
重　庆	359.8	512.1	1023.4	1234.1	1572.3	2036.4
四　川	833.2	1154.5	2527.1	3144.7	3913.9	4922.8
贵　州	208.8	328.7	714.2	855.6	1007.8	1242.6
云　南	481.0	704.0	1180.8	1408.8	1711.8	2057.0
西　藏	4.1	10.2	17.5	21.7	27.6	29.7
陕　西	377.9	629.9	1553.6	2094.0	2544.4	3294.0
甘　肃	226.3	327.6	685.8	868.1	1063.8	1221.7
青　海	51.6	78.8	203.9	265.1	344.5	442.9
宁　夏	63.4	96.7	229.1	289.3	380.2	490.1
新　疆	219.0	418.6	961.6	1241.3	1405.1	1790.7

表7 建筑业增加值

单位:亿元

	1995	2000	2005	2006	2007	2008
全　　国	**3728.8**	**5522.3**	**10133.8**	**11851.1**	**14014.1**	**17071.4**
北　　京	118.1	189.3	319.5	369.6	426.6	494.7
天　　津	50.6	77.9	166.1	195.6	230.7	287.2
河　　北	172.3	313.2	567.3	624.5	686.6	809.8
山　　西	56.0	109.7	235.5	263.3	296.7	346.0
内 蒙 古	53.9	98.4	295.3	349.2	411.9	472.4
辽　　宁	156.6	229.5	463.7	554.2	653.2	776.4
吉　　林	61.4	113.2	216.9	256.0	304.7	377.7
黑 龙 江	99.5	165.3	275.4	316.3	368.7	438.3
上　　海	111.2	208.7	323.4	358.3	380.4	450.9
江　　苏	247.6	587.4	1020.3	1140.6	1289.6	1594.8
浙　　江	209.0	328.2	816.8	919.0	1052.8	1220.6
安　　徽	97.7	171.7	402.7	458.0	537.0	649.8
福　　建	133.4	206.1	357.8	432.1	531.0	660.3
江　　西	89.3	156.9	462.0	514.6	563.2	648.0
山　　东	257.7	498.7	1060.0	1195.2	1363.8	1600.0
河　　南	138.5	294.1	618.1	693.4	774.5	931.8
湖　　北	99.3	194.1	373.5	435.9	515.1	633.4
湖　　南	112.0	198.4	406.8	457.6	540.6	652.9
广　　东	451.4	536.5	857.9	931.6	1029.1	1148.6
广　　西	74.6	120.4	245.8	286.2	335.2	410.4
海　　南	34.4	33.5	63.9	70.3	85.9	113.2
重　　庆	52.5	111.8	235.8	266.9	319.8	396.9
四　　川	147.7	278.7	540.2	630.5	727.4	867.3
贵　　州	23.8	62.5	112.4	125.2	140.5	166.2
云　　南	53.8	129.3	251.9	303.8	339.3	394.1
西　　藏	9.1	16.9	46.0	58.4	70.9	86.1
陕　　西	63.8	152.7	295.7	346.5	420.1	548.1
甘　　肃	30.5	94.0	152.8	175.1	215.5	249.8
青　　海	13.0	30.0	60.7	66.0	73.3	86.6
宁　　夏	11.3	24.7	52.2	60.5	71.6	91.1
新　　疆	65.0	119.0	203.2	218.0	242.4	296.0

表 8 第三产业增加值

单位:亿元

	1995	2000	2005	2006	2007	2008
全　国	**19978.0**	**38714.0**	**73432.9**	**84721.4**	**100053.5**	**120486.6**
北　京	789.7	2051.1	4761.8	5580.8	6742.7	7682.1
天　津	352.6	764.4	1534.1	1752.6	2047.7	2410.7
河　北	895.4	1704.5	3360.5	3938.9	4663.0	5376.6
山　西	412.9	807.5	1563.9	1727.4	2025.1	2370.5
内蒙古	288.1	605.7	1532.8	1814.4	2174.5	2583.8
辽　宁	1011.2	1821.2	3173.3	3545.3	4037.0	4647.5
吉　林	358.0	783.9	1413.8	1687.1	2025.4	2442.7
黑龙江	571.6	1036.6	1855.2	2086.0	2454.0	2855.0
上　海	1020.2	2486.9	4620.9	5244.2	6408.5	7350.4
江　苏	1573.8	3069.5	6489.1	7849.2	9618.5	11548.8
浙　江	1153.1	2236.1	5378.9	6307.9	7646.0	8811.2
安　徽	566.5	1103.5	2187.5	2471.9	2874.9	3318.7
福　建	747.7	1495.5	2527.5	2974.7	3697.6	4249.6
江　西	391.4	817.2	1411.9	1563.7	1753.6	2005.1
山　东	1587.4	2904.5	5924.7	7187.3	8680.2	10367.2
河　南	830.4	1597.3	3181.3	3721.4	4512.0	5271.1
湖　北	709.4	1445.7	2628.0	3075.8	3886.0	4586.8
湖　南	676.2	1473.4	2640.5	3085.0	3657.0	4216.2
广　东	2168.3	4755.4	9598.3	11195.5	13449.7	15323.6
广　西	512.1	808.6	1652.6	1917.5	2289.0	2679.9
海　南	155.9	230.9	373.8	420.5	498.0	587.2
重　庆	339.8	694.5	1348.0	1564.8	1748.0	2088.0
四　川	799.8	1549.5	2836.7	3267.1	3832.0	4350.0
贵　州	176.6	367.5	783.5	908.1	1147.3	1376.8
云　南	384.7	746.1	1370.3	1544.3	1852.9	2228.1
西　藏	19.4	54.4	139.7	160.0	188.8	219.6
陕　西	377.9	763.2	1390.6	1594.8	1908.6	2255.5
甘　肃	190.3	437.1	787.4	900.2	1037.1	1241.7
青　海	63.6	114.7	213.4	240.8	282.4	326.6
宁　夏	65.1	127.6	252.8	281.4	339.5	397.3
新　疆	290.2	537.8	929.4	1058.2	1246.9	1425.6

表9 交通运输、仓储和邮政业增加值

单位:亿元

	1996	2000	2005	2006	2007	2008
全　　国	**3782.2**	**6161.0**	**10835.7**	**12481.1**	**14805.9**	**16589.8**
北　　京	113.8	190.1	404.7	458.3	502.6	505.7
天　　津	98.9	178.8	227.2	252.9	294.1	320.6
河　　北	225.7	415.8	702.0	971.5	1161.6	1281.3
山　　西	102.0	146.0	351.2	383.4	437.6	476.5
内 蒙 古	83.4	142.6	360.2	426.2	510.4	640.5
辽　　宁	194.6	350.5	509.4	565.7	642.8	715.2
吉　　林	86.3	119.1	208.1	236.8	275.8	318.8
黑 龙 江	104.1	203.1	318.4	325.1	364.6	386.8
上　　海	204.3	315.4	582.6	669.0	723.1	769.6
江　　苏	314.9	557.4	741.1	928.4	1039.5	1218.8
浙　　江	234.9	428.3	512.9	630.9	739.4	827.7
安　　徽	104.5	179.9	358.7	409.6	483.0	547.4
福　　建	245.7	444.1	455.2	537.1	650.3	735.4
江　　西	101.6	195.0	300.6	306.1	337.6	384.4
山　　东	364.7	553.2	968.6	1212.3	1399.9	1873.6
河　　南	216.1	391.9	625.9	739.3	866.7	1043.9
湖　　北	138.4	256.9	365.7	425.4	479.9	584.2
湖　　南	168.9	277.7	366.7	426.1	477.3	523.1
广　　东	497.7	908.5	990.5	1113.8	1254.6	1387.5
广　　西	112.0	160.9	225.2	261.1	311.2	359.5
海　　南	27.6	47.0	64.3	73.8	86.4	96.5
重　　庆		98.2	219.0	259.6	265.7	309.6
四　　川	164.5	249.4	380.3	451.2	511.5	567.5
贵　　州	24.2	64.6	115.8	134.6	164.4	180.5
云　　南	66.9	119.8	163.1	176.0	196.1	222.1
西　　藏	3.5	2.1	11.1	13.6	20.5	19.9
陕　　西	93.1	156.2	242.1	281.5	311.9	352.6
甘　　肃	28.4	50.1	144.7	169.6	181.2	211.1
青　　海	10.6	19.2	31.9	35.3	40.9	40.7
宁　　夏	11.7	19.3	45.8	50.5	55.6	63.8
新　　疆	66.8	121.8	149.6	165.6	177.3	191.7

表 10 批发和零售业增加值

单位:亿元

	1996	2000	2005	2006	2007	2008
全 国	**5599.7**	**8158.6**	**13534.5**	**15471.1**	**18866.1**	**23100.7**
北 京	187.6	218.5	654.1	751.9	879.4	1060.9
天 津	98.0	158.6	436.1	468.1	498.6	604.6
河 北	307.2	459.0	598.6	661.2	714.8	844.9
山 西	104.4	135.2	261.2	295.6	348.6	421.8
内蒙古	71.1	133.5	338.1	390.9	458.4	548.4
辽 宁	391.3	631.6	850.3	952.7	1062.3	1239.9
吉 林	113.7	153.7	345.0	402.4	486.0	591.4
黑龙江	197.3	320.0	413.2	460.9	530.0	632.6
上 海	316.2	485.3	840.9	929.2	1077.8	1266.4
江 苏	621.0	857.6	1816.5	2028.8	2432.9	3026.3
浙 江	567.8	827.8	1258.2	1436.0	1711.2	2027.6
安 徽	183.6	315.0	397.7	449.6	525.7	634.1
福 建	253.2	384.2	584.6	667.8	809.2	950.7
江 西	108.3	182.0	288.5	326.6	362.7	438.6
山 东	528.4	785.7	1387.2	1611.7	1958.2	2363.9
河 南	236.2	380.7	616.3	682.4	765.8	902.3
湖 北	301.2	442.8	575.4	649.4	749.8	899.6
湖 南	246.0	348.1	516.5	558.9	650.9	766.4
广 东	671.2	969.0	2222.7	2542.5	2805.2	3307.0
广 西	200.7	277.7	389.4	439.4	510.2	614.8
海 南	54.5	69.0	91.7	104.1	121.1	147.2
重 庆		154.5	277.7	314.3	366.2	449.3
四 川	375.5	381.6	475.2	541.7	624.7	736.4
贵 州	50.0	77.6	131.5	148.1	174.3	208.8
云 南	151.8	199.6	271.5	306.2	354.3	438.1
西 藏	7.8	14.2	19.9	24.1	29.0	33.6
陕 西	74.8	113.2	293.8	337.6	392.8	483.1
甘 肃	79.3	114.2	130.8	145.9	166.9	196.9
青 海	16.3	21.4	35.6	38.9	44.8	53.3
宁 夏	17.0	21.6	38.7	39.7	48.1	56.3
新 疆	90.4	118.1	145.1	163.2	187.1	224.3

表11 人均生产总值

单位:元/人

	1995	2000	2005	2006	2007	2008
全　国	**5046**	**7858**	**14053**	**16165**	**18934**	**22698**
北　京	12690	24122	45444	50467	58204	63029
天　津	9769	17353	35783	41163	46122	55473
河　北	4444	7592	14782	16962	19877	23239
山　西	3515	5722	12495	14123	16945	20398
内蒙古	3772	6502	16331	20053	25393	32214
辽　宁	6880	11177	18983	21788	25729	31259
吉　林	4402	7351	13348	15720	19383	23514
黑龙江	5402	8294	14434	16195	18478	21727
上　海	17022	29671	51474	57695	66367	73124
江　苏	7319	11765	24560	28814	33928	39622
浙　江	8149	13416	27703	31874	37411	42214
安　徽	3070	4779	8675	10055	12045	14485
福　建	6526	11194	18646	21471	25908	30123
江　西	2896	4851	9440	10798	12633	14781
山　东	5701	9326	20096	23794	27807	33083
河　南	3297	5450	11346	13313	16012	19593
湖　北	3671	6293	11431	13296	16206	19860
湖　南	3359	5425	10426	11950	14492	17521
广　东	8129	12736	24435	28332	33151	37589
广　西	3304	4652	8788	10296	12555	14966
海　南	5063	6798	10871	12654	14555	17175
重　庆	3395	5616	10982	12457	14660	18025
四　川	3043	4956	9060	10546	12893	15378
贵　州	1826	2759	5052	5787	6915	8824
云　南	3083	4769	7835	8970	10540	12587
西　藏	2358	4572	9114	10430	12109	13861
陕　西	2965	4968	9899	12138	14607	18246
甘　肃	2316	4129	7477	8757	10346	12110
青　海	3513	5138	10045	11762	14257	17389
宁　夏	3448	5376	10239	11847	14649	17892
新　疆	4701	7372	13108	15000	16999	19893

表 12　支出法国内生产总值

单位:亿元

	1995	2000	2004	2005	2006	2007
全　国	**63216.9**	**98749.0**	**160280.4**	**188692.1**	**221651.3**	**261770.1**
北　京	1507.7	3161.0	6060.3	6886.3	7870.3	9353.3
天　津	932.0	1701.9	3111.0	3697.6	4359.2	5050.4
河　北	2849.5	5044.0	8477.6	10096.1	11660.4	13709.5
山　西	1090.2	1827.4	3479.3	4103.3	4785.9	5731.0
内蒙古	857.1	1539.1	3041.1	3895.6	4791.5	6091.1
辽　宁	2793.4	4669.1	6672.0	7860.9	9251.2	11023.5
吉　林	1139.4	1820.4	3012.3	3761.6	4964.9	5601.1
黑龙江	1991.4	3151.4	4750.6	5511.5	6188.9	7065.0
上　海	2499.4	4771.2	8072.8	9164.1	10366.4	12188.9
江　苏	5155.3	8553.7	15003.6	18305.7	21645.1	25741.2
浙　江	3557.5	6141.0	11648.7	13437.9	15742.5	18780.4
安　徽	1810.7	2902.1	4759.3	5375.1	6148.7	7364.2
福　建	2094.9	3764.5	5763.4	6568.9	7749.6	9339.5
江　西	1191.5	1982.2	3464.6	4061.8	4674.9	5500.3
山　东	4953.4	8337.5	15021.8	18516.9	22077.4	25965.9
河　南	2988.4	5053.0	8553.8	10587.4	12496.0	15012.5
湖　北	2364.5	3760.5	5633.3	6520.1	7581.3	9550.0
湖　南	2132.1	3551.5	5641.9	6511.3	7568.9	9200.0
广　东	5933.1	10741.3	18864.6	22366.5	26204.5	31084.4
广　西	1497.6	2080.0	3433.5	4075.8	4828.5	5955.7
海　南	363.3	526.8	798.9	894.6	1052.9	1223.3
重　庆	1016.3	1608.5	2773.6	3149.1	3566.8	4303.8
四　川	2443.2	3928.2	6379.6	7385.1	8637.8	10505.3
贵　州	636.2	1029.9	1677.8	1979.1	2282.0	2741.9
云　南	1222.2	2011.2	3081.9	3472.9	4006.7	4741.3
西　藏	56.1	117.8	220.3	251.2	291.0	342.2
陕　西	1036.9	1804.0	3175.6	3772.7	4523.7	5465.8
甘　肃	557.8	1052.9	1688.5	1934.0	2276.7	2702.4
青　海	167.8	263.7	466.1	543.3	641.6	783.6
宁　夏	175.2	295.0	537.2	606.3	710.8	889.2
新　疆	814.9	1363.6	2209.1	2604.1	3045.3	3523.2

表 13 收入法地区生产总值

单位:亿元

	1994	2000	2003	2005	2006	2007
北京	1084.0	2478.8	3663.1	6886.3	7870.3	9353.3
天津	725.1	1639.4	2447.7	3697.6	4359.2	5050.4
河北	2187.5	5089.0	7098.6	10096.1	11660.4	13709.5
山西	853.8	1643.8	2456.6	4179.5	4752.5	5733.4
内蒙古	681.9	1401.0	2150.4	3895.6	4791.5	6091.1
辽宁	2461.8	4669.1	6002.5	8009.0	9251.2	11023.5
吉林	936.8	1821.2	2522.6	3620.3	4275.1	5284.7
黑龙江	1618.6	3253.0	4430.0	5511.5	6188.9	7065.0
上海	1971.9	4551.2	6250.8	9154.2	10366.4	12188.9
江苏	4057.4	8582.7	12460.8	18305.7	21645.1	25741.2
浙江	2666.9	6036.3	9395.0	13437.9	15742.5	18780.4
安徽	1488.5	3038.2	3972.4	5375.1	6148.7	7364.2
福建	1685.3	3920.1	5232.2	6568.9	7614.6	9249.1
江西	948.2	2003.1	2830.5	4056.8	4670.5	5500.3
山东	3872.2	8542.4	12435.9	18516.9	22077.4	25965.9
河南	2224.4	5137.7	7048.6	10587.4	12496.0	15012.5
湖北	1878.7	4276.3	5401.7	6520.1	7581.3	9230.7
湖南	1694.4	3691.9	4638.7	6511.3	7568.9	9200.0
广东	4240.6	9662.2	13625.9	22366.5	26204.5	31084.4
广西	1241.8	2050.1	2735.1	4075.8	4828.5	5955.7
海南	331.0	518.5	670.9	894.6	1052.9	1223.3
重庆		1589.3	2250.6	3070.5	3491.6	4122.5
四川	2777.9	4010.3	5456.3	7385.1	8637.8	10505.3
贵州	521.2	993.5	1356.1	1979.1	2282.0	2741.9
云南	974.0	1955.1	2465.3	3472.9	4006.7	4741.3
西藏	45.8	117.5	184.5	251.2	291.0	342.2
陕西	816.6	1660.9	2398.6	3675.7	4523.7	5465.8
甘肃	451.7	983.4	1304.6	1934.0	2276.7	2702.4
青海	138.2	263.6	390.2	543.3	641.6	783.6
宁夏	134.0	265.6	385.3	606.1	710.8	889.2
新疆	673.7	1364.4	1877.6	2604.2	3045.3	3523.2

二、能源

表 14 能源消费总量

单位:万吨标准煤

	1995	2000	2004	2005	2006	2007
全 国	**131176**	**138553**	**203227**	**224682**	**246270**	**265583**
北 京	3518	4144	5140	5522	5904	6285
天 津	2569	2794	3697	4115	4525	4944
河 北	8990	11196	17348	19745	21690	23490
山 西	8413	6728	11251	12312	13497	14620
内 蒙 古	2632	3549	7623	9643	11191	12723
辽 宁	9671	10656	13074	14685	15816	17379
吉 林	4109	3766	5603	5958	6622	7346
黑 龙 江	5935	6166	7466	8026	8727	9374
上 海	4466	5499	7406	8312	8967	9768
江 苏	8047	8612	13652	16895	18742	20604
浙 江	4580	6560	10825	12032	13222	14533
安 徽	4194	4879	6017	6518	7096	7752
福 建	2280	3463	5449	6157	6840	7574
江 西	2392	2505	3814	4286	4661	5054
山 东	8780	11362	19624	23610	26164	28554
河 南	6473	7919	13074	14625	16235	17841
湖 北	5655	6269	9120	9851	10797	11861
湖 南	5426	4071	7599	9110	9879	10797
广 东	7345	9448	15210	17769	19765	21912
广 西	2384	2669	4203	4981	5515	6137
海 南	303	480	742	819	911	1016
重 庆		2428	3670	4360	4723	5217
四 川	9525	6518	10700	11301	12539	13685
贵 州	3183	4279	6021	6429	7045	7692
云 南	2641	3468	5210	6024	6641	7173
陕 西	3134	2731	4776	5424	6069	6639
甘 肃	2738	3012	3908	4368	4743	5100
青 海	688	897	1364	1670	1903	2095
宁 夏	759	1179	2322	2510	2802	3047
新 疆	2830	3328	4910	5507	6047	6576

表 15 电力消费量

单位:亿千瓦时

	1995	2000	2005	2006	2007
全 国	**10023.4**	**13471.4**	**24940.4**	**28588.0**	**32711.8**
北 京	261.7	384.4	570.5	611.6	667.0
天 津	179.0	234.0	384.8	433.7	494.9
河 北	602.7	809.3	1501.9	1734.8	2013.7
山 西	399.2	502.0	946.3	1097.7	1348.8
内蒙古	186.8	254.2	667.7	884.9	1160.2
辽 宁	622.8	748.9	1110.6	1228.3	1359.5
吉 林	267.6	291.4	378.2	412.5	462.6
黑龙江	409.4	442.3	555.9	597.0	628.9
上 海	403.3	559.5	922.0	990.1	1072.4
江 苏	684.8	971.3	2193.5	2569.8	2952.0
浙 江	439.6	738.1	1642.3	1909.2	2189.4
安 徽	289.0	338.9	582.2	662.2	769.1
福 建	261.3	401.5	756.6	866.8	1000.3
江 西	181.2	208.2	392.0	446.2	511.1
山 东	741.1	1000.7	1911.6	2272.1	2596.1
河 南	571.5	718.5	1352.7	1523.5	1808.0
湖 北	415.0	503.0	788.9	876.8	989.2
湖 南	374.8	406.1	674.4	768.8	890.6
广 东	787.7	1334.6	2673.6	3004.0	3394.0
广 西	220.8	314.4	510.1	579.5	681.1
海 南	32.0	38.4	81.6	97.7	113.3
重 庆	175.8	307.6	347.7	405.2	449.2
四 川	407.0	521.2	942.6	1059.4	1177.5
贵 州	203.7	287.8	487.0	582.0	669.1
云 南	223.7	273.6	557.3	645.6	745.5
陕 西	239.7	292.8	516.4	580.7	653.7
甘 肃	241.1	295.3	489.5	536.3	614.7
青 海	69.0	109.1	206.6	244.4	285.4
宁 夏	92.4	136.2	302.9	377.9	439.8
新 疆	119.7	183.0	310.1	356.2	413.3

三、就业和报酬

表16 就业人员

单位：万人

	1995	2000	2004	2005	2007	2008
全　国	**68065**	**72085**	**75200**	**75825**	**76990**	**77480**
北　京	670	622	895	920	1111	1174
天　津	490	407	422	427	433	503
河　北	3367	3441	3416	3467	3567	3652
山　西	1460	1419	1475	1476	1550	1583
内蒙古	1025	1017	1019	1041	1082	1103
辽　宁	2034	1813	1952	1979	2071	2098
吉　林	1255	1079	1116	1099	1096	1144
黑龙江	1552	1635	1623	1626	1660	1670
上　海	768	673	812	856	877	896
江　苏	3765	3559	3720	3878	4193	4384
浙　江	2701	2700	3092	3203	3615	3692
安　徽	3207	3373	3453	3485	3598	3595
福　建	1567	1660	1818	1868	1999	2080
江　西	2059	1935	2040	2107	2196	2223
山　东	4625	4662	4940	5111	5262	5352
河　南	4697	5572	5587	5662	5773	5835
湖　北	2707	2508	2589	2676	2763	2876
湖　南	3506	3462	3600	3658	3749	3811
广　东	3657	3861	4316	4702	5293	5478
广　西	2383	2530	2649	2703	2760	2807
海　南	335	334	367	378	415	412
重　庆	1709	1636	1689	1721	1790	1837
四　川	4626	4436	4503	4604	4779	4874
贵　州	1857	2046	2169	2216	2283	2302
云　南	2186	2295	2401	2461	2601	2679
西　藏	114	123	135	140	154	160
陕　西	1774	1813	1885	1883	1922	1947
甘　肃	1159	1182	1322	1348	1374	1389
青　海	226	239	263	268	276	277
宁　夏	244	274	298	300	309	304
新　疆	662	672	744	764	801	814

表 17　2008 年各地区城镇单位就业人数

单位:万人,%

地　区	城镇单位就业人员		国　有		城镇集体		其　他	
	人数	增长率	人数	增长率	人数	增长率	人数	增长率
全　国	**12192.5**	**1.4**	**6447.0**	**0.4**	**661.8**	**−7.9**	**5083.7**	**4.1**
北　京	570.3	4.8	187.7	−0.8	14.9	−13.9	367.6	8.8
天　津	200.6	0.2	87.5	0.9	7.9	−9.2	105.3	0.5
河　北	501.0	0.5	334.8	−1.4	28.3	−13.5	137.9	9.1
山　西	375.2	0.0	255.9	0.9	27.9	−3.8	91.3	−1.4
内蒙古	244.8	−0.7	163.5	0.9	10.1	−8.2	71.2	−3.0
辽　宁	510.8	3.1	303.8	1.7	33.5	−5.1	173.5	7.4
吉　林	262.0	0.0	168.4	−0.5	14.9	−8.0	78.7	2.7
黑龙江	475.1	−5.5	318.4	−0.2	30.6	−7.0	126.1	−16.3
上　海	377.2	2.7	140.7	0.0	11.5	−10.9	225.0	5.3
江　苏	707.6	0.7	278.0	−0.5	34.0	−2.6	395.6	1.9
浙　江	741.2	11.2	201.2	5.1	26.6	−5.3	513.4	14.8
安　徽	343.7	0.1	199.8	−1.1	24.4	−5.4	119.5	3.6
福　建	458.7	1.8	152.2	0.3	17.6	−3.3	288.8	3.0
江　西	289.2	0.9	196.7	−1.3	15.3	−11.6	77.3	10.0
山　东	901.4	−0.4	427.9	1.4	56.0	−5.7	417.5	−1.3
河　南	714.4	−0.7	390.9	−1.4	68.3	−17.6	255.2	6.5
湖　北	470.3	0.8	287.2	−0.6	25.1	−5.6	158.0	4.6
湖　南	454.7	4.4	265.9	2.0	31.6	−2.2	157.1	10.6
广　东	1007.9	0.6	385.1	1.1	60.6	−7.3	562.1	1.3
广　西	292.8	1.6	198.1	0.2	17.3	−2.3	77.4	6.5
海　南	76.8	−0.5	54.9	−2.8	3.1	−18.4	18.8	11.2
重　庆	241.7	5.3	119.8	3.5	10.7	−0.9	111.2	8.0
四　川	550.9	2.2	324.6	0.3	38.2	−5.2	188.2	7.3
贵　州	211.0	−2.6	149.2	1.1	7.9	−8.1	54.0	−10.7
云　南	303.5	2.4	185.8	2.0	11.2	−12.5	106.5	5.1
西　藏	20.3	3.0	19.0	3.8	0.5	0.0	0.8	0.0
陕　西	344.4	0.7	248.1	0.3	19.8	−4.3	76.5	3.5
甘　肃	192.5	−1.2	145.4	−0.1	6.9	−14.8	40.2	−2.7
青　海	47.0	3.5	34.3	2.4	2.2	0.0	10.5	8.2
宁　夏	57.1	−1.9	36.0	−0.8	0.9	−18.2	20.3	−2.9
新　疆	248.2	0.1	186.2	−0.3	3.8	−17.4	58.2	3.2

表18 2008年各地区职工人数

单位:万人,%

地区	职工人数		国有单位		城镇集体单位		股份合作		联营	
	绝对数	增长率	绝对数	增长率	绝对数	增长率	绝对数	增长率	绝对数	增长率
全国	**11515.4**	**0.8**	**6126.1**	**−0.3**	**623.4**	**−8.9**	**155.2**	**−3.1**	**39.6**	**0.5**
北京	508.3	6.1	170.9	−1.1	13.2	−13.9	11.5	−10.0	2.1	18.4
天津	178.1	1.2	77.7	1.9	6.5	−9.2	0.7	−20.7	0.5	14.6
河北	470.7	−3.2	322.5	−3.5	26.9	−15.1	7.4	−3.2	1.1	47.4
山西	365.7	−0.3	249.8	0.6	26.9	−4.1	3.5	10.5	0.5	26.7
内蒙古	240.9	−1.1	161.3	0.6	9.7	−10.8	1.4	−24.6	0.3	−0.7
辽宁	485.7	2.7	292.8	1.2	32.0	−6.9	4.5	−5.7	1.4	10.1
吉林	255.8	−0.3	164.9	−0.6	14.3	−9.8	2.0	3.1	0.2	−18.3
黑龙江	423.5	−7.5	276.5	−2.4	29.7	−8.2	20.6	−3.7	0.7	−7.0
上海	305.4	4.2	118.3	1.5	8.5	−12.5	3.0	36.3	0.8	−5.7
江苏	668.3	0.2	264.3	−1.6	31.5	−4.9	6.1	−18.3	1.1	−3.8
浙江	689.3	9.0	187.0	3.0	25.3	−5.8	14.2	8.6	1.6	18.5
安徽	322.6	−0.3	187.2	−1.9	22.4	−7.0	4.4	−1.8	0.8	−8.0
福建	441.6	2.9	144.2	1.0	16.7	−3.1	6.8	23.3	2.8	18.8
江西	275.2	0.1	186.6	−2.0	13.9	−14.6	3.1	−21.1	0.5	−37.8
山东	872.7	−0.8	413.9	0.6	54.1	−6.5	14.6	2.1	3.5	−3.9
河南	691.9	−1.0	382.6	−0.9	65.4	−18.7	9.1	−9.4	2.6	57.3
湖北	443.0	−0.2	270.4	−1.8	23.2	−8.5	4.5	−7.8	2.0	−17.3
湖南	421.4	2.8	250.4	0.1	28.7	−1.8	5.6	14.0	1.2	12.0
广东	986.3	0.5	374.7	1.0	59.3	−7.9	10.2	−1.8	8.9	−8.1
广西	272.2	0.1	184.2	−1.7	14.8	−5.5	1.4	−5.5	0.7	−2.2
海南	75.3	0.7	53.8	−1.9	3.0	−15.1	0.5	6.7	1.0	−11.1
重庆	229.6	4.0	115.2	2.4	10.2	−4.0	3.5	0.4	1.9	−5.9
四川	528.9	1.6	310.8	−0.6	37.1	−5.4	8.1	−4.5	1.3	−5.7
贵州	199.8	−3.7	141.0	−0.3	7.4	−8.6	1.6	−17.5	0.5	−12.6
云南	286.7	2.1	177.8	1.5	10.4	−12.8	2.0	−20.9	0.2	−28.4
西藏	18.1	1.9	17.1	2.1	0.5	2.6				
陕西	332.1	0.4	239.9	−0.1	18.7	−3.2	2.0	−8.1	0.7	−6.0
甘肃	188.2	−1.2	143.0	0.5	6.5	−16.8	1.0	−46.4	0.2	−16.1
青海	44.6	3.6	32.6	2.2	2.0	1.7	0.7	6.2	0.1	
宁夏	54.7	−2.9	34.3	−2.7	0.8	−21.0	0.6	−28.0	0.1	32.5
新疆	239.2	−0.1	180.3	−0.6	3.6	−21.3	0.6	−4.7	0.4	−2.6

表18续表

单位:万人,%

地区	有限责任公司		股份有限公司		港澳台商投资		外商投资	
	绝对数	增长率	绝对数	增长率	绝对数	增长率	绝对数	增长率
全　国	**2067.1**	**4.9**	**750.1**	**5.1**	**658.5**	**−0.2**	**889.9**	**5.1**
北　京	171.4	10.9	37.5	19.0	31.2	18.9	66.7	10.7
天　津	23.8	5.4	9.3	−3.0	12.0	−1.1	41.1	−0.2
河　北	55.1	−0.9	29.2	8.9	8.6	−11.7	14.7	−0.4
山　西	60.8	−3.4	14.7	7.8	6.1	−11.9	3.2	−0.9
内蒙古	45.0	−5.4	17.5	1.8	1.4	−6.7	2.8	5.2
辽　宁	77.3	19.9	23.6	−10.8	9.9	−4.6	39.9	3.8
吉　林	37.0	0.7	22.3	4.8	2.5	3.5	7.3	−14.9
黑龙江	47.2	−1.0	39.8	−5.0	2.9	1.9	5.2	9.9
上　海	33.5	1.4	29.9	1.3	30.3	3.5	79.3	12.4
江　苏	91.1	4.8	50.1	−2.0	58.1	6.0	120.1	2.1
浙　江	217.4	11.4	63.8	20.4	79.6	8.3	96.8	12.4
安　徽	64.8	5.7	24.0	7.3	6.5	5.2	8.7	8.2
福　建	57.9	16.6	21.7	15.4	104.1	−4.9	75.6	3.1
江　西	35.3	11.6	10.8	12.1	8.6	12.3	8.8	27.4
山　东	180.5	−3.1	63.5	1.0	26.2	−3.2	107.3	0.3
河　南	154.1	2.0	45.2	5.4	9.9	−2.3	10.0	−1.1
湖　北	77.3	11.3	34.9	−1.7	7.3	−13.9	17.2	5.5
湖　南	79.9	4.0	33.5	20.9	9.4	9.7	9.1	4.0
广　东	123.9	8.6	44.8	7.9	220.4	−4.4	139.6	3.5
广　西	39.1	5.0	11.9	−3.5	5.7	12.3	7.0	5.2
海　南	7.4	18.7	4.6	17.7	1.9	−4.8	2.8	13.9
重　庆	74.4	9.7	13.8	1.2	2.4	−11.9	7.2	4.7
四　川	109.1	7.0	41.7	10.6	4.5	1.3	8.7	7.7
贵　州	34.8	−15.1	11.1	−1.8	0.9	−0.7	1.6	3.3
云　南	39.5	12.6	14.5	10.4	2.3	0.4	2.5	2.5
西　藏	0.3	1.2	0.2	19.8				
陕　西	50.0	−4.4	13.6	34.7	1.9	−30.4	3.7	77.0
甘　肃	24.6	−3.3	1.5	−84.4	2.4	423.2	0.4	−43.2
青　海	5.7	2.0	2.8	3.4	0.1	−4.3	0.4	455.6
宁　夏	14.0	−1.5	3.2	−4.0	0.1	93.8	1.1	3.4
新　疆	35.0	−0.4	14.9	16.7	1.3	−0.7	1.3	5.9

注:2008年底数。

表 19　2008 年各地区城镇单位就业人员劳动报酬

单位：亿元，%

地　区	城镇单位就业人员劳动报酬		国　有		集　体		其　他	
	绝对额	增长率	绝对额	增长率	绝对额	增长率	绝对额	增长率
全　国	**35289.5**	**19.7**	**19487.9**	**16.8**	**1203.2**	**8.6**	**14598.4**	**25.0**
北　京	3165.4	28.9	1056.5	16.9	36.7	5.1	2072.1	36.6
天　津	795.9	21.9	375.4	25.3	20.9	5.8	399.6	19.7
河　北	1224.8	23.6	847.2	20.0	43.7	5.2	333.9	37.0
山　西	957.3	20.3	668.0	19.8	46.5	15.0	242.9	22.9
内蒙古	645.9	19.3	443.2	20.2	19.5	21.1	183.1	17.0
辽　宁	1396.9	22.5	875.1	20.3	52.8	18.3	469.0	27.3
吉　林	611.5	14.0	411.0	12.6	19.1	5.3	181.4	18.1
黑龙江	1031.9	11.1	678.6	16.3	40.6	11.1	312.7	1.3
上　海	1992.7	22.1	797.3	13.2	36.4	1.3	1159.0	29.9
江　苏	2233.2	18.1	1060.4	16.0	76.1	18.8	1096.7	20.2
浙　江	2494.4	24.4	1027.0	14.1	75.0	8.4	1392.4	34.5
安　徽	877.5	19.4	513.7	16.6	42.6	11.6	321.1	25.4
福　建	1185.2	20.0	486.6	19.1	37.6	11.0	661.0	21.2
江　西	591.2	15.0	433.0	13.6	20.8	−2.4	137.4	23.3
山　东	2353.8	15.3	1311.3	15.5	104.3	12.4	938.2	15.4
河　南	1728.9	18.9	1018.5	18.2	114.4	−10.2	595.9	28.1
湖　北	1046.3	15.6	694.2	11.3	36.5	7.6	315.6	27.3
湖　南	1090.4	20.4	697.9	17.3	56.1	14.7	336.4	28.5
广　东	3380.8	15.2	1546.3	13.2	112.7	6.3	1721.8	17.7
广　西	720.1	18.9	524.2	17.7	28.3	16.8	167.6	23.1
海　南	168.5	14.1	117.8	10.8	4.7	8.3	46.0	24.3
重　庆	634.9	22.7	346.4	20.9	18.4	12.0	270.1	25.9
四　川	1355.5	21.0	913.1	18.6	69.8	16.9	372.6	28.5
贵　州	522.6	16.5	385.9	18.2	16.0	13.4	120.7	11.5
云　南	702.0	20.8	480.7	19.1	19.6	13.8	201.7	25.6
西　藏	88.7	7.1	86.6	7.6	0.7	11.4	1.5	−15.1
陕　西	871.8	22.5	647.4	23.2	26.8	16.5	197.6	21.2
甘　肃	461.0	17.5	361.3	16.4	11.7	8.3	88.1	23.6
青　海	140.4	21.9	116.5	22.1	3.3	11.5	20.6	22.6
宁　夏	176.3	15.1	108.9	15.3	3.0	8.5	64.4	15.1
新　疆	643.8	17.6	457.8	13.6	8.8	5.9	177.1	30.5

表 20　2008 年各地区职工工资总额

单位:亿元,%

地　　区	职工工资总额		国　　有		集　　体		其　　他	
	绝对额	增长率	绝对额	增长率	绝对额	增长率	绝对额	增长率
全　　国	**33713.8**	**19.4**	**18957.0**	**16.4**	**1148.1**	**7.8**	**13608.8**	**25.0**
北　　京	2947.5	29.8	1008.6	16.9	32.8	5.3	1806.1	38.9
天　　津	737.2	22.3	359.7	24.9	18.3	6.3	359.2	20.8
河　　北	1174.5	20.7	832.2	18.9	42.2	3.6	300.0	29.0
山　　西	944.1	20.3	659.5	19.8	45.5	15.1	239.1	22.7
内 蒙 古	638.5	19.0	440.3	20.3	19.0	19.7	179.2	15.9
辽　　宁	1352.2	22.6	861.5	20.1	51.4	17.0	439.4	28.7
吉　　林	601.4	13.8	406.7	12.6	18.6	4.1	176.1	17.7
黑 龙 江	972.7	10.0	635.9	15.2	39.2	9.4	297.6	0.4
上　　海	1745.5	21.5	731.8	12.3	29.8	−1.8	983.9	30.3
江　　苏	2132.5	18.0	1035.6	15.5	72.3	17.2	1024.6	20.7
浙　　江	2359.0	22.6	990.1	12.8	72.3	8.3	1296.7	32.4
安　　徽	844.5	19.1	495.1	16.3	39.7	9.6	309.7	25.4
福　　建	1148.2	21.1	475.2	19.3	36.1	11.9	637.0	23.1
江　　西	573.3	14.8	420.5	13.5	19.2	−5.6	133.6	22.9
山　　东	2294.5	15.1	1285.8	14.9	101.6	11.8	907.1	15.9
河　　南	1702.2	18.9	1008.1	18.6	111.8	−10.6	583.4	27.6
湖　　北	1000.0	14.8	666.4	10.4	34.2	5.4	299.5	27.2
湖　　南	1041.9	19.6	677.2	16.9	52.1	14.7	312.6	27.1
广　　东	3294.2	15.4	1520.9	13.2	110.3	6.0	1663.0	18.2
广　　西	693.8	18.2	507.9	16.8	25.3	15.0	160.6	23.0
海　　南	166.1	15.4	116.5	12.0	4.5	8.1	45.1	26.1
重　　庆	613.8	22.8	339.1	20.5	17.8	10.5	256.9	26.9
四　　川	1318.4	20.8	889.7	18.1	67.9	16.6	360.8	28.9
贵　　州	509.5	16.0	377.5	17.7	15.2	12.9	116.8	11.1
云　　南	683.7	20.7	473.3	18.8	18.9	15.7	191.5	26.3
西　　藏	84.8	5.3	82.9	5.6	0.7	16.0	1.2	−12.5
陕　　西	856.2	22.6	637.5	23.3	25.6	16.4	193.1	21.1
甘　　肃	454.6	17.1	357.7	16.3	11.3	8.1	85.6	22.2
青　　海	136.9	22.2	114.4	22.5	3.1	15.4	19.4	21.3
宁　　夏	172.2	14.8	106.6	14.5	2.9	11.2	62.7	15.4
新　　疆	619.9	16.3	442.9	12.1	8.4	2.4	168.6	29.9

表 21　2008 年各地区城镇单位就业人员平均劳动报酬

单位:元,%

地　区	城镇单位就业人员平均劳动报酬		国　有		集　体		其　他	
	绝对额	增长率	绝对额	增长率	绝对额	增长率	绝对额	增长率
全　国	**28898**	**16.9**	**30287**	**16.0**	**18103**	**17.2**	**28552**	**17.6**
北　京	55844	21.9	56677	17.3	24227	19.7	56732	24.0
天　津	39990	20.0	42962	24.5	25113	16.6	38673	16.0
河　北	24276	23.0	25233	21.6	15050	22.3	23892	25.6
山　西	25489	19.6	26222	18.6	16663	19.1	26129	21.9
内蒙古	25949	19.1	27130	19.5	18526	29.8	24417	16.6
辽　宁	27179	18.8	28834	18.8	15093	24.6	26726	17.5
吉　林	23294	14.3	24481	13.9	12675	14.3	22804	14.9
黑龙江	21764	17.8	21549	17.2	13088	21.3	24391	19.6
上　海	52122	15.9	57025	13.3	30562	9.3	50263	18.4
江　苏	31297	15.0	38278	16.9	22357	20.9	27249	13.7
浙　江	33622	9.1	51491	8.2	28747	13.9	26966	13.0
安　徽	25703	18.5	25697	17.0	18061	19.5	27244	20.0
福　建	25555	14.7	32148	17.2	21790	16.5	22394	13.5
江　西	20597	13.5	22093	14.5	13673	10.2	18122	11.4
山　东	26234	15.4	30756	14.0	18482	19.2	22639	16.2
河　南	24438	18.4	26222	19.0	16873	7.6	23721	18.5
湖　北	22384	14.5	24270	12.4	14651	13.8	20168	20.4
湖　南	24146	14.7	26312	14.6	17969	16.0	21684	15.4
广　东	33282	12.2	40391	12.0	18446	12.8	30109	12.3
广　西	24798	16.7	26547	17.4	16372	18.9	22157	14.8
海　南	21767	13.3	21160	13.0	15203	28.5	24670	9.1
重　庆	26640	16.0	29235	16.7	17253	14.7	24740	15.4
四　川	24725	17.3	28131	17.0	18386	21.8	20068	18.6
贵　州	23979	18.4	25123	16.3	20482	23.8	21353	22.3
云　南	23305	17.0	25987	16.7	17709	28.6	19177	17.4
西　藏	44055	2.9	46035	2.7	12979	14.3	17983	−11.4
陕　西	25478	21.5	26050	22.0	13335	20.6	26868	19.0
甘　肃	23632	14.4	24858	13.2	15761	22.6	20801	17.6
青　海	30101	18.9	34314	19.6	14936	15.5	19639	16.2
宁　夏	30050	16.8	30321	15.9	30244	26.7	29594	17.8
新　疆	24686	16.2	24008	13.2	21894	24.9	26815	23.9

表 22　各地区职工平均工资

单位:元

	1995	2000	2005	2006	2007	2008
全　国	**5500**	**9371**	**18364**	**20856**	**24721**	**29229**
北　京	8144	16350	34191	39684	45823	56328
天　津	6501	12480	25271	27628	33312	41748
河　北	4839	7781	14707	16456	19742	24756
山　西	4721	6918	15645	18106	21315	25828
内蒙古	4134	6974	15985	18382	21794	26114
辽　宁	4911	8811	17331	19365	22882	27729
吉　林	4430	7924	14409	16393	20371	23486
黑龙江	4145	7835	14458	15894	18481	23046
上　海	9279	18531	34345	37585	44976	56565
江　苏	5943	10299	20957	23657	27212	31667
浙　江	6619	13076	25896	27570	30818	34146
安　徽	4609	6989	15334	17610	21699	26363
福　建	5857	10584	17146	19424	22277	25702
江　西	4211	7014	13688	15370	18144	21000
山　东	5145	8772	16614	19135	22734	26404
河　南	4344	6930	14282	16791	20639	24816
湖　北	4685	7565	14419	15779	19548	22739
湖　南	4797	8128	15659	17400	21060	24870
广　东	8250	13823	23959	26400	29658	33110
广　西	5105	7651	15461	17571	21251	25660
海　南	5340	7408	14417	15843	19220	21864
重　庆	4508	8020	16630	19172	22965	26985
四　川	4645	8323	15826	17612	21081	25038
贵　州	4475	7468	14344	16481	20254	24602
云　南	5149	9231	16140	18262	19912	24030
西　藏	7382	14976	28950	29119	42820	47280
陕　西	4396	7804	14796	16646	20977	25942
甘　肃	5493	8560	14939	16991	20657	24017
青　海	5753	10050	19084	21981	25318	30983
宁　夏	5079	8590	17211	20900	25723	30719
新　疆	5348	8717	15558	17704	21249	24687

表 23 2008 年各地区职工平均工资

单位：元，%

地区	平均工资		国有单位		城镇集体单位		股份合作		联营	
	绝对数	增长率	绝对数	增长率	绝对数	增长率	绝对数	增长率	绝对数	增长率
全国	**29229**	**17.2**	**31005**	**16.5**	**18338**	**17.6**	**21705**	**22.1**	**27872**	**15.3**
北京	56328	21.1	59366	17.5	24467	20.1	19874	21.7	36200	16.5
天津	41748	19.5	46306	23.0	27190	15.9	54772	25.6	44342	29.7
河北	24756	24.3	25730	23.1	15293	22.9	20132	26.8	39591	7.8
山西	25828	20.0	26557	19.0	16947	19.8	16870	33.2	22346	51.0
内蒙古	26114	19.3	27316	19.7	18809	31.2	16521	23.4	19424	27.8
辽宁	27729	19.5	29456	19.0	15365	25.5	18305	25.0	19166	23.9
吉林	23486	14.5	24754	14.1	12761	14.6	12554	18.0	12321	8.7
黑龙江	23046	18.9	23230	18.3	13198	22.4	20723	13.4	17246	19.5
上海	56565	14.7	62279	12.1	33811	9.3	59864	124.7	51917	18.8
江苏	31667	15.7	39325	17.7	22929	21.7	21751	25.1	20374	20.5
浙江	34146	9.8	53476	9.5	29137	14.4	27498	13.9	36562	3.5
安徽	26363	18.9	26475	18.0	18340	19.6	19383	25.6	16964	16.1
福建	25702	15.3	33097	18.2	22108	17.3	20821	−1.3	27377	12.9
江西	21000	14.1	22608	15.2	13934	10.8	16917	15.6	16391	6.2
山东	26404	15.6	31169	14.2	18656	19.3	19125	11.2	40799	18.7
河南	24816	18.5	26536	18.8	17118	8.0	21883	23.7	17669	29.9
湖北	22739	14.7	24756	12.7	14840	14.8	17511	20.5	17920	44.7
湖南	24870	15.5	27076	16.0	18294	13.8	20984	19.7	21492	8.7
广东	33110	12.5	40775	12.0	18461	13.1	22910	12.0	31214	11.2
广西	25660	17.2	27634	18.3	16994	19.1	17239	17.4	16694	17.2
海南	21864	13.0	21330	12.6	15300	26.8	32809	13.8	20230	−2.7
重庆	26985	16.8	29761	17.3	17444	15.1	22942	20.9	27717	9.5
四川	25038	17.5	28596	17.4	18464	21.7	19645	29.8	20434	15.8
贵州	24602	19.0	25874	17.0	20914	23.8	22644	32.2	16387	29.8
云南	24030	17.3	26765	17.0	18194	29.5	17710	28.4	24993	32.6
西藏	47280	2.6	48975	2.5	13023	10.6			14863	−22.2
陕西	25942	21.8	26516	22.5	13523	19.8	13876	−0.1	23559	23.5
甘肃	24017	14.4	25284	13.3	16179	24.7	15052	18.5	16908	14.8
青海	30983	18.4	35454	19.4	15342	16.0	19753	−2.8	9561	5.6
宁夏	30719	17.2	31111	16.6	31155	22.8	19938	21.8	19216	7.1
新疆	24687	15.2	24016	12.4	22060	24.1	31805	24.4	23466	24.2

表23续表

单位:元,%

地区	有限责任公司		股份有限公司		港澳台商投资		外商投资	
	绝对数	增长率	绝对数	增长率	绝对数	增长率	绝对数	增长率
全　国	**26736**	**18.9**	**35324**	**20.0**	**25335**	**15.4**	**32653**	**16.9**
北　京	43569	20.1	83576	23.2	68182	11.7	75517	27.9
天　津	41012	18.6	57617	27.2	32587	21.9	37844	11.8
河　北	25495	26.9	24406	33.2	23403	22.2	24668	18.8
山　西	28868	21.4	23146	18.0	17459	65.0	25969	25.5
内蒙古	23198	12.5	28525	24.6	21020	28.2	25969	9.7
辽　宁	26826	21.5	34466	15.5	25307	17.6	26388	20.9
吉　林	20124	19.0	28165	8.6	16506	12.9	30127	17.6
黑龙江	18069	17.6	32469	12.3	77131	6.3	23697	19.3
上　海	54609	15.3	83437	33.0	35642	19.6	49726	9.8
江　苏	27095	14.7	35013	16.0	23040	9.9	28524	15.8
浙　江	25484	12.9	35978	15.6	25282	12.8	25326	12.2
安　徽	29938	19.5	29486	15.5	18537	19.8	22962	14.0
福　建	22063	14.5	34601	18.0	19658	12.4	22515	14.2
江　西	18614	5.3	24367	11.9	13873	19.3	14981	15.1
山　东	21267	15.7	26123	22.6	20975	14.7	23170	14.3
河　南	24399	21.9	25788	15.6	23349	15.5	26020	17.7
湖　北	19210	15.2	20918	27.8	18852	25.6	28290	22.8
湖　南	21543	17.1	25422	12.9	18315	9.6	22637	12.5
广　东	33269	8.2	49006	10.7	23181	14.3	31020	12.8
广　西	22331	15.7	25237	18.9	17423	13.0	28083	8.2
海　南	23308	12.0	31286	4.7	18585	24.0	21727	4.1
重　庆	23412	16.7	33037	23.0	23584	16.4	26110	8.0
四　川	18811	19.3	23624	17.5	22340	18.9	24758	11.8
贵　州	20075	22.3	27211	19.7	18762	21.4	23302	18.8
云　南	19724	11.3	30559	29.0	20878	16.5	24327	13.5
西　藏	27691	9.3	23426	−25.4				
陕　西	28961	20.5	24457	19.4	19696	3.5	29921	23.8
甘　肃	18778	17.0	16658	−34.4	12952	−24.6	18420	−19.9
青　海	17301	18.3	24417	11.9	18928	21.7	21810	98.9
宁　夏	32734	19.5	24524	15.8	18769	9.6	29404	10.0
新　疆	23137	17.7	38775	25.8	21033	22.7	22530	5.2

表 24　城镇登记失业率

单位：%

	1995	2000	2005	2006	2007	2008
全　国	2.9	3.1	4.2	4.1	4.0	4.2
北　京	0.4	0.8	2.1	2.0	1.8	1.8
天　津	1.0	3.2	3.7	3.6	3.6	0.0
河　北	2.2	2.8	3.9	3.8	3.8	4.0
山　西	1.4	2.2	3.0	3.2	3.2	3.3
内蒙古	3.8	3.3	4.3	4.1	4.0	4.1
辽　宁	2.7	3.7	5.6	5.1	4.3	3.8
吉　林	2.0	3.7	4.2	4.2	3.9	
黑龙江	2.9	3.3	4.4	4.4	4.3	4.2
上　海	2.6	3.5	4.4	4.4	4.2	4.2
江　苏	2.1	3.2	3.6	3.4	3.2	3.3
浙　江	3.2	3.5	3.7	3.5	3.3	3.5
安　徽	3.1	3.3	4.4	4.3	4.1	3.9
福　建	2.6	2.6	4.0	3.9	3.9	3.9
江　西	2.1	2.9	3.5	3.6	3.4	3.4
山　东	3.2	3.2	3.3	3.3	3.2	3.5
河　南	2.6	2.6	3.5	3.5	3.4	3.4
湖　北	3.1	3.5	4.3	4.2	4.2	4.2
湖　南	3.8	3.7	4.3	4.3	4.3	4.2
广　东	2.6	2.5	2.6	2.6	2.5	2.6
广　西	3.6	3.2	4.2	4.2	3.8	3.8
海　南		3.2	3.6	3.6	3.5	3.7
重　庆	2.9	3.5	4.1	4.0	4.0	4.0
四　川	3.7	4.0	4.6	4.5	4.2	4.6
贵　州	5.8	3.8	4.2	4.1	4.0	4.0
云　南	2.9	2.6	4.2	4.3	4.2	4.2
陕　西	3.5	2.7	4.2	4.0	4.0	3.9
甘　肃	5.5	2.7	3.3	3.6	3.3	3.2
青　海	7.4	2.4	3.9	3.9	3.8	3.8
宁　夏	6.4	4.6	4.5	4.3	4.3	4.4
新　疆	3.5	3.8	3.9	3.9	3.9	3.7

说明：1995 年四川省的数据包括重庆。

四、财政、金融、保险

表 25 各地区财政收入

单位:亿元

	1995	2000	2005	2006	2007	2008
全　国	**2985.6**	**6406.1**	**15100.8**	**18303.6**	**23572.6**	**28644.9**
北　京	115.3	345.0	919.2	1117.2	1492.6	1837.3
天　津	61.9	133.6	331.9	417.0	540.4	675.6
河　北	120.0	248.8	515.7	620.5	789.1	944.6
山　西	72.2	114.5	368.3	583.4	597.9	747.9
内蒙古	43.7	95.0	277.5	343.4	492.4	649.6
辽　宁	184.4	295.6	675.3	817.7	1082.7	1356.1
吉　林	63.3	103.8	207.1	245.2	320.5	422.8
黑龙江	101.3	185.3	318.2	386.8	440.5	578.4
上　海	227.3	498.0	1433.9	1600.4	2074.5	2358.7
江　苏	172.6	448.3	1322.7	1656.7	2237.7	2731.4
浙　江	116.8	342.8	1066.6	1298.2	1649.5	1933.4
安　徽	83.8	178.7	379.6	486.6	610.5	724.6
福　建	117.4	234.1	432.6	541.2	699.5	833.3
江　西	64.0	111.6	252.9	305.5	389.9	488.6
山　东	179.0	463.7	1073.1	1356.3	1675.4	1956.9
河　南	124.6	246.7	537.7	679.2	862.1	1009.1
湖　北	99.7	214.4	375.5	476.1	590.4	710.2
湖　南	108.2	177.0	395.3	477.9	606.6	722.7
广　东	382.3	910.6	1807.2	2179.5	2785.8	3310.0
广　西	79.4	147.1	283.0	342.6	418.8	518.7
海　南	28.5	39.2	68.7	81.8	108.3	145.0
重　庆	46.0	87.2	256.8	317.7	442.7	577.2
四　川	167.1	233.9	479.7	607.6	850.9	1041.7
贵　州	38.8	85.2	182.5	226.8	285.1	349.5
云　南	93.9	180.7	312.7	380.0	486.7	613.6
西　藏	2.2	5.4	12.0	14.6	20.1	24.9
陕　西	51.3	115.0	275.3	362.1	475.2	591.5
甘　肃	33.9	61.3	123.5	141.2	190.9	264.9
青　海	8.6	16.6	33.8	42.2	56.7	71.6
宁　夏	9.0	20.8	47.7	61.4	80.0	95.0
新　疆	38.3	79.1	180.3	219.5	285.9	361.1

表26 2008年各地区财政分项收入

单位:亿元,%

地区	一般预算收入		税收收入		国内增值税		营业税		企业所得税	
	绝对额	增长率	绝对额	增长率	绝对额	增长率	绝对额	增长率	绝对额	增长率
地方合计	**28644.9**	**21.5**	**23252.1**	**20.8**	**4499.5**	**16.3**	**7394.2**	**15.9**	**4005.6**	**27.9**
北京	1837.3	23.1	1775.6	23.7	158.3	17.4	651.8	8.4	499.7	61.5
天津	675.5	25.0	546.2	24.6	109.7	15.7	179.9	22.9	103.9	36.0
河北	944.6	19.7	748.1	21.0	196.9	17.1	217.1	21.7	112.0	21.6
山西	747.9	25.1	566.4	31.6	197.1	34.9	129.7	36.4	87.2	3.4
内蒙古	649.6	31.9	464.4	33.5	103.3	31.0	134.8	17.0	59.3	41.7
辽宁	1356.1	25.3	1017.1	24.7	172.8	15.9	304.2	20.7	142.3	31.7
吉林	422.8	31.8	311.1	31.1	63.6	20.2	94.0	23.9	42.6	44.8
黑龙江	578.4	31.3	420.2	25.4	129.4	22.1	99.9	16.4	46.0	49.2
上海	2358.7	13.7	2223.4	12.5	334.9	6.9	763.4	6.8	548.4	28.8
江苏	2731.1	22.0	2278.4	20.2	483.0	16.7	663.9	15.7	398.6	26.1
浙江	1933.1	17.2	1791.8	16.7	348.9	13.9	574.3	16.0	302.8	10.4
安徽	724.6	33.3	527.9	31.4	96.8	17.5	177.7	30.1	74.7	33.7
福建	833.3	19.1	704.4	18.6	124.1	15.9	226.9	8.7	117.2	26.5
江西	488.6	25.3	357.9	27.0	64.3	21.2	118.2	21.3	47.4	25.4
山东	1956.9	16.8	1533.3	17.2	333.8	14.8	396.1	16.6	229.8	16.0
河南	1009.1	17.1	742.2	18.7	153.9	18.4	209.5	13.7	116.7	13.4
湖北	710.2	20.3	537.1	23.8	106.7	14.0	169.9	21.7	88.5	35.6
湖南	722.7	19.1	486.3	18.4	95.4	10.4	174.3	17.2	50.0	15.4
广东	3310.0	18.8	2864.5	18.6	553.0	15.3	955.3	14.8	535.6	24.9
广西	518.7	23.8	346.5	22.6	65.9	11.9	122.0	18.3	37.2	24.0
海南	145.0	33.9	120.5	36.9	13.6	3.3	52.3	35.1	15.3	85.4
重庆	577.2	30.4	360.2	22.3	57.9	19.0	145.0	23.8	34.9	35.3
四川	1041.7	22.4	732.0	16.4	116.9	13.4	268.5	9.3	92.5	14.6
贵州	349.5	22.6	260.8	23.1	55.1	20.0	80.3	17.7	35.7	19.5
云南	613.6	26.1	482.3	27.4	99.4	16.0	136.6	21.5	66.0	18.4
西藏	24.9	23.6	15.2	30.3	2.8	31.7	7.9	23.3	1.9	49.3
陕西	591.3	24.4	455.5	28.1	109.9	22.7	147.7	25.7	59.0	26.6
甘肃	264.9	38.8	162.8	14.6	37.9	−6.1	53.2	22.5	20.6	15.1
青海	71.6	26.3	55.9	29.1	14.6	16.7	18.5	25.7	7.1	50.0
宁夏	95.0	18.7	77.7	32.2	18.4	29.4	30.1	30.6	6.2	37.0
新疆	361.1	26.3	286.5	29.8	81.4	22.1	91.4	34.0	26.6	89.1

表 26 续表 1

单位:亿元,%

地区	个人所得税		资源税		城市维护建设税		房产税		印花税	
	绝对额	增长率	绝对额	增长率	绝对额	增长率	绝对额	增长率	绝对额	增长率
地方合计	**1488.0**	**16.8**	**301.8**	**15.6**	**1336.3**	**16.3**	**680.4**	**18.2**	**361.8**	**14.3**
北　京	171.3	26.7	0.4	15.2	63.9	12.9	63.8	23.4	23.8	33.9
天　津	32.2	9.6	0.8	31.0	26.1	11.7	19.2	30.9	12.0	61.1
河　北	42.5	16.0	23.7	－1.6	48.7	21.0	16.2	15.4	12.4	36.5
山　西	25.7	23.8	31.7	22.5	43.0	44.0	10.6	23.5	7.1	35.5
内蒙古	24.0	36.5	22.1	32.5	29.6	25.7	12.6	17.1	6.9	23.1
辽　宁	51.7	13.0	28.2	16.2	58.7	13.8	35.4	18.5	16.4	29.5
吉　林	17.5	15.7	4.2	20.7	22.1	17.9	10.7	13.5	3.9	32.6
黑龙江	22.2	9.3	14.1	－8.3	42.2	23.4	12.5	－1.8	4.1	28.3
上　海	204.9	20.9			68.8	4.9	52.2	21.9	52.0	－20.6
江　苏	129.2	16.5	5.5	27.3	125.6	15.2	69.1	27.3	33.6	22.6
浙　江	115.7	12.9	6.8	10.5	110.5	12.3	60.1	21.5	27.9	19.7
安　徽	21.4	17.2	9.9	32.6	38.1	25.4	11.4	17.4	6.3	28.3
福　建	45.0	8.6	5.5	26.6	33.5	15.8	24.6	15.9	10.9	18.1
江　西	16.0	7.8	8.9	65.8	20.0	17.3	6.8	17.6	4.4	38.4
山　东	61.1	7.6	28.8	－0.6	104.1	12.6	47.3	6.6	20.3	27.7
河　南	32.2	6.6	24.1	13.1	49.1	14.4	16.9	7.9	10.3	32.0
湖　北	28.1	13.7	5.4	17.7	41.6	16.7	16.2	26.8	8.6	39.8
湖　南	28.4	13.7	3.4	19.1	40.2	13.5	13.6	21.9	6.5	31.2
广　东	236.4	18.1	6.9	15.5	106.2	12.7	92.3	15.9	48.6	－6.5
广　西	19.5	1.4	4.1	30.4	21.8	17.5	10.3	19.2	4.4	65.0
海　南	5.6	8.7	1.2	59.6	5.5	17.7	3.7	0.2	1.6	50.0
重　庆	17.8	11.2	5.0	16.1	23.9	20.2	9.3	30.5	5.5	40.1
四　川	41.6	8.9	8.7	11.3	47.0	17.7	18.9	13.7	10.7	38.3
贵　州	18.4	25.0	5.3	23.4	22.1	16.8	6.3	8.9	2.4	35.2
云　南	23.2	20.9	8.3	31.8	50.7	21.9	11.4	17.9	5.8	39.3
西　藏	0.7	20.5	0.6	13.7	0.7	23.2			0.2	58.2
陕　西	22.8	29.0	17.0	16.6	39.2	21.9	10.9	18.1	6.9	42.2
甘　肃	8.1	13.7	5.6	32.2	15.5	15.6	6.6	15.4	3.0	37.2
青　海	2.6	20.5	3.9	45.6	3.9	12.2	1.2	16.7	0.7	32.2
宁　夏	4.0	14.5	1.2	－7.6	5.8	24.1	1.7	18.8	1.2	37.5
新　疆	18.2	18.5	10.9	14.9	28.4	23.7	8.6	10.2	3.4	36.4

表 26 续表 2

单位:亿元,%

地区	城镇土地使用税		土地增值税		车船使用和牌照税		耕地占用税		契税	
	绝对额	增长率	绝对额	增长率	绝对额	增长率	绝对额	增长率	绝对额	增长率
地方合计	**816.9**	**111.9**	**537.1**	**33.2**	**144.2**	**111.5**	**314.0**	**69.7**	**1307.2**	**8.4**
北京	15.4	5.1	34.7	42.6	10.2	25.3	1.4	3.8	83.0	3.3
天津	10.4	89.1	6.6	17.8	3.7	194.7	1.8	41.5	40.3	27.1
河北	27.6	59.9	10.9	40.5	6.3	126.2	6.5	56.4	27.0	14.2
山西	20.1	251.0	1.8	60.0	2.2	618.5	2.2	24.4	7.7	39.0
内蒙古	34.1	120.5	10.6	45.7	3.2	141.6	10.4	178.3	13.7	40.8
辽宁	66.0	33.6	24.8	36.0	11.1	267.4	24.3	307.7	78.1	20.7
吉林	18.8	213.4	4.0	26.9	3.0	209.9	6.9	111.5	19.2	22.2
黑龙江	20.5	191.1	3.6	88.1	3.2	138.5	1.9	25.7	18.8	36.2
上海	34.1	218.5	49.4	4.2	4.2	67.9	1.5	−24.5	110.0	−5.1
江苏	88.3	58.1	63.5	23.6	13.1	281.7	25.9	75.5	179.1	12.4
浙江	57.8	205.7	40.3	18.2	9.7	165.2	20.6	34.5	117.1	8.3
安徽	22.0	200.7	12.3	37.9	3.4	73.5	13.2	104.2	40.5	29.3
福建	29.0	226.9	30.2	53.3	4.2	116.9	10.0	53.9	39.6	−2.7
江西	12.3	179.4	12.3	21.3	1.6	87.7	11.8	132.2	32.9	25.6
山东	103.6	57.0	36.6	12.4	12.6	68.0	63.0	52.3	95.4	3.1
河南	37.2	104.1	16.4	9.2	3.8	122.0	25.4	48.4	41.7	18.9
湖北	15.0	51.3	14.0	90.2	2.9	49.7	7.0	82.6	30.7	13.2
湖南	7.4	79.4	5.0	38.7	2.8	109.0	17.9	82.2	36.8	19.8
广东	82.7	349.8	81.1	67.8	21.4	85.9	11.4	−1.2	132.5	−13.0
广西	8.5	116.8	15.8	49.9	1.9	122.7	13.1	228.5	21.2	15.3
海南	6.2	448.7	6.2	30.9	0.6	121.0	1.5	68.2	7.1	29.4
重庆	13.2	55.5	10.7	45.3	1.2	2.6	8.0	78.1	25.9	−11.0
四川	32.8	250.4	23.7	31.0	6.0	196.1	10.8	28.1	49.4	2.4
贵州	9.9	197.0	3.7	23.8	1.5	151.4	2.4	−12.2	7.9	23.8
云南	13.6	246.0	5.7	52.1	3.5	60.9	7.3	129.4	25.2	138.1
西藏			0.3	206.1	0.1		0.0	360.2		
陕西	17.0	248.7	5.5	33.2	2.9	71.3	5.7	70.0	10.0	16.6
甘肃	3.9	42.0	2.9	276.3	1.0	168.4	1.1	101.8	3.3	5.8
青海	1.7	599.3	0.1	−8.2	0.2	173.7	0.3	45.8	1.0	25.6
宁夏	4.5	145.8	0.9	95.6	0.5	109.9	0.1	−23.5	3.2	23.1
新疆	3.2	64.4	3.6	66.8	2.0	75.1	0.3	80.7	8.7	5.0

表 26 续表 3

单位:亿元,%

地　　区	非税收入		专项收入		行政事业性收费收入		罚没收入	
	绝对额	增长率	绝对额	增长率	绝对额	增长率	绝对额	增长率
地方合计	**5392.8**	**24.8**	**1353.1**	**24.3**	**1762.5**	**14.2**	**864.2**	**6.4**
北　　京	61.8	8.4	40.9	9.0	25.8	−15.3	21.2	−0.4
天　　津	129.4	26.7	14.9	11.0	78.6	8.8	6.9	−12.0
河　　北	196.5	15.0	54.8	14.3	52.3	3.1	49.3	16.0
山　　西	181.5	8.4	97.0	0.9	40.6	9.6	32.1	27.2
内 蒙 古	185.2	28.2	71.7	14.8	40.6	31.7	19.8	7.0
辽　　宁	339.0	26.9	50.7	−0.3	117.2	21.4	35.9	9.1
吉　　林	111.7	34.1	22.7	32.4	39.3	28.5	23.4	39.3
黑 龙 江	158.2	49.9	82.3	144.0	25.2	3.6	19.2	13.3
上　　海	135.3	36.7	43.0	5.8	55.2	60.4	24.1	−2.5
江　　苏	452.7	32.0	91.8	19.4	133.2	12.0	75.2	4.7
浙　　江	141.3	23.8	72.6	14.9	33.1	12.7	71.0	11.2
安　　徽	196.7	38.7	47.6	99.7	84.5	24.5	24.3	8.5
福　　建	129.0	22.3	27.1	27.2	42.3	14.7	29.0	5.1
江　　西	130.7	21.0	27.0	63.3	48.2	12.9	26.7	−0.6
山　　东	423.5	15.4	81.3	11.4	163.2	13.0	59.3	−4.4
河　　南	267.0	12.6	65.1	18.6	89.9	7.3	50.4	5.1
湖　　北	173.1	10.7	29.5	24.0	68.3	8.7	30.0	−2.0
湖　　南	236.4	20.7	39.6	35.4	90.0	16.9	39.8	8.2
广　　东	445.5	20.3	86.0	16.5	149.4	9.5	80.8	8.2
广　　西	172.2	26.5	22.1	35.0	61.8	52.6	25.2	9.9
海　　南	24.5	20.5	7.3	50.7	6.5	3.4	3.3	22.3
重　　庆	217.0	46.4	20.9	14.3	96.2	18.4	11.8	19.3
四　　川	309.7	39.6	46.8	28.3	111.4	9.9	28.5	−4.6
贵　　州	88.8	21.1	40.6	63.6	19.8	6.9	12.7	−1.8
云　　南	131.3	21.5	50.4	39.7	27.4	−1.9	25.0	−0.4
西　　藏	9.7	14.6	1.6	50.3	1.5	20.8	0.9	−14.4
陕　　西	135.7	13.4	35.8	0.1	19.3	5.8	17.0	6.0
甘　　肃	102.2	109.1	31.8	158.7	14.6	−11.7	5.9	−3.8
青　　海	15.7	16.8	8.3	19.3	3.7	22.4	1.7	21.7
宁　　夏	17.3	−18.6	6.6	−37.2	4.7	−3.6	3.0	15.6
新　　疆	74.5	14.3	35.3	24.2	18.8	12.9	10.8	7.4

表 27 各地区财政支出

单位:亿元

	1995	2000	2005	2006	2007	2008
全 国	**4828.3**	**10366.7**	**25154.3**	**30431.3**	**38339.3**	**49052.7**
北 京	154.4	443.0	1058.3	1296.8	1649.5	1956.0
天 津	93.3	187.0	442.1	543.1	674.3	869.0
河 北	191.2	414.3	979.2	1180.4	1506.6	1851.7
山 西	112.9	224.9	668.8	915.6	1049.9	1313.1
内蒙古	102.2	247.1	681.9	812.1	1082.3	1465.2
辽 宁	273.8	516.9	1204.4	1422.7	1764.3	2151.9
吉 林	120.9	260.7	631.1	718.4	883.8	1180.1
黑龙江	174.6	381.9	787.8	968.5	1187.3	1542.3
上 海	260.0	608.6	1646.3	1795.6	2181.7	2593.9
江 苏	253.5	591.3	1673.4	2013.3	2553.7	3201.6
浙 江	180.3	431.3	1265.5	1471.9	1806.8	2208.3
安 徽	135.9	322.5	713.1	940.2	1243.8	1621.6
福 建	171.6	324.1	593.1	728.7	910.6	1125.3
江 西	110.3	223.2	564.0	696.4	905.1	1208.4
山 东	275.9	613.0	1466.2	1833.4	2261.8	2704.8
河 南	207.3	444.0	1116.0	1440.1	1870.6	2283.9
湖 北	162.4	368.8	778.7	1047.0	1277.3	1638.0
湖 南	173.9	347.8	873.4	1064.5	1357.0	1717.7
广 东	525.6	1070.3	2289.1	2553.3	3159.6	3756.7
广 西	140.6	258.5	611.5	729.5	985.9	1287.1
海 南	42.4	64.0	151.2	174.5	245.2	356.0
重 庆	66.2	187.6	487.4	594.3	768.4	1010.7
四 川	277.7	451.9	1082.2	1347.4	1759.1	2965.4
贵 州	85.3	200.1	520.7	610.6	795.4	1048.6
云 南	235.1	414.0	766.3	893.6	1135.2	1470.7
西 藏	34.9	60.0	185.5	200.2	275.4	380.7
陕 西	102.7	271.6	639.0	824.2	1054.0	1435.6
甘 肃	81.4	187.3	429.3	528.6	675.3	965.4
青 海	28.8	68.3	169.8	214.7	282.2	363.8
宁 夏	23.0	60.8	160.3	193.2	241.9	323.1
新 疆	96.4	191.0	519.0	678.5	795.2	1056.1

表 28 2008 年各地区财政分项支出

单位:亿元,%

地区	一般预算支出		一般公共服务		国防		公共安全		教育	
	绝对数	增长率	绝对数	增长率	绝对数	增长率	绝对数	增长率	绝对数	增长率
地方合计	**49052.7**	**27.9**	**7485.3**	**17.8**	**81.1**	**11.7**	**3391.5**	**17.8**	**8446.3**	**25.6**
北京	1956.0	18.6	195.8	9.0	2.2	−10.7	159.3	19.1	316.3	20.3
天津	869.0	28.9	96.1	32.8	0.6	−40.9	65.8	22.2	141.0	28.1
河北	1851.7	22.9	316.5	17.5	3.0	12.2	135.2	24.1	376.4	32.8
山西	1313.1	25.1	223.5	6.4	2.4	30.8	90.7	28.4	235.1	29.7
内蒙古	1465.2	35.4	260.1	34.1	1.5	13.3	76.3	25.4	205.9	34.1
辽宁	2151.9	22.0	310.3	14.4	5.9	0.0	147.3	16.2	307.1	21.8
吉林	1180.1	33.5	174.1	22.9	1.4	3.3	72.0	17.9	188.0	30.2
黑龙江	1542.3	29.9	240.4	43.2	2.8	9.1	92.5	15.7	256.5	28.4
上海	2593.9	18.9	198.7	8.8	0.9	−8.4	149.6	11.3	326.1	15.1
江苏	3201.6	25.4	509.9	16.3	5.1	23.1	251.5	19.4	583.9	18.5
浙江	2208.3	22.2	372.4	13.2	5.0	16.6	199.6	14.9	454.0	18.3
安徽	1621.6	30.4	230.8	17.8	2.1	−8.5	86.6	19.5	282.4	32.6
福建	1125.3	23.6	188.5	16.4	2.9	−7.9	91.0	18.9	231.0	25.8
江西	1208.4	33.5	182.4	24.3	2.2	24.0	75.2	15.5	207.7	19.5
山东	2704.8	19.6	465.4	10.3	4.1	12.9	173.6	11.1	551.7	21.7
河南	2283.9	22.1	407.8	14.6	1.9	47.0	139.4	16.5	443.7	21.2
湖北	1638.0	28.2	259.6	17.3	0.9	−14.1	124.8	14.1	277.1	27.6
湖南	1717.7	26.6	298.9	16.5	4.0	16.7	109.4	13.5	296.8	29.9
广东	3756.7	18.9	638.8	22.1	7.7	18.6	383.6	12.6	678.3	17.8
广西	1287.1	30.5	223.0	15.3	3.1	−9.7	95.8	16.2	248.3	31.1
海南	356.0	45.2	53.0	17.4	0.9	16.0	24.1	27.8	54.8	35.8
重庆	1010.7	31.5	143.6	29.0	4.4	175.5	61.6	14.6	152.4	25.4
四川	2965.4	68.6	376.6	17.2	4.9	21.9	152.8	22.2	373.5	27.5
贵州	1048.6	31.8	185.3	24.4	1.6	−7.3	67.9	18.7	226.6	36.3
云南	1470.2	29.5	218.0	16.6	3.4	11.8	106.5	25.8	241.2	26.6
西藏	380.7	38.2	66.5	9.1	0.4	−69.5	30.3	70.8	45.5	35.4
陕西	1435.6	36.2	229.7	20.4	2.1	13.1	76.2	18.8	264.5	43.4
甘肃	965.4	42.9	127.8	15.0	1.1	32.6	45.2	18.9	180.0	45.2
青海	363.8	28.9	70.4	21.5	0.5	59.9	20.4	27.3	48.5	39.3
宁夏	323.1	33.6	41.8	9.0	0.4	39.1	19.0	29.3	52.9	11.8
新疆	1056.1	32.8	179.5	20.9	1.7	−3.3	68.3	25.3	199.0	39.4

表28续表1　　单位:亿元,%

地区	科学技术		文化体育与传媒		社会保障和就业		医疗卫生		环境保护	
	绝对额	增长率	绝对额	增长率	绝对额	增长率	绝对额	增长率	绝对额	增长率
地方合计	**1030.7**	**20.1**	**945.7**	**22.6**	**6425.7**	**25.9**	**2675.7**	**36.8**	**1330.3**	**38.4**
北京	112.3	23.7	61.1	13.9	207.6	15.8	145.6	22.4	35.3	19.4
天津	28.7	28.3	17.8	11.2	105.7	32.8	41.9	26.7	9.4	58.5
河北	20.8	19.4	28.7	38.3	266.6	21.1	115.3	47.6	62.8	43.3
山西	17.5	10.7	27.1	1.2	217.3	18.9	71.7	37.6	63.1	40.3
内蒙古	15.4	66.9	30.9	11.6	191.8	26.2	59.5	35.6	78.4	26.9
辽宁	49.1	26.9	29.7	19.6	468.2	16.2	83.3	25.1	47.4	54.2
吉林	13.4	20.9	28.2	26.3	199.9	29.5	59.5	40.6	40.5	33.0
黑龙江	20.1	15.0	24.0	17.8	228.6	5.3	71.7	24.6	48.1	8.5
上海	120.3	13.7	49.5	14.1	335.0	22.2	122.3	37.7	25.1	25.2
江苏	88.2	28.4	66.6	38.2	231.4	8.9	145.0	25.8	91.2	88.8
浙江	86.8	21.3	63.8	29.2	141.5	31.1	142.9	27.2	46.4	47.9
安徽	22.8	42.6	32.3	23.1	224.3	8.6	101.6	55.3	44.1	17.2
福建	25.1	17.9	22.1	20.6	108.5	19.8	74.1	42.6	14.8	52.1
江西	10.8	24.1	18.4	16.3	178.6	41.5	76.8	32.2	30.6	120.5
山东	56.7	22.2	55.2	25.1	281.2	11.7	139.9	40.4	57.9	70.7
河南	30.2	19.9	41.2	23.5	328.9	17.0	144.0	45.8	66.5	9.1
湖北	22.1	17.6	25.1	0.6	277.5	31.4	91.4	38.2	47.4	69.0
湖南	24.8	21.0	24.3	20.7	299.8	35.7	80.7	36.4	40.4	35.5
广东	122.1	2.4	66.6	25.6	359.4	26.8	197.7	40.5	45.7	71.1
广西	16.0	21.4	26.3	23.0	127.3	15.0	75.7	49.2	27.8	97.4
海南	4.5	60.9	6.8	49.6	49.3	37.5	18.2	46.3	6.6	24.0
重庆	14.9	35.1	16.5	55.9	170.0	22.4	50.5	48.7	51.9	34.5
四川	25.4	22.1	34.1	19.4	452.4	66.2	142.5	44.1	78.0	9.6
贵州	12.9	29.5	17.7	12.9	109.2	54.2	66.1	35.4	37.4	37.4
云南	17.7	35.3	27.9	40.6	222.5	30.5	104.5	35.5	58.3	85.8
西藏	2.9	49.0	9.1	26.3	26.5	53.3	16.9	−1.4	5.9	24.1
陕西	16.9	27.0	30.9	42.2	243.5	53.1	78.6	57.5	58.3	19.7
甘肃	9.5	29.5	19.4	27.1	160.9	50.6	57.6	40.4	46.7	39.0
青海	4.0	56.9	9.9	42.4	65.0	27.0	24.7	26.8	19.4	2.3
宁夏	4.3	−9.5	7.0	−1.3	38.6	51.5	16.8	47.2	16.9	32.3
新疆	14.8	15.0	27.6	18.1	108.8	19.6	58.6	27.9	27.9	23.4

表 28 续表 2

单位:亿元,%

地区	城乡社区事务		农林水事务		交通运输		工业商业金融等事务	
	绝对额	增长率	绝对额	增长率	绝对额	增长率	绝对额	增长率
地方合计	**4186.5**	**29.3**	**4194.2**	**35.7**	**1431.4**	**26.3**	**4104.6**	**45.8**
北京	199.7	6.5	121.5	18.5	79.6	140.4	116.0	13.1
天津	186.7	19.9	38.6	43.9	14.2	66.9	78.0	47.2
河北	136.2	37.1	149.1	33.2	28.9	−12.3	147.8	48.9
山西	98.6	57.6	109.6	29.6	32.9	16.8	90.5	57.2
内蒙古	170.9	40.2	161.9	49.2	49.3	1.7	124.3	74.3
辽宁	218.0	26.9	149.4	22.7	38.3	42.2	219.7	48.9
吉林	82.9	79.8	107.3	34.0	29.2	24.5	163.8	44.3
黑龙江	98.5	42.5	148.3	39.8	52.3	22.9	222.8	60.1
上海	468.7	27.8	79.0	26.1	17.1	5.2	359.9	24.3
江苏	361.0	16.0	274.5	41.8	117.0	47.8	288.5	58.1
浙江	194.0	25.4	177.1	24.6	59.4	31.9	172.0	31.3
安徽	144.0	60.0	135.5	30.9	50.9	2.8	193.7	67.5
福建	75.2	22.1	82.4	34.0	45.6	71.2	78.8	32.2
江西	70.0	35.8	145.8	40.7	36.1	16.4	121.9	72.5
山东	293.8	10.0	234.4	43.8	30.2	11.7	254.5	32.4
河南	135.0	21.3	210.0	37.7	43.7	8.6	208.9	52.6
湖北	83.7	48.9	172.6	35.3	38.0	25.9	124.8	51.5
湖南	122.6	36.0	164.1	30.3	54.1	11.1	127.7	35.8
广东	272.3	13.3	188.4	9.2	106.8	87.0	205.6	59.0
广西	71.9	22.5	137.4	53.0	59.1	43.2	108.0	51.6
海南	21.9	72.4	55.9	143.3	11.3	24.4	24.2	74.9
重庆	128.7	41.3	76.4	36.6	41.2	14.2	71.3	40.7
四川	139.7	28.4	239.8	36.5	107.6	47.2	197.5	58.3
贵州	46.0	67.9	118.8	35.7	49.9	2.2	59.1	32.5
云南	68.1	49.4	176.9	38.6	60.8	−1.3	91.5	45.2
西藏	23.9	245.9	62.0	53.8	34.4	6.1	18.3	67.9
陕西	89.4	52.9	141.6	41.5	53.8	10.3	92.4	44.7
甘肃	44.7	61.7	106.4	25.6	34.6	23.3	44.4	16.2
青海	20.6	112.5	42.7	45.9	11.2	−30.2	18.1	46.9
宁夏	31.2	78.8	44.6	59.6	10.1	18.9	22.0	37.4
新疆	88.8	49.5	142.3	44.6	33.8	−1.3	58.8	55.2

表 29 金融机构人民币存款余额

单位:亿元

	1995	2000	2005	2006	2007	2008
全　国	**53882**	**123804**	**287163**	**335460**	**389371**	**466203**
北　京	3054	9191	28970	33793	37700	43981
天　津	1080	2282	6091	6839	8242	
河　北	1695	3781	10765	12552	14356	17709
山　西	1288	2628	7089	8577	10042	12767
内蒙古	566	1270	3298	4037	4954	6341
辽　宁	2620	10194	11967	13597	15118	18223
吉　林	791	2237	4271	4964	5319	6363
黑龙江	1336	3333	6135	6923	7560	8994
上　海		7836	21396	24429	28489	33644
江　苏	3500	8401	22001	25860	30451	37018
浙　江	2624	7300	20494	24414	28504	34806
安　徽	1112	2486	6221	7039	8496	10303
福　建	1459	3114	7248	8836	10040	11804
江　西	931	1967	4445	5214	5900	7207
山　东	3424	7471	17104	19634	22072	26930
河　南	2132	4753	10004	11493	12576	15255
湖　北	1326	3572	8185	9571	11093	13575
湖　南	1389	1906	6498	7719	9083	10895
广　东	7090	18975	38120	43262	48955	56119
广　西	1152	2269	4203	4972	5750	7075
海　南	558	889	1302	1560	1873	2351
重　庆	677	1905	4728	5520	6577	8022
四　川	1294	4513	9905	11802	13980	18661
贵　州	478	1107	2778	3300	3826	4737
云　南	1187	2466	5141	6131	7171	8419
陕　西	1097	2663	6446	7453	8501	10791
甘　肃	628	1403	2896	3317	3747	4729
青　海	127	280	733	897	1093	1384
宁　夏	180	397	985	1131	1279	1591
新　疆	838	1863	3427	4041	4615	5399

表 30　金融机构人民币贷款余额

单位:亿元

	1995	2000	2005	2006	2007	2008
全　国	**50544**	**99371**	**194690**	**225347**	**261691**	**303395**
北　京	1561	5667	15336	18132	19862	23011
天　津	1114	1864	4722	5416	6544	
河　北	1578	2933	6415	7412	8398	9453
山　西	1223	2453	4229	4789	5394	5960
内蒙古	820	1341	2589	3205	3768	4528
辽　宁	2882	7745	7958	9117	10404	11795
吉　林	1303	2651	3333		4306	4836
黑龙江	1637	3145	3658	3972	4256	4533
上　海		6050	14380	15982	18596	21236
江　苏	2875	5968	15397	18485	22092	26161
浙　江	2104	5424	16558	20154	24144	28968
安　徽	1279	2385	4314	5132	6043	6949
福　建	1185	2439	5069	6448	8066	9586
江　西	1035	1740	3019	3461	4027	4545
山　东	3129	6209	13382	15710	17545	20054
河　南	2170	4357	7435	8567	9545	10368
湖　北	1750	3494	5650	6430	7496	8752
湖　南	1494	1480	4509	5174	6037	6989
广　东	5496	12955	23261	25935	30617	33891
广　西	1056	1613	3057	3595	4288	5110
海　南	558	622	996	1123	11228	1383
重　庆	755	1881	3720	4388	5132	6321
四　川	1610	4053	6743	7833	9201	11163
贵　州	513	1065	2304	2696	3129	3569
云　南	925	1988	3988	4804	5672	6594
陕　西	1133	2193	3983	4463	5121	6057
甘　肃	681	1171	1923	2112	2404	2732
青　海	219	349	639	723	873	1026
宁　夏	210	383	834	983	1185	1403
新　疆	843	1403	2272	2413	2685	2827

表31　2008年全国各地区原保险保费收入情况

单位:万元,%

地区	原保险保费收入		财产保险		寿险		意外险		健康险	
	绝对数	增长率	绝对数	增长率	绝对数	增长率	绝对数	增长率	绝对数	增长率
全国合计	**97840966.4**	**39.1**	**23367097.8**	**17.0**	**66583717.9**	**49.2**	**2035560.8**	**7.1**	**5854589.9**	**52.4**
北京	5859464.7	17.6	1341396.4	20.0	3905763.2	16.8	95845.6	8.3	516459.5	19.9
天津	1756211.9	16.4	418195.2	18.1	1187039.8	15.5	25197.8	4.1	125779.1	21.9
河北	4805928.0	44.6	1031424.0	22.5	3510524.3	53.4	70445.2	5.7	193534.6	55.0
山西	2608863.7	44.6	600929.3	20.7	1871166.0	54.7	40099.1	7.7	96669.4	64.5
内蒙古	1413461.9	44.6	535947.9	43.5	791475.0	47.9	34615.8	0.6	51423.1	49.2
辽宁	3286997.5	45.4	679338.5	11.4	2333442.1	56.4	45442.6	2.3	228774.3	99.9
吉林	1589185.1	36.1	322255.4	2.5	1186643.8	50.7	19602.7	-12.8	60683.1	39.8
黑龙江	2511964.9	61.5	479501.5	40.1	1908659.7	72.2	34911.2	1.8	88892.5	26.1
上海	6000566.2	24.3	1317897.4	10.4	3820592.3	20.5	120844.4	15.0	741232.2	108.2
江苏	7754056.7	34.5	1811139.1	15.3	5281899.7	40.6	183109.7	15.5	477908.3	70.2
浙江	4892265.1	32.3	1630443.4	15.6	2880557.4	43.6	122587.3	1.2	258677.0	62.5
安徽	2965370.5	46.9	639588.0	23.8	2184682.0	57.2	36655.7	3.2	104444.9	37.5
福建	2437992.2	34.6	616628.2	16.7	1598088.5	43.4	57057.9	12.4	166217.5	41.0
江西	1713602.0	50.2	334567.4	18.4	1272228.0	65.8	36905.3	-4.1	69901.4	34.3
山东	5712282.5	34.7	1359193.3	15.9	3895350.3	42.0	120641.4	14.2	337097.4	53.7
河南	5189239.0	60.4	778537.2	20.2	4110139.8	72.2	76997.5	11.6	223564.5	68.5
湖北	3171506.4	63.7	549896.0	22.2	2407078.2	82.8	59670.0	3.5	154862.2	37.6
湖南	3124856.9	55.2	616200.6	28.8	2290583.4	68.8	69125.4	-3.2	148947.5	40.3
广东	8841601.2	41.3	2077711.0	12.3	6017634.7	55.4	205254.3	4.9	541001.2	60.3
广西	1334844.2	33.5	400436.7	15.0	825035.7	46.8	45869.2	-5.2	63502.6	53.6
海南	300664.8	32.8	104933.7	11.2	175263.5	51.9	8608.8	9.1	11858.9	35.3
重庆	2005523.2	60.9	377552.2	14.1	1489503.7	85.2	52663.2	12.4	85804.1	32.2
四川	4942700.2	47.2	1097573.0	16.8	3449558.8	62.8	118088.7	12.6	277479.7	42.6
贵州	799546.9	35.5	285807.9	24.0	454341.6	46.9	28265.0	5.3	31132.6	31.7
云南	1653916.4	47.9	552042.7	14.7	916928.2	82.4	61873.3	2.1	123072.2	66.5
西藏	32508.0	21.4	28638.3	14.4	947.8	276.8	1599.2	8.0	1322.7	12803.9
陕西	2177752.2	44.7	462677.4	15.8	1592362.7	56.9	38222.6	14.9	84489.5	48.1
甘肃	974503.8	38.5	226151.0	20.4	688207.3	48.4	17271.6	2.0	42873.9	21.8
青海	141064.0	31.3	62772.6	19.1	66741.4	48.8	4265.6	-7.2	7284.3	37.8
宁夏	317905.6	32.6	94751.2	24.2	181090.1	43.4	8461.4	-1.4	33603.0	17.5
新疆	1525145.1	44.4	442526.3	27.6	947155.4	61.0	34773.5	0.6	100689.8	16.5
集团、总公司本级	149871.8	6.1	126426.5	-6.5	9242.8	131.7	13668.7	997.5	533.8	-31.0

五、投资

表 32 全社会固定资产投资总额

单位:亿元

	1995	2000	2005	2006	2007	2008
全 国	**20019.3**	**32917.7**	**88773.6**	**109998.2**	**137323.9**	**172291.1**
北 京	864.9	1280.5	2827.2	3296.4	3907.2	3814.7
天 津	396.6	610.9	1495.1	1820.5	2353.1	3389.8
河 北	907.8	1816.8	4139.7	5470.2	6884.7	8870.8
山 西	270.6	548.2	1826.6	2255.7	2861.5	3531.1
内蒙古	251.4	423.6	2643.6	3363.2	4372.9	5467.7
辽 宁	865.5	1267.7	4200.5	5689.6	7435.2	10016.3
吉 林	320.3	603.5	1741.1	2594.3	3651.4	5131.0
黑龙江	517.6	832.6	1737.3	2236.0	2833.5	3669.4
上 海	1597.9	1869.4	3509.7	3900.0	4420.4	4789.8
江 苏	1764.8	2570.0	8165.4	10069.2	12268.1	15061.5
浙 江	1482.6	2350.0	6520.1	7590.2	8420.4	9299.8
安 徽	476.1	804.0	2525.1	3533.6	5087.5	6734.5
福 建	683.0	1112.2	2316.7	2981.8	4287.8	5192.8
江 西	282.5	516.1	2176.6	2683.6	3301.9	4738.6
山 东	1308.6	2531.1	9307.3	11111.4	12537.7	15435.4
河 南	783.1	1377.7	4311.6	5904.7	8010.1	10469.6
湖 北	785.1	1339.2	2676.6	3343.5	4330.4	5635.2
湖 南	523.0	1012.2	2629.1	3175.5	4154.8	5474.7
广 东	2315.8	3145.1	6977.9	7973.4	9294.3	10834.5
广 西	403.1	583.3	1661.2	2198.7	2939.7	3750.7
海 南	182.1	198.9	367.2	423.9	502.4	706.1
重 庆	271.0	572.6	1933.2	2407.4	3127.7	3979.6
四 川	901.4	1418.0	3585.2	4412.9	5639.8	7106.6
贵 州	161.8	397.0	998.3	1197.4	1488.8	1858.3
云 南	390.4	684.0	1777.6	2208.6	2759.0	3435.8
西 藏	35.1	64.1	181.4	231.1	270.3	303.3
陕 西	310.2	653.7	1882.2	2480.7	3415.0	4601.5
甘 肃	145.8	395.4	870.4	1022.6	1304.2	1697.7
青 海	53.1	151.1	329.8	408.5	482.8	582.6
宁 夏	62.2	157.5	443.3	498.8	599.8	828.7
新 疆	332.0	610.4	1339.1	1567.1	1850.8	2226.3

表 33　城镇固定资产投资额

单位:亿元

	1995	2000	2005	2006	2007	2008
全　国	**15643.7**	**26221.8**	**75095.1**	**93368.7**	**117464.5**	**148167.2**
北　京	802.7	1196.3	2595.4	3012.5	3597.3	3520.9
天　津	341.1	541.4	1364.0	1679.0	2192.2	3175.1
河　北	583.8	1193.8	3307.8	4403.2	5690.3	7465.1
山　西	234.5	482.0	1666.5	2055.7	2600.2	3194.5
内蒙古	210.3	358.6	2555.3	3264.9	4255.0	5320.6
辽　宁	790.5	1067.1	3666.5	4977.8	6576.0	8879.2
吉　林	284.5	531.0	1581.3	2366.1	3340.2	4687.3
黑龙江	439.7	774.3	1581.2	2040.4	2591.7	3368.2
上　海	1449.1	1697.7	3198.6	3497.5	4045.1	4371.6
江　苏	1032.3	1813.5	6218.9	7479.6	9161.4	11370.8
浙　江	826.1	1631.2	4784.7	5429.3	5996.9	6519.1
安　徽	347.7	626.2	2126.7	3050.2	4444.6	5936.2
福　建	550.2	892.9	1958.3	2692.4	3829.0	4586.6
江　西	206.3	376.2	1902.7	2375.4	2954.9	4317.9
山　东	863.2	1706.1	7275.1	8715.5	10153.6	12528.4
河　南	600.2	943.1	3461.2	4840.8	6609.2	8700.1
湖　北	679.2	1108.6	2387.4	3038.5	3927.4	5133.3
湖　南	393.0	709.8	2204.0	2718.4	3609.5	4820.6
广　东	1920.0	2680.3	5890.1	6553.7	7368.7	8602.9
广　西	320.6	469.8	1480.9	1947.8	2596.7	3320.2
海　南	177.9	170.6	339.2	397.0	472.8	667.9
重　庆		481.9	1777.1	2252.0	2937.1	3715.9
四　川	704.3	1079.3	2991.8	3927.4	5043.4	6340.5
贵　州	130.0	326.7	899.3	1052.8	1289.1	1603.2
云　南	314.5	559.7	1592.3	2001.9	2443.8	3106.2
西　藏	35.1	64.1	181.4	200.7	230.8	265.4
陕　西	240.5	552.2	1740.9	2285.7	3168.8	4273.5
甘　肃	122.8	342.3	786.1	923.9	1177.5	1495.6
青　海	47.7	138.2	310.8	384.6	443.7	513.4
宁　夏	50.0	129.0	382.0	438.7	527.7	735.5
新　疆	301.0	556.9	1210.0	1418.0	1659.2	1974.5

表34 农村固定资产投资额

单位:亿元

	1995	2000	2005	2006	2007	2008
全　国	**4375.6**	**6695.9**	**13678.5**	**16629.5**	**19859.5**	**24123.9**
北　京	62.2	84.2	231.8	283.9	309.9	293.8
天　津	55.4	69.6	131.1	141.5	161.0	214.7
河　北	323.9	623.0	831.9	1067.0	1194.4	1405.6
山　西	36.2	66.1	160.1	200.1	261.2	336.6
内蒙古	41.1	65.0	88.4	98.3	117.9	147.1
辽　宁	75.0	200.6	533.9	711.8	859.2	1137.1
吉　林	35.8	72.5	159.8	228.3	311.2	443.7
黑龙江	77.9	58.3	156.1	195.6	241.8	301.1
上　海	148.8	171.7	311.1	402.6	375.3	418.2
江　苏	732.5	756.4	1946.5	2589.6	3106.7	3690.7
浙　江	656.5	718.7	1735.4	2160.9	2423.5	2780.7
安　徽	128.4	177.8	398.4	483.4	642.9	798.3
福　建	132.8	219.3	358.4	289.5	458.7	606.2
江　西	76.3	139.9	273.9	308.2	347.1	420.7
山　东	445.5	825.0	2032.2	2395.9	2384.1	2907.0
河　南	182.9	434.6	850.4	1063.9	1401.0	1769.5
湖　北	105.9	230.6	289.2	305.0	403.0	501.9
湖　南	130.0	302.4	425.1	457.1	545.2	654.1
广　东	395.8	464.9	1087.8	1419.7	1925.6	2231.6
广　西	82.5	113.5	180.3	250.9	342.9	430.5
海　南	4.1	28.3	27.9	26.9	29.6	38.1
重　庆		90.7	156.1	155.4	190.7	263.7
四　川	197.2	338.7	593.4	485.5	596.4	766.1
贵　州	31.7	70.3	98.9	144.6	199.7	255.1
云　南	75.9	124.2	185.3	206.8	315.2	329.6
西　藏	0.0	0.0		30.5	39.5	38.0
陕　西	69.7	101.5	141.3	195.0	246.2	328.0
甘　肃	22.9	53.2	84.3	98.7	126.7	202.0
青　海	5.4	13.0	19.0	23.9	39.2	69.2
宁　夏	12.2	28.6	61.3	60.0	72.1	93.1
新　疆	31.0	53.5	129.1	149.0	191.7	251.9

表 35 第二产业固定资产投资

单位:亿元

	1995	2000	2005	2006	2007	2008
全　　国			**38836.7**	**48479.1**	**61153.8**	
北　　京	153.7	157.2	409.8	364.2	484.5	385.6
天　　津	193.6	248.4	615.4	791.3	1051.0	1381.3
河　　北		784.3	1971.9	2791.1	3596.4	4098.3
山　　西	140.2	289.6	1119.5	1342.8	1617.2	1868.9
内　　蒙			1476.7	1813.1	2239.2	2916.9
辽　　宁		492.7	1977.0	2630.0	3566.3	4832.2
吉　　林	189.3	216.5	846.0	1285.7	1859.9	3088.7
黑 龙 江			709.0	884.9	1139.2	
上　　海	516.7	614.6	1049.5	1212.7	1397.6	1420.8
江　　苏	819.5	1358.6	4283.6	5410.0	6690.6	8380.1
浙　　江			2877.0	3512.4	3956.4	3936.0
安　　徽	188.4	232.9	958.7	1468.8	2269.4	2959.5
福　　建	188.0	481.3	928.7	1092.9	1562.8	2035.6
江　　西	103.1	150.2	804.4	1055.1	1496.9	2551.1
山　　东		1176.7	5480.1	6579.6	7177.8	8182.1
河　　南		473.4	1970.4	2756.0	4115.5	5410.1
湖　　北	401.7	521.6	1163.8	1306.5	1696.8	2346.3
湖　　南			960.2	1186.7	1640.5	2150.7
广　　东	682.4	768.8	3104.5	3284.0	3484.1	3934.6
广　　西	151.8	171.7	588.2	901.1	1197.5	1428.9
海　　南			129.9	109.2	83.3	116.9
重　　庆	106.7	142.4	569.2	741.5	1049.6	1437.1
四　　川			1452.9	1694.9	2267.7	3100.1
贵　　州	72.1	137.1	416.3	518.8	646.8	788.5
云　　南			642.9	799.2	988.1	1247.2
西　　藏			23.8	26.4	39.3	64.7
陕　　西	122.0	270.0	608.6	866.9	1242.7	1772.5
甘　　肃	97.6	143.8	350.1	458.7	625.6	744.8
青　　海			170.9	212.7	251.5	297.2
宁　　夏	26.7	52.6	205.0	217.8	304.9	443.3
新　　疆			538.6	700.5	951.6	1142.2

表 36　2008 年各地区城镇投资构成情况

单位:亿元,%

地　　区	城镇固定资产投资		建筑安装工程		设备工器具购置		其他费用	
	绝对额	增长率	绝对额	增长率	绝对额	增长率	绝对额	增长率
全　　国	**148167.3**	**26.1**	**90208.6**	**26.0**	**33447.6**	**30.2**	**24511.2**	**21.5**
北　　京	3521.0	−2.1	1571.1	−15.1	540.7	29.0	1409.2	6.1
天　　津	3175.1	44.8	1847.6	43.1	657.6	48.9	669.9	45.7
河　　北	7465.1	31.2	4355.5	27.7	2105.4	40.0	1004.3	29.2
山　　西	3194.5	22.9	2002.4	24.9	828.3	16.4	363.8	27.3
内 蒙 古	5320.6	25.0	3603.1	19.9	1194.9	37.0	522.6	38.2
辽　　宁	8879.2	35.0	5521.1	32.2	2228.4	52.7	1129.8	20.1
吉　　林	4687.4	40.3	2771.5	36.0	1381.8	63.2	534.1	17.1
黑 龙 江	3368.2	30.0	2105.4	24.5	853.3	42.2	409.5	36.0
上　　海	4371.6	8.1	2331.9	6.8	739.1	−8.9	1300.6	23.9
江　　苏	11370.9	24.1	6497.1	23.8	2997.4	31.8	1876.3	14.5
浙　　江	6519.1	8.7	3738.7	10.7	1152.4	8.0	1628.1	4.8
安　　徽	5936.2	33.6	3824.8	39.1	1171.7	24.0	939.7	25.4
福　　建	4586.6	19.8	2615.5	23.9	979.5	41.4	991.7	−3.3
江　　西	4317.9	46.1	2559.1	36.2	1201.6	72.2	557.2	47.3
山　　东	12528.4	23.4	7594.7	25.3	3355.2	17.7	1578.6	27.4
河　　南	8700.1	31.6	5465.3	26.9	2406.8	42.1	828.0	36.1
湖　　北	5133.3	30.7	3079.5	30.4	1161.5	37.4	892.4	23.7
湖　　南	4820.6	33.6	3122.2	37.2	960.2	42.6	738.2	11.8
广　　东	8602.9	16.7	5483.6	19.1	1618.8	10.8	1500.5	15.0
广　　西	3320.2	27.9	1993.3	28.6	702.8	31.5	624.2	21.9
海　　南	668.0	41.3	472.8	53.1	102.9	2.1	92.3	46.2
重　　庆	3715.9	26.5	2410.6	30.6	538.9	29.2	766.4	13.7
四　　川	6340.5	25.7	3845.0	29.6	1153.8	25.0	1341.6	16.2
贵　　州	1603.2	24.4	963.2	28.2	304.8	13.6	335.2	24.3
云　　南	3106.2	27.1	2021.6	26.5	475.0	32.4	609.7	25.4
西　　藏	265.4	15.0	253.7	19.6	9.1	−44.4	2.6	10.9
陕　　西	4273.5	34.9	2967.9	37.5	682.3	21.2	623.3	39.5
甘　　肃	1495.6	27.0	1008.1	25.7	294.5	38.7	193.0	18.1
青　　海	513.4	15.7	386.3	15.4	77.9	15.4	49.2	18.5
宁　　夏	735.5	39.4	436.3	36.0	224.6	60.5	74.7	11.6
新　　疆	1974.5	19.0	1311.3	19.6	462.2	22.7	201.0	8.2

表 37　2008 年分地区城镇投资项目情况

单位:亿元,%

地　区	施工项目				新开工项目			
	项目数(个)		计划总投资		项目数(个)		计划总投资	
	数量	比上年增加	绝对额(亿元)	增长率(%)	数量	比上年增加	绝对额(亿元)	增长率(%)
全　国	**357241**	**31037**	**313594.1**	**19.9**	**28264**	**252606**	**90886.8**	**5.4**
北　京	2930	－4737	7156.6	16.4	882	1447	501.8	－72.4
天　津	3204	1134	8265.5	43.4	38	2245	1547.5	－25.9
河　北	21000	1948	12869.4	13.8	1112	17154	4960.8	－0.9
山　西	6778	230	7515.2	6.2	1204	4550	2041.1	－24.1
内蒙古	9612	912	10189.0	17.4	128	7921	3989.1	6.1
辽　宁	14733	2188	14611.6	15.8	1005	12543	4905.3	－12.8
吉　林	9181	1347	6771.3	28.5	467	7297	3172.1	13.6
黑龙江	7715	992	5602.0	21.6	1350	6390	2648.3	18.7
上　海	5237	1373	12325.7	15.4	100	3817	2441.8	57.3
江　苏	15843	869	17660.2	14.9	669	9591	5838.2	－7.0
浙　江	15161	138	16756.6	6.3	1224	7292	3399.8	－14.6
安　徽	20937	4594	11122.7	27.2	3153	13131	3032.9	3.9
福　建	11627	1006	12308.7	24.4	911	6051	2918.6	6.9
江　西	10308	1867	8008.3	39.0	1245	6703	3343.3	38.9
山　东	27614	1071	18708.0	14.2	2547	18719	6214.4	－3.1
河　南	29559	5066	13325.7	20.8	2111	24628	7526.8	33.8
湖　北	14316	1756	11858.8	17.9	205	10964	3240.4	18.1
湖　南	18611	3027	9550.0	27.9	1285	13697	3497.0	18.9
广　东	17346	569	20447.6	10.0	2288	12078	3524.8	－0.7
广　西	17185	1240	10151.3	47.8	1706	11974	1988.9	－15.8
海　南	1235	－172	1461.3	－0.7	227	807	332.3	－58.1
重　庆	7743	1461	9521.4	26.0	657	4474	2125.7	15.1
四　川	17267	696	16525.1	32.2	931	11284	4724.2	77.2
贵　州	9100	668	5610.8	24.3	749	6614	1132.0	60.9
云　南	13360	1642	9156.2	14.3	986	9339	2148.2	13.8
西　藏	2551	364	658.0	19.7	105	2119	228.9	－22.3
陕　西	9071	1892	8248.3	31.8	545	6744	2763.3	22.1
甘　肃	7822	－169	3837.4	15.1	109	5739	1214.2	10.7
青　海	2522	284	1892.5	41.7	13	1621	373.2	－20.0
宁　夏	1501	4	2501.8	24.5	58	1126	376.9	－0.3
新　疆	6068	－666	4088.2	18.8	244	4529	1701.4	17.2

表 38 在建净规模

单位:亿元

	2004	2005	2006	2007
全　国	**84641.9**	**116320.9**	**124872.6**	**150463.0**
北　京	4353.8	4986.7	6084.5	7298.4
天　津	1289.0	3591.7	2555.1	3718.9
河　北	2524.0	3383.3	4071.2	5221.2
山　西	1751.9	2116.1	2369.6	3283.0
内蒙古	2435.1	3183.0	3857.9	3171.5
辽　宁	2613.4	3970.3	5169.6	8034.5
吉　林	1025.3	1340.0	1682.0	1991.7
黑龙江	1515.1	1585.9	1436.6	1853.2
上　海	3659.4	6381.3	6536.6	6390.5
江　苏	5451.0	8021.7	8090.4	10234.8
浙　江	6337.0	8685.2	8900.2	10549.4
安　徽	2699.0	3835.9	4312.0	4587.2
福　建	2961.6	4376.5	5867.1	6793.4
江　西	1537.9	2166.5	2026.5	2750.7
山　东	5390.9	8493.6	7591.1	7527.1
河　南	2994.0	3774.0	3595.1	4186.4
湖　北	3455.0	4170.8	4504.9	4961.0
湖　南	2381.9	2972.1	3446.2	4338.9
广　东	8906.9	10179.5	12170.2	12973.7
广　西	2280.1	2620.5	2940.7	3793.6
海　南	434.2	394.3	518.5	1217.3
重　庆	2768.9	4307.8	4707.7	5394.6
四　川	4086.3	5740.8	6913.5	7483.4
贵　州	1675.8	1813.0	1946.7	2697.8
云　南	3087.8	3362.3	3253.8	4358.7
西　藏	92.7	89.3	130.4	215.6
陕　西	1758.7	2137.5	2359.8	3241.5
甘　肃	910.4	1018.1	1145.3	1785.8
青　海	430.5	511.5	547.5	635.9
宁　夏	351.8	618.1	1487.9	1537.1
新　疆	914.8	1021.3	815.4	1384.2

表39 在建总规模

单位:亿元

	2004	2005	2006	2007
全　　国	**167566.0**	**215349.7**	**254062.3**	**310890.3**
北　　京	8935.3	10118.8	13135.2	16295.6
天　　津	2658.1	5677.2	5058.5	7149.4
河　　北	4896.5	6259.9	8491.3	11183.4
山　　西	3470.3	4114.5	5123.9	6436.1
内 蒙 古	4098.4	5186.2	6922.5	6716.2
辽　　宁	5288.2	7012.0	10456.2	14585.7
吉　　林	2174.7	2510.4	3384.8	4594.1
黑 龙 江	2712.1	2784.7	2970.0	3591.3
上　　海	9533.0	15068.7	16291.9	16972.8
江　　苏	12551.0	15225.3	16934.7	21481.6
浙　　江	12635.8	16397.2	19286.0	22816.4
安　　徽	4840.6	6414.1	8353.6	9937.8
福　　建	5324.4	7822.6	10307.5	12832.4
江　　西	3392.4	4270.9	4692.7	6182.3
山　　东	11163.9	14914.7	17490.4	18485.9
河　　南	5499.3	6738.6	7460.0	8892.5
湖　　北	6985.0	7652.7	9458.4	10724.6
湖　　南	4996.2	6319.1	7245.7	9072.7
广　　东	18371.3	21411.6	24166.2	27551.6
广　　西	3826.4	4651.4	5897.0	7705.5
海　　南	883.7	990.3	1181.8	1879.4
重　　庆	4962.7	6992.9	8493.5	10270.1
四　　川	6940.0	9068.6	11821.6	14476.1
贵　　州	2828.3	3185.8	3545.5	4720.1
云　　南	4784.5	5816.8	6469.7	8539.8
西　　藏	252.2	227.2	299.7	420.6
陕　　西	3594.0	4224.6	5094.3	6617.4
甘　　肃	1884.3	2119.9	2499.9	3817.9
青　　海	802.6	952.4	1058.6	1329.1
宁　　夏	729.1	1012.1	2019.4	2252.3
新　　疆	1809.1	2109.6	2184.8	2855.7

表 40 建设总规模

单位:亿元

	2004	2005	2006	2007
全　国	**192739.3**	**270926.7**	**326297.6**	**396409.0**
北　京	10294.2	11841.0	15255.7	18739.2
天　津	3402.2	6482.7	6570.2	8458.5
河　北	5880.9	8658.6	11290.8	14901.8
山　西	3862.5	5070.9	6362.0	8400.7
内蒙古	4759.0	6925.1	9198.3	9938.1
辽　宁	6405.9	9925.1	13896.9	19061.9
吉　林	2490.3	3801.0	5509.2	6839.1
黑龙江	3374.8	4035.9	4743.5	5814.3
上　海	11315.3	16437.2	18613.5	19581.2
江　苏	14440.6	21863.1	25131.3	30576.6
浙　江	14282.5	20916.7	24657.5	28363.1
安　徽	5344.9	8101.1	10410.4	12794.6
福　建	6180.9	8572.6	11587.4	14632.0
江　西	3914.6	5429.1	6349.3	7917.0
山　东	12749.7	20738.8	23236.7	25036.7
河　南	6474.2	9837.8	11974.9	15544.1
湖　北	7833.9	9453.8	11315.3	13245.6
湖　南	5508.8	7340.4	9168.1	11587.1
广　东	20598.5	25890.8	29657.3	33737.6
广　西	4303.9	5656.9	7157.8	9491.3
海　南	1001.2	1199.8	1414.7	2176.6
重　庆	5551.9	8355.2	9898.6	12160.0
四　川	8055.9	11247.7	14834.3	17530.2
贵　州	3243.5	3781.0	4588.7	5853.4
云　南	5158.2	6450.6	7464.6	10027.4
西　藏	363.2	365.1	473.5	622.4
陕　西	4112.1	5187.1	6528.1	8654.2
甘　肃	2263.8	2707.5	3582.4	4043.3
青　海	991.3	1158.4	1415.9	1557.0
宁　夏	870.9	1343.4	2327.6	2498.4
新　疆	2533.5	3190.7	3458.5	4085.0

六、价格

表41 居民消费价格指数

（上年＝100）

	1995	2000	2005	2006	2007	2008
全　国	**117.1**	**100.4**	**101.8**	**101.5**	**104.8**	**105.9**
北　京	117.3	103.5	101.5	100.9	102.4	105.1
天　津	115.3	99.6	101.5	101.5	104.2	105.4
河　北	115.2	99.7	101.8	101.7	104.7	106.2
山　西	116.9	103.9	102.3	102.0	104.6	107.2
内蒙古	117.5	101.3	102.4	101.5	104.6	105.7
辽　宁	116.1	99.9	101.4	101.2	105.1	104.6
吉　林	115.2	98.6	101.5	101.4	104.8	105.1
黑龙江	116.1	98.3	101.2	101.9	105.4	105.6
上　海	118.7	102.5	101.0	101.2	103.2	105.8
江　苏	115.8	100.1	102.1	101.6	104.3	105.4
浙　江	116.6	101.0	101.3	101.1	104.2	105.0
安　徽	114.8	100.7	101.4	101.2	105.3	106.2
福　建	115.2	102.1	102.2	100.8	105.2	104.6
江　西	116.9	100.3	101.7	101.2	104.8	106.0
山　东	117.6	100.2	101.7	101.0	104.4	105.3
河　南	116.5	99.2	102.1	101.3	105.4	107.0
湖　北	120.0	99.0	102.9	101.6	104.8	106.3
湖　南	119.0	101.4	102.3	101.4	105.6	106.0
广　东	114.0	101.4	102.3	101.8	103.7	105.6
广　西	118.4	99.7	102.4	101.3	106.1	107.8
海　南	113.5	101.1	101.5	101.5	105.0	106.9
重　庆		96.7	100.8	102.4	104.7	105.6
四　川	118.5	100.1	101.7	102.3	105.9	105.1
贵　州	121.4	99.5	101.0	101.7	106.4	107.6
云　南	121.3	97.9	101.4	101.9	105.9	105.7
西　藏		99.9	101.5	102.0	103.4	105.7
陕　西	119.0	99.5	101.2	101.5	105.1	106.4
甘　肃	119.8	99.5	101.7	101.3	105.5	108.2
青　海	118.0	99.5	100.8	101.6	106.6	110.1
宁　夏	117.1	99.6	101.5	101.9	105.4	108.5
新　疆	119.7	99.4	100.7	101.3	105.5	108.1

表42 2008年各地区居民消费价格变动情况

单位:%

地区	居民消费价格		食品		粮食		肉禽及其制品	
	年均涨幅	年末涨幅	年均涨幅	年末涨幅	年均涨幅	年末涨幅	年均涨幅	年末涨幅
全国	**5.9**	**1.2**	**14.3**	**4.2**	**7.0**	**4.3**	**21.7**	**−1.0**
北京	5.1	1.0	16.1	7.8	8.9	5.3	25.1	5.1
天津	5.4	1.8	12.1	3.9	5.5	0.9	18.9	4.2
河北	6.2	0.8	14.4	0.8	6.7	0.5	23.2	−4.8
山西	7.2	1.5	17.9	3.0	7.5	3.3	24.4	−4.5
内蒙古	5.7	0.4	14.7	0.3	6.7	3.2	22.5	−4.2
辽宁	4.6	−1.2	12.3	−0.9	4.5	2.5	22.5	−4.4
吉林	5.1	0.0	12.3	−0.9	3.7	2.2	24.6	−4.9
黑龙江	5.6	−0.1	12.0	−1.0	4.5	5.0	19.6	−7.0
上海	5.8	2.1	15.3	8.0	7.3	4.7	22.9	4.7
江苏	5.4	1.4	13.0	4.1	6.1	3.1	20.4	−0.4
浙江	5.0	−0.4	13.9	4.3	5.4	3.5	19.2	−3.1
安徽	6.2	1.0	14.4	3.8	5.7	5.6	21.6	−0.8
福建	4.6	0.2	13.3	5.2	5.1	2.0	20.8	−1.9
江西	6.0	1.7	13.9	4.7	8.2	6.2	17.8	−3.1
山东	5.3	1.6	13.0	1.9	6.3	1.2	22.2	−0.9
河南	7.0	1.7	16.3	4.1	7.7	6.1	24.7	−2.6
湖北	6.3	2.0	15.1	5.3	5.7	5.3	22.5	0.4
湖南	6.0	2.9	14.9	6.9	12.5	11.1	18.0	−3.4
广东	5.6	0.8	13.2	6.0	8.1	7.8	19.9	0.4
广西	7.8	1.4	20.0	7.6	11.9	11.1	22.0	−1.6
海南	6.9	2.3	13.7	7.3	9.4	10.3	18.9	3.3
重庆	5.6	0.2	15.7	4.5	12.0	9.4	22.7	−1.9
四川	5.1	2.6	12.0	5.3	6.1	5.2	16.4	−1.1
贵州	7.6	1.1	17.3	3.7	7.6	4.2	24.7	1.9
云南	5.7	1.8	15.4	6.5	9.8	5.4	27.1	2.7
西藏	5.7	−0.1	12.1	3.2	3.9	−1.6	25.6	8.7
陕西	6.4	1.4	15.3	2.0	7.7	0.5	26.0	−2.0
甘肃	8.2	3.4	16.2	4.1	7.2	−0.3	26.6	−1.6
青海	10.1	4.7	19.0	4.3	11.6	0.9	28.1	−1.0
宁夏	8.5	3.4	18.0	4.5	8.9	1.1	28.3	1.8
新疆	8.1	2.5	19.1	5.4	11.9	1.6	33.5	14.0

说明:年末涨幅是指12月份价格比上年同期的涨幅。

表 42 续表 1　　　　单位：%

地　　区	蛋		水产品		烟酒及用品	
	年均涨幅	年末涨幅	年均涨幅	年末涨幅	年均涨幅	年末涨幅
全　　国	**4.3**	**2.0**	**14.2**	**10.4**	**2.9**	**2.9**
北　　京	6.4	2.5	20.1	19.4	6.0	6.7
天　　津	3.8	2.0	2.9	1.6	8.0	7.1
河　　北	5.0	5.0	14.7	7.6	4.2	4.1
山　　西	1.7	1.3	19.1	11.5	2.6	2.4
内 蒙 古	2.1	−0.2	14.6	5.4	2.2	1.9
辽　　宁	1.8	0.8	9.2	5.5	3.1	2.2
吉　　林	9.6	0.6	12.3	7.9	3.4	2.1
黑 龙 江	3.4	0.5	9.6	2.8	3.8	1.6
上　　海	6.4	7.1	11.2	8.6	1.7	1.2
江　　苏	4.0	4.0	12.0	6.6	2.9	3.3
浙　　江	5.4	3.8	13.3	11.0	2.1	1.5
安　　徽	6.8	4.5	19.2	12.6	3.3	2.9
福　　建	3.8	4.3	8.8	8.4	2.9	4.1
江　　西	3.0	−1.3	19.8	16.6	2.0	1.5
山　　东	5.2	1.3	12.8	9.1	4.3	4.8
河　　南	6.3	2.6	21.5	12.8	3.0	3.4
湖　　北	3.5	−0.6	23.3	16.9	3.4	3.4
湖　　南	3.8	1.1	22.2	15.9	1.6	1.2
广　　东	4.8	1.7	15.4	11.8	1.4	2.8
广　　西	2.8	−0.1	17.6	10.8	3.2	3.5
海　　南	6.8	5.6	15.7	15.1	1.3	1.2
重　　庆	3.2	−3.3	25.0	21.1	2.8	2.1
四　　川	4.1	1.6	16.0	12.9	2.0	2.0
贵　　州	0.1	−5.0	12.2	2.5	4.0	3.4
云　　南	2.3	−0.6	14.6	8.7	2.4	1.9
西　　藏	9.0	−4.3	15.5	7.0	2.3	0.4
陕　　西	5.5	3.2	19.1	12.3	2.2	2.7
甘　　肃	1.2	−1.2	16.2	12.3	4.4	4.8
青　　海	4.9	4.9	23.1	15.6	5.6	5.0
宁　　夏	1.8	0.8	12.9	5.8	2.3	2.8
新　　疆	5.9	4.4	16.1	13.5	3.1	2.9

表42续表2

单位:%

地区	衣着		家庭设备用品及维修管理		医疗保健和个人用品	
	年均涨幅	年末涨幅	年均涨幅	年末涨幅	年均涨幅	年末涨幅
全国	**−1.5**	**−2.2**	**2.8**	**2.9**	**2.9**	**1.7**
北京	−0.9	−2.2	4.4	5.1	2.0	0.7
天津	−0.1	2.1	6.8	5.3	2.3	1.9
河北	−1.8	−4.6	2.4	2.0	3.4	2.4
山西	−1.2	−1.0	3.2	3.4	1.9	1.9
内蒙古	0.3	−0.2	0.8	0.5	1.9	1.7
辽宁	−6.9	−9.2	3.6	3.9	3.1	2.1
吉林	1.5	−0.2	2.6	3.7	1.8	1.9
黑龙江	−0.7	−2.2	3.1	2.7	4.3	2.3
上海	1.6	−0.1	8.3	7.8	3.1	−0.7
江苏	0.5	0.6	4.1	4.7	2.5	1.4
浙江	−2.1	−5.2	3.4	3.0	5.8	2.5
安徽	−1.1	−2.0	2.2	1.8	2.2	2.0
福建	−5.2	−5.0	3.2	3.4	2.8	1.8
江西	−4.3	−1.3	2.8	4.1	3.1	2.2
山东	−2.1	−2.3	2.0	2.4	2.2	1.4
河南	1.2	0.7	3.1	3.3	3.6	3.0
湖北	−2.1	−2.9	0.8	1.3	3.5	2.2
湖南	−2.7	−0.1	−0.2	1.3	1.5	0.6
广东	−1.6	−2.0	2.0	1.4	2.9	1.0
广西	−0.8	−4.7	3.1	3.2	3.2	1.7
海南	−1.7	−4.0	1.9	1.5	1.6	1.4
重庆	−5.8	−5.1	2.5	0.5	1.9	0.5
四川	−2.7	−1.8	2.7	3.0	2.4	1.7
贵州	−2.2	−4.5	3.5	2.4	0.7	0.5
云南	−7.5	−7.1	0.3	0.4	4.9	2.3
西藏	3.1	−3.0	2.3	−1.0	2.7	0.3
陕西	0.0	−1.3	2.3	2.1	2.7	2.3
甘肃	0.6	0.3	3.1	3.6	3.5	2.4
青海	4.4	6.5	2.9	3.3	6.1	2.9
宁夏	3.4	3.9	4.2	4.8	2.6	2.0
新疆	−0.6	−2.3	2.5	3.0	3.5	3.2

表42续表3　　单位:%

地区	交通通信		娱乐教育文化用品及服务		居住	
	年均涨幅	年末涨幅	年均涨幅	年末涨幅	年均涨幅	年末涨幅
全国	**−0.9**	**−1.4**	**−0.7**	**−0.6**	**5.5**	**−1.4**
北京	−2.4	−2.7	−2.0	−2.0	3.0	−8.6
天津	−2.2	−3.0	−2.4	−2.5	5.3	1.3
河北	0.4	−0.4	−0.7	−0.9	7.6	3.5
山西	−0.5	−0.8	0.4	0.4	8.4	1.4
内蒙古	−0.6	−1.4	−0.2	−0.9	6.3	2.9
辽宁	−2.3	−3.2	−0.9	−1.6	4.1	0.1
吉林	−2.3	−2.1	−0.3	0.1	4.2	0.6
黑龙江	0.6	0.1	0.0	−0.4	4.5	1.4
上海	−2.5	−2.3	−1.8	−1.0	2.5	−4.2
江苏	−1.4	−1.9	−1.0	−0.5	4.2	−1.4
浙江	−4.4	−6.1	−1.0	−1.6	5.0	−5.5
安徽	−0.3	−0.7	0.1	0.2	4.5	−4.0
福建	−1.4	−3.3	−7.1	−6.8	5.5	−3.9
江西	−0.1	0.1	0.5	0.5	5.9	−3.2
山东	−0.1	0.1	0.3	1.5	7.3	4.3
河南	0.1	−0.3	0.9	1.6	6.3	−2.3
湖北	0.5	0.6	−0.9	−0.8	6.9	1.1
湖南	−0.8	−1.1	0.9	2.8	7.6	0.6
广东	−0.3	−1.1	−0.6	−1.5	4.8	−6.0
广西	−0.8	−1.4	−1.5	−2.1	9.1	−5.7
海南	1.3	0.5	0.4	−0.1	6.6	−6.5
重庆	−0.7	−0.7	0.3	−2.5	1.8	4.4
四川	−0.2	0.6	−0.1	0.9	4.6	2.3
贵州	0.7	0.4	1.6	0.4	7.5	−1.2
云南	−0.8	−1.6	−1.5	−2.3	4.8	1.4
西藏	1.3	−2.6	−1.0	−4.9	6.6	−0.9
陕西	−1.1	0.6	−1.1	−1.1	6.8	3.5
甘肃	−0.4	−1.1	0.5	0.9	11.3	7.1
青海	−0.2	−0.8	1.0	0.9	15.8	14.6
宁夏	0.5	−0.1	−0.8	−2.2	9.9	7.9
新疆	0.2	0.0	0.0	0.3	6.4	1.7

表 43 商品零售价格指数

（上年=100）

	1995	2000	2005	2006	2007	2008
全　国	**114.8**	**98.5**	**100.8**	**101.0**	**103.8**	**105.9**
北　京	112.6	98.9	99.7	100.2	100.8	104.4
天　津	110.6	98.6	99.9	100.4	103.2	105.1
河　北	115.8	99.1	101.1	101.5	104.1	106.7
山　西	115.6	97.1	100.3	101.2	104.2	107.2
内蒙古	116.8	98.8	101.5	101.4	103.6	104.7
辽　宁	114.0	98.4	100.1	101.3	104.4	105.3
吉　林	114.2	98.0	101.1	101.5	103.3	106.2
黑龙江	114.3	97.8	100.4	101.5	105.6	105.8
上　海	113.0	96.4	99.4	100.2	102.4	105.3
江　苏	114.3	98.6	100.3	100.8	102.9	104.9
浙　江	113.5	99.0	100.9	100.8	103.8	106.3
安　徽	112.7	98.0	100.6	100.8	104.5	106.3
福　建	114.4	98.9	100.6	100.5	104.3	105.7
江　西	115.9	98.5	100.9	101.2	104.0	106.1
山　东	114.2	98.6	100.6	100.6	103.6	104.9
河　南	114.9	98.5	101.7	100.9	104.4	107.5
湖　北	116.6	97.8	102.1	101.1	104.2	106.3
湖　南	115.5	99.3	102.3	101.3	104.3	105.6
广　东	111.6	99.9	101.8	101.5	103.4	106.0
广　西	116.4	98.6	101.1	100.3	104.8	107.6
海　南	111.3	99.9	100.9	101.3	103.8	106.7
重　庆		95.5	98.7	101.6	103.7	105.0
四　川	117.0	97.7	100.6	101.7	105.3	105.3
贵　州	117.2	97.3	101.3	100.9	104.2	107.2
云　南	118.1	97.6	100.1	100.8	104.4	106.1
西　藏		99.2	100.8	100.2	101.7	103.9
陕　西	117.0	98.3	100.1	101.8	105.0	106.9
甘　肃	116.5	99.1	99.9	101.2	104.4	107.9
青　海	116.3	99.0	100.7	102.0	106.0	110.6
宁　夏	115.3	97.6	100.4	101.3	104.1	108.5
新　疆	116.7	98.3	99.4	101.8	105.1	108.5

表44 工业品出厂价格指数

（上年=100）

	1995	2000	2005	2006	2007	2008
全　国	**114.9**	**102.8**	**104.9**	**103.0**	**103.1**	**106.9**
北　京	116.7	102.5	101.3	99.1	99.7	103.3
天　津	110.2	102.8	100.1	100.6	101.5	104.1
河　北	111.4	105.3	104.4	100.8	106.9	116.7
山　西	113.5	100.9	110.2	101.0	107.4	122.4
内蒙古	109.1	102.8	105.1	103.0	105.7	112.5
辽　宁	109.9	108.8	105.1	104.1	104.4	110.9
吉　林	115.0	105.1	104.3	101.7	102.7	104.9
黑龙江	116.0	122.9	116.7	109.9	105.3	114.9
上　海	111.5	102.5	101.7	100.6	101.2	102.2
江　苏	114.1	101.1	102.6	101.5	102.6	104.6
浙　江	112.3	101.1	102.3	103.8	102.4	104.3
安　徽	117.1	98.9	103.3	103.1	103.6	108.4
福　建	115.7	100.5	100.2	99.2	100.8	102.7
江　西	114.8	101.0	108.8	109.7	106.2	106.5
山　东	117.0	105.9	103.7	102.3	103.3	108.6
河　南	115.0	104.0	106.1	104.3	105.2	112.1
湖　北	113.1	101.7	104.5	102.9	103.9	106.1
湖　南	121.4	102.9	106.0	104.3	106.1	109.3
广　东	112.3	103.4	101.5	101.4	101.3	103.1
广　西	117.2	105.5	104.9	109.6	104.5	109.0
海　南			99.5	100.8	102.7	105.9
重　庆	112.4	98.6	103.0	102.2	103.5	105.8
四　川	112.2	98.1	104.0	101.9	103.9	109.3
贵　州	113.1	100.4	107.2	104.3	105.0	112.4
云　南	110.2	101.2	104.5	104.6	105.7	105.9
西　藏				106.0	101.1	105.6
陕　西	112.6	101.5	110.4	109.6	102.9	108.4
甘　肃	114.9	107.2	109.6	109.8	105.5	104.9
青　海	114.6	108.1	110.2	109.5	104.2	107.6
宁　夏		103.6	106.2	106.2	103.7	112.8
新　疆	117.2	129.4	116.6	114.4	106.3	116.4

表45　2008年各地区工业品出厂价格年末涨幅

单位:%

地　区	工业品出厂价格年末涨幅	生产资料	采掘业	原料加工业	加工工业	生活资料	食品类	衣着类	一般日用品	耐用消费品
全　国	**-1.1**	**-1.9**	**-7.0**	**-3.9**	**-0.3**	**1.2**	**1.7**	**1.9**	**2.1**	**-1.0**
北　京	-1.4	-1.9	45.2	1.5	-5.1	0.7	3.4	0.7	3.6	-2.4
天　津	-7.2	-9.0	-46.8	-4.6	-5.8	-0.8	-1.2	1.4	3.7	-2.5
河　北	-4.3	-5.3	-11.4	-6.7	-3.0	1.5	1.3	3.2	1.3	0.6
山　西	8.6	8.9	30.8	2.0	-3.0	2.2	1.4	1.9	4.7	5.8
内蒙古	5.6	4.9	12.7	0.2	5.1	8.7	10.2	8.0	9.0	-1.1
辽　宁	-0.5	-0.8	4.0	-3.4	1.1	1.8	2.0	0.4	4.0	0.5
吉　林	-3.7	-5.5	-27.6	-4.2	0.1	-1.1	-0.8	1.8	2.1	-1.3
黑龙江	-14.0	-16.7	-44.0	2.2	2.3	-0.6	-1.1	0.3	-2.2	3.8
上　海	-5.0	-6.4	8.6	-9.4	-5.7	0.9	1.9	0.8	1.5	-0.5
江　苏	-3.3	-4.0	-3.5	-10.8	-2.0	0.0	-0.4	0.6	1.5	-1.6
浙　江	-2.4	-3.9	0.0	-6.9	-2.8	1.5	1.0	1.7	1.1	2.3
安　徽	-2.0	-3.3	17.7	-10.0	-3.5	2.5	5.6	1.4	0.8	-0.9
福　建	-3.3	-5.6	-5.9	-5.2	-5.7	0.9	0.0	1.9	2.0	-3.1
江　西	-8.4	-10.5	-4.4	-15.1	-7.8	1.9	4.4	0.8	0.7	-2.4
山　东	-1.9	-2.3	-8.6	-6.4	0.6	-0.9	-3.1	2.5	3.5	-1.5
河　南	1.7	1.3	4.1	-1.7	2.4	3.0	2.1	-0.3	8.5	2.3
湖　北	1.4	1.2	1.5	-0.6	2.0	2.5	3.8	2.9	2.0	-3.2
湖　南	-0.9	-1.8	-0.2	-6.9	1.4	2.9	2.1	6.1	4.8	3.5
广　东	-2.1	-3.2	-35.4	-0.3	-3.2	0.2	-0.1	0.7	2.2	-1.1
广　西	-9.3	-10.2	-15.0	-12.4	-8.4	-6.0	-7.5	-4.8	2.0	3.6
海　南	-4.3	-6.4	-16.9	-11.8	6.8	0.4	4.1	8.5	-5.2	-4.0
重　庆	-0.2	-0.6	15.8	-5.4	-0.3	0.9	3.2	6.7	2.1	-0.8
四　川	3.4	3.9	16.2	-1.0	4.1	1.6	0.7	1.9	5.7	1.4
贵　州	1.3	0.7	6.9	-0.2	-0.2	3.6	4.4	6.0	0.8	-2.4
云　南	-4.7	-6.5	-6.6	-14.6	6.4	-0.3	-0.4	8.5	0.8	1.5
西　藏	3.7	4.8	16.9	2.3	-0.8	2.6	2.7	-1.5	-0.6	4.1
陕　西	2.5	2.4	1.4	3.3	2.6	3.2	3.0	9.1	1.6	4.3
甘　肃	-8.8	-9.8	-2.8	-15.4	2.5	3.3	2.5	9.3	8.5	0.2
青　海	-7.6	-8.3	-33.9	-15.9	26.9	7.5	2.9	5.7	15.0	7.3
宁　夏	2.5	2.5	24.4	-5.6	7.1	2.9	2.7	-7.8	11.4	9.7
新　疆	-15.4	-17.7	-53.1	8.3	-0.3	8.2	8.8	8.3	7.4	0.0

说明:年末涨幅是指12月份价格比上年同期的涨幅。

表 46　原材料、燃料、动力购进价格指数

（上年=100）

	1995	2000	2005	2006	2007	2008
全　国	**115.3**	**105.1**	**108.3**	**106.0**	**104.4**	**110.5**
北　京	119.8	100.0	111.4	105.5	105.0	115.7
天　津	112.8	104.5	104.9	104.7	105.7	113.0
河　北	110.9	103.3	107.0	105.0	107.8	115.9
山　西	113.1	102.0	108.2	102.6	105.3	118.3
内蒙古	112.8	106.5	109.9	105.9	104.8	111.7
辽　宁	114.2	103.9	108.1	104.2	104.8	111.5
吉　林	113.8	106.8	107.0	103.8	105.2	111.3
黑龙江	112.7	108.6	111.8	105.6	105.0	114.1
上　海	114.8	107.1	106.8	104.8	104.1	110.3
江　苏	117.6	107.1	107.6	106.4	105.0	115.0
浙　江	119.2	107.2	105.4	105.6	105.3	110.6
安　徽	117.9	102.6	107.1	103.9	105.1	112.4
福　建	119.6	112.4	108.1	103.9	104.3	110.2
江　西	114.7	101.2	110.0	108.6	107.9	114.2
山　东	113.2	104.7	105.9	104.3	104.8	113.1
河　南	114.1	105.1	108.3	105.3	106.4	111.9
湖　北	118.2	105.6	107.0	104.9	104.5	110.9
湖　南	117.6	106.7	109.4	106.5	106.1	112.0
广　东	118.7	110.9	105.0	103.6	103.3	107.9
广　西	112.9	100.9	108.2	111.4	106.1	110.6
海　南			104.2	101.5	105.0	111.6
重　庆	111.6	105.6	108.2	104.8	106.2	112.2
四　川	113.5	101.7	109.3	104.3	105.7	112.4
贵　州	114.9	102.9	107.4	107.3	107.5	112.5
云　南	113.2	101.5	106.5	107.6	108.2	111.6
陕　西	114.3	100.0	107.5	106.7	106.3	111.2
甘　肃	113.7	111.8	109.9	108.8	104.3	110.2
青　海	110.2	98.9	105.3	102.8	104.4	110.4
宁　夏		105.8	109.7	108.5	107.1	121.8
新　疆	116.8	115.2	110.7	111.1	103.8	117.8

表47　2008年各地区原材料燃料动力购进价格年末涨幅

单位：%

地　区	原材料燃料动力购进价格年末涨幅	燃料、动力类	黑色金属材料类	有色金属材料和电线类	化　工原料类	木材及纸浆类	建筑材料及非金属矿类	其他工业原材料及半成品类	农　副产品类	纺　织原料类
全　国	**−1.3**	**−0.6**	**1.9**	**−24.8**	**−3.3**	**3.7**	**8.1**	**1.0**	**0.3**	**0.7**
北　京	−5.1	−3.7	6.3	−28.9	−16.3	5.1	14.4	−8.6	−2.6	1.8
天　津	−2.7	12.3	5.0	−40.7	−8.1	4.7	18.0	−5.9	−10.6	−1.7
河　北	2.4	15.0	0.7	−14.4	−3.7	−3.0	6.9	1.4	−3.0	−2.0
山　西	11.5	23.5	1.8	−11.9	1.0	5.2	18.4	8.3	11.4	4.9
内蒙古	7.3	17.0	−0.5	−32.8	5.4	6.8	6.1	7.9	6.6	−2.4
辽　宁	1.7	3.7	5.1	−14.1	−2.1	5.5	3.8	3.5	−0.3	1.8
吉　林	0.0	−1.8	2.2	−13.8	−8.7	1.8	10.2	1.4	2.5	2.2
黑龙江	3.5	2.7	9.0	−19.9	−4.1	3.3	10.4	4.5	3.8	0.0
上　海	−0.1	16.6	2.7	−27.3	−7.8	1.0	9.7	−0.4	0.7	0.5
江　苏	−1.8	1.4	−0.7	−25.0	−12.7	3.0	1.8	2.5	−1.5	1.3
浙　江	−2.4	2.5	−3.5	−29.7	−7.8	1.1	3.6	−0.8	−4.1	−0.4
安　徽	4.5	14.6	1.7	−20.2	−3.4	7.6	8.8	2.5	0.6	−1.4
福　建	−1.9	7.5	−6.1	−16.5	−14.2	−0.1	−0.2	1.0	−3.2	−0.7
江　西	−0.3	4.6	4.7	−18.7	−7.1	5.4	17.9	−0.5	0.5	0.9
山　东	1.5	0.8	4.4	−13.5	−3.1	0.0	10.9	3.8	0.5	−1.8
河　南	3.3	16.8	2.6	−25.1	−1.6	3.2	9.5	2.4	3.6	−5.0
湖　北	0.3	−2.6	8.3	−18.2	1.0	8.2	4.6	−0.9	0.4	3.1
湖　南	−0.4	1.6	0.7	−19.7	−4.9	5.8	8.7	2.5	4.0	4.3
广　东	−1.2	4.5	3.7	−20.7	−9.6	1.0	−3.8	−2.0	3.1	−0.7
广　西	−1.6	12.2	7.8	−31.5	−4.0	−13.3	7.2	−2.3	2.2	−1.8
海　南	−7.8	−10.5	7.5	−24.5	−15.4	−0.4	−7.3	0.4	−5.8	0.2
重　庆	2.2	12.3	3.3	−26.2	−5.2	6.1	8.9	4.7	3.4	−1.0
四　川	4.0	7.8	4.5	−12.0	1.9	4.4	12.8	4.1	4.7	−3.0
贵　州	2.3	14.3	4.8	−20.3	−5.8	13.7	21.2	−1.0	−4.3	2.1
云　南	3.2	15.7	5.1	−31.2	6.9	3.2	4.5	5.6	1.7	3.0
西　藏										
陕　西	4.5	10.2	4.7	−13.3	0.8	3.8	8.0	6.9	3.4	−2.3
甘　肃	−0.3	−0.5	4.1	−20.2	−5.6	−2.1	16.5	3.3	4.1	3.1
青　海	8.6	10.0	8.8	−20.8	12.6	7.3	17.8	2.4	7.3	−1.1
宁　夏	9.4	21.3	9.2	−17.1	4.2	8.8	22.0	7.0	2.5	−3.6
新　疆	−4.8	−14.7	5.5	−28.7	1.9	8.5	10.5	1.9	−0.4	0.8

说明：年末涨幅是指12月份价格比上年同期的涨幅。

表 48 固定资产投资价格指数

（上年=100）

	1995	2000	2005	2006	2007	2008
全　国	**105.9**	**101.1**	**101.6**	**101.5**	**103.9**	**108.9**
北　京	113.9	101.0	100.7	100.4	102.8	107.8
天　津	107.6	99.9	101.2	100.7	102.6	109.2
河　北	106.9	101.1	101.9	101.7	103.8	109.6
山　西	106.8	101.8	103.0	101.5	104.1	113.3
内蒙古	103.9	101.9	103.7	103.3	103.8	108.1
辽　宁	104.9	101.1	102.8	102.1	104.3	109.1
吉　林	109.6	102.0	102.0	102.2	103.9	107.3
黑龙江	106.5	101.5	102.2	102.1	104.5	109.0
上　海	103.1	100.0	100.8	100.1	103.5	107.9
江　苏	107.4	101.1	100.9	101.2	104.9	110.0
浙　江	107.2	100.3	100.3	101.5	104.4	109.3
安　徽	106.5	101.6	101.0	101.9	105.4	109.4
福　建	104.8	100.2	100.7	102.0	105.9	105.9
江　西	107.2	101.4	100.5	103.2	105.4	110.4
山　东	106.6	102.4	102.9	101.8	104.0	107.7
河　南	105.9	102.9	101.4	101.6	104.6	109.0
湖　北	105	101.7	102.2	101.8	104.1	109.4
湖　南	109.5	102.3	103.6	103.1	105.8	109.9
广　东			101.6	100.7	102.4	108.6
广　西	103.4	101.4	101.4	101.2	102.3	107.9
海　南		101.8	101.2	101.0	106.1	113.3
重　庆		102.5	102.3	101.7	105.5	110.2
四　川	101.2	100.9	103.9	102.9	104.7	112.5
贵　州	107.6	102.2	101.4	101.1	103.5	108.9
云　南	104.0	101.6	104.6	101.8	104.2	107.4
陕　西	107.9	103.6	103.7	102.6	104.0	109.5
甘　肃	109.4	103.3	102.2	104.1	102.8	106.7
青　海	105.3	101.6	101.8	102.4	104.2	110.5
宁　夏	109.3	104.5	102.1	101.3	103.2	109.0
新　疆	106.2	103.6	102.8	102.2	104.4	111.2

表 49 2008 年各地区固定资产投资价格

单位：%

地 区	固定资产投资价格		设备、工器具购置		建安工程		其他费用	
	年均涨幅	四季度同比涨幅	年均涨幅	四季度同比涨幅	年均涨幅	四季度同比涨幅	年均涨幅	四季度同比涨幅
全 国	**8.9**	**4.8**	**0.6**	**0.5**	**12.9**	**6.4**	**5.4**	**4.6**
北 京	7.8	4.3	−2.0	−2.0	11.8	5.6	4.8	4.3
天 津	9.2	6.2	−0.4	−0.5	14.0	9.1	4.2	4.0
河 北	9.6	6.1	1.6	1.7	13.9	8.2	5.8	5.2
山 西	13.3	11.6	2.6	3.5	20.0	16.9	1.5	1.4
内蒙古	8.1	5.0	1.0	1.2	10.6	5.9	6.2	7.2
辽 宁	9.1	6.0	1.0	1.0	13.3	8.8	5.2	2.4
吉 林	7.3	6.3	0.4	0.4	10.7	9.0	5.1	5.3
黑龙江	9.0	6.9	0.6	0.7	11.9	8.0	10.9	14.3
上 海	7.9	3.5	−0.5	−1.1	12.1	5.0	5.4	3.6
江 苏	10.0	3.7	0.6	0.2	15.9	4.6	6.6	6.8
浙 江	9.3	3.9	1.2	0.6	13.7	4.6	6.6	5.7
安 徽	9.4	5.3	1.2	0.9	13.7	7.6	3.8	2.4
福 建	5.9	2.2	0.0	−0.1	8.5	3.0	4.9	2.4
江 西	10.4	−0.3	0.7	−1.8	14.0	−1.2	9.3	6.6
山 东	7.7	3.1	2.5	3.2	10.7	3.2	4.4	2.2
河 南	9.0	2.8	2.5	3.0	12.1	2.5	3.3	4.2
湖 北	9.4	7.4	2.7	2.7	12.2	8.4	8.2	10.0
湖 南	9.9	3.0	4.7	3.3	12.3	2.7	5.1	4.1
广 东	8.6	2.0	0.1	−0.2	12.2	3.0	5.7	0.9
广 西	7.9	4.1	1.7	3.0	10.7	6.4	3.7	−3.8
海 南	13.3	3.5	0.6	0.5	18.7	5.1	7.2	0.7
重 庆	10.2	5.2	0.6	0.6	13.7	6.1	6.6	5.7
四 川	12.5	9.1	1.8	1.9	18.8	13.4	4.4	3.5
贵 州	8.9	6.2	0.6	0.0	14.3	10.4	1.1	−0.4
云 南	7.4	4.4	1.0	0.7	10.1	6.4	2.2	−0.5
西 藏								
陕 西	9.5	6.5	1.1	1.4	13.3	8.7	1.8	1.8
甘 肃	6.7	5.9	3.5	4.9	11.8	8.8	3.0	2.8
青 海	10.5	9.7	1.5	1.1	13.3	12.6	4.1	2.6
宁 夏	9.0	6.2	1.9	1.9	10.6	7.3	6.4	3.2
新 疆	11.2	10.7	5.0	4.8	14.0	13.2	5.1	6.4

表50 2008年各地区农业生产资料分类价格变动情况

单位：%

地区	农业生产资料价格		农用手工工具		饲料		产品畜	
	年均涨幅	年末涨幅	年均涨幅	年末涨幅	年均涨幅	年末涨幅	年均涨幅	年末涨幅
全国	**20.3**	**12.4**	**12.5**	**11.1**	**15.8**	**7.6**	**31.5**	**−10.0**
北京								
天津								
河北	18.6	14.4	12.2	16.9	20.7	9.0	35.6	−2.2
山西	18.7	20.5	8.9	11.2	9.6	5.2	30.9	3.3
内蒙古	14.9	15.5	4.1	4.8	18.8	18.9	27.6	7.1
辽宁	28.1	12.3	12.0	8.8	20.9	13.1	57.9	−21.3
吉林	27.3	22.0	1.2	0.9	11.0	4.4	54.0	7.6
黑龙江	22.7	13.0	19.5	16.6	25.0	10.4	30.5	−28.7
上海								
江苏	17.3	7.9	6.0	6.2	10.8	3.2	25.3	−9.2
浙江	18.9	7.7	10.4	10.6	13.4	−2.3	14.3	−22.3
安徽	23.9	14.0	20.1	21.2	22.8	23.2	26.5	2.0
福建	23.6	7.8	11.2	9.4	16.0	4.8	24.9	−14.6
江西	19.9	13.5	9.8	6.0	21.6	12.0	17.0	−20.4
山东	19.3	11.1	14.6	12.1	15.3	6.8	26.4	−10.0
河南	20.9	16.3	18.1	22.7	13.2	5.9	26.4	−2.8
湖北	27.2	16.7	20.2	15.5	20.2	8.8	47.9	−14.0
湖南	26.5	15.3	4.3	−1.5	20.6	9.8	36.4	−9.7
广东	14.5	8.1	10.6	3.2	12.6	11.9	5.2	−17.1
广西	24.0	8.2	22.5	17.5	12.4	1.1	8.0	−34.7
海南	14.8	4.2	11.2	8.1	11.6	13.4	3.8	−29.1
重庆								
四川	16.6	9.4	9.8	7.1	11.8	4.6	3.3	−5.3
贵州	13.4	6.5	7.3	8.0	8.5	0.1	14.9	−20.0
云南	16.6	9.8	11.3	9.6	14.0	10.8	31.6	−3.3
西藏	3.2	1.9	1.2	1.4	8.7	2.4	4.9	2.9
陕西	22.0	11.8	15.3	14.3	17.7	10.6	44.8	−7.2
甘肃	14.7	11.7	6.2	9.3	6.7	1.0	50.6	12.9
青海	24.2	16.3	7.9	13.6	12.8	5.1	67.8	−10.8
宁夏	26.2	13.1	16.4	16.8	29.0	11.1	48.3	−6.0
新疆	12.3	8.1	2.9	0.1	16.7	8.0	50.9	10.0

说明：年末涨幅是指12月份价格比上年同期的涨幅。

表50续表1　　　　单位：%

地　区	半机械化农具		机械化农具		化学肥料		农药及农药械	
	年均涨幅	年末涨幅	年均涨幅	年末涨幅	年均涨幅	年末涨幅	年均涨幅	年末涨幅
全　国	**7.9**	**8.2**	**9.0**	**9.7**	**31.7**	**24.9**	**8.0**	**8.6**
北　京								
天　津								
河　北	6.2	8.3	7.2	8.2	21.2	25.5	4.3	6.1
山　西	3.3	4.2	5.1	4.3	31.7	45.4	5.3	7.4
内蒙古	2.5	3.3	2.3	3.0	29.1	32.7	11.0	13.4
辽　宁	7.2	3.7	6.5	6.4	34.3	25.2	8.7	8.3
吉　林	5.2	1.3	7.3	11.8	45.8	40.5	6.4	5.9
黑龙江	23.2	27.8	17.7	20.5	30.5	30.2	2.3	5.9
上　海								
江　苏	4.0	4.2	4.3	5.7	31.1	21.3	6.6	7.7
浙　江	11.3	11.8	14.2	10.6	38.4	24.7	5.9	6.8
安　徽	26.2	31.2	21.9	29.5	36.4	6.9	8.2	13.9
福　建	2.3	2.4	7.7	8.0	40.9	15.4	17.3	17.0
江　西	11.9	13.0	7.9	8.0	37.4	32.6	8.7	9.6
山　东	8.1	11.1	8.1	9.9	31.1	17.5	8.8	9.5
河　南	5.6	5.6	7.3	8.6	38.5	34.1	8.4	10.1
湖　北	7.3	7.0	7.7	6.7	41.1	36.9	4.8	5.8
湖　南	11.3	15.6	13.7	14.9	31.7	26.1	17.0	16.6
广　东	5.6	2.7	6.5	4.7	25.9	16.7	2.7	−1.1
广　西	0.1	0.6	17.9	21.8	43.0	20.4	6.4	7.6
海　南	13.3	3.5	17.3	14.1	30.4	15.6	6.0	5.7
重　庆								
四　川	3.9	3.0	5.7	5.8	20.5	18.3	5.5	4.5
贵　州	16.1	22.6	10.6	9.1	21.3	12.7	0.3	0.1
云　南	2.6	1.7	2.7	2.6	25.2	22.0	6.1	3.4
西　藏	−0.7	−0.9	0.3	0.3	1.1	0.1	0.0	−0.5
陕　西	10.0	10.1	10.9	8.4	30.6	20.2	11.6	15.4
甘　肃	1.1	0.1	−1.0	−2.1	20.9	27.1	1.9	1.0
青　海	12.6	16.1	22.2	24.5	28.1	21.6	12.5	15.4
宁　夏	6.0	4.8	16.6	18.6	33.7	21.9	8.6	8.0
新　疆	0.7	0.0	1.6	1.8	11.5	14.1	3.9	5.5

表 50 续表 2

单位:%

地　　区	农用机油		其他农业生产资料		农业生产服务	
	年均涨幅	年末涨幅	年均涨幅	年末涨幅	年均涨幅	年末涨幅
全　　国	**13.1**	**7.4**	**8.1**	**8.4**	**10.3**	**12.8**
北　　京						
天　　津						
河　　北	16.9	6.1	10.9	12.5	15.7	26.2
山　　西	14.7	1.7	11.3	11.6	22.7	36.7
内 蒙 古	11.4	6.6	4.4	5.1	2.6	5.8
辽　　宁	14.8	13.3	15.1	15.7	21.1	19.0
吉　　林	11.9	8.3	15.9	18.4	3.4	−0.2
黑 龙 江	11.3	2.3	12.0	9.3	2.2	3.0
上　　海						
江　　苏	10.5	6.5	4.3	4.1	6.4	8.5
浙　　江	11.8	12.4	2.5	0.5	7.0	3.3
安　　徽	9.4	5.5	13.0	20.7	8.3	3.7
福　　建	14.8	5.0	7.6	8.2	14.7	12.2
江　　西	16.7	9.8	4.9	2.9	13.0	12.9
山　　东	12.1	5.1	7.5	6.8	12.8	17.9
河　　南	15.4	5.1	5.1	5.9	6.0	8.0
湖　　北	12.2	12.7	12.9	17.5	13.0	14.4
湖　　南	18.9	5.6	1.9	−0.2	26.2	14.6
广　　东	10.9	7.2	3.5	1.8	11.7	13.0
广　　西	17.1	9.4	18.7	25.8	10.5	9.0
海　　南	14.9	4.0	6.9	4.9	1.9	−0.2
重　　庆						
四　　川	12.6	8.0	4.4	4.3	14.5	17.3
贵　　州	6.5	11.7	3.7	−1.6	4.7	6.6
云　　南	13.7	8.8	3.5	3.5	5.8	5.5
西　　藏	8.5	6.2	1.7	1.8	0.0	0.0
陕　　西	9.4	5.6	8.9	8.8	6.5	6.6
甘　　肃	16.6	11.6	4.4	7.5	4.5	7.4
青　　海	16.0	20.7	17.3	14.3	16.2	12.8
宁　　夏	17.8	10.2	9.3	9.9	16.3	13.9
新　　疆	12.9	10.2	8.0	5.5	7.0	2.5

七、人民生活

表51 农村居民人均纯收入

单位:元/人

	1995	2000	2005	2006	2007	2008
全　国	**1577.7**	**2253.4**	**3254.9**	**3587.0**	**4140.4**	**4760.6**
北　京	3223.7	4604.6	7346.3	8275.5	9439.6	10661.9
天　津	2406.4	3622.4	5579.9	6227.9	7010.1	7910.8
河　北	1668.7	2478.9	3481.6	3801.8	4293.4	4795.5
山　西	1208.3	1905.6	2890.7	3180.9	3665.7	4097.2
内蒙古	1208.4	2038.2	2988.9	3341.9	3953.1	4656.2
辽　宁	1756.5	2355.6	3690.2	4090.4	4773.4	5576.5
吉　林	1609.6	2022.5	3264.0	3641.1	4191.3	4932.7
黑龙江	1766.3	2148.2	3221.3	3552.4	4132.3	4855.6
上　海	4245.6	5596.4	8247.8	9138.6	10144.6	11440.3
江　苏	2456.9	3595.1	5276.3	5813.2	6561.0	7356.5
浙　江	2966.2	4253.7	6660.0	7334.8	8265.2	9257.9
安　徽	1302.8	1934.6	2641.0	2969.1	3556.3	4202.5
福　建	2048.6	3230.5	4450.4	4834.8	5467.1	6196.1
江　西	1537.4	2135.3	3128.9	3459.5	4044.7	4697.2
山　东	1715.1	2659.2	3930.5	4368.3	4985.3	5641.4
河　南	1232.0	1985.8	2870.6	3261.0	3851.6	4454.2
湖　北	1511.2	2268.6	3099.2	3419.4	3997.5	4656.4
湖　南	1425.2	2197.2	3117.7	3389.6	3904.2	4512.5
广　东	2699.2	3654.5	4690.5	5079.8	5624.0	6399.8
广　西	1446.1	1864.5	2494.7	2770.5	3224.1	3690.3
海　南	1519.7	2182.3	3004.0	3255.5	3791.4	4390.0
重　庆	1270.4	1892.4	2809.3	2873.8	3509.3	4126.2
四　川	1158.3	1903.6	2802.8	3002.4	3546.7	4121.2
贵　州	1086.6	1374.2	1877.0	1984.6	2374.0	2796.9
云　南	1011.0	1478.6	2041.8	2250.5	2634.1	3102.6
西　藏	1200.3	1330.8	2077.9	2435.0	2788.2	3175.8
陕　西	962.9	1443.9	2052.6	2260.2	2644.7	3136.5
甘　肃	880.3	1428.7	1979.9	2134.0	2328.9	2723.8
青　海	1029.8	1490.5	2151.5	2358.4	2683.8	3061.2
宁　夏	998.8	1724.3	2508.9	2760.1	3180.8	3681.4
新　疆	1136.5	1618.1	2482.2	2737.3	3183.0	3502.9

说明:1995年四川省的数据包括重庆市。

表52　2008年各地区农村居民家庭现金收入

单位:元/人

地　区	现金收入	工资性收入	家庭经营收入					财产性收入	转移性收入
				农业	林业	牧业	渔业		
全　国	**5737.0**	**1850.6**	**3370.5**	**1503.7**	**71.8**	**984.3**	**101.6**	**127.0**	**389.0**
北　京	12223.7	6386.4	3570.4	807.9	72.1	1057.8	94.5	1138.3	1128.7
天　津	9852.4	4054.9	5038.9	1468.5	20.6	1672.2	227.2	461.2	297.4
河　北	5927.1	1978.3	3543.7	1479.5	19.5	1025.8		96.6	308.5
山　西	4496.3	1708.5	2394.6	1075.5	23.9	552.3		136.3	257.0
内蒙古	6399.2	803.0	4979.0	2500.1	34.5	2230.3		73.6	543.5
辽　宁	8449.5	2035.5	5749.3	2635.5	20.6	2413.2	73.6	88.6	576.1
吉　林	7415.9	809.8	5788.4	4000.9	25.9	1445.8	4.8	100.1	717.6
黑龙江	8419.6	911.4	6822.2	5220.6	20.3	1317.4	28.5	89.4	596.6
上　海	12131.5	8108.3	1290.7	453.2	0.6	150.0	84.5	849.8	1882.6
江　苏	8291.9	3869.1	3690.6	1186.2	56.3	638.8	392.6	233.2	499.1
浙　江	11947.8	4581.6	6318.7	1198.1	156.0	1878.6	253.5	428.6	618.9
安　徽	4775.9	1737.2	2630.8	1527.4	49.5	482.0	85.3	96.2	311.6
福　建	6937.3	2419.2	3844.3	1463.3	191.3	741.9	206.0	171.9	501.9
江　西	5146.2	1841.1	2947.4	1467.6	82.6	597.1	89.2	55.6	302.1
山　东	7326.8	2262.4	4574.4	2251.9	94.4	1181.7	45.6	132.1	357.9
河　南	4807.5	1497.2	3045.9	1380.9	47.2	956.0	27.6	38.7	225.8
湖　北	5256.3	1742.3	3289.1	1782.5	55.9	722.0	267.0	30.3	194.7
湖　南	5137.2	1990.5	2600.0	874.2	55.5	778.6	79.8	52.5	494.2
广　东	7078.2	3684.4	2622.1	805.1	37.4	796.5	425.1	337.7	433.9
广　西	4260.4	1283.2	2723.2	1193.3	79.5	1050.1	57.8	41.3	212.7
海　南	4962.5	808.1	3780.5	1310.2	585.9	870.0	498.8	53.6	320.3
重　庆	4173.8	1761.4	1977.1	506.3	41.0	1097.1	33.9	49.0	386.3
四　川	4534.2	1611.8	2417.1	595.5	42.8	1297.2	67.8	69.0	436.3
贵　州	3013.0	1002.5	1670.8	521.6	30.5	759.3	5.6	62.6	277.1
云　南	3692.3	613.8	2721.7	1249.8	235.8	890.4	5.4	107.4	249.4
西　藏	2983.5	759.5	1759.0	650.1	109.6	483.1	0.3	72.1	392.9
陕　西	3866.5	1243.6	2186.4	1092.1	43.9	568.7	2.3	69.1	367.5
甘　肃	2986.3	866.5	1806.8	1065.5	78.8	358.5	1.3	19.5	293.5
青　海	3198.2	982.7	1731.3	559.5	11.3	658.1	9.9	139.3	344.9
宁　夏	5004.1	1259.9	3392.6	1420.5	6.5	1347.0	89.0	40.8	310.7
新　疆	5657.7	422.6	4936.2	3147.6	110.5	1223.4		103.3	195.6

表 53 农村居民家庭人均消费性支出

单位:元/人

	1995	2000	2005	2006	2007	2008
全　国	**1310.4**	**1670.1**	**2555.4**	**2829.0**	**3223.9**	**3660.7**
北　京	2335.6	3425.7	5315.7	5724.5	6399.3	7284.7
天　津	1548.4	1995.6	3036.0	3341.1	3538.3	3825.4
河　北	1104.3	1365.2	2165.7	2495.3	2786.8	3125.6
山　西	928.0	1149.0	1877.7	2253.2	2682.6	3097.5
内蒙古	1180.5	1614.9	2446.2	2772.0	3256.2	3618.1
辽　宁	1471.9	1753.5	2805.9	3066.9	3368.2	3814.0
吉　林	1494.6	1553.4	2306.0	2700.7	3065.4	3443.2
黑龙江	1479.8	1540.3	2544.6	2618.2	3117.4	3844.7
上　海	3387.0	4137.6	7277.9	8006.0	8844.9	9119.7
江　苏	1938.0	2337.5	3567.1	4135.2	4786.2	5328.4
浙　江	2378.4	3230.9	5433.0	6057.2	6801.6	7534.1
安　徽	1070.6	1321.5	2196.2	2420.9	2754.0	3284.1
福　建	1793.7	2409.7	3292.6	3591.4	4053.5	4661.9
江　西	1256.1	1642.7	2483.7	2676.6	2994.5	3309.2
山　东	1338.5	1770.8	2735.8	3143.8	3621.6	4077.1
河　南	929.4	1315.8	1891.6	2229.3	2676.4	3044.2
湖　北	1245.1	1555.6	2430.2	2732.5	3090.0	3652.6
湖　南	1367.3	1942.9	2756.4	3013.3	3377.4	3805.0
广　东	2255.0	2646.0	3707.7	3886.0	4202.3	4872.5
广　西	1202.9	1488.0	2349.6	2413.9	2747.5	2985.0
海　南	1080.5	1483.9	1969.1	2232.2	2556.6	2883.1
重　庆	1097.5	1395.5	2142.1	2205.2	2526.7	2884.9
四　川	1092.9	1484.6	2274.2	2395.0	2747.3	3127.9
贵　州	930.6	1096.6	1552.4	1627.1	1913.7	2165.7
云　南	981.1	1270.8	1789.0	2195.6	2637.2	2990.6
西　藏	896.8	1116.6	1723.8	2002.2	2217.6	2199.6
陕　西	913.7	1251.2	1896.5	2181.0	2559.6	2979.4
甘　肃	915.3	1084.0	1819.6	1855.5	2017.2	2401.0
青　海	913.8	1218.2	1976.0	2179.0	2446.5	2896.6
宁　夏	1063.2	1417.1	2094.5	2247.0	2528.8	3094.9
新　疆	941.6	1236.4	1924.4	2032.4	2350.6	2691.8

说明:1995 年四川省的数据包括重庆市。

表54 2008年各地区农村居民家庭现金支出

单位:元/人

地区	现金支出	生产费用支出	家庭经营费用支出			购置生产性固定资产支出	生活消费支出	税费支出	财产性支出	转移性支出
				农业生产支出	牧业生产支出					
全国	**5257.9**	**1712.6**	**1551.0**	**765.6**	**555.9**	**161.6**	**3159.4**	**11.6**	**32.0**	**342.4**
北京	9641.9	1681.5	1528.3	283.2	622.8	153.2	7228.4	6.4	6.8	718.8
天津	6458.4	2349.6	2193.8	453.1	1269.8	155.8	3746.1	14.8	34.8	313.2
河北	5101.1	1922.7	1768.9	751.4	639.8	153.8	2838.5	26.5	14.4	299.1
山西	4280.9	1144.4	954.4	462.3	294.5	190.0	2840.6	4.9	9.6	281.4
内蒙古	6399.8	2828.7	2504.8	1502.5	929.2	323.9	3057.3	9.9	103.2	400.7
辽宁	7626.5	3385.9	3141.0	1333.7	1628.5	244.9	3396.8	4.6	31.4	807.9
吉林	7341.0	3190.7	2794.1	1895.9	803.9	396.6	3101.7	6.7	268.9	773.0
黑龙江	8966.1	4473.8	4033.9	3123.1	817.1	439.9	3493.0	8.0	302.7	688.6
上海	10679.6	709.9	707.4	211.1	76.5	2.5	8962.2	1.7	12.9	992.8
江苏	6933.8	1465.5	1356.5	645.1	320.3	109.0	4855.3	36.1	10.8	566.2
浙江	10959.9	2697.0	2513.0	480.7	1355.9	184.0	7294.7	16.4	63.1	888.8
安徽	4556.5	1395.2	1251.3	811.4	301.6	143.9	2859.1	21.4	5.4	275.3
福建	5837.9	1336.0	1229.4	535.3	449.0	106.6	4089.2	2.7	20.3	389.7
江西	4410.0	1410.7	1279.0	637.0	382.7	131.7	2709.0	10.9	16.9	262.5
山东	6317.4	2206.3	2079.3	1015.5	786.1	127.0	3760.7	24.6	30.6	295.2
河南	4404.7	1470.4	1317.7	664.9	466.7	152.7	2677.5	2.5	7.2	247.0
湖北	4496.9	1483.5	1383.6	726.9	418.2	99.9	2857.8	13.3	9.0	133.3
湖南	4825.6	1305.2	1223.0	524.7	429.6	82.3	3088.9	14.9	6.1	410.5
广东	5844.7	1292.0	1230.1	349.4	552.7	62.0	4298.5	4.2	22.9	227.1
广西	3931.7	1489.1	1321.0	661.9	508.4	168.1	2300.0	7.0	3.7	131.9
海南	3764.3	1313.1	1234.9	546.7	369.3	78.2	2323.4	0.8	10.6	116.4
重庆	3355.1	862.8	812.1	287.2	438.0	50.6	2145.2	5.2	1.9	340.1
四川	4098.9	1348.9	1241.1	396.6	699.5	107.8	2418.7	13.1	3.4	315.0
贵州	2701.8	806.5	637.7	235.7	325.8	168.8	1585.4	1.4	1.5	307.0
云南	3737.4	1370.3	1209.2	546.4	502.8	161.1	2209.2	2.8	8.7	146.5
西藏	2081.3	399.6	258.6	134.7	33.8	141.1	1629.3	2.6		49.8
陕西	4213.8	1199.8	1033.2	581.1	299.4	166.6	2712.1	10.1	6.3	285.6
甘肃	3003.4	1032.6	900.7	633.7	180.9	131.9	1816.3	4.6	4.7	145.3
青海	3457.4	1032.2	771.6	318.4	243.3	260.6	2208.1	0.4	13.0	203.8
宁夏	5114.5	2151.7	1751.8	798.0	765.0	399.9	2559.7	1.3	28.6	373.3
新疆	5633.1	3128.2	2789.1	2079.2	565.6	339.1	2224.3	9.3	100.3	171.0

表55 2008年各地区农村居民家庭生活消费现金支出

单位:元/人,%

地区	生活消费支出		食品		衣着		居住		家庭设备、用品及服务	
	绝对额	增长率	绝对额	增长率	绝对额	增长率	绝对额	增长率	绝对额	增长率
全国	**3159.4**	**14.2**	**1135.2**	**17.3**	**211.1**	**9.6**	**642.3**	**18.9**	**173.6**	**16.7**
北京	7228.4	13.9	2420.9	16.1	577.8	12.5	1156.6	13.6	402.6	18.4
天津	3746.1	8.4	1489.7	16.0	292.5	2.2	699.2	3.6	153.5	21.1
河北	2838.5	12.6	934.6	19.6	203.7	9.8	667.7	10.1	151.9	8.2
山西	2840.6	15.5	956.5	16.6	276.1	5.9	480.2	24.7	138.2	14.4
内蒙古	3057.3	10.7	957.3	15.7	239.6	5.2	535.5	23.6	128.7	9.4
辽宁	3396.8	12.5	1168.5	15.1	298.8	7.5	565.0	15.8	158.9	11.9
吉林	3101.7	14.6	1092.0	18.6	254.1	11.5	460.3	27.5	124.1	2.9
黑龙江	3493.0	22.5	1097.9	20.3	308.5	21.5	689.6	16.9	130.0	23.8
上海	8962.2	3.5	3574.7	16.1	467.3	−1.7	1805.3	−13.9	504.0	11.7
江苏	4855.3	12.8	1751.9	14.6	276.4	10.0	838.0	18.2	250.1	9.4
浙江	7294.7	11.0	2558.0	15.2	453.2	12.0	1643.3	11.2	364.0	7.5
安徽	2859.1	20.9	1044.0	26.2	179.8	8.3	636.2	39.3	165.3	14.6
福建	4089.2	13.8	1767.8	15.7	263.6	11.9	599.4	10.1	222.9	21.0
江西	2709.0	14.1	1048.9	16.2	157.7	7.1	543.4	22.6	155.0	27.6
山东	3760.7	13.3	1240.2	16.0	248.4	11.9	802.1	17.6	240.8	22.9
河南	2677.5	16.0	844.3	20.3	209.7	10.8	667.7	18.5	169.5	24.3
湖北	2857.8	20.6	962.3	20.2	183.6	10.6	610.9	54.3	233.3	41.2
湖南	3088.9	12.0	1244.7	16.3	169.0	4.5	616.9	25.0	170.7	12.1
广东	4298.5	15.6	1908.8	13.9	177.6	9.4	870.9	26.1	188.8	15.5
广西	2300.0	6.5	968.9	13.8	91.2	5.0	476.2	−3.5	124.0	10.5
海南	2323.4	18.9	1004.4	11.4	89.9	4.2	364.5	56.3	104.1	11.6
重庆	2145.2	17.3	841.3	18.1	160.3	17.6	285.6	23.8	167.7	21.6
四川	2418.7	16.1	946.3	18.3	174.6	11.5	442.9	30.5	162.8	14.6
贵州	1585.4	18.4	550.1	25.6	112.5	13.1	416.7	31.4	94.3	33.0
云南	2209.2	11.4	734.7	18.7	119.6	6.3	593.2	10.0	118.9	11.3
西藏	1629.3	−1.7	615.5	6.9	226.6	0.5	315.4	−18.4	138.4	7.2
陕西	2712.1	17.6	854.1	23.3	175.5	9.0	592.9	16.5	155.1	45.2
甘肃	1816.3	20.6	555.1	26.4	134.6	20.0	380.8	31.5	95.5	4.5
青海	2208.1	17.3	571.2	9.7	197.2	5.2	536.9	50.7	105.5	−8.5
宁夏	2559.7	21.0	768.4	23.6	217.2	17.9	567.3	30.3	123.9	13.4
新疆	2224.3	13.2	708.7	19.7	215.1	1.6	470.2	12.3	94.1	8.7

表55续表

单位:元/人,%

地　　区	交通和通信		教育文化娱乐活动		医疗保健		其他商品和服务	
	绝对额	增长率	绝对额	增长率	绝对额	增长率	绝对额	增长率
全　　国	**360.2**	**9.7**	**314.5**	**2.9**	**246.0**	**17.0**	**76.7**	**3.8**
北　　京	950.5	22.1	883.4	1.5	709.0	12.6	127.3	13.9
天　　津	402.9	0.7	324.5	4.0	301.1	−1.7	82.8	28.8
河　　北	346.7	9.0	250.1	2.8	219.3	16.6	64.7	13.7
山　　西	328.7	22.3	380.7	2.6	210.3	23.1	69.6	12.1
内 蒙 古	406.7	8.3	399.4	−5.7	320.6	13.9	69.4	−7.0
辽　　宁	426.5	17.9	388.0	7.0	283.4	6.9	107.8	−0.2
吉　　林	355.6	5.4	341.7	0.6	380.7	22.3	93.3	6.2
黑 龙 江	395.0	17.8	437.6	40.1	351.1	28.8	83.4	19.2
上　　海	879.6	−0.5	855.3	−0.3	697.1	22.1	179.1	−28.1
江　　苏	614.2	12.9	713.2	11.0	290.9	10.3	120.6	−10.3
浙　　江	851.1	8.7	747.0	−0.5	532.1	17.6	146.1	2.7
安　　徽	280.6	8.6	294.8	4.1	199.4	12.6	58.9	11.4
福　　建	534.7	14.9	390.2	9.5	197.9	13.7	112.9	7.3
江　　西	301.7	8.9	236.0	−6.6	205.7	22.7	60.6	−0.8
山　　东	452.6	7.2	417.3	−1.8	280.5	21.5	79.0	11.3
河　　南	290.8	7.9	214.4	1.0	215.0	24.1	66.3	6.5
湖　　北	290.4	3.3	267.1	−6.0	210.4	17.7	99.8	2.7
湖　　南	286.0	2.6	278.7	−5.2	244.2	11.0	78.7	−9.4
广　　东	483.7	9.1	272.9	7.0	259.0	29.9	136.8	6.8
广　　西	261.9	6.5	172.7	0.1	154.3	3.6	50.8	6.5
海　　南	261.6	5.4	288.5	28.8	123.8	29.6	86.7	18.4
重　　庆	238.4	14.2	211.8	8.1	197.2	17.0	42.9	9.8
四　　川	256.1	6.0	173.3	−2.2	209.2	19.7	53.5	1.9
贵　　州	159.6	3.3	122.1	−17.1	96.4	21.5	33.8	4.6
云　　南	248.3	14.6	168.6	−7.2	182.0	8.4	44.0	15.1
西　　藏	147.2	−6.0	62.3	−4.7	53.8	7.6	70.1	2.0
陕　　西	270.6	6.2	352.0	15.6	251.2	12.9	60.7	9.0
甘　　肃	234.7	26.1	219.9	5.3	164.7	9.9	31.1	6.0
青　　海	316.8	8.5	148.9	10.2	270.1	17.8	61.5	30.5
宁　　夏	299.3	12.6	192.6	0.3	318.8	33.2	72.2	6.0
新　　疆	276.3	17.7	169.0	1.6	244.6	16.1	46.2	2.2

表56 农村居民家庭恩格尔系数

单位:%

	1995	2000	2005	2006	2007	2008
全国	**58.6**	**49.1**	**45.5**	**43.0**	**43.1**	**43.7**
北京	50.7	38.1	32.7	32.8	33.3	33.9
天津	58.9	40.1	38.6	36.3	38.7	41.0
河北	56.8	39.5	41.0	36.7	36.8	38.2
山西	63.2	48.6	44.2	38.5	38.5	39.0
内蒙古	59.7	44.8	43.1	39.0	39.3	41.0
辽宁	60.3	46.5	40.2	37.9	39.6	40.6
吉林	56.3	45.4	43.5	40.1	40.5	39.6
黑龙江	55.0	44.3	36.3	35.3	34.6	33.0
上海	44.0	44.0	36.9	37.8	36.9	40.9
江苏	54.8	43.5	44.0	41.8	41.1	41.3
浙江	50.4	43.5	37.9	36.6	35.7	36.9
安徽	58.4	52.5	45.5	43.2	43.3	44.3
福建	61.0	48.7	46.1	45.2	46.1	46.4
江西	61.7	54.5	49.1	49.0	49.8	49.4
山东	55.9	44.2	39.8	37.9	37.8	38.1
河南	58.6	49.7	45.4	40.9	38.0	38.3
湖北	60.6	53.2	49.1	46.8	47.9	46.9
湖南	60.3	54.2	52.0	48.6	49.6	51.2
广东	54.5	49.8	48.3	48.6	49.7	49.0
广西	63.2	55.4	50.5	49.5	50.2	53.4
海南	68.2	56.9	57.6	53.4	55.9	53.3
重庆	64.7	53.6	52.8	52.2	54.5	53.3
四川	65.7	54.6	54.7	50.8	52.3	52.0
贵州	71.1	62.7	52.8	51.5	52.2	51.7
云南	61.5	59.0	54.5	48.8	46.5	49.6
西藏	74.4	79.3	68.8	48.2	48.7	52.4
陕西	59.3	43.5	42.9	39.0	36.8	37.4
甘肃	70.9	48.4	47.2	46.7	46.8	47.2
青海	65.0	57.9	45.2	43.1	43.7	42.1
宁夏	58.1	48.8	44.0	41.4	40.3	41.6
新疆	50.1	50.0	41.8	39.9	39.9	42.6

说明:1995年四川省的数据包括重庆市。

表57 城镇居民家庭人均可支配收入

单位:元/人

	1995	2000	2005	2006	2007	2008
全　国	**4283**	**6280**	**10493**	**11759**	**13786**	**15781**
北　京	6235	10350	17653	19978	21989	24725
天　津	4930	8141	12639	14283	16357	19423
河　北	3921	5661	9107	10305	11690	13441
山　西	3306	4724	8914	10028	11565	13119
内蒙古	2863	5129	9137	10358	12378	14432
辽　宁	3707	5358	9108	10370	12300	14393
吉　林	3175	4810	8691	9775	11286	12830
黑龙江	3375	4913	8273	9182	10245	11581
上　海	7192	11718	18645	20668	23623	26675
江　苏	4634	6800	12319	14084	16378	18680
浙　江	6221	9279	16294	18265	20574	22727
安　徽	3795	5294	8471	9771	11474	12990
福　建	4507	7432	12321	13753	15506	17962
江　西	3377	5104	8620	9551	11452	12866
山　东	4264	6490	10745	12192	14265	16305
河　南	3299	4766	8668	9810	11477	13231
湖　北	4029	5525	8786	9803	11486	13153
湖　南	4699	6219	9524	10505	12294	13821
广　东	7439	9762	14770	16016	17699	19733
广　西	4792	5834	9287	9899	12200	14146
海　南	4770	5358	8124	9395	10997	12608
重　庆	4375	6276	10243	11570	12591	14368
四　川	4003	5894	8386	9350	11098	12633
贵　州	3931	5122	8151	9117	10678	11759
云　南	4085	6325	9266	10070	11496	13250
西　藏		7426	9431	8941	11131	12482
陕　西	3310	5124	8272	9268	10763	12858
甘　肃	3153	4916	8087	8921	10012	10969
青　海	3320	5170	8058	9000	10276	11640
宁　夏	3383	4912	8094	9177	10859	12932
新　疆	4163	5645	7990	8871	10313	11432

说明:1995年四川省的数据包括重庆。

表 58 城镇居民家庭人均消费性支出

单位:元/人

	1995	2000	2005	2006	2007	2008
全　国	**3538**	**4998**	**7943**	**8697**	**9997**	**11243**
北　京	5020	8493	13244	14825	15330	16460
天　津	4064	6121	9653	10548	12029	13423
河　北	3162	4348	6700	7343	8235	9087
山　西	2641	3942	6343	7171	8102	8807
内蒙古	2482	3928	6929	7667	9281	10829
辽　宁	3113	4356	7369	7987	9430	11232
吉　林	2598	4021	6795	7353	8560	9729
黑龙江	2776	3824	6178	6655	7519	8623
上　海	5868	8868	13773	14762	17255	19398
江　苏	3772	5323	8622	9629	10715	11978
浙　江	5263	7020	12254	13349	14091	15158
安　徽	3161	4233	6368	7295	8532	9524
福　建	3848	5639	8794	9808	11055	12501
江　西	2712	3624	6109	6646	7811	8717
山　东	3286	5022	7457	8468	9667	11007
河　南	2674	3831	6038	6685	7827	8837
湖　北	3434	4645	6737	7397	8701	9478
湖　南	3886	5219	7505	8169	8991	9946
广　东	6254	8017	11810	12432	14337	15528
广　西	4046	4852	7033	6792	8151	9627
海　南	3760	4083	5929	7127	8293	9409
重　庆	4052	5570	8623	9399	9890	11147
四　川	3429	4856	6891	7525	8692	9679
贵　州	3251	4278	6159	6848	7759	8349
云　南	3448	5185	6997	7380	7922	9077
西　藏		5554	8617	6193	7532	8324
陕　西	2838	4277	6656	7553	8427	9772
甘　肃	2618	4126	6529	6974	7876	8309
青　海	2870	4186	6245	6530	7512	8193
宁　夏	2866	4201	6404	7206	7817	9558
新　疆	3187	4423	6208	6730	7874	8669

说明:1995 年四川省的数据包括重庆。

表59　2008年各地区城镇居民家庭平均每人全年消费性支出

单位:元/人,%

地　　区	平均每人消费性支出		食　　品		衣　　着		居　　住		家庭设备、用品及服务	
	绝对额	增长率	绝对额	增长率	绝对额	增长率	绝对额	增长率	绝对额	增长率
全　　国	**11242.8**	**12.5**	**4259.8**	**17.4**	**1165.9**	**11.9**	**1145.4**	**16.6**	**691.8**	**15.0**
北　　京	16460.3	7.4	5561.5	12.7	1571.7	3.9	1286.3	3.2	1096.6	11.8
天　　津	13422.5	11.6	5005.1	17.8	1153.7	12.7	1528.3	7.8	817.2	7.4
河　　北	9086.7	10.3	3155.4	13.1	1137.2	16.5	1097.4	19.6	574.8	5.1
山　　西	8806.6	8.7	2974.8	14.4	1137.7	6.9	1250.9	26.1	471.7	−1.3
内 蒙 古	10827.0	16.7	3552.9	25.8	1616.3	15.7	1028.2	9.2	672.6	19.7
辽　　宁	11231.5	19.1	4378.1	23.0	1187.4	16.7	1271.0	21.4	507.4	15.5
吉　　林	9729.1	13.7	3307.1	16.3	1259.6	11.8	1285.3	21.0	510.5	25.3
黑 龙 江	8623.0	14.7	3128.1	18.8	1217.0	19.1	941.3	20.0	494.5	39.0
上　　海	19397.9	12.4	7108.6	16.1	1520.6	14.4	1646.2	16.6	1182.2	23.2
江　　苏	11977.6	11.8	4544.6	15.7	1166.9	17.9	1042.1	2.1	813.5	14.9
浙　　江	15158.3	7.6	5522.6	12.9	1546.5	9.9	1333.7	14.2	713.3	7.1
安　　徽	9524.0	11.6	3905.1	15.4	1010.6	11.5	988.1	16.2	579.6	24.5
福　　建	12501.1	13.1	5078.9	18.2	1105.3	17.5	1300.1	3.1	722.2	11.9
江　　西	8717.4	11.6	3633.1	13.8	969.6	6.0	851.2	16.8	623.2	6.1
山　　东	11006.6	13.9	3699.4	16.3	1394.1	12.6	1247.0	21.4	806.4	22.0
河　　南	8837.5	12.9	3079.8	13.8	1141.8	8.4	963.6	21.1	633.4	15.3
湖　　北	9477.5	8.9	3996.3	15.6	1099.2	5.0	914.3	6.7	604.4	9.9
湖　　南	9945.5	10.6	3970.4	22.4	1090.7	7.2	960.8	10.5	674.8	11.9
广　　东	15528.0	8.3	5866.9	16.0	975.1	19.7	1748.2	21.0	947.5	11.1
广　　西	9627.4	18.1	4083.0	20.2	772.3	17.6	891.3	11.0	603.8	23.0
海　　南	9408.5	13.5	4226.9	19.2	491.8	8.6	1106.4	35.1	565.5	8.8
重　　庆	11146.8	12.7	4418.3	20.2	1294.3	10.5	1096.8	13.3	842.1	19.1
四　　川	9679.1	11.4	4255.5	18.9	1042.5	9.8	819.3	18.7	590.5	5.1
贵　　州	8349.2	7.6	3597.9	15.2	851.5	−6.5	836.5	16.4	525.7	13.4
云　　南	9076.6	14.6	4272.3	19.9	1026.5	19.4	739.2	9.8	331.9	18.3
西　　藏	8323.5	10.5	4262.8	11.1	1011.8	15.0	634.9	1.1	310.0	14.3
陕　　西	9772.1	16.0	3586.1	17.1	1047.6	15.1	1007.7	21.2	618.2	20.5
甘　　肃	8308.6	5.5	3183.8	12.7	1022.6	8.8	846.3	10.2	546.2	8.1
青　　海	8203.2	9.2	3315.6	18.3	943.4	5.0	801.8	24.9	537.4	10.9
宁　　夏	9558.3	22.3	3352.8	21.4	1178.9	18.5	1069.2	17.4	596.8	24.1
新　　疆	8669.4	10.1	3235.8	17.2	1245.0	5.2	781.9	6.1	535.3	12.6

表59续表 单位:元/人,%

地区	交通和通信		教育文化娱乐活动		医疗保健		其他商品和服务	
	绝对额	增长率	绝对额	增长率	绝对额	增长率	绝对额	增长率
全国	**1417.1**	**4.4**	**1358.3**	**2.2**	**786.2**	**12.5**	**418.3**	**16.9**
北京	2293.2	−1.5	2383.5	0.0	1563.1	20.8	704.2	8.4
天津	1567.9	19.7	1609.0	−1.9	1220.9	4.9	520.5	12.3
河北	1062.3	5.1	946.4	5.7	808.9	−3.0	304.3	14.3
山西	931.3	−9.4	1041.9	−1.2	769.8	20.2	228.5	−6.8
内蒙古	1191.5	6.0	1383.3	11.1	869.6	20.9	512.7	9.5
辽宁	1295.7	25.4	1145.5	8.8	913.1	3.9	533.3	33.3
吉林	955.0	9.3	1071.8	7.4	914.5	7.0	425.3	7.9
黑龙江	749.1	0.4	906.2	−3.4	864.9	18.6	322.0	3.6
上海	3373.2	7.0	2874.5	8.3	755.3	−11.9	937.2	22.7
江苏	1358.0	4.2	1799.8	5.9	794.6	15.3	458.1	21.4
浙江	2393.6	−3.3	2195.6	1.7	933.1	8.6	521.0	11.4
安徽	920.8	3.3	1160.1	−0.8	633.9	14.3	325.8	5.3
福建	1777.1	10.6	1453.1	1.9	540.6	7.6	523.8	39.3
江西	872.6	19.0	946.0	−2.8	484.0	25.4	337.9	14.7
山东	1410.5	5.8	1277.4	7.3	799.8	12.9	372.0	14.2
河南	915.1	6.6	989.0	5.6	790.9	26.2	324.0	7.9
湖北	890.1	−1.4	1037.2	−7.4	675.3	28.6	260.7	7.4
湖南	971.1	−1.6	1110.1	−13.6	791.0	18.3	376.6	19.3
广东	2623.1	−11.6	1936.4	−2.9	836.4	11.1	594.5	30.9
广西	1376.0	47.5	1081.5	3.0	529.4	−2.3	290.0	4.5
海南	1303.5	−7.0	930.9	11.1	536.4	6.5	247.1	17.2
重庆	1044.4	−6.6	1267.0	2.4	878.3	17.2	305.6	15.8
四川	1121.5	4.3	947.0	−8.2	564.9	10.4	338.0	16.0
贵州	871.2	−2.7	934.7	−9.8	471.4	33.0	260.3	0.8
云南	1216.5	17.6	733.0	3.9	606.9	−3.9	150.4	−13.7
西藏	966.7	11.6	419.6	−4.8	317.1	16.2	400.4	19.2
陕西	967.5	11.6	1281.6	4.1	862.7	27.2	400.7	20.4
甘肃	817.2	−5.1	936.3	−11.6	654.8	16.0	301.4	−14.8
青海	791.1	0.7	889.5	−6.8	611.5	−0.3	313.0	−5.6
宁夏	1096.3	27.6	1043.7	20.9	816.9	26.5	403.7	33.6
新疆	1003.9	12.8	812.4	−9.4	643.5	7.5	411.6	24.1

表 60 城镇居民家庭恩格尔系数

单位：%

	1995	2000	2005	2006	2007	2008
全　国	**50.1**	**39.4**	**36.7**	**35.8**	**36.3**	**37.9**
北　京	48.5	36.3	31.8	30.8	32.2	33.8
天　津	52.1	40.1	36.7	34.9	35.3	37.3
河　北	45.3	34.9	34.6	33.9	33.9	34.7
山　西	48.0	34.9	32.4	31.4	32.1	33.8
内蒙古	48.4	34.5	31.4	30.3	30.4	32.8
辽　宁	51.9	40.7	38.8	38.8	37.8	39.0
吉　林	51.2	39.4	34.7	33.4	33.2	34.0
黑龙江	48.2	38.4	33.5	33.3	35.0	36.3
上　海	53.2	44.2	35.9	35.6	35.5	36.6
江　苏	51.9	41.1	37.2	36.0	36.7	37.9
浙　江	47.0	39.2	33.8	32.9	34.7	36.4
安　徽	53.7	45.7	43.7	42.4	39.7	41.0
福　建	62.7	44.7	40.9	39.3	38.9	40.6
江　西	54.4	43.0	40.8	39.7	40.9	41.7
山　东	45.2	34.7	33.7	32.0	32.9	33.6
河　南	50.1	36.2	34.2	33.1	34.6	34.8
湖　北	48.9	38.3	39.0	38.8	39.7	42.2
湖　南	48.8	37.2	35.8	34.9	36.1	39.9
广　东	48.0	38.6	36.1	36.2	35.3	37.8
广　西	51.0	39.9	41.3	42.1	41.7	42.4
海　南	59.3	49.3	47.6	43.5	42.8	44.9
重　庆	50.6	41.5	36.4	36.3	37.2	39.6
四　川	51.3	41.5	39.3	37.7	41.2	44.0
贵　州	53.8	42.9	39.9	38.7	40.2	43.1
云　南	52.5	40.3	42.8	42.0	45.0	47.1
西　藏		46.3	44.5	50.2	50.9	51.2
陕　西	47.2	35.8	36.1	34.3	36.4	36.7
甘　肃	51.7	37.6	36.0	34.5	35.9	38.3
青　海	52.5	40.9	36.3	36.2	37.3	40.5
宁　夏	46.4	35.7	34.8	33.9	35.3	35.1
新　疆	44.8	36.4	36.4	35.5	35.1	37.3

说明：1995 年四川省的数据包括重庆。

表 61 2008 年末各地区城镇居民家庭平均每百户主要耐用消费品拥有量

	摩托车（辆）	助力车（辆）	洗衣机（台）	电冰箱（台）	彩色电视机（台）	组合音响（套）	摄像机（架）	照像机（架）
全国	**21.4**	**23.1**	**94.7**	**93.6**	**132.9**	**27.4**	**7.1**	**39.1**
北京	3.4	7.4	98.6	102.8	134.0	27.4	18.8	81.6
天津	2.2	24.3	99.0	108.5	129.9	29.1	10.9	58.0
河北	29.2	36.6	97.1	96.3	117.8	22.1	5.3	36.8
山西	22.1	23.0	98.9	85.6	110.5	17.8	4.6	26.2
内蒙古	28.8	16.7	93.0	91.0	109.3	18.4	4.4	31.5
辽宁	6.0	7.1	92.5	94.8	119.3	25.9	10.6	44.3
吉林	9.7	4.4	91.5	86.7	117.7	11.5	6.3	27.0
黑龙江	7.4	2.1	88.9	82.0	106.9	12.0	5.5	22.0
上海	1.8	30.1	97.8	103.8	180.4	48.6	15.4	86.0
江苏	21.0	61.2	100.4	96.7	162.9	26.9	6.9	44.0
浙江	25.9	39.8	91.2	97.9	176.2	33.4	8.6	45.8
安徽	21.8	22.6	94.8	94.2	137.4	21.3	3.2	26.5
福建	49.3	25.5	98.3	101.8	169.5	30.7	7.7	40.4
江西	20.1	24.9	91.9	94.0	143.0	28.1	4.1	31.5
山东	34.8	46.6	93.0	99.1	119.5	23.0	9.0	50.0
河南	17.9	38.9	94.8	87.0	120.3	16.3	5.4	28.1
湖北	17.6	9.5	96.0	97.4	126.3	28.0	5.0	29.4
湖南	16.6	12.2	93.6	92.1	124.3	23.7	2.4	22.3
广东	47.2	11.5	94.9	94.4	143.1	51.1	11.0	54.4
广西	47.7	33.0	94.8	95.1	132.8	39.6	5.0	39.3
海南	43.7	25.6	67.5	76.3	118.0	26.6	4.9	20.8
重庆	8.7	2.0	96.4	100.0	141.6	32.7	7.5	33.1
四川	7.2	11.0	94.6	90.9	129.4	26.0	4.7	27.5
贵州	5.1	0.8	96.7	92.5	118.9	35.4	5.0	25.3
云南	29.4	13.2	90.2	78.8	119.4	37.4	4.4	33.1
西藏	9.4	2.8	80.8	74.9	121.8	37.3	5.1	33.0
陕西	13.0	13.0	95.4	88.1	123.7	24.9	6.5	41.7
甘肃	6.1	6.1	94.9	82.5	107.4	18.5	2.4	21.9
青海	3.2	0.2	95.0	85.0	103.0	11.6	2.8	22.7
宁夏	18.1	13.1	90.9	82.5	104.1	19.2	4.2	19.0
新疆	15.0	6.1	91.6	87.5	104.5	14.6	4.5	25.3

表 61 续表

	钢琴(架)	其他中高档乐器(件)	微波炉(台)	空调器(台)	淋浴热水器(台)	消毒碗柜(台)	洗碗机(台)	健身器材(套)	固定电话(部)
全　国	**2.3**	**4.3**	**54.6**	**100.3**	**80.7**	**18.0**	**0.8**	**4.0**	**82.0**
北　京	3.6	5.6	85.6	152.5	95.4	7.0	1.0	6.0	99.9
天　津	1.5	1.7	84.9	124.9	90.2	1.8	0.1	2.5	84.6
河　北	2.0	5.1	47.2	82.4	74.7	3.1	0.7	4.0	75.9
山　西	2.0	2.2	30.5	33.3	51.5	1.8	0.2	1.6	85.6
内蒙古	1.9	5.0	33.9	7.7	46.1	2.5	0.2	2.6	62.5
辽　宁	3.1	4.7	56.0	26.9	66.6	7.2	1.0	4.1	85.1
吉　林	1.0	4.1	42.2	6.2	44.7	6.6	0.4	2.9	68.9
黑龙江	1.3	2.3	30.8	7.6	32.0	3.6	0.8	1.6	73.0
上　海	5.8	6.5	96.0	191.0	95.3	14.5	0.2	7.5	99.3
江　苏	2.5	4.3	86.2	155.2	92.5	8.3	0.8	5.0	113.2
浙　江	2.7	4.6	66.4	170.7	96.7	23.7	1.0	5.4	90.1
安　徽	1.0	3.8	50.4	108.0	81.9	6.3	0.9	2.5	86.3
福　建	3.3	4.0	75.8	164.3	107.0	44.1	0.9	5.5	93.2
江　西	1.0	5.8	53.1	96.5	90.6	13.4	0.6	3.3	73.3
山　东	3.4	6.8	47.9	89.7	85.0	6.8	0.8	6.3	76.1
河　南	1.7	3.7	34.6	103.0	59.1	6.9	0.3	2.7	68.4
湖　北	1.5	4.6	50.8	106.0	80.1	10.4	0.8	3.2	70.6
湖　南	1.9	2.0	36.8	97.0	79.4	22.1	0.2	3.2	75.8
广　东	3.4	4.3	64.0	187.5	109.7	80.5	2.0	4.8	92.4
广　西	1.8	6.2	62.9	100.6	100.2	65.5	1.2	4.6	76.7
海　南	2.1	1.2	29.9	65.3	82.9	56.2	1.3	2.2	91.1
重　庆	1.9	2.6	66.1	155.1	99.7	17.8	0.8	4.2	87.7
四　川	1.9	3.2	47.7	86.5	85.6	12.8	0.8	3.1	77.2
贵　州	1.8	3.9	43.8	16.3	69.4	30.4	1.2	2.9	70.9
云　南	1.9	3.3	46.0	1.3	85.0	13.4	0.4	3.1	60.1
西　藏	1.1	0.6	22.4	5.8	18.4	4.1	0.4	1.1	76.9
陕　西	1.3	6.5	49.7	99.9	76.4	8.4	0.1	3.5	67.7
甘　肃	1.1	2.2	31.3	6.0	57.4	1.6	0.2	1.6	59.3
青　海	1.1	4.0	40.6	1.8	41.9	2.2	0.5	1.4	80.5
宁　夏	0.8	4.8	38.1	8.4	67.3	2.1	0.4	2.7	64.0
新　疆	2.0	4.8	32.4	11.2	70.0	4.0	0.3	2.9	82.2

八、农业

表62 农、林、牧、渔业总产值

单位:亿元

	1995	2000	2005	2006	2007	2008
全　国	**20340.9**	**24915.8**	**39450.9**	**40810.8**	**48893.0**	**58002.2**
北　京	164.5	195.2	268.8	240.2	272.3	303.9
天　津	133.3	156.3	258.4	225.0	240.7	268.1
河　北	1147.8	1544.7	2600.8	2466.4	3075.8	3505.2
山　西	299.7	322.4	483.8	441.8	498.4	595.9
内蒙古	373.6	543.2	980.2	1058.5	1276.4	1525.7
辽　宁	761.8	967.4	1671.6	1738.1	2128.0	2476.9
吉　林	490.3	609.4	1050.5	1111.5	1359.8	1614.8
黑龙江	670.0	625.1	1294.4	1391.1	1700.6	2123.4
上　海	182.5	216.5	233.4	237.0	256.0	280.4
江　苏	1686.8	1869.7	2577.0	2718.6	3064.7	3590.6
浙　江	891.7	1062.9	1428.3	1422.6	1597.2	1780
安　徽	980.3	1220.0	1666.2	1742.7	2070.1	2446.5
福　建	765.4	1037.3	1396.1	1449.8	1692.2	1965
江　西	631.7	760.3	1143.0	1225.3	1426.9	1680.5
山　东	1857.5	2294.3	3741.8	4058.6	4766.2	5613
河　南	1304.3	1981.5	3309.7	3348.9	3879.9	4669.5
湖　北	988.5	1125.6	1775.6	1842.2	2296.8	2940.5
湖　南	1047.0	1221.7	2056.2	1991.8	2632.2	3324.5
广　东	1445.5	1640.7	2447.6	2536.3	2821.2	3298
广　西	743.5	829.0	1448.4	1622.2	2026.2	2389
海　南	202.1	311.9	475.9	492.1	548.3	665
重　庆	215.3	412.6	662.2	575.2	720.7	871.4
四　川	1304.9	1413.3	2457.5	2510.7	3377.0	3903.4
贵　州	344.9	413.0	571.8	601.5	697.0	843.8
云　南	474.5	680.9	1068.6	1142.1	1331.7	1594.5
西　藏	35.9	51.2	67.7	71.4	79.8	88.5
陕　西	381.6	464.9	730.7	821.5	1002.9	1277.9
甘　肃	289.4	323.0	521.5	593.7	686.1	808.1
青　海	55.1	57.0	94.0	97.6	121.3	153.4
宁　夏	56.6	77.8	138.0	148.2	182.9	227.2
新　疆	415.2	487.2	831.1	888.0	1063.5	1176.7

表63 农、林、牧、渔业总产值增长速度

单位：%

	1995	2000	2005	2006	2007	2008
全 国	**10.9**	**3.6**	**5.7**	**5.4**	**3.9**	**5.7**
北 京	−1.0	13.1	0.3	1.2	0.8	0.8
天 津	12.4	4.2	4.5	3.5	1.5	3.3
河 北	11.9	5.7	6.5	5.5	3.9	5.1
山 西	4.1	9.3	−2.8	5.7	0.1	9.6
内蒙古	4.1	2.5	11.2	6.8	4.0	7.6
辽 宁	11.5	−0.8	7.5	7.0	4.1	6.5
吉 林	5.9	−5.6	11.7	7.5	1.2	10
黑龙江	9.2	−0.7	10.2	6.4	1.9	9.5
上 海	11.7	3.9	−10.5	0.7	1.5	0.1
江 苏	13.7	5.0	3.7	4.9	3.1	4.5
浙 江	9.8	4.6	2.4	3.5	2.3	4.6
安 徽	14.2	1.7	1.4	6.5	3.8	6.3
福 建	14.0	3.1	2.2	3.0	4.2	5.2
江 西	5.2	2.8	6.8	6.1	4.2	4.8
山 东	12.5	3.9	5.2	5.2	3.3	5.1
河 南	23.7	5.4	7.5	7.4	3.9	5.8
湖 北	14.1	2.8	4.2	4.9	3.9	6.2
湖 南	8.8	4.2	5.8	4.9	4.9	5.3
广 东	8.3	4.0	4.8	4.0	3.3	4
广 西	17.2	0.2	7.4	7.3	5.8	5.4
海 南	12.5	11.5	6.7	9.4	8.3	7.8
重 庆		0.9	5.2	−3.9	9.5	7.1
四 川	7.8	4.9	6.5	3.7	3.5	3.1
贵 州	3.0	3.8	5.9	4.8	3.4	6.8
云 南	6.5	6.5	6.9	8.4	5.6	7.9
西 藏	9.9	1.9	1.9	0.8	4.8	6.6
陕 西	4.0	4.6	8.1	7.3	6.3	7.9
甘 肃	1.1	4.9	6.6	4.6	4.3	7.4
青 海	−0.2	−2.5	5.3	3.7	8.2	4.5
宁 夏	5.6	3.8	6.2	6.8	7.0	8.8
新 疆	9.3	5.2	7.4	7.5	5.3	6.7

注：本表按可比价计算。

表 64 粮食产量

单位:万吨

	1995	2000	2005	2006	2007	2008
全　国	**46661.8**	**46217.5**	**48402.2**	**49804.2**	**50160.3**	**52870.9**
北　京	259.8	144.2	94.9	109.2	102.1	125.5
天　津	207.5	124.1	137.5	143.5	147.2	148.9
河　北	2739.0	2551.1	2598.6	2702.8	2841.6	2905.8
山　西	917.1	853.4	978.0	1073.3	1007.1	1028.0
内蒙古	1055.4	1241.9	1662.2	1704.9	1810.7	2131.3
辽　宁	1423.5	1140.0	1745.8	1725.0	1835.0	1860.3
吉　林	1992.4	1638.0	2581.2	2720.0	2453.8	2840.0
黑龙江	2552.1	2545.5	3092.0	3346.4	3462.9	4225.0
上　海	210.4	174.0	105.4	111.3	109.2	115.7
江　苏	3286.3	3106.6	2834.6	3041.4	3132.2	3175.5
浙　江	1430.9	1217.7	814.7	884.0	728.6	775.6
安　徽	2580.7	2472.1	2605.3	2860.7	2901.4	3023.3
福　建	919.9	854.7	715.2	701.5	635.1	652.2
江　西	1607.4	1614.6	1757.0	1854.5	1904.0	1958.1
山　东	4246.4	3837.7	3917.4	4048.8	4148.8	4260.5
河　南	3466.5	4101.5	4582.0	5010.0	5245.2	5365.5
湖　北	2463.8	2218.5	2177.4	2210.1	2185.4	2227.2
湖　南	2691.6	2767.9	2678.6	2706.2	2692.2	2805.0
广　东	1734.8	1760.1	1395.0	1387.6	1284.7	1243.4
广　西	1508.2	1528.5	1487.3	1463.2	1396.6	1394.7
海　南	201.8	199.6	153.0	185.6	177.5	183.5
重　庆	1153.7	1106.9	1168.2	910.5	1088.0	1153.2
四　川	3211.3	3372.0	3211.1	2893.4	3027.0	3140.0
贵　州	948.9	1161.3	1152.1	1122.8	1100.9	1158.0
云　南	1188.9	1467.8	1514.9	1542.2	1460.7	1518.6
西　藏	70.0	96.2	93.4	92.4	93.9	95.0
陕　西	913.4	1089.1	1043.0	1087.0	1067.9	1111.0
甘　肃	644.2	713.5	836.9	808.1	824.0	888.5
青　海	114.2	82.7	93.3	88.3	106.2	101.8
宁　夏	203.2	252.7	299.8	310.9	323.5	329.2
新　疆	718.5	783.7	876.6	902.2	867.0	930.5

表65 奶类产量

单位:万吨

	1995	2000	2005	2006	2007	2008
全　国	**672.8**	**919.1**	**2864.8**	**3302.5**	**3633.4**	**3781.5**
北　京	20.6	30.4	64.2	62.0	62.2	66.5
天　津	11.1	16.5	63.4	68.3	67.2	70.1
河　北	38.9	96.2	348.6	417.0	497.7	515.3
山　西	29.3	35.9	73.8	83.4	83.5	70.0
内蒙古	51.2	83.0	696.9	877.5	916.1	921.2
辽　宁	18.3	21.9	78.8	97.4	108.3	107.3
吉　林	11.3	15.0	30.0	35.0	48.0	39.7
黑龙江	166.6	156.5	444.2	464.6	511.7	512.8
上　海	21.8	25.9	23.8	22.1	22.0	23.8
江　苏	10.4	25.7	57.9	59.8	61.7	61.1
浙　江	9.2	11.2	26.7	25.5	23.7	22.5
安　徽	2.5	4.1	11.0	12.8	18.1	18.1
福　建	6.3	9.9	19.8	17.4	16.7	14.9
江　西	3.2	5.8	12.5	13.9	11.3	11.2
山　东	66.8	70.5	221.0	238.6	242.2	254.9
河　南	9.7	20.2	108.5	154.1	224.6	298.6
湖　北	3.8	5.9	12.2	13.9	15.5	33.2
湖　南	0.8	1.1	6.9	7.3	7.7	15.2
广　东	5.7	9.5	11.9	12.5	13.0	13.3
广　西	0.9	1.7	5.4	6.3	7.0	7.5
海　南	0.1	0.0	0.1	0.1	0.1	0.5
重　庆	3.9	5.6	8.6	8.3	8.7	7.8
四　川	24.2	28.9	59.0	62.5	65.5	66.6
贵　州	1.4	1.7	3.8	4.1	4.1	4.3
云　南	10.1	14.7	32.7	38.7	44.7	97.3
西　藏	17.7	20.4	27.0	27.6	28.9	52.4
陕　西	32.6	63.9	141.7	157.4	180.3	182.3
甘　肃	9.9	13.7	31.7	36.4	35.2	34.7
青　海	20.6	21.3	25.0	25.6	26.5	27.2
宁　夏	14.0	23.6	57.9	64.7	77.5	89.2
新　疆	49.7	78.2	159.8	187.8	203.8	142.3

表 66 肉类产量

单位:万吨

	1995	2000	2005	2006	2007	2008
全　国	**4076.4**	**6013.9**	**6938.9**	**7089.0**	**6865.7**	**7278.7**
北　京	37.6	55.9	66.7	59.2	47.9	45.1
天　津	21.2	28.9	57.8	59.5	33.8	37.1
河　北	310.7	419.4	571.9	595.5	396.2	421.1
山　西	61.0	63.7	68.2	72.5	58.1	63.3
内蒙古	81.9	143.4	229.5	255.1	205.0	218.0
辽　宁	222.4	225.7	347.9	359.8	348.0	373.3
吉　林	134.5	216.3	260.2	268.3	231.7	216.8
黑龙江	135.8	151.6	173.5	177.8	165.0	169.5
上　海	57.8	55.0	31.3	28.6	25.4	26.5
江　苏	305.9	328.0	352.3	351.4	305.6	323.6
浙　江	121.2	117.6	165.3	170.0	149.6	170.1
安　徽	197.3	297.8	340.1	353.8	323.8	343.9
福　建	126.6	137.6	165.9	168.3	150.4	169.4
江　西	219.4	184.4	237.1	249.1	244.7	260.3
山　东	585.9	560.2	753.9	766.1	618.7	660.3
河　南	333.0	502.0	685.9	736.5	542.9	584.8
湖　北	279.4	248.8	327.3	326.9	310.0	340.9
湖　南	345.5	434.7	523.5	539.7	422.7	446.4
广　东	305.1	322.2	384.3	392.8	385.7	412.0
广　西	250.2	276.2	242.9	266.4	329.0	350.8
海　南	31.9	38.0	58.2	62.1	54.7	61.1
重　庆	127.2	153.6	178.0	177.1	159.3	177.4
四　川	498.5	555.5	653.6	690.8	564.2	591.5
贵　州	105.5	123.8	167.5	175.0	150.6	161.5
云　南	128.2	204.9	298.6	322.0	266.1	288.3
西　藏	11.6	14.9	21.5	22.7	23.7	23.7
陕　西	79.1	83.2	102.8	104.1	96.0	99.3
甘　肃	62.7	58.9	82.1	89.3	76.9	79.1
青　海	18.4	20.8	25.8	27.2	31.4	25.5
宁　夏	12.1	18.5	26.2	26.7	22.8	23.6
新　疆	52.4	83.6	143.3	157.0	125.7	115.3

表67 水产品产量

单位:万吨

	1995	2000	2005	2006	2007	2008
全国	**2517.2**	**3706.2**	**4419.9**	**4583.6**	**4747.5**	**4894.9**
北京	8.1	7.5	6.4	6.2	6.0	6.1
天津	15.4	24.2	33.8	34.4	31.2	32.3
河北	39.6	80.9	98.9	108.0	90.6	96.6
山西	1.8	2.6	3.8	4.4	3.0	3.1
内蒙古	4.8	7.2	8.3	8.7	9.4	9.8
辽宁	197.9	338.5	425.3	439.8	361.3	377.4
吉林	11.1	14.0	11.9	13.1	15.2	15.5
黑龙江	25.3	38.2	44.6	47.1	34.3	35.6
上海	29.1	28.9	35.4	38.8	32.0	32.3
江苏	219.5	308.8	388.7	405.0	409.0	425.0
浙江	318.1	469.5	483.8	485.3	415.1	418.8
安徽	75.2	159.8	177.6	186.7	166.5	172.3
福建	257.3	527.9	602.2	600.1	532.0	542.0
江西	84.0	127.1	168.7	180.5	180.7	190.4
山东	380.9	698.2	736.1	745.9	712.8	730.3
河南	18.1	32.2	51.7	61.4	45.7	50.6
湖北	150.9	234.3	318.2	331.4	298.0	313.4
湖南	86.3	133.2	179.2	184.7	170.1	178.6
广东	354.3	593.2	695.2	724.0	664.3	680.0
广西	103.4	239.9	284.2	296.4	246.1	250.0
海南	43.3	83.1	150.0	166.0	132.3	134.9
重庆	12.1	20.0	25.1	22.6	18.5	19.1
四川	29.9	51.3	98.2	108.3	91.1	95.2
贵州	3.3	6.2	9.5	11.3	7.7	7.8
云南	8.4	16.6	23.8	29.2	23.7	25.5
西藏	1.3	0.2		0.1	0.1	0.1
陕西	3.8	6.1	7.4	7.9	5.0	5.2
甘肃	0.8	1.4	1.6	1.6	1.1	1.2
青海	0.2	0.1	0.1	0.2	0.2	0.2
宁夏	1.8	3.7	5.8	6.7	7.0	7.5
新疆	4.4	6.0	7.9	8.4	8.8	9.1

九、工业

表68 规模以上工业增加值

单位:亿元

	1997	2000	2004	2005	2006	2007
全　国	**19835.2**	**25394.8**	**54805.1**	**72187.0**	**91075.7**	**117048.4**
北　京	525.8	722.7	1259.5	1677.4	1840.2	2159.4
天　津	365.8	630.1	1395.6	1836.3	2443.8	2952.7
河　北	984.2	1132.7	2459.2	3167.9	3880.2	4822.8
山　西	447.6	428.7	1242.8	1756.7	2148.4	2811.6
内蒙古	257.7	279.5	776.8	1240.4	1778.2	2534.1
辽　宁	964.2	1194.0	2255.7	3108.4	4141.2	5393.8
吉　林	372.4	496.2	994.3	1169.4	1514.4	2079.8
黑龙江	843.3	1213.1	1619.6	2154.6	2564.3	2854.7
上　海	1383.3	1687.2	3427.0	4121.7	4833.9	5494.1
江　苏	1903.6	2604.4	6447.5	8119.0	10309.2	12926.9
浙　江	952.1	1560.1	4173.4	4831.0	5993.0	7571.3
安　徽	737.1	507.4	1082.2	1483.8	1885.6	2562.7
福　建	581.4	797.1	1845.8	2291.3	2847.8	3598.7
江　西	284.5	269.7	617.8	882.3	1288.1	1822.2
山　东	1863.2	2549.4	6498.3	9375.3	11493.9	14777.8
河　南	965.4	1116.4	2332.7	3379.3	4603.8	7364.7
湖　北	995.4	1011.8	1664.7	2007.2	2392.2	3262.4
湖　南	571.2	528.1	1198.1	1629.8	2089.1	2853.8
广　东	2093.9	3423.9	7086.4	9416.4	11780.9	14104.2
广　西	298.7	323.9	595.6	794.6	1074.8	1519.3
海　南	33.9	63.3	102.7	152.5	190.3	279.6
重　庆	240.5	283.7	579.7	659.4	935.6	1385.8
四　川	657.8	662.4	1546.5	2160.2	2786.6	4019.3
贵　州	182.5	217.0	438.4	585.9	747.4	890.5
云　南	490.9	531.5	881.2	998.8	1271.5	1566.1
西　藏	8.0	9.3	14.4	15.3	18.9	23.5
陕　西	313.9	411.2	870.7	1321.7	1831.0	2383.0
甘　肃	232.2	244.7	505.1	559.6	707.6	921.9
青　海	57.7	65.3	132.4	189.1	259.6	342.7
宁　夏	60.2	73.7	147.0	213.7	264.5	372.5
新　疆	272.7	356.6	616.9	888.1	1159.8	1396.7

表 69 规模以上工业增加值增长率

单位：%

	2000	2001	2002	2003	2004	2005	2006	2007	2008
全　国	**11.4**	**9.9**	**12.6**	**17.0**	**16.7**	**16.4**	**16.6**	**18.5**	**12.9**
北　京	16.7	13.8	8.0	12.3	19.9	13.1	14.1	13.4	2.0
天　津	14.9	13.0	17.8	20.1	26.5	20.4	18.8	18.2	21.0
河　北	12.7	10.6	14.0	20.1	22.2	22.9	19.8	18.9	13.5
山　西	9.7	10.8	16.8	24.2	21.2	19.3	18.3	21.0	6.5
内蒙古	15.8	12.9	19.1	31.5	38.5	30.9	29.8	30.0	24.5
辽　宁	14.1	10.6	13.1	18.5	23.4	20.1	20.0	21.0	17.5
吉　林	13.8	15.1	18.6	17.9	18.6	11.0	18.5	23.6	18.6
黑龙江	11.8	10.6	12.0	13.6	15.3	15.3	15.2	15.8	13.1
上　海	11.1	14.9	13.9	22.0	19.0	12.5	13.4	12.6	8.3
江　苏	14.8	12.0	15.7	22.7	23.4	22.5	21.4	18.9	14.2
浙　江	17.5	12.5	19.0	23.7	21.1	18.1	17.4	17.9	10.1
安　徽	11.4	11.6	15.3	19.8	25.1	22.7	20.3	24.5	22.0
福　建	12.9	11.8	20.1	23.9	23.5	17.4	20.4	21.5	16.7
江　西	10.5	10.9	16.1	21.0	26.1	23.6	22.7	24.6	21.9
山　东	14.6	14.8	17.3	22.7	26.5	28.4	23.6	20.8	13.8
河　南	11.6	10.0	14.2	19.9	23.6	23.3	23.4	24.2	19.8
湖　北	12.0	12.8	12.3	12.5	22.8	19.3	20.0	23.6	21.6
湖　南	13.6	13.8	16.1	20.7	24.1	20.6	20.1	24.3	18.4
广　东	16.1	12.8	15.0	21.9	22.4	17.0	18.3	18.3	12.8
广　西	9.5	8.6	12.3	17.6	22.8	22.8	23.8	26.5	22.6
海　南	10.9	11.5	19.1	24.9	18.4	18.6	26.5	33.8	6.0
重　庆	10.9	11.7	15.2	21.1	23.5	17.1	20.6	25.1	21.6
四　川	13.5	13.0	17.2	21.0	25.8	23.0	24.0	25.4	17.9
贵　州	9.9	9.8	12.1	13.5	20.1	17.0	17.5	16.8	10.1
云　南	6.4	3.9	8.1	9.1	16.6	8.4	17.8	17.5	12.6
西　藏	8.6	5.8	5.0	9.5	14.1	14.9	19.8	17.6	8.9
陕　西	9.3	9.7	14.5	16.8	22.9	18.7	18.4	19.6	21.0
甘　肃	10.2	11.5	10.6	13.0	15.7	18.6	17.3	17.1	9.5
青　海	9.9	11.2	14.6	15.9	24.8	22.7	20.4	18.4	21.5
宁　夏	14.7	9.2	13.6	17.5	25.8	18.5	19.6	17.0	15.1
新　疆	9.0	7.4	8.4	10.8	14.4	17.8	15.0	15.2	15.5

注：本表按可比价计算。

表 70 规模以上工业总产值

单位:亿元

	1997	2000	2005	2006	2007
全 国	**68352.7**	**85673.7**	**251619.5**	**316589.0**	**405177.1**
北 京	1716.2	2565.4	6946.1	8210.0	9648.4
天 津	1729.9	2606.4	6774.1	8527.7	10075.1
河 北	3014.2	3426.0	11008.1	13489.8	17054.8
山 西	1195.2	1216.9	4850.9	5902.8	7791.7
内蒙古	675.0	749.0	2995.6	4140.1	5813.0
辽 宁	3556.9	4249.5	10814.5	14168.0	18249.5
吉 林	1317.6	1679.9	3792.0	4752.7	6486.0
黑龙江	2063.9	2460.9	4714.9	5440.2	6143.2
上 海	4602.2	6204.5	15767.5	18573.1	22259.9
江 苏	8033.3	10452.9	32707.1	41410.4	53316.4
浙 江	4058.5	6603.7	23106.8	29129.9	36073.9
安 徽	2569.1	1661.4	4567.2	5915.6	7945.2
福 建	2028.4	2616.1	8136.0	10005.1	12517.9
江 西	1027.8	932.2	2978.9	4245.5	6194.2
山 东	6282.4	8311.5	30522.9	38780.1	49873.0
河 南	3056.5	3495.0	10487.4	13889.8	20442.2
湖 北	3063.1	3064.4	6067.0	7454.1	9601.5
湖 南	1740.6	1627.9	4754.9	6131.2	8464.1
广 东	8201.7	12480.9	35942.7	44674.8	55252.9
广 西	1032.9	1003.2	2547.3	3356.8	4587.4
海 南	171.1	202.9	473.1	640.3	1002.8
重 庆	870.6	962.3	2525.9	3213.5	4363.3
四 川	2115.6	2077.0	6178.0	7934.4	11047.0
贵 州	513.3	631.6	1690.4	2066.8	2520.4
云 南	1003.6	1063.4	2596.2	3393.1	4298.3
西 藏	9.9	16.4	27.3	33.3	41.4
陕 西	991.8	1184.6	3397.7	4442.8	5692.3
甘 肃	721.8	840.6	1988.3	2483.6	3231.5
青 海	147.4	196.1	486.9	640.7	822.7
宁 夏	189.0	239.1	671.5	859.7	1070.7
新 疆	654.6	852.0	2102.5	2683.4	3296.6

表 71　规模以上工业主营业务收入

单位:亿元

	1997	2000	2005	2006	2007	2008 年 1—11 月
全　国	**63451.5**	**84151.8**	**248544.0**	**313592.5**	**399717.1**	**439464.0**
北　京	1707.1	2691.1	7279.0	8914.2	10440.2	10264.0
天　津	1668.2	2657.0	7125.9	8794.4	10180.9	11016.7
河　北	2797.8	3425.1	10746.0	13124.6	17109.9	20336.7
山　西	1036.8	1154.4	4784.6	5849.4	7855.8	9197.5
内蒙古	650.8	739.5	3051.0	4205.3	5775.4	7503.9
辽　宁	3409.5	4311.9	10747.3	13998.0	17965.8	21000.6
吉　林	1207.1	1569.8	3634.6	4456.2	5906.2	7085.1
黑龙江	1938.0	2464.2	4765.4	5773.8	6518.4	7148.0
上　海	4690.0	6429.7	16353.7	19266.9	23112.4	22943.3
江　苏	7257.9	9971.0	32098.5	41015.3	52594.3	57432.3
浙　江	3892.7	6488.7	23044.6	28577.9	35248.5	34491.3
安　徽	2021.4	1688.1	4523.3	5863.1	7868.9	9392.4
福　建	1858.6	2468.7	7848.2	9661.5	12227.3	13259.9
江　西	890.2	896.9	2909.1	4173.7	6241.1	7480.2
山　东	5689.9	8061.4	30023.9	38116.1	49186.2	56886.1
河　南	2744.5	3297.8	10114.4	13809.1	18936.8	22967.2
湖　北	2681.4	2870.4	5962.5	7314.8	9390.4	10847.8
湖　南	1520.1	1563.3	4585.3	5968.7	8349.0	9513.2
广　东	7767.8	12380.7	34781.6	43550.9	53927.9	55016.0
广　西	955.8	987.5	2466.8	3176.2	4287.4	4859.8
海　南	165.0	174.8	449.8	598.4	937.2	950.3
重　庆	859.5	959.4	2515.2	3198.0	4263.0	4790.0
四　川	2074.0	2073.2	6008.1	7711.4	10611.5	12347.7
贵　州	455.0	593.8	1577.2	1948.6	2430.6	2576.0
云　南	1007.4	1058.9	2569.7	3357.5	4306.6	4412.7
西　藏	9.9	15.2	28.4	33.7	36.7	39.8
陕　西	901.2	1133.8	3302.5	4380.2	5512.6	6238.4
甘　肃	663.4	770.9	1984.7	2513.9	3193.4	3359.7
青　海	135.3	195.7	462.8	657.1	785.9	973.8
宁　夏	181.2	238.1	647.5	841.8	1041.1	1203.4
新　疆	614.4	821.3	2152.5	2742.0	3475.7	3930.3

表 72 规模以上工业主营业务成本

单位:亿元

	2000	2005	2006	2007	2008年1—11月
全 国	**68654.0**	**209862.5**	**264696.6**	**334598.6**	**377144.5**
北 京	2230.7	6309.4	7779.9	9034.1	9022.8
天 津	2198.3	6039.3	7400.4	8700.8	9548.3
河 北	2812.3	9134.1	11158.2	14515.6	17765.2
山 西	897.5	3728.7	4564.4	6123.6	7279.8
内蒙古	601.8	2420.9	3319.8	4286.0	5993.1
辽 宁	3623.5	9409.1	12223.9	15213.2	18583.5
吉 林	1263.0	3109.5	3731.4	4919.4	5982.0
黑龙江	1524.4	3192.7	3945.1	4573.6	5066.9
上 海	5217.6	13982.8	16514.4	19735.7	20041.1
江 苏	8533.5	28401.2	36358.6	45981.1	51142.8
浙 江	5495.3	20119.3	24988.8	30753.9	30387.2
安 徽	1369.2	3762.9	4930.1	6601.0	8100.3
福 建	2052.3	6765.1	8173.4	10167.8	11611.3
江 西	729.6	2465.1	3545.2	5305.4	6535.8
山 东	6582.4	25293.1	32275.6	41710.4	48829.0
河 南	2708.8	8441.4	11463.0	15478.1	19288.2
湖 北	2294.4	4800.9	5932.8	7429.3	9116.6
湖 南	1222.4	3628.0	4643.1	6248.4	7853.7
广 东	10381.4	30010.5	37189.2	45688.5	48175.6
广 西	777.3	2060.4	2629.7	3500.5	4188.2
海 南	135.7	345.5	460.2	780.5	852.8
重 庆	778.7	2102.8	2658.6	3514.0	4039.9
四 川	1614.0	4900.5	6296.6	8572.0	10206.1
贵 州	434.8	1224.8	1524.9	1874.3	2029.8
云 南	685.3	1871.0	2500.0	3211.0	3379.5
西 藏	8.6	18.6	21.2	22.8	29.1
陕 西	861.2	2404.2	3303.9	4177.4	4688.3
甘 肃	665.4	1512.6	2102.1	2629.1	2906.5
青 海	157.9	330.5	467.2	536.4	705.6
宁 夏	199.0	556.7	731.1	886.7	1029.0
新 疆	597.8	1521.0	1863.9	2428.3	2766.7

表73 规模以上工业企业利润总额

单位:亿元

	1997	2000	2005	2006	2007	2008年1—11月
全　国	**1703.5**	**4393.5**	**14802.5**	**19504.4**	**27155.2**	**24066.0**
北　京	40.5	130.5	413.5	531.2	695.6	478.8
天　津	61.1	164.9	551.6	693.0	767.1	744.9
河　北	124.8	184.9	690.4	884.7	1270.0	1224.2
山　西	27.5	21.8	261.3	352.3	570.1	641.0
内蒙古	18.4	16.1	235.1	348.7	642.0	614.7
辽　宁	11.4	176.3	356.0	449.8	852.7	486.9
吉　林	—7.2	85.6	141.0	206.4	452.1	357.9
黑龙江	133.9	565.0	1067.1	1267.6	1277.3	1403.9
上　海	206.8	391.5	939.6	1096.9	1309.0	987.8
江　苏	168.5	370.0	1384.6	1906.9	2765.8	2593.3
浙　江	117.3	353.4	1103.5	1375.5	1775.5	1357.1
安　徽	47.7	38.2	218.2	253.9	359.9	330.3
福　建	68.6	110.8	407.6	586.5	894.5	524.1
江　西	—0.7	12.4	112.4	194.2	307.8	303.1
山　东	219.1	544.0	2164.7	2632.6	3391.2	3542.8
河　南	68.5	140.0	643.4	1141.8	1941.5	1979.6
湖　北	57.7	106.5	371.8	454.0	647.9	632.7
湖　南	—1.2	34.5	189.3	272.7	488.2	341.6
广　东	270.9	564.8	1694.0	2217.7	3085.7	2130.3
广　西	—15.9	35.9	135.0	190.7	293.5	169.9
海　南	—5.6	4.7	35.0	60.0	71.8	27.6
重　庆	—15.1	15.6	115.6	156.7	241.7	232.3
四　川	37.0	71.3	326.7	448.1	700.1	647.6
贵　州	0.8	12.6	70.8	110.9	174.4	153.1
云　南	87.8	69.8	227.9	310.2	388.6	289.1
西　藏	2.2	2.7	4.5	5.5	7.2	6.0
陕　西	—8.6	63.8	400.7	524.0	691.8	797.2
甘　肃	—3.8	10.4	59.7	106.7	214.8	72.4
青　海	—9.6	0.8	72.8	113.2	136.3	178.8
宁　夏	1.2	4.4	21.1	26.5	49.8	34.0
新　疆	—2.3	90.5	387.9	585.6	691.6	782.9

表74 规模以上工业负债年末总额

单位:亿元

	2000	2005	2006	2007	2008年11月末
全　国	**76743.8**	**141509.8**	**167322.2**	**202913.7**	**239286.4**
北　京	2492.0	4706.7	5542.3	6508.4	7822.4
天　津	2433.8	3713.1	4122.8	5007.3	6049.9
河　北	3209.8	5792.1	6869.2	8123.0	10193.7
山　西	2019.7	4760.9	5992.1	7317.6	8869.1
内蒙古	1079.0	2859.9	3424.3	4518.8	5356.8
辽　宁	4698.5	6929.2	8131.5	9989.0	12181.0
吉　林	2096.1	2681.3	2985.3	3388.6	3905.9
黑龙江	2369.5	2901.0	3113.0	3698.4	4444.9
上　海	4699.6	8037.5	9014.1	10815.5	12046.2
江　苏	6852.7	15715.9	18477.9	23096.6	26804.3
浙　江	4002.1	12286.6	15024.1	18787.4	21215.1
安　徽	1881.6	3122.7	3906.3	4950.5	6010.2
福　建	1937.6	3605.8	4395.3	5640.3	6234.6
江　西	1254.0	1932.2	2238.8	2779.4	3114.4
山　东	6067.7	12917.0	15294.6	17885.6	21273.9
河　南	3477.3	5639.2	6644.1	7970.0	9586.4
湖　北	3032.6	4873.1	5318.2	6584.1	7811.5
湖　南	1871.8	2853.9	3360.6	3924.7	4777.1
广　东	8272.4	15661.2	19209.8	22612.6	25836.9
广　西	1293.3	1853.4	2141.4	2963.1	3589.9
海　南	280.8	437.4	581.5	626.9	712.9
重　庆	1260.4	1846.6	2145.5	2634.8	3183.7
四　川	2955.8	4934.8	5588.8	6956.9	8598.8
贵　州	1051.2	1784.2	2115.1	2269.6	2834.2
云　南	1281.7	2068.4	2638.1	3173.7	3707.1
西　藏	22.6	27.4	53.0	39.4	55.9
陕　西	1829.2	3160.7	3663.1	4298.0	5223.1
甘　肃	1143.8	1460.1	1885.2	2149.9	2622.6
青　海	499.0	773.7	906.5	1033.6	1244.1
宁　夏	306.7	690.0	799.4	975.5	1312.3
新　疆	1071.6	1484.0	1740.7	2194.8	2667.7

表 75　规模以上工业资产年末总额

单位:亿元

	2000	2005	2006	2007	2008 年 11 月末
全　国	**126211.2**	**244784.3**	**291214.5**	**353037.4**	**403936.5**
北　京	4322.6	12829.8	14244.4	16215.5	16230.8
天　津	4001.0	6347.9	7129.0	8329.3	9788.7
河　北	5199.7	9473.7	11251.0	13721.6	16388.6
山　西	3159.9	7045.1	8865.5	10896.3	13189.8
内蒙古	1821.2	4595.9	5605.9	7512.4	8751.1
辽　宁	7771.3	11902.1	14140.9	17034.5	20463.8
吉　林	3184.7	4506.9	5449.6	6024.6	6811.2
黑龙江	4080.4	5174.5	5690.4	6578.8	7568.3
上　海	9437.1	15905.9	17926.1	20656.8	22338.1
江　苏	11089.3	25488.9	30501.0	38011.2	44642.1
浙　江	7008.1	20609.3	24895.6	30582.0	34048.5
安　徽	2977.9	5067.1	6234.7	7873.2	9444.7
福　建	3368.6	6841.4	8168.8	10157.2	11427.1
江　西	1836.0	3058.3	3671.4	4688.8	5245.9
山　东	9702.0	22131.2	26475.4	31944.9	37099.1
河　南	5234.7	9158.0	11026.2	13788.0	16239.2
湖　北	4776.0	8683.4	9694.6	12107.2	13881.6
湖　南	2768.9	4611.6	5582.2	6832.0	7888.3
广　东	14370.6	27076.1	33869.5	39822.0	43506.7
广　西	1890.9	3010.0	3504.9	4761.7	5595.7
海　南	422.4	791.3	961.2	1133.4	1116.9
重　庆	1945.1	3092.0	3603.1	4412.8	5237.7
四　川	4586.1	7908.6	9182.1	11690.2	13656.5
贵　州	1517.1	2734.1	3214.4	3521.2	4196.5
云　南	2310.2	3964.3	4809.0	5834.1	6458.2
西　藏	83.7	112.4	119.9	172.2	203.2
陕　西	2683.1	5085.9	6130.0	7494.0	9019.3
甘　肃	1758.4	2483.0	3211.3	3712.4	4310.5
青　海	684.5	1145.5	1382.7	1645.9	2030.0
宁　夏	511.1	1113.1	1299.1	1546.9	1996.8
新　疆	1708.8	2837.0	3375.0	4336.3	5162.1

表 76 规模以上工业从业人员平均人数

单位:万人

	1997	2000	2005	2006	2007	2008 年 1—11 月
全 国	**7872.8**	**5559.4**	**6896.0**	**7358.4**	**7875.2**	**8099.9**
北 京	157.5	113.1	117.0	117.4	119.3	119.7
天 津	158.5	120.2	122.2	116.3	120.8	120.2
河 北	380.7	269.8	292.2	303.4	303.2	303.8
山 西	257.3	183.6	213.2	220.6	216.3	212.6
内蒙古	143.9	85.3	83.7	90.7	93.3	96.5
辽 宁	551.9	295.2	276.6	302.0	328.0	328.5
吉 林	236.9	134.9	101.8	105.2	109.3	117.9
黑龙江	353.6	195.2	136.9	140.3	142.9	141.2
上 海	276.8	204.9	259.6	266.8	282.1	286.2
江 苏	706.6	518.2	704.2	774.5	861.1	922.0
浙 江	352.7	323.2	659.1	726.9	790.9	777.3
安 徽	301.6	162.6	155.2	164.8	178.2	192.5
福 建	196.3	155.6	290.4	324.9	359.2	343.9
江 西	197.3	108.9	112.1	125.8	140.7	147.2
山 东	633.9	522.4	738.2	788.1	830.5	864.5
河 南	441.8	345.2	362.8	365.3	382.2	400.5
湖 北	362.5	230.4	188.3	190.9	200.4	255.2
湖 南	300.0	166.7	169.3	178.2	195.5	200.0
广 东	522.9	572.8	1085.7	1203.6	1307.4	1330.0
广 西	142.3	91.3	91.2	91.4	99.5	103.3
海 南	15.1	12.0	12.1	12.2	12.3	10.7
重 庆	175.6	90.8	92.4	96.1	108.3	117.3
四 川	360.6	208.0	219.0	233.5	257.5	270.4
贵 州	92.5	68.3	68.1	67.2	66.6	69.5
云 南	111.0	77.1	68.8	71.6	82.1	78.2
西 藏	2.2	2.9	2.0	2.2	2.0	1.7
陕 西	196.4	125.0	119.0	122.5	124.1	125.4
甘 肃	120.4	91.3	68.6	68.9	66.7	66.9
青 海	28.1	15.9	14.0	14.6	15.6	16.5
宁 夏	32.4	22.4	25.6	24.6	25.5	25.2
新 疆	83.5	46.5	46.7	47.9	53.8	55.3

表77 2008年1～11月各地区规模以上工业企业主要经济指标

单位:亿元,%

	主营业务税金及附加	营业费用	税金总额	亏损企业亏损总额	应收账款净额	总资产贡献率
全　国	**5051.3**	**12354.7**	**18313.8**	**4878.8**	**45006.4**	**13.7**
北　京	76.7	375.6	332.4	134.6	1463.2	6.5
天　津	75.7	272.9	314.8	145.2	1118.8	13.4
河　北	156.2	362.6	758.4	211.2	1257.5	16.0
山　西	107.5	337.6	733.1	121.2	937.6	14.0
内蒙古	84.2	205.4	424.8	57.7	642.7	16.0
辽　宁	211.1	385.0	699.7	501.7	1838.6	8.0
吉　林	142.5	173.2	388.4	171.3	608.7	14.6
黑龙江	119.7	149.5	570.9	198.4	694.8	30.9
上　海	239.2	740.1	721.3	331.1	3588.8	9.5
江　苏	349.3	1229.8	1775.9	387.4	7024.8	12.7
浙　江	252.3	784.8	1122.4	278.6	4731.3	10.4
安　徽	134.9	267.6	443.7	82.1	903.9	11.1
福　建	127.2	358.4	414.8	119.0	1452.5	11.3
江　西	86.3	134.7	329.6	68.4	432.7	16.0
山　东	669.6	2542.4	2388.1	309.9	2768.7	20.5
河　南	327.4	561.3	1179.7	163.1	1231.7	25.0
湖　北	213.5	318.2	571.2	112.8	1013.6	11.5
湖　南	263.6	240.5	596.0	116.2	676.5	16.1
广　东	325.1	1665.7	1460.2	493.1	7985.6	10.6
广　西	66.9	127.9	247.4	70.5	439.6	10.9
海　南	21.9	26.1	52.0	55.3	98.9	10.1
重　庆	66.8	151.4	226.5	28.5	526.5	11.8
四　川	167.5	396.8	637.7	142.7	1285.4	12.9
贵　州	98.1	91.0	235.5	69.4	325.2	12.8
云　南	365.0	109.6	623.5	69.2	434.5	17.7
西　藏	0.4	1.9	4.3	1.4	16.9	6.6
陕　西	127.0	163.9	446.5	117.1	801.8	17.5
甘　肃	58.3	57.6	168.0	144.5	237.9	7.9
青　海	11.8	17.8	64.2	6.2	78.7	16.9
宁　夏	11.1	29.9	60.5	30.3	124.4	8.1
新　疆	94.6	75.5	322.4	140.8	264.5	26.9

表 77 续表 单位：亿元，%

	资本保值增值率	资产负债率	流动资产周转次数	成本费用利润率	产品销售率
全　国	**115.1**	**59.2**	**2.6**	**5.9**	**97.6**
北　京	88.2	48.2	1.9	4.8	99.0
天　津	110.9	61.8	2.5	7.3	98.9
河　北	121.3	62.2	3.2	6.5	97.3
山　西	128.2	67.2	2.0	7.7	96.6
内蒙古	122.9	61.2	2.9	9.4	97.0
辽　宁	122.5	59.5	2.5	2.4	97.5
吉　林	118.2	57.4	2.9	5.5	97.1
黑龙江	118.7	58.7	2.5	25.1	98.2
上　海	106.3	53.9	2.2	4.5	98.3
江　苏	116.1	60.0	2.7	4.7	98.1
浙　江	114.6	62.3	2.0	4.1	97.2
安　徽	119.4	63.6	2.6	3.7	97.6
福　建	118.6	54.6	2.6	4.2	97.2
江　西	120.7	59.4	3.6	4.4	98.6
山　东	122.4	57.3	4.0	6.6	98.2
河　南	120.3	59.0	3.8	9.5	98.2
湖　北	112.4	56.3	2.3	6.3	97.6
湖　南	117.5	60.6	3.5	4.0	98.7
广　东	108.2	59.4	2.5	4.1	97.0
广　西	114.9	64.2	2.4	3.7	95.2
海　南	99.9	63.8	2.3	3.0	98.8
重　庆	121.3	60.8	2.3	5.2	96.4
四　川	120.8	63.0	2.3	5.7	97.7
贵　州	119.2	67.5	1.9	6.6	95.4
云　南	110.5	57.4	1.7	7.7	94.8
西　藏	107.3	27.5	0.7	17.3	90.4
陕　西	138.3	57.9	1.9	15.2	97.0
甘　肃	121.5	60.8	2.1	2.3	95.7
青　海	130.2	61.3	1.8	22.7	95.8
宁　夏	121.7	65.7	1.9	3.0	95.3
新　疆	131.2	51.7	2.6	25.9	96.9

表 78 发电量

单位:亿千瓦小时

	1995	2000	2005	2006	2007	2008
全　国	**10070.3**	**13556.0**	**25002.6**	**28657.3**	**32815.5**	**34668.8**
北　京	132.2	145.3	213.4	214.9	228.1	243.1
天　津	133.6	211.5	369.1	359.2	393.3	391.2
河　北	607.2	844.4	1338.6	1461.0	1646.2	1599.5
山　西	506.0	620.3	1312.0	1526.4	1760.5	1797.2
内蒙古	278.5	439.2	1056.6	1412.5	1932.0	2136.0
辽　宁	540.1	645.6	904.2	1014.5	1115.0	1139.0
吉　林	284.6	313.5	433.4	443.2	494.8	500.9
黑龙江	388.0	426.7	596.0	646.6	685.2	722.7
上　海	403.4	553.1	734.0	720.7	739.1	774.9
江　苏	700.4	909.7	2120.0	2535.5	2674.6	2777.1
浙　江	401.5	624.8	1456.4	1766.4	1915.2	2100.2
安　徽	310.3	355.4	648.4	734.4	873.4	1093.4
福　建	261.5	403.7	778.3	904.3	1038.3	1085.4
江　西	176.5	203.4	373.5	439.9	502.0	505.6
山　东	739.2	1005.3	1911.4	2314.5	2698.0	2753.7
河　南	547.7	694.9	1414.7	1600.5	1918.3	1960.6
湖　北	452.7	559.1	1289.8	1306.7	1588.4	1751.9
湖　南	332.9	354.4	644.4	754.9	860.2	880.6
广　东	821.1	1292.7	2278.6	2465.8	2732.0	2771.8
广　西	217.3	289.1	446.0	523.3	682.8	859.7
海　南	31.5	39.1	82.2	97.0	114.8	117.6
重　庆		167.9	253.9	291.3	374.6	420.9
四　川	576.0	500.2	1018.8	1226.6	1262.9	1255.6
贵　州	231.5	404.7	797.7	986.4	1166.3	1192.1
云　南	228.4	297.8	624.2	753.6	904.5	1036.4
西　藏	4.8	6.6	13.3	15.2	15.2	16.0
陕　西	236.8	272.3	548.8	584.7	706.9	823.9
甘　肃	237.7	253.5	506.2	530.1	618.9	690.2
青　海	60.4	133.8	215.9	281.6	307.7	318.7
宁　夏	107.8	136.6	312.9	388.4	453.0	466.2
新　疆	120.4	182.1	310.1	357.1	413.6	486.8

表 79 水泥产量

单位:万吨

	1995	2000	2005	2006	2007	2008
全 国	**47561**	**59700**	**106885**	**123676**	**136117**	**140000**
北 京	574	827	1184	1271	1169	877
天 津	201	268	519	609	615	535
河 北	3154	4695	7686	8625	9758	8953
山 西	1170	1194	2311	2681	2781	2075
内蒙古	349	630	1632	2211	2871	3424
辽 宁	1911	1955	2681	3294	3893	4074
吉 林	678	759	1719	1799	1904	2582
黑龙江	668	904	1214	1483	1645	1968
上 海	433	312	1045	1131	959	766
江 苏	3966	4600	9681	10976	11850	12683
浙 江	3265	4257	9129	9952	10549	10208
安 徽	1983	1906	3353	4580	5402	5915
福 建	1511	1514	2792	3417	4500	4509
江 西	1006	1463	3700	4300	5009	5272
山 东	5497	6547	14426	16670	15024	13887
河 南	3348	3723	6487	7605	9471	10227
湖 北	1838	2461	4486	5203	5639	6169
湖 南	2196	2396	3742	4593	5683	6044
广 东	5318	5872	8229	9704	9800	9484
广 西	1980	2198	3306	3655	4350	5111
海 南	169	315	446	585	633	619
重 庆		1403	2226	2619	3000	3135
四 川	2751	2766	4480	5060	6376	6067
贵 州	468	784	1685	1907	2059	2049
云 南	997	1512	2833	3306	3569	3864
西 藏	22	49	128	167	160	167
陕 西	852	989	2165	2515	3175	3609
甘 肃	561	724	1416	1454	1540	1560
青 海	64	124	371	371	437	458
宁 夏	140	280	568	710	817	885
新 疆	490	895	1245	1224	1479	1664

表 80 钢材产量

单位:万吨

	1995	2000	2005	2006	2007	2008
全　国	**8980**	**13146**	**37771**	**46893**	**56561**	**58488**
北　京	630	697	966	1017	1031	645
天　津	430	316	1670	2141	2888	3007
河　北	784	1307	6591	8521	10314	11572
山　西	217	390	1369	1678	2097	1977
内蒙古	258	379	748	824	912	1047
辽　宁	1074	1443	3236	3849	4364	4285
吉　林	88	142	479	568	632	718
黑龙江	88	76	237	299	408	426
上　海	1186	1544	2109	2178	2185	2075
江　苏	788	1402	4425	5875	7323	7364
浙　江	266	292	803	1207	1631	1749
安　徽	268	421	1199	1329	1779	1907
福　建	91	284	730	848	1048	1107
江　西	126	283	1023	1227	1351	1277
山　东	278	682	3011	4092	4962	5027
河　南	261	406	1339	1839	2515	2571
湖　北	661	811	1581	1693	1858	2151
湖　南	151	299	966	1147	1303	1293
广　东	247	406	1416	1732	2027	2040
广　西	80	103	520	715	985	942
海　南	12	8	15	14	12	9
重　庆	0	157	295	390	444	448
四　川	550	541	1172	1330	1592	1577
贵　州	50	151	215	257	329	338
云　南	144	176	487	588	790	835
陕　西	59	58	338	491	560	501
甘　肃	87	198	452	536	598	577
青　海	31	36	48	77	110	114
宁　夏	8	6	9	22	45	33
新　疆	67	126	323	411	470	567

表 81 汽车产量

单位:万辆

	1995	2000	2005	2006	2007	2008
全　国	**145.27**	**207.00**	**570.49**	**727.89**	**888.89**	**934.55**
北　京	17.27	13.71	58.70	68.37	70.67	76.61
天　津	13.11	10.18	32.78	41.24	45.69	54.12
河　北	2.16	0.94	19.36	26.84	32.30	32.15
山　西	0.26	0.11	0.01			0.08
内蒙古	0.04	0.07	0.69	0.89	2.10	2.97
辽　宁	2.52	8.37	14.98	29.12	37.71	34.08
吉　林	17.75	32.26	58.16	63.25	82.15	86.13
黑龙江	5.89	12.20	23.61	24.42	19.88	19.00
上　海	16.27	25.27	48.45	68.22	82.12	80.65
江　苏	12.52	8.34	30.05	27.48	26.51	29.25
浙　江	1.66	1.08	13.13	17.77	20.62	17.39
安　徽	3.03	5.74	34.25	48.95	61.06	57.14
福　建	0.36	2.36	6.61	7.30	8.60	5.96
江　西	5.25	13.34	20.61	23.39	22.18	21.14
山　东	1.35	1.28	22.41	27.17	40.35	42.83
河　南	1.84	0.84	3.43	5.53	7.13	8.16
湖　北	15.22	18.62	38.90	54.68	72.57	75.62
湖　南	0.99	1.74	2.99	3.70	5.72	7.57
广　东	2.64	3.83	40.22	55.54	78.81	88.18
广　西	7.38	12.78	37.67	51.84	60.48	70.16
海　南	0.29	0.31	7.31	8.36	12.26	8.51
重　庆		25.28	42.16	52.06	70.76	76.85
四　川	13.23	3.64	4.76	6.95	7.21	7.67
贵　州	1.05	0.14		0.10		
云　南	1.90	2.32	5.05	3.78	4.69	4.31
西　藏						
陕　西	1.27	1.93	4.08	10.83	17.06	26.82
甘　肃						0.94
青　海						
宁　夏						
新　疆	0.02	0.14	0.11	0.10	0.23	0.25

表 82 2008 年各地区主要工业产品产量

单位:亿元,%

	原煤（万吨）	原油（万吨）	生铁（万吨）	粗钢（万吨）	布（亿米）
全　国	**279282.2**	**18972.8**	**47067.4**	**50091.5**	**710.0**
北　京	571.9		448.8	466.8	0.1
天　津		1993.9	1520.1	1654.0	2.5
河　北	8137.3	643.1	11355.7	11589.4	35.8
山　西	65577.1		2781.7	2345.0	0.8
内 蒙 古	47269.7		1256.6	1211.0	0.6
辽　宁	6415.5	1199.3	4101.5	4068.6	4.7
吉　林	3931.1	675.6	580.7	642.3	0.4
黑 龙 江	9889.3	4020.5	364.6	475.1	0.5
上　海		14.6	1735.9	1992.1	0.5
江　苏	2428.1	184.0	3857.8	4864.0	74.6
浙　江	13.1		270.2	901.5	121.4
安　徽	11913.2		1637.2	1770.2	4.9
福　建	2233.6		518.5	633.1	26.8
江　西	3152.4		1036.3	1240.9	4.7
山　东	14109.8	2799.2	4657.1	4458.7	131.8
河　南	20937.8	475.8	1716.0	2187.9	23.0
湖　北	1205.2	83.9	1893.4	1991.5	36.4
湖　南	6135.4		1211.8	1299.4	4.4
广　东		1374.5	704.4	1066.7	29.9
广　西	499.1	2.9	689.9	785.8	0.3
海　南		12.1	15.1	3.7	
重　庆	4132.4		329.6	352.5	5.3
四　川	9677.0	19.4	1425.2	1370.2	8.9
贵　州	11798.5		331.0	345.6	0.3
云　南	8657.4		1155.2	901.3	0.0
西　藏					
陕　西	24264.2	2463.6	298.0	305.0	7.9
甘　肃	3977.0	75.0	550.8	475.7	
青　海	1294.1	220.4	92.3	115.1	
宁　夏	4295.5		32.8		
新　疆	6766.8	2715.1	499.4	535.6	1.2

表 82 续表　　　　单位:亿元

	家用电冰箱（万台）	农用化肥（万吨）	程控交换机（万线）	移动通信手持机（万部）	微型电子计算机（万台）
全　国	**4756.9**	**6012.7**	**4584.0**	**55964.0**	**13666.6**
北　京	79.0	0.8	1595.4	20707.6	691.5
天　津	59.4	16.4	4.8	9004.8	4.1
河　北		211.3	11.5		
山　西		412.8			0.3
内蒙古		88.8		17.6	
辽　宁	139.3	89.0	26.4	167.4	0.1
吉　林		17.9		30.8	0.0
黑龙江		55.5			2.9
上　海	123.2	3.0	456.0	77.5	5768.0
江　苏	602.9	255.8	13.6	1764.7	5269.6
浙　江	588.4	47.4	166.2	2170.4	105.7
安　徽	1130.5	238.4			0.1
福　建		59.1	1.0	705.1	646.7
江　西	76.0	54.2	0.9	139.2	
山　东	596.2	849.0	338.4	4843.4	43.0
河　南	290.9	520.4			
湖　北	29.0	585.0	0.1	367.5	1.4
湖　南	37.0	290.9	0.7	0.6	
广　东	803.4	50.4	1967.5	14173.6	1133.3
广　西		84.3		13.8	
海　南		65.1			
重　庆		154.4		418.3	
四　川	35.3	367.5		1303.2	
贵　州	143.8	262.2		58.6	
云　南		335.1	0.4		
西　藏					
陕　西	22.4	136.5	1.1		
甘　肃	0.1	71.3			
青　海		243.9			
宁　夏		109.2			
新　疆		158.4			

十、房地产、建筑业

表83 房地产投资总额

单位:亿元

	1995	2000	2005	2006	2007	2008
全　国	**3149.0**	**4984.1**	**15909.2**	**19422.9**	**25288.8**	**30579.8**
北　京	352.8	522.1	1525.0	1719.9	1995.8	1908.7
天　津	69.4	133.9	327.5	402.3	505.3	653.7
河　北	43.7	108.4	391.5	481.6	709.3	1062.6
山　西	15.1	39.5	178.0	208.6	258.9	326.7
内蒙古	8.1	45.2	162.1	325.0	500.9	736.1
辽　宁	162.7	264.9	874.3	1142.2	1497.6	2058.1
吉　林	35.6	63.5	195.7	310.2	490.1	625.4
黑龙江	47.7	104.1	267.6	321.3	382.3	453.2
上　海	466.2	566.2	1246.9	1275.6	1307.5	1366.9
江　苏	240.9	358.7	1545.2	1906.7	2515.9	3064.5
浙　江	246.3	362.2	1456.5	1574.3	1821.7	1999.3
安　徽	35.9	87.9	459.4	637.4	891.5	1351.6
福　建	150.5	207.4	5403.9	787.4	1132.5	1114.2
江　西	25.7	42.4	301.1	346.0	435.5	544.3
山　东	120.8	223.3	977.7	1185.2	1521.0	1975.6
河　南	62.5	77.9	388.5	582.0	837.1	1185.6
湖　北	120.5	134.6	448.0	564.8	723.7	904.1
湖　南	50.6	74.8	457.0	556.1	754.6	896.4
广　东	562.0	858.6	1591.9	1843.5	2517.2	2932.3
广　西	51.5	38.7	286.8	370.0	536.3	621.6
海　南	38.5	10.3	70.8	89.3	127.6	189.3
重　庆	46.9	139.6	517.7	629.6	849.9	991.0
四　川	80.0	196.0	701.5	914.5	1326.8	1430.2
贵　州	16.4	46.6	154.1	187.1	249.7	307.8
云　南	36.2	83.2	246.9	332.2	422.9	557.6
西　藏		1.0	6.0	8.9	11.7	13.0
陕　西	28.3	78.9	299.0	394.9	535.3	749.2
甘　肃	14.6	27.7	85.8	97.7	134.1	170.7
青　海	1.8	13.5	29.1	31.2	34.2	50.4
宁　夏	4.9	15.6	74.8	76.9	93.1	117.4
新　疆	14.6	57.4	101.7	120.9	168.3	222.1

表84 2008年各地区房地产开发投资情况

单位:亿元,%

地区	房地产开发投资完成额		住宅		经济适用房	
	绝对额	增长率	绝对额	增长率	绝对额	增长率
全国	**30579.8**	**20.9**	**22081.3**	**22.6**	**982.6**	**19.7**
北京	1908.7	−4.4	940.6	−5.2	36.0	27.0
天津	653.7	29.4	459.3	34.0	104.0	110.1
河北	1062.6	49.8	847.2	47.7	36.6	−10.2
山西	326.7	26.2	227.9	19.8	14.1	−48.8
内蒙古	736.1	47.0	572.1	49.0	69.2	104.9
辽宁	2058.1	37.4	1575.1	35.1	49.6	−2.7
吉林	625.4	27.6	520.9	30.9	23.7	−15.1
黑龙江	453.2	18.5	321.8	15.1	32.2	95.6
上海	1366.9	4.5	843.6	0.7	6.8	
江苏	3064.5	21.8	2296.6	22.8	95.7	14.9
浙江	1999.3	9.8	1419.7	8.5	49.4	−16.9
安徽	1351.6	51.5	1003.1	51.3	28.5	157.7
福建	1114.2	−1.6	748.1	−3.9	27.5	63.7
江西	544.3	25.0	444.7	25.5	20.3	2.3
山东	1975.6	29.9	1562.1	31.2	71.8	20.4
河南	1185.6	41.6	946.2	48.1	39.1	−14.6
湖北	904.1	24.9	669.4	31.8	69.1	40.1
湖南	896.4	18.8	668.7	16.7	20.9	30.8
广东	2932.3	16.5	2132.5	18.3	8.6	6.6
广西	621.6	15.9	425.1	20.2	7.6	9.4
海南	189.3	48.4	158.4	51.8	1.7	−53.5
重庆	991.0	16.6	619.5	18.7	51.7	43.5
四川	1430.2	7.8	1021.9	9.8	8.4	−28.6
贵州	307.8	23.3	194.1	24.3	22.0	2.4
云南	557.6	31.9	423.6	32.2	21.1	54.6
西藏	13.0	11.0	11.0	5.6	0.9	−85.3
陕西	749.2	40.0	586.6	37.2	24.4	−28.3
甘肃	170.7	27.3	124.2	30.6	15.9	−21.8
青海	50.4	47.3	42.7	52.2	2.8	2.7
宁夏	117.4	26.1	87.6	30.0	7.6	132.4
新疆	222.1	31.9	186.8	34.3	15.5	−5.8

表85　2008年各地区房地产开发企业资金来源情况

单位:亿元,%

地　区	本年资金来源小计		国内贷款		利用外资		自筹资金		其他资金	
	绝对额	增长率	绝对额	增长率	绝对额	增长率	绝对额	增长率	绝对额	增长率
全　国	**38146.0**	**2.4**	**7256.6**	**4.2**	**726.3**	**13.3**	**15081.3**	**28.1**	**15081.9**	**−15.6**
北　京	3321.8	−20.0	889.4	−16.4	38.9	−2.6	931.8	7.4	1461.8	−33.1
天　津	999.6	1.2	284.5	3.6	24.1	14.4	319.8	17.6	371.3	−11.6
河　北	1180.5	46.8	158.0	26.1	3.5	211.5	568.2	64.9	450.8	35.3
山　西	360.6	23.3	30.2	3.5	0.3	−50.0	178.2	29.3	151.9	21.8
内蒙古	732.6	45.1	27.9	26.0			614.3	55.3	90.4	4.5
辽　宁	2196.5	17.3	275.6	6.0	114.1	23.5	1141.1	35.1	665.6	−1.6
吉　林	608.4	24.3	24.6	−19.1	2.1	225.4	470.3	37.7	111.4	−4.8
黑龙江	472.4	16.2	29.3	11.7	1.4	−26.2	329.1	35.1	112.6	−16.5
上　海	2112.1	−17.1	549.6	−1.6	71.3	−3.7	595.2	2.0	896.0	−32.7
江　苏	4176.2	8.9	929.2	28.3	103.3	−0.7	1319.9	35.8	1823.8	−10.3
浙　江	2858.2	−6.8	644.2	4.8	17.9	3.7	721.1	14.0	1475.0	−18.2
安　徽	1465.8	45.8	177.1	55.8	21.3	70.4	739.6	89.1	527.8	8.1
福　建	1367.8	−23.9	308.9	−33.4	38.7	70.1	420.7	−11.6	599.5	−28.2
江　西	609.2	4.6	92.3	−5.1	5.5	−2.0	282.1	33.3	229.3	−14.4
山　东	2226.2	20.2	409.1	23.6	19.1	−39.6	1009.7	37.7	788.3	4.3
河　南	1339.3	25.1	134.0	44.5	14.2	50.2	705.9	53.2	485.2	−4.3
湖　北	1042.9	3.9	227.1	18.0	10.1	−34.8	450.3	59.1	355.4	−30.7
湖　南	1005.2	6.9	171.3	14.5	6.2	−59.0	465.4	21.8	362.4	−8.0
广　东	3762.1	−4.8	869.1	13.0	65.4	−25.9	1249.7	17.5	1577.9	−22.3
广　西	675.6	5.6	128.1	16.5	4.9	205.6	251.6	14.0	291.1	−5.3
海　南	244.6	34.2	31.5	21.8	13.4	1285.6	88.9	5.9	110.8	54.9
重　庆	1242.6	−8.5	245.6	−2.5	48.5	225.5	403.3	12.4	545.1	−25.6
四　川	1652.6	−9.8	245.7	−10.2	94.0	57.8	730.5	1.9	582.3	−24.7
贵　州	405.4	10.1	78.9	−14.8	1.2	−45.5	153.6	41.1	171.7	4.3
云　南	713.3	21.4	96.7	−1.6	4.3	159.0	265.1	43.1	347.2	14.9
西　藏	13.9	56.9	0.7	−57.1			4.3	71.8	8.9	87.9
陕　西	764.6	27.2	116.8	21.2	2.4	−46.6	413.9	57.8	231.5	−2.7
甘　肃	181.1	16.8	32.4	9.0	0.1		78.5	20.6	70.2	16.4
青　海	59.3	33.8	9.9	19.4			41.0	87.4	8.5	−40.1
宁　夏	124.0	38.3	17.0	35.6			41.5	36.9	65.5	41.8
新　疆	231.7	4.2	21.9	0.0			96.9	22.3	112.9	−6.8

表 86 房屋施工面积

单位:万平方米

	1995	2000	2005	2006	2007	2008
全 国	**46690.0**	**65896.9**	**166053.3**	**194786.4**	**236318.0**	**274149.0**
北 京	2804.8	4455.0	10748.5	10483.5	10438.6	10014.3
天 津	1017.0	1783.0	3470.6	4142.6	4836.5	5704.3
河 北	942.6	1670.0	3821.0	4769.5	5821.9	7879.7
山 西	379.0	789.5	2266.5	3100.9	3383.3	3891.0
内蒙古	190.4	704.4	2111.3	3601.5	5272.7	6889.1
辽 宁	2869.8	3301.8	7058.9	8578.8	11615.1	14702.6
吉 林	694.3	781.1	1890.0	2846.7	4370.0	4527.0
黑龙江	962.6	1451.4	2630.5	3106.5	3301.7	3624.3
上 海	5074.8	5523.2	10462.4	10938.8	10766.7	10390.7
江 苏	3510.1	4268.5	15619.3	19108.2	23221.5	28188.1
浙 江	4033.7	4612.5	15651.7	16970.1	18370.2	19095.0
安 徽	900.1	1687.2	5306.9	7062.4	8943.5	11339.6
福 建	32.8	3422.9	6107.8	6992.7	9651.6	11372.3
江 西	712.4	896.6	4508.2	4625.6	5452.4	6034.7
山 东	2545.8	3551.1	10670.9	12392.3	15165.1	17925.5
河 南	1394.8	1657.5	4903.0	7017.2	10550.9	13567.0
湖 北	2043.8	2102.9	4804.4	5504.1	6552.7	7790.1
湖 南	996.1	1318.4	5050.4	6341.0	8162.1	9880.5
广 东	8874.9	9911.8	15110.0	16977.5	20358.4	22992.6
广 西	866.1	766.2	4082.8	4708.3	6028.1	6933.3
海 南	652.2	138.7	921.1	995.2	1185.9	1390.5
重 庆	1268.0	2833.4	7487.4	8864.4	10578.8	11639.3
四 川	1635.0	3224.1	8277.7	10606.9	13427.3	15412.9
贵 州	481.2	1014.9	2785.0	3309.0	4277.0	5104.0
云 南	534.6	959.0	2807.0	3322.4	4301.9	5370.7
西 藏		7.3	43.4	107.8	114.7	135.2
陕 西	563.4	1337.1	3175.7	3561.2	4446.4	5564.9
甘 肃	306.4	478.5	1438.0	1585.4	1854.1	1914.5
青 海	58.3	218.6	422.9	457.8	584.2	707.3
宁 夏	113.0	258.6	1049.4	1140.5	1231.1	1582.8
新 疆	231.9	771.9	1371.2	1567.7	2053.8	2585.0

表 87 房屋竣工面积

单位:万平方米

	1995	2000	2005	2006	2007	2008
全　国	**14873.9**	**25104.9**	**53417.0**	**55830.9**	**60607.0**	**58502.0**
北　京	653.0	1365.6	3770.9	3193.9	2891.7	2558.0
天　津	394.8	583.5	1479.2	1520.2	1704.4	1769.2
河　北	346.6	771.3	1129.9	1378.9	1342.6	1103.2
山　西	152.4	306.4	667.3	674.7	796.9	882.8
内蒙古	94.0	412.9	897.1	1332.8	1832.9	1694.1
辽　宁	1114.9	1618.9	2443.9	2888.8	3129.9	3540.8
吉　林	328.0	464.8	622.8	934.8	1291.8	1056.0
黑龙江	405.2	827.9	1305.0	1398.1	1595.6	1341.4
上　海	700.4	1643.6	3095.7	3274.3	3380.1	2475.0
江　苏	1630.1	2143.2	5500.1	5933.5	6340.8	6705.0
浙　江	1546.2	1676.9	4130.8	3877.5	4100.1	4132.7
安　徽	350.9	759.3	1816.9	2067.2	2341.6	2365.5
福　建	14.6	1009.4	1576.2	1408.3	1711.3	1712.4
江　西	281.4	402.8	1561.5	1621.5	1626.1	1245.7
山　东	913.2	1426.5	3600.4	3699.1	3794.7	3579.2
河　南	892.6	597.2	1370.9	1681.4	2785.5	2758.7
湖　北	518.1	843.6	1627.0	1817.7	2099.7	2070.0
湖　南	325.6	577.6	1741.2	1706.2	2055.8	2041.2
广　东	2201.0	3161.6	4385.2	4314.1	4262.9	4359.2
广　西	276.1	226.7	1330.7	1133.7	1313.0	1206.1
海　南	63.2	36.0	187.1	125.9	233.1	233.3
重　庆	258.3	849.4	2209.8	2224.8	2253.1	2367.9
四　川	603.3	1285.3	2770.0	3238.7	3084.2	2916.3
贵　州	110.3	349.2	711.6	642.1	695.0	606.0
云　南	263.9	426.0	857.5	1160.4	1016.3	1051.2
西　藏		6.7	26.5	32.9	41.3	45.1
陕　西	176.8	585.3	757.2	792.1	892.0	698.7
甘　肃	92.4	187.1	454.9	420.3	431.7	349.1
青　海	19.6	74.3	104.1	133.1	171.2	222.0
宁　夏	69.9	155.5	568.1	524.5	501.2	611.6
新　疆	78.1	330.1	717.4	679.1	890.6	804.9

表 88 2008 年各地区房屋开发规模

单位:万平方米,%

指标	房屋施工面积		房屋新开工面积		房屋竣工面积	
	绝对量	增长率	绝对量	增长率	绝对量	增长率
全国	**274149.0**	**16.0**	**97573.9**	**2.3**	**58502.0**	**−3.5**
北京	10014.3	−4.1	2337.2	−8.6	2558.0	−11.5
天津	5704.3	17.9	2440.2	15.4	1769.2	3.8
河北	7879.7	35.3	3354.7	19.9	1103.2	−17.8
山西	3891.0	15.0	1418.5	15.5	882.8	10.8
内蒙古	6889.1	30.7	3709.2	12.2	1694.1	−7.6
辽宁	14702.6	26.6	6634.6	1.5	3540.8	13.1
吉林	4527.0	3.6	2617.7	−10.7	1056.0	−18.3
黑龙江	3624.3	9.8	2245.9	22.5	1341.4	−15.9
上海	10390.7	−3.5	2586.6	14.9	2475.0	−26.8
江苏	28188.1	21.4	10015.8	7.7	6705.0	5.7
浙江	19095.0	3.9	5094.8	−3.3	4132.7	0.8
安徽	11339.6	26.8	4565.1	22.9	2365.5	1.0
福建	11372.3	17.8	2760.0	−29.7	1712.4	0.1
江西	6034.7	10.7	2418.8	−7.5	1245.7	−23.4
山东	17925.5	18.2	6499.9	−1.9	3579.2	−5.7
河南	13567.0	28.6	5436.7	7.1	2758.7	−1.0
湖北	7790.1	18.9	3112.9	7.3	2070.0	−1.4
湖南	9880.0	21.1	3813.9	7.1	2041.2	−0.7
广东	22992.6	12.9	6505.6	−12.2	4359.2	2.3
广西	6933.3	15.0	2211.6	1.2	1206.1	−8.1
海南	1390.5	17.3	522.4	53.7	233.3	0.1
重庆	11639.3	10.0	3508.6	−1.3	2367.9	5.1
四川	15412.9	14.8	4554.0	−12.9	2916.3	−5.4
贵州	5104.2	19.3	1577.8	0.2	605.8	−12.8
云南	5370.7	24.8	2158.9	7.0	1051.2	3.4
西藏	135.2	17.9	8.2	−85.4	45.1	9.2
陕西	5564.9	25.2	1859.0	28.5	698.7	−21.7
甘肃	1914.5	3.3	777.6	11.8	349.1	−19.1
青海	707.3	21.1	309.8	13.1	222.0	29.7
宁夏	1582.8	28.6	867.9	20.8	611.6	22.0
新疆	2585.0	25.9	1650.1	22.5	804.9	−9.6

表 88 续表 1 单位:万平方米,%

地区	住宅					
	施工面积		新开工面积		竣工面积	
	绝对量	增长率	绝对量	增长率	绝对量	增长率
全　国	**216671.4**	**16.0**	**79889.1**	**1.4**	**47749.7**	**−4.2**
北　京	5538.2	−6.4	1565.3	−4.6	1399.3	−24.5
天　津	4306.3	15.0	1889.2	17.2	1462.4	4.6
河　北	6915.6	33.6	2957.9	16.6	1000.8	−17.2
山　西	3282.7	15.3	1253.8	14.1	747.6	8.9
内蒙古	5598.3	29.0	3004.2	9.7	1432.1	−7.7
辽　宁	11587.3	23.9	5465.1	−1.4	3029.7	12.8
吉　林	3813.9	4.3	2216.6	−11.9	917.6	−20.0
黑龙江	2927.9	11.1	1850.3	24.3	1107.7	−11.0
上　海	6872.1	−10.1	1762.0	7.8	1763.3	−35.9
江　苏	21968.5	18.4	7908.4	3.3	5489.8	6.4
浙　江	13623.5	1.3	3578.3	−7.6	3059.1	0.2
安　徽	9196.0	25.3	3759.5	22.1	2002.5	−0.5
福　建	8639.9	15.1	2217.5	−29.7	1272.5	−5.4
江　西	5146.1	11.1	2119.9	−7.5	1073.1	−26.5
山　东	14965.8	18.1	5558.1	−1.4	3151.4	−5.0
河　南	11347.8	31.5	4664.0	8.4	2372.5	1.5
湖　北	6654.0	20.7	2692.5	6.0	1804.7	−0.5
湖　南	8097.9	25.9	3231.9	12.9	1718.3	2.5
广　东	18022.4	12.9	5189.9	−14.8	3476.2	−0.7
广　西	5630.7	16.8	1881.8	1.9	1007.1	−6.9
海　南	1205.5	18.1	456.1	52.1	201.0	−4.9
重　庆	9166.2	12.1	2857.7	−1.6	1951.4	10.3
四　川	13031.9	15.1	3919.1	−13.4	2524.6	−2.6
贵　州	4121.0	22.3	1303.9	1.0	493.4	−11.9
云　南	4472.4	24.3	1790.6	5.1	883.2	5.7
西　藏	123.2	18.9	7.7	−84.1	43.9	13.2
陕　西	4797.9	27.9	1624.4	27.3	652.8	−18.6
甘　肃	1604.6	9.3	690.1	14.1	308.1	−17.9
青　海	630.4	22.6	287.1	18.6	201.6	35.7
宁　夏	1193.9	32.1	727.7	32.1	479.1	17.6
新　疆	2189.6	27.7	1458.7	19.9	723.2	−9.4

表 82 续表 2

单位:万平方米,%

地　　区	办公楼					
	施工面积		新开工面积		竣工面积	
	绝对量	增长率	绝对量	增长率	绝对量	增长率
全　　国	**9190.5**	**10.4**	**2284.2**	**6.7**	**1648.0**	**6.7**
北　　京	1287.2	−5.7	159.8	−39.7	364.6	15.8
天　　津	307.4	47.7	141.3	149.8	48.2	−2.7
河　　北	77.5	22.8	43.8	59.1	15.5	−31.4
山　　西	97.1	−10.5	28.8	88.1	7.2	−45.7
内 蒙 古	230.1	46.9	92.5	9.1	48.8	54.6
辽　　宁	314.2	37.1	85.0	−11.4	41.1	−26.1
吉　　林	81.4	33.8	34.1	4.0	17.6	10.5
黑 龙 江	40.1	−8.2	28.4	13.2	12.6	−53.9
上　　海	1084.5	16.0	262.6	30.6	205.7	48.1
江　　苏	814.4	36.9	233.2	27.5	138.4	4.4
浙　　江	1085.8	8.5	296.2	15.3	167.1	3.6
安　　徽	300.5	13.3	82.6	6.6	35.0	−26.7
福　　建	313.0	10.9	37.3	−31.6	81.9	47.5
江　　西	54.2	−9.3	18.3	0.1	14.6	26.2
山　　东	430.2	11.0	101.3	−37.9	53.2	2.5
河　　南	380.0	3.8	96.8	−14.4	61.9	−1.4
湖　　北	153.3	−0.5	47.9	−1.3	28.9	−38.5
湖　　南	167.2	−4.5	33.4	−41.2	19.3	−37.7
广　　东	792.4	6.5	163.5	30.7	140.7	43.5
广　　西	101.6	−20.7	19.7	−41.6	9.2	−63.7
海　　南	36.1	47.5	22.8	180.4	3.1	−17.6
重　　庆	232.2	−9.4	22.3	−58.3	45.2	
四　　川	227.8	18.9	42.1	−5.2	22.9	−22.6
贵　　州	111.9	−15.4	21.1	39.5	9.3	−43.3
云　　南	85.4	81.2	38.9	171.5	17.0	23.1
西　　藏	1.3		0.1	−67.1	0.1	
陕　　西	214.9	6.8	62.3	137.5	8.0	−44.0
甘　　肃	36.8	−17.7	2.8	−48.8	7.2	28.2
青　　海	8.3	−25.9	1.4	−81.8		
宁　　夏	55.2	18.1	20.5	−11.9	17.1	101.6
新　　疆	68.7	79.7	43.5	379.2	6.6	−31.8

表 82 续表 3 单位:万平方米,%

地区	商业营业用房					
	施工面积		新开工面积		竣工面积	
	绝对量	增长率	绝对量	增长率	绝对量	增长率
全　国	**28895.4**	**11.4**	**9321.2**	**2.5**	**5488.6**	**−10.0**
北　京	1429.8	−3.5	287.1	13.1	313.1	−0.6
天　津	601.7	13.4	210.5	−19.2	187.7	40.5
河　北	593.1	44.2	219.2	51.1	68.7	−29.6
山　西	393.9	9.4	95.3	2.2	97.2	17.9
内蒙古	811.3	26.5	457.3	15.2	175.6	−13.9
辽　宁	1982.3	35.9	758.0	14.0	321.0	20.0
吉　林	449.6	−10.2	256.7	−8.3	93.9	0.7
黑龙江	447.6	−6.4	252.4	8.3	169.5	−33.3
上　海	1222.5	8.0	248.8	22.6	221.6	−13.6
江　苏	3630.4	30.1	1281.5	29.2	701.5	−2.7
浙　江	1951.0	4.8	546.5	0.1	367.2	−24.3
安　徽	1421.0	43.1	564.8	35.1	254.0	19.6
福　建	934.5	9.3	207.6	−34.0	154.9	−5.1
江　西	593.8	5.0	200.7	−15.8	115.3	−12.0
山　东	1854.5	15.5	609.5	−3.5	270.5	−21.9
河　南	1354.2	10.6	468.2	−8.5	255.7	−16.3
湖　北	622.3	−1.6	210.3	−12.7	166.7	−13.5
湖　南	1039	−5.4	325.5	−22.4	214.5	−18.4
广　东	1923.3	9.1	497.4	−5.5	349.6	1.7
广　西	739.4	3.4	184.2	2.0	125.4	−9.7
海　南	100.9	0.5	27.7	28.7	17.1	28.6
重　庆	1248.6	−4.0	325.4	2.7	215.6	−20.3
四　川	1193.0		306.5	−18.1	234.0	−29.7
贵　州	577.5	1.8	145.4	−18.9	77.7	−17.3
云　南	564.4	15.1	228.7	0.5	96.5	−20.9
西　藏	9.6	−10.6	0.4	−94.4	0.5	−77.6
陕　西	417.4	8.6	120.9	16.6	31.4	−50.1
甘　肃	176.1	−23.8	54.7	−22.3	23.1	−24.5
青　海	57.1	18.3	18.4	1.8	16.2	−7.2
宁　夏	275.5	13.1	95.7	−20.8	95.7	32.3
新　疆	279.7	3.0	116.0	13.9	57.4	−20.4

表89 商品房销售面积

单位:万平方米

	1995	2000	2005	2006	2007	2008
全　国	**7905.9**	**18637.1**	**55486.2**	**61857.1**	**77354.7**	**62089.0**
北　京	190.2	956.9	3123.4	2607.6	2176.6	1335.4
天　津	146.6	391.8	1408.4	1458.6	1548.6	1252.2
河　北	207.9	489.4	1408.7	1817.9	2067.8	1919.5
山　西	75.8	190.6	688.7	791.5	913.5	904.4
内蒙古	56.6	293.8	1078.8	1429.0	2087.7	2141.0
辽　宁	491.0	948.7	2564.5	3006.6	3830.4	4016.4
吉　林	155.4	309.3	830.9	974.9	1292.4	1377.9
黑龙江	142.4	499.9	1242.8	1482.7	1709.2	1498.4
上　海	567.7	1557.9	3158.9	3025.4	3695.0	2296.1
江　苏	798.3	1740.9	5135.6	6101.1	7598.4	5412.3
浙　江	866.6	1502.2	3305.8	3545.0	4542.0	2880.3
安　徽	220.4	535.9	1907.2	2307.8	3083.4	2757.0
福　建	350.5	810.7	1913.8	2021.7	2421.9	1621.3
江　西	134.4	286.7	1650.1	1777.2	2175.6	1464.6
山　东	451.1	1078.4	3754.9	4172.2	5063.0	5011.7
河　南	659.3	509.2	1724.8	2409.3	3928.0	2971.0
湖　北	240.5	612.1	1708.0	2038.5	2538.9	1926.6
湖　南	143.9	377.8	1842.2	2021.6	2734.4	2375.3
广　东	999.8	2260.0	5038.9	5178.6	6174.6	4824.4
广　西	156.8	191.4	1438.4	1502.6	2016.2	1734.5
海　南	40.6	42.2	249.4	203.4	312.5	337.0
重　庆	114.6	580.0	2017.7	2228.5	3552.9	2872.2
四　川	256.9	945.6	3402.5	4100.2	4923.8	3205.9
贵　州	52.8	251.7	863.0	880.9	1071.6	859.0
云　南	170.8	343.2	1431.9	1693.1	1976.3	1643.4
西　藏		4.8	25.9	57.1	60.8	63.3
陕　西	88.7	396.4	892.0	1116.5	1460.2	1416.5
甘　肃	45.4	123.0	493.2	515.5	592.3	471.3
青　海	8.9	39.9	121.0	119.7	154.5	136.3
宁　夏	28.1	104.5	377.9	380.0	507.8	508.7
新　疆	44.1	262.5	687.2	892.4	1144.3	855.3

表90　2008年各地区商品房销售面积

单位:万平方米,%

地区	商品房销售面积		现房		期房	
	绝对量	增长率	绝对量	增长率	绝对量	增长率
全国	**62088.9**	**−19.7**	**19629.3**	**−21.9**	**42459.7**	**−18.7**
北京	1335.4	−38.6	383.3	−31.4	952.1	−41.1
天津	1252.0	−19.1	412.7	−4.1	839.3	−24.9
河北	1919.5	−7.2	434.8	−36.8	1484.8	7.6
山西	904.4	−1.0	368.2	−14.7	536.1	11.2
内蒙古	2141.0	2.6	993.4	−5.2	1147.6	10.4
辽宁	4016.4	4.9	1582.7	9.0	2433.8	2.3
吉林	1377.9	6.6	696.5	1.1	681.4	12.9
黑龙江	1498.4	−12.3	732.4	−10.7	766.0	−13.9
上海	2296.1	−37.9	724.7	−32.7	1571.5	−40.0
江苏	5412.3	−28.8	1474.3	−27.3	3938.0	−29.3
浙江	2880.3	−36.6	574.9	−33.8	2305.5	37.2
安徽	2757.0	−10.6	691.0	−22.6	2066.0	−5.7
福建	1621.3	−33.1	201.8	−49.2	1419.6	−29.9
江西	1464.6	−32.7	603.9	−25.2	860.6	−37.1
山东	5011.7	−1.0	1929.1	−8.0	3082.5	3.9
河南	2971.0	−24.4	1004.6	−30.8	1966.4	−20.6
湖北	1926.6	−24.1	762.7	−35.2	1163.9	−14.6
湖南	2375.3	−13.1	792.1	−13.4	1583.2	−13.0
广东	4824.4	−21.9	1667.7	−31.5	3156.7	−15.6
广西	1734.5	−14.0	360.1	−21.4	1374.3	−11.8
海南	337.0	7.8	96.6	−7.7	240.4	15.6
重庆	2872.2	−19.2	709.8	−16.6	2162.4	−20.0
四川	3205.9	−34.9	724.0	−27.7	2481.9	−36.7
贵州	859.1	−19.8	137.6	−47.0	721.5	−11.2
云南	1643.4	−16.8	324.6	−28.2	1318.7	−13.5
西藏	63.3	4.1	38.8	−19.8	24.5	97.8
陕西	1416.5	−3.0	409.2	−27.8	1007.3	12.7
甘肃	471.3	−20.4	228.3	−23.7	243.0	−17.1
青海	136.3	−11.8	34.3	−22.9	102.0	−7.3
宁夏	508.7	0.2	234.5	−26.3	274.1	44.8
新疆	855.3	−25.3	300.7	−35.2	554.6	−18.5

表 90 续表 1

单位：万平方米，%

地区	住宅		现房		期房	
	绝对量	增长率	绝对量	增长率	绝对量	增长率
全　国	**55886.5**	**−20.3**	**16760.5**	**−23.3**	**39125.9**	**−19.0**
北　京	1031.4	−40.4	208.7	−43.4	822.7	−39.6
天　津	1135.4	−19.0	361.3	0.4	774.0	−25.7
河　北	1838.6	−6.6	403.8	−37.6	1434.8	8.5
山　西	804.3	−5.0	300.5	−23.2	503.7	10.7
内蒙古	1866.3	3.1	856.0	−5.8	1010.3	12.1
辽　宁	3667.5	3.4	1379.4	4.9	2288.1	2.6
吉　林	1202.8	1.6	563.7	−8.2	639.2	12.0
黑龙江	1302.4	−14.2	601.6	−12.3	700.8	−15.8
上　海	1965.9	−40.1	583.0	−36.8	1382.9	−41.3
江　苏	4730.3	−30.2	1229.1	−28.7	3501.2	−30.7
浙　江	2394.8	−39.0	382.7	−42.0	2012.2	−38.4
安　徽	2523.5	−9.1	595.3	−21.5	1928.2	−4.4
福　建	1255.0	−40.1	147.5	−47.7	1107.5	−38.9
江　西	1364.0	−33.1	555.6	−24.9	808.4	−37.7
山　东	4627.3	−1.8	1768.3	−8.6	2859.0	3.0
河　南	2743.0	−23.1	906.8	−29.5	1836.2	−19.6
湖　北	1810.4	−24.0	697.6	−36.1	1112.8	−13.7
湖　南	2159.1	−13.6	698.7	−14.3	1460.4	−13.3
广　东	4378.4	−21.9	1415.5	−32.7	2962.9	−15.4
广　西	1609.7	−13.2	305.6	−21.9	1304.1	−10.9
海　南	324.9	8.5	91.5	−9.4	233.5	17.5
重　庆	2669.9	−19.3	582.4	−18.8	2087.6	−19.5
四　川	2976.6	−34.8	618.3	−26.0	2358.4	−36.7
贵　州	805.0	−18.6	117.3	−49.0	687.6	−9.4
云　南	1477.8	−17.6	273.3	−27.7	1204.5	−14.9
西　藏	61.0	2.3	37.0	−21.6	24.0	93.8
陕　西	1339.6	−2.8	376.8	−29.7	962.7	14.4
甘　肃	451.0	−18.9	213.1	−22.7	237.9	−15.2
青　海	130.1	−11.7	31.2	−24.1	98.8	−6.9
宁　夏	446.8	−0.3	195.6	−28.2	251.2	42.8
新　疆	793.8	−26.4	263.3	−37.4	530.6	−19.3

表 90 续表 2

单位:万平方米,%

地区	办公楼		现房		期房	
	绝对量	增长率	绝对量	增长率	绝对量	增长率
全国	**1110.7**	**－24.2**	**441.6**	**－12.8**	**669.0**	**－30.2**
北京	139.4	－47.5	80.3	－26.8	59.1	－62.1
天津	29.3	－31.8	22.4	－23.8	6.9	－49.2
河北	2.1	－73.3	1.5	－71.1	0.6	－77.5
山西	13.4	13.9	9.3	9.7	4.2	24.5
内蒙古	39.5	－7.8	8.9	17.2	30.6	－13.2
辽宁	36.1	88.8	22.4	123.2	13.7	50.9
吉林	12.9	36.1	5.6	－0.7	7.3	90.4
黑龙江	9.0	－21.8	5.7	－36.8	3.3	33.1
上海	145.9	－3.4	51.5	－6.2	94.4	－1.7
江苏	89.0	－33.3	31.7	19.2	57.3	－46.4
浙江	122.0	－22.4	34.3	－2.7	87.8	－28.0
安徽	28.7	－32.3	8.4	－38.5	20.3	－29.3
福建	66.0	－17.7	9.1	－58.3	56.9	－2.6
江西	4.8	8.1	1.0	－35.7	3.8	30.4
山东	54.7	8.7	28.0	53.8	26.8	－16.8
河南	41.1	－36.7	9.2	－57.9	31.8	－26.0
湖北	11.6	－3.8	5.5	6.2	6.1	－11.4
湖南	21.0	－36.2	6.2	－34.9	14.8	－36.7
广东	85.8	－27.4	38.8	－10.4	47.0	－37.3
广西	9.8	－62.0	1.5	－69.9	8.4	－60.1
海南	1.3	－73.8	0.7	－30.1	0.7	－83.9
重庆	34.9	－11.0	23.7	59.2	11.2	－54.0
四川	30.9	－30.7	5.1	－29.9	25.9	－30.9
贵州	10.7	－41.0	4.3	10.8	6.4	－55.0
云南	22.1	90.2	7.4	60.2	14.7	110.0
西藏						
陕西	32.2	－6.1	10.0	－20.7	22.2	2.5
甘肃	3.1	－50.4	2.3	－46.1	0.8	－59.6
青海	0.9	－41.1	0.3	－55.4	0.7	－32.6
宁夏	6.6	－32.2	3.3	－54.0	3.3	31.3
新疆	6.0	－45.3	3.6	－60.1	2.3	27.4

表 90 续表 3 单位:万平方米,%

地区	商业营业用房		现房		期房	
	绝对量	增长率	绝对量	增长率	绝对量	增长率
全国	**3852.1**	**−17.1**	**1911.1**	**−14.6**	**1941.0**	**−19.3**
北京	112.4	−16.6	58.2	4.7	54.3	−31.6
天津	74.9	−18.1	23.6	−33.4	51.3	−8.3
河北	59.6	−19.4	26.7	−11.2	32.9	−25.0
山西	75.2	46.0	50.6	66.7	24.5	24.5
内蒙古	200.4	0.3	106.5	−5.6	93.9	93.9
辽宁	259.1	17.6	155.2	50.8	103.9	−11.6
吉林	131.8	56.7	108.7	86.0	23.1	−10.1
黑龙江	156.9	9.3	104.8	1.3	52.2	29.7
上海	117.3	−40.9	41.6	−33.7	75.7	−44.2
江苏	496.8	−15.3	179.3	−26.4	317.6	−7.5
浙江	226.2	−21.8	103.8	−11.2	122.4	−29.0
安徽	186.0	−23.5	76.6	−28.4	109.4	−19.6
福建	87.4	−43.7	29.8	−49.8	57.7	−40.0
江西	76.8	−32.1	39.6	−34.0	37.1	−29.9
山东	268.3	1.5	119.9	−7.4	148.4	10.0
河南	168.2	−35.4	79.5	−36.3	88.7	−34.5
湖北	74.8	−41.6	47.8	−28.2	27.0	−56.1
湖南	168.4	−8.6	77.4	−6.5	91.1	−10.3
广东	217.4	−27.2	132.3	−28.9	85.1	−24.4
广西	83.5	−26.6	37.8	−22.7	45.7	−29.6
海南	10.2	33.3	4.1	58.7	6.1	20.3
重庆	126.5	−25.4	80.7	−17.5	45.8	−36.1
四川	156.5	−40.8	79.8	−40.5	76.7	−41.1
贵州	40.7	−30.6	14.6	−35.3	26.1	−27.6
云南	117.7	−15.9	37.8	−35.2	79.8	−2.2
西藏	2.3	93.0	1.8	51.8	0.5	
陕西	38.9	−2.8	18.7	32.5	20.2	−22.0
甘肃	13.8	−45.6	9.9	−48.4	4.0	−37.2
青海	5.1	−2.8	2.6	9.6	2.5	−13.2
宁夏	52.4	13.4	33.3	−8.9	19.1	98.6
新疆	46.6	−9.6	28.3	−12.2	18.3	−5.2

表 91　商品房销售额

单位：亿元

	1995	2000	2005	2006	2007	2008
全　国	**1257.7**	**3935.4**	**17576.0**	**20826.0**	**29889.1**	**24071.4**
北　京	67.5	470.7	2120.2	2159.0	2514.7	1658.3
天　津	28.0	91.2	571.1	696.3	899.9	753.2
河　北	22.5	70.9	262.3	383.8	534.7	546.7
山　西	7.3	21.3	152.2	157.4	205.5	211.6
内蒙古	6.1	33.4	178.4	258.8	469.0	528.0
辽　宁	78.8	196.9	717.4	924.1	1336.9	1507.7
吉　林	17.2	43.6	156.9	195.9	295.6	359.8
黑龙江	21.1	86.9	260.9	325.5	422.4	421.3
上　海	146.0	555.4	2161.3	2177.1	3089.4	1895.5
江　苏	107.4	286.0	1724.9	2191.7	3057.9	2223.9
浙　江	112.1	292.5	1414.9	1692.5	2628.0	1816.4
安　徽	22.4	62.9	423.4	535.9	821.5	806.8
福　建	63.2	169.0	605.1	807.5	1134.5	732.6
江　西	9.6	27.2	252.2	303.5	450.8	321.3
山　东	56.3	153.9	910.7	1059.9	1470.4	1540.3
河　南	26.1	64.2	322.0	484.7	885.2	706.5
湖　北	31.2	83.7	386.6	521.0	775.2	580.1
湖　南	13.2	40.8	299.3	389.9	610.6	557.6
广　东	297.2	729.5	2238.7	2513.0	3651.8	2879.6
广　西	15.8	27.7	289.6	329.9	511.8	490.6
海　南	9.2	8.3	72.9	77.0	130.1	177.7
重　庆	11.7	78.4	430.8	505.7	967.3	800.0
四　川	31.8	126.7	661.9	931.1	1398.6	1001.0
贵　州	5.2	31.9	138.6	156.8	229.0	206.2
云　南	22.7	59.7	310.0	403.0	485.2	440.5
西　藏		0.5	4.4	11.3	16.4	17.8
陕　西	12.5	49.7	183.7	274.8	383.1	438.1
甘　肃	5.9	16.0	95.5	91.7	129.7	102.2
青　海	1.0	4.9	22.2	23.0	35.7	32.8
宁　夏	2.9	14.1	84.5	78.4	108.5	123.9
新　疆	5.9	37.4	123.5	165.8	238.2	193.2

表92 2008年各地区商品房销售额

单位:亿元,%

地区	商品房销售额		现房		期房	
	绝对量	增长率	绝对量	增长率	绝对量	增长率
全国	**24071.4**	**−19.5**	**6356.8**	**−19.1**	**17714.6**	**−19.6**
北京	1658.3	−34.1	464.1	−21.8	1194.2	−37.8
天津	753.2	−16.3	222.3	3.6	530.8	−22.5
河北	546.7	2.2	98.1	−37.2	448.6	18.5
山西	211.6	3.0	72.6	−16.7	139.0	17.4
内蒙古	528.0	12.6	218.6	5.4	309.4	18.3
辽宁	1507.7	12.8	523.6	20.8	984.1	8.9
吉林	359.8	20.9	171.7	7.4	188.2	36.7
黑龙江	421.3	−0.3	192.0	4.1	229.2	−3.7
上海	1895.5	−38.6	562.6	−35.0	1332.9	−40.1
江苏	2223.9	−27.3	514.3	−26.0	1709.6	−27.7
浙江	1816.4	−30.9	262.2	−32.2	1554.2	−30.7
安徽	806.8	−1.8	166.5	−22.6	640.3	5.6
福建	732.6	−35.4	68.7	−54.1	663.8	−32.6
江西	321.3	−28.7	111.6	−27.0	209.7	−29.6
山东	1540.3	4.8	561.7	6.1	978.6	4.0
河南	706.5	−20.2	194.5	−25.6	512.0	−17.9
湖北	580.1	−25.2	191.6	−40.4	388.6	−14.4
湖南	557.6	−8.7	157.9	−3.6	399.7	−10.5
广东	2880.0	−21.1	731.1	−26.0	2148.9	−19.3
广西	490.6	−4.2	86.2	−13.4	404.4	−1.9
海南	177.7	36.6	56.6	30.9	121.1	39.5
重庆	800.0	−17.3	167.8	−21.9	632.3	−16.0
四川	1001.0	−28.4	157.1	−21.1	844.0	−29.6
贵州	206.2	−9.9	29.0	−43.7	177.3	−0.2
云南	440.5	−9.2	84.5	−11.9	356.0	−8.6
西藏	17.8	8.4	12.4	−11.5	5.4	123.2
陕西	438.1	14.4	111.5	−23.4	326.7	37.7
甘肃	102.2	−21.2	47.8	−23.0	54.4	−19.6
青海	32.8	−8.3	7.4	−16.2	25.3	−5.7
宁夏	123.9	14.3	52.2	−21.6	71.8	71.2
新疆	193.2	−18.9	59.0	−33.6	134.3	−10.1

表 92 续表 1　　单位:亿元,%

地区	住宅		现房		期房	
	绝对量	增长率	绝对量	增长率	绝对量	增长率
全　国	**20424.1**	**−20.1**	**4884.8**	**−21.4**	**15539.3**	**−19.7**
北　京	1201.4	−34.9	261.7	−25.7	939.7	−37.1
天　津	635.6	−18.7	179.3	6.8	456.3	−25.7
河　北	514.6	4.3	87.2	−37.4	427.3	20.7
山　西	179.4	3.3	54.3	−22.4	125.1	20.6
内蒙古	417.8	14.6	167.7	2.9	250.1	24.1
辽　宁	1309.3	10.1	411.6	12.6	897.7	9.0
吉　林	306.4	18.0	134.6	0.3	171.8	37.0
黑龙江	341.1	−4.6	145.2	2.0	195.9	−9.0
上　海	1608.5	−40.6	457.6	−37.4	1150.8	−41.8
江　苏	1831.4	−29.5	393.7	−28.5	1437.7	−29.7
浙　江	1482.4	−32.8	157.9	−41.1	1324.5	−31.7
安　徽	704.0	1.3	132.1	−19.2	571.9	7.6
福　建	588.3	−37.3	42.6	−50.2	545.6	−36.0
江　西	284.1	−30.2	96.1	−27.6	188.0	−31.5
山　东	1361.7	3.3	486.9	4.5	874.8	2.6
河　南	595.1	−19.9	154.8	−24.3	440.2	−18.2
湖　北	525.9	−24.8	165.4	−42.5	360.5	−12.5
湖　南	465.5	−9.9	118.2	−7.1	347.3	−10.9
广　东	2519.3	−20.9	559.4	−30.0	1960.0	−17.8
广　西	423.9	−4.2	62.9	−14.8	361.0	−2.1
海　南	171.2	39.5	54.0	29.0	117.2	45.0
重　庆	704.8	−17.7	111.7	−30.4	593.1	−14.8
四　川	907.2	−27.8	123.2	−15.8	784.0	−29.3
贵　州	175.5	−6.6	19.4	−50.2	156.1	4.8
云　南	360.8	−12.4	62.6	−13.7	298.2	−12.1
西　藏	17.0	7.2	11.7	−12.8	5.3	117.4
陕　西	399.2	16.5	98.1	−25.3	301.2	42.4
甘　肃	95.0	−20.4	43.4	−22.0	51.6	−19.0
青　海	30.2	−7.1	6.2	−20.2	24.0	−3.0
宁　夏	98.9	12.8	38.8	−23.8	60.1	63.5
新　疆	168.8	−20.1	46.4	−35.3	122.5	−12.3

表92续表2

单位:亿元,%

地区	办公楼		现房		期房	
	绝对量	增长率	绝对量	增长率	绝对量	增长率
全国	**954.7**	**-24.8**	**345.3**	**-15.3**	**609.4**	**-29.3**
北京	230.7	-42.7	117.8	-29.3	113.0	-52.1
天津	28.7	-10.0	22.2	15.4	6.5	-48.4
河北	0.8	-79.7	0.5	-74.8	0.2	-86.1
山西	8.2	70.2	5.0	82.7	3.2	53.7
内蒙古	19.1	38.9	3.1	81.0	16.0	32.9
辽宁	17.2	90.3	9.4	120.0	7.8	63.7
吉林	4.3	25.1	2.0	25.3	2.4	25.0
黑龙江	2.5	-16.1	1.7	-32.3	0.9	58.7
上海	172.3	-19.7	52.3	-32.6	120.0	-12.5
江苏	59.9	-37.6	19.4	10.8	40.5	-48.4
浙江	120.1	-1.4	25.6	16.8	94.5	-5.4
安徽	14.3	-15.7	3.3	-8.4	11.0	-17.7
福建	35.6	-6.2	3.7	-64.6	31.9	16.0
江西	1.4	-6.1	0.5	-29.0	0.9	11.5
山东	33.5	3.3	14.9	59.9	18.6	-19.5
河南	18.6	-20.1	3.2	-40.9	15.4	-13.9
湖北	5.9	7.0	2.6	-1.3	3.3	14.4
湖南	8.9	-27.2	2.1	-23.4	6.8	-28.3
广东	95.8	-35.3	32.4	7.6	63.4	-46.2
广西	4.9	-39.9	0.5	-72.7	4.5	-31.4
海南	0.8	-73.6	0.2	-57.1	0.6	-75.8
重庆	16.3	-0.8	10.0	68.4	6.3	-39.8
四川	15.5	-32.4	1.7	-12.2	13.8	-34.3
贵州	4.0	-47.7	1.3	-15.2	2.7	-56.0
云南	10.7	112.5	2.3	51.3	8.5	138.3
西藏						
陕西	17.7	22.0	4.6	-13.2	13.1	42.3
甘肃	1.1	-18.0	0.8	-6.0	0.4	-35.2
青海	0.3	-37.4	0.1	-41.5	0.2	-34.8
宁夏	2.5	-20.8	1.2	-42.4	1.2	25.1
新疆	3.1	-31.9	1.3	-65.1	1.8	130.0

表92续表3　　单位:亿元,%

地　区	商业营业用房		现　房		期　房	
	绝对量	增长率	绝对量	增长率	绝对量	增长率
全　国	**2286.4**	**−14.7**	**945.0**	**−11.2**	**1314.4**	**−17.0**
北　京	192.8	−18.7	66.5	6.0	126.2	−27.6
天　津	77.4	−4.6	18.7	−25.7	58.8	4.9
河　北	27.1	−20.8	9.8	−29.0	17.4	−15.4
山　西	21.4	−19.1	11.2	−21.4	10.2	−16.5
内蒙古	81.4	−1.2	41.9	8.2	39.5	−9.6
辽　宁	160.2	32.6	92.5	74.7	67.7	−0.2
吉　林	40.2	32.9	30.6	45.8	9.6	3.7
黑龙江	68.4	33.8	38.7	17.5	29.7	63.5
上　海	77.5	−40.9	24.8	−38.6	52.8	−41.9
江　苏	311.1	−9.1	94.8	−20.2	216.3	−3.2
浙　江	168.9	−28.6	64.2	−16.2	104.8	−34.5
安　徽	84.6	−19.6	28.9	−36.9	55.7	−6.2
福　建	73.9	−43.9	17.9	−61.2	56.0	−34.6
江　西	32.2	−15.5	13.7	−26.6	18.5	−4.9
山　东	127.4	14.8	53.6	6.2	73.8	21.9
河　南	89.4	−21.8	34.6	−28.9	54.8	−16.5
湖　北	37.8	−42.6	19.8	−29.0	18.0	−52.6
湖　南	77.8	−0.5	35.9	10.4	41.9	−8.3
广　东	186.4	−23.5	97.8	−15.3	88.6	−30.9
广　西	52.7	−5.9	18.7	−12.4	34.0	−1.8
海　南	5.5	24.9	2.3	126.7	3.2	−5.7
重　庆	68.7	−21.1	40.5	−7.6	28.2	−34.8
四　川	67.8	−37.8	27.7	−40.0	40.0	−36.2
贵　州	25.7	−19.9	7.9	−23.3	17.9	−18.4
云　南	61.0	3.4	17.6	−5.6	43.5	7.5
西　藏	0.8	42.4	0.7	17.4	0.1	
陕　西	19.1	−16.9	7.6	−3.1	11.6	−24.0
甘　肃	5.7	−29.8	3.4	−40.2	2.4	−7.1
青　海	2.2	−16.9	1.1	24.5	1.1	−37.3
宁　夏	22.1	28.7	11.8	−10.1	10.3	153.9
新　疆	19.2	−9.3	10.0	−20.5	9.2	7.1

表 93 建筑业总产值

单位:亿元

	1995	2000	2005	2006	2007	2008
全　国	**5793.8**	**12497.6**	**34552.1**	**41557.2**	**51043.7**	**61144.3**
北　京	370.7	727.5	1894.0	2167.9	2576.8	3065.4
天　津	158.3	238.1	754.4	983.9	1221.9	1405.8
河　北	261.3	492.1	1285.3	1448.7	1614.7	1903.4
山　西	146.8	239.4	849.2	939.7	1060.7	1282.6
内蒙古	82.6	136.7	381.3	467.0	681.1	759.8
辽　宁	407.3	598.1	1481.7	1775.0	2100.0	2512.6
吉　林	128.0	239.2	485.6	607.7	738.3	962.8
黑龙江	205.6	334.1	572.9	699.8	875.9	1057.6
上　海	391.4	622.4	1889.2	2285.4	2524.2	3071.8
江　苏	537.2	1538.8	4368.9	5424.8	7010.6	8308.5
浙　江	353.7	1383.8	4718.7	5655.6	6971.7	8040.8
安　徽	140.1	302.8	963.5	1168.2	1517.0	1884.1
福　建	166.2	271.1	874.0	1162.0	1544.2	1860.8
江　西	76.0	116.4	566.0	668.9	786.1	969.8
山　东	257.9	817.1	2509.1	2791.8	3289.0	3787.8
河　南	182.1	357.3	1066.1	1530.9	2151.7	2826.1
湖　北	227.4	454.2	1349.3	1667.0	2110.8	2597.7
湖　南	148.8	354.4	1219.3	1462.9	1828.8	2286.7
广　东	635.8	892.0	2199.6	2592.6	2999.5	3375.0
广　西	92.9	150.9	425.2	512.8	612.7	746.8
海　南	17.6	30.2	59.7	64.9	82.2	111.0
重　庆		348.7	783.6	895.1	1128.7	1430.2
四　川	358.3	713.8	1469.0	1753.2	2110.0	2537.0
贵　州	53.9	109.1	271.2	312.3	348.8	381.6
云　南	94.7	309.3	539.4	672.4	756.7	899.9
西　藏	3.6	16.8	40.6	49.4	60.3	72.3
陕　西	106.6	242.3	658.5	830.4	1173.1	1649.3
甘　肃	60.8	125.1	313.4	344.3	436.9	480.5
青　海	20.5	44.7	90.9	108.4	125.4	134.5
宁　夏	20.2	56.2	113.0	130.8	154.9	184.1
新　疆	87.6	235.0	359.3	383.1	450.8	558.4

说明:2008 年为快报数。

表 94　2008 年各地区建筑业总产值构成情况

单位:亿元,%

地　区	建筑业总产值		建筑工程产值		安装工程产值		其他产值	
	绝对额	增长率	绝对额	增长率	绝对额	增长率	绝对额	增长率
全国总计	**61144.3**	**19.8**	**53417.2**	**20.2**	**5991.9**	**17.5**	**1735.1**	**16.0**
北　京	3065.4	19.0	2932.6	19.4	102.9	5.4	29.9	28.5
天　津	1405.8	15.0	1140.1	15.9	190.6	6.8	75.1	26.4
河　北	1903.4	17.9	1588.4	16.8	236.1	33.8	79.0	0.4
山　西	1282.6	20.9	1122.3	23.3	121.8	1.1	38.5	28.2
内蒙古	759.8	11.6	674.6	14.3	61.1	−1.0	24.1	−17.7
辽　宁	2512.7	19.6	2149.1	21.0	310.1	11.3	53.4	16.9
吉　林	962.8	30.4	832.6	29.9	100.6	24.5	29.5	77.9
黑龙江	1057.6	20.7	837.5	26.1	196.5	9.2	23.6	−26.2
上　海	3071.8	21.7	2512.5	23.3	443.4	15.0	115.8	14.0
江　苏	8308.5	18.5	7671.0	18.4	581.6	18.0	55.9	49.4
浙　江	8040.8	15.3	7143.0	15.1	659.9	13.7	237.8	29.1
安　徽	1884.1	24.2	1619.8	23.0	181.2	21.1	83.2	63.7
福　建	1860.8	20.5	1675.5	23.3	154.8	−1.7	30.4	11.2
江　西	969.8	23.4	862.7	25.1	65.2	2.6	41.9	27.2
山　东	3787.8	15.2	3189.9	19.6	467.0	1.1	130.9	−18.7
河　南	2826.1	31.3	2442.3	32.6	291.6	27.3	92.1	14.2
湖　北	2597.7	23.1	2031.0	11.4	456.8	139.0	109.9	14.2
湖　南	2286.7	25.0	1943.1	26.4	186.5	17.3	157.1	18.4
广　东	3375.0	12.5	2943.0	13.2	356.9	9.1	75.1	4.0
广　西	746.8	21.9	635.3	21.1	80.3	12.1	31.1	87.1
海　南	111.0	35.1	102.9	33.4	7.7	122.0	0.4	−75.7
重　庆	1430.2	26.7	1272.4	27.9	104.6	20.4	53.2	13.3
四　川	2537.0	20.2	2266.8	22.0	199.8	3.3	70.4	19.4
贵　州	381.6	9.4	326.8	8.4	44.5	19.0	10.3	4.8
云　南	899.9	18.9	798.4	18.5	83.7	24.4	17.8	13.7
西　藏	72.3	19.9	71.0	25.1	1.0	−21.7	0.4	−84.6
陕　西	1649.3	40.6	1488.3	42.7	127.5	23.0	33.5	27.1
甘　肃	480.5	10.0	390.9	11.2	76.6	−2.0	12.9	77.0
青　海	134.5	7.2	110.7	4.8	15.6	2.3	8.3	79.6
宁　夏	184.1	18.8	168.3	20.9	13.9	−4.6	1.9	57.8
新　疆	558.4	23.9	474.7	24.2	72.0	27.6	11.8	−2.9

说明:2008 年为快报数。

表 95 建筑业房屋建筑施工面积

单位:万平方米

	1995	2000	2005	2006	2007	2008
全　国	**89863**	**160141**	**352745**	**410154**	**482006**	**527597**
北　京	4602	7247	15418	16202	18225	19548
天　津	1512	2254	3941	4555	5447	5535
河　北	4059	6260	11261	12558	13417	15073
山　西	1320	2008	4049	4648	5011	6254
内蒙古	1011	1805	2959	3599	5198	5169
辽　宁	5188	6335	10225	12102	13704	14804
吉　林	1311	2210	3166	3638	4586	5144
黑龙江	2318	2963	4468	4847	4355	3992
上　海	3813	4626	14138	15868	16041	16838
江　苏	8485	21190	52242	63140	79902	92883
浙　江	6509	16570	59884	70345	84477	92761
安　徽	1985	4631	9874	12121	14388	16978
福　建	2943	4085	10268	13854	17744	19763
江　西	1749	2572	7281	8201	9233	10009
山　东	3119	11392	25450	29302	32255	33649
河　南	3387	5308	10813	14473	19016	21585
湖　北	3284	6256	12091	14478	16680	16251
湖　南	2304	5088	13775	15893	18796	21203
广　东	14375	15169	26886	28879	32632	32701
广　西	1860	2328	5518	6491	7891	8303
海　南	370	359	692	780	912	955
重　庆	1678	6088	10723	11522	13867	15435
四　川	5353	10592	17924	20570	22675	24374
贵　州	1141	1792	3153	3369	3813	4119
云　南	1389	3479	4591	5272	5741	6576
西　藏	27	87	151	204	192	254
陕　西	1321	2396	4564	5446	6742	7457
甘　肃	959	1905	3009	3314	3788	3816
青　海	184	339	408	347	385	390
宁　夏	297	563	1057	1246	1342	1664
新　疆	1213	2242	2768	2890	3552	4114

表 96　2008 年各地区建筑业房屋建筑施工面积

单位：万平方米

	房屋建筑施工面积	新开工面积	其中：投标承包工程面积	新开工面积
全国总计	**527597.1**	**262330.3**	**435413.5**	**221853.2**
北　京	19548.4	6819.0	17861.4	6242.6
天　津	5535.5	2346.6	4972.3	2067.5
河　北	15072.6	8286.7	13561.3	7623.1
山　西	6254.2	2768.3	5616.5	2382.7
内蒙古	5168.8	3559.1	4637.2	3344.1
辽　宁	14804.1	8430.1	13388.3	7625.4
吉　林	5143.6	3809.0	4400.6	3432.0
黑龙江	3992.0	2694.1	3046.1	2171.3
上　海	16838.0	6354.6	12726.7	5604.2
江　苏	92882.9	44722.5	82281.9	39255.5
浙　江	92760.8	45060.0	78593.3	38667.9
安　徽	16977.5	9282.7	13715.8	7958.1
福　建	19763.5	8389.0	15337.1	6286.0
江　西	10009.3	5546.6	8289.2	4913.2
山　东	33649.0	19822.0	28149.4	16823.5
河　南	21584.6	12861.7	18582.6	11380.1
湖　北	16251.1	9460.1	12215.8	7459.8
湖　南	21202.7	10272.5	18605.2	8941.1
广　东	32701.4	12567.6	18932.6	7467.7
广　西	8302.9	3302.2	6574.0	2584.8
海　南	955.4	499.5	840.2	441.7
重　庆	15435.2	8267.6	10708.9	6390.8
四　川	24373.8	11973.9	18282.5	9661.3
贵　州	4118.7	1596.1	3760.7	1437.5
云　南	6575.7	3659.2	4924.6	2783.9
西　藏	254.3	207.6	133.2	103.7
陕　西	7457.1	3701.7	6539.6	3303.8
甘　肃	3815.7	2134.7	3058.2	1810.7
青　海	390.0	276.0	267.1	189.8
宁　夏	1664.2	1001.9	1533.4	942.3
新　疆	4114.0	2657.8	3877.6	2557.5

说明：本表为快报数。

表 97 建筑业房屋建筑竣工面积

单位:万平方米

	1995	2000	2005	2006	2007	2008
全 国	**35666**	**80715**	**159406**	**179673**	**203993**	**202704**
北 京	1593	2809	4862	4786	4946	4814
天 津	562	1056	1484	1736	2101	1336
河 北	1644	3481	5744	6024	6311	5951
山 西	501	947	1639	1647	1834	1927
内蒙古	512	1120	1623	2089	3186	2985
辽 宁	2319	3548	5111	6260	6051	6183
吉 林	755	1440	1745	1933	2543	2560
黑龙江	1193	1887	2250	2380	2381	1371
上 海	1486	1710	5643	6506	6090	5121
江 苏	3478	12238	25392	28715	34992	37329
浙 江	2473	7145	24637	29151	34086	36424
安 徽	853	2595	5081	5916	7214	7387
福 建	1171	1729	4191	4826	6010	6789
江 西	681	1360	4031	4359	4571	5060
山 东	1534	5924	11883	13538	15163	13588
河 南	1533	2629	4787	6530	9178	9351
湖 北	1176	3149	6897	7376	8425	7653
湖 南	898	2603	6846	7452	8202	8309
广 东	4843	6030	10028	10629	11141	10228
广 西	704	1189	2210	2479	2894	2889
海 南	136	168	205	315	281	336
重 庆	656	3084	5155	5306	5751	5806
四 川	2064	5839	8692	9178	9631	8637
贵 州	447	824	1150	1108	1204	1120
云 南	671	2190	2470	3137	3148	3138
西 藏	21	81	114	148	161	63
陕 西	478	1087	1893	2128	2351	2574
甘 肃	409	1059	1455	1638	1473	1023
青 海	97	193	194	161	174	158
宁 夏	167	341	564	577	649	733
新 疆	610	1261	1429	1645	1850	1861

表 98 建筑业竣工产值

单位:亿元

	2003	2004	2005	2006	2007	2008
全国	**14988.0**	**18638.2**	**22073.0**	**26051.2**	**30844.9**	**35917.1**
北京	929.7	916.9	1161.6	1190.2	1428.2	1736.5
天津	326.9	352.7	414.9	541.5	677.4	645.1
河北	492.9	580.5	692.8	789.9	906.4	1022.2
山西	216.9	371.1	307.3	343.7	398.2	408.4
内蒙古	194.1	231.0	265.1	306.0	477.3	517.4
辽宁	665.6	802.7	839.7	1054.7	1238.7	1533.5
吉林	277.6	239.4	265.2	333.7	463.7	566.2
黑龙江	345.4	388.0	447.0	494.1	461.6	476.4
上海	644.9	1108.1	1252.8	1390.2	1523.3	1574.8
江苏	1721.3	2269.4	3410.8	3878.6	4829.3	6053.8
浙江	1964.7	2696.3	3250.0	3854.8	4792.6	5501.8
安徽	393.2	754.7	649.5	678.9	963.3	1160.9
福建	458.1	376.9	536.0	764.3	895.7	1130.5
江西	222.9	313.3	403.9	455.1	465.7	556.1
山东	965.0	1260.3	1607.9	1746.8	2017.3	2229.7
河南	395.1	449.7	580.7	919.8	1255.4	1502.5
湖北	527.8	788.4	689.4	891.4	903.4	1243.5
湖南	449.2	660.0	749.7	909.8	1163.9	1392.1
广东	1236.2	1162.0	1374.0	1896.6	1928.4	2019.8
广西	210.5	233.4	257.5	331.0	371.2	446.9
海南	10.7	29.8	22.9	37.2	39.0	52.8
重庆	361.5	439.7	516.4	542.3	659.2	801.5
四川	947.0	983.9	1131.1	1051.1	1178.0	1219.0
贵州	113.6	154.3	147.9	136.5	148.3	172.1
云南	241.6	266.5	310.3	390.5	458.7	544.0
西藏	5.9	20.7	19.6	38.8	35.3	58.1
陕西	203.1	294.8	250.8	490.3	491.2	577.0
甘肃	142.6	145.4	165.3	215.3	255.3	247.0
青海	46.2	54.2	44.8	42.2	38.3	41.8
宁夏	78.4	90.3	98.2	113.3	120.6	148.9
新疆	199.2	204.0	210.1	222.7	260.2	336.8

表 99　建筑企业房屋建筑竣工价值

单位:亿元

	2004	2005	2006	2007	2008
全　　国	**10001.1**	**12097.3**	**13806.9**	**16596.2**	**19643.4**
北　　京	588.2	668.9	675.9	782.8	889.4
天　　津	128.8	135.0	184.6	233.4	179.3
河　　北	295.8	387.2	446.2	490.4	554.6
山　　西	93.8	112.5	116.8	136.0	188.3
内 蒙 古	111.1	112.9	139.6	265.7	295.9
辽　　宁	331.2	345.8	473.1	480.5	602.1
吉　　林	91.6	130.1	149.0	187.2	226.4
黑 龙 江	170.3	193.3	209.3	177.2	138.9
上　　海	474.0	519.7	599.9	613.4	657.3
江　　苏	1526.1	2045.3	2441.0	2722.9	3845.1
浙　　江	1822.3	2171.0	2507.4	3120.7	3660.1
安　　徽	387.8	313.3	354.3	505.0	584.2
福　　建	192.1	278.0	107.4	528.7	664.4
江　　西	163.1	205.0	230.4	283.5	362.3
山　　东	685.7	942.1	966.2	1112.0	1192.5
河　　南	229.6	285.0	483.7	622.2	769.9
湖　　北	435.3	450.4	403.8	510.3	670.4
湖　　南	378.9	445.2	556.2	655.0	721.6
广　　东	642.8	676.2	884.8	933.7	994.3
广　　西	141.5	148.0	160.9	216.6	240.9
海　　南	26.1	14.3	26.3	22.9	37.1
重　　庆	200.3	311.8	364.1	395.0	489.3
四　　川	294.5	554.7	577.7	699.9	685.4
贵　　州	58.3	70.7	65.5	79.6	88.1
云　　南	175.8	180.8	213.7	253.6	292.9
西　　藏	8.0	8.4	12.3	9.4	7.5
陕　　西	111.8	122.1	178.9	229.4	246.4
甘　　肃	79.4	106.5	109.9	122.9	102.4
青　　海	14.7	14.9	13.4	12.1	14.8
宁　　夏	40.2	44.1	45.5	49.6	70.3
新　　疆	102.3	104.4	109.3	144.7	171.6

表100 2008年各地区建筑企业房屋建筑竣工面积

单位:万平方米

	房屋建筑竣工面积	厂房、仓库	住宅	办公用房	批发和零售用房	住宿和餐饮用房
全国总计	**202704.3**	**37639.3**	**121713.9**	**15112.0**	**4123.0**	**3328.8**
北　京	4814.2	503.2	2269.0	930.5	156.9	211.2
天　津	1335.9	458.2	558.0	96.6	14.0	4.8
河　北	5951.1	1025.7	3877.5	384.3	71.7	52.9
山　西	1926.9	143.0	1341.9	164.1	18.4	34.7
内蒙古	2985.0	131.7	2190.7	259.8	71.5	23.0
辽　宁	6182.8	874.7	4557.8	234.3	81.9	49.6
吉　林	2560.1	244.8	1896.8	157.8	49.7	16.0
黑龙江	1370.7	145.7	924.6	63.8	19.4	10.5
上　海	5121.2	1659.2	2416.0	286.2	66.1	76.2
江　苏	37329.0	6744.6	23931.8	2296.9	767.6	642.1
浙　江	36424.4	11486.2	16689.9	3185.7	1134.6	742.1
安　徽	7387.3	1122.3	4588.6	628.7	85.3	67.7
福　建	6789.1	1799.1	3878.7	433.0	113.5	72.2
江　西	5059.7	688.5	3167.0	358.5	73.1	105.0
山　东	13588.1	2340.8	8146.7	1020.7	275.3	242.4
河　南	9351.3	927.0	6361.6	784.7	121.6	111.9
湖　北	7652.7	1219.4	4734.8	574.8	123.0	82.0
湖　南	8309.2	954.1	5272.1	785.6	202.7	155.7
广　东	10227.6	2494.6	5658.7	594.7	107.5	206.7
广　西	2888.5	265.5	1821.8	302.3	37.6	23.5
海　南	336.1	12.1	210.4	17.5	20.6	11.5
重　庆	5805.9	512.4	4378.2	215.4	99.6	39.3
四　川	8637.1	967.9	6063.9	387.2	198.0	165.2
贵　州	1120.1	91.5	678.2	121.0	14.2	17.6
云　南	3138.3	234.9	1952.4	289.6	66.8	60.5
西　藏	63.3	2.3	40.5	7.4	0.4	0.2
陕　西	2574.3	284.6	1721.5	228.9	35.5	31.6
甘　肃	1022.9	106.1	663.7	75.6	13.8	17.4
青　海	157.5	17.5	84.6	18.6	1.0	0.4
宁　夏	733.2	63.3	411.6	45.8	42.3	17.6
新　疆	1861.0	118.0	1224.7	162.3	39.6	37.2

说明:2008年为快报数。

表100续表

单位:万平方米

	居民服务用房	教育用房	文化、体育和娱乐用房	卫生医疗用房	科研用房	其他用房
全国总计	**2377.6**	**7329.3**	**2267.2**	**1898.6**	**606.4**	**6308.5**
北京	52.4	153.0	197.7	120.6	45.2	174.5
天津	30.7	67.7	5.4	8.7	9.4	82.4
河北	59.2	235.0	49.5	35.8	10.1	149.1
山西	25.0	86.3	28.1	18.4	4.8	62.3
内蒙古	37.1	112.2	24.1	18.8	0.3	115.9
辽宁	59.1	126.1	20.9	34.2	4.0	140.4
吉林	34.1	73.2	18.4	12.7	0.6	56.2
黑龙江	19.5	42.2	8.9	12.8	0.3	123.2
上海	120.5	147.3	68.4	52.8	12.6	215.7
江苏	508.9	943.8	412.7	290.4	143.8	646.4
浙江	389.9	913.6	411.0	215.5	157.1	1098.6
安徽	68.0	489.0	38.4	95.0	7.8	196.6
福建	58.4	198.5	59.3	38.4	13.3	124.7
江西	72.1	233.3	72.6	37.0	18.4	234.3
山东	178.0	465.9	103.3	114.5	16.8	683.8
河南	119.2	414.3	71.2	143.2	30.5	266.2
湖北	66.0	396.2	94.3	122.4	21.1	218.8
湖南	77.3	363.7	87.0	91.1	14.6	305.5
广东	115.7	408.2	174.1	85.2	29.7	352.7
广西	14.7	156.9	41.8	56.2	6.8	161.5
海南	0.8	34.3	1.9	6.4	0.0	20.7
重庆	86.4	213.5	30.4	51.3	7.4	172.1
四川	76.6	352.6	64.0	79.6	31.7	250.3
贵州	6.5	90.7	22.0	45.0	0.4	33.0
云南	24.0	221.5	58.9	38.8	6.2	184.8
西藏	3.2	2.2	0.2	0.9	0.0	6.0
陕西	37.7	151.5	24.3	20.8	2.8	35.2
甘肃	9.2	61.8	10.6	13.1	0.1	51.6
青海	1.4	17.6	0.4	4.1	0.3	11.5
宁夏	2.4	47.2	32.0	4.7	0.1	66.3
新疆	23.9	110.4	35.8	30.4	10.3	68.4

表 101　2008 年各地区建筑企业房屋建筑竣工价值

单位:亿元

	房屋建筑竣工面积	厂房、仓库	住宅	办公用房	批发和零售用房	住宿和餐饮用房
全国总计	**19643.4**	**3324.3**	**11388.7**	**1762.4**	**433.3**	**381.5**
北　京	889.4	81.7	317.5	210.5	25.3	43.5
天　津	179.3	59.8	67.9	16.2	2.1	0.8
河　北	554.6	108.9	335.4	39.4	6.5	4.9
山　西	188.3	19.9	117.5	20.1	1.9	3.3
内蒙古	295.9	16.6	195.8	34.4	10.4	3.3
辽　宁	602.1	111.8	409.0	25.1	7.5	6.6
吉　林	226.4	24.6	160.4	15.5	4.8	1.4
黑龙江	138.9	16.2	88.1	7.5	1.9	1.1
上　海	657.3	182.5	298.3	51.1	13.0	14.3
江　苏	3845.1	613.6	2456.9	277.1	78.4	68.2
浙　江	3660.1	912.4	1791.1	366.8	130.4	88.2
安　徽	584.2	89.5	353.7	56.2	6.6	7.3
福　建	664.4	143.0	397.6	45.5	17.9	7.7
江　西	362.3	41.5	222.5	26.6	5.4	9.4
山　东	1192.5	190.1	678.8	104.6	26.2	24.9
河　南	769.9	82.9	496.8	75.3	10.6	9.2
湖　北	670.4	116.7	395.3	57.8	6.4	7.0
湖　南	721.6	82.6	437.6	77.4	16.4	17.6
广　东	994.3	196.3	568.1	65.6	11.4	22.9
广　西	240.9	22.6	143.7	29.2	2.9	1.8
海　南	37.1	1.2	23.3	2.1	2.1	1.4
重　庆	489.3	44.6	363.4	21.0	7.6	3.4
四　川	685.4	70.7	473.5	34.2	17.5	14.5
贵　州	88.1	10.2	50.1	10.0	1.2	1.3
云　南	292.9	21.9	181.1	27.2	6.1	5.7
西　藏	7.5	0.2	4.6	1.0	0.0	0.0
陕　西	246.4	24.8	159.7	27.9	4.1	3.2
甘　肃	102.4	16.4	57.0	10.8	1.2	2.5
青　海	14.8	1.5	6.9	2.2	0.1	0.0
宁　夏	70.3	5.7	34.9	5.1	4.2	2.0
新　疆	171.6	13.9	102.2	19.5	3.4	4.1

说明:2008 年为快报数。

表 101 续表　　单位:亿元

	居民服务用房	教育用房	文化、体育和娱乐用房	卫生医疗用房	科研用房	其他用房
全国总计	**244.3**	**757.0**	**335.4**	**243.0**	**85.7**	**687.9**
北　京	12.0	30.0	82.4	28.0	13.1	45.2
天　津	4.0	9.8	0.8	2.3	1.4	14.3
河　北	4.8	23.4	7.8	4.1	1.3	18.1
山　西	2.4	8.8	4.4	2.5	0.5	7.1
内蒙古	4.6	12.9	3.3	2.7	0.1	11.8
辽　宁	7.1	13.4	2.0	3.7	0.4	15.4
吉　林	3.1	7.1	2.2	1.5	0.1	5.6
黑龙江	2.2	4.4	1.2	1.6	0.0	14.7
上　海	14.1	24.5	11.2	10.7	2.3	35.5
江　苏	49.0	112.8	50.8	40.4	19.0	78.8
浙　江	46.3	105.8	53.6	30.3	21.5	113.9
安　徽	5.0	35.8	4.7	8.1	1.0	16.3
福　建	7.6	21.6	6.8	3.3	1.6	12.0
江　西	5.4	20.7	7.4	3.1	2.4	17.8
山　东	17.3	52.3	9.7	11.0	1.3	76.3
河　南	9.4	35.9	7.4	14.1	3.3	25.1
湖　北	7.0	36.0	8.8	14.6	2.0	18.8
湖　南	6.7	30.6	11.8	11.3	2.1	27.5
广　东	13.1	38.7	22.6	14.1	4.2	37.3
广　西	1.3	13.1	4.4	7.6	1.4	12.9
海　南	0.1	4.3	0.2	0.7	0.0	1.9
重　庆	6.5	18.9	3.4	5.1	0.7	14.9
四　川	5.2	30.2	6.9	6.3	3.4	23.3
贵　州	0.4	6.3	2.0	4.4	0.0	2.3
云　南	1.8	21.2	7.2	3.9	0.8	15.9
西　藏	0.5	0.3	0.0	0.1	0.0	0.7
陕　西	3.4	14.1	2.6	1.9	0.3	4.5
甘　肃	1.2	6.1	1.2	1.2	0.0	4.6
青　海	0.2	2.0	0.0	0.5	0.1	1.3
宁　夏	0.3	5.1	4.0	0.5	0.0	8.6
新　疆	2.4	10.9	4.5	3.4	1.6	5.7

表 102 建筑业年末从业人员

单位:万人

	1995	2000	2005	2006	2007	2008
全　国	**1497.9**	**1994.3**	**2699.9**	**2878.2**	**3133.7**	**3253.6**
北　京	82.6	56.6	66.8	66.4	53.3	47.5
天　津	28.6	20.3	26.7	30.7	34.8	33.5
河　北	76.2	87.6	108.1	106.3	107.0	105.7
山　西	39.8	37.3	55.5	55.6	59.3	58.8
内蒙古	29.1	25.7	26.3	29.5	38.5	41.2
辽　宁	117.9	95.3	90.9	98.7	98.1	103.7
吉　林	39.1	29.0	38.6	30.1	31.6	41.4
黑龙江	63.3	45.4	43.1	43.2	47.1	45.7
上　海	58.4	35.1	72.0	73.1	69.0	64.7
江　苏	99.6	227.5	339.7	378.2	446.2	464.3
浙　江	63.0	171.1	312.0	356.8	406.5	452.4
安　徽	38.8	71.2	99.4	112.2	123.2	129.1
福　建	34.2	41.1	71.2	79.7	99.5	106.8
江　西	26.6	29.8	60.2	61.5	61.7	64.2
山　东	66.8	170.7	249.6	260.3	269.8	269.1
河　南	67.4	79.7	124.9	140.7	176.2	182.5
湖　北	57.3	83.6	114.3	118.4	127.1	144.0
湖　南	40.5	79.6	118.6	125.9	131.6	147.9
广　东	177.3	133.3	166.2	168.3	175.7	173.3
广　西	25.5	33.3	42.9	45.0	47.7	43.3
海　南	6.4	5.5	6.7	7.2	7.2	7.8
重　庆	28.2	73.2	82.9	86.6	96.8	98.1
四　川	87.7	163.5	172.7	178.4	194.4	192.0
贵　州	21.3	22.3	30.4	30.1	29.1	28.3
云　南	28.0	59.1	56.6	62.9	61.8	61.9
西　藏	1.0	2.1	3.5	3.8	4.4	3.9
陕　西	30.1	39.5	42.2	50.2	57.5	68.5
甘　肃	21.1	32.6	42.4	43.5	43.8	39.2
青　海	7.2	8.8	8.6	9.1	9.5	7.8
宁　夏	9.6	8.4	7.5	7.6	6.8	6.7
新　疆	25.3	26.2	19.5	18.2	18.5	20.2

表 103 2008 年各地区建筑业主要效益指标

	企业个数（个）	从业人数（万人）	计算劳动生产率的平均人数（万人）	按建筑业总产值计算的劳动生产率（元/人）	人均竣工产值（元/人）	人均施工面积（平方米/人）	人均竣工面积（平方米/人）	签订合同（亿元）
全国总计	**64152**	**3253.6**	**3671.5**	**166538**	**97827**	**143.7**	**55.2**	**101141.9**
北京	3212	47.5	152.3	201303	114033	128.4	31.6	6316.2
天津	1074	33.5	45.8	306914	140833	120.8	29.2	2860.1
河北	1917	105.7	115.0	165498	88881	131.1	51.7	2928.3
山西	1568	58.8	71.0	180540	57489	88.0	27.1	2373.0
内蒙古	734	41.2	66.0	115060	78352	78.3	45.2	1021.8
辽宁	3464	103.7	150.9	166518	101625	98.1	41.0	3827.3
吉林	884	41.4	61.1	157640	92707	84.2	41.9	1344.5
黑龙江	1633	45.7	67.1	157617	70997	59.5	20.4	1111.4
上海	2514	64.7	108.8	282260	144709	154.7	47.1	6085.7
江苏	7448	464.3	494.4	168044	122443	187.9	75.5	11480.3
浙江	4462	452.4	434.1	185227	126741	213.7	83.9	13527.3
安徽	2309	129.1	130.1	144854	89255	130.5	56.8	2997.5
福建	1900	106.8	115.9	160572	97552	170.5	58.6	3179.9
江西	1184	64.2	65.6	147953	84838	152.7	77.2	1552.8
山东	5868	269.1	301.6	125587	73928	111.6	45.1	5097.2
河南	3077	182.5	175.2	161274	85744	123.2	53.4	4245.3
湖北	2593	144.0	135.1	192226	92019	120.3	56.6	5315.0
湖南	1778	147.9	155.0	147569	89838	136.8	53.6	3945.2
广东	4178	173.3	179.5	188029	112526	182.2	57.0	7216.6
广西	1004	43.3	46.4	160898	96289	178.9	62.2	1254.5
海南	125	7.8	7.8	141530	67272	121.8	42.9	199.3
重庆	2267	98.1	98.3	145431	81505	157.0	59.0	1864.6
四川	3169	192.0	208.7	121552	58406	116.8	41.4	4369.5
贵州	567	28.3	27.4	139226	62767	150.3	40.9	777.5
云南	1856	61.9	62.6	143838	86953	105.1	50.2	1382.0
西藏	140	3.9	5.3	135865	109208	47.8	11.9	85.3
陕西	952	68.5	87.8	187807	65703	84.9	29.3	2530.5
甘肃	718	39.2	42.8	112228	57698	89.1	23.9	762.1
青海	347	7.8	9.1	148187	46085	43.0	17.3	270.4
宁夏	473	6.7	16.3	113240	91606	102.4	45.1	284.2
新疆	737	20.2	34.4	162309	97887	119.6	54.1	936.6

十一、运输、邮电业

表 104 旅客周转量

单位:亿人公里

	1995	2000	2005	2006	2007	2008
全　国	**9002**	**12261**	**17467**	**19197**	**21593**	**23197**
北　京	74	118	137	168	238	331
天　津	80	92	118	133	147	234
河　北	496	796	990	1069	1165	992
山　西	167	219	289	300	330	377
内蒙古	160	200	287	322	354	331
辽　宁	407	496	600	658	709	797
吉　林	177	207	245	263	294	405
黑龙江	219	377	432	476	528	441
上　海	45	74	128	143	151	148
江　苏	626	763	1194	1331	1551	1271
浙　江	483	610	849	929	1026	1119
安　徽	372	519	782	864	947	1187
福　建	273	404	397	432	478	448
江　西	244	419	592	645	700	791
山　东	373	549	828	930	1071	1431
河　南	578	759	998	1094	1253	1498
湖　北	343	513	663	699	776	904
湖　南	545	715	1012	1074	1153	1217
广　东	812	937	1448	1573	1810	1706
广　西	287	452	558	608	677	732
海　南	49	61	90	100	105	125
重　庆	210	243	280	270	353	386
四　川	344	497	682	741	797	988
贵　州	181	238	312	350	369	394
云　南	118	206	291	313	337	347
西　藏	2	4	18	22	27	30
陕　西	242	331	486	518	564	650
甘　肃	168	226	303	347	376	468
青　海	19	30	43	51	67	76
宁　夏	27	52	62	68	73	87
新　疆	125	187	306	338	370	404

表 105 旅客运输量

单位:万人

	1995	2000	2005	2006	2007	2008
全　国	**1172596**	**1478573**	**1847018**	**2024158**	**2227761**	**2867892**
北　京	8273	17610	8040	8751	16190	124764
天　津	3265	3532	4514	5443	6829	22817
河　北	36812	65609	80894	83955	88886	73058
山　西	21349	31809	39975	42240	43866	36178
内蒙古	18160	23330	31776	35307	38678	20068
辽　宁	47187	51694	60100	63942	70659	90112
吉　林	21313	24017	27601	28903	31477	56029
黑龙江	23504	49806	55408	60200	64480	41567
上　海	4766	5175	7985	8505	9086	8507
江　苏	74756	107180	145121	161297	187270	183383
浙　江	108904	124457	161115	175090	190026	216879
安　徽	57605	61982	72657	78938	86907	129242
福　建	49353	67324	55121	58883	63669	71780
江　西	30112	35527	41586	42996	43616	65895
山　东	43339	65936	98506	109471	123982	213586
河　南	61934	83946	97896	107915	122242	130080
湖　北	52860	62829	70497	73930	82374	87838
湖　南	71531	87455	116091	118466	123334	131067
广　东	127847	108529	149896	186996	199162	475200
广　西	33080	42209	51396	55705	60793	63608
海　南	12489	19974	26785	31571	40239	37953
重　庆	39731	56667	63308	61128	76945	106732
四　川	104742	123677	168505	194712	207174	204733
贵　州	30849	53116	64450	69270	74440	40725
云　南	22282	33251	40792	43387	45668	33906
西　藏	50	95	385	483	549	6856
陕　西	24113	28494	38725	43331	48772	76028
甘　肃	10692	12904	17804	19083	20483	45966
青　海	2294	3587	4886	5243	5607	9424
宁　夏	3826	5497	7066	7548	8134	11868
新　疆	18077	14631	24309	25504	27648	32793

表 106　货物周转量

单位:亿吨公里

	1995	2000	2005	2006	2007	2008
全　国	**35909**	**44321**	**80258**	**88840**	**101419**	**110301**
北　京	374	363	582	653	725	759
天　津	343	4622	12593	12241	15289	2703
河　北	2033	2324	5068	5557	6006	5925
山　西	717	866	1691	1734	1840	2562
内蒙古	782	943	1437	1714	2023	3659
辽　宁	1371	1746	3351	4044	5818	7034
吉　林	497	492	606	612	655	1158
黑龙江	825	918	1167	1211	1282	1691
上　海	207	6287	12128	13830	16054	16030
江　苏	1026	1459	2993	3548	3988	4301
浙　江	754	1200	3417	4364	4962	4975
安　徽	908	1051	1566	1703	1989	5843
福　建	609	929	1573	1900	2081	2396
江　西	412	645	885	952	1029	2285
山　东	1197	4033	5551	6387	6413	10108
河　南	1574	1554	2353	2438	2737	5165
湖　北	849	1081	1416	1489	1645	2526
湖　南	1012	1066	1629	1744	1922	2350
广　东	657	3037	3860	4045	4292	4428
广　西	556	707	1098	1221	1404	2079
海　南	232	310	449	657	824	598
重　庆	336	289	626	825	1052	1490
四　川	566	623	917	969	1059	1579
贵　州	301	404	647	681	721	805
云　南	310	482	681	694	801	821
西　藏	4	14	41	38	42	35
陕　西	501	573	1029	1082	1191	2027
甘　肃	507	640	983	1043	1150	1595
青　海	62	87	147	144	176	336
宁　夏	122	205	255	278	292	704
新　疆	339	457	807	893	956	1273

表 107 货物运输量

单位:万吨

	1995	2000	2005	2006	2007	2008
全 国	**1234937**	**1358682**	**1862066**	**2037060**	**2275822**	**2587413**
北 京	32150	30714	32113	33008	19877	20525
天 津	22257	26026	39219	41939	50261	34114
河 北	72535	75604	88342	90831	96891	106922
山 西	65821	86357	133662	144010	155143	126864
内蒙古	32724	44434	69187	80371	98682	99298
辽 宁	84057	80663	95558	105966	116917	121346
吉 林	26717	29450	34162	35213	37935	31105
黑龙江	33461	53550	61800	65847	70137	53976
上 海	29965	46789	68636	72381	78340	84400
江 苏	74712	86266	111233	123004	141158	139711
浙 江	58287	75282	126903	140892	154286	139111
安 徽	40827	43942	67125	74141	83361	180169
福 建	29193	36110	41200	44855	51263	57202
江 西	22263	23502	33996	37517	40921	80932
山 东	74833	92499	144701	164132	195259	244587
河 南	53488	60894	78699	86547	101341	138441
湖 北	36667	39009	46766	49305	54909	71900
湖 南	49847	50964	77534	85601	100076	116145
广 东	93422	84626	119287	132389	151282	142468
广 西	26066	29642	38226	42994	48860	83123
海 南	8613	6675	10182	14161	17876	15305
重 庆	22796	26716	39329	43009	50273	63763
四 川	67281	51477	67351	75071	81426	114719
贵 州	11738	15615	21770	24709	26787	32692
云 南	38648	52022	62015	66179	71512	44682
西 藏	360	131	356	348	372	737
陕 西	28897	29201	41551	44217	49175	83493
甘 肃	20514	23070	26653	28502	30528	23741
青 海	3419	4697	6816	7271	8050	9115
宁 夏	5019	6493	8529	9358	10540	26162
新 疆	19294	23134	30041	31163	32669	46087

表 108　邮电业务总量

单位：亿元

	1995	2000	2005	2006	2007
全　国	**988.9**	**4792.7**	**12028.5**	**15325.9**	**19805.1**
北　京	56.1	215.1	405.9	503.5	704.7
天　津	18.7	76.6	174.6	225.4	303.8
河　北	36.1	178.8	523.4	638.5	847.8
山　西	13.8	80.1	274.5	329.8	438.4
内蒙古	9.7	60.2	197.2	254.2	364.4
辽　宁	50.1	251.7	443.8	559.8	706.4
吉　林	21.2	110.6	259.7	336.7	410.3
黑龙江	27.5	170.7	338.4	406.8	513.1
上　海	55.7	224.7	409.7	553.5	830.5
江　苏	72.2	333.6	723.9	997.4	1319.7
浙　江	63.0	332.1	830.4	1034.3	1361.7
安　徽	22.7	120.4	278.2	355.2	448.0
福　建	53.5	248.5	519.4	631.9	799.9
江　西	14.2	78.8	259.5	318.3	409.1
山　东	53.7	269.6	711.7	968.5	1237.4
河　南	30.3	193.7	549.4	717.3	927.7
湖　北	29.8	127.1	370.7	457.8	584.3
湖　南	31.5	150.0	366.6	491.1	635.4
广　东	204.9	757.6	2129.3	2657.1	3171.7
广　西	20.6	97.5	323.8	385.9	481.2
海　南	10.5	32.9	75.0	97.8	124.8
重　庆	11.0	79.5	210.1	276.5	366.6
四　川	26.4	183.8	458.3	590.7	782.9
贵　州	6.3	43.0	172.1	223.5	292.7
云　南	14.0	125.5	262.2	327.7	470.0
西　藏	0.6	4.0	16.3	21.5	30.9
陕　西	14.5	89.1	323.5	424.5	530.9
甘　肃	7.1	42.9	136.5	167.2	219.3
青　海	1.6	10.4	32.1	40.0	54.0
宁　夏	2.3	15.0	47.1	59.9	79.9
新　疆	9.0	51.3	172.4	228.8	304.6

十二、国内贸易、对外经济

表 109 社会消费品零售额

单位:亿元

	1995	2000	2005	2006	2007	2008
全　国	**23613.8**	**39105.7**	**67176.6**	**76410.0**	**89210.0**	**108487.7**
北　京	827.0	1443.3	2902.8	3275.2	3800.2	4589.0
天　津	375.6	736.6	1190.1	1356.8	1603.7	2000.3
河　北	852.1	1613.9	2952.9	3397.4	3986.2	4880.4
山　西	375.9	629.1	1401.2	1613.4	1914.1	2356.5
内蒙古	295.1	484.0	1375.7	1595.3	1904.1	2363.3
辽　宁	1122.0	1847.6	2999.0	3434.6	4030.1	4917.5
吉　林	481.5	810.9	1460.8	1675.8	1999.2	2484.3
黑龙江	682.7	1094.0	1760.0	1997.7	2331.1	2838.6
上　海	970.0	1722.3	2973.0	3360.4	3847.8	4537.1
江　苏	1650.0	2604.1	5699.9	6623.2	7838.1	9661.4
浙　江	1395.7	2298.8	4631.7	5325.4	6214.0	7441.8
安　徽	586.5	1054.3	1765.0	2029.4	2403.7	2965.5
福　建	670.4	1372.8	2345.8	2704.2	3187.9	3828.0
江　西	410.9	704.9	1236.2	1428.0	1683.1	2082.8
山　东	1442.7	2545.9	6126.4	7122.5	8438.8	10381.2
河　南	906.7	1786.7	3358.4	3880.5	4597.5	5662.6
湖　北	931.8	1789.4	2964.6	3412.0	4028.5	4965.8
湖　南	837.4	1364.7	2459.1	2834.2	3356.5	4119.7
广　东	2304.1	4071.9	7882.6	9118.1	10598.1	12772.2
广　西	532.5	859.2	1397.0	1600.8	1897.9	2338.5
海　南	109.2	172.5	268.6	308.3	362.0	448.4
重　庆		643.4	1215.8	1403.6	1661.2	2064.1
四　川	1300.5	1523.7	2981.4	3421.6	4015.6	4800.8
贵　州	197.6	343.7	606.9	689.8	821.8	1014.9
云　南	369.6	583.2	1034.4	1188.9	1394.5	1718.5
西　藏	24.5	42.9	73.1	89.7	112.0	129.1
陕　西	369.5	607.6	1322.4	1522.0	1800.9	2256.1
甘　肃	229.9	362.7	632.8	717.5	833.3	990.1
青　海	57.8	82.1	160.5	180.1	208.3	252.8
宁　夏	57.2	90.2	174.3	199.0	233.3	285.2
新　疆	253.6	374.5	637.8	727.6	847.7	1025.7

说明:1995 年四川省的数据包括重庆。

表 110　2008 年按行业分社会消费品零售总额

单位:亿元,%

地　区	社会消费品零售额		批发和零售业		住宿和餐饮业		其他行业	
	绝对额	增长率	绝对额	增长率	绝对额	增长率	绝对额	增长率
全　国	**108487.7**	**21.6**	**91198.5**	**21.5**	**15403.9**	**24.7**	**1885.3**	**3.7**
北　京	4589.0	20.8	4044.4	21.2	504.9	18.0	39.7	8.5
天　津	2000.3	24.7	1690.4	25.2	305.5	22.7	4.5	7.1
河　北	4880.4	22.4	4175.4	22.3	628.2	24.7	76.8	10.2
山　西	2356.5	23.1	1989.8	23.0	300.2	31.0	66.6	−1.0
内蒙古	2363.3	24.1	1849.1	23.0	462.2	29.3	52.0	21.0
辽　宁	4917.5	22.0	4033.7	20.0	819.0	35.0	64.9	4.8
吉　林	2484.3	24.3	2127.9	24.4	354.7	25.6	1.7	−71.5
黑龙江	2838.6	21.8	2445.7	21.8	351.4	23.6	41.5	8.6
上　海	4537.1	17.9	3853.1	17.5	669.5	20.3	14.5	10.7
江　苏	9661.4	23.3	8360.2	21.6	1212.3	35.7	89.0	28.2
浙　江	7441.8	19.8	6521.5	19.9	869.4	21.2	50.9	−13.6
安　徽	2965.6	23.4	2497.6	22.9	433.3	26.4	34.6	20.1
福　建	3828.0	20.1	3276.0	19.8	487.2	22.3	64.9	16.0
江　西	2082.8	23.7	1835.9	23.6	227.1	26.4	19.8	13.1
山　东	10381.2	23.0	8730.6	23.1	1370.6	25.1	280.0	11.9
河　南	5662.6	23.2	4601.2	22.6	966.2	26.4	95.2	20.6
湖　北	4965.8	23.3	4075.3	23.0	661.9	25.0	228.6	22.8
湖　南	4119.7	22.7	3473.7	22.7	594.0	23.8	52.0	15.2
广　东	12772.2	20.5	10816.5	21.0	1882.5	21.9	73.3	−36.9
广　西	2338.5	23.2	2021.9	23.3	279.9	22.7	36.7	24.7
海　南	448.4	23.9	353.8	24.3	80.8	25.1	13.9	8.6
重　庆	2064.1	24.3	1724.2	24.4	295.1	25.2	44.8	14.0
四　川	4800.8	19.6	3731.5	19.3	925.1	21.5	144.2	13.4
贵　州	1014.9	23.5	838.2	21.4	160.4	37.9	16.3	7.2
云　南	1718.5	23.2	1314.1	22.7	298.2	28.6	106.2	15.8
西　藏	129.1	15.3	104.6	18.0	19.5	3.8	5.0	8.3
陕　西	2256.1	25.3	1960.6	25.2	256.0	27.8	39.5	15.7
甘　肃	990.1	18.8	804.6	19.7	163.8	19.8	21.7	−12.1
青　海	252.8	21.4	207.6	21.8	41.0	20.3	4.3	12.1
宁　夏	285.2	22.2	234.0	22.6	48.4	22.2	2.8	−1.8
新　疆	1025.7	21.0	828.9	22.2	154.1	19.5	42.7	5.2

表111 2008年按销售单位所在地分社会消费品零售总额

单位:亿元,%

地区	社会消费品零售额		市		县		县以下	
	绝对额	增长率	绝对额	增长率	绝对额	增长率	绝对额	增长率
全国	**108487.7**	**21.6**	**73734.9**	**22.1**	**12212.8**	**22.8**	**22540.0**	**19.5**
北京	4589.0	20.8	4000.3	21.2	38.1	20.2	550.7	17.6
天津	2000.3	24.7	1882.1	25.0	67.1	25.2	51.1	13.6
河北	4880.4	22.4	2335.7	22.3	997.5	24.3	1547.2	21.4
山西	2356.5	23.1	1536.1	22.3	435.3	25.1	385.1	24.3
内蒙古	2363.3	24.1	1626.9	24.9	464.7	22.4	271.7	22.4
辽宁	4917.5	22.0	4106.1	21.8	244.0	25.4	567.5	22.4
吉林	2484.3	24.3	1939.4	23.6	196.7	32.2	348.2	23.5
黑龙江	2838.6	21.8	2201.5	22.3	325.2	19.1	311.9	20.8
上海	4537.1	17.9	4004.5	18.5	30.2	13.5	502.5	13.9
江苏	9661.4	23.3	7117.3	23.8	627.3	26.9	1916.7	20.3
浙江	7441.7	19.8	4960.4	20.5	727.0	20.2	1754.3	17.6
安徽	2965.5	23.4	1635.0	23.4	601.2	25.6	729.4	21.5
福建	3828.0	20.1	2581.1	22.8	393.5	10.8	853.5	16.8
江西	2082.8	23.7	1114.8	25.1	445.7	21.8	522.2	22.5
山东	10381.2	23.0	6728.7	24.2	1184.8	25.1	2467.7	18.9
河南	5662.5	23.2	3140.1	23.7	1120.6	24.9	1401.9	20.7
湖北	4965.8	23.3	3486.5	23.3	477.6	24.1	1001.8	22.8
湖南	4119.7	22.7	2442.9	25.8	670.6	16.2	1006.2	20.2
广东	12772.2	20.5	9010.5	20.0	582.8	28.8	3178.9	20.7
广西	2338.4	23.2	1383.6	22.9	410.5	24.2	544.3	23.3
海南	448.4	23.9	325.2	24.7	32.2	22.0	91.0	21.5
重庆	2064.1	24.3	1266.1	26.6	269.7	23.2	528.3	19.4
四川	4800.8	19.6	2402.0	21.5	863.3	20.5	1535.4	16.2
贵州	1014.9	23.5	585.5	23.1	206.2	25.7	223.1	22.4
云南	1718.5	23.2	959.7	24.4	391.0	22.8	367.8	20.6
西藏	129.1	15.3	64.3	14.0	51.0	15.9	13.8	17.9
陕西	2256.1	25.3	1504.2	25.7	384.9	25.9	367.0	23.1
甘肃	990.1	18.8	638.9	18.5	158.6	19.7	192.7	19.1
青海	252.8	21.4	179.9	23.1	48.1	17.9	24.8	16.4
宁夏	285.2	22.2	212.7	21.5	41.5	36.5	31.0	10.7
新疆	1025.7	21.0	729.6	21.6	148.5	21.5	147.6	17.4

表 112　海关出口总额

单位:亿美元

	1995	2000	2005	2006	2007	2008
全　国	**1487.7**	**2492.0**	**7619.5**	**9689.4**	**12177.8**	**14285.5**
北　京	102.5	119.7	308.7	379.5	489.3	574.5
天　津	40.6	86.3	273.8	334.9	380.7	420.4
河　北	28.7	37.1	109.2	128.3	170.0	240.3
山　西	11.4	12.4	35.3	41.4	65.3	92.4
内蒙古	5.0	9.7	17.7	21.4	29.4	35.8
辽　宁	82.3	108.6	234.4	283.2	353.2	420.5
吉　林	11.0	12.6	24.7	30.0	38.6	47.7
黑龙江	11.7	14.5	60.7	84.4	122.6	165.7
上　海	129.6	253.5	907.2	1135.9	1438.5	1692.1
江　苏	97.9	257.7	1229.7	1604.1	2036.1	2380.4
浙　江	76.9	194.4	768.0	1008.9	1282.6	1542.9
安　徽	13.9	21.7	51.9	68.4	88.1	113.5
福　建	79.1	129.1	348.4	412.6	499.4	569.9
江　西	10.4	12.0	24.4	37.5	54.4	76.9
山　东	81.6	155.3	461.2	586.0	751.1	930.8
河　南	13.6	15.0	50.9	66.3	83.7	107.1
湖　北	14.0	19.4	44.3	62.6	81.7	115.9
湖　南	14.7	16.5	37.5	50.9	65.2	84.1
广　东	565.7	919.2	2381.6	3019.5	3693.2	4041.0
广　西	17.0	14.9	28.8	35.9	51.1	73.5
海　南	9.2	8.0	10.2	13.8	13.6	15.9
重　庆	8.5	10.0	25.2	33.5	45.1	57.2
四　川	14.2	13.9	47.0	66.2	86.1	131.1
贵　州	4.4	4.2	8.6	10.4	14.7	19.0
云　南	12.6	11.8	26.4	33.9	47.7	49.9
西　藏	0.1	1.1	1.7	2.2	3.3	7.1
陕　西	12.7	13.1	30.8	36.3	46.8	54.1
甘　肃	3.6	4.1	10.9	15.1	16.6	16.0
青　海	1.3	1.1	3.2	5.3	3.9	4.2
宁　夏	1.7	3.3	6.9	9.4	10.9	12.6
新　疆	5.9	12.0	50.4	71.4	115.0	193.0

表 113 按货源地分的货物出口总额

单位:亿美元

	1995	2000	2005	2006	2007	2008
全　国	**1487.8**	**2492.0**	**7619.5**	**9689.4**	**12177.8**	**14285.5**
北　京	59.6	76.7	184.0	249.3	302.4	347.3
天　津	44.4	76.7	260.3	326.9	381.6	413.9
河　北	24.9	32.8	120.3	151.9	218.1	291.3
山　西	18.0	20.9	63.0	65.7	96.2	143.2
内蒙古	5.1	11.1	22.9	26.9	38.0	46.0
辽　宁	70.9	105.9	246.7	283.7	356.4	421.7
吉　林	11.2	14.9	27.6	31.2	40.4	49.2
黑龙江	29.5	24.2	57.9	70.1	100.5	92.9
上　海	131.3	246.4	865.8	1084.7	1373.0	1605.4
江　苏	100.6	263.8	1246.0	1629.8	2076.6	2452.2
浙　江	82.8	204.8	815.5	1076.0	1369.6	1659.6
安　徽	13.3	21.2	50.8	66.1	84.8	107.6
福　建	81.1	136.2	359.5	417.2	491.5	559.4
江　西	8.4	11.9	26.5	39.5	54.6	77.9
山　东	90.3	160.9	477.2	603.4	782.1	967.1
河　南	14.9	15.9	56.1	72.0	91.0	124.2
湖　北	18.2	19.0	41.9	59.0	80.2	114.4
湖　南	13.5	16.3	38.6	51.8	65.9	88.2
广　东	590.5	934.3	2409.8	3054.6	3733.6	4111.8
广　西	16.3	16.4	28.7	38.3	49.1	68.4
海　南	4.8	6.1	8.5	11.0	16.6	16.7
重　庆	0.0	10.6	24.0	30.9	42.2	53.4
四　川	20.4	14.3	40.9	56.8	73.1	106.8
贵　州	4.0	4.8	11.3	13.5	20.4	27.4
云　南	11.8	10.9	23.9	30.6	42.9	44.9
西　藏	0.1	1.1	1.1	2.1	2.9	3.3
陕　西	10.4	13.3	38.4	43.9	53.4	68.1
甘　肃	3.4	4.2	11.1	16.1	16.9	17.5
青　海	1.2	1.3	3.1	5.1	2.9	3.9
宁　夏	1.7	3.5	8.1	10.9	13.5	17.2
新　疆	5.2	11.5	49.9	70.1	107.5	184.8

表114 海关进口总额

单位:亿美元

	1995	2000	2005	2006	2007	2008
全　　国	**1320.8**	**2250.9**	**6599.5**	**7914.6**	**9559.5**	**11330.9**
北　　京	267.8	376.5	350.9	455.3	518.0	2142.6
天　　津	40.0	85.3	286.0	345.9	374.0	383.1
河　　北	10.5	15.3	72.9	82.8	126.7	143.9
山　　西	2.6	5.3	27.9	30.9	56.2	51.5
内 蒙 古	4.9	16.5	30.2	34.2	52.9	53.5
辽　　宁	49.6	81.8	223.7	240.5	295.4	303.8
吉　　林	15.1	13.1	46.0	55.8	72.7	85.7
黑 龙 江	12.2	15.4	46.8	70.6	83.8	63.2
上　　海	113.9	293.6	949.2	1127.6	1365.7	1529.0
江　　苏	65.2	198.7	1138.8	1360.6	1645.9	1542.3
浙　　江	38.2	83.9	422.6	524.8	622.4	568.6
安　　徽	6.1	11.7	41.8	56.4	72.6	90.8
福　　建	65.4	83.1	208.5	231.7	261.4	278.5
江　　西	2.8	4.3	23.1	33.0	48.5	60.6
山　　东	57.8	94.6	413.9	502.9	625.9	652.7
河　　南	8.7	7.9	34.5	37.8	51.1	68.1
湖　　北	14.2	12.9	58.0	62.1	72.9	89.7
湖　　南	5.7	8.6	31.0	28.0	36.0	41.6
广　　东	473.5	781.8	1982.1	2363.7	2790.5	2791.6
广　　西	13.9	5.4	28.9	37.8	55.6	59.3
海　　南	14.3	4.8	12.7	22.9	54.1	29.4
重　　庆	5.7	7.9	18.3	22.2	29.4	38.0
四　　川	6.4	11.5	35.8	50.0	63.0	89.3
贵　　州	2.2	2.4	9.0	8.6	11.6	14.7
云　　南	8.9	6.4	26.1	33.2	45.1	46.2
西　　藏	2.1	0.2	0.2	0.2	0.3	0.6
陕　　西	4.1	8.3	23.1	25.3	29.0	29.6
甘　　肃	2.4	1.5	18.8	28.3	41.9	44.9
青　　海	0.2	0.5	1.8	4.3	3.9	2.7
宁　　夏	0.5	1.2	3.7	5.2	6.1	6.2
新　　疆	5.8	10.6	33.1	32.0	46.9	29.2

表 115　按境内目的地分的货物进口总额

单位:亿美元

	1995	2000	2005	2006	2007	2008
全　　国	**1320.8**	**2250.9**	**6599.5**	**7914.6**	**9559.5**	**11330.9**
北　　京	108.1	165.8	350.9	455.3	518.0	603.1
天　　津	45.5	94.8	286.0	345.9	374.0	454.4
河　　北	19.8	22.1	72.9	82.8	126.7	217.0
山　　西	4.5	7.0	27.9	30.9	56.2	58.2
内 蒙 古	8.0	12.7	30.2	34.2	52.9	58.7
辽　　宁	60.6	94.8	223.7	240.5	295.4	400.5
吉　　林	17.6	15.0	46.0	55.8	72.7	87.1
黑 龙 江	16.2	15.7	46.8	70.6	83.8	111.3
上　　海	127.6	300.6	949.2	1127.6	1365.7	1533.9
江　　苏	79.7	228.2	1138.8	1360.6	1645.9	1852.6
浙　　江	44.5	110.4	422.6	524.8	622.4	763.8
安　　徽	8.3	15.7	41.8	56.4	72.6	90.6
福　　建	69.6	93.3	208.5	231.7	261.4	307.9
江　　西	6.2	8.6	23.1	33.0	48.5	73.8
山　　东	75.5	121.6	413.9	502.9	625.9	910.4
河　　南	13.9	15.4	34.5	37.8	51.1	75.2
湖　　北	19.3	19.9	58.0	62.1	72.9	99.1
湖　　南	9.9	13.6	31.0	28.0	36.0	48.1
广　　东	494.8	820.6	1982.1	2363.7	2790.5	3063.9
广　　西	17.3	6.4	28.9	37.8	55.6	80.6
海　　南	14.1	4.9	12.7	22.9	54.1	79.3
重　　庆	0.0	7.9	18.3	22.2	29.4	37.1
四　　川	19.1	13.4	35.8	50.0	63.0	92.1
贵　　州	3.4	3.7	9.0	8.6	11.6	20.7
云　　南	11.3	7.9	26.1	33.2	45.1	48.6
西　　藏	1.8	0.4	0.2	0.2	0.3	0.2
陕　　西	9.4	10.6	23.1	25.3	29.0	37.2
甘　　肃	4.2	2.7	18.8	28.3	41.9	48.0
青　　海	0.4	0.9	1.8	4.3	3.9	4.1
宁　　夏	0.7	1.8	3.7	5.2	6.1	8.6
新　　疆	9.5	14.4	33.1	32.0	46.9	64.9